工商管理经典译丛
市场营销系列
Business Administration
Classics·marketing

商务谈判

Negotiation

第8版

Eighth Edition

[美] 罗伊·列维奇（Roy J. Lewicki）
布鲁斯·巴里（Bruce Barry）
戴维·桑德斯（David M. Saunders）
著

王健 等
译

中国人民大学出版社
·北京·

工商管理经典译丛·市场营销系列

出 版 说 明

随着我国市场经济的不断深化，市场营销在企业中的地位日益突出，高素质的市场营销人才也成为企业的迫切需要。中国人民大学出版社早在1998年就开始组织策划“工商管理经典译丛·市场营销系列”丛书，这是国内第一套引进版市场营销类丛书，一经推出，便受到国内营销学界和企业界的普遍欢迎。

本丛书站在当代营销学教育的前沿，总结国际上营销学的最新理论和实践发展的成果，所选图书均为营销学界有影响的专家学者所著，被世界各国（地区）的高校师生和企业界人士所广泛使用。在内容上，涵盖了营销管理的各个重要领域，既注意与国内营销学相关课程配套，又兼顾企业营销的实际需要。

市场营销学是实践性很强的应用学科，随着我国企业营销实践的日渐深入和营销学教育的快速发展，本丛书也不断更新版本，增加新的内容，形成了今天呈现在读者面前的这一较为完善的体系。今后，随着营销学的发展和实践的积累，本丛书还将进行补充和更新。

在本丛书选择和论证过程中，我们得到了国内营销学界著名专家学者的大力支持和帮助，原我社策划编辑闻洁女士在早期的总体策划中付出了大量的心血，谨在此致以崇高的敬意和衷心的感谢。最后，还要特别感谢为本丛书提供版权的培生教育出版集团、约翰威立公司、麦格劳-希尔教育出版公司、圣智学习出版公司等国际著名出版公司。

希望本丛书对推动我国营销人才的培养和企业营销能力的提升持续发挥应有的作用。

中国人民大学出版社

译者序

列维奇等所著的《商务谈判》第8版的翻译工作完成了，这是继第6版之后，谈判教材的又一次历史性突破。感谢这版翻译的参与者以及出版社编辑所付出的辛勤努力。回忆我们几年前对第6版的翻译，在学术上总结的谈判知识体系是一个多学科、跨领域而实践性又非常突出的体系，其知识体系和结构融入了人类丰富的历史经验和研究成果。《商务谈判》每一次的修订都是一次对谈判领域的认识突破。

记得20年前我从众多的英文原版书中看到了列维奇等所著的《商务谈判》，当时该书体系还是支离破碎的，现在已经形成了完整的体系。此间，在海外学术界，谈判领域的研究可谓盛况空前，研究成果丰硕，列维奇教授把这些谈判研究成果汇集成体系，其学术和实践价值逐渐彰显出来。在翻译过程中，我多次对诸位翻译者强调，谈判研究近些年来在海外很热，成果颇丰，但国内还是以经验为主来阐述谈判的过程和内容，没有触及对谈判的思维模式和谈判过程的各种影响因素的研究。因此，国外谈判理论研究所涉及的很多概念在国内还没有固定的对等词。在书中所阐述和说明的一些谈判的专有名词，在中文语境下，对其内涵和外延可能会有不同的理解，这给本书的翻译带来了很多困难。我们在翻译中尽量把相关的概念以固定的中文词语译出，以弥补谈判学在国内的空白。

在中国谈判过程经常被理解为讨价还价，甚至被理解为运用特殊的手段、技巧和方式来达到自己赢取对方的目的。在市面上看到的众多谈判书籍都是对一些手段、技巧和方法的介绍，这些内容也充斥各种社交媒体，教给人们一些所谓高明的招数去对付谈判对手。我们不能完全否定人们在生活和工作当中积累的一些经验，这些经验在特定的场合下可能会比较有效，但是人们往往忽略了这些经验背后的思维博弈的智慧和人与人相互沟通、相互合作的一些基本规律和底线。忽视这些可能使谈判迷失方向，甚至造成思维混乱以及人与人之间关系紧张、矛盾冲突不断出现。如何理性看待关系紧张和矛盾冲突以及如何寻找一种恰当的方式来解决矛盾和冲突，这是人类共生共存的基本智慧。

最近几年谈判课程在高校中越来越普及，大概是因为人们逐渐认识到谈判智慧在社会交往当中的重要意义和重要作用。当然我们也看到大家对谈判的理解存在各种维度和视角。谈判领域的知识和经验，不仅在国内，在国外也是一样，有着各种阐述和解释。谈判似乎是一个开放而无边界的知识体系。每个人似乎都知道谈判，但是又说不清谈判。每个人都积累了一些零散的谈判的方式和技巧，但是不一定能够建立起一个全面有效的思维框架。

本书集成谈判研究的大量成果，围绕谈判的本质和情境，对谈判思维方式做系统化总结。这个情境就是社会主体之间的相互依赖和相互调整关系。在这个相互依赖和相互调整的过程当中，可能存在着冲突管理问题。谈判是一个动态的博弈过程，存在着博弈的战略与战术问题。我们认为谈判是艺术与科学的融合，主要原因就是谈判的动态博弈过程存在着很多的不确定性。谈判的每一方都试图在不确定的情况下寻找一个确定的结果。谈判的每一方都是在信息不完善下做出选择和决策。这种复杂的和动态的双边或多边博弈过程特别需要人类的智慧而不是简单的技巧和手段。

本书构建了趋于完整和成熟的谈判知识体系，我们可以把这个体系总结为如下十个知识点：

（1）谈判的本质（第1章）。

（2）谈判的战略与战术（第2章、第3章）。

（3）谈判的计划与准备（第4章）。

（4）提升谈判绩效的方法（第6章、第7章、第8章）。

（5）影响谈判基本方法与战略的一些背景或情境因素（第9章、第10章、第11章）。

（6）处理谈判的棘手问题（第17章、第18章、第19章）。

（7）谈判与个体差异因素相关（第5章、第14章、第15章）。

（8）多方谈判的情境（第12章、第13章）。

（9）特殊情境的谈判（第16章）。

（10）谈判的最佳实践（第20章）。

作者把谈判放到一个社会博弈的情境当中，考量了各种影响因素以及不同情境下出现的不同的谈判情况。

本书是谈判知识和研究的集大成者，教师可以根据需要选择使用。

对于本科生的谈判课程教学，可以主要让学生掌握两种谈判的基本策略和技巧，一种是整合式谈判，一种是分配式谈判，这是谈判的基础内容。

对于研究生商务谈判的教学，可以强调跨文化以及不同的因素对谈判的影响，特别是多边谈判等内容可以加入到课堂分析当中。让学生体会在谈判当中各种重要因素对谈判的影响，以及如何在更大的视野下特别是在国际谈判中提升自己的谈判能力。

对于企业人士的培训，可以借鉴本书的内容框架和认知规律，对于有丰富商务谈判经历的人士，通过诱导和反思的方式，让他们自己悟出谈判的基本规律。

总而言之，本书提供了一个谈判教学和研究的知识框架，一个更加系统科学地认识谈判规律的知识体系。应该说市面上还没有任何一本谈判教学用书比本书更成体系、更能反映谈判的本质。

感谢为本书翻译（包括以往版本的翻译）做出贡献的各位同仁，他们是李凯仑、冯馨仪、张昕琦、王娜、郑雅静、诸子怡、祁媛、王文叙、马迪、杨东方、张金亮、董微、温珺、董鹂馥、杨伶俐、张丽娟、徐磊、金纯羽、张和、胡晓涵、韩天禄、崔丽、张野、杨汀、施琳琳、王旭、孙秉珂、曹瑾瑜等。同时，特别感谢中国人民大学出版社的石岩编辑。感谢大家齐心协力，贡献智慧和汗水。虽精心审校，但书中难免存在各种错误和疏漏，敬请读者批评指正。

王健
对外经济贸易大学教授
国际商务研究中心主任

前言

欢迎使用《商务谈判》第8版。

第8版在基本结构上没有做实质性的变化，我们继续强调谈判者的伦理，把它作为一个核心概念，每一个学生都应该仔细阅读并加以理解。

本书的新特点和内容的变化

熟悉以往版本的读者可能会注意到以下新变化：

- 整本书都做了修订和更新。作者审阅了每一个章节，吸收了大量使用前几个版本的教师的反馈意见。一些章节的内容全部重新组织和改写，以让内容呈现得更加紧凑。
- 为了继续努力提高本书的可读性，我们更新了很多特色内容，以反映谈判本身所具有的鲜活和灵动的一面。
- 我们在每一章的最前面列出了学习目标，把该章的框架和基本要点呈现出来。
- 最后，本书配有丰富的教学资源，读者可以联系出版社获取。[①]

致谢

需要再次强调的是，没有众多人的帮助，本书难以完成。在此，我们特别感谢谈判和冲突解决领域的许多同仁，他们在相关研究领域的努力让谈判领域的知识得到快速增长，他们针对以前版本的建设性反馈帮助改进了这个新版本。

- 约翰·明顿（John Minton）。他曾经帮助规划本书的第2版、第3版、第4版，不幸于2007年过世。
- 麦格劳-希尔教育集团的员工。特别是高级编辑迈克尔·阿布拉斯梅尔（Michael Ablassmeir），帮助我们处理几乎任何问题的后勤副总经理劳拉·斯皮尔（Laura Spell），内容项目经理梅丽莎·雷克（Melissa Leick），在Integra-CHI工作的马拉·萨斯曼（Marla Sussman）曾经给我们提供了诸多帮助。

---

① 限于篇幅，本书的参考文献放于中国人民大学出版社网站（www.crup.com.cn），读者登录查阅。本书配套教辅资源也可在该网站获取。

● 我们的家庭成员。他们一直给予我们更多的时间、资源和机会，以便我们能够持续不断地学习有效的谈判内容。得到他们的帮助是我们这个项目能够持续的关键。

罗伊·列维奇
布鲁斯·巴里
戴维·桑德斯

目 录

N E G O T I A T I O N

第1章

谈判的本质

学习目标

» 理解谈判的定义、谈判过程的关键要素以及谈判的不同类型。
» 探究如何运用谈判来处理人与人之间不同的相互依赖状况，实现各自的目标。
» 从更广泛的角度理解谈判如何在解决冲突中发挥作用。
» 了解本书的整体结构以及各章的主要内容。

“就这样吧！我受够了！这辆车彻底废了！”章阳咆哮着，用手重重打在他那辆有10年历史的三厢车的方向盘上。这辆车又无法发动了，章阳上课又要迟到了！他在这门管理学课上表现不佳，已经不能再旷课了。章阳意识到必须处理一下车的问题了，这辆车在过去的3个月里频繁出现各种机械故障，因此，他决定用这辆车换一辆二手车，希望能帮他顺利毕业。这天下课以后，他搭车到附近的购物区，那里有几个汽车修理厂，还有二手车停车场。章阳对车几乎一无所知，但他认为没必要知道那些，他所需要的就是一辆靠得住的交通工具，能帮他撑过未来的18个月。

一家国际航空公司濒临破产。对于恐怖主义的担忧、大量新的特价航班的出现，以及燃油成本的日益上涨，都将航空公司置于巨大的经济压力之下。该公司要从飞行员工会争取到削减8亿美元的工资和福利，这已经是两年之内的第三轮削减，目的是避免破产。由于被飞行员工会的首席谈判代表拒绝，这家公司想直接与民航飞行员协会的官员讨论削减事宜。如果飞行员工会不同意让步，那么其他的工会，如乘务员工会、机械师工会等，也不太可能同意让步，破产将不可避免。

珍妮特与乔斯琳是室友，她们在一个大城市工作，合住一套单卧室公寓。珍妮特在一家不错的公司有一份稳定的会计工作，但她认为该回到学校攻读MBA学位。她在大城大学报名参加了MBA的夜校课程，现在已经开始上课。乔斯琳在一家广告公司工作，正处于事业的快速上升期。她的工作不仅要经常出差，而且需要花大量时间与客户应酬。现在的问题是，珍妮特不在夜校时，就要在公寓里看书学习，需要安静的环境。然而，当乔斯琳在公寓时，通常花很多时间打电话、带朋友来家里聚餐。珍妮特对于乔斯琳的这种打扰自己生活的行为忍无可忍，准备与乔斯琳当面谈谈。

一个国家的政府正处于财政危机中，这是由于新当选的总统和立法机构之间的一场老式的“碰撞”，必须提高税收来支付政府服务，特别是提高纳税人中最富有的1%～2%的人的税收。相反，立法机构坚持要求总统削减政府开支，而立法机构中的政党偏向富人！此外，有一群立法局议员公开承诺不会同意加税，并担心在下次选举中放弃承诺会失去工作。如果这场危急不在几天内解决，财政末日就会到来。

阿什莉·约翰逊是一名非常优秀的应聘者，毕业于一所排名前25位的商学院。她很高兴，因为现在她已经顺利通过了一家大型日用消费品公司的第二轮面试，公司要她来总部面试，并安排她在一家四星级酒店入住，这家酒店以高品质设施和优质服务而闻名。由于航班延误，她很晚才抵达酒店，转天她6点45分起床，准备参加7点30分与公司高级面试官的早餐会。她走进淋浴间，拧开水龙头，水龙头居然掉到了她的手上！喷头里一点儿水都没有。显然，维修工正在对故障进行修理而关闭了水源，维修还没完成。阿什莉慌张起来，不知道应该怎样处理这一突发事件，确保45分钟之后的早餐会上保持良好的状态。

这些事件听起来是不是很熟悉？这些都是谈判的例子，包括即将发生的谈判，正在发生（进行中）的谈判，以及在过去已经发生的却对现在产生影响的谈判，这些案例都是我们在本书中将要处理的问题。

人们无时无刻不在进行谈判。友人们讨论去哪里吃晚餐，孩子们谈判决定看哪个电视节目，商务人士通过谈判决定购买原材料并销售他们的产品，律师在出庭前通过谈判解决法律纠纷，警察与恐怖分子谈判以求释放人质，国家间谈判为自由贸易开放市场。谈判并不只有资深外交官、高级销售员或热烈的游说者才会用到，相反，它是每个人几乎每天都会做的事情。尽管谈判所获得的利益并不像和平协议或大公司并购那样大，但是每个人都需要谈判。有时候人们为了一些重要的事情进行谈判，如一份新的工作，有时候只是为了不太重要的事情，如谁来洗碗。

谈判的发生通常基于以下几个原因：(1) 决定如何对有限的资源进行分享或划分，如土地、财产或时间；(2) 做任何一方都无法单独完成的事情；(3) 解决各方之间的问题或争议。有时候人们并未进行谈判，是因为他们没有意识到他们正处在谈判的情境中，他们选择了谈判之外的其他方式，结果也许未能达到他们的目标、得到他们需要的，或者如他们想的那样顺利地解决问题。还有些人虽然意识到了谈判的必要性，但是表现欠佳，原因是他们没能正确理解谈判过程，而且缺乏谈判技巧。我们希望你通过阅读本书，可以更全面地做好识别谈判情境的准备，更好地理解谈判是如何发挥作用的，以及了解如何计划、实施和成功地进行谈判，最为重要的是，要能够使你的谈判收益最大化。

1.1 本书的写作风格和研究方法

在我们对谈判这一复杂过程进行详细分析之前，需要说明一下我们将如何切入主题。首先，我们将简要地给出谈判的定义。谈判是“两方或多方进行讨论以满足各自不同利益的决策形式”(Pruitt，1981，p. xi)。另外，在本书中我们特别注意术语的选用。对大多数人来说，“讨价还价”(bargaining) 与“谈判”(negotiation) 是一个意思，但是本书中在使用这两个词时会做特别的区分。我们用“讨价还价”来描述竞争的、非赢即输的情境，如在旧货交易上砍价；我们用“谈判”表示双赢的情境，如在一场复杂的冲突中，双方试图找到一种彼此都能接受的解决方案。

其次，很多人认为谈判的核心是为达成协议而互相让步的过程。实际情况是，互相让步的过程的确非常重要，但谈判是一项非常复杂的社会活动，许多影响谈判结果的重要因素并不出现在谈判过程中，它们或者出现在谈判之前，或者影响谈判所在的情境。在本书的前几章中，我们将探讨谈判的原因、谈判作为解决冲突工具的本质，以及人们想达成协议时互相让步这一主要过程。在随后的章节中，我们将探究谈判的关键问题、谈判涉及的人员、谈判过程的差异，以及谈判情境如何增加谈判的复杂性。在本章末尾，我们将以一个全面的视角对全书进行概述。

再次，我们对于谈判的见解主要有三个来源：(1) 我们自己作为谈判者的亲身经历以及发生在世界各地人们日常生活中的大量的谈判活动。(2) 媒体（如电视、广播、报纸、杂志以及互联网）对于每天发生的实际谈判活动的报道。我们从媒体报道中摘出案例以强化本书的重点、见解以及启示。(3) 在谈判领域多个方面进行的丰富的社会科学研究。这些研究已经开展了60多年，涉及经济学、心理学、政治学、沟通、劳动关系、法律、社会学以及人类学，每门学科都是从不同的角度对谈判进行研究，每门学科都有自己的理论和对于谈判要素的研究方法，每门学科对于谈判的研究会侧重于某些方面而忽略其他方面，因此，对同一项谈判活动和谈判结果可能会从几个截然不同的角度进行分析。[1]单独来看，每种角度都是独特的但有局限性；综合起来看，我们就会获得丰富全面的动态观点。我们将所有这些研究的习惯做法纳入我们的谈判研究方法中。如果需要引用某位作者的主要理论或研究成果，我们会采取标准的社会科学研究流程，即在正文中标明引用作者的姓名和著作的出版日期，并在本书的参考文献[①]中标明完整的文献信息。如果还有其他的引用来源，或者需要做些评论，我们将在每章末尾以注释的形式给出。

本章我们首先介绍几个谈判的案例，包括未来的、现在的以及过去的。为加深读者对于谈判基础的理解，我们将讲述一对夫妻的故事——乔与休·卡特，以及他们生活中不太寻常的一天。在这一天里，他们将面临关于许多重要和不重要事件谈判的挑战。通过这个案例，我们要强调以下三个重要内容：

1. 谈判的定义以及谈判情境的基本特点。

2. 对于“相互依赖”关系的理解，即人与人之间、团体之间的一种相互关系，这种关系通常使他们需要进行谈判。

3. 定义冲突的动态性并探讨冲突的管理过程，并以此为基础探讨人们看待并应对谈判的不同角度。

1.2 乔与休·卡特

吃早餐时，休·卡特向她的丈夫乔问起今年夏天要去哪里度假，她想报名参加由大学校友会组织的旅游。然而，乔不愿意花两周的时间跟一大堆他几乎不认识的人进行这种有组织的旅游，相反，他想远离人群、喧闹，计划租一艘帆船沿新英格兰海岸游览。卡特一家并没有就此事发生争执，但显然他们这次遇到了一个实实在在的问题。他们的一些朋友会采取各自度假的方式来解决此类问题，但卡特夫妇都是全职工作，希望这次能够全家一起度假。

除此之外，他们还不确定孩子们（特蕾西和特德）是否愿意一同前往。特蕾西很想去参加体操训练营，特德则想待在家里，在社区做些工作，这样既可以为参加足球队做好准备，又可以用挣来的钱买一辆小型摩托车。如果既参加体操训练营又旅游度假则是一笔不小的开销，夫妇俩无力承担，但谁留下来照看孩子呢？出于安全的考虑，休反对特德购买摩托车。

开车上班的路上，乔还在思考这个问题，最让他头疼的是，似乎找不到什么好方法来有效地解决这一矛盾。对于有些家庭矛盾，他们能够想出折中的办法，而这一次大家所期望的是如此不同，一个简单的妥协是很难解决问题的。有时候他们会用掷硬币或轮流的方法来做决定，比如选择去哪家餐厅吃饭（乔和特德喜欢吃牛排，休和特蕾西更喜欢中餐），但这次的花费不小，而且度假的时间对于每个人来说都非常宝贵，简单地用掷硬币等方式就显得太不明智了，况且掷硬币的方式很可能使一方有受挫感，一场纷争有可能就爆发了，最后的结果可能是没有一个人满意。

在停车场乔碰见了公司的采购部经理埃德·莱恩。乔在一家名为 MicroWatt 的小型电动机制造厂担任工程设计部负责人。埃德提醒乔，他们必须解决一个由其部门的工程师造成的问题：工程师没有通过公司的采购部而直接与供应商进行联系。乔知道采购部

---

① 由于篇幅限制，参考文献部分放在网上，读者可在 www.crup.com.cn 上找到。

当然希望所有部门都通过他们与供应商取得联系，但他也知道，工程设计部的工程师因为要做设计必须尽快得到技术方面的信息，而如果通过采购部进行联系就太耽误时间了。埃德·莱恩知道乔对此事的看法，而乔认为如果他们俩能坐下来好好商量，或许能够找到解决问题的方法，并且他们都知道公司的高层管理者希望中层经理能够自己去解决彼此之间的分歧，如果这个问题被上级知道了，他们俩的日子都不好过。

刚到办公室，乔就接到了一位汽车经销商的电话。乔之前一直跟他讨论买新车的事情，那位经销商曾经问过休是否要试驾一下。乔看中了一款豪华型进口轿车，但他不太确定休是否喜欢他的选择，他觉得休可能会说车太贵了而且太不省油。虽然乔对经销商的最后报价很满意，但休认为经销商或许还能在价格上做些让步，因此他把休的想法告诉了经销商，希望借此给经销商施加一些压力，使他再降点价。

乔刚挂掉电话，电话就再次响起，这次是休打来的。休是当地一家银行信贷部的高级职员，她打电话向乔发泄自己对工作单位某些程序的不满。这家家族式银行的设备自动化程度太低，而且官僚主义严重，对客户的需求反应太慢，为这样的单位工作令休感到十分沮丧。别的银行一般在三个小时之内就可以审批贷款，而她所在的银行需要一周的时间。由于这种低效率和官僚化的手续，休已经丢掉了两笔大的贷款单子，但每当她与银行高层管理者讨论这个问题时，都会遭到反对，接着便是一番有关银行“传统价值观”重要性的说教。

乔的大半个下午都在开 MicroWatt 年度预算会议。他讨厌这个会议，财务部门武断地把每个部门的预算削减了 30%，然后所有的部门经理都不得不展开无休止的争论，为自己的新项目争取资金。乔已经学会如何与一些自己不怎么喜欢的人共事，但财务部门的人是最傲慢武断的，令人难以忍受。他不明白为什么公司高层意识不到这些人的行为会给工程设计部的研发工作带来多大损害。乔一直认为自己是比较通情达理的，但这些人的行为使他不得不与他们划清界限，斗争到底。

晚上，休和乔参加了他们所在镇的自然资源保护委员会会议，这个组织的任务之一就是保护镇上的小溪、湿地以及其他自然资源。休是该委员会的成员，她和乔都强烈认为应该对资源进行合理的保护和管理。当晚会议的议题是一家房地产开发公司提出的申请，即抽干一处湿地并填掉一条小溪来建造一个新的购物中心。所有的预测结果显示，该购物中心的建成将会扩大就业、吸引资金，并能大幅度地增加该镇的财政收入。新的购物中心可以给该社区带来生意，人们再也不用像现在这样开车 15 英里去购物。然而，反对者（由当地环境保护者和商人组成的联盟）却担心这将会严重威胁到市中心商业区，并会对自然湿地和野生动物造成严重影响。激烈的讨论持续了三个小时，委员会决定下周继续举行听证会。

在开车回家的路上，乔和休聊起了各自的一天，他们都觉得生活有点儿奇怪，有时候进展很顺利，有时候又过于复杂。入睡的时候，他们各自还在思考对当天发生的事情可以采取哪些不同的处理方式，而且很庆幸他们能够如此开诚布公地交流问题。然而，他们仍然不知道如何处理度假的事情或者摩托车……

1.3 谈判情境的特点

乔和休的故事告诉我们，很多问题都可以通过谈判来解决。我们当中的任何人都有可能在几天或几周之内遇到以上情形中的一种甚至几种。按照我们之前的定义，谈判是两方或多方进行讨论以满足各自不同利益的决策形式。因此，我们在本章后面部分将会指出，谈判是人们解决冲突的一种机制。无论是争战国家之间的和平协议，还是买卖双方、劳资双方的商务谈判，或是一位面试者想搞清楚怎样在一场关键面试前洗上热水澡，谈判情境具有基本相同的特点。谈判学领域中有广泛著述的学者们认为，所有的谈判情境都具有以下几个共同的特点（Lewicki，1992；Rubin and Brown，1975）。

1. 谈判主体为两方或多方，即两个或两个以上的个人、团体或组织。尽管人们也可以与自己进行谈判（如考虑周末是学习、打网球还是踢足球），但我们认为谈判是个人之间、团体之间或组织之间进行的一种活动。[2]在卡特一家的故事中，乔分别与他的妻子、采购部经理、汽车经销商进行谈判，而休也分别与她的丈夫、银行高级管理层以及自然资源保护委员会进行谈判，两个人接下来还都面临与孩子们就度假问题和摩托车问题进行谈判。

2. 谈判各方在各自需求上存在冲突，即其中一方的所需并不一定为另一方所需，因此各方必须寻找一种能解决此冲突的方法。乔和休所面临的谈判涉及度假、对孩子的照看、预算、汽车、公司流程、社区发放建筑许可证以及保护自然资源等。

3. 谈判各方通过选择决定谈判。也就是说，人们选择谈判的原因在于他们认为这样比不谈判或简单接受对方提供的结果要好。谈判从很大程度上讲是一个自愿的过程。这一策略是人们自愿选择的，极少数情况下是被迫进行的。正如 Kolb（2015）指出的，在许多情况下谈判是可能的，但双方没有意识到有机会进行谈判、接受或拒绝对方提出的要求。但是有时可以谈判，有时不能谈判。我们认为西方文化中大多数人并没有充分地进行谈判，如认为价格是不可谈判的，因此根本就没想过去讨价还价。

4. 人们在进行谈判时总是期望能互相让步，这也是谈判定义中最基本的内容。我们都希望对方能够对最初的开价、请求或要求进行修改。尽管谈判初期人们都努力地为自己的要求辩护，并迫使对方先行妥协，但最终的结果是，为了达成协议，双方都将对最初的开价做出修正。这种修正趋向双方立场的中间位置，即妥协。真正富有创造性的谈判不一定需要妥协，相反，双方可能开创一种达到所有人目标的解决方案。当然，如果各方并不认为需要谈判，他们就没有必要修改开价并相互让步。

专栏 1.1

New York Deli 餐馆的宣传语

“对于那些想在三明治上讨价还价的人来说，我们将非常乐意提高价格，这样我们就可以给他们打折了。”

5. 各方愿意通过谈判来达成协议，而非选择公然对抗、一方主导而另一方屈从、永远断绝联系，或者诉诸更高权力机构来解决问题。谈判通常发生于以下情况：当没有固定或既成的冲突解决方案或规则时，或者各方选择绕过这些规则时，他们就愿意通过修改各自的主张来解决冲突。各机构和组织都会采取一些政策和程序来对此进行应对和管理。租赁光盘的商店有针对光盘延迟归还的惩罚措施，通常情况下，人们会老老实实地支付罚款，然而，如果顾客觉得自己有充分的理由延期归还，那么他就有可能会对罚款的金额进行讨价还价。类似地，对于某个有可能协商解决的问题，律师会倾向于为他的客户进行协商解决或者辩诉交易而非在法庭上冒险，同样，法院也更愿意通过协商来解决某些争端，节省费用，让被告支付一定的罚金，而不是冒让被告因某些法律上的技术问题而被释放的风险。在前面所讲的卡特一家的故事里，乔采取了谈判的手段，而不是让他的妻子来决定度假的问题；他向汽车经销商施加压力迫使其降价，而不是直接接受经销商的报价；他与财务部门就削减预算带来的影响进行争辩，而非一声不响地接受安排。休不甘心接受现状，试图通过谈判的方式改变银行审查贷款的程序，并力图通过影响购物中心的建设计划来使环境保护者和商业人士都满意，而非放任他人来决定如何解决或者坐观此事诉诸法庭。但是摩托车的问题怎么解决呢？

6. 成功的谈判既包括对有形因素（如价格或协议条款），也包括对无形因素的妥善处理。无形因素是指在谈判过程中可能直接或间接影响谈判者的潜在心理动机，如：（1）要赢、将对方击败，或者避免输给对方；（2）要看起来好、有能力，或强硬；（3）要在谈判中坚守重要的原则或惯例；（4）要看起来公正、可敬，或者要维护个人声誉；（5）要在谈判结束后与对方维持良好的关系，主要是保持信任、减少不确定性（Saorin-Iborra，2006）。无形因素通常根植于个人价值和情感中。无形因素能够对谈判过程和谈判结果产生巨大影响，由于它们会在解决有关有形因素问题的过程中影响谈判各方对于是非或恰当与否的判断，因此，几乎不可能忽略无形因素。例如，乔可能不想让埃德·莱恩对采购问题感到气愤，因为在接下来的预算谈判中，他还需要埃德的支持，乔也不想在期待他给予支持的工程师面前丢面子，因此，对于乔来说，重要的无形因素就是要维持与埃德·莱恩的关系，并且在工程师面前表现得胸有成竹和强硬。

当谈判者无法知晓他们该如何影响谈判过程以及何时能够在有形因素方面占据谈判的主导地位时，无形因素就成为谈判中的一个主要问题。专栏1.2介绍了求胜心理会给谈判者带来什么问题。

专栏1.2

求胜心理何时会压倒理性决策

有时候谈判者迫切想要获胜的心理会压倒理性。马尔霍特拉（Malhotra）、库（Ku）和莫宁汉（Murnighan）三人列举了强生（Johnson & Johnson）和Boston Scientific之间为收购医疗器械制造商Guidant而展开大战的例子。Guidant当时正在召回23 000台心脏起搏器，并告知另外27 000名已经植入该心脏起搏器的患者向医生进行咨询。由这两个买家发起的竞价之战使得最终收购价定为272亿美元，比强生最初的报价高18亿美元。在召回事件之后，Guidant的股价从每股23美元跌至每股17美元。《财富》（*Fortune*）杂志随后将该收购案称为“无疑是史上倒数第二差”，排在倒数第一名的是美国在线（AOL）对时代华纳（Time Warner）的收购。

是什么因素激化了这种竞争性的行为并最终导致不明智的决定？三人得出如下几个关键因素：

- 竞争关系。当双方之间是强烈的竞争关系时，双方就更倾向于暂停理性的决策过程。
- 时间方面的压力。人为设定的最后期限或拍卖中存在的时间压力，都将谈判者推向快速（通常都是错误的）决策。
- 聚光灯。如果一个人的行为受到关注和评价，那么他就更有可能坚持自己的计划，并将投资进一步升级，而这样做只是为了使自己在大家眼里显得强大和强势（见第 11 章）。

- 律师在场。律师在法律纠纷中通常会有更为明确的赢或输的意识，因此，当争端的解决方案显而易见时，律师就有可能施加压力迫使客户想要去赢。

三人还提供了一些重要的建议，以减少或消除这些竞争性压力带来的负面影响，使谈判者做出更理性的决策。

资料来源：Adapted from Malhotra，Deepak K.，Ku，Gillian，and Murnighan，Keith J.，“When Winning is Everything，” *Harvard Business Review*，May 2008，78 - 86.

1.4 相互依赖关系

谈判情境最关键的一个特点就是，谈判各方是彼此需要的，这样才能达到他们想要的目标或谈判结果。也就是说，要想达到各自的目标，他们就必须合作，或者说，由于谈判的结果可能会优于独自行动的结果，因此他们选择共同行动。当谈判各方需要依靠对方才能达到各自期待的结果时，他们就是相互依赖的。

人与人之间的关系有如下三种类型：独立关系、完全依赖关系、相互依赖关系。独立各方能够在没有他人帮助的情况下达到自己的目标，相互之间是相对分离的、冷漠的、无关联的。完全依赖的谈判者要满足自己的需求，就必须依靠他人。由于依赖方需要对方的帮助或合作，他们必须接受并容忍对方的一时冲动或任何个性。例如，如果雇员在工资和薪金方面完全依赖某位雇主，那么这位雇员就必须按照雇主的要求工作并且接受所给的工资，否则，只能失去这份工作。对于存在相互依赖关系的谈判各方来说，最显著的特点是各自目标的密切关联性——各方都需要依靠对方才能实现自己的目标。例如，在一个项目管理团队中，个人是无法单独完成一个复杂项目的，通常情况下时间紧迫，单个人也没有能力独自完成。对于要完成任务的整个团队而言，其中的每一个人都需要依靠团队其他成员所贡献的时间、知识以及资源，而且大家的行动要一致。这里需要注意的是，各方的谈判目标相互依赖，并不意味着他们的需要完全相同。项目团队的每个成员都有不同的需求，但是他们又必须共同行动才能使每个人都达到目标。这种既趋同又冲突的目标关系，在很多相互依赖的关系群体中都存在。专栏 1.3 讲述了一位著名的职业运动员代理人眼中的相互依赖关系以及无形因素的重要性。

专栏 1.3

观点

我担任运动员的代理人大约 25 年了，甚至比他们中一些人的年龄还长。在这段时间里，我与这个行业的许多人建立了深厚的感情和友谊、合作的关系。几十年来，我们彼此之间达成了数十笔交易。这其中有争论、有竞争，有时也会有误解，然而最后，正如婚姻一样，我们仍然一起相处、共同前进、共同成长。这种基于长期信任和尊重的相互关系是极其珍贵的。

这种信任必须要去努力争取，这一点是我在 23 年前做第一笔生意时悟到的。我整个职业生涯的一个基本前提是，我要与同一群人反反复复地打交道。这意味着我不仅要时刻考虑我目前正在经营的生意，还要考虑到与对方长期的生意，因此我需要把对方看成一个潜在的合作者，而不是要去战胜的敌人。

如果人们不想盈利，就不会有这样一个行业。我认为每一个运动员都应该得到他应得的报酬，但这只是等式的一边，等式的另一边取决于所有者是否认为其投资能够带来收益。

这也不是谁胜谁负的问题，最终大家都会走向合作，我们每个人都会关心对方的成功与健康状况。我需要也希望专业的体育运动能够经受考验并繁荣兴盛，而各个体育联盟也需要我们能够稳定地提供高质量的运动员。各方都能够对对方有所帮助，因此，各方之间是彼此依赖的。

在任何一个双方有反复生意往来的行业中，或者任何谈判中，保证你与对方的关系能够完好无损地发展下去，通常都需要保持一种平衡。这并不是建议你一定要牺牲自己的利益而屈从于对方，但有时候正是出于自己最佳长期利益的考虑，你必须在谈判桌上做出让步，特别是当对方所犯的错误对你有利的时候。

没有人愿意被别人利用。人非圣贤，我们都有可能犯错误。无论花多少心思准备，仍然不可能在谈判中对每个因素都考虑周全。谈判过程中，有时候谈判者会发现自己在计算或理解时出现了错误，并要求对错误之处进行修改。也可能在谈判中已经对交易条件达成一致意见，而这时对方发现了一处错误，请求你让他免受该条款的束缚。你不必非要答应他，你可以坚持让他签订这个条款，但是你需要问问自己：是否值得这样做？我在这场谈判中的所得是否值得我失去对方以后再跟我合作的意愿？在大多数情况下，长期的合作关系远比短期的收益更有价值。有时候对方可能犯了错误却没有意识到。有时候对方的总经理或所有者在计算时出现一个严重的错误或疏忽，而我能够轻易地利用这一点来击败对方。

我并没有这样做。对方暴露了他的软肋，而我并没有落井下石，我甚至会指出他的错误。我这样做是因为如果我趁机捞他一笔，他最后还是会发现的。尽管我可能会在这笔生意中大发横财，但是我可能因此破坏了我们之间的合作关系，而非常有可能的是，以后再也不可能跟对方有生意往来了。还有一种可能性是，这次失误可能会使对方丢掉工作，肯定会另有人接替他的职位，这个新对手有可能更难对付，或者想要为他前任的事情报复我。

资料来源：Steinberg，Leigh，*Winning with Integrity*. New York，NY：Random House，1998，217－218.

相互依赖关系的不同类型对谈判的影响

谈判各方目标的相互依赖性以及他们所处的情境不同，对于谈判过程和谈判结果有很大的影响。如果他们的目标是相互联系的，并且只有一方能够实现目标，如赛跑只能有一个冠军，这就是竞争性情境，也即“零和”或“分配”情境，谈判各方相互联系，彼此目标的实现具有负的相关性（Deutsch，1962，p. 276）。这种情境还表现在谈判各方想要对有限的或稀缺的资源进行分割，如一笔钱或固定的一个时间段。如果一方实现了自己的目标，那么另一方目标的实现就会受阻。相反，如果谈判各方的目标是相互联系的，一方目标的实现能够促进另一方目标的实现，那就是互利型情境，也称为“非零和”或“整合”情境，这时双方在目标实现上存在正相关性。例如，某人是位出色的作曲家，而另一位是优秀的作词家，他们合作就能创作出优美的轰动百老汇的音乐剧——单独的曲调和歌词是很好的，如果合在一起，就会更加精彩。在这种情形中，一方目标的实现并不一定会阻碍另一方，事实上还可能极大地促进另一方目标的实现。在 1.6 节“价值申明与价值创造”部分和第 2 章、第 3 章中，我们将针对相互依赖关系的不同类型讨论相应的策略。

替代方案影响相互依赖关系

在本节开头我们谈到，谈判方选择共同行动是因为这样的结果可能会优于不合作的结果，因此，我们对于相互依赖关系的判断在很大程度上需要考虑共同行动的替代方案。罗杰·费希尔（Roger Fisher）、威廉·尤里（William Ury）和布鲁斯·巴顿（Bruce Patton）（1991）在他们的畅销书《谈判力》（*Getting to Yes*：*Negotiating Agreement without Giving In*）中强调，“在谈判中是否应当同意某个条款，完全取决于你所拥有的替代方案的吸引力大小”（p. 105）。他们将这种替代方案称为“最佳替代方案”（best alternative to a negotiated agreement，BATNA），并建议在谈判中每位谈判者都要了解双方的最佳替代方案。最佳替代方案的价值往往与当前谈判中可获取的解决方案相关。通过 BATNA 可以与其他人建立起独立的、完全依赖的或者相互依赖的关系。例如，还有一个月就将毕业的学生目前只有一个工作机会，而且工资远远低于他的预期，那么他只有两个选择：要么接受这份工作，要么失业。他不可能让用人单位给他更高的薪水。[3]另一位同学有两个工作机会，那么他就可以在这两份工作之间进行选择，他不仅可以做出选择，而且能够用这两个工作机会来使两位雇主展开竞争（要求雇主 A 将工资提高到雇主 B 以上），这样就可以使谈判结果得到改善。请记住，每个可能的相互依赖关系都有替代方案，谈判者通常可以说“不”，然后走开，尽管这个替代方案可能没有那么好。我们将在第 2、3、4、7 章中继续讨论 BATNA 的作用和使用方法。

1.5 相互调整

当谈判各方是相互依赖关系时，他们就需要找出解决分歧的方法。他们可以影响对方的谈判结果和决定，同时，他们自己的结果和决定又能为对方所影响。[4]这种相互调整的关系会随着双方的相互影响贯穿谈判的整个过程。[5]我们要意识到，谈判是一个随时间不断变化的过程，相互调整则是谈判情境不断变化的一个关键原因。[6]

让我们重新回到休·卡特在当地银行的工作处境。休宁可辞去现在的工作到另一个城市的银行工作，也不愿意继续忍受贷款批复的延迟，因为这意味着她将失去贷款的单子并且拿不到奖金。她的上司马克斯觉得休很适合这个职位，也打算让她继续做这份工作，现在马克斯和休正在就休的薪水问题进行协商。招聘广告上把这份工作的薪水描述得比其他公司更加诱人。休与丈夫乔讨论了这个问题，随后又查看了她所在州银行贷款职员薪水方面的数据，她认定如果薪水低于 70 000 美元就不会接受这份工作。休决定先不说明自己所能接受的最低薪水，她猜想银行支付的薪水不会比她要求的更多，那么她提出的这个最低薪水肯定会很快被接受，而且她知道，如果马克斯准备支付的薪水比 70 000 美元低得多，要提出比 70 000 美元更高的薪水就会十分困难。休也考虑过将她心目中的理想薪水（80 000 美元）告诉马克斯，但是她担心马克斯会因此把她看成自以为是或者无礼的人。如果真是这样，那么马克斯就有可能拒绝雇用她，或者即使在薪水问题上同意了，也会认为休太过高估自己的价值和能力了。

让我们来进一步看看事情的来龙去脉。休对于薪水的想法部分取决于该地区同一职位的薪水，但也要取决于她对于马克斯如何应对自己的预期。休意识到自己的做法会对马克斯产生影响，同样，马克斯以后对于她的态度会受到她现在的做法的影响，因此，休正在估计自己的行为造成的间接影响。进一步来说，她知道马克斯对所有这些都很敏感，会将休提出的任何要求视为初步的而非最终的报价。为了避免这一预期看法，休可能会试着提出一个比她可接受的最低薪水要高但又比理想薪水低的数字。休正面临抉择，不仅得考虑自己的行为将会如何影响马克斯，还要考虑马克斯如何回应自己。此外，休也知道马克斯认为她会这样做，并据此来做出决定。

读者可能会怀疑人们是否真的会注意到谈判中的这些细微差别和复杂性。当然，谈判者大多数情况下都不会这么做，否则在思考各种情况的可能性时就会一团糟。然而，这种思考方式的确可以帮助谈判者对谈判的走势做出预测，随着对方的变化，谈判出现了某种形式的相互调整，最后趋向合意。高效的谈判者需要了解人们如何根据自己的行为和对方的反应对谈判进行调整和再调整，并了解谈判中可能出现的转变。

人们可能会认为，对于谈判双方相互调整的最佳战略的假设前提是：所掌握的对方信息越多越好。不过也有这种可能，那就是信息太多会导致困惑（Beisecker，Walker and Bart，1989）。例如，假设休知道她所在州和地区的办事员、主管以及管理人员的平均工资水平，这些信息是有助于她做决定，还是会扰乱她的想法？事实上，即使了解了这些信息，休仍然有可能不知道自己该要求多少薪水，顶多知道一个薪水底线。这种情形在谈判中十分普遍。谈判双方都对解决方案设定了一个可以接受的界限（他们愿意接受多高和多低），然而，在这个范围内，任何一方都不能确定最合适的方案定在何处，因此，他们需要交换信息并尝试相互影响，最终使问题得到解决。谈判双方必须通力合作，将彼此的需求都考虑进去，最好的结果是使双方的收益都达到最优化。[7]

相互调整与做出让步

谈判方通常一开始就会表明自己的立场和最期望的解决方案，希望对方能够接受，但不会认为这种接受是干脆痛快的（在我们对于谈判的定义中，最重要的一点就是期待能够互相让步）。如果对方不乐意接受这个开价，那么谈判者就要为自己的这一开价辩护，并对对方的建议进行批判。各方在反驳时都会建议对方对开价进行修改，也可能包含对自己所提方案的调整。当一方同意对自己的方案进行调整时，让步过程就产生了（Pruitt，1981）。让步限制了达成协议或解决方式的选择范围。当一方做出让步时，谈判空间（与可接受结果的差距）就会进一步缩小。例如，休希望的起薪是 80 000 美元，但她将这一要求降低到了 75 000 美元，因此，她就不可能得到 75 000 美元以上的工资。在进一步退让将工资降到 75 000 美元以下之前，休可能会想了解一下银行方面是否愿意在薪资方面做些改善。

相互调整中的两个困境

如何运用让步向对方作提示，以及如何从对方的让步中读出信号，并不是容易的事，特别是在谈判双方缺乏信任的情况下。哈罗德·凯利（Harold Kelley，1966）提出了谈判者面临的两大困境，可以帮助我们理解其原因。第一个困境是诚实困境，即该向对方吐露多少实情（其中的道德因素我们将在第 5 章中阐述）。一方面，将自己的真实处境一五一十地告诉对方，可能会使对方有机会利用它；另一方面，如果完全不告诉对方你的需求和想法，则会使谈判陷入僵局。那么究竟应该告诉对方多少真相呢？如果休告诉马克斯她能够接受 70 000 美元的工资，但最好是起薪 80 000 美元，那么很有可能马克斯就会以 70 000 美元的薪水雇用休，而把原本可能要付给她的更多的钱用到其他地方。[8]然而，如果休不告诉马克斯自己关于薪资的期望值，那么马克斯就很难了解休期望的以及能够接受的薪资水平，那么他可能会根据该职位前任的工资来提出薪资，看看休接下来会如何反应。

凯利提出的第二个困境是信任困境，即谈判者应该在多大程度上相信对方所说的话。如果对于对方所说的，你全都相信，那么对方可能会利用你；如果你丝毫不相信，那么双方在谈判中将很难达成一致。对于对方所说的话究竟应该相信多少，取决于很多因素，包括对方的声誉、以前对方对待你的方式，以及在当前环境下对对方承受压力情况的清晰了解。如果马克斯告诉休，未经公司上层批准，他能够开出的最高薪水是 65 000 美元，休到底该不该相信他？由此可见，分享信息和辨认信息并不像人们想的那样容易。

通过提供信息和做出让步来寻求最优的解决方案，这在很大程度上是以相信自己被诚实公平对待为前提的。例如，一项研究表明，双方的诚实增加了双方再次谈判的意愿，增加了他们达成协议的可能性（Fleck，Volkema and Vaccari，2017）。谈判中有两种方法可以帮助建立这种信任：对谈判结果的感知以及对谈判过程的感知。通过影响谈判中甲方对于乙方所提方案的看法，乙方可以帮助甲方提升信任感，这就是对谈判结果的感知。如果马克斯能使休相信，尽管工资低一些，但她有可能得到升职的机会，奖金也会很丰厚，那么休也许会欣然接受较低的薪水。谈判过程的信任感知可以通过树立开价和让步过程中的公平与互惠的形象来加以改善。如果一方提出的若干方案都被对方否定，而对方又没有提出任何方案，那么前者就会感觉受到了不合理对待（做法不妥），并可能终止谈判。在一方做让步时，如果对方也回应一个让步，那么前者就会更加信任对方。事实上，人们普遍认为在谈判过程中让步是必然的。我们在培训研讨班上对来自 50 多个国家的谈判者进行询问，看看在他们的文化中是否认为谈判中会出现让步，所有人的回答都是肯定的。这种相互让步的模式并不仅仅是谈判特有的，同时它也是大多数相互依赖关系中合作解决问题的重要方式。[9]对谈判的满意度不仅取决于实际的谈判结果，而且取决于谈判协议的达成过程。剔除甚至是刻意减少这种相互让步的过程（一些法律和劳工管理方面的谈判策略就试图这样做[10]），实际上是缩短了该过程，其结果可能是破坏了相互信任的基础，并降低了达成令双方都满意的谈判结果的可能性。

专栏 1.4

增进理解的重要性

了解你的谈判对手的观点对于谈判取胜非常重要。如果你对于谈判结果的预期是基于错误的信息，那么谈判对手可能就不会认真地对待你。以下面的故事为例。

在一场招聘面试结束之时，面试官问踌躇满志的MBA学生：“你期望的起薪是多少？”

MBA应聘者回答：“我期望的起薪是年薪大约150 000美元，还要取决于贵公司的福利待遇。”

面试官说：“嗯，福利待遇包括5周假期、14天带薪休假、全额的医疗和牙科治疗补贴，按你工资的50%计算退休金，以及公司每两年租给你一辆新车，比如红色保时捷，怎么样？”

MBA应聘者吃惊地回答说：“哇！你不会是在开玩笑吧？”

“我当然是在开玩笑，”面试官回答说，“但这是你先开始的。”

1.6 价值申明与价值创造

在前面部分，我们将相互依赖关系分为两种类型：零和与非零和。零和或分配式情境是指只有一个赢家或者一方想在有限的资源中获得更大的比例，如一定量的原材料、资金、时间等。相反，非零和、整合式或共赢情境则是指谈判中的多方都可以达到自己的目标。

相互依赖关系的不同类型决定了谈判者所用的策略不同。分配式情境迫使谈判者必须在竞争中取胜、击败对方，或者尽最大努力在固定的资源中赢得最大份额。要达到这些目标，谈判者通常采取非赢即输的战术策略，这种谈判方式叫作分配式谈判。谈判者意识到在这种情形下只能有一个赢家，并且努力想要成为那个赢家。此种谈判方式的目的就是价值申明，即采取一切必要措施来赢得胜利、获得最大份额，或者争得尽可能大的比例（Lax and Sebenius，1986）。例如，在旧货交易时购买一辆旧汽车或一台冰箱。在第2章我们将全面阐述分配式谈判的战略战术，即价值申明的过程，此过程中涉及的道德伦理将在第5章中讨论。

与分配式情境不同，整合式情境中谈判者采取双赢的战略战术，这种谈判方式叫作整合式谈判。谈判者寻求双方都能做到且达到各自目标的解决方案。此种谈判方式的目的是价值创造，即寻求使各方都能实现目标的方法，有可能是发掘更多的资源，或者是找到特别的方法分享并合作使用现有资源。例如，策划一场婚礼，使得新娘、新郎以及双方的亲属都能够既开心又满意，同时宾客也能够度过一段美好的时光。我们将在第3章全面阐述整合式谈判的战略战术。

如果能把所有的谈判问题都归结为这两种类型，并据此讨论针对每种谈判问题应当采取的战略战术，那就会比较简单。然而，现实中大多数的谈判都是价值申明和价值创造的结合体，这意味着：

1. 谈判者必须对谈判的具体情况做出判断，在分配式谈判和整合式谈判之间，究竟哪种方式所占比例更大。一般来讲，采取分配式谈判更为合适的情况是：当谈判是对于有限资源和时间的争夺，或与对方很可能是竞争关系，或者在未来不存在与对方有联系的可能。除此之外的情况都应当采取整合式谈判。

2. 谈判者应当兼具使用两种方式的能力。谈判者不仅要能够识别出何种情况下更适合用何种方式，还必须能够在使用这两种方式时具备同样的能力。不存在绝对最优的、首选的或者正确的谈判方式，谈判策略的选择要能够与谈判环境相适应，这在我们之后讲述关于“冲突”的部分时会详细解释。更为重要的是，如果大部分的谈判问题都是既包含价值申明，又包含价值创造，那么谈判者就必须在运用两种方式时都做到从容不迫。

3. 谈判者对于谈判情形的判断往往会偏向于把问题看成比实际情况更具分配式或竞争性。准确判断谈判各方相互依赖关系的性质，对于谈判的成功具有十分关键的作用。然而，大部分谈判者并不能够对谈判情形进行准确的判断。在谈判时人们会带有各种成见，以前的经历、个人性格、情绪、习惯以及对于如何进行谈判的看法，都会对随后的谈判产生深刻影响。此外，研究还发现，人们在看待和判断相互依赖关系时会有一些惯常的偏见。[11]我们在第 6 章中会更全面地讨论这些偏见，在这里要强调的是其中最为突出的偏见，即把相互依赖关系看得比实际情况更具分配式或竞争性。这会导致人们把谈判问题假定为更具零和性，并在解决问题时过度使用分配式战略。其结果是，在谈判结束时，谈判者往往发现了许多未主张的价值，这是因为他们没有能够识别出价值创造的机会。

谈判者一般会把问题看得更具分配式和竞争性，并且未能充分运用整合式战略和价值创造过程，这说明现实中的很多谈判没能产生最优的结果。相互依赖关系中成功合作的最关键一点就是能够达到协同与配合，即“整合的结果大于各项相加之和”。有很多这方面的例子，如在商务领域有许多研究与开发方面的合资项目，目的是将不同产业、不同学科或专长的专家聚集在一起，以超越各自公司自身所能，发挥他们最大的创新潜力。在医药、交通、计算机等新技术领域也有许多例子。光缆领域是由光纤领域的研究专家和电线、电缆制造方面的专家主导的，这些领域在以前没有任何交集或接触。新医疗器械和医疗技术方面也有很多项目，都是由生物学家和工程师合作主导的。在这些领域里，相互依赖关系在各方之间形成，而这些企业的创建者则成功地运用了本书所介绍的谈判技巧，提高了成功进行价值创造的可能性。

价值创造可以采取不同的方式，此过程的核心是发掘谈判者之间的差异（Lax and Sebenius，1986）。谈判者之间的关键区别有以下几点。

1. 利益点的差异。很少有谈判者能够在谈判中对所有事项给予同样的重视程度。例如，在讨论薪酬福利时，企业可能更愿意在提供奖金而不是工资上妥协，这是因为奖金具有灵活性，而工资是一项长期的费用支出。广告公司可能很乐意在广告创意上做出妥协，但在广告投放方面十分保守。在不同的利益点之间寻找共通性，是解决价值创造困惑的关键。

2. 对未来的不同判断。在对同一事物现在价值和未来价值的评估上，人们会持不同的观点。如一块沼泽地对于辛辛苦苦挣得工资的你来讲究竟是不是一项好的投资？有人会把它想象成未来的住所和游泳池，而有些人则会担心深受虫害侵扰的严重问题。房地产开发商努力工作就是为了证明：那些现在估价低的房产，将来会有升值的潜力。

3. 在风险承受力方面的差异。人们所能承受的最大风险是不同的。一户年轻的、供养三个孩子的单收入家庭所能承受的风险要比步入中年、没有孩子需要抚养的双收入家庭小一些。现金流存在问题的公司比现金充裕的公司在业务拓展方面所能承受的风险也要小。

4. 在时间偏好方面的差异。通常情况下不同的谈判者受时间影响的方式也不同。有些谈判者可能期待即时的收益，有些谈判者则乐意将收益推迟至未来。有的人希望立刻解决问题，有的人则不想对现状做任何改变。在时间偏好方面的差异能够在谈判中起到价值创造的作用。例如，汽车销售员希望在周末前达成交易以便获得公司的特别奖励，而潜在买主则希望在六个月之内的某个时间买车。

总之，虽然通常情况下价值是在谋求共同利益时创造出来的，但是利益的差异也可以构成价值创造的基础。谈判的核心是通过寻找各方利益的共同点以及差异点来实现价值创造，并在此基础上签订协议。但是，利益的差异可能看起来是不可克服的，而且是达成协议的障碍。因此，谈判者还必须学会如何有效地管理冲突，这样才能既寻求共同利益最大化，又能照顾到各方的差异。在接下来的部分，我们着重探讨冲突的管理。

1.7 冲突

在相互依赖关系中各方可能出现冲突。冲突可能源于双方在需求方面的强烈分歧或者彼此之间的误解。当双方都想要达到同一个目标且都希望获得一样的结果，或者双方希望获得的结果截然不同时，冲突就产生了。不论冲突发生的原因是什么，谈判都可以在有效解决冲突方面发挥重要作用。在本节中，我们将对冲突进行定义，讨论冲突的不同层次及冲突的积极作用和消极影响，并讨论有效管理冲突的策略。

冲突的定义

冲突可以定义为“在利益、观点等方面的截然不同或对立”，它包括“人们感觉到存在利益分歧，或者认为各方当前的期望不能同时实现”（Pruitt and Rubin，1986，p. 4）。冲突来源于“相互依赖的各方认为彼此的目标是不相容的，并且会影响对方达成自己的目标”（Hocker and Wilmot，1985，p. 12）。

冲突的不同层次

理解冲突的一种方法就是对其进行层次划分。通常冲突分为如下四个层次。

1. 自我冲突或内心冲突。这种冲突存在于个人，可能来自相互冲突的观点、想法、情感、价值、倾向或动机。我们非常想吃冰激凌，但是又知道这会令人发胖。我们对上司不满，但是又不敢表达出来，因为我们可能会因违抗上司而被解雇。内心冲突的动态机制通常是由心理学的子学科，如认知心理学、人格理论、临床心理学或精神病学研究的（Bazerman，Tenbrunsel and Wade-Benzoni，1998）。本书有时会涉及谈判者内在的心理动态（如第6章和第15章），但不涉及自我冲突这一方面。

2. 人际冲突。冲突的第二个层次存在于人与人之间。人际冲突出现在同事之间、夫妻之间、兄弟姐妹之间、舍友或邻居之间等。本书大部分的谈判理论正是基于人际谈判方面的研究，并将直接研究人际冲突的管理与解决。

3. 组织内冲突。冲突的第三个层次存在于一个组织内部，如一个团队、工作小组、家庭成员、班级、生活圈子以及部落等。我们之所以研究组织内冲突，是因为它会影响组织做决定的能力，并对组织有效运作、解决分歧以及有效实现目标产生影响。我们将在第 11、12、13 章讨论组织内冲突的不同形式。

4. 组织间冲突。这是冲突的最后一个层次，发生在组织之间、民族之间、交战的国家之间、世仇家族之间，或是分裂的、分崩离析的社会团体之间。这个层次的冲突非常复杂，因为参与人数众多，而且相互间交往方式多样化，处在这个层次的谈判是最为复杂的。我们在本书中会讨论组织间冲突的本质，并在第 11 章和第 13 章详细阐述。

冲突的积极作用与消极影响

大多数人都会认为冲突是不好的，或是起负面作用的。这种观点包括两个方面：第一，冲突表明某些事出现了差错或有待解决的问题；第二，冲突会产生极具破坏力的后果。多伊奇等（Deutsch，et al.，1973）[12]详细研究了导致冲突具有这种破坏性形象的几种因素。

1. 竞争性、非赢即输的目标。各方之所以竞争，是因为他们认为彼此是相互依赖的，他们各自的目标是相对立的，而且不能同时实现。[13]竞争性目标导致人们采取竞争性的过程来实现这些目标。

2. 误解与偏见。冲突进一步激化的结果就是人们的观念开始扭曲——人们固执地以自己对冲突的看法来看待事物，要么支持，要么反对，人们的思想开始变得死板并带有偏见——认可赞同他们立场的人，彻底排斥反对他们的人。

3. 情绪化。当人们变得焦虑、恼怒、烦恼、生气或者沮丧时，其对于冲突的处理就会变得情绪化，情绪战胜了理性的思考，当冲突升级时，人们会变得更加恼怒。

4. 沟通的减少。有效的沟通与冲突成反比关系。彼此意见相左，沟通就更少；反之，意见一致，则会沟通更多。即使有沟通，常常也是要击败、诋毁对方，揭示对方观点的错误，或者为自己之前的观点增加砝码。

5. 问题不够清晰。冲突的核心问题由于没能很好地界定而不够清晰。交流中存在大量抽象、笼统的表述。冲突变成了一个漩涡，将无辜的人卷进来。人们不清楚冲突从何而起、真正的原因以及如何应对。

6. 僵化的承诺。人们会坚持自己的立场。当对方向他们提出挑战时，他们坚守自己的观点而不愿意退让，害怕丢面子或者看起来愚蠢。思维变得僵化，看待问题的方式过于简单，不顾问题的复杂性和多面性而把问题看成是非此即彼的（请参考本章开头的陷入僵局的政府谈判的例子）。

7. 放大彼此差异，减少相似点。当人们局限于自己的主张而使冲突问题变得模糊时，他们就会将对方及其立场视为完全对立的。那些将他们区别和对立起来的因素变得更为重要，而彼此之间的相似点却被忽视并极力贬低。这种扭曲导致人们认为彼此之间的关系更加疏远（与事实相比），因此他们就不去尽力寻找彼此的共同点。

8. 冲突的升级。随着冲突的不断发展，各方越来越固守于自己的观点，不愿意接受和容忍对方，心存戒备且不乐意交流，更加情绪化。结果，为了在这场冲突中取胜，他们继续坚守自己的立场，想通过增加投入来获胜，在压力中仍坚守自己的立场。各方都相信通过施加更大的压力（如资源、承诺、热情、精力等）就能够迫使对方屈服。然而，那些最具破坏性的冲突事件表明，事实并非如此。冲突不断升级，各方都想取胜，结果就是冲突进一步加深，双方都无法解决，甚至无法再继续合作下去。

上面讲的是通常情况下升级的、两极分化的以及难以应付的冲突过程（第 17 章也会讲到)。冲突也可能会有许多积极因素(Coser，1956；Deutsch，1973)，表 1-1 列举了几种情形。冲突不是简单地只具有破坏性或者益处，而是二者兼而有之。我们的目标不是消除冲突，而是学会管理冲突，控制冲突的破坏性因素并利用有益因素。谈判就是一种有效管理冲突的策略。

表 1-1　冲突的有利之处

● 对冲突进行讨论使组织内成员更能意识到问题所在，并提高处理问题的能力。了解他人的困惑和渴望改变的想法，能够成为促进解决深层问题的动力。
● 冲突将会给组织带来变革和适应。程序、任务、预算分配等组织内的一般做法都将受到挑战。冲突把人们的注意力集中到这些可能影响并困扰组织成员的问题上。
● 冲突可以增进关系、鼓舞士气。组织内的成员意识到他们之间的关系很好，能够经受住冲突的考验；他们无须回避那些困扰和问题，可以通过讨论和解决问题来缓解紧张局面。
● 冲突促进人们对自己和他人的关注。通过冲突，人们将会了解使他们恼怒、困扰和恐惧的原因是什么，并且对他们而言什么才是重要的。意识到自己想要争取的是什么，会更加深刻地了解自己；意识到对手为何事而忧，也有助于了解他们。
● 冲突有利于个人发展。通过冲突，主管了解自己的行为方式是如何影响下属的，而员工也知道为了提升自己，需要提高哪些技术和人际交往技能。
● 冲突促进心理上的发展。冲突帮助人们在自我评价时更准确、更贴近实际。通过冲突，人们变得不那么以自我为中心，能从他人的视角看待问题。人们不仅要能够忍耐敌对和困扰，而且要努力改善这种情况。
● 冲突具有激励作用且充满乐趣。人们在冲突中受到激励并具有参与感，这可能是通向一种和谐氛围的开端。冲突使员工从全新的视角来欣赏冲突各方之间错综复杂的关系。

资料来源：Tjosvold，Dean，*Working Together to Get Things Done*：*Managing for Organizational Productivity*. Lanham，MD：Lexington Books，1986.

影响冲突管理难易程度的因素

表 1-2 向大家展示了冲突判断模式，其中包括分析冲突时用到的几个维度。该模式对于任何冲突都适用，并能帮助判断争端解决的难易程度。如果某个冲突具有更多的“难以解决”栏中的因素，那么解决起来就比较困难；如果某冲突的特点主要属于“易于解决”一栏，就会比较容易解决。

表 1-2　冲突判断模式

维度	观点	
	难以解决	易于解决
问题所在	原则性问题：价值观、道德观或是问题的关键部分	可细分的问题：容易将问题细分为若干部分
资金的多少：赢或输的资金的数量	资金量大：后果严重	资金量小：后果轻微或不重要
各方关系的相互依赖性：一方的结果对另一方的影响程度	零和：一方赢，另一方则输	双赢：双方都认为能够取得比现状更好的结果，而不是对现状结果简单地进行分配

续表

维度	观点	
	难以解决	易于解决
交往的连续性：以后是否还会继续合作？	单次交易：以前没有交往过，以后也不会再有	长期关系：期望以后继续合作
各方的格局：团队内部是否紧密团结、有组织	无组织的：不紧密团结，领导力弱	有组织的：紧密团结，领导力强
第三方介入：其他人能否参与进来帮助解决争端？	没有中立第三方	能够找到可信赖、掌握权力、有威望的第三方
主观上对冲突的评价：平衡的（利弊均等）或失衡的（利弊不均）	失衡的：一方感觉利益受损而想要报复，另一方得利而想要保持控制权	平衡的：双方都得到同等的利益和损失；双方都认为这是个平局

资料来源：Adapted from Greenhalgh, Leonard, "Managing Conflict," *Sloan Management Review*, vol. 27, no. 6, 1986, 45-51.

1.8 对冲突进行有效的管理

目前学术界推荐了许多冲突管理的模式，并且权衡谈判者运用这些模式的倾向。[14] 每种模式都采取了相似的二维模型，但对五个关键策略采用了不同的名称和描述。我们选用迪安·普鲁伊特（Dean Pruitt）、杰弗里·鲁宾（Jeffrey Rubin）和金（S. H. Kim）1994 年提出的框架。

这种二维模型称为双重关注模型（如图 1-1 所示）。该模型假定冲突中的个体有两种独立的关注维度：对于自己利益的关注（图中横轴表示），对于他人利益的关注（图中纵轴表示）。这些关注可以表示为从无（表示极低的关注）到高（表示极高的关注）之间的任何一点。纵轴通常代表合作程度，而横轴则代表独断程度。谈判者越关注自己的谈判结果，则越有可能采取图中右边的策略，而他们越不关注自己的谈判结果，则越有可能采取图中左边的策略。类似地，谈判者越强烈地允许、鼓励甚至帮助谈判对方取得其谈判结果，则谈判者越有可能采取图中上方的策略，而谈判者越不关心谈判对手的谈判结果，则他们越有可能采取图中下方的策略。

理论上讲，在这个二维空间里，基于对自己利益和他人利益关注程度的不同，我们可以找到无数的点，但是通常认为有以下五种主要的冲突管理策略。

1. 争夺（也叫作竞争或者占优）策略，位于图的右下角。采取该策略的人对自己的利益非常关注而无视他人利益能否实现。正如普鲁伊特和鲁宾（1986）所说，“采取该策略的一方，不仅坚持自己的主张，而且试图说服他人屈从于自己”（p. 25）。威胁、惩罚、胁迫和单方行动都属于争夺策略。

2. 退让（也叫作通融或助长）策略，位于图的左上角。采取该策略的人，并不关心是否实现了自己的目标，却非常关心对方的利益所得。这包括降低自己的期望以使对方获胜并实现对方的目标。对一些人来说，退让可能是很奇怪的策略，但它确实在某些情形下有其特定的优势。

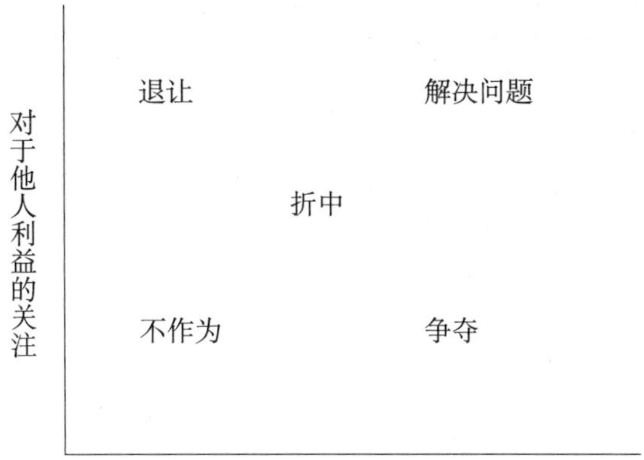

图 1-1　双重关注模型

资料来源：Pruitt，Dean G.，Rubin，Jeffrey Z.，and Kim，Sung H.，*Social Conflict*：*Escalation*，*Stalemate*，*and Settlement*，2nd ed.，New York，NY：The McGraw-Hill Companies，1994.

3. 不作为（也称逃避）策略，位于图的左下角。采取该策略的人既不关注自己的利益，也不关注谈判对方的利益。不作为策略通常等同于退缩或消极地听之任之，行动者倾向于选择退却、沉默或者不采取任何行动。

4. 解决问题（也称为合作或整合）策略，位于图的右上角。采取该策略的人对于自己利益和他人利益都高度关注。采取这种策略的双方都积极寻求能够使共同结果最大化的方法。

5. 折中策略，位于图的中间位置，这是一种对于自己利益和他人利益都适度关注的冲突管理策略。普鲁伊特和鲁宾（1986）认为折中不是一种可行的策略，“折中策略产生于两种态度，要么采取慵懒的解决问题方式，半心半意地尝试满足双方的利益，要么就只是双方同时屈从”（p. 29）。然而，其他学者（参见注释 13）却认为折中不失为一种有效的冲突解决策略，因此我们将折中也加进普鲁伊特、鲁宾和金的模型中。

早期许多关于冲突管理策略的研究，特别是 20 世纪六七十年代的相关研究，都具有强烈的反对冲突、崇尚合作的价值偏好（Lewicki，Weiss and Lewin，1992）。尽管各种模型都提出了这五种冲突管理的策略，但解决问题策略被认为是首选。这些研究强调解决问题策略的优点，提倡并阐述如何将之应用到几乎所有的谈判情况中。近期的很多研究仍然强烈推荐解决问题策略，却更为谨慎地认为，每种冲突管理策略都有优势和不足之处，因此对于不同类型的相互依赖关系和不同的冲突情境，应选择最适合的策略（见表 1-3）。

表 1-3　冲突处理方式及适用情形

冲突处理方式	适用的情形	不适用的情形
整合	1. 问题复杂 2. 需要统一观点以更好地解决问题 3. 方案的成功需要各方的努力 4. 解决问题的时间充裕 5. 任何一方都不能独自解决问题 6. 为解决共同问题，需要各方贡献自己的资源	1. 任务或要解决的问题简单 2. 需要立即做出决定 3. 其他方对谈判结果不关心 4. 其他方不具备解决问题的能力

续表

冲突处理方式	适用的情形	不适用的情形
协助	1. 采取协助方式的人，认为自己可能是错的 2. 冲突中的问题对于对方更为重要 3. 一方为了未来能从对方获取某些利益，而愿意在当前的冲突中放弃一些利益 4. 一方处于弱势地位 5. 维护良好的关系非常重要	1. 冲突中的问题对自己来说非常重要 2. 你认为自己是对的 3. 对方错了或是不道德的
强硬	1. 冲突中的问题微不足道 2. 需要即刻做出决定 3. 实施了不受欢迎的行为 4. 有必要击败武断自负的对方 5. 对方做出的决策对自己不利并带来损失 6. 对方缺乏专业知识，因此无法做出专业性决定 7. 冲突中的问题对自己十分重要	1. 冲突问题非常复杂 2. 冲突问题对于自己并不重要 3. 冲突双方势均力敌 4. 不需要立即做出决定 5. 对方具有很强的能力
逃避	1. 冲突问题微不足道 2. 与对方对峙所带来的潜在不利影响超过了解决问题带来的收益 3. 需要冷静期	1. 冲突问题对自己来说很重要 2. 你有责任做出决定 3. 冲突各方不愿意耽搁，问题必须解决 4. 需要当机立断
折中	1. 冲突各方的目标是相互排斥的 2. 冲突各方势均力敌 3. 无法达成一致意见 4. 整合或强硬方式都没成功 5. 需要对当前的复杂问题找出临时性的解决方案	1. 冲突中的一方更为强势 2. 冲突问题非常复杂，必须采取解决问题的策略

资料来源：Modified from Rahim，M. Afzalur，*Organizational Conflict Inventories：Professional Manual*. Palo Alto，CA：Consulting Psychologists Press，1990.

1.9 本书各章概况

本书分为七个部分，共20章，如表1-4所示。第一部分是谈判的基本原则，包括5章，除了本章以外介绍了谈判的基本过程。第二部分是谈判的主要过程，包括4章，通过介绍谈判的几个关键过程来解释如何开展谈判。第三部分是谈判的背景，包括4章，将谈判置于更为广阔的社会背景下，谈判中的各方发挥不同的作用。第四部分包括2章，介绍了由于谈判者性别和个性的差异导致谈判方式的不同。第五部分只有1章，讨论了一个有趣的问题，即抛弃我们原有的西方视角，从其他国家或文化背景的角度看，谈判过程有怎样的变化。第六部分包括3章，探讨谈判者如何打破谈判僵局或者解决谈判方式的不协调——自己解决或者在第三方的帮助下。最后是第七部分，以10个总结性评论收尾，涵盖了本书的精华。

表 1-4　本书结构

第一部分　谈判的基本原则 1. 谈判的本质 2. 分配式谈判的战略与战术 3. 整合式谈判的战略与战术 4. 谈判：战略与规划 5. 谈判中的道德伦理
第二部分　谈判的主要过程 6. 感知、认知与情感 7. 沟通 8. 发现并利用谈判力 9. 影响力
第三部分　谈判的背景 10. 谈判中的各种关系 11. 代理人、委托人、观众 12. 联盟 13. 多方谈判与团队谈判
第四部分　谈判中的个体差异 14. 个体差异Ⅰ：性别与谈判 15. 个体差异Ⅱ：个性与能力
第五部分　不同文化之间的谈判 16. 国际谈判及跨文化谈判
第六部分　解决差异 17. 处理谈判僵局 18. 处理棘手谈判 19. 第三方介入处理谈判中的困境
第七部分　结语 20. 谈判的最佳实践

我们将在接下来的两章（第 2 章和第 3 章）介绍谈判的两种主要策略：分配式和整合式。第 2 章对竞争性（非赢即输）的分配式谈判过程的战略和战术进行了描述和评价，对最常使用的分配式谈判战术进行了综述，并讨论了其应用的结果。该章最后一部分探讨如何结束谈判，这是很多谈判者在谈判准备过程中都会忽视的。

第 3 章介绍合作性（双赢）的整合式谈判常用的基本战略和战术。整合式谈判与分配式谈判具有显著的区别：分配式谈判的主要特征是不信任和质疑，以击败对方为目标；整合式谈判的特点是信任和坦诚，其目标是参与各方达成最佳的可行解决方案。整合式谈判通常就是解决问题的过程。

第 4 章继续介绍谈判的基本原则，即谈判者应当采取何种战略和计划才能实现既定目标。该章首先阐述了战略的本质和作用，我们提出了战略选择模型，并指出如何识别影响谈判计划的关键因素。随后，我们详细介绍了有效计划谈判过程的关键要素。谈判的计划和准备阶段是最为重要的阶段，但是很多谈判者忽视甚至完全忽略了这两个阶段。有效的谈判计划要求：(1) 对于谈判过程全面了解，以便谈判者能对即将发生的事情和事情将如何进展有个大致了解；（2）对谈判目标和期望值有清晰的构想；（3）研究和收集能够对既定目标提供支持和维护的信息和论点；（4）了解谈判对手及其目标，并能运用这些信息设计谈判策略以实现谈判目标。本章还包括谈判者在做谈判计划时可能用到的一系列诊断性问题。

最后，在第 5 章中，我们将探讨在谈判行为中是否有或者应该有公认的道德标准的问题。我们认为道德行为这样的根本问题在任何谈判中都存在。有效的谈判者必须认识到什么时候这些问题是相关的，必须考虑哪些因素来回答问题。我们将确定谈判中提到的主要道德问题，描述人们对于这些道德选择的看法，并提供一个框架做出明智的道德决定。在此过程中，我们将重点介绍在这一领域取得的有价值的研究成果。

第二部分讲述谈判的主要过程，包括 4 章。第 6 章介绍了感知、认知和情感如何影响我们对于信息的接收以及对问题、谈判其他各方及谈判动态发展的处理。感知、认知和情感是所有社会情境的基本构件，我们看待和分析对方、情境以及我们自己的利益和处境的方式将引导我们的社会行为。了解人类如何对信息进行认知和处理，对于我们了解谈判者的行为具有十分重要的作用。更为重要的是，在与他人互动时，我们也正在经历和表达情感，谈判当然也不例外。该章探讨了情感和情绪对于影响谈判动态发展的作用。

从谈判的本质来看，它是一种人际交往方式。沟通的过程，不论是口头的，还是非口头的，对于实现谈判目标和解决冲突都非常关键。第 7 章介绍了谈判者之间沟通各自利益、立场和目标的过程，以及这种沟通反过来对谈判对手和整个谈判过程的作用。该章首先讨论了信息编码、发送、接收和解码的基本机制，接下来深入分析谈判中沟通的内容以及人们如何在谈判中进行沟通。该章最后讨论了如何在谈判中对沟通进行改善。

第 8 章主要讨论谈判力。我们用“谈判力”这个词表示谈判者发挥自身优势或提高获胜概率的能力。所有的谈判者都需要谈判力，他们都想知道如何对谈判对手施压、如何说服对手从我方角度考虑问题、如何引导对手给出合意条件，以及如何战胜对手或者改变对手的想法。该章首先定义了谈判力的本质，并讨论如何在谈判中灵活运用谈判力。该章主要集中介绍能使谈判者具备施压能力的谈判力来源。

第 9 章探讨谈判者在实际操作中如何施加影响，即采取何种策略产生预期的态度或行为转变。在谈判过程中，谈判者经常需要使对方相信他们已经给出了很好的对价，他们的出价是合理的，或者他们不能做出更多的让步了。谈判者可能还希望改变对方关于其自身目标重要性的理解，使对方认为他们的让步并非想象的那样有价值。谈判者会将自己表现为受欢迎的人，应该受到得体的待遇。他们所做的这些，其实都是为了利用这些信息以及信息发送者和接收者的人品，试图改变对方的立场、观念和观点。

第三部分各章介绍谈判的背景，研究更广范围的社会环境对于谈判过程的影响。背景影响谈判的一个主要途径就是人与人之间的相互关系存在过去、现在和将来三种状态。在第 10 章中，我们将着重讨论过去和将来的关系对于当前谈判的影响。分析过程包括两部分：首先，研究谈判者之间过去、现在和将来的关系如何影响谈判过程；然后，我们分析三个主题，即名誉、信任和公平，它们对于处在某种关系中的有效谈判具有非常关键的作用。

第 11 章主要介绍两种情况下谈判如何发生变化：（1）谈判人员从简单的一对一变为多方参与；（2）谈判者扮演代理人角色，即他们不一定代表自己的问题和利益，而是代表其他可能在场或不在场的人的利益，这种情境叫作代理关系。当谈判者从为自身利益辩护转为代表他人利益时，谈判如何变化？这就是我们的研究内容。我们还将讨论谈判者由双方变为多方时，谈判者采用何种类型的影响策略以及策略的实施。最后，我们将总结委托人与代理人之间如何相互影响。

第12章主要涉及多方（多于两方）谈判的情形下，各方之间如何结成联盟以达到他们的目标。我们会介绍什么是联盟及其不同形式、联盟形成和发展的原因及机制、联盟的本质，以及权力和杠杆在联盟中的作用，最后为建立和维护联盟提出一些实践建议。

在第13章中，我们将多方谈判的分析延展为两种具体情形：情形一，多方与一方谈判，并试图达成团队内一致意见，这是在多方谈判中团队决策的过程；情形二，几个人组成谈判的一方，即谈判各方是团队对团队，而不是个人对个人。

第四部分的两章讨论个体差异对于谈判方法的影响。一些人是更优秀的谈判手，那么究竟是什么特征使得人们在谈判中表现迥异？第14章专门讨论个体差异中最受学者关注的因素：性别差异。在该章中，我们首先区分性别（sex）与社会性别（gender），再介绍谈判中的相关研究，分别从理论和实证角度讨论性别差异产生的原因。在过去几年中该领域产生了一些新的研究成果，使我们更为清晰地了解谈判中性别差异带来的潜在心理影响。

第15章我们继续探究个体差异中的其他因素，如个性与能力。首先介绍了早期关于个体差异的研究，随后着重介绍近期关于个体差异与谈判的研究，主要分为两大类：（1）对谈判产生影响的个性维度划分；（2）谈判中天生能力的作用，包括认知能力以及情商。该章最后是关于谈判中个体差异的行为研究，解释了为什么优秀的谈判人员与普通的谈判手表现迥异。

第五部分涉及谈判中的文化因素，虽然只有一章，却是非常重要的内容：跨国谈判及跨文化谈判。现在人们旅行更为频繁且路途更远，而商务在地域上也更为国际化。对于大多数人和组织来说，国际谈判已经习以为常，而不像原来那样偶尔才会发生。由于人们跨越国界和文化边界，因此，谈判的复杂性也显著增加。第16章讨论了一些导致国际谈判艰难的因素，包括环境背景（宏观政治因素）和直接背景（微观战略因素）。接下来我们转入国际谈判中研究最多的因素——文化——的作用，涵盖国家、地区及组织三个层面。随后分别从管理和研究角度介绍文化对于谈判的影响，并讨论对于国际谈判人员来说，采取何种文化应对策略是最合适的。

谈判会因多种原因破裂或陷入僵局，第六部分介绍如何应对谈判中的失败情形。第17章主要针对谈判陷入破裂或僵局的情形，此种情况下当事人容易变得愤怒而失去理智，因而丧失正确的判断能力，谈判各方之间的有效沟通受阻，充满对彼此的怨恨情绪。该章首先分析了棘手和难以达成的谈判的特点，以及谈判僵局的性质和难以应对的原因，随后介绍导致谈判陷入僵局的谈判人员的失误表现，最后讨论谈判者解决困境以及使谈判重回正轨可采用的策略。

第18章我们转入新的情形，讨论谈判各方因对情势的判断不同、各有不同的谈判技巧或有不同的谈判策略偏好而采用不同的方式来引导他们的谈判。该章主要讨论希望以合作方式谈判的一方却遭遇不愿意合作且试图达成零和协议的另一方（所谓的棘手难缠的对手）的情形，并提出应对建议。谈判者若想将零和谈判者转变为整合式谈判者，是具有一定挑战性的。我们首先讨论如何管理社会契约和影子谈判，然后讨论如何应对另一方刁难的分配式谈判策略，以及面对更强大的对手时可供选择的方法。最后讨论对于难缠的谈判对手的应对策略，以及如何应对最后通牒和高难度对话。

第 19 章讨论第三方介入解决争端的情形。第三方帮助他人解决争端，或者在他人无法做出决定时给予帮助，这种做法由来已久。第三方介入的情形可能是：谈判双方已经尝试各种选择，仍然无法取得进展；双方的不信任和怀疑度很高；在不信任和曲解导致的抵触下，双方无法采取更深入的步骤。该章主要介绍第三方的典型角色以及他们如何解决冲突。首先讨论第三方介入谈判的不同类型，其中特别关注三种正式的第三方干预作用，即仲裁、调解及过程咨询。然后讨论通过建立和保持替代性争端解决系统对第三方介入过程的制度化进行检验。

第七部分即第 20 章，是全书的最后一章，我们将在一个宽广的层次上思考谈判。谈判是日常生活中不可或缺的一部分，我们周围时刻存在谈判的可能性。一些人可能是天生的谈判家，但实际上谈判是包含分析和沟通的一种技术，每个人都可以学习。在该章中，我们将在更广阔的视角下回顾之前讲述的谈判内容，并为谈判者提供 10 个最佳实践，以期提高他们的谈判技巧。

本章小结

本章为后面各章详尽探究谈判过程提供了基本原理的铺垫。我们首先列举了很多日常生活中和每天发生在世界各地的案例。通过这些例子，我们介绍了日常谈判的各种类型，并讨论了本书如何将这些内容呈现出来。接着，我们详细讲述了发生在乔和休一家人一天的故事，并指出谈判如何涉及生活的方方面面，我们还通过这则案例来定义谈判情境中的几个关键因素。

通过对谈判进行定义和案例导入，我们介绍了谈判过程的四个关键因素：管理相互依赖关系、相互调整、价值申明或价值创造，以及冲突管理，这四个因素都密切关系到对谈判的正确理解。对相互依赖关系的管理，是指谈判各方为了达成各自的目标，必须了解相互之间的依赖关系。相互调整是指谈判各方首先为自己设定目标并随对方目标进行调整，以期达到使各方都满意的谈判结果。价值申明或价值创造指的是谈判各方对于稀缺资源如何处理的过程，是分享还是单方取胜，或者使双方的获利都能有所增加。最后一部分是冲突管理，旨在帮助谈判者理解冲突对于谈判的利弊影响，并介绍使冲突的益处最大化、弊端最小化的基本策略。这四个关键因素对于任何谈判来讲都是核心内容，它们构成了谈判研究的基础。

在本章的最后，我们介绍了全书的总体结构和各章安排。

关键术语

相互依赖关系（interdependent relations）：谈判主体之间可能出现的一种关系。在该种关系中，谈判各方需要依靠对方才能达到各自期待的结果。

独立关系（independent relations）：谈判主体之间可能出现的一种关系。在该种关系中，谈判双方在不需要他人帮助的情况下就能够达到自己所期待的结果，相互之间是相对分离的、冷漠的、无关联的。

完全依赖关系（dependent relations）：谈判主体之间可能出现的一种关系。在该种关系中，谈判中的一方要满足自己的需求就必须依靠他人。由于他们都需要彼此的帮助或合作，因此依赖的一方必须能够接受并容忍谈判对方的一时冲动或任何个性。

竞争性情境（competitive situation）：也叫零和或分配式情境，它是相互依赖关系导致的一种情境。通常在这种情境下谈判者之间的利益是相互冲突的，而且只有一方能够实现其目标，因此，谈判一方的所得即另一方的所失。这种情境还表现在谈判各方想要对有限的或稀缺的资源进行分割，如果一方实现了自己的目标，那么另一方目标的实现就会受阻。

互利型情境（mutual gains）：相互依赖关系导致的一种情境。谈判方各自的目标是相互联系的，一方目标的实现并不一定会阻碍另一方，事实上还有可能极大地促进另一方目标的实现。互利型情境可以分为两种类型：共同利益和互补利益。

替代方案（alternative）：谈判者在谈判之前和谈判过程中，手中都可能会有不止一个方案。除了进行中的谈判之外，其他的方案都叫作替代方案。替代方案的出现，对于谈判者在谈判中的表现具有重要的影响。

最佳替代方案（best alternative to a negotiated agreement，BATNA）：谈判方在谈判时所拥有的除谈判对方方案之外的其他方案中最优的那一个。谈判双方都可能有选择权，谈判者需要将其最佳替代方案与谈判对手方案的价值进行比较。在谈判中运用最佳替代方案，是谈判者提升自身谈判能力的一种重要方法。

相互调整（mutual adjustment）：通常在相互依赖关系的谈判情况下，谈判各方会出现相互调整的过程。在谈判过程中，由于存在相互依赖关系，谈判各方可以影响对方的谈判结果和决定，同时，他们自己的结果和决定又能被对方影响。这种相互调整的关系会随着双方的相互影响而贯穿谈判整个过程。谈判是一个不断变化的过程，而相互调整则是谈判过程中不断变化的一个关键原因。

诚实困境（dilemma of honesty）：谈判过程中各方都面临的一种进退两难的处境。谈判方困惑于该向对方吐露多少实情，其原因在于：一方面，将自己的真实处境一五一十地告诉对方，可能会被对方利用；另一方面，如果完全不告诉对方你的需求和想法，则会使谈判陷入僵局。

信任困境（dilemma of trust）：谈判过程中各方都面临的一种进退两难的处境。谈判者困惑于应该在多大程度上信任对方，其原因在于：如果相信谈判对方所说的全部内容，那么就会被对方利用；如果丝毫不相信，那么谈判又很难达成一致意见。

价值申明（value claim）：谈判者意识到在当前情形下只能有一个赢家，并且努力想要成为那个赢家。此种谈判方式的目的就是采取一切必要措施来赢得胜利、获得最大份额，或者争得尽可能大的比例（实际上价值申明是双方都要做的），这种过程可能会导致谈判双方的分配式结果。

价值创造（value creation）：双赢谈判中的一个过程。谈判者寻求双方都能做到且达到各自目标的解决方案。此种谈判方式的目的是寻求使各方都能实现目标的方法，或者是发掘更多的资源，或者是找到特别的方法能分享并合作使用现有资源，使得双方的利益扩大，这种过程可能会导致谈判双方的共赢结果。

冲突（conflict）：这是谈判中经常会碰到的情况，谈判各方在需求、利益、观点等方面存在强烈的不一致、分歧或误解，包括利益的分歧、认为不能同时实现各方的期望。冲突的原因在于：存在相互依赖关系的谈判各方认为彼此的目标是不相容的，并且会对自己目标的实现产生影响。冲突可能出现的情况是：谈判双方都想要达到同一个目标，而且都希望获得一样的结果，或者双方希望获得的结果截然不同。不论冲突发生的原因是什么，谈判可以在有效解决冲突方面发挥重要作用。冲突不仅具有消极影响，有时也会产生积极作用。

争夺（contending）：谈判方应对冲突的一种策略，也称为竞争或者占优策略。采取该策略的谈判者对自己的利益非常关注，而无视谈判对方的利益能否实现。威胁、惩罚、胁迫和单方行动都属于争夺策略。

退让（yielding）：谈判方应对冲突的一种策略，也称为通融或助长策略。采取该策略的一方，并不关心是否实现了自己的目标，却非常关心谈判对方的利益所得，这包括降低自己的期望以使对方获胜并实现对方的目标。

不作为（inaction）：谈判方应对冲突的一种策略，也称为逃避策略。采取该策略的谈判方表现出既不关注自己的利益，也不关注谈判对方的利益。不作为策略一般等同于退缩或消极地听之任之，谈判一方选择退却或沉默。

解决问题（problem solving）：谈判方应对冲突的一种策略，也称为合作或整合策略，采取该策略的谈判方对于己方利益和谈判对方的利益都给予高度关注。采用这种策略，双方积极寻求能够从冲突中得到最大化共同结果。

折中（compromising）：谈判方应对冲突的一种策略，采用该策略的谈判者对于自己的利益和谈判对方的利益都给予适度的关注。

注 释

[1] E. g., Hochberg and Kressel, 1996; Oliver, Balakrishnan, and Barry, 1994; Olekalns, Smith, and Walsh, 1996; Weiss, 1997.

[2] See Bazerman, Tenbrunsel, and Wade-Benzoni (1998) on the challenges of negotiating with yourself.

[3] But as we will extensively note in Chapter 2, at this point, the student is only considering his own BATNA. He may not know that the employer believes the student absolutely fits the job description perfectly, hasn't found another candidate with the same qualifications, and might be willing to pay a lot more just to make sure the student doesn't say "no."

[4] Goffman, 1969; Pruitt and Rubin, 1986; Ritov, 1996.

[5] Alexander, Schul, and Babakus, 1991; Donohue and Roberto, 1996; Eyuboglu and Buja, 1993; Pinkley and Northcraft, 1994.

[6] Gray, 1994; Kolb, 1985; Kolb and Putnam, 1997.

[7] Fisher, Ury, and Patton, 1991; Follett, 1940; Nash, 1950; Sebenius, 1992; Sen, 1970; Walton and McKersie, 1965.

[8] We are not suggesting that Max should do this; rather, because the long-term relationship is important in this situation, Max should ensure that both parties' needs are met (see Chapter 3 for an expanded discussion of this point).

[9] Kimmel, Pruitt, Magenau, Konar-Goldband, and Carnevale, 1980; Putnam and Jones, 1982; Weingart, Thompson, Bazerman, and Carroll, 1990.

[10] Raiffa, 1982; Selekman, Fuller, Kennedy, and Baitsel, 1964.

[11] Bazerman, Magliozzi, and Neale, 1985; Neale and Bazerman, 1985; Neale and Northcraft, 1991; Pinkley, 1992; Thompson, 1990b.

[12] Folger, Poole, and Stutman, 1993; Hocker and Wilmot, 1985.

[13] As mentioned earlier, however, the goals may not actually be in opposition, and the parties need not compete. Perceptionis more determinant than reality.

[14] Filley, 1975; Rahim, 1983, 1992; Thomas, 1992; Thomas and Kilmann, 1974.

N E G O T I A T I O N

第2章

分配式谈判的战略与战术

学习目标

- 了解构成分配式谈判情境的基本要素以及分配式谈判的战略与战术。
- 了解分配式谈判中表明谈判立场的重要性以及让步的作用。
- 学习恰当使用承诺作为沟通的一种战术。
- 学会强硬的战术，学会如何反击。

18 个月前，杰克逊决定搬到工作单位附近居住。决定搬家后，他开始在市场上出售自己的公寓，但是一直没人购买。直到 14 个月之后，终于有人表示要买他的公寓了。经过一段简短的谈判，杰克逊定下了售价。他在单位附近一直没找到合适的房源，只好把交房的时间推迟到 6 个月以后，以利用这段时间找到一处合适的新房，但是买主魏并不想等那么长的时间。推迟交房会给魏带来很多不便，而且魏很难找到一家能够提前半年锁定贷款利率的银行为其提供购房贷款。于是杰克逊只好调整了他的售价，以使魏能同意延期交房。显然，如果杰克逊能够早些交房，魏会更加高兴。

杰克逊单位附近正在出售的公寓很少，并且杰克逊对这些房子都不太满意。他开玩笑地说，除非有新房子上市出售，否则直至秋叶纷飞，他都只能睡在镇上的帐篷里。两个月后，终于出现了一套符合他要求的房子。房子的卖主索菲娅要价 145 000 美元，这比杰克逊希望支付的最低价要高出 10 000 美元，比他能承受的最高价格低 5 000 美元。杰克逊很清楚他买公寓花费越多，他的其他愿望就越难实现，比如添置新窗帘和新家具以及雇请搬家公司。

上述这个例子描述了一个典型的分配式谈判情境（distributive bargaining situation）的基本要素。分配式谈判（distributive bargaining）又称作竞争型谈判（competitive bargaining）或者单赢谈判（win-lose bargaining）。在一个分配式谈判的情境里，一方谈判者的目标通常直接与另一方的目标相冲突。因为资源是固定的、有限的，而谈判双方又都希望通过谈判使自己获得的份额最大化，所以每一方都会采用战略组合来取得最优的谈判结果。其中一个很重要的战略就是小心谨慎地保护信息，即一方只有在该信息能获得战略优势时才会提供给另一方。同时，谈判者强烈希望通过从另一方获得信息来提高己方的谈判能力。分配式谈判实际上是一种谈判双方就谁会获得某种有限资源（通常是金钱）中的绝大部分的竞争。谈判一方或双方能否达到各自的目的，取决于他们所采用的战略与战术（Walton and McKersie，1965）。

基于以下三个原因，每个谈判者都应该学习分配式谈判的战略与战术：第一，一些谈判者面对的相互依赖的情境是分配式的，若要取得较好的谈判结果，谈判者就必须掌握分配式谈判的战略与战术；第二，由于很多谈判者都会使用分配式谈判的战略与战术，故而所有的谈判者都应该学会如何应对这些战略与战术；第三，无论在哪种谈判情境下，对己方利益进行陈述（价值申明）时（Lax and Sebenius，1986），都需要掌握分配式谈判的技巧。整合式谈判主要探讨如何创造新价值，但也包括价值申明这一阶段，在这一阶段中，所创造的价值就是分配式的（整合式谈判将在第 3 章介绍）。了解与掌握分配式谈判的战略与战术十分重要，但是谈判者必须清楚，分配式谈判的战略与战术可能不奏效，也可能带来负面影响甚至会让谈判者付出高昂的代价，因为这些战略与战术通常会使谈判各方刻意关注双方有多少差异，而忽视了双方之间的共同点（Thompson and Hrebec，1996）。尽管存在这些负面影响，当一个谈判者想要在某个交易中获得最大的收益时，或者与谈判对方的关系不是很重要时，抑或谈判者在谈判过程中申明己方利益时，分配式谈判的战略与战术还是非常有效的。

本章中讨论的一些战略同样会涉及道德问题。道德规范与谈判的话题将会在本书第 5 章详细讨论。不要设想谈判时对方与你的道德价值观一致。你可能认为本章中讨论的一些战略和战术是不符合伦理道德的，但其他的谈判者会非常自如地运用它们。同样，你也许善于采用一些令其他谈判者难以接受的战略。当谈判具有竞争性时，一些战略和战术如同其他符合伦理道德的行为一样很容易被人们接受（例如，与实情相比，你对己方提供的方案进行夸大描述），而另一些方案却很难被接受（见本章后面关于典型强硬战术的讨论）。

本章中关于战略与战术的讨论将帮助谈判者理解分配式谈判情境，并因此取得更好的谈判结果。彻底理解这些战略与战术将会使那些最初不接受分配式谈判的谈判者更好地掌控分配式谈判。最后，掌握分配式谈判的战略与战术还可以帮助谈判者提高在任何谈判中申明己方价值的能力。

2.1 分配式谈判情境

为了说明分配式谈判的过程，我们回到开篇关于杰克逊购买公寓的案例。案例中我们提到以下几个价格：(1) 索菲娅的要价（145 000 美元）；(2) 杰克逊愿意支付的新房价格（135 000 美元）；(3) 杰克逊能承受的最高价格（150 000 美元）。这些价格是分析分配式谈判情境的关键点。杰克逊的首选价格是他的目标点（target point）（135 000 美元），这是杰克逊想要达成协议的点，也是最佳点。这个目标有时也作为一个谈判者的期望点（aspiration）。杰克逊愿意支付的最高价格是他的抵抗点（resistance point）（150 000 美元），即买方的底线（相反，作为卖方，抵抗点是其愿意接受的最低价格），有时也叫保留价。要价（asking price）（145 000 美元）是卖方给出的初始价。杰克逊可以通过他的最初出价（initial offer）在索菲娅初始价的基础上讨价还价。从该意义上讲，最初出价是买方向卖方报出的第一个价格。以购买公寓为例，我们可以将一系列可能的价格看作一个连续的统一体（见表 2-1）。

表 2-1　购买公寓谈判中的买方观点

	杰克逊的目标点		索菲娅的要价	杰克逊的抵抗点
$130 000	$135 000	$140 000	$145 000	$150 000

杰克逊如何决定他的最初出价？这个问题有很多种办法解决。无论如何，要想确定一个好的最初出价，杰克逊就必须掌握一些有关谈判过程的知识。在第 1 章中，我们讨论了谈判时人们如何通过对方与己方的相互让步进行讨价还价。杰克逊在做出最初出价决定前，需要把这些因素考虑在内。如果杰克逊最初出价 135 000 美元，即在他的目标点开始谈判，并且在该点上不得不做出一个让步，那么这个第一次让步就可能会使杰克逊离开他的目标点，向自己的抵抗点靠近。如果杰克逊真的想实现自己的目标，那么他就需要确定一个比他的目标点更低的最初出价，为自己腾出一些让步空间。同时，最初出价不能过于远离目标点。如果杰克逊确定的最初出价太低（例如，100 000 美元），索菲娅就可能认为他不切实际或毫无诚意，进而中止谈判。由于确定最初出价的过程非常复杂，而且最初出价对谈判过程有着至关重要的作用，我们暂且采用尽可能简单的案例来解析。我们假设杰克逊决定给出一个合理的最初出价——133 000 美元，比他的目标点低并适当低于他的抵抗点。同时，要记住这个案例关注的只有价格。其他谈判也都有各自的初始点、目标点和抵抗点。

谈判各方在谈判开始前都要确定己方的初始点、目标点和抵抗点。初始点通常是在各方的开场陈述中表明的（例如，卖方报价单中列出的要价或者买方的最初出价）。目标点通常是谈判开始后逐渐获悉或是推断的。当人们做出让步时往往是在他们的初始点和目标点之间放弃微小差额。抵抗点是一方宁可中止谈判也不会跨越的点，是一个需要保守机密不能让对方知晓的点（Raiffa，1982），即便谈判成功，谈判方也可能不清楚对方的抵抗点，而且谈判者经常低估对方能够支付或接受的价格（Larrick and Wu，2007）。在一个谈判失败之后，一方可能推断出谈判结束前对方愿意考虑的己方最后一个出价是与抵抗点接近的。

谈判双方的初始点和抵抗点通常都是反向对应的——对买方而言抵抗点价格高，对卖方而言抵抗点价格低。继续分析我们的案例，杰克逊希望支付的最高房价是 150 000 美元，而索菲娅的要价是 145 000 美元。杰克逊能够推测，索菲娅或许愿意接受比 145 000 美元低一些的价格，或许可以考虑 140 000 美元这个对自己更称心的价格，但杰克逊不知道又非常想知道索菲娅能够接受的最低价格，即她的抵抗点究竟是 140 000 美元，还是 135 000 美元？杰克逊假定这个抵抗点是 130 000 美元。最初索菲娅丝毫不了解杰克逊的立场，但当杰克逊提出最初出价 133 000 美元时，她很快就清楚了他的初始点。索菲娅或许可以猜想杰克逊的目标点不会和他的初始点相差太远（事实上是 135 000 美元，索菲娅并不知道这个确切的数字），但她不能确定他的抵抗点是多少（150 000 美元）。杰克逊已经知晓或者能够推断出的索菲娅的价格信息均显示在表 2-2 中。

表 2-2　购买公寓谈判中的买方观点（扩展的）

索菲娅的抵抗点（推测的）	杰克逊的最初出价（公开的）	杰克逊的目标点（保密的）	索菲娅的目标点（推测的）	索菲娅的要价（公开的）	杰克逊的抵抗点（保密的）
$130 000	$133 000	$135 000	$140 000	$145 000	$150 000

介于谈判双方抵抗点之间的区域称作谈判区间、成交区间或潜在协议范围，这是极其重要的，实际的谈判都是在这个谈判区间中进行的，若实际谈判中哪方的报价超出这个范围就会立刻被对方驳回。当买方的抵抗点超出卖方的抵抗点——买方乐意支付的最高价格高于卖方愿意接受的最低价格，这种谈判范围称作正的谈判区间。反之，在这个购买公寓的案例里，如果索菲娅愿意接受的最低价格为 145 000 美元，而杰克逊愿意支付的最高价格为 140 000 美元，那么就出现了一个负的谈判区间。如果出现负的谈判区间，谈判就陷入僵局。除非谈判的一方或者双方改变自己的抵抗点，或者有第三方势力介入，强迫谈判中的一方或双方接受他们不希望的谈判结果，否则谈判难以继续。由于谈判者不会以讨论他们的抵抗点作为谈判的开场（他们探讨的是最初出价和需求），故而谈判者只有深入谈判的进程才能知道是否真正存在正的谈判区间。谈判久拖无果，双方精疲力竭后才可能意识到他们的抵抗点之间没有交集，此时，他们只能决定是否结束谈判或者重新评估他们的抵抗点。下文将对此进行详细阐述。

目标点、抵抗点、最初出价在分配式谈判中扮演着重要角色。目标点既影响谈判结果，又影响谈判者对结果的满意程度（Galinsky，Mussweiter and Medvec，2002）。最初出价对谈判进展影响重大。当采取强硬战术时，抵抗点的作用更为重要，而正的谈判区间可以提高谈判成功的可能性（Krause，Terpend and Petersen，2006）。

替代方案在谈判中的地位

除了最初出价、目标点和抵抗点，谈判者需要考虑如果与对方达不成协议他们应该怎么做。什么是达成谈判协议的最佳替代方案（BATNA）？什么是达成谈判协议的最差替代方案（worst alternative to a negotiated agreement，WATNA）？

在一些谈判中，谈判方通常只有两种选择：（1）双方达成协议；（2）双方不达成任何协议。然而，在其他一些谈判中，一方或者双方都有可能通过其他替代方案而达成某种协议。在杰克逊和索菲娅的例子中，若有新公寓上市，杰克逊可能同新卖家达成协议。与此类似，倘若索菲娅再耐心等待一阵子（或者大幅降低公寓的价格），那么她也很有可能遇到一个新买主。如果杰克逊买了另一间公寓，并且与房主达成了最好的价格，那么这个就是他的替代方案。为了制造矛盾，我们假设杰克逊的最佳替代方案是以 142 000 美元购买其他的公寓，索菲娅的最佳替代方案是以 134 000 美元出售这个公寓。

如果杰克逊替代方案的要价是 142 000 美元，那么（暂不考虑其他因素）他就会拒绝索菲娅提出的任何高于这个数目的价格。杰克逊也可能对价格以外的因素不满意，比如杰克逊不大喜欢这里的邻里，抑或房子离他工作地点有些远，或者杰克逊希望索菲娅将房子装修一新。BATNA 相比于谈判者更倾向达成的协议具有较小的吸引力。谈判者有一个很强的 BATNA（Fisher，Ury and Patton，1991）——一个关于谈判协议的很好的选择——会在谈判中有更强的力量，并且因此能够达成更多的目标（在第 8 章中会进一步讨论 BATNA 的力量）。在我们的例子中，杰克逊需要决定他更倾向于 BATNA 还是支付给索菲娅超过目标点但低于抵抗点的价格（见表 2－3）

表 2－3　购买公寓谈判中的买方观点（包含替代方案）

索菲娅的抵抗点（推测的）	杰克逊的最初出价（公开的）	索菲娅的可选买家（保密的）	杰克逊的目标点（保密的）	索菲娅的目标点（推测的）	杰克逊的可选房屋（保密的）	索菲娅的要价（公开的）	杰克逊的抵抗点（保密的）
$ 130 000	$ 133 000	$ 134 000	$ 135 000	$ 140 000	$ 142 000	$ 145 000	$ 150 000

替代方案在谈判中是非常重要的，它赋予谈判者在遇到不太满意的谈判时可以随时退出的能力。在谈判过程中，哪方有更多的替代方案，哪方就能制定出更有利的谈判目标并减少让步次数。谈判者具有的现实的替代方案数目因情境不同而大有区别。对那些有很多替代方案的谈判，谈判方就可以把目标定高而且不用怎么让步，相反，如果在谈判中没有任何替代方案，例如与垄断企业做生意时，谈判者几乎没有什么谈判能力。成功的谈判者在正式谈判之前会先调查清楚己方拥有的真实的替代方案，这样才能确定在谈判中表现的强硬程度（Fisher and Ertel，1995）。优秀的谈判者还会在谈判进行过程中不断地尝试寻找他们的替代方案。如果杰克逊和索菲娅的谈判持续一段时间，他就应该在市场上不断寻找新的房源，他也许还会与其他卖主谈出更好的结果。对杰克逊而言，提高替代方案质量的做法保持并增强了他的谈判能力。谈判者也认识到有最差的替代方案（杰克逊开玩笑地说他将睡在镇上的帐篷里作为他的最差替代方案），这会在谈判过程中变得更为突出。我们将在第 8 章中详细讨论谈判能力和杠杆效应。

强最佳替代方案（strong BATNA）还可以影响谈判进程。拥有强最佳替代方案的谈判者更有可能最先发出要约并获得更好的谈判结果（Magee，Galinsky and Gruenfeld，2007）。当谈判区间很窄时，强最佳替代方案的积极作用非常明显，因为谈判区间窄的谈判竞争性更强，并且很难达成协议（Kim and Fragale，2005）。

解决点

分配式谈判的基本流程是在一个正的谈判区间内达成协议。谈判双方的目的就是尽可能在谈判范围内获得更多的份额，也就是说，最终的协议就是使谈判结果最大限度地逼近对方的抵抗点。

谈判双方都清楚最终的协议并不能百分之百地符合他们最初制定的目标（目标点），但谈判双方希望谈判结果比设定的抵抗点要好一些。为了达成协议，谈判双方都必须明白解决点（settlement point）是他们在谈判中能够获得的最好结果，即便这个结果并没有完全符合他们最初的意愿。这一点对于达成协议或确保在谈判结束后严格履行协议都是非常重要的。那些认为自己没有达成最好的协议，或者认为己方为达成协议放弃了很多的谈判者，通常会违反协议的条款，或寻求其他途径来弥补他们的损失。如果杰克逊认为自己在这项交易中处于劣势，那么在不久的将来，他可能会不断地向索菲娅提出额外的要求，使得索菲娅不堪其扰。例如，杰克逊可能会声称房子存在潜在的危险，房内设备有问题，等等。

另外一个影响双方对协议满意程度的因素是，在这个交易结束后，买卖双方是否会再见面。如果索菲娅搬家了，那么杰克逊不可能与她就协议做任何修改，因此，他会在当前谈判的过程中特别小心谨慎（在任何情况下，小心谨慎都是个重要的忠告，本例中尤为突出）。研究表明谈判者会因为负向谈判结果而抱怨对方，并且会降低他们在未来再次谈判的期望（Reb，2010）。若一方期望和另一方有进一步的谈判，他们会设置较低的目标点，并且不大可能使用分配式的讨价还价（Patton and Balakrishnan，2010）。

谈判组合

与绝大多数的谈判一样，在我们所提到的买房案例中，协议双方有可能在以下几个方面达成一致：价格、成交日、房子的装修和房子中各类设备的价格（如装饰和家电），我们称之为谈判组合（bargaining mix）。谈判组合中的每个议题都有各自的初始点、目标点和抵抗点。有些议题对双方都是非常重要的，而有些议题只对其中一方有影响。谈判者需要明确谈判组合中哪些议题对己方是重要的，哪些对对方是重要的，以确保己方在制定谈判计划中占得先机。关于谈判计划，我们将在第 4 章中详细讨论。

在我们所描述的买房案例中，对于双方而言，除了价格之外另一个重要的议题便是成交日（房子正式转让的日子）。成交日也是谈判组合的一部分。杰克逊很清楚索菲娅的新房子很快就要盖好了，他希望索菲娅在新房盖好后马上就搬走，紧接着就把旧房子交付给他。杰克逊期望的完成交易的日期与索菲娅能够交割房产的日期很接近，对索菲娅而言，这笔交易比较有吸引力。我们再转到杰克逊与魏的交易，如果杰克逊卖出自己旧房子的日期也与这个日期相近，那么这笔交易对杰克逊和索菲娅都非常有吸引力。如果杰克逊和索菲娅对成交日的想法不一致，那么成交日，即索菲娅正式将房子交割给杰克逊的日子就成为谈判组合中非常重要的部分（如果杰克逊能把搬家的日子提前，他就可以在与魏的谈判中占据优势）。随着谈判组合的不断扩大，只要谈判组合中每项内容对谈判方的重要性不完全相同，那么对于不同的谈判议题谈判各方可以进行各种讨价还价。这时，整合式谈判的战略与战术就显得重要了，这些内容将在第 3 章中讨论。

发现对方的抵抗点

信息在谈判中至关重要。你对对方的目标、抵抗点、动机、自信心以及其他方面了解得越多，你就越有可能取得一个满意的谈判结果。同时，你不希望对方得到有关你的信息。你的抵抗点、目标点、在某一弱势战略方面的保密信息，或者情感上的脆弱，都要小心地隐藏起来（Stein，1996）。有时候你可能希望对方得到的一些关于你的信息是真实的，有些则是你编造出来让对方相信的，而这些信息对你是有利的。由于双方都想获得一些信息并隐藏一些信息，而彼此又十分清楚对方有这样的动机，故而双方交流变得非常复杂。信息经常是以代码的形式在谈判中进行传递。人们可能会采用提出问题的方式来回答对方的问题，或者用不完整的陈述来影响对方的感知，无论怎样人们必须有效而令人信服地传达一些观点。

专栏 2.1

钢琴

奥弗·雷（Orvel Ray）决定要买一架旧钢琴。他看到了报纸上的广告，那是一架漂亮的立式胡桃木钢琴，卖方的开价是 1 000 美元，价格还可以商量。奥弗收到了 700 美元的退税，他把这一意外收获当作购买这架钢琴的最高支付价格。奥弗开始寻找自己在谈判中的优势。

奥弗对钢琴的质量做出了评估。显然，卖方是个严谨的音乐家，他还演奏爵士乐，卖掉这架钢琴也许对卖家来说是迫不得已的。

奥弗开门见山问了一个问题，“你打算买一架新钢琴吗?”

卖方犹豫了一会儿，“我还不确定。你看，我们就要搬去北卡罗来纳州了，如果把钢琴运到那儿需要很高的运费。”

“搬运公司说需要多少运费?”

“大约 300 美元或者再多点。”

“你何时做最后的决定?”

“搬运工人下午来。”

现在奥弗知道卖方的弱点了，对方要么把钢琴运走，要么以 700 美元卖出。奥弗决定抓住这个机会，“我现在唯一能做的就是付你 700 美元现金”。奥弗说着就把 7 张 100 美元的钞票放在键盘上，“我和 3 个朋友今天中午会用卡车把它运走”。

卖方犹豫了一下，接受了那 700 美元，“好吧，等我安顿下来后可以再买一架新的。”

奥弗没有给卖方一点重新考虑的时间就离开了。当卡车按规定时间来运钢琴时，卖方又收到了 3 个报价，但他已经答应将钢琴售出了。

如果卖方不主动把搬运工下午过来的信息泄露出来，奥弗就不可能拿到这一价格了。

资料来源：Adapted from Levinson，Conrad，Smith，Mark S. A.，and Wilson，Orvel Ray，*Guerrilla Negotiating*：*Unconventional Weapons and Tactics To Get What You Want*. New York，NY：John Wiley & Sons，Inc.，1999，15 - 16.

影响对方的抵抗点

运用分配式谈判的战略与战术的关键在于判断对方的抵抗点以及对方的抵抗点与你的抵抗点之间的关系。这些抵抗点建立在对特定谈判结果的预期基础之上，或者说抵抗点是对某些特定谈判结果的成本与收益权衡后确定的。杰克逊的抵抗点建立在他能支付得起的房款（总的房款和每月的抵押贷款）、该房子在市场上的估值以及谈判组合中包含的其他因素（如还款日期）上。谈判方参与谈判的成本以及谈判中遇到的困难也会影响抵抗点。尽管杰克逊把抵抗点设在 150 000 美元，如果他面临的选择是要么付 151 000 美元，要么在镇上再住上一个月，那么杰克逊可能会重新评估自己的抵抗点。通常情况下，只有经过深思熟虑，抵抗点才会发生改变。抵抗点在约束谈判者行为方面起到了很大作用，除非有目标上的原因，否则抵抗点不应轻易改变。

要使谈判对手认识到什么是“可能的”（他对某些特定结果的评价），就应让对方了解你的立场。因此，若想影响对方的观点，就要让对方明白你所期待的结果的价值，以及推迟谈判和终止谈判的代价。

以下四个方面可以更好地解释这些因素对分配式谈判进程的影响。[1]

1. 对方预测的若推迟谈判或谈判陷入僵局你方的成本越高，对方的抵抗点就越难撼动。如果对方知道你希望尽快结束谈判并且不容延迟，对方就会利用你所面临的压力来获得对他有利的结果。由于你处于劣势，随着对方期望值的上升，对方将会提出更加苛刻的要求。你使对方相信延迟或终止谈判的损失对你来说是微乎其微的（你不在乎谈判时间的长短），你在谈判中就会占据优势。例如，索菲娅可以表示她并不着急把房子卖出去，以使杰克逊确信她不会轻易降低售价。

2. 对方因谈判延迟或者陷入僵局而付出的代价越高，对方的抵抗点就越容易改变。越急于结束谈判的一方在谈判中就会处于劣势。因此，如果你能使对方意识到谈判的延迟或终止需要付出很大的代价，对方就越容易做出让步。反之，选择余地越多的谈判者，越倾向于坚守自己的立场，因为如果谈判失败，他们可以选择其他的替代方案。索菲娅若想抢占谈判的优势，可以通过声称有很多人询价欲购买房屋，向杰克逊表示她有很多替代方案。

3. 对某项谈判内容价值评价较低的谈判方更容易在该议题上做出让步。随着谈判方对所期待结果的评价不断下降，其做出让步的可能性也逐渐增大。如果你可以让对方意识到坚持现有的谈判立场不会得到他希望的结果，你就能改变对方的抵抗点。尽管杰克逊认为索菲娅房间里的家具挺好，但是他可以告诉索菲娅，他认为这些家具不符合他的审美，这样一来，索菲娅对家具价值的评价就会下降，进而不会坚持向杰克逊索取高价，杰克逊支付的总价款也能减少一些。

4. 对方越相信你方对某个谈判标的重视，他们就越容易让步。你若能促使对方相信你对谈判组合中某项议题十分重视，那么你就向对方施加了更大的压力，迫使对方改变抵抗点。如果你非常清楚对方对某议题特别重视，不会轻易动摇立场，而你也毫不让步，那么双方在该议题上就很可能陷入僵局，因此，你应该在该议题上设定一个灵活的抵抗点。例如，杰克逊可以强调他非常喜欢索菲娅房屋里的配套设施，这些设施必须同房屋一起出售，并且拒绝因此提高房价。当你试图去影响对方的抵抗点时需要格外注意，因为有可能会惹怒对方。除此之外，其他方的 BATNA 越有吸引力，谈判者会更有可能设置一个高抵抗点。如果谈判不成功，还有 BATNA。索菲娅可以表明有很多人有意愿看这个公寓，更加积极地表现出她有很多其他的选择。

2.2 战术性任务

在分配式谈判的基本战略指引下，我们在分配式谈判情境中需要考虑以下四个有关目标点、抵抗点、终止谈判的成本的战术任务：(1) 评估对方的目标点、抵抗点和终止谈判的成本；(2) 控制对方对己方目标点、抵抗点和终止谈判的成本的认识；(3) 改变谈判对手对其目标点、抵抗点和终止谈判的成本的感知；(4) 控制拖延或终止谈判的实际成本。下面我们将对这些战术任务进行详细讨论。

评估对方的目标点、抵抗点和终止谈判的成本

谈判代表第一重要的工作就是获取有关对方目标点与抵抗点的信息。目的是识别其真正想获得的是什么，以及愿意支付多少。有两个常规途径可以完成这个任务：(1) 间接获取某些谈判议题的背景信息（间接评估）；(2) 直接获取对方目标点与抵抗点的信息（直接评估）（专栏 2.2 中有关于如何收集信息的一些建议）。

专栏 2.2

谈判信息的来源

在你参加谈判之前，认真收集与谈判有关的信息对取得谈判的胜利至关重要。很多谈判专家都强调，收集信息对于谈判是非常重要的，在获知将要谈判的消息之后，就要充分利用谈判正式开始前的时间，努力收集与谈判相关的信息。那些不收集信息而坐等谈判来临的谈判者会处于任人宰割的境地。

谈判者需要收集那些与谈判中实质问题密切相关的信息。比如你想买辆新车，你就要收集那些你感兴趣的汽车厂商及汽车型号的信息、报价以及售价、汽车质量排名、销售状况等。此类信息的来源包括：

- 有些网站对不同品牌和型号的新车进行对比，并实时更新车辆的生产价格以及商家促销信息。
- 有些杂志会刊载汽车测试结果并进行排名。大多数书店或图书馆都能够找到这类信息。
- 有的网站会评价汽车经销商的信誉。
- 身边购买某品牌、某型号汽车的朋友。

收集信息中第二个重要的内容就是尽可能多地获取与谈判对手或者他们代表的公司、组织有关的信息。尽管你还没有和谈判对手见面，但是对他们的了解可以帮助你选择正确的战略。谈判大师赫布·科恩（Herb Cohen）认为以下问题可以帮助你更好地进行谈判。

- 他们为什么与我谈判？
- 他们的时间约束和截止日期是什么？
- 他们的决策制定者是谁？是如何决策的？

- 他们对冲突做何反应？
- 他们的谈判风格是怎样的？
- 他们的谈判权限是怎样的？
- 他们向谁汇报工作？
- 他们是否有预算或配额？
- 他们如何进行补偿？
- 他们的谈判经验和背景如何？
- 他们是否有可行的替代方案？
- 他们做此交易的动机是什么？
- 他们潜在的利益和担忧是什么？
- 他们的诚信记录如何？
- 他们对谈判结果的期望值是什么？

著名作家约翰·帕特里克·多兰（John Patrick Dolan）强调，当谈判开始后，认真倾听要比说更重要，提出开放性问题——通常以“什么”“为什么”“何地”“何时”“如何”开头，能够促使对方主动说出具有很高潜在价值的信息。你对对方谈判代表了解得越多，你就越有可能提高实现预期谈判结果的能力。

资料来源：Adapted from Cohen，Herb，*Negotiate This*！New York，NY：Warner Books，2003；and Dolan，John Patrick，*Negotiate Like the Pros*. New York，NY：Putnam，1992.

间接评估

个人设置抵抗点的过程基于很多潜在因素。例如，你怎么决定每个月能够负担的租金和贷款？如何判断一栋房子或一辆二手车的真正价值？这些评估有很多方法来完成。间接评估意味着需要判断对方会倾向于用哪些信息设立目标点和抵抗点以及对方如何理解这些信息。例如，在劳资谈判中，管理者将会依据工会的强硬程度以及罢工基金的数量推测工会是否会真正罢工。工会则会在公司投资规模、公司产品的市场前景以及工会成员在公司所占比例的基础上，判断公司能否承受罢工带来的损失。在房地产谈判中，房子上市时间的长短、潜在买家的实际数量、买家为了居住或经营需要房产的急迫性以及卖家的经济状况都是重要的评估因素（Cardella and Seiler，2016）。汽车购买者为了买到称心如意的车，可能会了解经销商新车的库存量、查阅报纸上有关新车销售的文章、查看消费者导购上该车的流行程度（也就是说，汽车越流行，买方讨价还价的可能性越小），或咨询导购员对于不同的车经销商价格上的差异（Bennett，2013）。

可以用来评估谈判对方抵抗点的信息来源有很多：可以进行直接观察，查阅已有的文件和出版物，线上讨论小组，在互联网上能够获得的公开文件，或者请教资深的专家。必须强调的是，这些都是间接的信息，会存在因人而异的认识偏差，因为一个人对一系列数据的理解可能会与另一个人大相径庭。比如，通常在有巨大库存压力的情况下汽车经销商应该降低售价，但是汽车经销商很可能期待市场改变，比如举行大型的促销活动来提高汽车知名度，或者认为降价不会促进销售，不如等待市场峰回路转。间接评估为你提供了有价值的信息，这些信息可能反映了你的谈判对手最后不得不面对的现实。必须牢记，不同的人对同样的信息会有不同的理解，因此，你对信息的理解有时并不准确。

直接评估

在谈判过程中，通常对方不会直接透露关于目标点、抵抗点和期望点的准确信息，但有些时候对手也会提供准确的信息。当迫于绝对的限制和需要快速解决问题时，谈判对手可能将事实解释得格外清楚。例如，若公司的管理者认为，支付高于某个水平的工资会导致公司破产，那么他将清楚地说出这个限制条件，并用很长的时间去解释为什么制定这样一个最高工资限额。同样，一个房屋买主会告诉卖方自己所能承受的最高房价，并用自己的收入和其他支出来支持自己的观点。在这些例子中，主动向对方提供准确信息的一方认为他们所提的条件在解决范围之内，并且对方会把这些信息当作真实的信息来看待，而不是当作一种谈判的小手段。再举一个例子，工厂的推销员会告诉买方他所销售产品的质量和售后服务情况、什么顾客会购买这种产品，以及加工定做所需的时间。

不过，在大多数谈判中，对方并不是如此乐于合作，因而获得直接信息的方法也更加复杂。在国际交往中，政府机构可能会通过编辑资料、截断信息、破译密码等方法获取信息。在劳资谈判中，为了得到更多信息，公司会在工会的会议室中安置窃听器，而工会则安排他们的成员从公司管理者的废纸篓里收集资料。在房地产谈判中，卖家利用宴请对方之机将其灌醉，希望通过对方酒后吐真言来获得有用的信息（Schweitzer and Kerr，2000）。此外，谈判方还可以利用其他一些方法，比如挑衅对方，让其陷入极度愤怒之中，或者让对方陷入设计好的压力环境下，使对方由于失误而泄露天机。谈判者也会假装愤怒并谎称要终止谈判，期望对方为了避免谈判陷入僵局而接受己方提出的条件。

控制对方留下的印象，包括目标点、抵抗点和终止谈判的成本

谈判中一个重要的战术任务就是控制对方获得有关己方目标点、抵抗点的信息，同时控制己方留给对方的印象。如果谈判者希望对方对己方的立场有特定认识，就必须有计划地隐藏己方的信息。通常来讲，在谈判初期隐藏信息非常重要，而在谈判后期直接的行为会比较重要。这些行为也可以给你一些时间去集中获取对方的信息，这对评估对方的抵抗点和设计提供己方信息的最佳方案都非常有效。

隐蔽式行为

隐蔽立场最简单的方法就是尽可能地少说少做。沉默是金，尽量用发问来代替回答，尽可能避免说漏嘴或泄露给对方任何可以用来推测己方观点的线索。每一个失望、厌倦、烦躁、疲乏或者非常感兴趣的眼神都有可能透露出你关于正在讨论的问题的态度，因此，不动声色是最常用的隐蔽式行为。

另一种方法是，谈判由一组成员来完成时，可以采用委派谈判代表的方法来隐蔽信息，这种方法可以称作“有限代表”。在这种情况下，委托人并不向谈判代表提供全部的信息，这样他们就不会泄露信息。谈判者得到的任务只是获取信息以及将谈判情况反馈给谈判小组。这样的战略通常会把谈判弄得冗长乏味，并且常常导致对方的强烈抗议，因为谈判代表没有足够的能力进行决策或者提供有用的信息。律师、房地产经纪人通常就扮演这种角色。这些代表人的决定权可能会被委托人限制或自我限制。比如，一

个男人在买车时很可能会声称，他在做最后决定之前得先和妻子商量商量。

当谈判组有很多成员时，如常见的外交谈判、员工与管理者之间的谈判以及许多商业性的谈判，都是通过小组的发言人来完成全部的交流与沟通，以避免人多口杂，在不经意间泄露信息。有关小组谈判的内容在第 13 章会有更详尽的介绍。另外，要去掉那些很容易泄露信息的成员，这样就可以让谈判小组的其他成员更仔细地观察对方的行为并倾听对方的语言，以便捕捉到有关对方立场的蛛丝马迹。还有一种隐蔽式行为就是列出很多的谈判议题，但其中只有一小部分才是真正重要的。这样一来，对方就不得不获取大量有关各个谈判议题的信息，以至于很难辨别出重点所在，这种战术称为“掩人耳目战术”（snow job）或“水槽战术”（kitchen sink），如果将其发挥到极致也可能称作“强硬战术”（hardball tactic）（Karrass，1974）（本章稍后将进行介绍）。

直接改变形象

谈判者可以通过很多行为来直接地表达那些能够提高他们的谈判地位或至少可以使他们看起来更强势的一些事实。最明显的一种方式就是选择性陈述（selective presentation），谈判者只需泄露一些必要的、对自己有利的信息。当然，谈判者也可以通过选择性陈述使对方对己方的抵抗点做出己方所期待的判断，或诱使对方提出一个比现在更有利于己方的谈判条件。另一种方法就是当对方的方案不可行时，尽量利用已知事实富有逻辑地解释对方这样做的成本与风险，迫使对方放弃他们的主张。还有一种方法是强迫对方换位思考，告诉对方，“如果你是我，这就是你提出的方案能够得到的结果”。

为了影响对方对己方的印象，谈判者应该不断调整己方的立场和期望的结果。第 8 章和第 9 章将详细讲述权威与影响力战术在谈判中所起的作用。谈判者可以使用行业标准、公平理念以及声称“一切都是为了公司好”，来描绘一个引人入胜的美好蓝图以便对方能够接受你的观点。当信息来自中立的机构，对方就会相信信息是无偏差的，而不是按照己方的偏好提供的，这类声明会更有公信力。如果信息是由己方提供的，那么选择性提供更有利于控制对方对己方观点和偏好的印象的信息。没有必要让对方同意如果他站在你的立场上，会得出与你相同的结论，也没有必要让对方承认你提出的建议是解决问题的唯一方法，只要对方理解你是如何看待事物的，他们的思想就可能被你影响。

谈判者对一些建议或事实表现出情绪化的反应（emotional reaction），是另一种直接告诉对方哪些问题至关重要的途径。沮丧或亢奋都能反映出事情的重要性，相反，厌倦或漠不关心则说明议题无关紧要。大声疾呼、怒气冲天或者急切地等待回应表明事情非常重要并且可能直接决定争论事项的结果。有研究表明战略性退缩（表现出“震惊、厌恶和怀疑”）会显著提高在分配式谈判中所宣称的价值，尽管这会使另一方对关系的认知付出巨大代价（Neil Fassina and Glen Whyte，2014）。关于情绪在谈判中的作用，本书第 6 章有更详细的介绍。

用大量的时间和详细的阐述来表达观点和立场也能说明问题的重要性。仔细核对对方所提供信息的细节，或者要求对方对某个问题详细阐述并证实，表明己方认为该问题非常重要。随便就接受对方的观点可以明显地表示对正在讨论的问题不感兴趣。

直接改变对方对己方的印象可能带来很多潜在的风险。首先，选择性陈述某事实、选择性强调或忽略一些问题，与虚假陈述和谎言是完全不同的。前者在分配式谈判中是被广泛运用和接受的，而后者即便是在采用强硬战术的谈判中都难以被接受，一旦被对方发现，会遭到对方的强烈反击。处于这两种极端情形之间，一方为达目的有意夸大事实也可能会被对方理解为对事实毫无诚信的扭曲。有关谈判道德问题将在第 5 章中详细讲述。其次，把无关紧要的小事夸大成重要的谈判议题后，该在什么时候提出真正重要的议题就成了棘手的问题。虽然目的是隐藏真正重要的议题、转移对方的注意力，但是对方可能利用己方的这种做法，在这些实际不重要的议题上做出巨大让步，同时要求己方在真正重要的议题上做出同样慷慨的让步，进而取得谈判的胜利，这样一来，采取声东击西战术的一方就被自己的战术打败了。

改变对方的感知，包括目标点、抵抗点和终止谈判的成本

谈判者可以通过降低谈判结果对对方的吸引力和提高对方表面上的谈判成本来改变对方对其谈判目标的评价。谈判者还可以试着把自己的需求和立场变得更具吸引力或更没吸引力来改变对方的感知。

改变对方感知的方法有很多，其中一种方法就是向对方阐明他的提议会产生什么样的实际结果。谈判者可以富有逻辑地解释，如果对方的要求得到满足会出现哪些意想不到的结果。这种方法也可以用于强调一些可能被忽略的情形。比如，在工会与管理者的谈判中，管理部门可能证明工会要求每天工作六个小时会产生两方面的结果：一方面，员工人数不会增加，因为尽管六小时工作比标准的八小时少了两个小时，但也不值得为这两小时而雇用新的员工；另一方面，如果公司想把产量保持在现有的水平上，就必须让现有员工加班，加班会提高人力成本并提高产品的价格，而产品提价将减少产品的需求以及公司的收入，最终将减少工作时间及工作人员的数量。

另一种改变对方感知的方法就是隐藏信息。厂商的销售员不会告诉买家技术变革已经使生产该产品的成本大幅度降低。房地产经销商也不会告诉潜在客户，在未来三年这里会建成一条高速公路，它会把现有的房地产项目与城市繁华地段分隔开。隐藏信息的做法还有可能导致前面提到的道德危机，谈判者必须保证他们谈判的真诚（Quagliato，2008）。

控制延迟或终止谈判所造成的实际损失

谈判是有时间限制的。合同有截止日期。比如，在某个重要会议开始之前双方必须达成一致意见，某位谈判者着急赶飞机，等等。对于那些有时间约束的谈判者，将谈判拖延到最后期限之后的代价是高昂的，因为这意味着他要么将截止时间推迟，要么空手而归。同时，大量研究和实践表明，大多数分配式谈判都是在临近截止日期时完成的。[2]此外，时间压力会降低谈判者的需求（de Dreu，2003）。当谈判者是全体委托人的代表时，时间限制可能会降低达成协议的可能性（Mosterd and Rutte，2000）。关于谈判代表的作用将在第 11 章中详细介绍。对于那些不受时间约束的人来说，控制好截止期限或者拒绝已设定的期限都是他们有力的谈判工具。在某些情况下，谈判进行到最后，最有力的武器就是以终止谈判作为威胁，拒绝双方达成一致意见。接下来，其中的一方通常会比另一方受到更大的压力，因此，率先提出威胁是一种有力的武器。有三种方法可以掌控拖延谈判的成本：（1）制造混乱；（2）与局外人合作；（3）控制谈判时间表。

制造混乱

促使谈判成功的一种方法是通过制造混乱增加谈判失败给对方带来的损失。有一个案例是这样的，一群加入工会的餐馆服务员要和他们餐馆的老板谈判，这些人在午餐时

间前进入餐馆，每个人占一个座位并点一杯咖啡悠闲地喝着，当顾客来吃午饭时发现所有的座位都被占满了（Jacobs，1951）。在最近的 NFL 合同谈判中，球员在社交媒体上向联盟球迷发泄他们对管理的不满。通过 Twitter 公开分享他们的观点，运动员们希望能够影响谈判过程和谈判的安排。公开抗议一家公司，抵制公司产品，将谈判人员锁在房间里直至达成协议，这些都是破坏性行为，增加了谈判者解决问题的成本，从而使他们重新回到谈判桌上。这种策略可以奏效，但也可能产生愤怒并使冲突升级。

与局外人合作

另一种增加对方延迟或终止谈判成本的方法是，把对谈判结果有一定影响的第三方引入谈判。在众多的商业谈判中，有些个体谈判者或许会说，如果和某个批发商的谈判不成功，那么他将去商业改善局（Better Business Bureau）抗议这个批发商的行为。那些对商业机构或政府部门的行为和政策不满意的谈判者，会组成任务执行组、政治行动组，去抗议这些商业机构或政府部门的行为，通过向对方施加压力来达到目标。例如，消费者组织在与公共产品提供商进行谈判时，经常会引用公众对公共服务的不满来替代自身的诉求，借以向对方施压。

控制谈判时间表

谈判进程的时间安排通常会使其中的一方处于不利地位，谈判方可以通过掌控谈判时间表来提高对方的谈判成本。那些漂洋过海到国外与顾客或厂商谈判的商人们通常会发现他们刚刚到达目的地谈判就立刻开始了，而他们还未从旅途劳顿和时差中恢复过来。另一种控制谈判时间表的方法是，主方可以用拖延战术把谈判推迟到终止期限前的最后一刻，以迫使客方做出更大的让步（Cohen，1980）。汽车经销商通常会把跟顾客的谈判时间定在星期五下班前的半个钟头左右，而不是星期一早上。在购买原材料时，受时间约束的厂商很难成功地讨价还价，因为如果它不能及时地签约并得到原材料，工厂就得关门歇业了。

增加或拖延谈判时间的机会在各个谈判领域有很大的区别。有些行业里企业可以趁着价格低廉一次性购买很多原材料储存起来，而在有些行业里，原材料的保质期很短，只能定期采购（随着许多企业改成零存货生产制度，这个问题变得更加现实）。相比少量购买的谈判，拖延谈判更有可能极大地提高大批量购买原材料的买家的谈判成本。尽管如此，通过控制谈判时间表来增加谈判成本和时间压力进而增加影响力是一种很好的战术，它不但能提高你的地位，而且能保护你不受对方行为的伤害（Camerer and Loewenstein，1993；Stuhlmacher，Gillespie and Champagne，1998）。

2.3 谈判立场

有效的分配式谈判者必须了解在谈判中树立自己立场的过程，他要知道初始报价与初始姿态的重要性以及在谈判进程中让步的作用（Tutzauer，1992）。开始谈判时，双方都有各自的立场。显然，谈判的一方会因另一方提供的信息或行动而改变自己的立场；另一方的立场也会在谈判过程中发生变化。导致立场改变的因素通常是出现了有关对方目标的新信息、对结果评价的改变以及解决范围的变化。谈判是一个相互作用的过程，它为双方提供了交流各自立场的机会，并可能使各方改变自己先前的立场。

迈克尔·普利图拉和劳里·魏因加特（Michael Prietula and Laurie Weingart，2011）认为，谈判者在制定报价时，需要对两个因素保持敏感：（1）价值特征，即对谈判者来说，不同事项和选择对于谈判者的价值有多大；（2）内容特征，即谈判的范围（问题的数量、可能的选择等）。需要注意，谈判者可能不仅认为不同的问题价值不同，还有可能在确定谈判的范围上有所不同。普利图拉和魏因加特认为，最初的报价在两个谈判者的报价范围内几乎是随机的，而后来的报价更加准确。

初始报价

谈判一开始，谈判者会遇到一个棘手的问题：初始报价应该是多少？某个报价会不会令对方觉得太高或者太低，以至于对方都不屑于谈判？一个让对方觉得合适的初始报价或许应该比己方的目标点高或低一些，以留出更大的商议空间或者有利于己方获得一个较好的解决点。通过将初始报价靠近抵抗点来表达谈判的诚意会不会更好？如果谈判者能够了解另一方的抵抗点和战略计划，这个问题就不会那么复杂。然而，了解对方的状况只能帮助谈判者确定他们的初始报价，并不能准确地告诉他们该做什么。

亚当·格林斯基（Adam Galinsky）和托马斯·马斯维尔（Thomas Mussweiler）2001 年的研究认为，首先提出初始报价对提出要约的一方是有利的。最先提出初始报价可以为谈判定下基调（锚定谈判），尤其是在不想考虑其他备选谈判结果的情况下（Galinsky，Ku and Mussweiler，2009）。有分析证实了在多种分配式谈判情况下，较高的初始报价对谈判结果有很大的影响（Dan Orr and Chris Guthrie，2006）。研究表明，随着谈判者获得经验，初始报价的决定性影响可能会消失（Michael Cotter and James Henley，2008）。研究者将谈判者和其他各方在十轮不同的买卖谈判中配对，发现初始报价只是在第一次谈判中充当了锚点，平均而言，那些还价者在随后的九轮谈判中取得了较好的结果。谈判者可以通过专注于自己的目标点和对方谈判者的抵抗点来挫败对方的第一回合。一般来说，有更好的 BATNA 的谈判者更有可能提出第一个报价（Magee et al.，2007）。然而，谈判者在了解对方的 BATNA 时必须谨慎，因为当对方的 BATNA 已知时，往往会先提出比较保守的条件（Buelens and van Poucke，2004）。

这里的主要问题是：初始报价应该是适当的还是夸张的？研究表明，那些初始报价比较夸张的谈判者的谈判结果比那些初始报价比较适中或较低的谈判者要更理想。[3] 至少有两个原因可以说明夸张的初始报价是有益的。[4] 第一，它给谈判者提供了调整的空间，让他们有时间了解对方的重点所在。第二，夸张的报价可以暗示或使对方在头脑中产生这样的想法：（1）在取得一个合理的谈判结果之前还有很长的一段路要走；（2）必须做出比原先计划更多的让步来缩短双方初始立场间的差距；（3）对方可能对他们的抵抗点做出错误估计（Putnam and Jones，1982；Yukl，1974）。相应地，夸张的初始报价也有两个缺陷：第一，它可能会被对方立刻拒绝，使谈判过早终止；第二，它所表达的强硬态度可能对保持双方的长远关系不利。报价越夸张，越有可能被对方立刻拒绝，因此，初始报价比较夸张的谈判者应该为自己留一条后路，以防对方拒绝己方的报价。

表明立场

在分配式谈判开始时要做出的第二个决策是己方在谈判中所采取的姿态和态度。你是该更具竞争性（争取在每个议题上都取得最大利益），还是更温和（愿意做出让步和妥协）？一些谈判者采取竞争状态，攻击对方的立场、报价甚至人格，但是对方也会以同样强硬的态度来回应。即使谈判对方并不采取强硬的立场，也很难以友好和开放的态度来做出回应。有些谈判者采取温和、善解人意的态度，似乎要说："让我们做通情达理的谈判者，我们能解决问题并实现双赢。"即使对方不会持同样的态度，但他们的态度很有可能会受到这种温和开放姿态的约束。

谈判者需要认真地思考他们要在公开表态中传递怎样的信息以及接下来的让步，因为在分配式谈判中，谈判者有一种"以牙还牙，以眼还眼"的倾向（Fleck，Volkema and Pereira，2016；Weingart，Prietula，Hyder and Genovese，1999）。也就是说，谈判者倾向于用对方的谈判战术来应对对方的发难，特别是当这些策略被认为具有适当竞争性时（Fleck，et al.，2016）。

为了有效地进行交流，谈判者应该通过初始报价与初始姿态传递一致的信息（Eyuboglu and Buja，1993）。理性的谈判立场通常与友好的态度相伴，夸张的谈判立场通常伴随着强硬和竞争性的姿态。当初始报价和初始姿态所传递的信息相矛盾时，对方会觉得难以理解和回应。进行初始表态的时机也很重要，我们将在专栏2.3中讨论这个问题。有关谈判姿态的道德问题将在第5章中详细讲述。

专栏2.3

先行一步的力量

1997年美国有40个州立法要求烟草公司支付给政府一笔款项，以弥补政府应对吸烟造成的健康问题引起的财政亏空，密西西比州便是其中之一。同年7月，密西西比州政府宣布已经与四家最大的烟草公司达成协议，保证政府在未来25年内将会收到36亿美元的资金，平均每年1.36亿美元。

这项协议的达成应该归功于该州的律师迈克尔·穆尔（Michael Moore）。他在1994年致力于挽回政府在治疗与吸烟相关疾病方面的损失。在随后的三年里，穆尔说服了其他39个州和波多黎各（美属地）加入到密西西比诉讼中来。经过努力，最终在全国范围内禁止播放香烟广告，烟草公司必须在包装上标注明显的警示标志。

穆尔把这归功于与烟草公司首次成功的谈判，使其保证会在政府采取行动前付款。通过先行一步，穆尔使密西西比州政府获得了足够的赔偿以弥补损失。

资料来源：Adapted from Geyelin，Milo，"Mississippi Becomes First State to Settle Suit against Big Tobacco Companies，" *The Wall Street Journal*，July 7，1997，B，8：4.

初始让步

谈判对方通常会对谈判者的初始报价进行还价，这两个报价确定了最初的谈判区间。有时，对方并不还价，而只是简单地指出谈判者的初始报价（或者一系列的要求）是不能接受的，要求谈判者再提出一个更合理的报价。第一轮报价后，谈判双方要面临的下一个问题是：应该如何采取行动或做出让步？谈判者可以选择毫不让步，坚持最初的立场，当然，也可以选择做出一些让步。注意，不要选择逐步提高报价的做法，这意味着你的报价距离对方的目标点越来越远，这种报价方法会一直遭到对方的反对。如果决定做出让步，则面临的下一个问题是需要做出多大的让步。值得注意的是，第一次做出的让步向对方传达了具有象征意义的信息，它告诉对方你将如何行动。

初始报价、初始姿态和初始让步是谈判开始阶段谈判者用来表达他们打算怎样谈判的手段。如果谈判开始时，报价苛刻、态度坚定并且让步很小，就意味着谈判者采取的是强硬立场；相反，如果初始报价比较合理、态度友善并且做出较大让步，说明谈判者采取比较灵活的立场。谈判者设法通过初始立场尽可能地扩大谈判区间，争取谈判的主动权，从而尽可能地实现自己的目标。谈判者采取强硬态度会让对方产生这样的想法：对方的让步空间如此之小，与其拖拖拉拉，还不如己方认输，迅速解决问题。一项研究表明，有强硬态度的谈判者（定位为具有更极端的初始报价和较少的让步）会获得成本低但获益多的结果，但这些被认为是以其他方更大的损失为代价的（Hüffmeier，Freund，Zerres，Backhaus and Hertel，2014）。矛盾的是，强硬态度虽然可以缩短谈判时间（Ghosh，1996），但也很容易遭到对方的强烈反抗，一方或双方也许会因此毫不相让，厌恶对方，甚至完全退出谈判。

采取灵活的立场是有利的，原因如下（Olekalns，Smith and Walsh，1996）。首先，在谈判中采取灵活的立场和态度，可以全方位地了解对方的目标，并且观察对方对己方提出的不同建议的反应，从而推断出谈判的结果；其次，灵活的立场有助于谈判者和对方建立友好的合作关系而不是敌对关系，最终达成良好的协议；最后，灵活的立场能使谈判顺利进行，谈判者越灵活，双方达成协议的可能性就越大。

让步的作用

让步在谈判中处于核心地位（Thuderoz，2017）。事实上，如果没有让步，谈判也不会有结果。如果一方不准备做出让步，那么另一方就必须做出让步，否则谈判就会陷入僵局。人们进行谈判时总是期望对方做出让步。如果对方接受了初始报价，谈判就此结束，此种情况下谈判者的满意度较低，原因可能是谈判者认为他们本可以做得更好（Galinsky，Seiden，Kim and Medvec，2002）。立即让步给人的感觉不如逐步的、缓慢的让步更有价值（Kwon and Weingart，2004）。优秀的分配式谈判者不会一开始就提出十分接近于自己抵抗点的报价，而是要确保预留出足够的让步空间。研究认为，人们通常会接受比己方目标点好的初始报价或第二次报价（Rapoport，Erev and Zwick，1995），因此谈判者应该准确识别出对方的目标点，避免让步过快地接近该点（专栏 2.4 给出了如何做出让步的指导原则）。最近的研究表明，更为直接的谈判者和更加关注对方的谈判者会在谈判中做出更多的让步（DeRue，Conlon，Moon and Willaby，2009）。

专栏 2.4

让步的指导原则

唐纳德·亨登（Donald Hendon）、马修·罗伊（Matthew Roy）和扎法·阿哈姆德（Zafar Ahmed）2003 年总结了 12 条指导谈判者让步的准则。

1. 给自己留足让步的空间。
2. 努力让对方先透露他们的需求和目标。
3. 最先在小的问题上做出让步，而不是最先在重要的问题上让步。
4. 做出不重要的让步，并声称该让步是非常有价值的。

5. 在对方进行了艰难的说服工作后再让步。
6. 利用得此失彼的原则，在你做出每次让步时都要求对方提供对价。
7. 缓慢并小幅度地进行让步。
8. 不要告知对方你的谈判截止时间。
9. 经常向对方说“不”。
10. 即便在试探性的谈判中，也要小心地撤回已经做出的让步。
11. 记录谈判中所做出的让步，并总结让步的模式。
12. 不要太频繁、太快、太大幅度地做出让步。

资料来源：Hendon，Donald W.，Roy，Matthew H.，and Ahmed，Zafar U.，“Negotiation Concession Patterns：A Multi-Country，Multi-Period Study，” *American Business Review*，vol. 21，2003，75 - 83.

谈判者通常也很讨厌“非此即彼”的方法。如果报价是让步的结果，那么谈判者可能会接受；如果谈判中报价像既成事实一样不可改变，就有可能被对方拒绝。一成不变的报价也称为“博尔维尔制度”（Boulwarism）[5]，无数劳资谈判的案例都说明了该报价的效果。在过去，一些公司管理者在劳资谈判中将报出的初始工资定为公司能够支付的最高工资，也就是说，管理者的初始报价、目标点和抵抗点完全一样。在谈判中，他们拒绝做出任何让步，因为他们认为其初始报价是建立在认真分析之上的公平的、合理的价格。工会坚决而强烈地反对管理者这种强硬的立场，即使在公司摒弃这种谈判策略之后仍然耿耿于怀。

有足够的证据表明，谈判者对经历了数次让步的谈判满意度更高。[6]鲁宾和布朗（Rubin and Brown）1975 年发现谈判者希望他们有能力影响对方的行为，当然，对方也是这样期待他们的。由于让步表明己方了解对方的想法，并试图向对方的立场靠拢，所以让步暗示了对这个立场的认同以及这个立场的合法性。这些无形的因素与有形因素一样重要。让步也会使做出让步的谈判者面临风险。如果对方不对己方的让步做出回应，那么己方将处于谈判的弱势地位。因此，不对让步做出回应就是传达了强硬的立场，并使让步者感到他们的尊严或者声誉遭到了侵犯。

但也不能随意地对让步做出回应。如果一方在至关重要的问题上做出了较大幅度的让步，那么他希望对方也在该问题上或者类似重要程度的问题上做出同等幅度的让步。在对方没有做出任何回应的情况下做出让步（或者对方的让步幅度微乎其微）意味着己方处于谈判弱势，并且有充足的继续让步的空间。在获得对方对等的让步后，己方可以声称“这还不够，只有你在 X 问题上做出让步后，我才会提出进一步的报价”，以此来迫使对方进一步让步。

为了促使对方更进一步地让步，谈判者有时候会把己方的让步与对方做出的让步结合起来。谈判者可能会说：“既然你们已经在 X 方面做出了让步，那么我们也愿意在 Y 方面做出让步。”有时重大的让步会引起一连串让步。例如，“如果你在 A，B 方面做出让步，我就会在 C，D 方面做出让步”。对于谈判者来说，一系列的让步要比只在一个议题上做出让步收到更好的效果。[7]最典型的系列让步方法是在一些小问题上做出让步，借以在重大问题上获得对方的让步。这种让步方法在整合式谈判中很常见，称为滚木式（logrolling）策略，我们将在第 3 章中详细讨论。

让步模式

谈判者的让步模式通常包含许多有价值的信息，但并不是很容易理解。当谈判者做出的连续让步幅度越来越小时，传达出的信息就是谈判者的态度变得越来越强硬，也就是说，越来越接近他的抵抗点了，谈判中做出的最后让步意味着几乎没有谈判余地了。当初始报价比较极端时，谈判者会有较多的谈判空间提出新报价，此时比较容易做出一些相对合理的让步，当报价或还价已经很接近谈判者的目标点时，做出与开始一样幅度的让步则可能会超过谈判者的抵抗点。假设谈判者出价 100 美元，这个价格低于对方的目标点，谈判者首次加价 10 美元就会使谈判空间减少 10%，当其出价和对方的目标点只有 10 美元差距时，每增加 1 美元都会使谈判空间缩小 10%。虽然谈判者不能总是机械地用这些数字来解释让步的过程，但这个例子说明了接受让步的一方该如何去衡量对方的让步，让步的幅度取决于让步发生在谈判的哪个阶段。

让步模式也是十分重要的。让我们来分析图 2－1 中乔治和马里奥在谈判中的让步模式。假设他们正在讨论计算机零部件的运费单价问题，并且他们所面临的客户是不同的。马里奥降价 3 次，每一次都降低 4 美元，即总共降低了 12 美元；乔治降价 4 次，分别是 4 美元、3 美元、2 美元、1 美元，总共降低了 10 美元。他们都声称对客户做出了最大的努力。这时比较容易得到客户信任的是乔治，因为他的让步模式表明他几乎没有降价的余地了。当马里奥说已经没有降价的余地时，客户可能不会相信，因为他的降价模式（3 次都是 4 美元）表明，他也许还有很大的降价余地，即使实际上马里奥的降价总额比乔治要多（Yukl，1974）。注意，我们并没有考虑马里奥和乔治在谈判时使用的言辞。调整对谈判对手的让步也是非常重要的，尤其是涉及降价时（Yama，2004）。在谈判中，对方会观察谈判者的言行，因此，谈判者用行为和语言向对方暗示自己已经没有让步余地了是十分重要的。

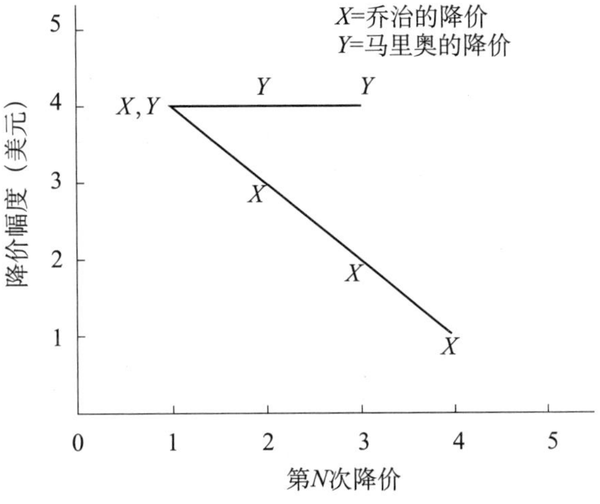

图 2－1　谈判双方的让步模式

在涉及多项议题的谈判中，训练有素的谈判者会提出对谈判问题的不同解决方式，这些解决方式对他们来说基本一样。谈判者认为不是所有的议题对双方都有同样的价值。例如，采购合同的谈判方可能只关心合同的总收益，并不在意究竟是在一个月内付清全款，还是在6个月内按当前利率分期支付总价款。然而，付清款项的时间对于另一方则可能是十分重要的，如果另一方现金流量方面有困难，可能更愿意接受6个月的分期付款。实际上，对首付款、利率和付款时间的不同选择，对一方来说可能是无差异的，但是对另一方来说可能会迥然不同。最近关于查账员和客户的谈判研究表明，谈判中查账员和客户的身份不同，让步的模式也会存在区别（Bennett，Hatfield and Stefaniak，2015；Sun，Tan and Zhang，2015），这表明谈判的情境在解释让步中具有重要的作用。

最终发盘

谈判结束时，谈判者要向对方传达这样的信息：已经没有让步的空间了，现在的报价就是最终报价。优秀的谈判者可能会说："这是我能做的全部了"或者"这是我让步的最大限度了"。但是，有时候仅仅这样简单地陈述还不够。另一种办法是通过让步来表达这一点。例如，不论对方如何督促，谈判者都回应已不能做出任何让步。对方可能一开始并没有觉察到现在的报价就是最终报价，可能做出进一步的让步来试探对方的反应。当发现已经得不到任何新的让步时，对方可能会有被愚弄的感觉，并且认为双方互相做出让步的模式被破坏了，这将导致谈判更加复杂。

谈判者想要表达现在的报价就是最终报价这一信息的一种方法是，做出最后的实质性让步。这暗示着谈判者抛出了最终的谈判底线。最终报价应该有足够的分量，不能让对方认为你有所保留，还要在谈判组合的其他问题上进行讨价还价（Walton and McKersie，1965）。让步也可以是专门针对对方的（"我为了你，特意去找了老板"），这暗示谈判者已经做出最大让步了。

2.4 承诺

承诺是谈判学中有关明确谈判立场的一个重要概念（Ellingsen and Miettinen，2014）。关于承诺的一个定义是：承诺是对己方未来行为的一种直接的或者间接的保证（Walton and McKersie，1965，p. 82）。例如，运动员经纪人在谈判中对职业运动队总经理说："如果拿不到原定的工资，我的运动员明年就会罢赛。"这种行动表明了谈判者的立场，以及如果无法达到目标将要采取的行动。承诺的目的是清晰地阐述谈判者将会采取的行动。通过承诺，谈判者表明将要采取行动、做出决定以及追求目标的意图。谈判者会说："如果你一定要坚持你的立场，我们很有可能产生直接冲突，或许你我之间一人会赢，或许我们都将一无所获。"承诺也减少了对方的选择，其作用在于限制对方的选择组合。

承诺经常会被对方理解为一种威胁——如果对方不妥协或者屈服，就会产生一系列消极的后果。有些承诺是恐吓，而有些不过是一种对自己意图的简单声明，把避免双方损失的责任撇给对方。一国公开声明要入侵另一国，如果其他国家试图阻止的话，也将会卷入战争，这就是大胆的承诺。承诺也可以包括对将来的许诺，比如，"如果给我们加薪，我们会同意你提出的其他所有要求"。

由于其特殊性质，承诺通常要求在行动上坚持到底。如果承诺会采取行动（例如，球员威胁明年罢赛）的谈判者的要求没有得到满足，但是他并没有采取行动（例如，球员到训练营报到），那么将来也就不会有人再相信他了。另外，如果公开做出了承诺又不兑现，可能会损害个人形象。因此，谈判者一旦做出承诺，就必须坚持到底。对方也知道，一旦接受承诺就意味着对方的建议必须接受，否则后果严重（Pruitt，1981）。

做出承诺的策略考虑

与许多其他的方法一样，承诺也有两面性，既可以获得如前所述的好处，也可以将谈判者置于绝境。承诺是以灵活性为代价，得到好处的同时也增加了谈判者更改立场的难度。例如，假设你承诺将会采取行动，但后来发现有信息表明选择其他的立场更有利，承诺将使你陷入两难。比如，最新信息表明，最初关于对方抵抗点的估计是不正确的，当前的谈判区间是错的，那么先前的承诺无疑会使谈判陷入僵局。在承诺后改变立场有时是值得的甚至是必要的，因此，在做出承诺时，应该同时制定应急计划以便在需要时摆脱承诺的影响。为使最初的承诺有效，应急计划应该保密。例如，运动员经纪人可能打算在谈判结束后马上退休，通过提前退休，经纪人可以取消承诺，将工作转交给另一个没有做出承诺的谈判者。购房者可以用发现卧室墙壁上有以前没有注意到的裂纹，或者申请不到银行贷款等理由来摆脱买房的承诺。专栏 2.5 举例说明了在薪资谈判中怎样避免受到过早承诺的影响。

专栏 2.5

薪资谈判技巧

迈伦·利布舒茨（Myron Liebschutz）在《华尔街日报》上介绍了求职者与未来的老板进行薪资谈判的技巧。

- 在你确定得到了工作以后再讨论报酬问题。
- 在老板给出工资数目或提出工资的范围后，要保持沉默 30 秒钟。保持沉默，可以让老板增加工资或者增加讨论的灵活性。要沉默一段时间后再开始谈判。
- 不要立即对薪资报价做出回应，要明确工作责任的其他一些方面，并且重申你在哪些方面可以为组织创造效益。
- 接着可以表示，尽管工作非常吸引人，但是报酬稍微有点低，你需要回去再想一想，改天再来谈。
- 在确定工资以前不要提及福利问题。首先在工资问题上取得一致，再协商其他福利待遇问题。
- 谈判过程中不要问太多的问题。即使你获得了该职位，问过多的问题也可能引起对方的反感，影响将来的涨薪。
- 不论待遇如何，都不要当场答应。表现出兴趣，但是提出要多花些时间考虑。这个工作机会是不会失去的，老板可能会提出更高的工资待遇。
- 如果公司不能满足你的年薪要求，可以要求其他的方面，如得到更多的红利、假期、绩效工资或者其他的奖励。当你正在寻找一个职位较低的工作，或这个公司官僚作风严重，或劳动力市场供大于求时，谈判空间就会很小。当你寻找高级的职位，或者你拥有多项或独特的技能时，就会拥有更多的谈判机会。

资料来源：Adapted from Liebschutz，Myron，“Negotiating the Best Deal Requires a Poker Strategy，” *The Wall Street Journal*，June 8，1997，B1.

作为谈判者，承诺可能对你很有用，但你会发现，它在防止对方做出承诺方面更有用。更进一步说，如果对方做出了承诺，你则占有优势不必承诺，而是可以给对方一种或几种方式使其摆脱先前的承诺。下面的部分将详细讨论这些战术。

做出承诺

如果在谈判中可以强有力地、充满激情地进行陈述，尽管其中某些内容纯粹就是欺骗，谈判者该如何让对方理解其陈述就是一种承诺呢？承诺性陈述有三个特点：高度的结果性（finality）、高度的具体性（specificity）以及对因果关系（consequences）的清晰陈述（Walton and McKersie，1965）。买方可能说："我们想得到一定的总额折扣，否则谈判就很难进行下去。"这种陈述远不如后一种有效："我们必须在合同中得到总额10%的折扣，否则我们下个月会和其他的销售商签约。"后一种陈述表达了结果性（总额折扣应该在什么时间以何种方式兑现）、具体性（期望的折扣具体是多少）和清晰的因果关系（明确指出不提供折扣的后果）。该陈述要比第一个更有分量，并且很难让对方忽视。下面将讨论做出承诺的几种方法。

公开发布

知道的人越多，承诺就越有效。运动员经纪人关于下一赛季罢赛的声明如果在电视上播出，要比只在谈判桌上提出影响更大。一些谈判者会召开记者招待会，或在报纸等出版物上刊登公示来声明他们的需求以及如果需求得不到满足将会采取的行动。在这种情况下，知情人范围越广，改变承诺的可能性就越小。更广泛的社会环境对谈判产生的影响将在本书第 10 章和第 11 章中讨论。

寻求外界支持

让承诺更具影响力的另一种方法是建立一个或多个同盟（谈判同盟的问题将在第 12 章中讨论）。对公司管理不满的员工可以成立委员会来表达他们的意见；行业协会可以为产品设立标准。当谈判者面临某些情况让他们很难摆脱此前所做出的承诺时，就可以采用该方法。

提高承诺的效果

可以采取很多措施提高承诺的重要性。如果大多数报价和让步是口头做出的，则可以用书面声明来增加承诺的分量。如果此前的承诺已经写在纸上，那么可以使用不同的字体或颜色加以区别，以引起人们注意。重复是增强承诺常用的方法之一，通过不同的渠道做出相同的承诺会产生更好的效果。例如，先口头承诺对方，然后以书面形式承诺，接着大声朗读声明，最后将该承诺广而告之。

实施威胁与承诺

进行威胁时，可能会产生相反的效果——着重声明某种立场可能使你看起来更脆弱或者愚蠢而难以实际威胁到对方。诸如，"如果我在这一点上得不到让步，明天你就不要来了！"这种威胁可能会引来愤怒或者离开而不是关心或妥协。夸大的、繁杂的声明可能反而会影响你的信用；相反，简单、直接地表明你的要求、立场和因果关系也许会更加有效。

很多方法都能增强承诺中明示或暗示的威胁作用。一种方法是重温类似的情况和结果；另一种方法是做出实施威胁的准备。面临罢工的威胁，公司会准备存货，在工厂里准备原料和食物；工会则建立罢工基金，并向工会成员宣布如果收入减少就要举行罢工。还有一种方法是提前实施较小的威胁，让对方相信可能会受到更大的威胁。比如谈判者会说："如果谈判进程还是这么慢，午饭后就不要再谈了。"接着就真的那样做，以达到威胁的目的。

最后，谈判威胁方面的研究表明：采用威胁手段的谈判者看起来比没有采用威胁手段的谈判者要强硬得多（de Dreu，1995；Shapiro and Bies，1994）。然而，这种观点在高级别的谈判中并不奏效。实际上，使用威胁的谈判者通常被认为缺乏合作性，他们在整合式谈判中的收获往往不如没有采取威胁手段的谈判者（Shapiro and Bies，1994）。本书第 3 章将具体讨论整合式谈判。

防止对方过早地进行承诺

若对方先进行承诺，那么采用承诺带来的所有谈判优势将成为己方的劣势，故而要防止对方过早进行承诺。人们在生气或达到忍耐的极限时，通常会采取坚定的立场，此时他们将不再按计划行动，这对双方都不利。因此，谈判者在进行谈判时应该认真观察对方的情绪，知悉对方是否已经失去耐心、失去理智而非常愤怒。

做出好的、有效的、慎重的承诺是需要时间的，前面已经讨论过原因。一种防止对方承诺的方法就是不给对方必要的思考时间。在房地产交易中，卖方可能会通过声称自己没时间来缩短谈判时间，或者通过详尽的测绘来拖延时间，这样就可以避免买主有多余的时间进行思考并做出报价，同时，这样做也有可能等到出价更高的客户参与买房谈判。另一种方法是不承认对方的承诺甚至以开玩笑的方式来应付，即忽视威胁或对威胁不予理睬。谈判者可以故作轻松地说"你不会真的这么想吧"或"我知道你不是认真的"，也可以干脆装作没听到或听不懂对方的话。如果谈判者假装没有听到对方的陈述或不把它当回事，本应产生严重后果的承诺就会被渐渐遗忘，无法产生作用，即使对方仍然提出威胁，承诺的可信度也会被渐渐削弱。

很多时候对方做出承诺对谈判者有利。当对方在谈判早期就对某个问题做出承诺，这会对谈判者非常有利，因为即便引入其他议题，对方在该问题上的立场都不能改变。在对方先做出承诺的前提下，谈判者可以用下面两种方法来确保己方的优势：在对方做出承诺时指出它的重要性；记录、跟踪对方的陈述。雇员可能会对特定问题的处理方式感到非常不满，但绝不会因为这种不满而辞职，在这种情况发生时，经理可以立即做出处理，也可以等雇员心平气和之后再做处置。这两种方法都能让雇员避免在愤怒中做出过火的决定，在重启谈判前给他们一个冷静期。

找到摆脱承诺的方法

通常谈判者希望对方放弃承诺，很多时候对方也想放弃。那么，怎么做呢？我们建议使用以下四种方法摆脱承诺。

提前制定摆脱计划

我们在前面已经提到，做出承诺的同时，谈判者应该计划好摆脱的方法。谈判者可以重申承诺，但要表明原有的适用条件已经发生变化。有时，谈判中对方提供的信息会让谈判者说："根据谈判中从你那里得到的信息，我觉得我必须重新考虑我的立场。"对方也可以这么做。想让对方放弃承诺而又不失去信誉的谈判者可能会说："根据我提供的情况（或新信息），你应该意识到你之前的立场是不正确的。”不言而喻，谈判者想做的是让承诺方感到尴尬，或对对方面临的境况进行公正的评价，但是谈判者应该给对方台阶，不要让对方丢面子。

让承诺自然地销声匿迹

第二种方法是让承诺自然地销声匿迹。随着时间的流逝，谈判者会提出新的建议而闭口不提原先的承诺。可以尝试朝着与对方原先承诺相反的方向进行试探。例如，对于事前声称绝不会接受某项工作任务的雇员，公司可以建议他重新考虑“短期”从事此工作，这对他的职业生涯有益处。在一些官僚机构里，改革在被正式定为规范之前称作“创新性实验”。如果对方做出回应，采用默认或申明的方式表示愿意让谈判沿既定方向进行，谈判将很容易取得进展。

重申承诺

第三种方法是概括地重申承诺。想要放弃承诺的一方会提出新的建议，修改其中的一些细节问题，以使其更符合现在的需要，而表面上还是和原先所说的基本原则保持一致。例如，销售代理商先前要求 10%的折扣，但后来要求给予“可观”的折扣，这时对方就要探究这个“可观”的折扣究竟是多少了。

将破坏降到最低

最后，如果对方放弃承诺的立场，己方一定要尽量维护对方的颜面，帮助他们将放弃承诺对尊严和未来双方关系的损害降到最低。在这种情况下，一种方法是做出公开解释，说明对方的行为是为了追求更高的目标或者受外界条件的重大影响。外交官会因对和平与人们的深切关注而放弃承诺的立场；买主或卖主在房地产交易中会为了成交而相互妥协；管理者可能会因公司利益而放弃承诺的立场。

承诺立场是谈判的有力工具，但它是刚性的，因此使用时必须特别小心。与其他手段一样，我们使用该工具时要警惕，同时也必须注意如何拒绝对方这样做。不幸的是，很多承诺是出于愤怒和不愿让步做出的，而不是经过深思熟虑后的谈判战术计划。在任何情况下，承诺的基本效果是防止在某个问题上继续争论下去，它的作用只是让谈判能够缩短而不是将双方置于困境之中。承诺立场必须是可信的，并且看起来是无法改变的——如果 X 发生，Y 就不可避免。让对方相信这是必然结果很困难，需要提前做好计划，而且需要掌握好时间和技巧。因此，从承诺立场中退出是不容易的，但如果在承诺前就准备好摆脱的计划会简单一些。谈判者摆脱承诺的很多方法也可以用在帮助对方摆脱承诺，甚至可以阻止对方在一开始就进行承诺。

2.5 结束谈判

经过一段时间的谈判，了解了对方的需要、立场和可能的抵抗点后，对谈判者而言，下一个挑战就是结束谈判了。谈判者用来结束谈判的方法有很多（Cellich，1997；Girard，1989），如何选择一种最合适的战术来结束谈判也是一门学问。

提供替代方案

与其提供一份单一的最终报价，不如给对方提供几种相差无几的选择。人们喜欢做选择，因此用提供很多替代方案的方式来结束谈判是一种很有效的技巧。如果谈判任务小组不能决定要向上级推荐哪一个方案，也可以使用这种技巧。如果实际上只有两种截然不同的替代方案，任务小组则可以分别描述不同方案的利弊。

假定结果

销售人员通常使用假定结果的方法来结束谈判。大致了解顾客的需要和立场后，销售人员经常会拿出订货表格开始填写。销售人员通常会在开始讨论有争议的问题（比如，价格和样式）之前先询问对方的姓名和地址。使用该技巧时，谈判者不会问对方是否真的想要进行交易，而是问对方“我可以开始填表了吗”，如同买主已经做出了购买决定那样（Girard，1989）。

分清差异

分清差异可能是结束谈判最常见的战术。谈判者使用该战术通常会对谈判做一个简短的小结（比如，“我们已经花费了大量的时间，做出了许多让步”，等等），然后提出建议，由于时间紧迫，“为什么我们不分清不同之处呢？”有效使用该战术的前提是谈判方提供的初始报价是公平的。如果采用该战术，则表明谈判者在采用强硬手段（参见下文）。

轰炸报价

轰炸报价包含了相当严苛的像炸弹倒计时般的截止期限，用以达到迫使对方立刻同意的目的，是控制谈判进程的极端手段。例如，某人会被提供高薪和相关福利的工作吸引，但同时也被要求必须在 24 小时内做出答复。轰炸报价的目的就是要确保对方接受方案而不再考虑其他选择。这种方法适用于对付谈判过程中不断寻找其他可能的替代方案的一方，这些替代方案中有些可能是可行的，有些则不起任何作用（例如，应聘者还在其他公司面试）。然而，人们不太喜欢接受轰炸报价，因为感觉好像处在不平等的压力之下，该方法适用于有能力在谈判开始时就提出让人出乎意料并且吸引人的出价的谈判方，这样可以阻止对方继续寻找潜在的、更好的报价。

给些甜头

另一种结束谈判的方法是做出特别的让步。告诉对方，“如果你同意成交，我会给你……”。比如卖房子时，房主可能为了达成协议同意在售价里包含窗帘、家居用品或照明设备。然而，要想十分有效地使用该战术，谈判者需要提前计划好给对方的甜头，否则所做的让步就太大了。

2.6　评估协议质量

谈判者如何知道他们是否已经谈成了一个好的合同？有两类结果是十分重要的：（1）客观结果；（2）主观价值。

客观结果包括对谈判者的目标点和抵抗点进行评估。谈判者是否达到了他的目标？离目标实现还有多远？协议是否在抵抗点之下？如果不是的话，协议的达成在抵抗点之下是有意为之还是偶然情况？有很多理性的方法评估达成的协议。另一种方法是以与另一方“本该支付”相背离为评估方式，不幸的是，这一信息在实际的谈判中无法使用，即使获取了这一信息，也应持怀疑的态度，因为这可能会受自我服务的动机和策略影响。

主观价值是一系列心理变量的集合，谈判者用主观价值评估谈判的结果。研究人员提炼出谈判中主观价值的 4 个方面：（1）对结果的感知（结果满意度，分配上的公平）；（2）对自我的感觉（是否丢脸了？行为是否符合原则?）；（3）对过程的感觉（对方是否在听？过程是否公平?）；（4）对双方关系的感觉（对方的谈判给你留下了什么印象？你相信对方吗?）（Jared Curhan，Hillary Elfenbein and Heng Xu，2006）。

没有完美的方式评估协议的质量，但是谈判者可以多去尝试。客观结果和主观价值看上去都很重要。主观价值对未来的谈判有重要影响（Curhan，Elfenbein and Eisenkraft，2010；Curhan，Elfenbein and Xu，2006）。

2.7 强硬战术

现在我们开始讨论在谈判中使用强硬战术的问题。许多关于谈判的畅销书都建议使用强硬的谈判战术来击败对手。[8]这种战术能给对方施加压力，迫使其做本不想做的事情。这种行为常常会掩盖谈判者一直坚持使用的分配式谈判战略。强硬战术的作用能持续多长时间或其效果如何还不十分清楚，但是最近的研究（Fleck，Volkema and Pereira，2016）表明强硬战术对于谈判结果毫无影响。强硬战术可能会有负面影响，证据表明，对抗型的谈判者不如普通谈判者的谈判效果好（Schneider，2002）。许多人发现强硬战术具有攻击性，对方会对采取该战术的一方进行报复。许多谈判者认为不应该在所有谈判情况下都使用它（参见本书第 5 章关于谈判道德的讨论）。我们并不推荐使用强硬战术，事实上，依据经验，采用这种谈判战术弊大于利。这种战术做起来要比说起来困难得多，而且会对使用者产生损害，包括影响声誉、失去生意、产生负面的公众影响以及招致对方报复。谈判者了解强硬战术及其如何发挥作用是很重要的，因为如果对方采用这种战术，谈判者就可以识别并对付它。

应对强硬战术

与采用强硬战术的对手打交道的谈判者有很多应对方法。良好的应对方法要求谈判者尽快辨别出强硬战术，并且了解它的实质以及运行机制。大多数战术用来增强谈判者的立场，或是用来转变对方的观点。如何更好地应对该战术取决于谈判者的目标以及谈判的背景（与谁谈判？其他的替代方案是什么?），没有一种方法能适用于所有的情况。我们现在讨论应对典型的强硬战术的四种重要方法。[9]

讨论强硬战术

费希尔、尤里和巴顿提出，处理强硬战术的一种好方法就是讨论它，也就是说，让对方清楚你知道他在做什么，甚至知道他采用的战术是什么（Fisher，Ury and Patton，1991；Ury，1991；Weeks，2001），然后就谈判过程本身进行讨论。比如在进行实质谈判之前，先向对方表明你希望对方如何进行谈判。如果明确知道对方采取强硬战术，那么你也可以采用强硬战术。然后建议双方要采取更有效的办法实现双赢。费希尔、尤里和巴顿建议，谈判者应当把个人与问题区别对待，对问题强硬但是对个人和善。在谈判过程中要不断提醒对方注意这些，以免受到伤害。

忽视强硬战术

尽管忽视强硬战术看起来是一种较为软弱的应对方法，但它实际上很有威力。使用强硬战术需要花费大量的精力。当对方花精力来实施强硬战术时，谈判者可以花精力来关注自己的需求。对威胁不做反应通常是最佳应对方法。假装你根本没有听到，改变谈判主题，让对方开始新的话题，也可以要求暂停一会儿，在下次开始时换个话题。这些方法都可以减少威胁的作用，在对方决定使用下一步诡计时，你可以专注于自己的谈判议程。

做出善意的应对

人们对强硬战术的反应通常是以牙还牙，但是这种应对常常会导致混乱与不安，这并不是摆脱这种情况的最佳选择。一旦硝烟散去，谈判双方就会意识到他们都使用了强硬战术，并认识到是时候选择其他的方法了。谈判中，遇到要测试你的决心或采用夸大立场战术的谈判者，善意应对是最有效的方法。一位参加谈判研讨会的与会者对本书的一位作者讲述了他在北非地区的一个国家进行地毯交易的谈判过程。

> 我知道一块地毯的价格大概是 2 000 美元，因为我已经在路上留意了地毯的价格。发现我要的地毯后，我假装不感兴趣。先和地毯商询问了其他地毯的价格，然后我才开始讨论我所要地毯的价格。当我向他询问该地毯的价格时，他回答 9 000 美元。我还价说最多不会超过 5 000 美元。一番讨价还价之后，最终我用 2 000 美元买下了那块地毯。

在这次谈判中，购买者对强硬战术给予了明确的回击。当问到他是否对开价感觉舒服时，他回答说：

> 当然，为什么不呢？卖主知道地毯大约就值 2 000 美元。因此，当我这样讨价还价时，卖主对我也很尊敬。如果我开始就报出正确的数目，我也许会为它多付一些钱，因为我的确很想要那块地毯。

笼络对方

另一种应对采取强硬战术谈判者的方法是，在对方要花招之前就要尽量友好地对待他。这种方法是基于这样一个理论——对付朋友要比对付敌人困难得多。如果谈判者强调与对方的共同点，并找到其他需要责备的因素（体制、外来竞争），谈判者就可以牵制对方，从而阻止其采用强硬战术。

典型的强硬战术

我们将讨论一些较为常见的强硬战术及其缺点（见表 2-4）。

表 2-4 典型的强硬战术

“白脸/红脸”战术	谈判者之间轮流使用强硬和宽容的方式
虚报低价/高价战术	用极端的报价改变谈判的潜在锚点
“虚晃一枪”战术	假装不太重要的问题非常重要，在随后的谈判中，在该问题上让步可以换取对方在真正重要问题上的让步
“吹毛求疵”战术	要求对方在先前没有讨论过的议题上做出较小幅度的适当让步来结束谈判
“谁是懦夫”战术	实施大量欺骗性的威胁手段迫使对方临阵退缩来满足自己的需求
胁迫战术	利用感情手段，比如，用愤怒或害怕来迫使对方达成协议
挑衅战术	无情地要求更大的让步，最好采用攻击性的语气
“倾盆大雨”战术	提供给对方大量的信息，使得谈判对手无法分辨哪些是真实信息，哪些是迷惑性的信息

“白脸/红脸”战术

“白脸/红脸”战术来源于两个警察（一个和善、一个粗暴）轮流审讯嫌疑犯的故事。这也经常出现在电视连续剧的情节中，如《心灵猎人》（Mindhunter）和《犯罪现场调查》（CSI）。在谈判中通常是这样使用这种战术的：一位质询者（“白脸”）表达出强硬的立场，不时加以威胁，行为令人讨厌而且表现出不再妥协的态度。然后，该质询者离开房间去接一个重要的电话，或在同伴的建议下出去冷静一下。当他走出房间后，另一位质询者（“红脸”）就会试图在“白脸”回来之前快速解决问题，达成协议。这种战术的微妙之处就是要在谈判进入不良方向时，指派“白脸”扮演强硬者的角色，当事情进展顺利时，“红脸”就进行谈判。尽管“白脸/红脸”战术有些明显，它却常可以使对方让步并达成协议（Brodt and Tuchinsky，2000；Hilty and Carnevale，1993）。

使用该战术有很多缺点。正如上面提到的，它相对明显，尤其在重复使用时。同时该战术也会暴露谈判者的意图。对方可能会幽默地说：“你们两个不是在玩‘白脸/红脸’的游戏吧?”即使对方否认采用了该战术，其影响也不会在短期内消失。此外，“白脸/红脸”战术也是做比说难：它通常疏远对方，而且需要谈判者集中精力使战术更好地发挥作用，而不是集中精力完成谈判目标。当谈判者采用该战术时，可能只关注游戏和扮演角色，以至于忽视他们要实现的谈判目标。

虚报低价/高价战术

谈判者采用该战术时，要在一开始就报出自己也感觉不会实现的荒谬的低价（高价）。该战术基于的理论是：极端的报价会让对方重新评估自己的报价，使其更接近抵抗点。例如，本书的一位作者曾参与过一次劳资谈判。最初，工会主张三年内将工资上涨 45%。由于附近的大学里工资上涨幅度只有 3%～4%，工会的这个报价是在运用虚报价格战术。

这种战术的风险是对方可能会认为与其进行谈判完全就是在浪费时间，从而停止继续谈判。即使对方接受虚报低价（虚报高价），谈判者也需要用很高的技巧来调整初始的极端报价，使谈判重回正轨，并使对方愿意做出重大让步。

应对虚报低价（高价）战术的最好办法就是不要还价，并要求对方重新提出一个理性的报价（上面谈到的案例中，在被要求重新报价后，工会提出了工资上涨 6% 的要求，尽管这个幅度高于行业平均水平，但不会被认为是极端的）。要求对方重新报价是非常重要的，这是因为该战术通常是在听到对方的初始报价以及第一次还价时开始起作用。如果你觉得提出的极端报价使得谈判开始时双方的偏差太大，并感到尴尬想要重新报价，或者对方的极端报价使得你需要重新考虑谈判的真伪性，那么你已经成为该战术的俘虏了。当这一切发生时，谈判者就已经被对方极端的初始报价给锚定了。

为谈判做好准备是对付这种战术的关键办法（见第 4 章）。合适的安排会帮助谈判者知道所讨论内容的大概价值范围，并能灵活地采取以下应对措施：(1) 坚持要求对方以合理的初始报价为起点才开始谈判，否则就拒绝谈判，直到对方这样做；(2) 说出你对谈判标的市场价值的了解，并举出事实和数据来支持自己的观点，这样做是告诉对方你不容易被骗；(3) 威胁终止谈判，暂时终止或是永远终止，表明谈判者对对方使用该战术的不满；(4) 以极端的还价来应对，明确表示你不会被对方极端的报价给锚定。

“虚晃一枪”战术

谈判者运用“虚晃一枪”战术，假装不太重要的问题非常重要，在随后的谈判中，在该问题上让步可以换取对方在真正重要问题上的让步。当谈判者发现某问题对对方重要而对自己无足轻重时，这种战术最为有效。例如，卖主仓库里有可以运送的产品，然而，在与销售代理商谈判中，卖主要求对方做出大的让步，理由是顾客的订单要得太急了，卖方难以备货。这样卖主可以在订单时间方面进行妥协，但要求对方在其他方面做出让步，比如订货的价格和数量。还有一个“虚晃一枪”的例子，谈判者假装想要某项特别的任务或项目（实际上，他并不真想要），然后，作为自己做出让步的交换，从对方那里得到自己真正想要的（但仍要假装不喜欢）。

该战术基本属于欺骗，同样也很难实施。通常当谈判者设法在某问题上采用“虚晃一枪”战术时，对方却会真诚地进行谈判，并严肃对待该议题，这极有可能导致一种很不正常的情况，谈判双方都在违反自己的真实意愿进行讨论，对方在谈判者使用“虚晃一枪”战术后也如法炮制，通过在对谈判者主张的（实际并不关心的）议题上做出巨大让步，要求谈判者在他所关心的其他议题上也做出让步，谈判者不得不在自己根本不关心的问题上浪费宝贵的时间去评估、提议和辩论。谈判者很难顺利地将谈判重心转移到所关心的议题上。然而，如果议题转换得不够灵活，最终谈判者可能会得到一个次优的谈判结果。“虚晃一枪”的谈判结果可能不是你真正想得到的，也许对对方来说亦是如此。

奥康纳和卡内瓦莱（O'Connor and Carnevale，1997）的一项研究表明，谈判者经常用忽视的方法而不是承诺的方法来实施“虚晃一枪”战术。他们认为使用该战术的谈判者应该先让对方在所有议题上陈述要求，然后寻求利益的共同点（p. 513）。这是假定对方会准确陈述自己的真实要求，而实际情况通常不是这样的——谈判者会故意说错自己的真实要求，以便采用“虚晃一枪”战术。奥康纳和卡内瓦莱指出，如果对方以强硬的方式进行反击，使用该战术就会严重损害双方之间的关系。我们将在第 5 章讨论这一战术中涉及的道德问题和其他欺骗性战术。

虽然“虚晃一枪”战术很难对付，但谈判者可以通过良好的谈判准备来降低受到的影响。当对方的立场与谈判者的预见完全不同时，谈判者就要怀疑对方是否在使用“虚晃一枪”战术。探究对方想要某特定结果的原因，可以帮助谈判者减小“虚晃一枪”战术的影响。最后，若对方立场突然发生转变，谈判者要提高警惕，尤其是在谈判结束阶段，因为这意味着对方在采用“虚晃一枪”战术。谈判者还要仔细询问对方突然接受相反立场的原因，避免在对方完全转向相反立场后做出太多让步，这也可以减小受到对方“虚晃一枪”战术的影响。

“吹毛求疵”战术

谈判者采用“吹毛求疵”战术，要求对方在先前没有讨论过的议题上做出较小幅度的适当让步（比如交易中利润总额的 1%～2%）来结束谈判。赫布·科恩（Herb Cohen，1980）这样描述“吹毛求疵”战术：某人在成衣店试穿了多款衣服后，告诉销售员如果赠送领带的话，就买一套衣服，其中，赠送领带就是“吹毛求疵”的要求。科恩认为，通常情况下该顾客会得到领带。在商业环境下，该战术是这样使用的：双方在谈判中花费了大量的时间并即将达成协议时，一方要求增加一条没有讨论过的条款，这要求对方付出适当的、很小的代价。虽然该条款代价小得不足以使谈判破裂，但会让对方感觉不舒服，这就是“吹毛求疵”战术的主要缺点——很多人认为采用“吹毛求疵”战术的谈判者缺乏诚信（因为公平交易的程序要求所有要讨论的议题都应该提前安排在谈判议程中）。尽管谈判者对刚刚想起该问题表示尴尬，但另一方还是会感觉不舒服，他们通常会在以后的交易中寻求报复。

根据兰登（Landon，1997）的观点，对付“吹毛求疵”战术有两个好方法：第一，对于每一个“吹毛求疵”的要求都追问对方“你还有其他要求吗”，就这样一直问下去，直到对方表示提出了所有的议题，然后双方同时讨论所有的议题。第二，谈判者也要准备“吹毛求疵”的要求以回应对方提出的此类要求。当对方在某个议题上提出“吹毛求疵”的要求时，作为回应你可以在其他议题上也提出自己的“吹毛求疵”的要求。

“谁是懦夫”战术

“谁是懦夫”战术来自 20 世纪 50 年代詹姆斯·迪恩（James Dean）的电影《无因的反抗》（*Rebel without a Cause*）中描述的一个相互挑战的场景：两个人各自开车朝对方驶去，直到其中一方突然转向避免相撞。转向的人被称为“懦夫”，另一位则被认为是“英雄”。使用该战术的谈判者是靠实施大量欺骗性的威胁手段迫使对方临阵退缩来满足自己的需求。在劳资谈判中，管理层会通知劳工代表，如果对方不同意当前的合同，那么公司就会关闭工厂、停止营业（或将工厂转移到其他州或其他国家）。显然，这是风险很高的赌博。一方面，管理层必须遵守做出的威胁，因为如果工会发现他们的骗局，管理层没有真的实施威胁，工人们以后就不会再相信管理层了；另一方面，工会也要冒风险，管理层的话是骗局吗？如果管理层真的说到做到，那么公司就会真的关闭工厂或迁到别的地方。

“谁是懦夫”战术的缺点是，谈判中一方或双方很难从对方装模作样的表现中辨别出真相，这就使得谈判形势变得比较严峻。为了使战术可信，采用“谁是懦夫”战术的谈判者会让谈判局势变得模糊不清，这样，对方很难正确判断他是否真的会实施威胁，但模糊不清的形势又正适合采用“谁是懦夫”战术。

应对“谁是懦夫”战术很难，然而，谈判者如果对对方的承诺不予重视、修改甚至忽视，它就会失去原有的效力。可能最危险的应对方式就是自己也采用“谁是懦夫”战术来进行对抗，那时任何一方都会因为害怕丢脸而毫不退让。要搞清对方是否使用了

“谁是懦夫”战术，对谈判做好准备和准确把握双方的形势是绝对必要的。谈判者也可以请外围专家验证信息或帮助重新确定双方的形势。

胁迫战术

许多战术都可以打上胁迫战术的标签，其共同点是利用感情手段，比如，用愤怒或害怕来迫使对方达成协议。例如，对方故意表现出愤怒来表明其严正立场。本书的一位作者有如下经历。

> 一次我在和汽车经销商进行谈判时，他发火了，撕毁了记录，告诉我坐下来听他说，然后就大声解释，这是城里最划算的买卖了，如果我今晚不接受以后就不要后悔，又折回来浪费他的时间。我没有买车，也没有后悔。我在每年的谈判课程中都拿这个故事作例子。我怀疑经销商设法胁迫我同意交易，我还意识到如果我去其他地方看看的话，这笔交易就不见得很划算了。经销商没有意识到，我已经向会计问过一些情况了，而且我发现他在折扣上撒了谎。在我戳穿他的谎言时，他才真正失去了理智。

胁迫的另一种形式包括增加合法的表象。在高度法制化的社会中，有合法的政策或手续来解决争端，没有这些政策或手续的谈判者要设法创造一些，强加给对方并使其看起来具有合法性。例如，与口头协议相比，写在手册中的制度或印刷好的表格和协议遭到的质疑要少得多（Cohen，1980）。很少有人能完整地将银行又长又详细的贷款条款阅读完（Hendon and Hendon，1990）。外表感觉越合法化，对方就越不会质疑接下来的过程或提出的合同条款。

最后，让对方感觉内疚（guilt）也是胁迫战术的一种形式。谈判者可以质疑对方的诚信或对方对自己的不信任。该战术的目的就是让对方处于防守地位，这样对方就会关注内疚与信任问题，而不是讨论谈判的实质内容了。

应对胁迫战术，谈判者有几种方法。胁迫战术让胁迫者感觉比对方更有力量，让对方因情感而不是客观原因（例如出现新情况）做出让步。谈判者做出让步时，知道让步的原因十分重要。如果某人开始感到威胁，设想对方更有力量（而客观上他并没有力量），或者简单接受对方“公司规章”的合法性，那么胁迫战术就能在谈判者身上发挥作用了。

如果对方表现得盛气凌人，那么与他讨论谈判进程是一个好办法。你可以解释说自己的原则就是在公平与相互尊重的条件下进行谈判，并且希望对方也这样做。另一个好办法是忽略对方的胁迫，因为只有在乎胁迫时，它才起作用。可能这听起来太简单，但你想想为什么有些人会感觉受到权威人士的胁迫而有些人不会呢？原因就在于接受者本身而不是权威人士。

另一种有效应对胁迫战术的方法是以团体的方式与对方谈判。与单个谈判者应对胁迫相比较，团体谈判至少有两个优势：第一，人们通常不会被同一件事情胁迫。你可能会被某个特殊的谈判者胁迫，但很可能你方其他成员不会。本书的一位作者在年轻时参与了一次谈判，他发现对方谈判团在进行谈判时会经常换团队成员，这样就会有许多老资格的谈判者出现在随后的谈判进程中，因此这位作者决定也让自己一位年长的同事参与谈判，这样才不会受到对方年龄和经验的胁迫。第二，如果对方的胁迫让人感觉越来越不舒服，团队成员可以讨论如何应付对方的战术，相互支持帮助。

挑衅战术

挑衅战术与前面提到的胁迫战术相似，采用各种挑衅方式迫使对方接受自己的立场或攻击对方的立场。挑衅战术包括：无情地要求更大的让步（你可以做得更好）、在谈判初期就要求最佳报价（我们不要再浪费时间了，你最多可以付多少）、要求对方逐一解释和证实提议（每一项你愿意花费多少）。谈判者使用这些技巧，暗示自己不会妥协，设法迫使对方做出更大的让步以达成协议。

当面对另一方的挑衅行为时，最明智的反应就是终止谈判，转而去讨论谈判进程本身。谈判者可以说明，他们的决定应该建立在双方需求和利益的基础上，而不应受到对方挑衅行为的影响。另外，组成谈判团对于应付对方的挑衅战术也有帮助，其原因与前面提到的应对胁迫战术相同。充分准备、了解自己与对方的需求和利益，这些方法都会使应对挑衅战术更容易，因为双方都知道达成协议对双方都有利。

"倾盆大雨" 战术

"倾盆大雨" 战术是指谈判者提供给对方大量的信息，使得谈判对手无法分辨哪些是真实信息，哪些又是迷惑性的信息。通常政府部门采用这种方法来发布公众信息，它不是简短地回答问题，而是发布大量文件，这其中可能包含对方寻求的信息，也可能没有。另一个 "倾盆大雨" 战术的例子是对于非专业人士提出的问题，为了隐藏简单的答案，就用高度专业的语言进行回答。任何专业人员，如工程师、律师或计算机网络管理员都使用该战术给出大量（"倾盆大雨"）信息，让非专业人士无法理解答案。为了避免因询问 "显然的" 问题引起尴尬，接受者通常会点头表示赞同对方的解释或陈述。

谈判者可以选择以下几种方法应对 "倾盆大雨" 战术：（1）谈判者不应害怕提问，直到他们真正理解了答案；（2）如果要讨论的确实是技术性很强的问题，谈判者就要邀请技术专家一起来讨论；（3）谈判者应该仔细倾听对方的陈述，辨别其中一致与不一致的信息。对不一致的信息进行深度挖掘可以削弱 "倾盆大雨" 战术的效果。例如，如果发现在 "倾盆大雨" 战术中有不正确或不一致的信息，那么谈判者可以质疑整个表述的准确性（例如，由于 X 点不正确，让我如何相信其他的内容是正确的呢?）。另外，提前做好准备对于有效应对 "倾盆大雨" 战术也非常重要。

2.8 可以用于整合式谈判的分配式谈判技巧

本章我们概览了分配式谈判的情境，分析了典型的分配式谈判中常用的战略与战术。为取得理想的谈判结果，分配式谈判的谈判者应当熟练掌握并恰当运用这些战略与战术。例如，谈判者应当确定清晰的目标点、抵抗点，了解应当如何改善他们的最佳替代方案，以恰当的初始报价开始谈判，做出适当的让步并掌控承诺的节奏。在下一章讲述的整合式谈判中，谈判者在谈判的后一阶段进行价值申明时，仍然会用到这些战略与战术。价值申明过程决定了整合式谈判的双方如何分割他们的共同利益。在价值申明阶段，谈判者需要小心谨慎，但也不必急于转变谈判风格，显示出过于对抗的姿态。整合式谈判将在第 3 章中予以讨论。

本章小结

本章我们分析了分配式谈判的基本结构和分配式谈判的情境以及分配式谈判的一些战略和战术。分配式谈判开始就设定了初始点、目标点及抵抗点。谈判者可以很快了解对方的初始点，并可以直接或间接找到对方的目标点。通常由于对方会很小心地隐藏其真实的抵抗点，有可能谈判者直到谈判的最后阶段都不会知道对方的抵抗点（这是对方可以接受的极限，超过抵抗点，对方会拒绝谈判）。所有的点都是重要的，但抵抗点是其中最为关键的。双方抵抗点之间的差距决定了谈判区间。如果谈判区间是正的，谈判就很容易达成协议，每方都会尽可能多地获得谈判区间中较大的部分；如果谈判区间是负的，谈判几乎不可能成功。

只包括一个议题的谈判很少见，更多的情况是，谈判会涉及很多组合的一系列议题，这些议题组合称为谈判组合。谈判组合中的每个议题都有初始点、目标点和抵抗点。谈判组合将这些围绕一个问题的议题组合起来，为谈判方跨议题进行相互讨论和交替让步提供了机会。

在分配式谈判结构下，谈判者有很多成功解决问题的方法。这些方法可以分成两大类：(1) 影响对方关于谈判可能性的信念；(2) 尽可能地了解对方的立场，特别是抵抗点。谈判者的基本目标是使最终的协议尽可能接近对方的抵抗点。为实现这一目标，谈判者要收集有关对方及对方立场的信息；促使对方放弃其能够实现最初目标的想法，并让对方认为自己的目标是合理的、必要的，甚至是不可避免的。承诺是有力量但生硬的，谈判者可以利用策略在分配式谈判中获得优势。让步在达成协议中起到关键作用。

分配式谈判过程基本上是充满冲突的过程，谈判双方都试图通过隐瞒信息、误导对方或采取欺骗行为来寻求各自的优势。所有这些战术都很容易刺激双方由平静的情绪转变为严重的敌对情绪。然而，谈判的目的是设法不用争斗和武力来解决冲突，并且对一场成功的谈判而言，谈判双方在谈判过程的最后一刻都应该认为他们所取得的结果是最好的，是值得接受和支持的。因此，有效的分配式谈判需要仔细策划、坚定执行以及对对方反应的持续关注。最后，整合式谈判的价值申明阶段也会用到分配式谈判的战略与战术，我们在下一章整合式谈判中将详细讲述这个问题。

关键术语

分配式谈判（distributive bargaining）：又称竞争型谈判（competitive bargaining）或单赢谈判（win-lose bargaining），是指在谈判情境下，参与谈判的一方的基本目标与另一方的目标直接相冲突的谈判类型。在分配式谈判中，资源总量是既定的，各方的目的是通过谈判解决如何分割并分配这些有限的资源。与之相对应的是整合式谈判（integrative bargaining）。买卖交易价格谈判就属于典型的分配式谈判。

目标点（target point）：每个参与谈判的谈判方想要达成协议的点（也是最佳点）。谈判达到该点，谈判者认为结果是满意的、可以接受的、可以达成协议，因此目标点有时也被作为一个谈判者的期望点（aspiration point）。

抵抗点（resistance point）：每个谈判参与者的底线，低于该点的条件，谈判参与者认为是不能接受的，会拒绝达成协议。

要价（asking price）：首先发出要约的谈判者所提出的条件，在典型的分配式谈判情形中，通常指卖方报出的第一个价格。

替代方案（alternative outcome）：谈判者在与谈判方进行谈判的同时，就相同谈判目标和谈判组合还与其他的谈判方进行的谈判。这些谈判与现有谈判具有替代关系，谈判者可以从这些谈判中挑选出最能够实现己方谈判目标的谈判达成协议。

解决点（settlement point）：最终达成协议时双方的谈判条件，在该点处，每一个谈判参与方都拒绝让步，同时也同意接受对方提出的条件，各方以协议的形式结束谈判。解决点不一定是谈判各方设定的目标点，但也不低于各方的抵抗点，各方认为在该条件下达成协议要比不达成协议更好，尽管这不是他们设想的最优的协议结果。

谈判组合（bargaining mix）：谈判各方在谈判过程中需要谈判并达成一致的各项谈判议题。例如，在典型的买卖分配式谈判中，双方关于商品价格、质量、数量、交割日期、包装、运输等议题都要进行谈判，这些谈判议题的集合就是谈判组合。每个谈判议题都有各自的目标点、抵抗点。

让步（concession）：谈判者在不改变己方抵抗点的前提下，为满足对方的要求、减少双方分歧、促成协议的达成，适当缩小己方当前出价与抵抗点之间差距的行为。通常谈判就是谈判者相互之间不断让步的过程。

初始让步（initial concession）：谈判方在谈判过程中的第一次让步，具体是指谈判一方在对方不接受己方要价（或初始谈判条件）的情形时，在不改变抵抗点的前提下，缩小要价与抵抗点之间的差距，提出一个低于要价（初始条件）的新报价的行为。初始让步的过程和幅度在一定程度上表明了让步方在谈判中的立场，因此谈判者要非常谨慎地做出初始让步的决定。

承诺（commitment）：谈判者在谈判过程中，为使对方改变当前的谈判立场，或明确表达己方的谈判立场，己方对未来在某种条件下会做出哪种行为的直接或间接的意思表示。如果对方不改变现有立场或认同己方立场，双方将陷入直接冲突状态，因此承诺通常会被对方理解为一种恐吓或者威胁。

注　释

[1] Refer to Walton and McKersie (1965, pp. 59 - 82) for a more extensive treatment of this subject.

[2] See Fuchs and Skrzpacz, 2013; Lim and Murnighan (1994); Roth, Murnighan, and Schoumaker (1988); and Walton and McKersie (1965).

[3] See Cohen (2003); Maaravi, Pazy, and Ganzach (2014); Pruitt and Syna (1985); Ritov (1996); Van Poucke and Buelens (2002); and Weingart, Thompson, Bazerman, and Carroll (1990).

[4] See Pruitt (1981) and Tutzauer (1991) for further discussion of these points.

[5] Boulwarism一词是以20世纪50年代通用电气的工会领袖命名的。工会并没有先表明需求，而是将一张写有“公正”二字的纸条放在桌上，并拒绝进一步谈判。国家劳工关系组织最终做出了不利于通用电气的裁决，称这一做法是不公正的，管理层没有做到“诚意谈判”。见Northrup (1964) 和Selekman, Selekman和Fuller (1958) 对这一问题的进一步讨论。

[6] See Baranowski and Summers (1972); Crumbaugh and Evans (1967); Deutsch (1958); and Gruder and Duslak (1973).

[7] See Froman and Cohen (1970); Neale and Bazerman (1991); and Pruitt (1981).

[8] For instance, see Aaronson (1989); Brooks and Odiorne (1984); Cohen (1980); Levinson, Smith, and Wilson (1999); and Schatzski (1981).

[9] See Fisher, Ury, and Patton (1991); Ury (1991); and Adler, Rosen, and Silverstein (1996) for an extended discussion of these points.

N E G O T I A T I O N

第3章

整合式谈判的战略与战术

学习目标

- 理解整合式谈判的基本要素。
- 探索整合式谈判的战略与战术。
- 思考整合式谈判取得成功的关键因素。
- 理解整合式谈判不易取得成功的原因。

整合式谈判的基本结构使谈判双方能够实现各自的目标。[1]整合式谈判各方的目标并不相互排斥。如果一方实现了目标，并不排斥另一方也实现目标。一方的利益不以另一方的损失为代价。虽然最初双方可能会认为谈判的结果是赢或输，但讨论和相互探索后往往会提出双方都能获益的替代方案。本章的主要内容是描述谈判人员用来发现这些替代方案的努力和策略。综合谈判人员的重要特征见专栏 3.1。

即使是最老练的谈判专家也常常会犯下面三种错误：在应该谈判的时候没进行谈判，在不该谈判的时候却谈判了，或者是采取了不适合的谈判战略。正如在本书第 1 章中所介绍的，对他方或己方利益的迁就容易造成自己在战略选择上的困难。在很多谈判中，不一定既有赢家又有输家，双方皆可赢。不像原来认为的所有冲突都是竞争性的，谈判者可以找到双赢的解决方法。整合式谈判以合作、双赢和互惠而为大家所熟知，我们将在本章重点讨论。

专栏 3.1

综合谈判人员的特征

并没有一套通用的个人特征和技能使谈判者在所有情况下都能谈判成功。克里斯·劳巴克（Chris Laubach）指出，以下特征对于一个成功的综合谈判人员来说是至关重要的。

- 倾听技巧。这项技能是确保一个人真正理解另一个人的主要关注点和观点所必需的，而不是被自己的偏好束缚。倾听不仅仅是注意对方的口头语言，肢体语言、情感和语境也很重要。
- 个人性格和正直。与对方建立信任的最强有力的方法是极力证明谈判者会讲真话并信守诺言。
- 个人成熟度。谈判者要能够捍卫自己的偏好和声誉，同时认识到对方观点的重要性和有效性。
- “富足心态”。劳巴克用这个词来描述双赢或创造价值的心态。成功的谈判者在谈判时必须相信双方都有很大的机会获得利益，并加强他们的工作关系，而不是认为任何谈判都是“若你赢，我就输”。

资料来源：Adapted from Laubach, Chris, “Negotiating a Gain-Gain Agreement,” *Healthcare Executive*, January/February 1997, 14.

3.1 整合式谈判过程概述

旧的经验、有偏见的观念和非赢即输的竞争型（分配式）谈判使得整合式谈判的出现显得尤为重要。之所以会如此，是因为谈判者努力克服竞争型谈判的缺点并主动寻找谈判双方的共同点。我们在整合式谈判中的表现类似于采用管理的方法来鼓励其他人。为了实现一致目标，必须对谈判的内容和过程进行管理，以使各方合作并在承诺上达成一致。这里主要包括以下方面：建立自由信息流、尝试理解其他谈判者的真实需求和目标、强调共同性、寻找满足双方需求与目标的解决方法。整合式谈判的管理包括建立问题识别程序、理解双方的需求和利益、制定替代方案以及在替代方案中做出选择。

建立自由信息流

有效的信息交换能够推动双方找到好的整合式解决方案（Butler，1999；Pruitt，1981；Thompson，1991）。研究表明，谈判各方最终未能达成整合式协议，通常是由于没有足够的信息交换使谈判各方找到达成一致的解决方法（Butler，1999；Kemp and Smith，1994）。为了保证必要的信息交换，谈判者必须愿意透露自己的真实目标并认真倾听他人的信息。简要地说，谈判者应当为能够自由、开放地讨论所有相关问题创造条件。相对而言，愿意分享信息不是竞争型谈判的特点，因为在竞争型谈判中各方互不信任，隐瞒和篡改自己掌握的信息，并千方百计地获取对方信息，以确立自己在谈判中的优势地位。

建立自由信息流要求各方了解并分享他们的替代方案。平克利（Pinkley，1995）研究发现，当双方都对各自的替代方案有比较清晰的了解时，他们就不会那么强硬，这会比一方或双方都未了解替代方案时更容易改善和扩大谈判成果。平克利得出结论，“有替代方案的谈判者有责任扩大谈判成果，但对谈判成果的分配是由双方共同决定的”（p. 409）。有好的替代方案却不向对方透露，谈判者的谈判所得是有限的，那些与对方共享他们方案的人则会收获更多。

尝试理解其他谈判者的真实需求和目标

谈判者的价值观和偏好不同，想法和行为方式也不尽相同（Barki and Hartwick，2004）。一方的需求与另一方的需求可能相同，也可能不同。在帮助他人满足需求之前，先要了解他人的需求。谈判者认识到对方的偏好或需求和自己不一致，会促使各方交换更多的信息，对谈判有更深入的了解，并实现更高的共同利益（Kemp and Smith，1994）。当各方交换利益信息而不是他们的立场时，就能够推动协议的达成（Olekalns，Smith and Walsh，1996）。在分享有关偏好及其排序的过程中，谈判各方应该努力去了解另一方的真正诉求。不应像竞争型谈判一样，谈判者不去努力了解对方的需求和目标而只是挑战和破坏，甚至剥夺另一方的需求和目标被满足的机会。信息的流动和对信息的理解对于整合式谈判至关重要，处理凯利提出的信任和诚实困境也很重要（Kelley，1966）（见本书第 1 章）。此外，谈判者通过各方立场来甄别需求和利益的能力有所不同，可能一方知道并能熟练运用整合手段，而另一方却不那么老练，在这种情况下，老练的一方可以帮助另一方找到其潜在的需求和利益。

强调谈判双方的共同性并缩小差异性

为了保持信息流的通畅、有效地理解对方的需求和目标，谈判者可能需要转变一下观念（见本书第 6 章有关谈判框架的讨论）。个人目标应被重新定义为可能通过合作而实现的最好的集体目标。有时这个集体目标是清晰而明显的。例如，同一政党内的政客们意识到只有将他们的分歧放在一边，才能确保整个政党在竞选中获胜。同样，为是否削减部门预算而争吵的经理们也应该意识到，除非所有的部门都维持适当的预算削减，否则他们就不可能使公司扭亏为盈。在其他情况下，集体目标既不那么清晰，也不那么容易实现。例如，本书的作者受雇于一家公司担任顾问，此公司正在关闭一个工厂并在其他地方开设几个新厂。公司当然希望把员工送到新的工厂去，同时工龄接续，工会同意了这个安排。然而，在转移过程中还是产生了冲突，有些人可以立刻就动身，有些人却因为要关闭和拆除老生产线而不能马上动身。因为员工在新工厂的工龄是从他们到达的日期起算，那么留下关闭老生产线的员工在工龄上就会有损失。工会希望所有的员工能同时转移到新厂以避免这种不平等情况的出现，然而这对管理者来说根本不可行。在这场争论中双方都没看到更大的目标——把所有员工转送去新工厂，并使他们的工龄丝毫无损。只有不断地强调这一更大的目标，才能使双方关注问题的共性，并最终找到解决方法：管理者允许员工提前选择新的工作岗位，并从选择做出之日起就把他们的工龄转过去，而不是以人的实际转移日期为工龄起算日。

寻找满足双方需求与目标的解决方法

整合式谈判要成功就得找到满足各方需求和目标的解决方法。在这一过程中，谈判者应坚定而不失灵活性（Fisher，Ury and Patton，2011；Pruitt and Rubin，1986），采用灵活多变的形式去满足既定的利益需求。当各方习惯于采取竞争性或争斗性的指导方针时，他们通常只关注自己的目标。在这样的环境中，不太关注对方的目标可能会导致下列两种行为：第一，谈判者要确认另一方获得的利益不是从自己的成果中夺走的；第二，因为有一种强烈的战胜或打败对手的愿望，谈判者可能试图阻止对方达到目标。与此相反，成功的整合式谈判要求各个谈判者不仅要实现自己的目标，同时也要留意对方的目标，并且努力寻求能实现双方目标的解决方法。衡量结果应该以双方目标的实现程度为标准，而不是一方比另一方更好。如果一方的目标只是比另一方得到的更多，那么整合式谈判就很难成功。如果双方都力争比对方得到更多，那么整合式谈判几乎是不可能的。

总之，整合式谈判的过程与分配式谈判是完全不同的。谈判者应该根据对方在谈判中表现出的立场去发掘其潜在的真正需求。他们应建立起一种自由、公开的信息流，并始终用满足双方需求的良好愿望指导双方的积极对话。如果谈判者没有这种观念，认为自己和对手非赢即输，整合式谈判就不可能实现。

3.2 整合式谈判过程的关键步骤

整合式谈判主要有四个基本步骤：(1) 识别与定义问题；(2) 充分理解问题——明确利益与需求；(3) 寻找解决问题的替代方案；(4) 评估和选择替代方案（见图3-1）。整合式谈判的前三个步骤对于价值创造很重要。为了共同创造价值，谈判者需要理解问题、明确双方的利益与需求并寻找解决方案。第四个步骤，评估和选择替代方案也包括价值申明。价值申明的过程包含第2章中讨论的许多分配式谈判的技巧。

图3-1 整合式谈判过程的关键步骤

价值创造和价值申明的关系如图3-2所示。价值创造的目标是推动谈判的潜在解决方案至图3-2的右上角。当达到可能的最大限度时，曲线被称作帕累托最优边界，对于该曲线上的点“没有其他任何协议能使得交易的一方增加自己的收益，而不使另一方的收益减少”（Neale and Bazerman，1991，p. 23）。从这个意义上说，整合式谈判就是寻找帕累托最优解决方案的过程。

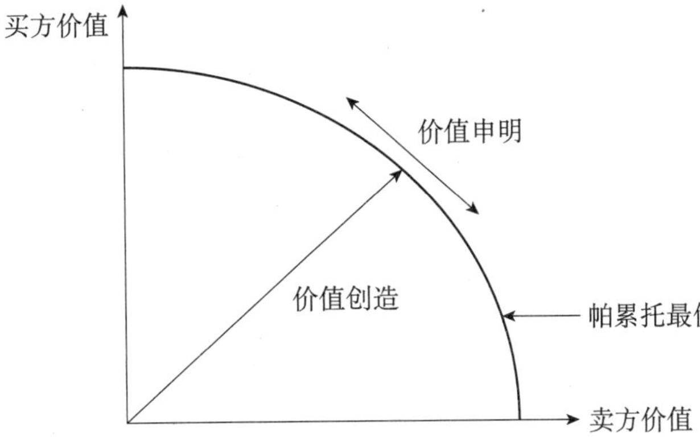

图 3 - 2　价值创造、价值申明和帕累托最优边界

如图 3 - 2 所示，谈判中买方和卖方都有许多替代解决方案。整合式谈判前三个步骤的目的就是明确谈判者不同意那些低于帕累托边界的解决方案，因为这些方案对于谈判双方都是次优的。在第四个步骤，使用一些和分配式谈判相同的技巧去选择一个替代方案或申明价值。在整合式谈判中，价值创造到价值申明的转换必须谨慎处理，这些内容稍后在本章详细讲述。

价值创造在程序上早于价值申明主要是基于以下两个原因：(1) 谈判双方合作得很好并且讨论的焦点不在于谁得到了什么，这时价值创造的过程更高效；(2) 因为价值申明包含在分配式谈判的过程中，如果没有被有效运用，价值申明就有可能打破原本对价值创造的关注甚至伤害谈判者之间的关系。

步骤 1：识别与定义问题

识别与定义问题往往最难，当有好几个谈判方时更是如此。看看下面的例子：在一个大型电子元件厂中，前一个组装车间发往总装车间的一种半成品存在严重的质量问题，很多钉子和固定配件都发生了弯曲现象。一旦发生这种情况，该产品就被当作废品处理。到了月末，这些废品将重新发回组装车间返工，部件到达组装车间时往往会赶上工人们忙着完成月末指标，结果，工人们只能利用加班时间匆忙完成返工。加班的额外费用并不计入标准成本分配系统，组装车间的经理不希望承担这部分成本，总装车间的经理也坚持不支付这笔额外费用，认为问题是由于组装车间的操作不当造成的，因此组装车间应该承担该项费用。组装车间的经理则辩解说，配件离开组装车间时是好的，损坏是总装车间的不良工艺导致的。这项费用并不多，双方真正关心的是这件事的处理方式将成为日后处理不良产品和费用问题的先例。

最后，双方找到了解决办法。在指定月份里，组装车间留一个短暂的滞后期，在滞后期内为总装车间安排返工小批量残损部件。后来问题逐渐显露出来：由于总装车间的工人并不十分了解组装部件，因此在组装时会损坏部件。在滞后期内，这些工人被临时转到组装车间了解部件及其组装，并在那里帮助组装车间的工人完成紧急订单。

这个例子涵盖了识别与定义问题过程中的许多关键因素（见菲利（Filley，1975）和谢伊（Shea，1983）关于此问题的全面阐述）。问题的识别与定义对于整合式谈判是至关重要的环节，因为在这一步骤设立了大量的参数来概括谈判的主要内容并且提供了讨论和对话的最初框架。这个框架必须足够全面以帮助谈判者找出事件中隐含的复杂情况，同时不要把简单的事情复杂化。

以双方都接受的方式识别与定义问题

理想的情况是，整合式谈判中的谈判者不应带有任何对解决方案的偏见并对各自需求持开放态度。当共同识别与定义问题时，应该准确反映双方的需求和优先次序。可惜的是，这种情况并不经常出现。对整合式谈判有一种普遍而又可以理解的担心就是，在识别与定义问题的过程中某一方会操纵或篡改信息，从而使问题的表述对自己更有利。为了积极解决问题，谈判双方必须以中立的立场来陈述问题。问题陈述必须被双方共同接受，且不能损害或有益于任何一方的偏好和优先次序。谈判者可能会被对方多次要求修改陈述以达到双方都满意的程度。还有至关重要的一点，问题的识别是独立于寻求解决方案的。在此阶段，问题必须被清晰地定义，即使对普通而明显的问题也要先设立一个从“同意到不同意”的分级结构。

陈述问题注重实用和全面

整合式谈判的重点是解决核心问题。任何可能使焦点偏离核心问题的事务都应当被搁置一边。因此，谈判者应确保问题尽可能清晰。如果问题很复杂，对问题的陈述不能全面反映问题本身，那么解决问题就可能不全面。事实上，如果问题很复杂，谈判各方可能在问题的陈述上都不能达成一致。因此，定义的目标是在包含所有最重要因素的基础上，尽可能简洁地陈述问题。这一步完全不同于分配式谈判（参见第 2 章）。分配式谈判鼓励引入大量的次要问题，使谈判者在谈判的艰难阶段逐步放弃这些条款，以加快谈判进程。如果在整合式谈判中有太多这样的问题，谈判者就要弄清楚它们之间的关系，并将其作为可在以后一并解决的众多问题或一个更大的问题来对待。

将问题作为目标来陈述，并识别实现这一目标的障碍

谈判者应该把问题定义为具体要实现的目标而不仅仅是一个解决过程。也就是说，谈判者要关注的是实现什么目标而不是怎样实现目标。谈判者必须将实现目标中需要克服的障碍具体化。拿先前的例子来说，谈判者的目标是“不良产品的数量最小化”，更加清晰明确的定义是“不良产品的数量减半”。经过定义目标，谈判者可以说明他们的具体目标是：弄清楚产品是怎样生产的、瑕疵是怎样产生的以及要如何修复等。关键的一点是，具体化的障碍能否被谈判各方改变或修正。如果谈判者在既定的时间或条件下不能有效地定义障碍，那么障碍就成了整个谈判的限制。对于现实的整合式谈判，哪些障碍可以克服、哪些障碍无法克服、哪些问题是可以协商的、哪些是不可以协商的都是至关重要的。

客观处理问题

当陷入冲突局面时，谈判者变得喜欢评价和评判。谈判者会用积极的眼光看待自己的行动、战略和偏好，并用消极的眼光看待对方的行动、战略和偏好，这种情况常常会阻碍冷静思考（参见第 17 章、第 18 章关于此问题的讨论）。类似于“你的观点是错误的，我的是正确的”这样的话会阻碍整合式谈判的进程，因为谈判者未能只对事而不对人来客观陈述问题。诸如“对这个问题我们有不同的看法”则能使双方都置身事外来解决问题，而不会把问题看成单方面的。另一种表达方式是：“我们尊重你方对此问题的不同看法，希望你方同样也能尊重我方的看法。”

将定义问题从寻求解决方案的过程中分离

最后，注意不要在问题未被全面定义前就直接寻找解决方法。在分配式谈判中，鼓励谈判者采用对己有利的解决方法陈述问题并据此做出让步。相反，在整合式谈判中，对问题进行全面定义并尽可能多地考虑各种替代方案之前，谈判者必须避免提出仅使一方受益的解决方法。

谈判者应建立相应的标准以判断潜在的解决方法是否适用，而不是采用不成熟的方法去解决问题。通过下述问题，谈判者可以归纳出相应的标准：

- 怎样才能知道问题已经解决了？
- 怎样才能知道谈判目标实现了？
- 中立的第三方怎样才能知道纠纷解决了？
- 是否有被谈判结果忽略而未提及的合法利益或立场？
- 是否有被谈判结果剥夺的合法利益或立场？

用这种方式建立标准并使用这种标准来评价方案将有助于谈判者避免单一、狭隘的思维方式，避免仅对一方有利的情况，同时找到一个合作的解决方法。

步骤 2：明确利益与需求

许多谈判方面的书籍，尤其是罗杰·费希尔、威廉·尤里和布鲁斯·巴顿合著的畅销书《谈判力》中强调，达成合作协议的关键是谈判者理解并满足相互利益的能力（Sebenius，2013）。利益识别也是整合式谈判中一个重要的步骤。这就涉及需要、愿望、恐惧等能激励谈判者采取特殊立场的根本利益。费希尔、尤里和巴顿主张，尽管谈判者很难满足各自的具体要求，但是对根本利益的理解可以使谈判者找到满足所有需要的解决方法。本部分我们将首先对利益做更全面的定义，然后讨论对利益的理解在有效的整合式谈判中的重要性。

下面的例子揭示了利益与立场的根本差异。

> 假定两个男人在图书馆中发生了争执，一个想打开窗户，而另一个想关上窗户。他们为窗户究竟要留多大缝隙而争吵，是开一个小缝隙、半开，还是开 3/4，没有一个解决方法令双方都满意。这时管理员来了，她问其中一个人为什么想打开窗户，答曰“呼吸点新鲜空气”，她问另一个人为什么想关上窗户，答曰“避免空气对流”。想了一分钟后，管理员打开了隔壁房间的窗户，让新鲜空气进来，同时避免了空气对流（Fisher，Ury and Patton，1991，p. 40；originally told by Follett，1940）。

这是一个典型的谈判者没有改变现有立场并且未理解对方根本利益的例子。谈判立场是“开窗”与“关窗”。如果谈判者继续坚持自己的立场，结果要么是想打开窗户的人取胜，要么是想关窗户的人取胜，要么双方做出妥协谁都无法取胜。注意，折中方法只会让谈判双方均受损失，而不是形成双赢的局面。因为一方认为，窗户不完全打开就不能得到足够新鲜的空气，而另一方认为窗户只要打开就会引起不适。管理员将纠纷转移，她将重点放在了双方为什么要开窗和关窗上：开窗得到新鲜空气，关窗避免空气对流。理解这些利益与需求使管理员找到了一种能够满足双方利益的方法，而这种方法明显不同于双方基于自身立场提出的解决方法。

在这里，关键词是“为什么”——为什么谈判者想要他们想要的。开始谈判时，谈判者通常都会直接表明立场和需求。分配式谈判中，谈判者就这些立场讨价还价，试图达成尽可能接近自己目标的解决方案，但是在整合式谈判中，每一方都需要了解对方的思维和逻辑以便确定能够激励其继续努力达到双方目标。假定双方都知道激励对方的因素，谈判者便可以找到利益共同点，以确定双方都能接受的立场。下面是某公司招聘人员和求职者关于起薪的对话。

招聘人员：你理想的起薪是多少？

求职者：年薪 40 000 美元吧。

招聘人员：我们的起薪只有 35 000 美元。

求职者：我不能接受。

如此，双方只是将各自的立场摆在桌面上，差距 5 000 美元。此外，求职者可能害怕和招聘者在这种地位上谈判，而招聘者也可能害怕想雇用的求职者离去。现在让我们来补充对话，帮助他们将重点放在彼此的利益上。

招聘人员：40 000 美元我们公司很难接受。你能告诉我为什么决定开价 40 000 美元吗？

求职者：我有很多教育贷款要还。为了获取学位，我还需要支付几门课程的学费。没有 40 000 美元我无法支付这些费用并较为轻松地生活。

招聘人员：我们公司有一个项目可以提供资金，为新员工偿还教育贷款。此外，我们还为与工作相关的课程提供学费补助。这些能否解决问题呢？

求职者：能！

把求职者的利益与还教育贷款和未来教育花销同时摆到桌面上来，招聘人员提供一种经济保证，满足了公司和求职者双方的利益。类似地，求职者可以问为什么只能支付 35 000 美元，结果发现这是公司的政策，相同条件的求职者都不能超过这个水平。但是求职者可能发现公司会支付一定的业绩奖金，并会在六个月之后涨工资。因此，求职者也有可能在第一年末挣到 40 000 美元，从而达到目标。

利益的类型

拉克斯和西本尼厄斯（Lax and Sebenius，1986）总结了谈判中常见的利益类型，其中有些是本质上的（本身非常重要，谈判者必须重视），有些是辅助性的（能带来未来收益，谈判者须予以考虑）。

根本利益通常与谈判中的焦点问题有关，比如，与价格、利率有关的经济、财务问题，或是与资源分配有关的问题等（如本书第 1 章中提到的有形因素问题）。这些利益可能是本质上的，可能是辅助性的，也可能是二者的混合体。谈判者想得到的是能直接满足谈判者的或者能帮助谈判者实现长远目标的东西。因此，求职者之所以要求 40 000 美元是因为这样的报酬既体现了其在市场上的个人价值，又有助于其支付教育贷款。

过程利益与谈判展开的方式有关。谈判一方可能希望进行分配式谈判，因为他喜欢面对面的斗智斗勇，进行讨价还价；另一方则喜欢协商，因为他想对如何解决关键问题发表意见。对后者而言，谈判者看重的是在谈判桌上发表意见的机会而不是讨论的结果。过程利益可以既有本质利益，也有辅助利益。正如上面的例子中所讲的，取得发言权对谈判一方来说有着本质的重要性，既让谈判者确认自己的合法性和价值，又强调了谈判者在组织中的重要角色。同时，取得发言权也可能有辅助性作用：谈判中谈判者成功取得发言权，将证明以后的相关谈判也应该请他参加。

关系利益是指谈判一方或双方都非常看重双边关系，并且不想有任何破坏这种关系的行为。本质的关系利益表现在谈判者重视关系的存在，并保持由这些关系带来的成就。辅助的关系利益表现在谈判者能够从关系中得到实际利益，并且不愿意因为关系的破坏而影响未来的利益。

最后，拉克斯和西本尼厄斯（1986）指出，谈判者的利益是有原则的。某些原则诸如什么是公平的，什么是正确的，什么可以接受，什么是有道德的，过去做了什么，以及将来应该做什么，这些都可以由谈判者完全控制，并会成为支配行动的指南（这些原则通常包括本书第1章中所描述的无形因素）。利益在原则上可能是本质上的（因为内在价值而被重视），或者是辅助性的（因为能用于未来不同的情况而被重视）。

原则利益显性化会使谈判者明确讨论最重要的原则并寻找一致的解决方法。例如，有三个学生是好朋友，他们合写了一篇论文去参加竞赛，并获得了300美元的奖金，核心问题是如何分配这笔奖金。显然，一种方法是每人100美元，但有两个学生共同完成了90%的工作，并且工作量大致相同，因此，要是按工作量来分配的话，那两个工作多的学生将各分得135美元，而另一个就只有30美元了。不管怎么分，他们都认为因为奖金分配上的问题而影响与第三个朋友的关系不值得，或者奖金上的不同是无所谓的。因此，这三个学生简单地把奖金平均分成三份，每人100美元。只有通过讨论最重要的利益原则，即保证公平和维系他们之间的关系，他们才能找到一个合适的方法分配奖金，把不快减至最小并保持他们的关系。

有关利益的结论

我们对各种谈判利益做了一些总结。

1. 谈判中的利益总是以不止一种方式存在。谈判者从讨论中得到的不仅是本质利益（Clyman and Tripp，2000），他们还可能非常在意过程利益、关系利益和原则利益。请注意，利益原则超越了实质的、过程的以及关系的利益，因此没必要把这些利益看作独立的类型。

2. 谈判者可以有不同类型的利益。一方特别关心谈判具体问题，而另一方关心如何解决原则问题或过程问题。这些不同的利益暴露出来可能使谈判者认识到各方的关注点是不同的，需要找到一种方法来强调双方的共同利益。

3. 利益通常源于人的需求和价值。一些作者指出，理解基本的人性需求和价值层级有助于对利益的理解（Holaday，2002；Nierenberg，1976）。人的需求是分层次的。在谈判中满足基本或低层次需求比满足高层次需求更重要。例如，尼伦贝格（Nierenberg，1976）在著名的马斯洛需求层次理论的基础上提出了谈判需求理论。在他的需求层次中，基本的生理需求和安全需求比其他诸如认可、尊重和自我实现需求更重要。同样，伯顿（Burton，1984）也提出，许多国际争端之所以如此激烈，正是因为其反映的是安全保卫、国家独立以及其他基本需求。

4. 利益可以改变。正如立场可以改变一样，利益也可以随着时间而改变。上周甚至 20 分钟前对谈判者非常重要的东西，现在可能变得不重要。谈判者的相互作用导致他们可以置一些利益于不顾，转而关注其他的利益。因此，谈判者必须时刻关注自己及对方利益的变化。当一方开始以另一种方式谈论问题时，即当语言或讨论的重点发生变化时，另一方也可以寻求利益的转变。

5. 利益显性化。谈判中有许多了解利益的方法。有时人们不能确定自己的利益，这时谈判者不仅要问自己，"我想从谈判中得到什么?"还要问，"我为什么想要它?""为什么它对我来说很重要?""完成它我会得到什么?"以及"如果无法达到目标会怎么样?"为了将自身利益显性化，听听发自内心的声音（诸如恐惧、渴望、希望、意愿）很重要。

同样的问题对明确对方的利益也至关重要。问一些试探性的问题（见本书第 6 章及第 7 章），倾听对方的回答、观察对方的情感和行为，在谈判过程中是非常关键的。你可以把应在最后阶段得到满足的本质利益与有助于得到其他成果的辅助利益区分开来。在这两种情况下，只要能理解对方的利益，就有可能找到多种方法来实现，其结果是双方都能满意。

6. 发现利益并非总是很简单，已发现的利益并非总能代表最大利益。对于谈判中利益获取途径的研究指出，给利益下定义并全面考量是非常困难的。普罗维斯（Provis，1996）指出，利益通常很难定义，而且只将目光集中在利益上会过于简单和直接，可能会掩盖冲突的真正动态变化。有时谈判者并不追求自身最大的客观利益，而是将重点放在一个或几个主观利益上，这就会误导对方（Provis，1996）。比如，轿车买主的主观利益可能是购买更快和更酷的轿车，而实际上其客观利益是购买一辆安全、稳定的轿车。

步骤 3：寻找解决问题的替代方案

寻找替代方案是整合式谈判中的一个创造性阶段。当谈判各方对问题已经达成共识并且对各方利益有所了解时，他们就需要创建一系列替代解决方案，针对问题列出替代解决方案，对方案进行评估并从中选出最优方案。

一些技巧可以帮助谈判者寻找替代解决方案。这些技巧分为两类。第一类需要谈判者重新定义或者重构问题（或问题集）以获取双赢的结果而不是一赢一输的结果（见专栏 3.2）。第二类假设问题既定，再做出一个替代方案列表。在需要解决复杂问题的整合式谈判中，这两类方法都可选用并且有时是密不可分的。

生成可选解决方案集这类技术要求各方定义其基本需求，并开发可选方案来满足这些需求。我们提出了八种方法，通过重新定义问题或问题集来生成可选解决方案。每种方法都重新关注正在讨论的问题，并需要更多关于对方需求的信息。解决方案从简单的分配协议到更复杂、更全面、更综合的协议，可以找到共同利益（Carnevale，2006；Olekalns，2002）。[2]

每种方法都将以萨曼莎（Samantha）和埃玛（Emma）为例加以说明。萨曼莎和埃玛是一家名为高级管理咨询（Advanced Management Consulting）的成功企业的合伙人。他们正在决定把新办公室设在哪里，一半的客户在市中心，一半在郊区。他们正在考虑两个可能的租赁地点。萨曼莎更喜欢市中心的位置。此处占地面积更小，却更有名。虽然办公室较小，但是它的位置与双方的住所距离相等。埃玛更喜欢郊区的位置。此处有更多的楼层和更大的办公室，而且是新的，离埃玛家更近，但是离萨曼莎家更远。

专栏 3.2

双赢谈判的艺术

大多数人把谈判理解为一种博弈，其中一方的所得是以另一方的所失为代价的。胜利意味着在 10 块蛋糕中得到 6 块。但在谈判中，双方可以通过合作来达成一个更好的双赢结果。双赢谈判的基本原则就是始终认为有一个更好的方法，只有在找到这个方法后，各方才能考虑下一步如何去分享蛋糕。这个方法可以从典型的采购合同谈判中总结得出。

税金

一般而言，谈判各方在税务安排上会有不同的需求，会计通常能发现在这方面有一些改进的机会，特别是在国际贸易中。

付款方式

有些供货商需要快速付款，而有些供货商因为交税或其他原因，可能喜欢延迟付款，这些情况在双赢的谈判中很常见。

规格

卖方产品的规格、性能能满足买方的最终需要，双方就有可能达成比较理想的交易。

运输

在尽量不使各方有损失的情况下降低运输费用，可能买方放空的货车会超过卖方的能力，或者卖方采取较低的散装率。

发货日期

一般而言，买方要求的发货日期与卖方的最优安排总有一定差距。

数量

改变数量可以缩小价格差距，从而达到双赢。

流程

从经验看，找到最佳流程的方法就是多研究详细的生产流程和与之相关的文件处理过程。

风险与合同类型

任何生意都有风险，可以采取一些激励措施使供货商克服风险并获得潜在的更大利益。

与所有成功的企业家一样，双赢的谈判者都能发现潜在的、对双方都有利的机会。双赢提高了谈判的价值，改善了双方的关系，降低了谈判的紧张度。有一些话能更快速地吸引另一方谈判者，如“我们找一个对大家都有利的方法吧”。

资料来源：Karrass，Chester L.，*The Art of Win-Win Negotiations*. New York，NY：Harper Business，May 6，1999，28.

互相协作

成功的互相协作要求谈判各方找出一个以上的冲突点，而且各方对这些冲突点有不同的偏好（Tajima and Fraser，2001）。谈判各方放弃一些争议，这会使一方在某个议题上获得满意的结果，而另一方在另一个议题上获得满意的结果。如果各方真的在不同的议题上有不同的偏好，并且每一方都在各自高度偏好的议题上得到了最满意的结果，那么每一方的获利都会更多，谈判的整体收益也会更高（Moran and Ritov，2002）。举例来说，高级管理咨询公司可以将办公室租在城区并给埃玛更大的办公室，萨曼莎实现了自己的选址目标（对她来说更重要的目标），同时埃玛也改善了自己的办公条件（对她来说更重要的目标）。

互相协作通常是在尝试和失败中进行的，通过不懈努力、不断尝试，最终它能使参与者都满意。谈判者首先必须确定最重要的议题并且了解这些议题在不同的谈判者心中的排序。如果已经有两个议题摆在桌面上，那么这两个议题或多个议题的混合都适用互相协作战略。研究表明，讨论议题数量的增加会帮助谈判者获取更好的解决方案（Naquin，2002）。谈判涉及的议题越多，谈判者的满意度越低，因为涉及多个议题时谈判者总认为会有更好的解决方案（第 6 章将对谈判者的认知和满意度进行更详细的讨论）。如果一开始显示只有一个重要的议题，那么谈判者应该考虑将其进行细分，就是将一个议题分成两个或多个小议题，以便应用互相协作战略（Lax and Sebenius，1986；Pruitt，1981）。如何创造更多的附加性议题可以通过稍后介绍的头脑风暴法来解决。

做大蛋糕

很多谈判是由资源缺乏引起的，在现有的情况下，对于谈判双方来说都很难满足各自的需求并达到目的。简单的解决办法就是增加资源、做大蛋糕，这样双方才能都达到目的。例如，高级管理咨询公司可以在城区和郊区各设立一个办公室来服务两个客户群。有计划地扩张业务可以保证租赁办公室的花销。“把蛋糕做大”使谈判一方除了了解另一方的需要外，不需要知道其他任何信息，这是解决资源短缺的一个简单方法。这种方法假设仅仅通过增加资源就能解决问题。如果两位合伙人对这两个选址都满意并且都有扩大业务的想法，租下两个办公室就是一个能使大家都满意的解决办法。但是，如果她们的意见不一致是源于其他方面，比如对公司前景的不同看法、经常要聚在一起开会等，只是做大蛋糕就不能令大家满意了。此外，在某种程度上，增加个人或组织的费用并不直接包括在谈判中。对于谈判者来说，解决方案是合作型的，但是对于其他利益相关者来说，这个方案可能是令人质疑的（Gillespie and Bazerman，1997）。

调整可分配资源

做大蛋糕很有吸引力，但是并不总能奏效，因为环境不一定允许。比如，高级管理咨询公司不一定有足够的市场需求允许在两个地方同时办公。一个解决办法就是调整可分配资源，高级管理咨询公司可以一边开展传统的商务咨询业务，一边开展新的业务，比如提供 IT 信息服务、基于网络的市场咨询服务等，这样，经过调整可分配资源就能够支持在城区和郊区各设立一个办公室的要求。

寻找共同利益

通过寻找共同利益，即“搭桥”，谈判者可以找到满足各自需求的新选择。例如，高级管理咨询公司可以通过既增加合伙人的数量，又在城区显要地段租用更大的办公室，还给每个人都配备新的办公家具，从而满足所有人各方面的需要。

成功的“搭桥”需要对问题进行根本性的再认识，这样谈判者就不会只讨论立场，他们会通过充分的信息交流去发现各自的利益和需求并寻求满足这些需求的解决方案（Butler，1996）。搭桥型解决方案并不能解决所有问题。埃玛可能对交通情况不感兴趣，而萨曼莎可能不愿意扩大公司规模，但是两个人都认为一起工作对她们而言更重要。她们不得不坐下来努力寻求满足她们最重要需求的解决方案。如果谈判者从一开始就将自己置身于双赢谈判的氛围中，搭桥型解决方案就可以最大限度地满足双方的需求。

非特定补偿

构建替代方案的另一种方法是，允许一方以补偿对方利益损失为条件使对方做出让步，从而实现目标。补偿可能与本质上的谈判无关，但是得到补偿的一方认为这有助于实现对方的优先目标。这种补偿是非特定的，因为补偿本身和讨论的议题并不直接相关。例如，高级管理咨询公司可以租用郊区的办公室，同时给萨曼莎配备全套新的办公家具。这样，埃玛达到了自己的选址目标，而萨曼莎也得到了新的办公家具作为同意这个选址方案的非特定补偿。

进行补偿的人必须知道哪些条件对对方是有价值的，或者带来的麻烦有多大（比如，提供多大的补偿可以使对方感到满意），这样才能使非特定补偿有效。埃玛可能要进行多种努力和尝试（用不同的补偿方法和数量）以找到能使萨曼莎满意的补偿方案。这个探索的过程往往会转变成分配式谈判，因为萨曼莎可能对把办公室设在郊区开出更高的价码而埃玛则努力把补偿控制在最低额度。

削减成本来妥协

一方可以通过削减成本实现目标，而另一方愿意妥协的话，成本也可以减到最小。例如，高级管理咨询公司可以租赁郊区的办公室，同时给萨曼莎提供交通补助、新的公务车，并且有专用停车位。这样，埃玛达到了自己的选址目标，同时也降低了萨曼莎同意这一选址的成本支出。

和非特定补偿不一样，被补偿一方获得补偿时，削减成本也使对方的成本最小化了。这种方法比互相协作和非特定补偿要复杂许多，因为这需要对对方的需求和偏好有更深入细致的了解（各方的利益点、对他真正重要的是什么、他的需求怎么才能得到满足等）。

超脱的解决方案

当使冲突加剧的利益分歧被其他更高级别或更超脱的利益取代时，往往会出现超脱的解决方案（Carnevale，2006，p. 426）。例如，经过对新办公室选址问题的深入讨论，萨曼莎可能会发现她宁愿追求自己的梦想去做一个艺术家，从而变成一个对公司业务不闻不问的合伙人。因此，办公室选址的谈判将被搁置，而由埃玛来定夺公司未来新的业务模式。

妥协

一种妥协的方案是，她们仍然在现在的办公室办公并且尽量维持现状，这样既不会损害萨曼莎的利益也不会损害埃玛的利益。除非遇上谈判者都固执己见或者不可能找到一个更好的解决办法，妥协并不是一个好的合作策略。①

---

① 妥协并不被认为是一种双赢选择。——译者

总结

以上八种方法要想取得成功都需要在谈判者之间进行充分的信息交流。为了获取充分的信息以实现双赢，各方都要主动披露信息或者通过询问获取信息。在表 3-1 中，我们列出了一系列实现双赢的重点问题（Pruitt and Carnevale，1993；Pruitt and Rubin，1986）。

表 3-1　实现双赢的重点问题

互相协作 1. 哪些问题对我是比较重要的，或者比较不重要？ 2. 哪些问题对谈判对方是比较重要的，或者比较不重要？ 3. 是否存在对谈判者很重要，但对谈判对方不太重要的问题？反过来呢？ 4. 能否将问题拆开来，即将一个较大问题分成两个或多个可以互补的小问题？ 5. 哪些事物对谈判者来说价值不高，对谈判对方却有很高的价值？能采用互相协作的方法吗？
做大蛋糕或调整蛋糕 1. 怎样才能同时满足谈判双方的需要？ 2. 有资源短缺的情况吗？ 3. 怎样增加资源来满足双方的需求？
非特定补偿 1. 谈判对方的目标与价值是什么？ 2. 能做些什么可以使对方满意，同时在关键问题上同意我方的意见？ 3. 哪些事物对我方来说价值不高，对谈判对方却有很高的价值？能使用非特定补偿方法吗？
削减成本 1. 一方的计划会给谈判对方增加何种风险与费用？ 2. 要怎样做才能使谈判对方的风险、费用降到最低，从而使双方更加愿意合作？
搭桥和超脱 1. 谈判对方真正的潜在利益及需求是什么？ 2. 我方真正的潜在利益及需求是什么？ 3. 在双方潜在的利益及需求中，哪些是应优先考虑的，而哪些又是应该次优先考虑的？ 4. 能否找到满足双方优先次序的潜在利益及需求的解决方法？

资料来源：Pruitt，D. G.，and Carnevale，P. J.，*Negotiation in social conflict*. Pacific Grove，CA：Brooks-Cole，January 01，1993；and Pruitt，D. G.，and Rubin，J. Z.，*Social conflict：Escalation，stalemate，and settlement*. New York，NA：Random House，1986.

就已知问题寻找替代方案

除了上面提到的方法，还有很多其他的方法可以构建替代方案，这些方法可被谈判者和其他人员（如选民、观众、旁观者）使用。有些方法经常在团队中使用，通常团队比个人能更好地解决问题，因为团队成员可以从不同的角度看问题，有助于找到更多的方法来解决问题。为了避免谈判变为非赢即输的竞争或争论，团队也应该履行定义问题、明确利益、产生选择的程序。

头脑风暴法

在头脑风暴法的自由讨论中，小组成员会尽可能想出一切能解决问题的方法，有人记录解决方案但不发表意见。参加讨论的人各抒己见，甚至可以表达不符合实际的想法，而不去考虑任何人的立场（包括他们自己的），参与者不应对提出的想法做任何评价，否则会阻碍新想法的提出。成功的头脑风暴取决于不同的想法被激发的程度。因此，要遵守下面的规则。

1. 避免对想法进行判定或评价。创造性的解决方案通常来源于一些看似疯狂且不切实际的想法。批评会阻碍创造性思维的产生。重要的是，应当避免过早地对解决方案做出判定和评价。在确定解决方案之前，不应该对任何想法做出评价。

2. 把人与问题分开。小组讨论与头脑风暴的进程常常会因为各方对解决方法的偏好而受到影响（Filley，1975；Fisher，Ury and Patton，2011；Walton and McKersie，1965）。竞争型谈判者会对其他谈判者表现出进攻的姿态，而看不到满足对手利益的解决方法的优点。通常人们不太可能只攻击问题而不攻击提出问题的人。因此，为了使问题有效地得以解决，谈判者应该在处理问题时不受个人感情影响，尽可能公平地对待所有方法，而不去考虑是谁提出的。例如，在黑板或者活动挂图上把各种方法列出来，可以帮助谈判者在看待问题时不受个人感情影响，从而选出最合适的方法，而不用考虑是由谁提出来的。这种产生解决方案的方法可以尽可能地减少不快，并且将人际冲突升级的可能性降至最低。

3. 彻底地进行头脑风暴。很多情况下，最好的解决方法都是在会议结束或者问题解决后才提出的，有时是因为谈判者不够坚持。研究表明，最好的方法很可能在头脑风暴式自由讨论的后半部分才浮出水面。正如谢伊（Shea，1983）所说：

> 发现大量的方法显然增加了提出较好想法的可能性。当一个想法被提出时，它可能会引发其他想法的提出。由于可以在一个想法的基础上提出其他的想法，后提出的想法通常会比早提出的未经加工优化的想法更为合适。记录下很多不切实际的想法会有什么不同呢？它们会很快地在双赢谈判的下一个过程中被评价和舍弃，最重要的就是保证任何有用的想法不会丢失（p. 57）。

4. 请教局外人。在谈判过程中，不熟悉问题和情况的人通常会提出一些谈判者未考虑到的解决方案。局外人能对方法列表进行补充，有助于谈判的顺利进行。

问卷调查

头脑风暴法的缺陷在于没有征求未参加谈判的人的意见。另外一种方法是，向很多人发放调查问卷，陈述问题并请受访人列出所能想到的全部方案。这一方法可在短时间内完成。其局限在于：谈判者不能互相交流从而直接从对方观点中受益，而这正是头脑风暴法的主要优点。

电子风暴法

有一种创新性的产生解决方案的方法就是引入专业机构进行电子风暴（Dennis and Reinicke，2004；Gallupe and Cooper，1993）。专业机构用一系列问题引导参与谈判的人将反映他们立场的信息以不记名的方式输入电脑，接下来专业机构会问一些更深入的问题。电子风暴法对于有多方参加的整合式谈判（见第13章）或者在整合式谈判准备过程中一方内部发生分歧时特别奏效（见第4章对于谈判准备的介绍）。

小结

我们对产生替代方案方法的讨论可能给读者留下这样的印象：如果谈判者能够轻易

找到多种不同选择，就能很容易地找出解决问题的方法。尽管有时对于不同的选择进行区别就可以找到解决方法，但是解决方法通常是通过辛勤劳动并完成以下几个相关步骤才获得的，即信息交流、关注利益而不是立场、坚定与灵活相结合（Fisher，Ury and Patton，2011；Pruitt，1983）。信息交流能使谈判者最大限度地利用信息；关注利益能使谈判者从初始立场和需求出发来确定真正想要什么，哪些需要必须被满足；最后，坚定与灵活相结合能使谈判者在坚持既定目标（比如，利益）的同时，又保持了手段的灵活性。谈判者有一两个基本的利益与原则，但是不同的立场、可能的解决方法和次要问题等都会阻碍谈判的进程。因此，在众多能满足谈判者的方法中，最重要的就是那些处于最高优先级的方法。谈判者必须能够暗示对方哪些是自己坚定的立场，哪些是可以灵活转变的立场。为了坚定而又不失灵活地与对方沟通，专栏3.3列出了谈判者可以采用的几种战术。

专栏3.3

坚定而灵活的沟通技巧

1. 用竞争型战术来创建和保护基本利益，而不是固守具体的立场或解决方法。清晰地说出自己想要什么。

2. 在关注对方利益方面，表现出一定的灵活性，开诚布公地表达自己对别人利益的关心，并且“承认对方的需要是问题的一部分”（Fisher，Ury and Patton，1991，p.55）。为做到这一点，谈判者可以表达在紧要关头会维护自己的利益但同时也会关注别人利益的意愿。

3. 表明如果能够找到沟通双方利益的桥梁，就愿意更改自己的目标。

4. 证明具备解决问题的能力。例如，请专家加入谈判小组或请他们做顾问，借助专家的专业知识提出新想法。

5. 保持通畅的沟通渠道。只要愿意继续与对方共事或合作，就不要减少沟通以及一起工作的机会。

6. 以清楚准确的陈述来重新确认哪些事物对谈判者最重要。例如，“我需要得到这个”“这是必需的”“这点不能被触动或改变”。作为谈判的基础，谈判者需要陈述自己的具体利益，但是这样做并不代表对方的利益不能同时被满足。

7. 再次审视对方明显不愿接受而对自己至关重要的利益。很少有谈判者会发现对方真的不认同基本利益。

8. 为了更好地进行协商，应该将存在争议的方法从解决问题的方法中分离出来。这一过程可以通过改变谈判议程来完成，如通过谈判间隙或休会将方法分开。在团队谈判中，先让第一个谈判者争辩，然后由第二个谈判者提出解决问题的方案。①

资料来源：Fisher，R.，Ury，W. and Patton，B.，“Getting to Yes：Negotiating an agreement without giving in 2nd ed. Sydney：Century Business，” *Asia Pacific Journal of Human Resources*，September 01，1996，125-126.

---

① 最后一种方法被称作“好警察/坏警察”或“黑帽子/白帽子”，这种方法经常被作为纯粹的分配式谈判战术使用（第2章有论述）。在这种情形下，往往通过变更提出任务的人来达到将竞争要素从合作要素中分离出来的目的。

步骤4：评估和选择替代方案

整合式谈判的第四个阶段是评估前面阶段产生的替代方案，并最终选择最优方案实施。当问题比较简单时，评估与优化可以合并成一个步骤。对于不适合整合式谈判的一系列步骤，如定义、标准、选择、评估与优化，我们仍然建议各步骤要相对独立。对面临复杂问题或大量选择的谈判者来说，采用这些独立步骤是很有必要的。谈判者必须依据一定的标准对各个方案进行评估和排序。如果没有合适的可接受的选择方案，就表明问题没有得到清晰的定义（此时须返回定义阶段），或先前的标准不合理、不相关/或不现实（此时须返回标准制定阶段）。最后，谈判者需要采用决策程序，对每个替代方案的优点进行讨论，并就最好的替代方案达成协议。评估方案以及达成一致意见可采用下面的方法。[3]

缩小替代方案的范围

审视方案清单，将重点放在一个或多个谈判者强烈支持的方案上。这种方法比将重点放在负面的、不能接受的方案上有效得多。对没有得到至少一个谈判者强烈支持的解决方案应该立即删除。

根据质量、标准和可接受程度来评估方案

一般来说，评估方案主要有两个标准：它们是否出色以及它们能否让谈判者满意。谈判者能在多大程度上证明他们的陈述有坚实的事实基础并且符合逻辑，将决定他们的陈述是否被对方接受。费希尔、尤里和巴顿（1991）建议谈判者在做决定时采用客观的标准。因此，谈判者应该寻找一些先例、行业标准、仲裁裁决或者其他客观事实和过程，作为合法、公平解决问题的参照。这些标准可能与谈判者自己认为的最合理的方法有所不同。谈判者应该仔细权衡，以确保满足质量标准和可接受程度的要求。

方案选择前先要对评判标准达成一致意见

谈判者应该在谈判的早期就评估整合式解决方案的标准达成一致意见（Fisher，Ury and Patton，2011）。当谈判者必须将选择方案减至一个时，例如，新工作只能有一个候选人，或者要筛选出最有可能成功的方案时，谈判者通常应遵循这个标准。如果谈判者先讨论标准并确定哪一个是最重要的，就能够不受任何特殊候选人或方案的影响来做决定。谈判者可以根据标准做出最好的选择，而不是依据一方或另一方的个人偏好来选择。如果谈判双方同意，就可以进一步修改标准，完善选择方案，但是这只有在所有谈判者都同意的情况下才能实行。最好定期检验标准，确定其是否与前期每个谈判者确定的优先次序仍然一致。

愿意为个人偏好给出正当理由

人们通常很难解释为什么喜欢这个而不喜欢那个。当被问到“你为什么喜欢这个？”通常人们会回答：“不知道，就是喜欢。”如果要求对方证明其偏好是正当的，则通常会使其生气或反感，因为对方认为自己的偏好没有得到足够的重视。举例来说，如果谈判的主题是晚餐吃什么，对方说不喜欢蛤蜊浓汤，一般情况下不会再有人试图说服其喝蛤蜊浓汤。但是，根深蒂固的个人偏好往往能把我们带回到对于立场是如何决定利益、价值和需求的讨论中。询问对方的偏好可能是了解对方立场、确定潜在利益和需求的有效方法。如果对方做出了不友好的回应，谈判者应该解释，这些努力是为了探寻促进整合式解决方案产生可行的、潜在的利益，而不是要挑战对方的观点。

做出选择时要警惕无形因素的影响

一方赞成某个选择是因为该选择可以满足其无形的利益需求——获得认可、显得强大或有坚定的支持者、感觉像胜利者等。对于谈判者来说，无形需求也是他们的固有利益。无形需求能促使谈判者为找到同时满足其有形需求与无形需求的解决方案而更加努力。一些谈判者可能对讨论无形需求不太适应，或者根本不清楚无形利益在谈判过程中的本质与影响。帮助对方认清无形需求，并将其作为评估程序的一部分通常是一种很好的方法。另一方也会同意那些满足他们无形需求的提议。从某种程度上说，同意接受这些提议是一个重要进展。

组成小组来评估复杂的替代方案

当谈判者必须对复杂的替代方案做出决定，或当人太多而难以统一决策时，小规模的谈判小组恰恰可以发挥作用。举个例子，在最近的一个综合性谈判中，由管理人员、科研人员组成了一个小组来审查将写入合同的关于利益的各种议题。来自各个领域、各个部门或各附属组织的 6～8 位代表组成的小组的工作效率比一个庞大的组织更高。有关谈判中小组讨论的问题将在第 13 章中详细介绍。

暂停谈判以冷却局势

即使谈判者完成了谈判过程中最艰难的一部分，列出了可选择的清单，谈判依然可能中断，原因在于谈判者觉得自己的偏好没有被认同，或者觉得对方太急于采纳某一特别的选择。如果谈判者开始愤怒了，那就必须中止谈判。谈判者必须让对方知道其不满情绪，并且坦诚地讨论造成不满的原因。在继续进行评估之前，谈判双方都必须保证自己的情绪是稳定的。最后，双方应该努力去讨论一些具体问题而不是提出问题的人。在讨论问题时，双方应尽量不受个人感情的影响。

利用不同方法互相协作

前面谈到了寻找替代方案的各种方式。互相协作不仅在寻找替代方案时有效，而且是将替代方案纳入谈判内容的一种机制。除了简单地将几个议题捆绑成一揽子议题外，尼尔和巴泽曼（Neale and Bazerman，1991）提出了一系列的其他方法，其中的三种方法与结果、可能性及时间有关，换句话说，就是会发生什么、发生的可能性以及何时发生。

1. 寻找风险偏好的差异。人们对风险的可接受程度不尽相同，我们可以将人们对于风险偏好的认知差异进行打包（Lax and Sebenius，2002）。假设有两位企业家在讨论以后的投资，一位企业家目前没有什么风险，主要是以后获取利益；另一位业家则正处于危险中，如果未来不明朗的话，就不愿意冒险。如果大家只是简单地同意将一部分利益放在未来去实现，目前承担比较大风险的一方就会感到不安。进行利益协调既可以保护谈判一方的现有利益，又为另一方提供长远利益。

2. 发现期望之间的差异。风险不同、对未来期望的不确定性使得双方会协作寻找满足双方需求的解决方案。例如，现在承担比较大风险的企业家对于合资企业的未来会持比较悲观的态度，而没什么风险的企业家则会更加乐观一些。乐观的一方可能会敢于在未来的获利能力和投入上进行冒险，悲观的一方则可能会面对比较小的投入就犹豫不决。双方也可以采用相机合同来控制对未来的不同预期（Bazerman and Gillespie，

1999；Lax and Sebenius，2002)。相机合同的内容会随着环境的变化做出调整。例如，可以将石油价格的变化写入合同，并且根据每季度的石油价格调整运输费用。

3. 寻找时间偏好上的差异。谈判者也会有时间上的偏好：一方想获得短期收益，而另一方对由双方的关系所带来的长期收益更感兴趣（Lax and Sebenius，2002)。对短期收益感兴趣的谈判者需要立即被满足，而追寻长期收益的谈判者会愿意牺牲一些眼前的利益，以换取以后更大的回报。对时间有不同偏好的各方能够找到满足双方利益的方案。

在没有就最终协议的所有细节达成一致之前，保持决策的暂时性及可调节性

在谈判各方均已一致同意某种备选解决方案后，谈判者就必须采用可调节的条款来讨论最终的解决方案，即形成一种“软性条件包”。在这个阶段抱着一种尝试的态度允许谈判者对最后的打包协议做出改动或修正。理想的整合式谈判应该是开放和灵活的。在打包协议的所有内容都确定下来之前，前期达成的一致意见并不是确定的。如果在谈判过程中环境发生了改变，谈判者应能够重新审视和修改先前的方案。在每一件事情都确定下来之前，没有任何一件事情是最终定论的。例如，本书的一位作者最近考虑要买一套房子，但最终返回到早期放弃的方案，即并未新买而是选择重修一套老房子。

在最终协议达成以前，尽量避免保存正式手续与记录

在取得一致的解决方案之前，整合式谈判者通常不愿意将自己困于口头的或书面的具体协议中。谈判者不想被任何备忘录或文字记录束缚。总的来说，在解决方案的产生阶段，书面记录越少越好。相反，当谈判即将达成一致意见时，双方必须记录协商的条款。在谈判各方对协议的语句没有完全同意前，这个协议可以作为单方文本，并根据需要在谈判者之间传阅（Fisher，Ury and Patton，2011)。

我们强烈建议各方避免作为权宜之计而对最终协议进行表决，并鼓励谈判继续进行直到达成一致。表决会终止谈判，但这会使失败的一方有被剥夺权力的感觉，他们会认为采用目前的方案自己的所得会比胜利者少得多，自己看起来更像是失败者。

3.3　评估协议的质量

整合式协议的质量评估与分配式协议的质量评估在两个维度上是相同的：(1) 客观结果；(2) 主观价值。

客观结果是指应根据协议满足双方利益和需求的程度评估协议是否全面，是否符合各方利益，是否公平。布莱尔·谢泼德（Blair Sheppard）制定了一份整合式协议评估标准的清单，如专栏 3.4 所示。谈判者应根据这些标准评价其整合式谈判的客观结果。

专栏 3.4

你有一个“好的”协议吗?

- 是否有一个序言清楚地阐明了协议的意图?
- 各方关心的所有问题都解决了吗?

- 所有的建议都可行吗？
- 是否已与受协议影响的各方协商？
- 对于每一个达成一致的点，你是否都非常清楚达成一致的是什么，包括要做什么、由谁来做、在什么时候做、如何做？
- 总的来说，这个协议有意义吗？
- 这个协议合理吗？公平吗？
- 你考虑过达成协议的主要障碍吗？
- 您是否有一个工具来处理因本协议产生的分歧？各方都清楚这辆车是什么以及如何使用吗？

资料来源：Blair Sheppard 提供.

协议的主观价值在整合式谈判中比分配式谈判中更重要，因为在某些情况下，双方之间的长期关系决定了协议的主观价值将比客观结果更重要。谈判者在评估整合式谈判的主观价值时，需要评估他们对结果、自我、过程和关系的感受（Curhan，Elfenbein and Xu，2006）。增加这些主观价值维度的协议是更好的协议，它们对未来的谈判有重要影响（Curhan，Elfenbein and Eisenkraft，2010；Curhan，et al.，2006）。

3.4 促成整合式谈判取得成功的因素

如果谈判者倾向于寻求双方都能接受的解决方案，就能成功地进行整合式谈判。还有其他许多因素也有助于促成谈判双方共同努力以找到最佳解决方案，这些因素也是成功进行整合式谈判的前提条件。在本节中，我们将详细地讨论这七种因素：（1）共同的目标；（2）相信各方具有解决问题的能力；（3）相信自身的观点和对方观点正确；（4）合作的动机与承诺；（5）信任；（6）清晰、准确地沟通；（7）了解整合式谈判的动态演变。

共同的目的或目标

当谈判各方相信合作比竞争或孤军奋战能得到更大的收益时，成功的整合式谈判就更有可能发生。这里我们归纳了可能会推动整合式谈判进程的三种目标，即共同目标、共享目标和联合目标。

共同目标是指所有谈判者平等共享的目标。不与其他方合作，任何一方都无法单独获益。例如，市政府与工业品制造商为工厂交税的数额争论，如果双方的共同目标是维持工厂开工、雇用城镇一半的劳动力，那么双方就会进行合作。

共享目标是指谈判双方共同为之努力，但是每一方的收益目标是不同的。例如，双方在生意上一起合作，但不会平分利益，其中一方可能由于经验更丰富或资本投入更大而获取较多利益。共享目标的内在理念是：谈判各方努力工作以获取利益并进行分割。这同样适用于削减成本，通过共同努力，谈判者以较少的努力、代价或风险赢得了和以前相同的结果。这通常被形容为“可做大的蛋糕”而不是“固定的蛋糕”（见本书第6章）。

联合目标是指能使有着不同目标的个体同意将自己的目标和别人的目标协调统一，并共同付诸努力。例如，参与政治运动的人有各自不同的目的，有的人想实现当官的抱负，有的人想服务于社会，有的人则想从新领导者的政策中获利，但所有的目标都会在帮助新领导人赢得选举的联合目标下统一起来。

整合式谈判的关键因素是相信所有谈判者均能获益。无论谈判者得到的结果是否相同，所有谈判者都必须相信，合作会比单打独斗或互相竞争获得更好的收益。

相信各方具有解决问题的能力

认为双方能够合作的谈判者通常愿意这样做。不能在团队中与队友（或对方）互信的谈判者不愿意花费时间和精力去建立合作关系以获得潜在回报，他们更愿意采取斗争或竞争的方式进行谈判。如果谈判小组中有焦点问题领域的专家，他们会帮助谈判者加深对问题的复杂性、细微差别以及可能的解决方案的理解。尼尔和诺斯克拉夫特（Neale and Northcraft，1986）通过研究证实，在房地产交易中，专业谈判人士（公司房地产经理）能够比新手达成更好的合作型协议。专业知识既增加了谈判者的知识基础，也增加了他们的自信心，这两样有助于用开放的眼光来看待和解决手头的问题。同样，直接的谈判经验加深了谈判者对谈判过程的理解，使得谈判更具创造性（Bereby-Meyer，Moran and Sattler，2010；Thompson，1990a）。最后，有证据表明，对整合式策略的理解能够促进合作（Weingart，Prietula，Hyder and Genovese，1999）。总之，上述结论表明，对各方解决问题能力的信任有助于开展成功的整合式谈判。

相信自身观点及对方观点正确

在分配式谈判中，谈判者会花费大量的时间与精力去吹嘘并证明自己观点的价值，同时也会贬低对方观点的价值。相反，整合式谈判则要求谈判者接受对方的态度、利益与需求（Fisher，Ury and Patton，2001）。首先，谈判者必须坚信自己的观点是正确的，即确信并坚持自己的观点，绝不妥协。肯普和史密斯（Kemp and Smith，1994）的研究表明：越是坚持将谈判观点与整体解决方案结合起来，谈判者之间就越能达成合作型协议（Halpert et al.，2010）。但是谈判者也必须承认对方观点的正确性。如果挑战对方的观点，对方就会生气并产生抵触情绪，最终导致谈判没有任何成果。整合式谈判的目的不是质疑或挑战对方的观点，而是将双方的意见融合到对问题的解决中去，寻找双方都可以接受的解决方案。此外，另一方谈判者的观点应该与谈判者自己的观点受到同样的重视。肯普和史密斯的研究还发现，能以对方的观点来考虑问题的谈判者能得到对自己更有利的解决方案。相信对方观点的正确性并不意味着移情他人。实际上，有证据表明，具有移情他人能力的谈判者有可能扩大合作收益，但是比起较少移情他人的谈判者，在做大的蛋糕中他们只能获取较少的部分（Foo，Elfenbein，Tan and Aik，2004；Nelson and Wheeler，2004）。

合作的动机与承诺

若想整合式谈判取得成功，必须激励谈判者互相合作而不是互相竞争。谈判者必须致力于达成使双方都获利的目标而不是只有自己获利。谈判者必须调整个人的谈判风格，多一些温和友好，少一些争强好斗；多一些开放信任，少一些逃避提防；多一些灵活坚定，少一些固执盲从。特别是，谈判者应该坦诚地公开需求，求同存异，容忍不确定性，并尽可能化解矛盾。

对于成功的整合式谈判，各方都应该把对方所关心的问题和需求看作自己的问题和需求。这是一个不太准确的理解。实际上，这种做法更像是没有什么用处，并不能带来成功。对谈判对手承诺太多，通常会得不出最好的解决方法（Fry，Firestone and Williams，1979；Kelley and Schenitzki，1972）。谈判者之间的亲近感越强，他们就越不能充分了解对方的需求、目标和关心的问题，越有可能导致谈判者认为自己已经满足了对方的要求，但实际上并没有（Rubin and Brown，1975）。谈判者对他人承诺过多会比不这么做更容易妥协，结果可能达成一个不太令人满意的方法，如果他们坚持自己的观点，那么有可能最终取得一个更好的结果。

只有谈判者采取一种健康的、利人利己的实现目标的方法并且较好地维系双方的关系才能使利益最大化（Kelley and Schenitzki，1972）。最大化利益往往与谈判者惩罚对方的能力负相关。有能力惩罚他人的整合式谈判者和没有惩罚能力的整合式谈判者相比，更容易出现缺少信任、很少交换关于偏好和财产信息的情况，最终达成较低共同收益的协议（de Dreu，Giebels and van de Vliert，1998）。

可以通过以下三点来提高合作的动机与承诺。

1. 谈判者要相信他们有共同的命运。谈判者要互相证明合作（提高收益或降低成本）比孤军奋战能获得更大的利益。谈判者可以强调即使在谈判结束后也应继续合作，并从已建立的关系中继续获利。也就是说，谈判者应该讨论他们之间的关系和相互联系，这可以提供更好的合作机会。

2. 谈判者可在谈判开始前对对方做出一些承诺，称作预先承诺（Gillespie and Bazerman，1998）。这种承诺具有三个主要特征：

（1）这种承诺是为了在谈判者之间形成一个稳固的、合法的书面协议（比君子协议更好）。

（2）这种承诺是在进行全面谈判前做出的，会被以后商议的长期的、更清晰的协议取代。

（3）这种承诺可以解决谈判者的部分分歧，并建立一个有助于以后形成更全面、更详细协议的框架。

3. 谈判者可以为未来的谈判先起草一个框架协议。斯蒂芬诺斯·穆萨斯（Stefanos Mouzas，2006）指出，框架协议能够带来以下三种好处：

（1）在各方的谈判关系逐渐建立的过程中，框架协议比较灵活机动。

（2）在谈判的某个阶段，各方对未来的实际收益不明确时，框架协议可以灵活机动地申明价值。

（3）当谈判各方知道应该通力合作但对谈判的内容和可能发生的特殊情况并不清楚时，可以先拟定一个框架协议。专栏 3.5 讲述了一个保护伞协议的例子。

专栏 3.5

保护伞协议的例子

焦点框架	保护伞条款
生产范围/服务	洗衣和其他清洗产品。
排他性	谈判双方都有在任何时候获得有排他性的竞争力报价的权利。
信息	谈判各方共同定义三个绩效指标，就所有未来资产投资、调查和发展相互通知。
通知	产品损坏的通知须在两周内发出。
分包	分包只能在被批准的情况下才有可能实现。
任务	所有要求都要形成文字，口头要求也需要书面确认。
数量/价格	同意有不间断的库存补给。 单方面的价格决定。
货品计价	除非另有规定，都按月计价。
重新谈判	60 天内付款；运费由供方承担（完税后交货）。 每年的重新谈判或交易都要复核季度业绩。 任何争议最终都可通过仲裁解决（按国际商务章程）。
不可抗力	各方对由战争、政治动乱、罢工、停工和政府干预造成的损失不负赔偿责任。
保证	零售商有保留要求修复产品缺陷或允许在 20 天内以原价将产品退回给供应商的权利。
义务	修复缺陷的义务，也适用于从转包商得到的服务。
保密	所有信息都是秘密的，没有对方的书面许可不允许告知第三方。
所有权	所有权不能转移，供应商应确保没有第三方获得所有权。
保留条款	除非条款很重要，否则一个或更多无效的条款对总体协议并没有什么影响。
法定地点	英国伦敦。
修订	供应商可以以书面形式撤销他不希望接受的任何条款。
新增	需要用书面形式表现出来。
持续时间	无限期协议或每年重新签订协议。
终止	针对某一特定类型服务，每一方都有权立即结束协议。

资料来源：Stefanos，Mouzas，"Negotiating Umbrella Agreements," *Negotiation Journal*，vol. 22，no. 3，Jun 27，2006，279 - 301.

信任

尽管我们不能保证信任肯定会促成合作，但是有充分的证据表明，误解肯定会阻碍合作。相互依赖但又互不信任的人更具有不确定性或防御性。防御通常指人们不接受表面信息，而是寻找其背后隐藏或掩盖的信息。当人们采取防御心态时，便会撤回或保留信息。防御心强的人会攻击对方的言论和立场，他们希望战胜对方而不是与对方合作。这种反应会使谈判者犹豫、警觉、不信任对方，并且阻碍谈判进程（Gibb，1961）。

迪帕克·马尔霍特拉和马克斯·巴泽曼（Deepak Malhotra and Max Bazerman，2007）提出了在对方不信任时获取信息的三种策略。

1. 共享信息并达成互惠。向对方详细阐述自己的需求和兴趣，并且建议对方也这样做。马尔霍特拉和巴泽曼提醒，在谈判进行之前要对基本规则达成一致意见，并且在谈判的过程中坚持遵守。

2. 同时就多个议题展开谈判。同时谈几个议题可以帮助谈判者识别对手的利益排序，获取关于对方利益点的相关信息。马尔霍特拉和巴泽曼建议，当对方非常投入、情绪化地试图控制整个谈判时，仔细观察以得出对方优先考虑的谈判议题。

3. 同时给出多种报价。当对方对自己不信任时，第三种获取信息的策略就是同时给出多种报价。这些报价应该能给自己带来相同的价值。谈判对手对这些报价的反应能帮助你获取一些信息。

总之，如果相互信任，整合式谈判就很简单。当相互不信任时，就会出现危机或挑战，我们这里提出的三种策略恰好可以应对挑战、化解危机。

产生信任是一个复杂的、不确定的过程，部分要靠谈判者的表现，部分要靠谈判者的人格魅力。当人们彼此信任时，更愿意准确交流需求、立场及实际情况（Butler，1999；Tenbrunsel，1999），相反，当人们彼此不信任时，就会陷入对立场的争论中，利用威胁和欺骗来坚定立场（Kimmel，Pruitt，Magenau，Konar-Goldband and Carnevale，1980）。与防御性一样，不信任有可能会被回击，并且会导致谈判无果而终。为了有效地增进信任，每个谈判者必须相信双方都选择了合作的态度，每个人都必须相信对方诚实、开放及承诺共同解决问题（见本书第10章对谈判中信任问题的全面讨论）。

清晰、准确地沟通

进行高质量的整合式谈判的另一个前提是清晰、准确地沟通。首先，谈判者必须愿意共享信息（Neale and Bazerman，1991）。必须愿意说出想要什么、什么更重要，愿意实际、具体地陈述为什么想要这些东西，避免笼统含糊和模棱两可。其次，必须理解对方的陈述。至少必须理解对方逐条陈述的含义，最好每一方都以同一种方式解释实际情况。谈判小组的成员可能屡次出现模棱两可或者打断沟通的情况。如果有人在谈判中说模棱两可的话，其他人可以提出来并请他解释清楚。当谈判者不能领会另一方提出的某种观点时，同组的其他人就应该进行解释使其明白。相互了解是谈判双方的共同责任。不管另一方是否接受所传递的信息，交流者都应准确地传递信息。同样，倾听者也要积极倾听，判断他所理解的意思是否与发送者的原意相一致。

采用多种沟通渠道，如果正式沟通渠道中断，双方抓住在谈判桌以外的机会进行沟通，有助于谈判者澄清正式沟通中的误会并继续交流。喝咖啡时进行交流、主要谈判者在正式会议之外单独见面，以及重要的下级间的非正式接触都是不同于正式渠道的其他沟通渠道。为了确保多种来源获取信息的一致性，谈判者必须认真细心。在整合式谈判中提供矛盾的信息，轻则使对方感到困惑，重则会使对方感觉受到欺骗而愤怒。

在谈判中，隐喻往往也是一个非常重要的方法。隐喻可以被定义为“用另一种方式来谈话”（Smith，2005，p.346）。这种方法在难以直接交流或者被威胁时作用明显。托马斯·史密斯（Thomas Smith，2005）指出，隐喻在谈判中具有两个重要作用：（1）隐喻帮助谈判者了解为什么对方会说这些话；（2）隐喻可以帮助谈判者弄清楚互惠利益空间，它可以帮助谈判者洞悉对方的需求和动机（见专栏3.6）。

专栏 3.6

一些谈判中常见的隐喻

表述	所传递的信息
不敢于冒险，就没有所得	风险
适者生存	竞争
这是一个弱肉强食的世界	超竞争
不调整就死亡	改变
我们都在一起	相互依存的大家庭

当有强烈的负面感觉，或者当一方或多方有支配倾向时，谈判者可以采用正式的结构化沟通程序。在这种情形下，谈判过程中应该给每个人说话的机会。例如，多数辩论的规则是将发言限制在 5 分钟内，同样的规则经常用于有争议的公开会谈或公众听证会。此外，谈判者也可以采用谈判前期各方一致同意的议程，以便听取各方意见。我们将在本书第 7 章与第 17 章进一步讨论谈判中的有效沟通过程。此外，在本书第 19 章中我们将描述第三方如何帮助谈判者纠正不适当的沟通过程。

了解整合式谈判的动态演变

谈判者可能认为分配式谈判是达成协议的唯一方法。然而研究表明，整合式谈判方面的训练提高了谈判者进行合作谈判的能力。例如，魏因加特、海德和普利图拉（Weingart，Hyder and Prietula，1996）的研究表明，对谈判者进行整合式谈判训练——特别是交换有关重要内容和议题偏好的信息以及如何制定更高目标，能够明显提高谈判者使用整合式谈判战略的频率，从而使谈判者取得更大的合作成果。研究还发现，采用分配式谈判战略，如强烈建议并说服对方相信自己的观点，对整合式谈判成果毫无益处。此外，洛温斯坦（Loewenstein）、汤普森（Thompson）、金特纳（Gentner）和他们的同事研究发现，类似的训练是学习整合式谈判的一个特别有效的方法。[4]这种学习包括对不同谈判案例的比较，以识别谈判中遵循的基本原则和结构。

小结

我们讨论了成功进行整合式谈判的七种基本前提条件：共同的目的或目标，相信各方具有解决问题的能力，相信自身观点及对方观点正确，合作的动机与承诺，信任，清晰、准确地沟通以及了解整合式谈判的动态演变。如果谈判双方不能成功地满足所有前提条件，随着整合式谈判的进行，他们也必须逐一克服这些挑战。

3.5 为什么整合式谈判不容易实现

整合式谈判是一个协作的过程，在谈判中，各方确定他们共同关注的问题，并一起寻找方法来解决。当不存在或者不能总是维持一种有效的整合式讨论时，谈判者就不会一直坚信能够达成整合式成果了。人们认为冲突不是必然存在的，而是由根本性的不信任或非赢即输的观点造成的。对分配式谈判和整合式谈判差异的理解是解决冲突的前提。谈判者不采用整合式谈判的原因是：他们没有认识到整合式谈判的可能性，并且初始动机只是满足己方需求。还有其他四个因素可能造成这种困境：（1）谈判者之间的以往关系；（2）只能用分配式谈判解决问题的信念；（3）大多数谈判都是出于混合型动机；（4）短期视角。

谈判者之间的以往关系

谈判者之间的关系越具有竞争性和冲突性，谈判者就越容易用防御和非赢即输的态度进行谈判。长期的敌对使得双方无法彼此信任，或者认为合作的姿态仅仅是为谈判而采用的一种策略或战略。谈判双方以前从未表示过合作的意愿，现在又怎么会有区别呢？研究表明，以前在谈判中遭遇僵局的一方在以后的谈判中遭遇僵局的可能性也比较大，即使是面对不同的谈判对手（O'Connor，Arnold and Burris，2005）。

就算谈判者以前从未接触过，竞争性预期也会产生很大的消极作用。研究表明，大多数参加谈判的人对于谈判的预期都是非赢即输而非双赢（Thompson and Hastie，1990a）。此外，人们的感觉通常是服务于自我的。例如，和一个中立的第三方相比，谈判者往往会把对方看作更没有道理并且更难以对付，这种看法会阻止双方启动整合式谈判。谈判者可以忽略以前的不快而进行谈判，但这需要付出努力。例如，波斯特和贝内特（Post and Bennett，1994）提出了一个成功改善工会和企业管理者之间关系的五步法（见专栏 3.7；也见 Hargrove，2010；Michael and Michael，2013）。

专栏 3.7

用整合式谈判增强合作

工会与管理层的合作常被作为竞争型谈判的经典案例。通常谈判方开始合作是为了解决谈判双方的长期误解。最近的一项研究表明，整合式谈判在这样的情况下能够适用，即使工会需要使用一些战术以保证彼此能互惠（Bacon and Blyton，2007）。

波斯特和贝内特（1994）的报告提出了由五个步骤组成的整合式谈判过程，该过程被引入劳资双方谈判中，不满的次数由先前的每年 40 人次减至 18 个月里的 2 人次，减少了谈判者之间的敌意，从而有效地提高了合作效率。

这五个步骤如下：

1. 承诺阶段，发生在合同期满前 6～12 个月。在这段时间里，谈判双方承诺参加整合式谈判，包括统一谈判的原则、协调谈判过程以及陈述各自利益。

2. 解释阶段，发生在合同期满前 1 个月。在这期间，谈判双方召开第一次会议，提出各自的建议，包括支持建议的文件以及以后会谈的时间表。

3. 确认阶段，发生在合同期满前 2～4 个星期。在这期间，谈判双方从劳资双方收集各种利益陈述的信息。这些信息用来确认双方在利益以及利益排序方面认识的一致性。

4. 优化阶段，发生在合同期满前 2 个星期。在这期间，谈判双方根据有关信息将利益按照优先次序列出清单。这个过程通常在中间人的协调下进行，中间人通常用在承诺阶段做出的承诺来帮助双方坦诚地表明各自优先关注的利益。

5. 谈判阶段，发生在合同期满前 1 个星期。在这段时间里，谈判者之间频繁地接触，集中讨论获取双方优先考虑的利益的方法。这个过程同样由中间人协调进行，其作用就是不停地对各方提问，保证在公开信任的气氛中按照既定议程进行谈判。

注意：该过程需要中间人全程参与。在整合式谈判中，中间人扮演了裁判与双方承诺监督者的角色。对于在没有第三方参与的情况下谈判双方是否也能建立并保持相互信任，目前仍有争议。

资料来源：Adapted from Post，Frederick R.，and Bennett，Rebecca，J.，“Use of Collaborative Collective Bargaining Processes in Labor Negotiations，” *International Journal of Conflict Management*，vol. 5，no. 1，1994，34－61.

只能用分配式谈判解决问题的信念

冲突的演变会导致谈判者看问题极端化或形成仅有一方能够获利的态度。谈判者还可能会在认知或探索决策的规则上产生偏见，而这些规则会影响谈判者在不同情况下的态度、可能的结果以及结果实现的可能性，这一切都对谈判者进行整合式谈判有很大的影响（Neale and Bazerman，1985，1991；第6章将对这些偏见进行详细介绍）。例如，工会和企业管理者针对引入新方法或新技术一贯存在争议，主要原因是机器设备将会取代一部分低技术水平的工人，而工会注重工人的工作保障，认为新机器会使工人失业。管理者则认为这样能提高效率和质量，增加收益，他们有权这么做。表面上双方似乎不可调和：要么工会迫使企业保留工人而不引入新机器，要么企业采用新技术减少工人。但是，最近的研究表明，劳资双方找到了一些令双方都满意的解决办法，例如，对员工进行重新培训和再分配或通过其他方法减员而不是解雇。

大多数谈判都是出于混合型动机

纯粹的整合式谈判或分配式谈判是很少的，大多数谈判都是这两种的混合体，既有需要用分配式谈判解决的问题，也有需要用整合式谈判解决的问题。例如，成为生意上的伙伴后，共同的目标就是一起获利，这就是整合式谈判的基础，但是如何分配利益是一个棘手的问题，还容易引起冲突，在这里，谈判双方应该认识到合作更重要，也就是说，必须先有生意成功，才能有利益分配，不过，对于利益的争夺也可能导致合作的瓦解。一般地，人们更愿意把谈判看作非赢即输而不是双赢的，因此冲突和竞争会妨碍合作与信任，使谈判者难以找到合作的土壤。

整合式谈判中的一个基本问题是，双方都未认识到（或未找到）就某一问题合作的可能性。主要原因是只考虑自身的利益而不顾及他人。谈判者总是认为对方有与自己一样的目标，而没有注意对方的偏好及其优先次序（Kemp and Smith，1994）。谈判者要为自己的行为高度负责，或有冲突的历史，抑或问题太复杂而只适合以分配式谈判解决时，都会造成这样的问题。结果是，谈判者没有投入足够的时间与精力去寻找和发现合作的办法。

短期视角

有效的整合式谈判需要足够的时间来处理信息，了解自己和其他各方的真实需求，完成从价值创造向价值申明的过渡。

最近的一些研究表明，谈判和执行之间的时间太短，不能取得最优的合作结果。马龙·亨德森（Marlone Henderson）、雅各布·特罗普（Yaacov Trope）和彼得·卡内瓦莱（Peter Carnevale，2006）的一系列研究表明，仓促执行的协议比起经过充分考虑后执行的协议往往内容更零碎。尽管暂时接近达成协议比直接妥协的效果更好，协议依然应该在能带来更多合作利益时再被执行。对于现代商务谈判来说，时间压力似乎是一个阻碍整合式谈判的重要因素。实际操作时，为了进行有效的整合式谈判，谈判者应该在执行协议之前留出足够的时间进行考虑。

3.6 分配式谈判和整合式谈判

研究和实践表明，过去的35年中人们的谈判方式发生了许多变化。从1981年《谈判力》出版至今，整合式谈判的数量稳步增长并且逐渐成为谈判研究和实践的主流（Menkel-Meadow，2006）。许多人认为分配式谈判已经过时，不再适合创造价值和化解分歧。

第2章和第3章讨论了关于两种谈判方法的许多问题。基于以下两个原因，我们认为这两种谈判都很重要。第一，一些谈判者使用纯粹的分配式谈判，并且没有证据表明，整合式谈判会比强硬的、坚定的分配式谈判效果更好。这并不表明分配式谈判者能做得比整合式谈判者出色。实际上，有证据表明，整合式谈判中采用一些分配式谈判的策略往往仅能收到次优的效果。面对分配式谈判者时，问题越棘手，分配式谈判的策略比整合式谈判的策略越有效。目前的研究对这一点没有太多关注。我们相信，如果了解分配式谈判和整合式谈判的演变进程，谈判者就能够有准备、有策略地从容应对各种情况和挑战。

第二，在整合式谈判的一个环节即价值申明中，谈判者需要使用分配式谈判中的一些战术。一些谈判者假扮成合作者的角色，这些“披着羊皮的狼”对谈判是一个大挑战，因为他们说的像整合式谈判，做的却是分配式谈判。我们可能很难分辨这些谈判者的类型，因为他们时而像整合式的谈判者时而又像分配式的谈判者。最好的解决办法就是仔细观察他们的言行，了解他们的立场。对分配式谈判的深入了解能帮助大家更准确地分辨这些谈判者（见表3-2）。

表3-2　分配式谈判与整合式谈判的比较

	分配式谈判	整合式谈判
什么情况最适用	一次性交易	正在建立的关系
谈判立场	强有力的立场加上很少的让步能产生更好的分配结果	共同的目标、开放的沟通和解决问题的意愿会产生更好的谈判结果
BATNA	良好的BATNA，了解市场	致力于创造理想的解决方案而不是BATNA
语气	从愉快而坚定到务实	对问题要强硬，对人要温和

本章小结

在本章中，我们讨论了整合式谈判的战略与战术。整合式谈判是谈判者共同确定一个目标，使双方都能达到目的。整合式谈判是定义目标，并努力使双方最大限度地实现目标的过程。

本章从讨论整合式谈判的过程开始。对双方都达到各自目标的高度关注推动了合作解决问题方法的产生。谈判者在整合式谈判中失败是因为他们没有察觉到谈判的合作潜力。关于谈判的竞争型假设、谈判议题的混合型动机、谈判者之前的相互关系，以及短期视角等都会造成谈判破裂。第一，谈判者必须知道各方的真实需求与目标；第二，双方必须保持畅通的信息沟通，并开诚布公地交换意见；第三，双方必须将重点放在共同点上，强调共性而非差异；第四，谈判者必须尽力寻找满足双方目标的解决方案。这一系列步骤和本书第2章所讲的分配式谈判完全不同。整合式谈判的四个主要步骤是：识别与定义问题，明确利益与需求，寻找解决问题的替代方案，以及评估和选择替代方案。对于每一个步骤，我们提出了各种技巧与战术，以保证谈判取得成功。

我们也讨论了促进整合式谈判取得成功的因素。第一，共同的目的与目标极大地促进了谈判进程。目标是双方都想实现的、双方希望分享的，或者除非合作否则无法实现的。第二，相信各方具有解决问题的能力。第三，谈判者必须相信自身观点及对方观点正确。第四，必须有合作的动机和承诺，建立富有成效的合作关系。第五，谈判必须彼此信任，双方要努力建立和保持信任。第六，必须清晰、准确地沟通各方的需求，并要为理解对方的需求做出努力。谈判者必须愿意为自己的需要，同时也为对方的需要而工作，以达成最好的协议，而不是不考虑对方的需求或者不认为它们也同等重要。第七，谈判者必须了解整合式谈判的动态演变过程。

尽管有这些建议，对于处在冲突之中的、防御性的、立场强硬的谈判方来说，整合式谈判也不是那么简单。只有不断创造整合式谈判的必要条件，整合式谈判才可能取得成功。在本书第17章与第18章中我们将讨论一些为进行成功的整合式谈判创造条件的方法，包括减少敌意、降低防御、改变强硬立场等。

关键术语

整合式谈判（integrative negotiation）：整合式谈判又称为合作型谈判或双赢谈判。一方达成了目标，也不排除另一方达成目标，一方的收获并不是以另一方损失为代价的谈判。

根本利益（substantive interests）：通常是指谈判中的焦点问题，比如，与价格、利率有关的经济、财务问题，或是与资源分配有关的问题等。这些利益可能是本质上的，可能是辅助性的，也可能是二者的混合体。

过程利益（process interests）：在谈判中，谈判者看重的是在谈判桌上发表意见的机会而不是讨论的结果。过程利益可以既有本质利益，也有辅助利益。本质的过程利益表现在：取得发言权既使谈判者确认自己的合法性和价值，又强调了谈判者在组织中的重要角色。辅助的过程利益表现在：如果谈判者在谈判中的发言能够取得成功，就可以证明以后的相关谈判也应该请他们参加。

关系利益（relationship interests）：谈判一方或双方都非常看重双边关系，并且不想有任何破坏这种关系的行为。关系利益可以分为本质的关系利益和辅助的关系利益。本质的关系利益表现为谈判者重视关系的存在，并保持这些关系带来的成就。辅助的关系利益表现在谈判者能够从关系中得到实际利益，并且不愿意因为关系的破坏而影响未来的利益。

协议环形模型（agreement circumplex）：学者彼得·卡内瓦莱研究得出的模型，该模型将潜在的协议分成四类，每一类有两个子类。模型里提供了立场和解、立场实现、实现利益与替代利益四个重要的维度，并根据这些维度提出了八种不同的整合式谈判的方法。

立场和解（position accommodation）：当一方谈判者的初始需求被部分满足时称作与对方达成了立场和解。

立场实现（position achievement）：当谈判每一方的初始需求都被满足时称作立场实现。

搭桥法（bridge solution）：化冲突为共赢的方法之一。在谈判中遇到冲突时，关注对方和自身希望解决的问题，相互寻找共同点，建立冲突中的“桥梁”，以最终化解冲突，实现共赢。

非特定补偿（non-specifically compensation）：这种战略是一方以补偿对方利益损失的方法使对方做出让步，从而实现目标。补偿可能与本质上的谈判无关，但是得到补偿的一方仍然认为这有助于实现对方的优先目标。这种补偿是非特定的，因为补偿本身和讨论的议题并不直接相关。

头脑风暴法（brainstorming）：又称智力激励法，是现代创造学奠基人奥斯本提出的，是一种创造能力的集体训练法。常常是为了解决一个问题、萌发一个好创意，集中一组人来同时思考某事的方式。当参加者有了新观点和新想法时，他们就大声说出来，然后在他人提出的观点之上产生新观点。所有的观点被记录下来但不进行评价。只有头脑风暴会议结束时，才对这些观点和想法进行评价。

相机合同（contingent contract）：这种合同中的内容会随着环境的变化做出调整。例如，可以将石油价格的变化写入合同，并且根据每季度的石油价格调整运输费用。

共同目标（common goal）：所有谈判者平等共享的目标。不和其他方合作，任意一方都无法单独获益。例如，市政府与工业品制造商为工厂交税的数额争论，如果双方的共同目标是维持工厂开工、雇用城镇一半的劳动力，那么双方就会进行合作。

共享目标（shared goal）：谈判各方共同努力以获取利益并进行分割，每一方获取的利益多寡的目标不同。例如，合作方在生意上一起合作，但不会平分利益，其中一方可能由于经验更丰富，或资本投入更大而获取较多利益。

联合目标（joint goal）：能使有着不同个人目标的个体同意将自己的目标和别人的目标协调统一，并共同付诸努力的目标。例如，参与政治运动的人有各自不同的目的，有的人想实现当官的抱负，有的人想服务于社会，有的人则想从新领导者实施的政策中获利，但所有的目标都会在帮助新领导人赢得选举的联合目标下统一起来。

注 释

[1] Our descriptions draw heavily on the writings of several experts who have studied the integrative process in great

detail, and we will note recent research findings that have affirmed the validity of particular strategies and tactics. See Follett (1940), formalized by Walton and McKersie (1965); Carnevale and Pruitt (1992); Filley (1975); Fisher, Ury and Patton (1991, 2011); Lax and Sebenius (1986); and Pruitt (1981, 1983), among numerous others. We also draw extensively on Pruitt and Carnevale (1993).

[2] For more detailed discussion of this step, see Carnevale (2006); Neale and Bazerman (1991); Pruitt (1981, 1983); Pruitt and Carnevale (1993); and Pruitt and Lewis (1975).

[3] For more detailed discussion of this step, see Filley (1975); Pruitt and Carnevale (1993); Shea (1983); and Walton and McKersie (1965).

[4] See Gentner, Loewenstein, and Thompson (2003); Loewenstein and Thompson (2000); Loewenstein, Thompson, and Gentner (1999, 2003); Nadler, Thompson, and Van Boven (2003); and Thompson, Gentner, and Loewenstein (2000).

N E G O T I A T I O N

第4章

谈判：战略与规划

学习目标

- 理解在谈判前设立目标的重要性。
- 探讨一项谈判战略的主要组成部分以及选择策略的流程。
- 思考绝大多数谈判是如何在不同阶段和时期进化的。
- 全面掌握对谈判进行有效规划的一系列工具。

在本章中，我们将讨论在谈判展开之前谈判者应该做些什么。有效的战略和规划对于达到谈判目标起着至关重要的先导作用。只要有有效的规划和精确的目标定位，绝大多数谈判者都可以达到他们的目标；如果没有这些，谈判结果更有可能取决于运气而非谈判者的努力。

令人遗憾的是，绝大多数谈判者都不会主动进行系统的规划。尽管时间限制和工作压力使得谈判者很难有足够的时间来进行规划，但对于许多人来说，不进行规划的原因是认为相关工作非常无聊，更倾向于迅速付诸行动。然而，在规划上投入时间不足将成为谈判者的一项弱点，可能会导致谈判者失败。以下是未进行规划可能导致的一些后果。

- 谈判者未能设立清晰的目标，而目标是衡量对方提案的准则。没有清晰的目标，谈判者无法快速、准确地评估提案。这样的后果是，谈判者可能会接受某些协议，但随后就会反悔。谈判者也可能会因为目标不清晰而对谈判感到迷惑、一味防守和拖延谈判，导致对方失去耐心。
- 如果谈判者未能充分做好规划，他们或许不能充分认识到自己在谈判中的处境，不能认识到自己的优势和劣势，或者在与对手博弈时无法看清楚相对优势和劣势。这样的后果是，谈判者可能无法形成令人信服的论点以支持自己的立场或反击对方的论点。
- 谈判者需要充分考虑各种替代方案。如果谈判者明白自己拥有哪些备选方案，现有协议又无法达成，他们将拥有更多的信心和精力达成一个不那么坏的结果。
- 在谈判的交换意见阶段，谈判者不能简单地只依靠自己的快速反应和聪明才智。万一对方计划通过拖延或坚守某一立场以拖垮谈判者，或者使用其他手段（见第 2 章），那么谈判者就必须更改策略。谈判者经常发现，在阐述自身立场时，仅仅是一名“伟大的推销员”还不够，尤其是当对方攻击该立场非法、低效率或无效时。

几乎所有关于谈判的知名书籍都会至少安排一两章讲解谈判规划（例如 Diamond，2010；Latz，2004；Lewicki and Hiam，2006；Malhotra and Bazerman，2007；Wheeler，2013）。事实上，还有一些书全篇都在讲如何有效规划和准备谈判（例如 Fisher and Ertel，1995）。然而，在精心规划谈判流程的影响这一方面，学术界并未进行足够的基于经验主义的实证研究。拉克姆（Rackham）在 1980 年对成功的谈判者进行的一项研究表明，在规划阶段，有经验的谈判者（与普通谈判者相比）能够：（1）寻找到更广范围的替代方案；（2）更加努力地寻找双方的共同点；（3）花费更多的时间考虑谈判议题的长远意义；（4）更有可能设定上限和下限，或者是可接受的区间。尽管这些发现看起来很符合逻辑，但该领域需要学者们进行更多实实在在的实证研究，以确认谈判战略和规划的有效性。

在讨论战略和规划时，我们首先探讨战略制定的流程，并从定义谈判者的目的和目标开始。紧接着，我们将研究解决问题和达成目标的策略。最后，我们研究谈判的不同阶段以及不同的问题和目标如何影响规划流程。图 4-1 展示了这些元素是如何相互关联的。尽管该模式表明，这些元素之间的关系是线性的，即目标决定了战略，而规划是由战略决定的，但事实上，各方经常会从该线上的任何一处开始，然后前进或后退直到完成谈判准备阶段的三个步骤。

图 4－1　谈判过程中关键步骤之间的关系（第 4 章总览）

4.1　目标——决定谈判战略的核心

制定和执行一项谈判战略的第一步是确定谈判者的目标。谈判者必须对他们想在谈判中达成何种目标有所预期，并专注于如何达成这些目标。正如第 1 章所讲的，谈判者必须同时考虑实质性目标（如财务或特定结果）、无形目标（如获胜，打败另一方，或者不惜任何代价达成协议）以及步骤性的目标（如敲定会议议程或仅仅是在谈判桌上发出自己的声音）。有效的谈判准备需要全面、缜密地思考如何达成这些目标；谈判者需要明确地将目标和目的细化，这包括列出所有希望在谈判桌上达成的目标、决定不同目标的优先级、确定潜在的多重目标、评估多个目标间的平衡等步骤。

目标对战略选择的直接影响

目标对谈判的影响在以下四个方面尤为重要。

1. 期望与目标是不同的，尤其在谈判中更是如此。期望或许与谈判者的兴趣和需求有关，这些兴趣或需求可能是目标的动力之一（参见第 3 章），但期望本身不是目标。期望是希望某件事可能发生，而目标是明确的、有针对性的，谈判者是可以采取现实的计划达到目标的。

2. 谈判一方的目标经常与谈判另一方的目标存在关联。谈判双方的目标之间的联系，正是谈判所需要解决的问题（参见本章随后对谈判问题的讨论），也常常是双方分歧的来源。我的目标是以低价购买一辆汽车，经销商的目标是以尽可能高的价格出售汽车（获得盈利），因此，双方谈判的问题所在就是价格。如果能够在不需要另一方参与的情况下就能达到目标，就不需要谈判。

3. 目标是存在界限和限制的（参见本章随后对于底价和替代方案的讨论）。如果希望超越这些限制（例如另一方的能力或意愿），要么改变我们的目标，要么终止谈判。目标必须是可行的。如果我的目标——以低价购买这辆汽车——是不可能的，因为经销商不可能低价出售这辆汽车，那么我要么改变我的目标，要么去买另一辆车（或许从不同的经销商那里购买）。

4. 有效的目标必须是明确、确定和可以衡量的。目标越不明确、越不可衡量，谈判者就越难：（1）向另一方表达清楚自己的意愿；（2）理解另一方的意愿；（3）确定对方开出的条件能否满足自己的目标。“便宜地买到一辆车”或“就价格达成一致意见，这样偿还贷款就不会用光我的工资了”就不是一种很明确的目标。“用光我的工资”是什么意思？究竟是指每周的工资还是每月的工资？希望偿还贷款的数额是只要不超过工资就好，还是大约占工资的 50％，甚至是 25％？针对的是这一期的工资，还是全部贷款所对应的工资？这笔款项是我所能支出的最大数额吗？这笔支出是不是毫不费力？或者，之前是否知道购买者不应该超过月工资收入的 15％来支付车款？在当前的利率下，工资中究竟拿出多少用作分期付款是合适的？首付定为多少才能使购买者就愿意支付的月供进行谈判？谈判者心里必须要有确切的数字，但是正如你所看到的，即使有数字，也不是完全清楚的。

目标也可以是无形的或程序上的。在购买汽车的例子中，无形的目标可能包括通过购买和驾驶一辆豪华的运动型汽车来提升本人在朋友中的声望，或者维持自己精明、精打细算的谈判者的形象，或者为了确保汽车的方便、可靠而不惜支付任何价格。在其他的谈判中，无形目标可能包括维持一个棘手但讲原则的谈判者的形象，为未来谈判树立先例，或者在谈判中确保所有各方都能获得公平的待遇（参见第1章有关无形目标的讨论）。

我们应该使用哪一种准则呢？答案取决于你自己：你的确切目标以及多个目标中首要的那个。权衡将是不可避免的。权衡可能会使你在谈判过程中感到希望渺茫，因此你必须清楚地记住谈判开始时你的目标是什么。

专栏4.1

目标也会导致不好的行为

几乎所有关于谈判计划的研究和写作都主张设定目标的重要性。然而，具有挑战性的目标也能激发一些破坏性的行为。

1. 过分关注一个目标会使我们忽略其他重要的目标和问题。例如，如果谈判人员在即将到来的谈判中专注于价格，他可能会忽略协议的其他重要因素。此外，这种对价格的过度关注，可能会使谈判从一个潜在的整合式谈判变为在单一价格问题上的分配式谈判。

2. 关于目标设定的建议为，目标应该具有挑战性。但是，一个过于具有挑战性的目标可能会鼓励谈判人员采取高风险的谈判策略，提出极端要求，从而威胁到达成协议的可能性。

3. 非常具有挑战性的目标会促使个人做出不道德的行为。谈判者可能会使用不道德的方法来实现这些目标。例如，金融服务巨头富国银行（Wells Fargo）试图激励其销售人员实现开设新客户账户的高目标，结果，许多客户在没有得到许可的情况下开设了新账户，这给富国银行造成了严重的信誉危机。

4. 最后，对一两个目标的狭隘关注可能会阻碍谈判者倾听对方的意见并找到创造价值的方法。因此，当谈判可以变得更具合作性时，谈判仍然具有竞争性。

资料来源：Summarized from Ordonez，L. D.，Schweitzer，M. E.，Galinsky，A. D.，and Bazerman，M. H.，“Goals Gone Wild：The Systematic Side Effects of Overprescribing Goal Setting，” *Academy of Management Perspectives*，vol. 23，no. 1，Feb 1，2009.

目标对战略选择的间接影响

简单和直接的目标往往在一次谈判中采用一种简单的战略就能够达成。因此，我们常常会将自己的目光盯在短期目标上。这种短视的思维模式将影响我们对战略的选择。在制定和明确目标时，我们可能会忽视与另一方眼下和未来的关系，而仅仅关心如何达成目标。举例来说，假设你年迈的祖母认为她年龄太大已经无法开车，于是询问你是否愿意买下她的汽车。她并不懂汽车，但她相信你会帮助她。你或许可以向她开出远低于真实价值的价格，以非常划算的价格达成交易，但如果她或者其他家庭成员发现你利用她的年迈和对汽车价格的无知，长远后果可能会极其严重！你可能会失去她的信任，留下不好的名声，未来也将很难与其他家庭成员相处。

其他谈判目标——尤其是那些难以达成或要求另一方态度大为转变才能达成的目标——可能要求谈判者制定一个长期的目标和计划。在这种情况下，谈判者要逐步取得进展，而且可能需要谈判者与另一方建立良好的关系，例如，金融机构大幅度提升某客户的信用额度，或者为重要的贸易伙伴提供优先待遇，就需要以双方良好的关系为前提。这类以关系为导向的目标，会激励谈判者在做战略选择时将双方关系看作与实际结果同等重要（甚至更加重要）。因此，关系型目标倾向于支持选择合作或整合式战略（参考第 1 章提到的双重关注模型和第 3 章提到的整合式谈判）。

4.2 战略——达成目标的整体计划

在谈判者明确目标之后，他们就进入谈判的第二个阶段：选择和制定一项战略。商业战略专家对“战略”的定义是“将一个组织的主要目标、政策和行动步骤整合在一起的模式或计划”（Mintzberg and Quinn，1991）。将这一定义应用到谈判中，谈判战略是指谈判者为了达成谈判目的而制定的整体计划以及一系列行动方案。

4.3 战略与战术

战略与战术之间的关系如何？尽管战略和战术看起来区别不大，但二者最大的不同在于规模、角度或紧迫的程度不同（Quinn，1991）。战术是短期的、可调整的措施，是制定或追求更广泛（或更高层次）的战略而采取的短期、适应性的举措，战略反过来又使战术具有稳定性、连续性和方向性。例如，你的谈判战略可能是整合式的，其目的是与对方建立和保持富有成效的关系，而且要通过共同解决问题达成目标。为了实现战略性目标，恰当的战术包括描述你的利益，提出开放式问题和积极倾听来了解对方的利益，提出互利的方案。战术服从于战略，战略考虑决定了战术的构成、方向和目的。在第 2 章和第 3 章我们概述了分配式谈判和整合式谈判的战略及其可能采用的相关战术。

战略选择的单边与双边方法

战略选择的单边方法是指不需要对方的积极参与而做出战略选择。单边实施的战略几乎完全是单边做出而有意忽视对方的信息。但是，任何一个合理的战略都应该获取对方信息，这些信息将在选择谈判战略的过程中起到重要作用。因此，即使我们一开始将战略描述成单边的，但最终的战略一定是考虑到对方战略对己方战略的影响之后确定的。

以双重关注模型来描述谈判战略

在第 1 章中，我们利用双重关注模型描述人们在解决冲突过程中的基本倾向（Pruitt

and Rubin，1986）。这一模型指出，冲突中的人们关注两个层次的利益：一是自己的利益；二是他人的利益（参见图 1－1）。萨维奇、布莱尔和索伦森（Savage，Blair and Sorenson，1989）为谈判战略决策提出了一个类似的模型。根据他们的模型，谈判者对谈判战略的单边选择体现在对两个简单问题的回答中：一是谈判者对于在谈判中取得关键实质性结果的关注程度有多高；二是谈判者关注己方与对方目前和今后关系的程度有多高。对这两个问题的不同回答可以产生如图 4－2 所示的 4 种可选战略。

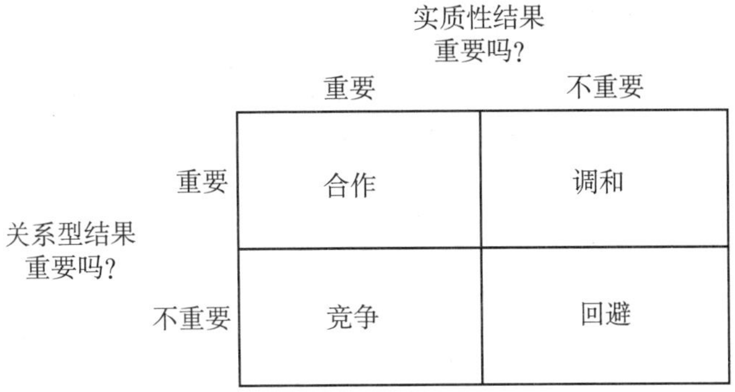

图 4－2　双重关注模型

资料来源：Adapted from Newsom，Walter B.，"The Dual Concerns Model，" *The Academy of Management Executive*. Briarcliff Manor，NY：Academy of Management，1989.

不同情境下的可选战略

这个模型要求谈判者确定理想的方案中两种利益的相对重要性和优先级。如图 4－2 所示，根据对这两个问题的不同回答，至少可以提出 4 种初始战略：竞争、合作、调和与回避。如果只想获得实质性结果、达成交易并赢得这场谈判，不考虑或基本不考虑对关系的影响和今后与对方的交往，往往采取竞争（对抗）战略。如果只想获得关系型结果，即建立、维系或巩固与对方的良好关系，那么建议采用调和战略。如果实质性结果与关系型结果都重要，谈判者应该采取合作或协作战略。最后，如果获得实质性结果和巩固与对方的关系都不重要，那么回避战略最为适合。这些不同的战略对制定谈判计划和进行准备工作有不同的含义（参见 Johnston，1982）。我们接下来将讨论不参与战略和参与战略。

不参与战略：回避

回避可以达到许多战略目的。事实上，谈判者选择不谈判的理由有许多（与第 1 章中讨论的回避冲突的理由类似）。

- 如果不需要进行任何谈判就可以满足需要，那么完全有理由采取回避战略。
- 不值得花费时间和精力去谈判（尽管在这种情况下也有需要进行谈判的理由，见后续有关调和的内容）。
- 决定是否谈判与替代方案密切相关，有时不谈判也能通过替代方案达到同样的结果。

在第 2 章，我们讨论了抵抗点在确定战略中的作用。在第 2 章和第 3 章中我们探讨了最佳替代方案在评估谈判协议的价值方面所起的重要作用。一个谈判者如果有可行的替代方案，那么在谈判中就有很强的谈判力，因为即使他谈判不成功，也能取得满意的结果。如果谈判者没有可行的替代方案，就会在谈判中处于劣势。替代方案对于决定是否回避谈判的影响体现在两个方面：一是拥有可行替代方案的谈判者可能完全基于谈判效率决定是否回避谈判，直接采取替代方案可能比通过谈判达成目的来得更快。二是没有可行替代方案的谈判者可能也会回避谈判，因为谈判一旦开始，谈判过程带来的压力可能会令他们取得的成果不理想，谈判者还必须接受这个不理想的谈判结果，或者谈判者也有可能达成理想的谈判结果，但必须付出高昂的代价（参见专栏 4.2）。

专栏 4.2

回避谈判也可能达到预期的目标，但是要付出高昂的代价

一天深夜，微软公司的比尔·盖茨正在和一群朋友闲聊。大家有点饿了，于是比尔·盖茨打电话叫达美乐比萨饼外卖。达美乐比萨饼店的经理接了电话，他说很遗憾本店刚刚打烊。比尔·盖茨失望地正要挂电话，有人说："告诉他你是比尔·盖茨，而且可以出高价让他们送外卖。"比尔·盖茨有些犹豫。有人督促他道："比尔，你愿意花多少钱吃到比萨饼？"盖茨回答说："240 美元"。于是这个人拿起电话说："我是比尔·盖茨，我出 240 美元请你送外卖。"于是，他们当天晚上吃到了比萨。

资料来源：Volkema，Roger J.，*The Negotiation Toolkit：How to Get Exactly What You Want in Any Business or Personal Situation*. New York，NY：AMACOM，1999，6.

积极参与战略：调和、竞争与合作

在前两章中，我们对竞争和合作进行了广泛讨论。竞争战略意味着对抗和分出输赢，而合作则意味着协作和双赢，这些概念在本书均有所体现。

与竞争一样，调和也是一种最终分出胜负的战略，但它们之间有着根本的区别，即二者取得的结果是完全相反的（调和的结果是"我失你得"，而竞争的结果是"我得你失"）。正如图 4－2 所示，调和战略适用于谈判者认为关系型结果比实质性结果更重要的情况，也就是说，适用于谈判者希望对方获胜、保持与对方的关系，或者不想因为执着于达成实质性结果而与对方闹僵。当谈判的主要目的是建立或巩固与对方的关系，并愿意为此在谈判结果上做出牺牲时，谈判者常常会采取这种战略。如果谈判者希望将双方的关系一直保持到谈判结束后，也有必要采用这种战略。采用这种战略的理念是：如果这次谈判"我输你赢"，那么经过多次谈判后双方的输赢将会是平衡的。在任何长期的关系中，一方谈判者在某一次谈判中接受欠理想的结果，同时寄希望于在今后的谈判中获得一些补偿，这种做法是有一定好处的。这样的互惠互利称作维系社会群体的"黏合剂"（Cialdini，2009）。

那么，竞争、合作与调和有什么不同呢？表 4－1 对这三种战略进行了归纳总结，并从各个方面对它们之间的异同进行了比较。

表 4－1　不同参与战略的特点

项目	竞争 （竞争型谈判）	合作 （合作型谈判）	调和 （调和型谈判）
资源	可分配的资源通常是固定的	可分配的资源通常是不固定的	可分配的资源通常是固定的

续表

项目	竞争 （竞争型谈判）	合作 （合作型谈判）	调和 （调和型谈判）
目标实现	通过牺牲对方目标来实现自己的目标	己方目标的实现与对方目标的实现密切相关	为让对方实现目标而将己方的目标置于次要位置
关系	立足眼前：双方不期待今后还会合作	立足长远：双方希望今后还会合作	可能立足眼前（让对方获胜以避免冲突），也可能立足长远（让对方获胜以促进今后的互利互惠）
主要动机	实现自身利益最大化	使双方利益最大化	使对方利益最大化或者使对方获利以巩固关系
信任与坦诚	保密与防御：相信自己，不相信对方	信任和坦诚：主动倾听，共同探讨替代方案	一方相对坦诚，从而将自己的弱点暴露给对方
了解需求	各方都知道自己的需求，却秘而不宣或故意误导对方，都不想让对方掌握自己的真实需求	了解另一方的需求并做出回应，清楚自己的需求，并将其传达给对方	一方对另一方的需求反应过度，且抑制自己的需求
可预测性	用不可预测性和意外性迷惑对方	在适当的时候双方的行为都是可预测和灵活的，尽量不让对方感到惊讶	一方的行为是完全可预测的，总是在迎合对方
攻击性	用威胁、欺诈等手段占据优势	双方诚实地交流信息，理解和尊重对方	一方放弃自己的立场去安抚另一方
寻求解决方案	同对方争辩、操纵对方，想方设法维护自己的立场	运用逻辑推理、创造性思维、提出建设性意见等方法，设法寻求双方都满意的解决方案	一方想方设法迁就对方
取得成功的措施	通过诋毁对方形象提高成功率，助长敌视和小团体现象	要想取得成功就必须保持良好形象，同时从自身的情况出发考虑问题	最大限度地减少或者避免冲突，消除敌视，为和谐不顾自己的感受，这样才能取得成功
有害的极端现象	当一方完全采取零和策略，打败对方变成了谈判的目的，此时就走向了极端	当一方将自己所有的利益都纳入到共同的利益当中，以致失去了自我认同感和自我责任感时，就走向了极端	当以牺牲个人或集体的利益为代价，完全向对方做出让步时，便走向了极端
主要态度	“我赢你输”	“满足双方需求的最佳途径是什么”	“你赢我输”
补救方法	出现僵局时，可能需要调解人和仲裁者介入	出现困难时可能需要方方面面的协调人介入	当对方的行为日积月累变得恶劣，谈判者将在谈判中变得无能为力

资料来源：Adapted from Johnston，Robert W.，“Negotiation Strategies：Different Strokes for Different Folks，” *Personnel*，March－April 1982，38－39.

除了表 4-1 中所描述的特点以外，如果盲目地、不加思考地或僵化地运用这三种谈判战略，这些战略各自的缺点就会显现出来。

- 竞争型战略往往造成“我们-他们”“优势-劣势”的局面出现，可能导致谈判一方对另一方所做出贡献和努力的评价出现扭曲，还可能导致对另一方价值观、需要和立场的感知出现失真（参见第 6 章关于谈判框架偏差的讨论）。
- 如果谈判者不考虑对方的战略便采用合作型战略，那么对方可能会操纵和剥削合作者，利用他们表现出的良好的合作信念和愿望。盲目地追求合作还可能导致谈判者不再对自己的支持者（如所属的公司）负责。例如，如果谈判者以“我们能够解决一切问题”的姿态开始合作型谈判，就可能导致达成的协议不被自己的支持者接受，这样的谈判结果将被否决，并迫使谈判者重新谈判。
- 调和型战略可能会造成谈判者为了取悦对方或者避免争执而不断妥协的局面出现。这种局面一旦成为惯例，就很难再打破。调和型战略还可能给对方造成他们所获得的好处是理所当然的错觉，这种错觉是由伴随着和谐融洽的良好关系而来的称心如意感造成的。这种错觉可能会使对方完全忽视谈判者在实质性利益上所做出的让步。随着时间的推移，这种不平衡不可能永远持续下去，一旦谈判者试图终止这种不平衡或使之恢复到平衡状态，就会令对方感到意外甚至招致对方不满。

在讨论这些战略问题时，我们仅仅讨论了这些战略的形式，并没有涉及问题和动机交织在一起的情况，而这才是大多数实际的谈判战略发展演变的真正过程（Lax and Sebenius，1986）。记住这一点是有益的。就像大多数冲突既不是单纯的竞争型冲突，也不是单纯的合作型冲突一样，多数谈判战略是对各种目的、意图以及致使单一的战略难以实施的环境限制因素的综合反映。

4.4 理解谈判的流程：阶段和步骤

在我们有针对性地讨论谈判的计划过程之前，理解谈判过程中典型的谈判步骤或者流程很重要，因为在此基础上才能够理解谈判如何发展以及为什么制定谈判计划如此重要。

有些研究人员对谈判随时间变化的过程进行了研究，研究方法通常是对谈判者在谈判过程的不同时期采用的沟通类型进行分类。研究结果证实，和在小组解决问题以及其他形式的社会交往中发生的沟通一样，谈判过程也有显著的发展阶段（Douglas，1962；Greenhalgh，2001；Morley and Stephenson，1977）。

霍姆斯（Holmes，1992）提出，“阶段模型对谈判过程进行了描述，也就是说，为构成一场谈判的各个事件进行了排序……A 阶段是指互动的一段连续时期，具体来讲，就是一场冲突从开始到最终解决之间的一系列相关的沟通行为”（p. 83）。关于谈判阶段的研究通常解决以下三类问题（Holmes and Poole，1991）：

- 谈判各方之间的互动是如何随着时间而变化的？
- 随着时间的推移，谈判的互动过程与谈判的投入和结果之间的关系是怎样的？
- 谈判各方采用的战术如何影响谈判进程？

近年来，关于谈判阶段模型方面的著作越来越多。这方面的研究既有描述性的，也有规范性的：一些作者对他们在日常场景中的见闻进行描述，另一些作者则提出他们认为能够使谈判更有效的一系列行为的建议（参见我们在第 6 章中对扎特曼（Zartman）和伯曼（Berman）的建立架构和协商细节模式的讨论）。我们将大部分的研究总结成表 4－2。如表 4－2 所示，各种不同的模型都可以归为三大阶段或者三大步骤：初始（或启动）阶段，中间（讨价还价或解决问题）阶段，以及结束（或达成结果）阶段。但是，正如霍姆斯（1992）所指出的，这些阶段更像是对于成功谈判的描述。霍姆斯指出："不成功的谈判并不是按照阶段模型中的顺序来进行，通常都是在中间阶段没完没了地停滞，或者就是在初始阶段和中间阶段徘徊，却没有成功结束谈判"（p. 92）。尽管阶段模型对加深对谈判的理解具有巨大的潜在价值，但仍然需要开展进一步的研究，这样它才能够成为积极主动改善谈判活动的工具。仅仅对谈判中各事件的顺序进行描述，对于改善谈判活动是远远不够的。

表 4－2 谈判的阶段模型：标签和说明

阶段	规范模型	描述模型
初始阶段	探索[1] 初步行动[2] 诊断[3] 介绍和关系发展[4]	建立边界[5] 寻找问题、制定日程表并出示身份[6] 日程表定义、问题定义[7]
解决问题阶段	期望规划、行动、提出解决方案[1] 定位、讨价还价、探索[2] 规划[3] 问题澄清和关系发展，解决问题[4]	重新界定边界[5] 探索边界、缩小边界，从初步方案走向最终方案讨价还价[6] 缩小分歧[7]
达成结果阶段	结论[1] 协定[2] 细节[3] 措施规划[4]	解决决策危机[5] 最终的讨价还价和执行[6] 测试、合同与实施[7]

1. Atkinson（1980）
2. Carlisle and Leary（1981）
3. Zartman and Berman（1982）
4. Donohue，Kaufman，Smith and Ramesh（1990）
5. Douglas（1962）
6. Gulliver（1979）
7. Putnam，Wilson and Turner（1990）

资料来源：Adapted from Holmes，Michael，"Phase Structures in Negotiation"，in Putnam，L. L. & Roloff，M. E.，eds.，*Sage Annual Reviews of Communication Research*，vol. 20，1992，83－105.

最近，伦纳德·格林哈尔希（Leonard Greenhalgh，2001）明确地提出了谈判的阶段模型，该阶段模型特别适用于整合式谈判。他提出理想的谈判过程包含 7 个阶段（参见图 4－3）。

准备阶段：确定重要事项、明确目标、提前考虑如何与对方合作。

关系建立阶段：了解对方、了解己方与对方之间的异同点、承诺致力于达成双方受惠的谈判结果。格林哈尔希认为这个阶段对于圆满地推动其他阶段向前发展至关重要。

信息收集阶段：围绕你想了解的事情、谈判对方以及他们的需要、潜在解决方法的可行性以及如果无法与对方达成协议将会出现何种情况等，收集必要的信息。

信息利用阶段：在这一阶段，谈判者从自己所倾向的谈判结果或者解决方法出发，也就是从能够使自己的需要得到最大限度满足的角度出发，提出各种理由和依据来阐述自己的立场。这种陈述常用来向对方兜售谈判者所倾向的谈判结果。

出价阶段：这个阶段是双方从各自最初的理想立场出发向实际结果靠拢的过程。在出价过程中，各方进行初始报价，然后在此基础上向中间价逐步靠近，这个过程我们在第 2 章中已详细讨论。

完成谈判阶段：这一阶段的目标是对前一阶段所达成的谈判协议做出承诺。双方都要确保对于所达成的协议是满意的，或者至少是可接受的。

履行协议阶段：确定一旦达成协议后双方各自应该担负的责任。发现协议有纰漏、遗漏重要问题、情况发生了变化或者出现了新的问题，这些情况并不鲜见。前面各个阶段中的纰漏在这个阶段出现，因此可能需要重新开始谈判或者由协调者、仲裁者或法院来解决出现的问题。

阶段1		阶段2		阶段3		阶段4		阶段5		阶段6		阶段7
准备	→	关系建立	→	信息收集	→	信息利用	→	出价	→	完成谈判	→	履行协议

图 4-3　谈判的阶段

资料来源：Adapted from Greenhalgh，Leonard，Managing Strategic Relationships：*The Key to Business Success*. New York，NY：The Free Press，2001.

格林哈尔希（2001）指出，这个模型在很大程度上是规范性的，也就是说人们应该这样去谈判。同时，他还提出了强有力的理由来说明为什么如此。但是，对谈判者的实际操作进行的分析表明，谈判者常常偏离这个模型，并且会因为谈判者本土文化的不同而在谈判实践中呈现差异（参见第 16 章）。例如，美国谈判者认为这个模型更具输赢性或者竞争性。他们不会在建立关系和制定谈判计划上花大力气，而是直接进入出价、完成谈判和履行协议阶段；相反，亚洲的谈判者会在建立关系方面花费大量的时间而缩短达成协议的过程。

在概述了谈判的基本阶段之后，我们现在谈谈谈判的实施过程。

4.5　战略实施准备：计划过程

谈判成功的基础不在于善于博弈或者善于表演，而主要在于谈判之前计划的制定。为制定出有效的谈判计划，必须在如下方面做好工作：

1. 确定谈判目标。
2. 明确与实现目标相关的主要问题。
3. 整合问题，对其重要性进行排序，并确定谈判组合。
4. 明确利益。
5. 明确你的替代方案（最佳替代方案（BATNA））。
6. 知道自己的底线，包括抵抗点。
7. 分析和理解对方的目标、问题和抵抗点。

8. 确定自己的目标点和初始报价。

9. 分析谈判的委托人和社会环境（例如，谁在谈判桌上，谁不在谈判桌上，谁对谈判结果有强烈兴趣，以及谁在观察和批评谈判）。

10. 分析对方情况：实质和过程。

本章的其余部分将详细讨论这些步骤（请参阅表 4－3 中这 10 个步骤的摘要，表 4－3 可用于规划自己的谈判）。

表 4－3　谈判计划制定指南

1. 在即将到来的谈判中，要谈的问题是什么？
2. 基于对所有谈判问题的考虑，“谈判组合”是什么？（哪些问题必须谈？哪些问题需要和其他问题结合起来谈？）
3. 我方的利益是什么？
4. 我方的抵抗点是什么？我们可以轻易获胜的方案是什么？
5. 我方的替代方案是什么？
6. 确定目标点和初始报价——从哪里开始谈？我方的目标是什么？
7. 谁是我的委托人，他们对我们的要求是什么？
8. 谈判对手是谁？他们想要什么？
9. 我要选择的总体战略是什么？
10. 谈判需要遵守的议程是什么？

在开始详细讨论上述内容之前，我们想说明以下 4 点。

第一，我们认为竞争型谈判和合作型谈判可遵循的计划过程是一样的。虽然我们在前两章着重强调它们之间的差别，但是我们认为除了谈判者所要采用的具体策略不同之外，一套全面的计划过程既适用于竞争型谈判，也适用于合作型谈判。

第二，本书至此重点讨论的是竞争型谈判和合作型谈判的过程及其两者之间的差别，但是正如我们在第 1 章指出的，谈判桌“外围”的一些结构性和情境性因素也影响着谈判的战略制定和规划过程。这些因素包括：是哪一方实际控制或影响着谈判，是不是需要依次进行多方谈判，将要讨论的问题以及代表的利益是什么，如何控制谈判时间，以及谈判桌前的谈判人员与幕后的决策者之间更广意义的关系网络（Lax and Sebenius，2006；Watkins，2002，2006）。拉克斯与西本尼厄斯将其称为“为谈判布局”，沃特金斯（Watkins）则称之为“影响谈判游戏”。他们都指出，经验不足的谈判者往往将主要精力放在谈判桌前的战略和战术规划上，而经验丰富的谈判者则会通过处理以上问题来精心策划他们想要达成的交易。上述结构性和情境性因素所带来的深远影响和启示，我们将在随后的章节中进行讨论。

第三，我们假设谈判是一对一进行的，也就是说，是在你和另外一位谈判者之间进行的。这是理解和制定计划最简单的模型。但是，双方谈判中一方有多人参加、多方谈判或者多个群体和组织间谈判的情形也不鲜见。我们将在第 11 章、第 12 章和第 13 章进一步讨论谈判扩展至代理人以及多方谈判者的动态情形。

第四，虽然我们介绍的这些步骤基本上是按照先后顺序展开的，但是一个完整的、最终的计划完成过程需要在不同的步骤之间有一定的反复，其目的是确保战略与计划之间的一致性。例如，信息的收集过程不是一个简单的和直截了当的过程，在后续步骤中挖掘出的信息可能会迫使谈判者重新考虑和评估前面步骤中所完成的工作。因此，经过一次反复后制定的谈判计划可能并不是最终的，谈判者要有足够的灵活性以便在获得新的信息后对前面所做的工作进行调整。

接下来详细说一说这 10 个步骤。

1. 确定谈判目标

我们在第 1 章讨论了谈判目标的重要性，在本章的开头也讨论过。我们指出，目标可以是实质性的（有形的）、心理学的（无形的）或程序性的（我们如何达成一致）。目标对战略的选择有直接和间接的影响。了解自己的目标是制定战略和执行谈判的第一步，也是最重要的一步。

2. 明确问题

明确问题通常从分析谈判内容着手。有些谈判可能只谈一个问题，例如，只谈某件商品的价格，像在旧货市场上就出售的咖啡桌的价格展开的谈判或就二手车的价格展开的谈判等。有些谈判则非常复杂。例如，对一家公司的收购谈判可能涉及许多问题，如收购价格，库存商品的转让，管理人员和工人的保留、转岗和解雇，以及新的公司总部设在哪里，等等。

谈判中所谈问题的数量以及谈判双方之间的关系常常是决定采用竞争型谈判战略还是合作型谈判战略的主要因素。只有一个谈判议题时往往必须采用竞争型谈判的方式，因为所谈的议题就是价格或者利益的分配。相反，涉及多个议题的谈判更多地采用合作型谈判的方式，因为谈判各方可以通过相互妥协的过程来提出互惠的一揽子解决方案。图 4－4 是这一理论的简要说明。纵轴代表更有利于买家，横轴代表更有利于卖家。在单个议题的谈判中，各方都希望为自己争取最大的利益。如果买家在谈判中处于主导地位，那么他将在买家轴获得更多利益，这将使卖家处于不利地位（如图中 A 点）；如果卖家在谈判中处于主导地位，那么他将在卖家轴获得更多利益，这将使买家处于不利地位（如图中 B 点）。如果买卖双方在谈判中实力相当，则他们能够获得的最佳结果就是 A 点和 B 点连线上的一点（如 C 点）。A-C-B 连线上的任意一点都代表了这一单个议题谈判的可能解决方案。然而，对于有多个议题的谈判而言，谈判各方则是通过价值创造来找到使双方都满意的解决方案。究竟选择价值声明战略还是价值创造战略，这一问题被称为“谈判者的两难困境”（Lax and Sebenius，1986）。单一议题以及与谈判对手没有长期合作关系的谈判，最好选用价值声明战略；多个议题以及与谈判对手有重要的长期合作关系的谈判，则最好选用价值创造战略。

尽管谈判议题的数量会影响谈判战略的选择，但是这并不排除单一议题的谈判选择整合式战略或多个议题的谈判选择分配式战略的可能性。通常单一议题的谈判可以通过增加议题数量的方式改为整合式谈判。例如，在房屋买卖的案例中，买卖双方可能开始都认为价格是唯一的问题，但是他们很快就会认识到其他问题同样重要，如购买房屋的贷款、成交日期或者入住日期等。他们可能还会发现有其他问题，如是否包含家用电器、损坏栅栏的修理、剩余的水电燃气的费用补偿等。在房屋买卖的过程中，买方的律师、银行或者房地产经纪人可能列出许多需要考虑的问题，如缴税、第三方托管或者卖方必须将房屋彻底打扫干净的书面保证等。请注意，列出一份详细的议题清单非常容易。在任何谈判中，最好从以下方面出发来提出完整的重要议题清单：

（1）对可能需要解决的问题进行分析。

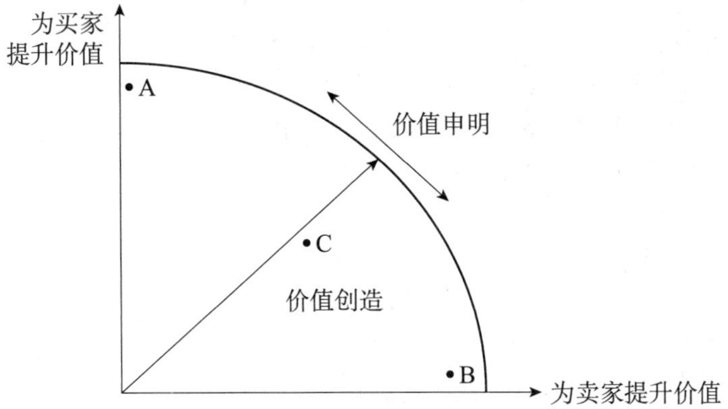

图 4-4　谈判议题如何影响分配式战略和整合式战略的选择

资料来源：Lax，David，and Sebenius，James，Manager as Negotiator. New York，NY：Simon & Schuster，1986；Watkins，Michael，*Breakthrough Business Negotiation*：*A Toolbox for Managers*. New York，NY：John Wiley & Sons，Inc.，2002.

（2）以往类似的谈判经验。

（3）针对收集信息进行的研究（如了解该房产的社区环境、检查房屋状况，或阅读有关如何购买房屋的文章等）。

（4）咨询相关领域的专家（房地产经纪人、银行信贷员、律师、会计师或者最近购买过房屋的朋友等）。

即便是在涉及多个议题的谈判中，在相互信任和信息沟通降低到最低程度，以及谈判者以竞争方式对待每一个议题的竞争态势下，价值创造的机会也会丧失。我们将在下一节中进一步讨论这个问题。

在对清单进行思考之前，必须保持谨慎的态度。需要注意的是，我们在这里引用了一个简单而典型的例子——购买房产，然而，现实中很多谈判都与这个案例截然不同，因为谈判的议题不一定是这种传统的谈判协议或合同。除此之外，很多谈判也并不是针对像购房价格这样的可量化议题。在这种情况下，如何定义这些关键议题，可能是更复杂和难以驾驭的。例如，一名销售经理感觉到他的上司认为他的业绩没有达到标准，然而，每当这位销售经理想找上司讨论绩效考核时，上司却不愿意（这当然更增加了销售经理的焦虑感）。尽管这一情境中的冲突是显而易见的，谈判议题却难以描述。该销售经理面临的核心问题是业绩考核以及上司为什么拒绝讨论。也许上司正在心事重重地考虑自己的工作报酬，而根本没有意识到这种态度会对销售经理产生怎样的影响。在类似的情况下，谈判议题很重要但不太容易描述，销售经理需要清楚谈判议题是什么（本案例中的议题是，获得明确的业绩考核以及让上司能对此事进行沟通）以及如何开展有成效的讨论。

3. 整合问题和确定谈判组合

制定谈判计划的第三步是将已经明确的各种问题整合成一份详细的清单。谈判双方的问题清单综合在一起就确定了谈判组合（参见第 2 章）。在收集问题的过程中，谈判者可能立刻就会感到需要谈的问题太多或者出现的问题太多。如果双方没有经常性地进行沟通或者需要谈的问题很多，就会出现这种情况。但是，正如我们在第一步中所指出的，只要所提出的都是实实在在的问题，那么谈判中涉及的问题常常都会提高而不是降低谈判成功的可能性。庞大的谈判组合为解决问题创造了更多的条件和协商的可能，因此也提高了通过一揽子解决方案满足双方需要的可能性，从而使问题得到圆满的解决。同时，庞大的谈判组合也可以延长谈判过程，因为需要考虑的问题很多，综合和评估各种组合使确定拖延谈判的价值变得非常复杂。

将所有问题整合之后，谈判者接下来必须按照问题的重要性确定解决问题的优先次序，其过程分为三个步骤。

（1）确定哪些问题是最重要的，哪些问题是次重要的。谈判一旦开始，谈判者很可能被扑面而来的各种信息弄得不知所措，诸如此类的信息有论据、报价、还价、折中以及让步等。对于那些事先并不清楚自己想做什么、不想做什么的谈判者而言，很容易变得不知所措和接受并非最理想的解决方案，或者纠缠于相对次要的问题而被对方牵着鼻子走。如果谈判者不知道问题的主次，他们就很可能会在对方强烈要求的问题上做出让步，而不是根据自己的优先事项做出让步。

确定问题优先级的方法很多。对于谈判者而言，一种简单的方法是通过询问“最重要的是什么”“次重要的是什么”“最不重要的是什么”来对问题进行排序。还有一种更简单的方法是根据问题的重要性将问题划分为高、中、低三类。如果谈判者代表某一群体，那么让这个群体来参与确定问题优先级的过程是非常重要的。确定问题的优先级既是为了实现双方的利益，也是为了解决更具体的问题。还有一种更精确的确定问题优先级的方法，那就是以 100 分为总分，按照每个问题的相对重要性来计算每个问题的得分。如果谈判者确信每个问题的相对权重是正确的，进行折中和将可能的解决方案组合在一起形成一揽子解决方案就会更加有条理（参见 Simons and Tripp，1997，有一则案例）。

既要确定有形问题的优先级，也要确定无形问题的优先级（可能的话，还要打分量化），这一点也非常重要。虽然无形问题常常难以讨论和排序，但是如果对这些问题重要性的认识还停留于主观层面并且没有量化，那么谈判者要么是过于重视这些问题，要么是不够重视。

最后，谈判者还可能希望确定谈判组合中每个问题的谈判空间，因此不仅要确定“最可能接受”和“最不可能接受”的一揽子解决方案，还要针对谈判组合中的每一个问题确定其目标和可接受的最低报价。

（2）确定这些问题是相互联系的还是独立的。如果这些问题是相互独立的，添加或者减少一些问题就很容易。如果是相互联系的，一个问题的解决将会涉及另一个问题的解决，而且在一个问题上做出的让步势必会影响到其他的问题。谈判者必须明确有些问题确实是相互联系的，例如，购买房屋的金额要考虑银行的贷款，而不是仅仅考虑达成理想的谈判结果。

（3）使用“胡萝卜”和“大棒”，创造激励机制，激励对方去处理你的高优先级问题，使对方远离你不太喜欢的替代方案。

4. 明确利益

问题确定下来后，谈判者就必须确定潜在的利益和需要。正如我们在第 2 章和第 3 章中广泛讨论的一样，立场，也就是初始报价或者目标点，是谈判者希望达到的目标。

利益是谈判者希望实现这个目标的原因。将购买一套公寓的价格目标点定在 200 000 美元就是一个立场，也就是谈判者希望支付的价格，其利益是“为购买这套两居室公寓支付的价格是公平的市场价格，也是自己能够负担得起的价格”。虽然明确的利益对于合作型谈判比竞争型谈判更重要，但是如果谈判单方或者双方清楚自己的关键利益，即便是竞争型谈判也会从中受益。如果提出的问题有助于我们明确需要，那么要想明确利益，就要想一想为什么我们需要。提出“为什么”的问题通常使谈判者在谈判中所希望实现的主要价值、需要或者原则变得清晰起来（Ury，1991）（参见第 7 章）。利益可能是以下几种：

- 实质性的，即直接与所谈的焦点问题相关。
- 过程性的，即与谈判者在谈判中的表现相关。
- 关系性的，即与谈判双方目前的关系或者希望将来能够建立的关系有关。

利益也可能建立在谈判中的无形因素之上，其中包括谈判双方希望坚持的原则和标准、谈判依据的非正式规范，以及用于指导双方达成解决方案、实现公平合理交易或者快速完成谈判的基准等。

沃林汉（Wallihan，2003）列举了几个很好的例子说明为什么找到利益点对了解对方的立场是必要的。在一个例子中，工会与管理层进行谈判，工会提出的工资数低于管理层愿意支付的数额，工会之所以压低谈判中的工资，是为了不让管理层转而去雇用工会之外的员工。在另一个例子中，买方让承建商报出一个较高的价格，这样承建商就有动力保证质量、按期完工。买方要求出更高的价格，或者工会要求更低的工资，从“立场”的角度来看可能是不理智的，但从利益的角度来看这样的要求就很合理了。

5. 明确替代方案（最佳替代方案（BATNA））

如果一方拒绝接受议程上的一些拟议项目或国家问题，以致这些项目无法接受，将会发生什么情况？你需要明确两点：如果无法成功地完成这桩交易，你可以选择替代方案；你要承担一定的限额——你同意签署的最小可接受的报价。

其他替代方案（最佳替代方案）是谈判代表仍然可以达到和满足他们的需求的其他协议。选择分配式谈判或整合式谈判是非常重要的，因为它们界定了当前结果是否最佳（相比于替代方案）。在任何情况下，选择越好权力越大，因为你即使放弃当前的交易，你的需要和利益仍可以满足（参见第 2 章、第 3 章和第 8 章）。在购房的例子中，买家对房地产市场进行研究，了解类似的房子，她知道即使放弃这个交易，仍有可接受的住房选择。

6. 知道自己的底线，包括抵抗点

抵抗点是你决定停止谈判而不是继续谈判的点，任何超过这一点的和解都是不能接受的（请参阅第 2 章）。

设置抵抗点是规划的一个关键部分。大多数人都有过这样的经历：我们想要的东西没有了，但我们被说服买了一个更贵的型号的产品。此外，一些竞争环境会产生巨大的压力，迫使你不得不支付更高的价格。例如，在拍卖中，如果与另一个人发生竞价战，一个人可能会比拍卖前计划的支付更多。类似地，赌徒可能会遇到连续输钱的情况，最终输掉的钱比他们计划的要多，因为他们没有设置抵抗点。明确的抵抗点有助于阻止人

们同意他们后来意识到不太明智的交易。

7. 分析对方情况

在前面的内容中，我们讨论了明确谈判目标和问题优先顺序的重要性。在谈判准备的过程中，收集对方信息是至关重要的一步。掌握对方的议题、偏好、优先事项、利益、备选方案以及存在的困难几乎和明确己方的上述问题同样重要。如果谈判者没有机会与对方人员见面，就应该设法从对方的角度出发来审视谈判或者收集信息，以了解和掌握对方的议题、利益和优先事项。谈判者可以在正式谈判开始之前，就给对方打电话与之进行交谈，或者尝试从对方的立场出发来预测对方的需要。谈判者还可以与了解对方的人或者曾与对方进行过谈判的人交谈，这样做是为了了解对方如何解决问题以及他们可能的需要。将由此得到的评估结果与己方的相关情况进行对比分析，谈判者就可以确定在哪些问题上双方可能出现激烈冲突（双方需要优先解决的是同一个问题），哪些问题可以通过折中解决（双方都要解决同样的问题，但是解决这些问题的优先顺序不同），或者哪些问题的解决完全没有冲突（双方需要解决的问题不同，而且都很容易达到目的和满足自己的利益要求）。

一方需要掌握对方哪些方面的信息才能有效地做好谈判准备呢？一些关键的背景信息非常重要，包括以下几方面：

- 广泛的、总体的目标。
- 议题和谈判组合。
- 利益和需要。
- 底线和备选方案。

从理论上讲，在开始谈判之前，尽可能多地掌握对方这些方面的信息极为有用。但是在现实中，要在开始谈判前全面掌握对方信息几乎是不可能的。谈判者应该做好在谈判开始阶段尽量收集这些方面信息的准备。

对方的目标

正如我们前面提到的，了解你自己的目标是计划谈判的第一步。同样，你应该努力去理解或预测对方的目标。让对方讨论他的目标（无论是在谈判桌上还是谈判前），以及在谈判前收集对方的信息，是理解对方目标的两种常见方式。最重要的是，你应该试着去理解对方是否和你有相同的目标。我们通常认为对方的目标和我们的目标是一样的，因此，我们会在谁将实现这个目标的问题上针锋相对。发现对方可能有不同的目标可能是第一步，也是最重要的一步，以确定不同的目标能否兼容，你可以提出一个解决方案来实现你的目标。

对方的议题和谈判组合

收集到有关对方的信息越多越好。哪些信息是最重要的？这取决于谈判的议题以及谈判组合中可能包含的要素。对对方的经营史或者以前的谈判（无论是成功的谈判还是失败的谈判）进行分析可能会得到一些有益的启发。谈判者既可以通过诸如互联网、财务报表、企业记录、股票报告、采访以及公开的法律判决文书等获得对方的财务信息，还可以调查对方的库存情况。有时谈判者通过拜访对方，或者与对方的朋友或同事交谈就可以掌握大量的情况。还有一种了解情况的方式是询问曾经与对方打过交道的人。对于对方能在多大程度上解决和满足自己的问题和需要，以及他们会在谈判桌上提出哪些问题等信息，谈判者掌握得越多，就能更好地预测谈判将会如何展开。

对方的利益和需要

除了要掌握对方的主要议题和资源方面的情况外，谈判者还需要掌握对方目前的利益和需要方面的情况（参见第 3 章）。这些情况可以通过多种渠道获得：

- 预先与对方会晤，针对对方在即将到来的谈判中希望取得的成果进行广泛的讨论（重点是广泛的利益，而不仅仅是谈判议题）。
- 预测对方的利益（就如同你处在对方的位置上）。
- 向了解对方或者向曾经与对方谈判过的人询问。
- 看看对方在媒体上如何介绍自己。

这些议题或利益的重要性以及与对方过去的关系，将会影响一方掌握另一方情况的深度。尽管获取信息需要付出一定的时间和精力，但结果肯定是收益大于投入，因为有价值的信息常常是通过一个电话或者一次拜访就能够得到的。

对方的底线和备选方案

我们还需要掌握对方的底线和备选方案。他们能够谈到什么程度？他们能够给我们做出的最大让步是什么？如果谈判不成功他们会怎么办？了解对方的底线以及备选方案很重要，因为这能够提供给我们一些情况，让我们知道应该给他们施加多大压力。他们的备选方案如何？如果对方的备选方案很有效也很可行，那么他们就会对谈判充满信心，将目标定得很高，而且会全力以赴地争取实现这些目标；相反，如果对方的备选方案不佳，那么他们就会更依赖于和你达成满意的协议，不太可能会显得强硬。

切记，在分配式谈判中，对方透露这些信息的可能性不大，而且可能故意提供一些关于他们的底线和备选方案的虚假信息，以迫使你与他们达成对他们更有利的交易。在整合式谈判中，双方应该更加开诚布公，向对方提供更准确的有关自己的底线和备选方案的信息。

专栏 4.3

整合式谈判

许多谈判者未能实现他们的目标，因为他们太专注于推销自己的协议，而花在理解对方目标和优先事项上的时间太少。

研究者迪帕克·马尔霍特拉（Deepak Malhotra）和哈佛商学院的巴泽曼（Max Bazerman）认为，谈判人员应该花更多的时间向对方提出问题，以发现对方的利益，探究对方可能拒绝提议的原因，使实现双赢解决方案的可能性变大。马尔霍特拉和巴泽曼概述了这种调查性谈判方法的五个主要原则。

- 问对方为什么想要合作（整合式谈判），谈判者需要抛开立场来理解利益。问对方“为什么”是达到目的的主要方法。
- 设法减小对方的约束。帮助对方解决问题，他的底线可能会使他更容易同意你的建议。
- 倾听对方“不合理”的要求，把它们当作了解对方利益的机会。如果你能理解这些要求背后的原因和利益，你就能够发现解决这些问题的方法，同时仍能实现自己的目标和利益。

● 寻找与对方的共同点。了解对方！虽然你可能强烈反对对方谈判的关键问题，但你们可能在其他问题上有很多共同点。建立关系，让你更好地理解对方；建立信任，更能够就共同关心的问题达成协议。

● 即使交易失败了，也要继续调查。你可能会学到一些东西，让你可以重组交易，或者在未来达成更好的交易。

资料来源：Malhotra, Deepak K. and Bazerman, Max H., "Investigative Negotiation," *Harvard Business Review*, vol. 89, no. 7, September 2007, 72-76, 78, 148.

---

8. 确定目标点和初始报价

明确了问题、拟定了初步的谈判议程以及向他人进行了适当和必要的咨询后，谈判者接下来就要确定另外两个关键点：一个是目标点，也就是实际希望达成的解决方案；另一个是初始报价，也就是希望达成的最理想的交易。

确定目标点

确定目标点的方法有很多。谈判者可以问问自己“最令我满意的结果是什么”“令我比较满意的结果是什么”“其他人在同样的情况下取得的结果是什么”。目标点不像底线和替代方案那样不能变，谈判者可以将目标点确定为一个大概的范围或者由可接受的一些结果构成的一类目标。确定目标点需要谨记几个原则。

(1) 目标点应当具体、有挑战性且能够实现和验证。我们可以参考有关学者将目标设定作为一种谈判动机，并把结果管理作为一种谈判工具的研究，我们可以从这些研究中学到很多关于如何设立目标点的知识（比如，Locke and Latham, 1984）。首先，目标点必须是具体的。如在工资谈判中，谈判者应当设立一个具体的目标值（比如7.5万美元）而非笼统的目标（比如，年薪高于6万美元）。其次，目标点应当有挑战性但又是可行的。目标点应当优于现有情况，但不应当很难实现。最后，目标点应当很容易判断是否已经达成。如果谈判者设定了一个可以量化的目标点，如报酬数额或者工资数额，那么这就不是一个问题。对于目标点设定比较发散的谈判者而言，这就比较困难（例如，“得到能够体现自身价值的体面的工资”，“体面”和“自身价值”是非常主观的目标，谈判者以及其他人很难判断该目标点是否真的达到了）。

(2) 设定目标点需要对自己的目的做认真的思考。在谈判过程中，谈判者常常会努力地去了解对方，如对方将会如何进行谈判、将会提出哪些要求以及如何与对方打交道等。很有可能在对方身上投入了太多的精力，也就是说花费了太多的时间去猜测对方的要求以及如何满足这些要求。如果谈判者将精力主要集中于对方而忘记了自己，就可能在如何应对对方可能采取的行动的基础上来制定整个谈判计划。回应战略很可能使谈判者感受到了威胁而加强戒备，使谈判计划失去灵活性和创造性。相反，明确了哪些是符合实际的目标点、哪些是乐观的目标点以及哪些是悲观的目标点，谈判者就可以以积极主动的姿态掌握可能的谈判结果，在接受对方提议方面更加灵活，从而取得双方满意的谈判结果。

(3) 设定目标点常常需要考虑如何整体地解决某些问题和实现某些目标。大多数谈判常常是多个谈判目的交织在一起，因此谈判者必须想出一种最佳方式，使之能够在面对各种问题的情况下取得满意的结果。为了能够有效地一揽子解决问题，谈判者必须理解谈判议题、谈判议题的优先顺序以及谈判组合。对单个问题解决方案的评估方式同样适用于对一揽子解决问题方案的评估，也可以明确一揽子方案中哪些是“初始报价”，哪些是“目标点”。当涉及无形问题或者难以明确目标点的问题时，就很难明确地对一揽子解决方案进行评估和比较。

（4）设定目标点需要折中和舍弃。达成一揽子解决方案的谈判引出了另一个问题：如果对方将A，B，C作为一揽子解决方案的主要议题，对议题D只是一带而过，而在另一套方案中则根本没有提及D，但议题D恰恰是你能够轻易让步给对方的部分。如果你能够在议题D上对对方做出让步，对方是否会乐意在议题A，B，C上做出让步呢？谈判者可能会放弃某些对他来说没有价值的问题以促使达成协议。尽管这个问题对你而言不重要或者无足轻重，但是对对方而言可能会很有价值或很有吸引力。意识到一揽子解决方案中这种让步的实际价值或者可能价值，谈判者就可以在自己几乎或者完全不付出任何代价的情况下，极大地增加本方报价的价值。我们仍以房屋买卖为例，卖方可能还有当地停车场的车位或社区娱乐设施8个月的使用权，由于卖方为这个车位支付的费用是不可退的，卖方一旦离开此地，这些使用权将毫无价值，但是买方可能认为这很有价值。

为了评估一揽子解决方案，谈判者必须对每一个问题在谈判组合中与其他问题相比较的价值有所了解，必须设法进行折中或者平衡。正如我们前面所提到的，最好是能够找到一个通用的尺度，比如美元价值或者效用量化标准，来对谈判组合中的问题进行比较，或者对各种无形的问题进行比较，这样谈判者就能够以通用的尺度去评估谈判组合中的每一个问题。即使这个尺度不够完美，但是有总比没有强。假如谈判组合中主要是无形问题的话，谈判者必须清楚何时可以放弃在无形问题上的立场，以换取在有形问题上的实质收益。

确定初始报价

类似地，有许多方法可以设置初始报价。初始报价可能是最好的结果。然而，人们很容易过于自信，设置一个非常不现实的初始报价，以至于对方会立即大笑、生气或在回应前离开。尽管初始报价通常是可能的解决方案，但也很容易弄巧成拙，比如，它们在其他谈判者或持更现实观点的观察人士眼中太不现实。有关设置初始报价的一些有用建议，请参见专栏4.4。

专栏4.4

初始报价高还是低？

谈判人员面临的主要问题之一是，初始报价应该“高”（提出更极端的报价）还是“低”（提出更温和的报价）？研究表明，你认为自己是在谈判中还是在拍卖中，对这个问题的答案会有显著的不同。

在谈判中，有固定数量的参与者（两方）；当有人提出一个报价时，对方会以一个还盘来回应，这种互让往往会导致双方达成协议。在这种情况下，高起点的报价往往会导致更高的谈判结果（因为报价和还价决定了谈判的范围，双方会向这个范围的中间移动）。相反，在拍卖中参与者的数量是未知的。在这种情况下，较低的起拍价可以吸引其他参与者参与拍卖，而这些人可能对此并不感兴趣。当这些参与者中的一个或多个进入拍卖时，他们创造出激励机制，吸引其他各方参与竞拍，一些参与者会推动价格上涨，因此，在拍卖中较低的起拍价往往会导致较高的最终结果。

正如研究人员所指出的，造成这些差异的主要原因是所谓的“锚定效应”——当一个初始数值（在谈判、拍卖或估计中）影响随后数值的引入和判断时，会产生强大的心理效应。第 6 章将更全面地探讨锚定效应的强大作用。

资料来源：Galinsky，Adam D.，Ku，Gillian，and Mussweiler，Thomas，“To Start Low or to Start High? The Case of Auctions Versus Negotiations，” *Current Directions in Psychological Science*，vol. 18，no. 6，December 1，2009，357 - 361.

---

9. 分析谈判的委托人和社会环境

当人们为自己谈判时，如购买二手自行车或者健身器械，通常可以自行决定谈判组合，但是当人们在工作环境中进行谈判时，就可能有多个谈判方。首先，参加谈判的人员可能有两个以上。多方谈判常常是立场一致的谈判者联合起来进行谈判，目的是在谈判中取胜（参见 Wheeler，2004，以及本书第 12 章中关于联盟的讨论）。其次，谈判者还有委托人——老板、有最终决定权的上司，或者对解决方案进行评估的其他方等。再者，可能还有有权审视谈判过程并进行评论的观察者。当一个谈判者背后有委托人或者观察者时，会带来其他问题，如谁来实施谈判、谁可以参加谈判以及谁对达成的谈判协议有最终批准权等，这些问题我们将在第 11 章中进行讨论。最后，谈判是在一定的规则下进行的，如社会的法律体系、风俗习惯、通用商业惯例、文化习俗以及政治压力等。

评估谈判中各主要参与方的一种方法是进行“现场分析”。设想你是一个足球队队长，正要上场进行比赛，分析谈判的人员构成和分析足球场上的球员一样（参见图 4 - 5）。

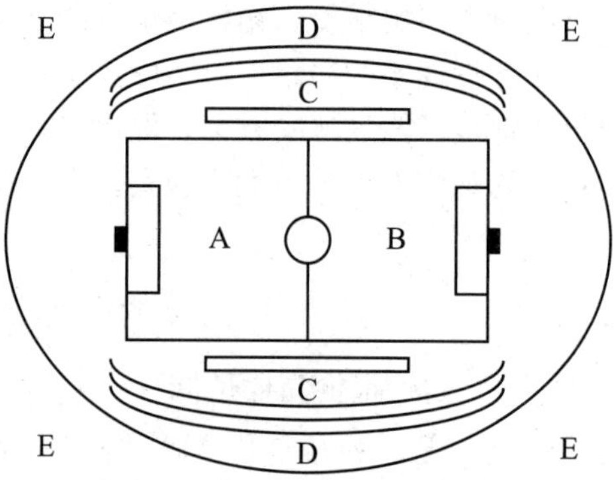

图 4 - 5　谈判的现场分析

A. 直接角色（我方谁在场上？）
B. 反方角色（对方谁在场上？）
C. 间接角色（谁在边线上？）
D. 感兴趣的旁观者（谁在看台上？）
E. 环境因素（比赛的大环境发生了什么事情影响或者决定了赛场情况，比如体育场外有何事情发生？）

（1）我方谁在场上？也许只有一个谈判者（一对一谈判），但是需要其他人给予帮助，如律师、会计或者其他专家，需要有人给予指导，给予精神支持，或者需要一个记录员等。

（2）对方谁在场上？这个问题将在下一节详细讨论。

（3）谁在边线上并且可以影响比赛的进行？谁相当于谈判中的主人、管理者和战略家？这包括谈判者的直接上司或者批准达成协议的人。最重要的是，这些人直接影响着谈判各方如何确定哪些条款是可接受的，哪些是不可接受的。

（4）谁在看台上，谁在观看比赛，谁对比赛感兴趣？他们只对比赛有间接的影响。这可能包括高级管理人员、股东、竞争对手、财务分析人员、媒体或者其他人员等。当有多方参与谈判时，无论他们是积极参与谈判的边线人员，还是可能受谈判结果影响的感兴趣各方，谈判将变得更加复杂。我们将在第 11 章、第 12 章和第 13 章讨论这些复杂因素。

（5）谈判发生在什么样的大环境之下？有许多环境问题可能影响谈判：

● 与对方的关系在历史上如何？它对谈判各方的总体期望值有何影响（参见第 10 章）？

● 希望将来与对方的关系是什么样的？这些期望对当前的谈判有何影响（参见第 10 章）？

● 我们希望和对方展开多少轮谈判，也就是说，要谈多少个回合？多回合谈判会带来先例管理、对日后谈判日程进行规划以及确保目前的协议能够得到签署和监督等问题（Wheeler，2004）。

● 谈判的时间期限是怎样的？以体育比赛作比喻，比赛的时间是有限的，而且划分成不同的阶段。那么，本谈判也有类似的时间限制吗？

● 管理协议的“游戏规则”是什么？有约束和执行合同时的固定规则吗？在交易发生的法律体系中，通行的和可接受的做法是什么？为了弥补规则本身的不足使之能够解决具体的问题，可以就规则本身展开协商吗？谈判一方会单方面地强加一些规则吗？另一方怎么办？谈判是在跨文化间进行的吗？需要遵循的文化规则和做法是怎样的（见第 16 章）？最后，有没有确定的谈判地点，如公共场所、私人办公室、律师办公室或者法院等，以及有没有现成的仲裁机制来指导我们在无法取得一致时解决争端？当谈判中出现违反规定的情况时，是否有裁判或第三方来主持谈判并进行干预（参见第 19 章）（Watkins，2002）？

● 在有关交易的法律体系中，通行的和可接受的做法是什么（参见第 5 章）？我们如何确定一方是否有欺骗行为？对于什么是公平的、什么是不公平的有没有明确的判断标准？

思考上述问题对于推进谈判进程十分重要。代表他人（公司、工会、部门、社团、家庭等）进行谈判的谈判者必须与这些人进行商议，才能将他们关注的和认为重大的事项囊括在谈判组合中。在前面讲到的购房案例中，假设夫妻中只有一人参加谈判，另一人不能参加，如果参加谈判的人不知道其配偶对于房子状况感到担忧，或者孩子们不希望马上搬家，那么谈判方案最终可能会受到这些相关人员的反对。代表其他成员进行谈判的人必须对委托人负责，并且必须将他们的要求包含在谈判方案中——结果是要么在谈判中为他们实现这些要求，要么能够解释为什么没有实现。如果谈判者是代表一个大的团体（如整个公司、工会或者社区）进行谈判，那么与委托人之间的商议过程将是十分复杂而详尽的。谈判者可能会意识到委托人的要求是不现实的和不可实现的，这就要求谈判者与委托人协商谈判议题中应该包括什么，哪些要求是现实的。谈判者有权达成协议还是必须获得委托人的同意？通过限制谈判者的自主决定权，委托人对谈判者施加控制。对这些限制的了解有助于谈判者与委托人保持一致（我们将在第 11 章中详细讨论这一内容）。

10. 分析对方情况：实质和过程

一旦你彻底地完成了前面的计划步骤，最后一步就是考虑计划的执行情况。这里有两个主要部分需要考虑：你将如何呈现和框定问题和利益，以及你应该如何构建呈现此信息的流程。

提出和构建问题

首先，考虑一下你将如何向对方陈述你的观点。你需要考虑如何为你的观点提供充足的支持事实和论据，并能够预测和反驳对方的论点。

由于谈判可以包括的问题的广度和多样性，不可能具体规定可以用来收集资料的所有程序，但是可以使用一些良好的一般性指南。谈判者可以问以下问题：

（1）哪些事实依据支持我的观点？我怎样证实或者证明这些依据是符合事实的？

（2）为了帮助我理清事实，我可以与谁沟通或向谁咨询？现有哪些档案记录、档案文件或者数据源支持我的论点？我能否请专家加入谈判支持我的论点？

（3）以前是否有其他人在同样的情况下就这些议题展开过谈判？我可以咨询这些谈判者，看看他们采用的主要论点是什么以及哪些论点有效、哪些论点无效吗？

（4）对方可能的观点是什么？对方的利益是什么？对方可能提出的论点是什么？我如何针对这些论点做出回应以及如何寻求能够进一步满足双方利益的更新颖的立场？

（5）如何组织和提出事实依据才能最具说服力？哪些视觉辅助工具，如图片、图表以及专家证言等，有助于或者能够使问题表述得最清晰？

在第 7 章和第 8 章中我们针对如何利用谈判力以及如何进行信息陈述才能取得最大效能为谈判者提出了许多建议。

计划展示信息的过程和结构

马尔霍特拉（2015）认为，关注谈判的准备工作与谈判开始后发生的事情同样重要。这些准备工作可以在一个人坐到谈判桌前或在正式谈判开始前与另一方进行对话时进行。在谈判议程或者过程方面，谈判者需要考虑的问题很多。

● 我们应该遵守的谈判议程是什么？我们在第 7 步中曾简单地提到过这个问题。谈判者应当在初次会面之前单方面提出一份谈判议题清单。实际上，起草谈判议题清单的过程是非常重要的，因为它迫使谈判者通盘考虑自己的立场和要达到的目标。单方面的谈判议题清单构成了初步的谈判议程，它代表谈判者希望讨论的议题以及讨论这些议题的优先顺序（如，首先谈最重要或者最不重要的议题）。彭德格斯特（Pendergast，1990）提出，在制定谈判议程时，应当主要考虑 5 个方面。

（1）范围：应该考虑哪些议题？

（2）顺序：解决这些议题的顺序是怎样的？

（3）框架：应当如何提出这些议题（参见第 6、7 章）？

（4）议题：应该逐一解决议题，还是分组或打包解决？

（5）方式：我们是应该首先努力达成基本原则，还是应当立刻解决每一个问题？

虽然谈判者可以提出单方面的谈判议程，但是这样做存在潜在的风险。如果谈判者的议题清单与预先确定的谈判议程或者对方希望的议题清单不一致，那么谈判者可能会在谈判中提出一些对方毫无准备的或者对方认为根本无法实现的谈判议题。当谈判对方提出一个己方完全没有任何准备的议题时，没有哪个谈判者喜欢这种惊喜，或者说是尴尬。在这种情况下，有经验的谈判者往往会请求休会，以便能有时间为这个新的议题搜寻信息、做好准备，但这样会使谈判时间延长。由于没有充分的准备，谈判者甚至有可能拒绝将新议题加入谈判议程。如果谈判者只是代理人，那么他可能不想重新考虑之前的决定，或者不愿意再花费时间考虑新议题了。因此，许多职业谈判者，如劳资谈判代表或者外交人员，常常是事先沟通或者协商谈判议程，他们希望在实质性地讨论议题之前就对在谈判议程中要讨论哪些议题取得一致意见。

● 我们应该在哪里谈判？在比较熟悉的环境中谈判，如在自己办公室所在的大厦或者城市，谈判者会感到游刃有余，因为他们熟悉环境，会感到更舒适和放松，可以直接利用一切便利条件，如秘书、研究资料、专家建议、计算机等。在跨文化谈判中（参见第 16 章），语言和文化差异会有一定的影响，而且谈判方可能不得不长途跋涉跨越多个时区，暂住在陌生的地方，吃不习惯的食物，还要解决其他类似的问题。如果谈判者想最大限度地减少这种主场优势，就必须选择一个双方都没有优势的中立地点。此外，谈判者还可以对环境的正式程度进行选择。正式的谈判一般在会议室或者酒店会议室举行，非正式的谈判可以在餐厅、鸡尾酒会或者非开放的机场贵宾休息厅里举行。

● 我们该怎么开始呢？研究表明，谈判者在头五分钟内定下的基调会对谈判的进展产生重大影响。谈判双方说话时更有效率，表明双方正在积极寻求都能接受的结果（Curhan and Penfield，2007）。

● 谈判时间多长？如果谈判者想要谈判过程长一些或者想拖延谈判，他们也许想就谈判时间进行磋商。我们何时开始谈判？面谈的时间是多长？何时必须结束谈判？何时要求暂停谈判休息一下或者和团队商量一下？

● 如果谈判失败怎么办？如果谈判陷入僵局会出现什么情况？我们能否重新开始？我们寻求中立的第三方帮助吗（参见第 19 章）？我们可以尝试一些其他的方法吗？（参见第 17 章和第 18 章我们对使谈判重新回到原来轨道上给出的建议。）

● 如何记录已达成一致意见的内容？许多谈判者没有认识到准确地记录讨论过并且已达成一致的内容的重要性。记录员的工作被认为是单调乏味、令人厌倦的，但是有经验的谈判者知道这项工作至关重要。首先，擅长做好记录的人常常成为会谈的“备忘录”，因为以后要参考他的记录来确定提出了哪些意见和讨论了哪些问题。其次，擅长做好记录的人还可能自愿起草草签协议。这个人在一定程度上可以自由确定协议的措辞、协议的重点或者非重点。最后，如果协议的技术性非常强或者非常复杂，谈判者肯定希望由专家和专业人员对协议进行审查，如律师、财务分析人员、会计师等。

在新型谈判关系中，有关程序问题的讨论应该在提出主要的实质性问题之前完成。可以将解决程序问题的难易程度看作谈判在实质问题上如何展开的问路石。如果谈判者在解决程序问题上很顺利，那么谈判在实质问题上就比较容易达成一致。

● 如何才能知道达成的协议是一个理想的协议？一旦谈判结束，有没有一套现成的程序能够对达成的协议进行系统的评估？一是要将达成的协议与最初的计划进行对比；二是要看面对的对手以及在结构和程序上受到各种制约的情况下谈判者是不是尽了最大的努力。

专栏 4.5

重启谈判

谈判顾问杰斯沃德·萨拉丘斯（Jeswald Salacuse）提出，重启谈判的原因通常有两种：协议最初的设计不完美，或者协议所处的周边环境发生了变化。萨拉丘斯提出以下两组建议：谈判失败之前如何应对，谈判失败之后如何应对。

谈判失败之前：

1. 与另一方建立关系，万一谈判破裂，可以利用这种关系。
2. 花一些时间去建立关系。
3. 如果谈判失败，提供重启谈判的机制。
4. 如果谈判面临失败，考虑引入第三方（参见第 19 章）。

谈判失败以后：

1. 避免消极应对和愤怒。
2. 分析重新谈判是否值得，是否会彻底摧毁双方关系。
3. 通过重新谈判创造新的价值。
4. 充分评估谈判失败的成本。
5. 引入所有关键方。
6. 为重新谈判设计合理的环境和流程。
7. 考虑如何引入协调者或第三方的帮助。

资料来源：Summarized from Salacuse, Jeswald W.,"Redoing the Deal," *Negotiation Newsletter*, vol. 8, no. 8, 2005.

本章小结

制定谈判计划是谈判中一项至关重要的活动，但是正如我们在本章一开始所指出的，谈判者常常出于各种原因没有这样做。制定有效的谈判计划使谈判者能够设计一整套行动方针以指导他们达成协议。虽然随着谈判的进行以及谈判环境的变化，谈判计划常常需要修改或者修正，但是有计划的谈判的有效性远高于没有计划的谈判。

本章首先引入谈判战略的基本概念，接着回到前面章节所讲的双重关注模型，介绍了谈判战略选择模型。在对模型进行描述之后，我们讨论了设定清晰谈判目标的重要性。精心准备计划的谈判者要在以下方面做出努力：

1. 确定谈判的最终目标。
2. 明确实现目标必须解决的关键问题。
3. 把所有的问题放在一起，按优先顺序排列，然后确定谈判组合。
4. 理解并明确问题背后所涉及的关键利益。

5. 确定底线——谈判者离开或停止谈判的点（抵抗点）。

6. 明确替代方案（BATNA）——如果这个协议无法达成，谈判者可以做的其他交易。

7. 了解对方的目标、问题和抵抗点。

8. 确定谈判者自己的目标点（对问题的具体目标）和初始报价。

9. 评估谈判的委托人和谈判发生的社会背景——谁在谈判桌上，谁的利益得到了代表，谁可能是“谈判的观众和评论员”。

10. 计划谈判者向他人展示和推销自己想法的过程，以及计划谈判发展的过程和协议议程，是在谈判桌上还是观察谈判，谈判将在何时何地发生，等等。

当谈判者能够考虑和评估每一个因素时，他们就会知道自己想要什么，并对如何进行有一个明确的方向感。这种方向感以及由此产生的信心是改善谈判结果的必不可少的组成部分。

关键术语

战略（strategy）：为了达成谈判目的，谈判者的整体计划以及一系列行动。

战术（tactics）：战术是短期的、可调整的措施，其目的是制定或追求更广泛和更高层次的战略而采取的短期、适应性的举措。

替代方案（alternatives）：谈判者能够达成的并且能够满足需要的其他协议。

调和（accommodation）：一种最终分出胜负的战略，其结果是“我输你赢”，适用于谈判者希望让对方获胜、保持与对方的关系，或者不想因为执着于达成实质性目标而与对方闹僵的情形。

N E G O T I A T I O N

第5章

谈判中的道德伦理

学习目标

» 了解谈判中是否存在共同遵守的道德伦理标准。

» 分析道德伦理影响谈判过程的几种因素。

» 思考各种与道德伦理相关的技巧，探讨这些技巧如何被认知。

» 理解人们如何接受介于道德伦理边界的谈判技巧，以及如何洞察别人使用欺骗手段。

在本章中我们将探讨谈判过程中的行为是否存在或应该存在道德标准。近些年来，这一领域已经引起学者越来越多的关注。我们认为每场谈判都会遇到行为道德这类关键性问题。有效的谈判意味着谈判者必须意识到何时应考虑道德问题，以及在处理该类问题时应当考虑哪些因素。我们要说明的是，对所有的谈判者或者对所有的谈判行为主张某一专门的道德立场并非本章的本意。许多关于商业伦理的论著都采取了强烈的、规范式的立场，主张人们应当和不应当做什么，而本章的目的只是描述谈判中出现的伦理问题。在本章中，我们将区分谈判中存在的几种主要的道德维度，为制定符合道德的谈判决策提供框架思路。在这个过程中，我们会重点介绍本领域有突出贡献的研究成果。

在我们深入研究这一切之前，首先看看几个假想的道德困境场景。

5.1 道德窘境的例子

看看以下情形。

1. 你打算卖电动车来筹钱出国旅游。一位朋友告诉你，如果他想买电动车的话（其实他不想买），他会出价 700 美元。几天后，第一位可能的买家前来看电动车。买家仔细查看并试骑了一圈。你向买家保证电动车性能良好。当问到价格时，你告诉买家已经有人开价 700 美元。该买家最后以 750 美元成交。

你告诉买家已有人开价是否道德呢？

2. 你是位企业家，想要收购竞争对手的企业，但是这位竞争对手并没有表露出要卖掉公司或者与你公司合并的意图。为了解对手公司内部的情况，你雇用了一位你认识的顾问，让他给对手公司的人员打电话，询问是否存在严重威胁公司生存的问题。如果有问题，你就能够利用这些信息去决定是挖走该公司的员工还是迫使对手卖企业。

该行为道德吗？如果你是该企业家，你会这么做吗？

3. 你是人力资源部副总裁，正与工会代表商谈新的劳动合同。工会拒绝签署新的合同，除非公司同意把带薪假期从 6 天延长到 7 天。管理层预算延长一天带薪假期的成本大约为 640 000 美元，公司不可能负担得起。但是你知道，实际上钱并不是问题，公司只是认为工会的要求不合理。为了说服工会领导撤销他们的要求，你一直在考虑几个可选方案：（1）告诉工会公司负担不起，不作更多的解释；（2）制定错误的财务报表，显示延长带薪假期要花大约 800 000 美元，公司无法负担；（3）如果工会领导愿意放弃要求，就给他们提供去佛罗里达度假区免费的“工作”旅行。

这些方案会触犯道德界限吗？哪个方案会？为什么？

4. 你即将从一所名牌大学的 MBA 毕业。你主要研究管理信息系统，将在一家商业开发网页的公司工作。你有一台使用了一两年的个人电脑。在看到老板让你做的项目后，你决定卖掉它，然后买台新的。于是，你在校园布告牌上张贴了出售电脑的广告。你不打算告诉买家电脑主机快要坏了的事实，实际上电脑时不时地死机。

这道德吗？你会这样做吗？

5. 你买了一双打折的新鞋，收据上清楚写明鞋子是不能退换的。买回家后，你穿着鞋子在家附近走了一天，感觉鞋子并不合脚，于是你带着鞋子回到店里。店员指出发票上的信息，但是你并未因此退让。你开始生气地斥责商店的服务质量太差，结果店里很多人都来围观。店员打电话通知经理，经过协商后，经理同意退钱。

这道德吗？你会这样做吗？

这些情节都是假设的，但反映出来的问题都是谈判中真实的问题。组织内外的人经常要做重要的决策来达到重要目的，而这些决策又经常牵涉道德问题。本章将通过讨论下列问题来研究谈判中的道德伦理：

1. 什么是道德伦理？为什么谈判中会涉及？
2. 哪些道德思考方法与谈判相关？
3. 哪些伦理行为问题可能出现在谈判中？
4. 是什么引发了不道德行为？其后果是什么？
5. 哪些因素会促使谈判者使用不道德策略？
6. 谈判者如何应对谈判对手使用欺诈手段？

5.2 什么是伦理，为什么它在谈判中关系重大

伦理的定义

伦理是在特定情况下分辨是非，被公众广泛接受的社会标准，或者是制定这些标准的过程。伦理不同于道德，道德是个人关于是非的观念，伦理来自特定的人生观，其目的是：（1）界定人类所在世界的本质；（2）规定共同生存的准则。不同的价值观会产生不同的看法，这意味着实践中人们会对同一情境下的是非有不同的判断标准。伦理在实践中的难题就是判断出各种道德价值观的差异是怎样的，由此决定选择何种方法。

我们的目标是在有关伦理问题中找到一个准则，去判断和评价谈判者的道德行为。尽管谈判是我们的焦点，但谈判评价的标准实际上与广泛的商务活动中评价伦理的标准并无二致。商务中伦理选择难题确实存在，比如，经理人面对财务绩效（根据公司的收益、成本和利润来衡量）与社会绩效（根据与公司相关联的个人和团体的责任义务来衡量）相冲突的问题时就需要做抉择（Hosmer，2003，p. 85）。类似地，当谈判者的行为或策略使得个人利益与其他利益方或群体的利益相悖时，也面临商业伦理难题。

许多商业伦理方面的学者提出了竞争性伦理标准的框架（随后我们会看到，这些框架映射到已出现很长时间的伦理观的传统理论上）。根据某些学者（Green，1994；Hitt，1990；Hosmer，2003）的观点，商务谈判中有四种标准用来评价战略和战术。

- 根据自身期望的结果来选择行动步骤（比如，投资的最大回报）。
- 根据自身负有的责任去维护适当的原则来选择行动步骤（比如，法律）。
- 根据个人所在组织和社团的标准、价值观和策略来选择行动步骤（比如，公司惯例）。
- 根据个人信念来选择行动步骤（比如，良知告诉我该做什么）。

每种标准都反映了伦理思辨的不同方式。第一种称为终局伦理观，即行为的正确性由评价结果的优劣来决定。第二种是道义伦理观，即行为的正确性由个人负有义务坚守

的一贯的原则、规则和社会标准来决定，这些标准界定是非及其分界线。第三种是社会契约伦理观，即行为的正确性由某一团体的惯例和标准来决定。第四种是问己伦理观，即行为的正确性由个人的良知和道德标准来决定。

谈判中的伦理思考

我们可以运用每种伦理观来分析本章开篇的5个假设情景。例如，情景1是销售电动车时对买家表明还存在另一买家。

- 如果你认同终局伦理观，你可能会为达到目的不择手段（包括谎称还有别的买家）。
- 如果你认同道义伦理观，你会认为耍花招是不道德的，故而不会采用撒谎伎俩。
- 如果你认同社会契约伦理观，你选择策略的依据是你对社会的正确行为准则的看法。如果其他人使用欺骗手段，你也会跟从。
- 如果你认同问己伦理观，你会扪心自问，为了得到好处应不应该使用欺诈或不诚实的手段。

这个例子说明，你所推崇的伦理观影响了你的伦理判断，并促成了你最终的行为。这四种伦理学流派是我们在本章深入辨别谈判中伦理道德的基础。首先，我们简要说说道德伦理在战略和战术上是如何配合其他动机和决策依据的。

伦理规范、谨慎、实际、合法

商业伦理的讨论经常纠结于什么是伦理规范（由道德行为标准判断为适当的），什么是谨慎（明智的，源于对策略效果和可能带来的后果的理解），什么是实际（在某一场合下谈判者实际的行为）以及什么是合法（法律定义下的可接受行为）（Missner，1980）。在前几章，我们依据谨慎和实际标准来评价谈判战略和战术。本章的重点是依据伦理标准来评价谈判战略和战术。

其他标准也会起作用。例如，拉克斯和西本尼厄斯（1986）指出某些人内心希望遵守伦理，因为遵守规矩会使他们成为讲美德之人，或者某些行为准则被他们视为绝对的道德。某些人则较为功利地判断伦理行为，他们认为良好的伦理规范会产生善意的结果。无论动机如何，人们对谈判中的伦理判断并不那么是非分明。一方面，有些谈判者喜欢将战术排序，即将谈判战术进行相对排序而非绝对化，因此对于某些战术（如谎称自己的价位已经到了底线）是否道德看法不同。另一方面，有些谈判者则明确认为某些战术不道德（如伪造信息）。因此，很难告诉谈判者在哪种场合下什么行为是道德的，什么行为是不道德的，但是关于伦理道德的话题并非不重要。伦理思考能促使谈判者审度自身的决策过程，理清这些问题可以帮助谈判者进一步研究伦理判断的复杂性（Lewicki，1983；Raiffa，1982）。

图5-1列出了理解和分析伦理问题的有效方法。该图介绍了商业伦理学家拉吕·霍斯默（Larue Hosmer，2003）提出的分析伦理过程的模型。按照霍斯默的提法，在想出问题的解决方案之前，第一步要彻底搞清可能存在的伦理问题。图5-1的左列是掌握对相关各方起作用的主观标准（规范、信仰、价值观等），认清混杂在一起的可能的危害、利益和权利。待问题完全弄清楚后，右列为通向解决问题的道路：（1）判断行为带来的经济后果；（2）思考该情景中牵涉的法律问题；（3）基于正确、公正和公平来评价对他人的

道德义务（Hosmer，2003，p. 87）。最后一步，伦理思考——是来自伦理学流行的理论。从这点出发，我们将更深入地研究上述四个基本标准和谈判者对伦理的应用。

掌握伦理标准
认识伦理影响：
· 对某些人的利益
· 对其他人的危害
· 执行的权利
· 拒绝的权利
→ 明确伦理问题 → 判断经济后果 / 思考法律要求 / 评价道德义务 → 提出有说服力的伦理解决方案

图 5-1　解决伦理问题的过程

资料来源：Hosmer，LaRue T.，*The Ethics of Management*. Boston，MA：McGraw-Hill，2003.

5.3　四种思辨伦理的方法

那些撰写商业伦理文章的作者偏好从哲学的角度探讨问题（如表 5-1 所示）。现在我们更深入地看看谈判中的四种伦理观：终局伦理观、道义伦理观、社会契约伦理观和问己伦理观。[1]

表 5-1　四种伦理思辨的方法

伦理观	定义	倡导者	主要观点	主要争议
终局伦理观	行为的正确性由结果来决定	杰里米·本瑟姆（Jeremy Bentham）（1748—1832） 约翰·斯图尔特·米尔（John Stuart Mill）（1806—1873）	● 人必须考虑到所有可能的结果 ● 如果行为能带来更多的幸福感，就正确；如果产生不幸，就错误 ● 幸福感是指愉快，没有痛苦 ● 增进幸福是最终目标 ● 集体幸福是最高目标	● 如何定义幸福感、愉悦感或效用？ ● 如何衡量幸福感、愉悦感或效用？ ● 如何取舍短期或长期幸福？ ● 如果行为为 90%的人创造了幸福，而给剩余 10%的人带来苦难，那么行为是否道德？
道义伦理观	行为的正确性由普遍标准和原则来决定	伊曼纽尔·坎特（Immanuel Kant）（1724—1804）	● 人类行为应由主要的道德原则或“应该做的”原则来指导 ● 个人应坚持原则，谨遵规矩 ● 最终利益是一生的美德，即按原则办事而不是愉悦感 ● 人们不应修改道德规范来迎合行为，而应修正行为符合道德规范	● 什么样的权威标准可作为我们的规则用来或判断规则的好坏？ ● 当规则发生冲突时遵守什么规则？ ● 环境发生变化时规则要如何变化？ ● 情境发生变化时规则要如何变化？ ● 当好规则产生坏结果时该怎么办？ ● 有没有一成不变的规则？

续表

伦理观	定义	倡导者	主要观点	主要争议
社会契约伦理观	行为的正确性由某社会团体的惯例和标准来决定	琼-雅克·鲁索 (Jean-Jacques Rousseau) (1712—1778)	● 人必须在社会团体中才能生存 ● 社会团体是决定基本规则的“道德机构” ● 责任和义务约束着团体和个人 ● 最佳共同利益是最终的标准 ● 法律是重要的，但是道德决定了法律和规则的对错标准	● 如何判断大众意愿？ ● 什么是“共同利益”？ ● 对那些喜欢挑战现存社会规范的、有独立思想的思想家（如杰弗逊、甘地或马丁·路德·金），我们该怎么办？ ● 有没有哪个国家腐败而其子民仍讲美德的？
问己伦理观	行为的正确性由个人的良知来决定	马丁·布伯 (Martin Buber) (1878—1965)	● 真理存在于人心中 ● 每个人的良知会召唤他变得仁慈，判断对错 ● 个人决策规则是最终标准 ● 用卑鄙的手段追求崇高目标会导致可耻的下场 ● 生存没有绝对的公式 ● 人应当跟随集体，也要坚守个人信念	● 我们如何有理行事而非只是说“我感觉这么做是对的”？ ● 如果各人意见不一，我们如何对伦理定义？ ● 我们如何在仅形成个人观点的团队中达成和谐一致？ ● 某组织如何确保在伦理观念上达成统一？

资料来源：Hitt，William D.，*Ethics and Leadership*：*Putting Theory into Practice*. Battelle Press，1990.

终局伦理观

商业活动中有不少人主张结果重于过程，这些人认为只要是为了个人、组织或社会获得更高的利益，打破常规或违反程序是可以谅解的。这里可以举很多例子。比如，假设有可靠的统计数据证明小型轻便卡车设计不安全，10 次测试中就有 1 次（1/10 的概率）卡车一旦发生侧向碰撞，车身就会着火。为了突出这个设计缺陷，电视制片人决定录下事故，但是由于碰撞后着火的概率仅为 1/10，制片人并无财力毁坏 10 辆（或更多）卡车，于是他决定在卡车的油箱附近安个引爆装置，这样观众就看到了有 1/10 概率发生的卡车着火“真实”事件。电视制片人为了警告观众小型轻便卡车的危害采取的这种方法符合商业伦理吗？

再如，制药公司根据早先的试验有理由相信它已研发出可以治疗癌症的新药，但是新药上市前必须先通过政府药品测试，在拿到政府批文前可能会有上千个病人因癌症得不到治疗而死亡。那么在政府测试阶段药品不上市是否符合伦理呢？或者说，在药品完全通过测试前就将其投放市场是否符合伦理？

那些认为模拟卡车实验是合理的而且药品应该投放市场的人支持终局伦理观。在谈判中，当谈判者拥有个人或委托人的崇高目的时，他们会主张使用各种手段，他们称此种伦理观为“结果主义”。功利主义的创始人是 18 世纪的杰里米·本瑟姆（Jeremy Bentham，1789）和约翰·斯图尔特·米尔（John Stuart Mill，1962）。功利主义者（终局或“结果主义”伦理学家）主张某特定行为的正确性应该由最终的结果决定。由于他们根据结果的好坏来评价伦理，功利主义者认为最大化美德的方法是为最多的人最大化最好的结果。通常该结果的标准是幸福感、愉悦感或效用。最高的伦理标准则是为最多的人谋取最大的利益（Donaldson and Werhane，2008）。

关于终局伦理观的争论一般集中在几个关键问题上。首先，人们（及哪些人）如何定义幸福感、愉悦感或最大效用？每个指标如何衡量？其次，行动者如何权衡短期结果和长期结果，特别是当短期结果伤害长期结果时（短期有利而长期有害）？反之如何？再次，如果人们不能为每个人创造效用，让某些人的利益受损而使广大群众获益是否合适？功利主义者该如何保护大众权利的同时又保障少数人的利益呢？这些争论仍未休止。

道义伦理观

与终局伦理观不同，道义伦理观强调个人应当谨守道德规范，并依据这些原则做决定。持此观点的强烈拥护者是 18 世纪的哲学家伊曼纽尔·坎特（Immanuel Kant，1963，1964）。“道义论”源自希腊语，意思是“正义”，它被广泛用来诠释这一流派的观点。道义论者认为基于结果来评价所做的决策——功利主义者的观点——是不当的，因为决策时结果并不是那么明显。此外，行为的道德价值应该更多地与行动者的意图有关而不是行动的结果（Hosmer，2003）。坎特提出一系列原则（参见表 5-1）作为每个人的行为准则。坎特认为这些原则的基础是完全理性的，而且随着理性学的主旨一起改进。他的基本思想之一是己所不欲，勿施于人。

例如，工会中的武装部队组织起来向管理者抗议，以让管理层关心工人的安全问题，但当提议被断然拒绝时，他们自发罢工。其他普通的工会成员并未受到安全规则的特别影响，然而他们支持罢工，因为他们认为罢工者的问题应该由管理层来解决。罢工者向管理层提出安全要求，如果要求被满足，他们就复工。管理者答应了要求，罢工结束。随后，管理层立即解雇所有参与罢工的人，而且违背当初的承诺，对安全问题没有采取任何行动。工会领导控诉管理层在谈判中不道德。就这个问题而言，功利主义者会声称管理者假装答应满足工人要求的策略虽然有违道义，但是对于终止罢工是必要的。他们认为决定工人工作安全的问题是管理层的事而不是工人的职责，同样，采取措施制止罢工也是管理层的事。从管理者的角度出发，他们的职责要求他们假意应允罢工者的要求，并开除罢工者。因此只要结束了罢工，那么谈判中的欺诈手段就是合理的。

相反，道义论者认为管理者应当诚实、正直，谈判时不欺不诈，对罢工者不应秋后算账。从长期来看诚实守信对融洽工会和管理层的关系有好处。不能以最终的结果为借口而采用欺诈手段。例如，前面提到的卡车碰撞着火事件（这的确就是 20 世纪 90 年代 NBC 网络新闻的系列节目），由于设计爆炸场面给 NBC 新闻部门造成很大的负面影响，令其丧失公信力，制片人和 NBC 新闻部门领导引咎辞职，后果极其严重。

这些问题以及其他类似问题常常引发终局伦理观和道义伦理观的口舌之争。一提到竞争和谈判中的手段与目的之争，人们通常最关注为达目的哪些策略是合适的，那些欺压式的、工于心计的或阴险的策略，即使能为大多数人带来好处也是合理的吗？例如，在人质危机中，政府答应恐怖分子只要释放人质就无罪开释他们，其实是想一旦人质被释放就把恐怖分子抓住枪毙，这是道德的吗？许多人会主张在此情况下终局伦理观要优于主张诚实和正直的道义伦理观，但也会有反对者。

显然，道义论也会遭人发难。比如，谁来制定标准规则？什么规则适用于所有的情况？那些坚信“不该杀人”准则的人会争辩，对认罪的杀人犯执行死刑、打仗杀人、堕胎（为挽救母亲的性命），或者安乐死（为了缓解久病缠身的病人的痛苦）都不应该。当两项原则相冲突时该怎么办呢？比如，你不得不告诉你最好的朋友一个残酷的事实，而这事实会伤害到他。一方面要求你考虑他人的感受而守口如瓶，另一方面要求你说实话，此时你该怎么办？某些规则会随着时间的改变而改变，那又该如何？如果好规则产生坏结果怎么办？比如，安乐死引发的伦理矛盾。患者在自愿结束生命和道德上禁止杀人之间陷入两难，同样，医生也面对着拯救生命和缓解无药可救的患者的病痛的两难选择。这些问题让人们觉得关注正义和规则的伦理会比要解决的问题产生更多的麻烦。

社会契约伦理观

伦理学第三个观点认为行为的正确性应该由社会习俗和标准来决定。该观点突出反映在琼-雅克·鲁索（Jean-Jacques Rousseau，1762/1947）的研究中。与终局伦理观和道义伦理观不同，社会契约伦理学家认为社团、组织和文化决定了什么道德规范可接受，可以教化新成员融入社会。从某种意义上说，集体中的每个成员共同默许（或明示）社会契约。该契约示意个人应当奉献给社会什么，从社会中可以得到什么回报，且所有的成员应当遵守什么社会规则。

社会契约伦理学家关注个体对社会（国家、集体、社区等）的贡献以及他们能够或应该得到的回报。社会契约伦理观应用到谈判中时，会根据人们对他人亏欠多少的标准来规定哪些行为在谈判中是可取的。例如，在二手车买卖中，买家一般并不指望从销售人员口中得知二手车的有关真相，故而也无须告诉销售人员真相。因此当销售商谎称汽车的耐用性或汽油里程数时，买家也不会因为谎称对车没兴趣、真正意图是想带朋友来再看一下而内疚。相反，如果销售商与顾客之间建立了长期的合作关系，那么销售商一旦发现车子的缺陷或者延迟发货问题等，就有责任对客户讲真话（Carlisle and Parker，1989）。

如表5-1所示，社会契约伦理观也并非无懈可击。我们如何决定认同的规则应当应用于哪些关系？尤其是我们都没有明确公开的规则时，谁来制定这些社会规则？如何评价或修正这些规则？当现行的社会契约不适应潮流以至于需要变革该怎么办？组织里的新成员需不需要受到组织未完成或相反的契约的约束呢？这些尖锐敏感的问题对于那些主张社会契约伦理观的人而言是严峻的挑战。

问己伦理观

伦理学第四个观点是人们不要依据事情的结果、道义或社会标准来判断什么是道德规范，而只需问问自己的良心。哲学家马丁·布伯（Martin Buber，1958，1963）明确地主张道德行为的根源在于人类的良知。希特（Hitt，1990）引用一个有趣的例子来说明该观点的主旨与前三个有关联。

> 事情发生在7月的一个早晨。在酒店露天泳池里有两个人，衣着整齐的父亲躺在泳池旁边的休闲椅上看报纸，他5岁的女儿在泳池里玩水。正当父亲全神贯注地看体育版时，突然听见了女儿的呼救声。女儿游到了深水区，正挣扎着想把头抬出水面。此刻，父亲该怎么做？他会按照哪种伦理观思考？如果他选择终局伦理观，他会权衡救女儿和衣服、手表及皮夹子毁坏的结果。如果他选择道义伦理观，他会

> 首先查看酒店是否张贴了禁止衣着整齐的人进入泳池的告示。如果他选择社会契约伦理观，他会思考与其他家庭成员之间的社会契约。显然，这些他一个都不会考虑，他会立刻跳进泳池救女儿（pp. 121－122）。

希特强调该父亲的行为动机很明显是出自其内心的呼唤“立刻行动”。人类的本性促使每个人形成个人的良知，内心有什么是对的和应该做什么的标准。虽然它们会受到引导人们按道德标准思辨和学会做正确事情的社会合力的影响，但这些标准是独特的、个性化的，因为伦理判断必须由每个人来完成，没有绝对化的模式。人们应当自行判断何为对、什么该做，以及己所不欲，勿施于人。这些合力中有些部分是后天培养的，如来自家庭、学校和宗教机构的培养。

在谈判中，问己伦理观主张每个人应该根据自己的良知来决定对错。是否应该撒谎、欺骗或偷窃应当最终由个人的良心来定而不是依据事情的结果、道义规则或社会契约。但是，有人批评没有人像马丁·布伯想得那么单纯。个人的良知是有限的，作为标准用到更广泛的社会场合中是狭隘的。还有人批评社会机构（家庭、学校和教堂）已经拒绝充当性格导师和良知培养者的角色，故而社会团体中的年轻一辈是否有强烈的良知不是很清楚。此外，问己伦理观对解决对错标准的冲突没有提供任何方法。人与人之间的分歧会导致团体内战，因为没有共同的基本准则或解决价值观冲突的模板。

小结

本节中，我们总结了四种思辨伦理的基本观点：终局伦理观（功利原则）、道义伦理观（道义论）、社会契约伦理观（社会标准原则）和问己伦理观（问心无愧原则）。谈判者可运用任何一种伦理观来选择合适的战略和战术。接下来，我们来分析影响谈判者处理伦理问题的因素。

5.4 谈判中会产生什么伦理问题

为什么有些谈判者会采取不道德的手段？很多人立刻想到的答案是那些谈判者为人卑鄙、阴险。然而，这个答案太过单纯了。正如第 6 章将讨论的那样，人们习惯认为他人的贪得无厌是由性情或性格所致，而把自身的行为归因于社会环境因素（Miller and Ross，1975）。因此，谈判者认为对手会采取不按套路的策略或者为达目的不择手段，相反，当要你解释作为谈判者为什么会使用同一策略时，你会辩解自己是一个坚守原则的人，但偶尔犯戒一次也是有充分理由的。

本节中，我们来看看伦理在谈判中发挥作用的策略。首先，我们来对“道德界限模糊”的策略下个定义，理清谈判者的美德与讲真话这一基本原则之间的联系。然后，我们列举有关辨别和归类这些策略的研究以及分析人们对使用这些策略的态度的研究。我们还要区分主动欺骗和被动欺骗行为——故意说谎和隐瞒事实。本节总结了谈判者使用这些策略的决策过程的模式。

道德界限模糊的策略：几乎都是关于真话的策略

无须说明，谈判者可使用的策略极其广泛。我们在第 2 章和第 3 章讨论了大量的策略，像整合式谈判策略和分配式谈判策略，现在我们来讨论哪种策略徘徊在道德边界上，如何短暂取得战略优势。我们使用“道德界限模糊”一词是经过深思熟虑的。“模糊”在词典里的定义是“不止一个含义……有疑问或不确定的”。[2]我们对那些可能合理又可能不合理的策略感兴趣，这取决于个人的伦理思维和环境。

谈判中很多伦理问题牵涉到讲真相，也就是谈判者应该诚实和开诚布公。个人应当根据前面提及的伦理原则来决定什么时候说真相（全部事实，且只有事实）而不是少说真相。大部分人关注的是谈判者该说什么或者他们该说他们要做什么（及如何说），而不是关注他们实际要做什么（也许谈判者会行为不当）。有些谈判者会欺骗（违背正式和非正式规则，如谎称期限或程序上不允许等）或盗取（如闯入对方的数据库和总部窃取机密文件或公文纪要），但是大部分人对谈判者道德行为的看法主要涉及是否撒谎。

大多数谈判者或许会高度评价诚实，然而什么是诚实？什么是讲真相这个问题很直接，但答案很模糊。首先，怎么定义“真相”？你会遵守一套规则吗？会判断什么样的社会契约符合你的集体或组织的利益吗？会从良知来判断吗？其次，如何定义和分辨“偏离事实”？是不是所有的偏离事实，尽管是不重要的事实，都是谎言？最后，人们能否辩证地看这些问题？人应该一直诚实，还是有的时候可以撒谎？这些问题都是那些试图判断什么能说和什么不能说的谈判者（和远古时期的哲学家）所关心的。

商业期刊上刊登了不少研究讲真相这一伦理问题的文章。例如，卡尔（Carr，1968）在《哈佛商业评论》上写了一篇题为“商业愚弄道德吗？”（*Is Business Bluffing Ethical?*）的文章。文中讲述了商业策略其实类似于扑克游戏中的策略。他认为缺乏道义的欺骗等于换牌或藏牌，商人应当像扑克玩家一样玩游戏。正如玩牌高手经常会隐瞒信息和夸大诈唬（让人以为手上有实际上没有的牌），许多商业交易亦是如此。大多数主管为了自身和公司的利益，经常被逼无奈地在与顾客、供应商、工会、政府官员甚至其他主管打交道时玩伎俩。他们通过有意地歪曲事实、隐瞒相关事实或夸大其词来说服他人同意自己的观点。卡尔称，如果领导者拒绝偶尔的虚张声势，即如果他感到有责任一直讲真话，讲出全部事实，那么他可能会丧失商业规则允许下的一些机会，会在商业活动中处于严重的败势（p. 144）。

意料之中，卡尔的观点在文章发表后引发了激烈的争论。评论家指出，商人和公司应当遵守更高的伦理行为准则，他们谴责卡尔的观点。30年后，凯恩（Koehn，1997）提出了与卡尔不同的观点。卡尔主张谈判是让欺诈行为合理化的游戏，凯恩认为大部分游戏并不能使欺诈行为合理，因而卡尔的逻辑是错误的。阿尔霍夫（Allhoff，2003）在题为“再论商业诈唬”（*Business Bluffing Relonsidered*）的文中想在卡尔和凯恩之间持中立观点。一方面，他承认凯恩的观点，即游戏比喻是错误的；另一方面，他又认为虚张声势“是游戏中允许的，即参与者认可的”（p. 287），因此在商业谈判中也是允许的。

有关谈判中讲真话的伦理标准的辩论还在继续。如第1章中提到的，谈判是依存于信息的（Kelley and Thibaut，1969），即谈判者的真正偏好和优先考虑问题的信息。达成清晰、准确有效的谈判协议取决于各方是否愿意分享各自的喜好、优先考虑的问题和利益的精准信息。同时，因为谈判者也会对最大化个人利益感兴趣，所以他们尽量不透露个人立场，特别是当他们认为能通过操控透露给对方的信息来做得更好时（见第2章）。这导致了谈判中面临的信任和诚实的两难危机（Murnighan，Babcock，Thompson and Pillutla，1999）。[3]信任的两难是谈判者认为他人所说的一切都是虚假的。诚实的两难是谈判者告诉对方所有的实际需求和底线不是那么轻而易举的事。为了维持谈判关系，各方必须在完全坦诚和完全欺骗中间折中。娴熟的谈判者“必须能够说服正直的一端，同时不使自己丧失讨价还价的地位”（Rubin and Brown，1975，p. 15）。

有关讲真话的最后一个观点是诚实的法律责任，这超出了伦理范畴。谈判中的欺骗可以升级到法律层面的欺骗。谈判中的有些欺诈行为是会引起法律诉讼的。关于这方面的法律很复杂，很难下定论。详见专栏 5.1 美国法律下谈判中欺骗的合法性。[4]

专栏 5.1

什么时候撒谎合法

虽然谈判伦理之争总是集中在谈判中使用欺骗手段是否道德的问题上，但是好的谈判者还是应当熟悉如此做的合法性。理查德·谢尔（Richard Shell），一位律师兼教授（教授谈判课程），在文章《谈判中何时撒谎是合法的?》（*When Is It Legal to Lie in Negotiations*?）中给出了美国法律的解释。

谢尔开篇引出了普通法对“欺骗”下的定义：“受害人依据合理地信赖对方明知实质性事实却做出的错误陈述而行事，并由此受到了伤害”（p. 94）。

我们来进一步看看定义中关键字眼的含义，了解谈判中撒谎在法律上的定性。

● 错误陈述。肯定误述某件事情。

● 明知却错误陈述。谢尔指出错误陈述是当你明知你所说的是虚假的，你却说了。这是不是说你能通过避免说出已知消息而避开责任呢？谢尔说不行，法院会认定这是不计后果的漠视真相。

● 事实。被误述的事实一般都是客观情况，这在理论上是不合法的。但实践中，谢尔指出如果某观点或意图是建立在误述事实上——特别是如果你明知有假还要做出承诺或发表言论，那么误述该观点或意图会让你陷入麻烦。

● 实质性事实。不是所有的“事实”都是客观实在的。谢尔指出根据美国法律实践标准，要求和保留观点不被视为交易的“实质”，因此在某些事实上虚张声势不是可起诉的欺诈。然而，谢尔又提醒，谎称有其他备选方案或其他要价或者存在其他买家会让对方陷入麻烦。这些是否永远是实质性事实并不清楚，留给陪审团来裁决欺诈诉讼是否生效。

● 依据/因果。误述在法律意义上被认定为欺骗时，接受者必须证明他依据这些信息做出了行为并导致了损害。

这是不是意味着不合法的欺骗总是与虚假的、确定的陈述有关呢？沉默会不会使人免于承担法律责任呢？谢尔说不能。有些情况下你有法律义务去分享真实信息，如下列情况：

● 如果你公开部分信息会误导他人。

● 如果一方与另一方已建立诚信关系。

● 如果非公开信息方有“重要的”或“更优的”信息。

● 牵涉某些特殊交易时，如保险合同。

熟悉法律是件好事，但谢尔提醒，钻法律的空子来获得谈判技术上的优势是不明智的。“谈判中，依赖于法律条文的人将其作为行使不道德行为的策略是会深陷困境的，但是人们依赖是非分明感来指导法律实务却能做得很好”（p. 99）。

资料来源：Adapted from Shell, Richard G., “When Is It Legal to Lie in Negotiations?,” *Sloan Management Review*, vol. 32, no. .3, 1991, 93 - 101.

辨别伦理界限模糊的策略和人们关于使用策略的态度

什么策略处在伦理界限的边缘

谈判中会出现各种各样的欺诈和花招。20年来，研究人员一直致力于认清这些策略的本质和基本构成（Lewicki and Robinson, 1998）。[5]他们总结了伦理界限模糊的谈判策略的本质和概念。常见的方法是让学员和领导者根据几个方面给这些策略打分评价：策略的合适性、评分者运用策略的概率或运用策略的预计效果。通过分析问卷结果，最终总结出六大类策略（Fulmer, Barry and Long, 2009; Robinson, Lewicki and Donahue, 2000）。这六大类策略详见表5-2。很有趣的是，这六大类中的情感操控和传统竞争性谈判被普遍认为是合适的以及可被应用的，因此，这些策略尽管略显不恰当，但还是可以在分配式谈判中应用并取得效果、获得成功。其他四项策略，即误述事实、虚张声势、破坏对手的关系网以及不当的信息收集，则在谈判中一般被认为不恰当、不道德。

表5-2 伦理界限模糊的谈判策略分类

类别	举例
传统竞争性谈判	不随意透露个人的意图、开价过高
情感操控	假装生气、害怕、失望；假装高兴、满意
误述事实	歪曲信息或谈判事实
破坏对手的关系网	向同行污蔑对手的声誉
不当的信息收集	贿赂、渗入、窃取等
虚张声势	威胁或虚伪的许诺

资料来源：Adapted from Robinson, Robert J., Lewicki, Roy J., and Donahue, Eileen M., “Extending and Testing a Five Factor Model of Ethical and Unethical Bargaining Tactics: The SINS Scale,” *Journal of Organizational Behavior*, 2000, 649 - 664; and Fulmer, Ingrid S., Barry, Bruce, and Long, Adam D., “Lying and Smiling: Informational and Emotional Deception in Negotiation,” *Journal of Business Ethics*, 2009, 691 - 709.

容忍伦理界限模糊的策略会不会导致运用不道德手段呢

前面提到，关于策略的研究大多让人们回答判断策略的伦理性以及在谈判中他们有可能采取怎样的做法。有位研究员（Volkema, 2001）从以上描述的不道德策略中选择了5个具体策略，并让参与者在买卖谈判模拟中运用这些策略。这5种策略分别是开价时狮子大开口、拖延时间、隐藏底线、歪曲事实和许下空头诺言。沃克玛（Volkema）评价每个人对使用一般策略和具体策略的态度（判断策略的恰当性），评价使用一般策略和具体策略的可能性和实际中的应用。结果显示：

- 关于采用具体策略的态度和意图与策略使用是正相关的。
- 采用某种具体策略的态度和实际采用该策略是正相关的。
- 隐藏底线最常使用，狮子大开口排第二，再次是拖延时间、歪曲事实，许下空头诺言仅有 10%的概率使用。

- 隐藏底线令谈判者表现更好。谈判者还认为许下空头诺言、歪曲事实和狮子大开口令他们的表现更好，尽管没有直接证据证明这一点。

使用伦理界限模糊的策略正确吗

研究指出，谈判中存在一些不言而喻的达成共识的游戏规则。有些假话——歪曲自己的真实立场、虚张声势和情感操控——会被某些谈判者（不是所有人）认为是合乎伦理的，是在规则之内的，相反，公开的欺骗和弄虚作假被认为违反了规则。对这些结论，我们必须强调几点：第一，这些观点是来自大部分人（主要是商学院学生）的评论，他们绝不会或不应该知晓单一谈判者是如何使用这些策略的，那些遇到该策略的谈判对手（本章后面我们用“受害者”这个词来代替）是如何评价的。第二，这些观察主要是依据人们说他们会怎么做而不是他们真正怎么做（我们刚提到的沃克玛的研究是少有的例外）。各方在真正谈判时的想法和反应与填写问卷时是不同的，填写问卷时脱离富有意义的社会环境，没有与对方直接接触，只是在问卷上评分。第三，通过研究伦理界限模糊的策略和研究结果，我们并不想认可使用伦理边缘策略，相反，我们的目的是重点关注谈判者什么时候采用这些策略合适。第四，我们承认这是西方人的观点，即西方人认为由个人决定什么是合乎伦理的。在有的文化（如亚洲）中，团体或组织决定伦理规范，在有的文化（如新兴市场国家）中，谈判交易的伦理约束几乎很少或难以弄清，因此就“让买家一直当心吧”！

隐瞒式欺骗和蓄意式欺骗

欺骗策略可分为主动和被动。详细点说，奥康纳和卡内瓦莱（1997）研究了谈判者双方在追求同一结果的共同价值上误述自己利益的可能性。采用该策略的谈判者误导对方在共同价值上的利益诉求，假装不情愿地接受对方的偏好，其实是满足自己的偏好。看上去是自己做了让步，其实是从对方那里得到了让步。总之，奥康纳和卡内瓦莱的调查对象中有 28%的人歪曲了他们追求的共同价值，企图从对方那里获得让步。研究人员发现，在歪曲共同价值时，谈判者用了两种形式的欺骗手段：隐瞒式欺骗（不透露给对方有利的信息）和蓄意式欺骗（谎述共同利益）。

施魏策尔（Schweitzer，1997；Schweitzer and Croson，1999）也分析了谈判者对实质问题撒谎倾向的影响因素。学生就销售变速器有毛病的车模拟谈判，学生可以不提变速器有缺陷，也可以在对方问及时否认变速器有问题。大部分学生不愿透露事实，较少在回答问题时说假话。这个结果反映了人性的本质：许多人愿意让他人活在虚假状态下而不愿自己说假话。这很明显地进一步警告买家——“让买家自己当心吧”，暗示了各方应当自己去问对问题，自己去质疑答案。

运用伦理界限模糊的决策模式

本节我们总结了一个相对简单的框架来说明谈判者是如何决定是否采用一个或一个以上的欺骗策略的（见图 5－2）。该框架反映了谈判者决定使用哪种策略来影响对方的过程。人们辨别哪些策略有效，哪些是欺骗策略，哪些是不当的或徘徊在伦理边缘的策略。一旦认定了策略，人们会决定使用一种或几种。选择和采用策略可能会受到谈判者的自我动机和对策略合适性的理解的判断。一旦策略被采纳，谈判者会依据三个标准来评价结果：（1）策略是否取得预期效果；（2）谈判者使用完策略后怎么看待自己；（3）对方和中立旁观者如何看待谈判者。评价的结果会促使谈判者解释策略的运用，还会影响将来是否会使用类似的策略。

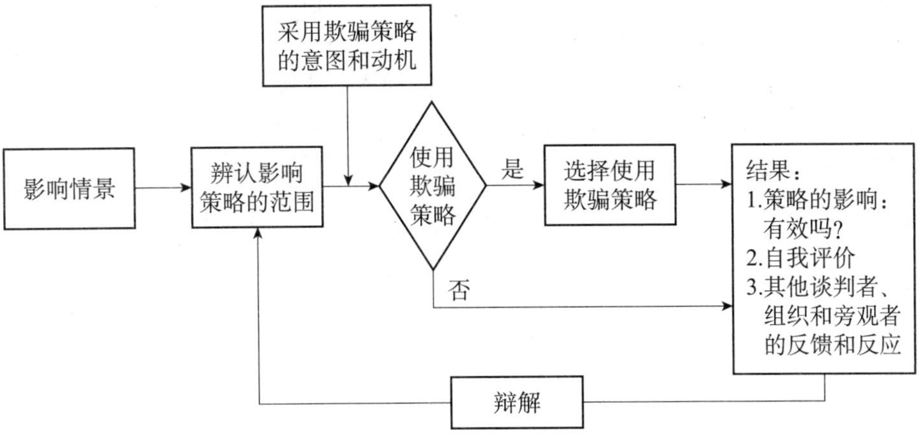

图 5-2　谈判中欺骗的简单模式

5.5　为什么使用欺骗策略？动机和结果

前面我们讨论了伦理的本质和谈判中在伦理边缘上的几类策略。现在，我们来看看为什么这些策略会有吸引力，会产生哪些结果。我们从动机开始，谈论动机又不可避免地要从谈判力开始。

谈判力动机

运用伦理界限模糊的策略是为了在谈判中增强谈判者的谈判力。如第 8 章所述，信息是较量谈判力的基础。信息是有力量的，因为谈判是涉及信息交换和利用信息说服对方的合理行为。谈判学里有个观点，即两个完全理性的信息加工实体之间进行事实、言论和逻辑交换，谁有更好的信息或能让信息更有说服力，谁就能赢得谈判。

该观点假设信息是精确真实的。假设信息虚假，那就是在质疑日常社会交流中信息提供者的正直诚实。当然，公开质疑对方的真诚会侮辱对方，减少双方的信任。此外，调查他人是否诚实是费时费力的。因此，任何不准确和虚假的陈述（如谎言）会有利于信息给出方操纵信息。通过前面提到的策略——虚张声势、造假、歪曲事实、欺骗和选择性透露事实——谎言会占优势。事实上，据了解，当一方认为对方不太了解谈判的有关信息时，他更愿意使用欺骗手段，特别是当利益很大时（Boles，Croson and Murnighan，2000）。信息接收者要么接受表面信息，要么考虑是否有理由去质疑对方信息的准确性、可靠性和意图（或者必须试图独立澄清信息）。

不够道德的其他动机

谈判者的动机无疑影响了使用欺骗策略的概率（例如，专栏 5.2 分析赛跑中作弊者的动机）。

在第15章中，我们在研究个体差异时指出了动机倾向是如何影响谈判者使用的战略和战术的——取决于谈判者行为的动机，相互间是合作的、竞争的还是独立的。在前面提到的研究中，奥康纳和卡内瓦莱（1997）也操控了谈判者的动机取向，促使谈判方要么合作，要么竞争。竞争性的谈判者（指追求最大化个人利益，不顾他人利益的人）更有可能采用误述事实策略。文化差异也会影响动机。西姆斯（Sims，2002）发现高度个人主义文化里的人比集体主义文化里的人更有可能为了个人利益使用欺骗手段（本章后面我们会提到更多关于文化与谈判者伦理观之间的联系）。

专栏5.2

赛跑选手为什么作弊

《波士顿环球报》（*Boston Globe*）调查了20世纪90年代末期在波士顿马拉松比赛和其他类似的全国比赛中的作弊行为。报道列举了以下原因：

1. 有些作弊的选手不守规矩，总是做些违规的事情。

2. 更为典型的是，作弊选手被描述为“中年大叔”，他们一生中的大部分时间是成功的，却发现在比赛中要取得同样的成功没那么容易。

3. 有些人被归类为“无心作弊”，这些人只是在比赛时被抓，并未完全意识到他们在做什么。

4. 典型的作弊者是为了得到认可而不是奖金或其他物质利益。具有讽刺意味的是，由于对他们作弊的报道，他们的朋友、邻居甚至家人都鄙视他们，即使他们以前从未犯过错。

资料来源：Tye，Larry，“Sneakers Cheaters Wear a Scarlet ‘C’ for a Lifetime，” *The Boston Globe*，April 17，1998，C1.

动机的影响可能更复杂。在策略的早期研究中，列维奇和斯潘塞（Lewicki and Spencer，1991）询问谈判者使用伦理界限模糊策略的倾向。不同的问卷要调查对象去假设自己和对方的竞争或合作动机倾向。研究者预料竞争动机会引起对伦理界限模糊策略最强烈的认同感。结果显示，谈判者自身的动机倾向（合作和竞争）不会产生对策略使用是否合适的不同看法，但是谈判者对他人动机的预测却会。换言之，谈判者如果预测对方会采取合作或竞争的态度，那么他就更有可能认为伦理界限模糊策略是合理的。结果表明，谈判者由于揣测他人的潜在行为而合理化自身使用伦理边缘策略，因此不会为了自己的竞争动机去承担使用该策略的责任。

众多研究（如Batson and Thompson，2001）指出，人们虽有意行为端正，但实际上不会那么做，因为行事光明磊落是要付出代价的。

我们先前讨论了四种哲学思维方法：终局观、道义观、社会契约观和问己观。这四种方法为希望分析商业和其他情景中的伦理问题的学者提供了有用的框架。他们指出这些方法是人们在现实生活中遇到伦理问题时的实际思维方式。佩里和尼克松（Perry and Nixon，2005）研究了这四种方法中的每一种所形成的人们对谈判中运用伦理界限模糊策略的认同程度。他们发现喜欢终局观（功利主义观）或执着于社会标准（社会契约观）的人更倾向于采用介于道德边缘的行为，如虚假承诺或歪曲信息，而那些坚守原则和举止规范的人（道义观）不太欣赏这些策略，因而不太采用伦理上有异议的行为。

不道德行为的后果

采用卑鄙策略的谈判者会基于以下三种情况得到有利或不利的结果：(1) 策略是否有效；(2) 谈判对手、委托人和旁观者如何评价该策略；(3) 谈判者自己如何评价这个策略。接下来，我们依次讨论这三种情况。

有效性

很明显，策略的效用对将来是否会采用有一定的影响（本质上是学习和加强的过程）。如果谈判者运用策略后得到了有益的结果而不用策略却得不到，如果卑鄙的行为未受到惩罚，那么卑鄙策略的使用频率会增加，因为谈判者认为他能够逃脱处罚。因此，真正的后果（奖励或惩罚）不仅仅造成谈判者当前的行为，还影响他将来在同样场合下使用同样的策略（我们暂且忽略这些策略给谈判者的声誉和信任带来的后果，这是大部分诡计多端的谈判者短期内会忽视的影响）。

有些观点还未在谈判中试过，但是已经在伦理决策研究中被广泛测试。例如，赫加蒂和西姆斯（Hegarty and Sims，1978）的研究对象参加了模拟的回扣项目，他们让失德的决定能带来奖励，结果研究对象不仅参与了而且在机会再次出现时愿意再参加一次。当研究对象与他人竞争有很大的压力时，例如，宣布每个人任务完成得如何，第一名将得到奖励，卑鄙行为出现的频率变多了。

旁人的反应

后果还来自谈判对手、委托人和旁观者的评价和判断。根据有关方是否认可该策略和他们的评价，谈判者得到大量反馈。如果谈判对手并不知道被欺骗了，他会无动于衷，不会表现出因为输了谈判而失望。

如果谈判对手发现上当受骗，定会勃然大怒，这不仅是因为他们输了谈判，还因为被对方的诡计操纵而感到自己很愚蠢。由于失败和难堪，受害者会选择报复。受害者不会再相信那位失德的谈判者。受害者会在未来的交易中选择报复，还会牢牢记住此次经验教训，在与其他人的谈判中警醒自己。受骗的经历会破坏受害者对将来谈判情景的看法（Bies and Moag，1986；Werth and Flannery，1986）。

麦科纳克和莱文（McCornack and Levine，1990）观察了人们（不同场合中，不一定是谈判中）上当受骗后的反应。负面后果是显而易见的。他们发现受害者与骗人者关系亲密，或者被误传的信息很重要，或者他们认为撒谎是维系关系所不能接受的行为（例如，强烈希望听真话的愿望被侵害）时，受骗后会情绪激动。大部分情况下受害者会立刻终止关系。受骗越深，关系越亲密，双方的信任就越糟糕。同样，证据表明，弄虚作假的人在未来的相处中会被认为虚伪和令人讨厌（Boles，Croson and Murnighan，2000）。在第 10 章，我们会进一步阐述谈判者的声誉，但是此处需强调的是，一个人的名声一旦受损是很难恢复的。施魏策尔、赫尔希和布拉德洛（Schweitzer，Hershey and Bradlow，2006）的研究表明，不可信赖的行为对一个人的可信性的影响会是关系出现嫌隙的根源。试图通过口头道歉或其他形式的道歉来修复信任是无效的。总而言之，虽然使用卑鄙的策略会让谈判者取得短期成功，但也会使对手多疑，采取报复行动。

自我反应

很少有系统的研究去分析第三种后果：谈判者对使用诡计的自我反应。某些情况下——

如当对方真正受到伤害时——谈判者会感到些许不安、焦虑、内疚或懊悔。这让谈判者寻找方法去减轻内心的不安。例如，阿奎诺和贝克尔（Aquino and Becker，2005）发现参加商务谈判模拟课程的学生对同伴撒谎后，会在未来谈判中做出更大让步来弥补。那些高度评价“美德”（如诚实、公正和仁慈）的学生和声称代表“做生意一向公正”的组织进行谈判的人经常会弥补先前的谎言。当然，那些认为诡诈之术没有问题的谈判者更易再次使用，会开始思索如何更有效地运用。在阿奎诺和贝克尔的研究中，那些撒谎后良心不受谴责的人在撒谎后与那些不撒谎的人在行为上没有区别，这说明他们不太可能通过让步来弥补自己的行为。一方面，虽然使用诡计会对谈判者的名声和信任造成严重影响，但谈判方短期内很少把这些后果考虑进去；另一方面，如果策略起作用，谈判者能够为策略的使用找到正当的理由。下节我们将讨论合理性和正当理由。

解释和正当理由

如前所述，谈判者使用会引起争议的伦理界限模糊的策略时，会为自己、受害者或委托人和旁观者找到正当的理由（如“我本身是个正直的人，但是我要做些我认为失德的事情”）。辩解的主要目的是合理化行为，找到适当的借口，解释为什么该手段是必要的、合理的。人们想缓解由于自身的行为带来的痛苦和冲突，想要合理化他们的行为（Aquino and Becker，2005）。越来越多的研究观察那些运用诡计的人以及他们的辩解理由。下列正当化理由摘自博克的文章（Bok，1978）和关于撒谎的优秀论文：

- 策略是不可避免的。谈判者经常辩称在当时的环境下不得不那么做。谈判者会觉得他不能完全控制自己的行为或别无选择，因此，他不应该负责。或许谈判者无意伤害任何人，但是迫于压力而使用了这个策略。
- 策略是无害的。谈判者会说他所做的是无关紧要的。人们总是说着善意的谎言。例如，你会和邻居打招呼“早上好，见到你很高兴”，而实际上，那未必是个好早晨，你的心情也许很糟，或者你并不希望碰见你的邻居，因为你正生气他家的狗昨晚狂吠了一夜。谈判中，夸大其词、虚张声势或偷窥别人的私人信息都很轻易地以无伤大雅为由一带而过，但是，这种解释是从行动者的角度来看的，受害者未必认为是无害的，或许他遭受了极大的伤害或者付出了惨重的代价。
- 策略帮助避开了不良后果。提出这种理由时，谈判者一直争论：结果证明手段合理。在这种情况下，使用策略可避免更大的伤害。对抢劫犯撒谎你藏钱的地点是合理的。同样，谈判者也认为如果运用策略能保护他们免受知道事实真相的不良后果，那也是可行的。
- 策略会产生良好效果，或使用策略是为了他人。结果证明手段合理，这是从肯定意义上来说的。如前所述，谈判者根据实用主义来判断策略——行为的正确性由结果来决定。实用主义者认为某些谎言或手段是合适的，因为它带来了更大的利益。现实中，大多数谈判者使用欺骗策略是为了自己而不是大众。不过也有人认为这种行为比避免不良后果的行为更不可原谅。
- “他们活该”或“他们自作自受”或“我只是做我该做的事”。这些是运用撒谎和欺骗的手段去对付过去占你上风的人或对付权威的一般理由和借口。例如，选民注意到，在美国诚实的美德正逐渐消亡——人们越来越相信以各种方式利用“制度”是合适的，包括逃税、小偷小摸、扒窃、狡诈地宣布破产、新闻托词和广告宣传不实。

● “他们正打算这么做，所以我先下手为强”。有时，谈判者认为使用某一策略是恰当的，因为他预计对手也想这么做。沃克玛和弗勒里（Volkema and Fleury，2002）调查了巴西和美国的谈判者，发现他们在与名声不好的对手谈判时都愿意使用诈术。换言之，当一个人预料对手会行为不端时，他更有可能采取同样的策略。滕布伦斯（Tenbrunsel，1998）认为个人喜欢欺诈与对他人的看法相关。她发现一个人越喜欢说假话，会越相信对方也会说假话，因此，个人的说谎倾向形成了自我应验的逻辑。一个人认为他有必要撒谎，因为对方也可能这么做。

● “他先开始的”。这与上一观点有些相似。别人先违反了规则，因此我也可以违反，这是一种为了恢复秩序平衡或让对方得到应有的教训而以牙还牙的方式。我们发现像“以眼还眼”或“他先开始，我就要结束它”之类的话经常被作为实施诡计的理由。

● 策略在那种情况下是公正合适的。该方法以道德（情景）相对论为理由。大部分社会场景，包括谈判，是受到公认的良好行为规则约束的。例如，回想前面卡尔（1968）的观点，商业如游戏，游戏有专门的规则使通常不道德的行为合法化。鲍伊（Bowie，1993）和凯恩（Koehn，1997）反对这些观点，声称商业中的欺诈与其他活动中的欺诈都是无耻的，将商业比作游戏是不能作为合理解释的。伦理相对论——道德标准随着环境的变化而变化——经常遭人诟病。如霍斯默（2003，p. 89）指出，“如果所有的伦理体系是同等有效的，那么没有一种不变的道德判断可以针对个人行为而做出，我们都在经济条件允许范围内和法律约束下我行我素”。我们留待读者判断这是好事还是坏事。

个人常为自己的行为做合理解释，以期说服他人（尤其是受害者）自己的不当行为是可以接受的。辩解让人们对自身所做的事找到正当理由。但问题是：如果谈判者经常给自己找借口，那么他们对伦理和价值观的判断就会更偏激，这会削弱他们明辨是非的能力。使用欺骗策略最初会在谈判中增强谈判力，但是频繁运用欺骗策略的谈判者会逐渐丧失谈判力。这些谈判者会被认为缺乏诚信、为人虚假，一旦机会出现，人们会还以颜色。维持好的名声较容易，名誉受损后想要恢复却很难。

5.6 什么因素导致谈判者使用卑鄙手段

在图 5-2 中，我们描述了伦理界限模糊策略的运用。该模式包含了谈判者选择策略、使用策略、评价结果和试图通过解释来影响结果（一旦策略被发现）的过程。许多其他因素也能影响模式的选择：

● 谈判者的背景和人口统计特征。

● 谈判者的性格和道德修养。

● 鼓励或阻碍卑鄙行为的社会情景要素（谈判者实现自我的情景）。

本节中，我们简要提一下每种因素是如何影响人们使用伦理边缘策略的倾向的。这些要素包含在扩展模式里，详见图 5-3。如模式所示，基本的争论焦点是“人们行为产生的原因是‘天生的’还是‘后天培养的’”。许多人认为伦理决策完全由个人的道德标准决定，但是有人认为环境因素（如集体和组织标准、责任压力和奖励机制）也会导致有德之人做出失德之事。相信这样的争论会一直持续下去。然而，当社会学家试图将个人差异变量作为常数，或者将大部分人的个人差异变量作为随机变量时，很明显，环境因素影响正直之人做出了伦理上模棱两可的事情。

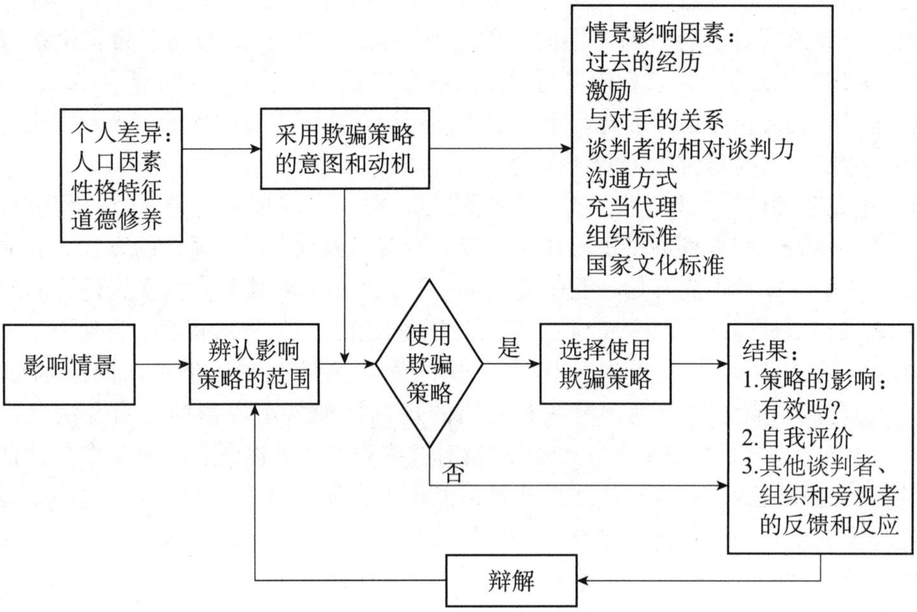

图 5－3　谈判中欺骗的复杂模式

人口统计特征

许多关于伦理行为的调查研究试图把行为差异与个人背景、宗教信仰、年龄、性别、国籍和教育的差异挂钩。有研究揭示，年龄较大且有信仰的人较少做出有违道德的事情，而年轻人却有可能（Hassett，1981）。一些研究调查了人口因素和谈判中运用诡计之间的关系。对于这些研究结果，我们并不是指一群人中的所有人都会以同样的方式来行事。例如，研究表明年轻人更倾向于使用诡计，并不代表所有的年轻人都会这样做。我们讨论人口统计特征是因为这种倾向是可信的，在不同的场合下伦理观的选择是不变的。

性别

研究揭示女性比男性的伦理感更强。沃克玛（1999b）在对比巴西和美国女性时发现，两种文化下的女性都比男性更加正派，不太愿意使用伦理界限模糊的谈判策略。道森（Dawson，1997）让一群男女回答关于伦理决策的问题。一半问题是有关联的，行动者的决定会影响别人的利益，而另一半是无关联的，即结果不影响任何人，只是个人良知问题。道森的结果显示，针对利益相关问题做出决策时，女性比男性有道德观，但是在不影响他人的场合下女性与男性的行事无太大差异。因此，根据研究，女性会做出更加合乎道德的事情，但仅当决策结果会影响他人时。

回到本章前面讲述的伦理界限模糊策略。列维奇和鲁宾逊（Lewicki and Robinson，1998），鲁宾逊、列维奇和多纳休（Robinson，Lewicki and Donahue，2000）发现男性比女性更喜欢要手段。不过，男性和女性都喜欢“传统竞争性谈判手段”（如狮子大开口和拖延时间）。对于那些气势压人（但不欺骗）的手段所做的合理解释并无性别差异。

然而，最近的一项研究指出，男性和女性对伦理决策者的看法是有差异的。施迈克、安布罗斯和迈尔斯（Schminke，Ambrose and Miles，2003）设计了几个场景，一个人（男性或女性）遇到了道德困扰，他们让参与者评价行为以及行动者的伦理观。总之，女性在决策时更加循规蹈矩，她们更重视遵守规则而不是最终的结果。相反，男性更加功利，更多关注纯社会利益而非规则。

年龄和经历

在前面提到的道森（1997）和沃克玛（1999b）的研究中，男性和女性随着年龄变大，越来越规矩。在安东（Anton，1990）的研究中——对欺骗策略打分——年龄大的一方认为虚张声势可以接受，但不太认可欺骗手段。最后，鲁宾逊、列维奇和多纳休（2000）报告了年龄与狡黠的谈判技巧的认可度呈负相关关系，年长者比年轻人蔑视伦理边缘技巧。此外，他们发现工作经验丰富的人比工作经验少的人较少使用诡诈的谈判手段。

职业取向

安东（1990）比较了 MBA 学生、企业人员和神职人员对诡诈的谈判技巧的评价。所有人指出，传统的竞争性谈判和误述事实在伦理上是可以接受的，但是神职人员的评分最为保守，欺骗被认为轻度无耻。所有人认为公开造假高度无耻。加西亚、达利和鲁宾逊（Garcia，Darley and Robinson，2001）进行了一项有趣的研究——分析地区检察官和公众辩护人对模糊策略的使用。他们发现公众辩护人比检察官更加认可伦理界限模糊策略。当两组人认为对方可能运用这些策略时，他们都认同对策略的运用，公众辩护人比检察官更加认为这是“防卫举措”。这些结果更多地反映了一个人扮演的是什么角色——扮演辩护人抑或是扮演检察官。

国籍和文化

对谈判中的伦理边缘的看法是存在文化差异的。虽然没有足够的研究结果勾勒出完整的画面，但这是不言而喻的。我们来看以下一些发现（Elahee and Brooks，2004；Erkus and Banai，2011；Lewicki and Robinson，1998；Rivers and Volkema，2013；Sims，2002；Volkema，1997，1998，1999b；Volkema and Fleury，2002）。

- 美国和亚洲人更喜欢使用诈唬手段，东欧人很少使用。
- 美国和巴西的经理人都对传统竞争性谈判技巧表示认可。
- 美国和巴西经理在有第三方加入时使用伦理界限模糊策略（如收集信息或通过网络散布消息）相似，但是巴西经理在对付更直接的对手时更愿意使用该策略。
- 墨西哥经理人比美国经理人对伦理界限模糊策略的认可度低。
- 来自个人主义文化的谈判者为了个人利益比来自集体主义文化的谈判者更会耍伎俩。
- 参加国际谈判的谈判者比国内谈判的谈判者更可能赞同使用伦理界限模糊策略。

难点在于要知道怎么利用这些研究结果。谈判中什么合适、什么不合适的看法是有文化差异的，这是我们在分析不同人的研究结果时发现的。然而，由于研究人员从很多个体的样本中（实际上每一个个体都有一种行为方式）找到了文化趋势就如此假定，显然是很危险和错误的。

不是每个人的行为都有文化特征。实际上，有些谈判者可以摆脱文化影响。我们认识一位在拉丁美洲工作的美国律师，他告诉我们，他注意到一些墨西哥谈判者采用了极端的美式交流方式，而不是典型的墨西哥式的交流方式，这可能是为了应付谈判桌上的美国对手。讲到谈判伦理，文化差异并不是引起伦理观不同的本质原因，其实是不同社会个人关系角色的差异造成的。

理解跨文化谈判中的伦理学问题可参见专栏 5.3。在第 16 章里我们会更多地探讨跨文化差异。

专栏 5.3

国际商务中的伦理准则

在国外做生意的人不仅语言不通，还要面对不同的文化民俗和习惯。他们会发现当地的商业习俗所反映出的具有当地文化背景的伦理规范与谈判者自身是不同的。这种情形会导致伦理方面的困惑：用哪种伦理规范来指导交际呢？采用东道国的伦理规范是不是更合适呢？还是遵从自身的伦理标准呢？亨利·莱恩、约瑟夫·迪斯泰法诺和玛莎·马兹尼夫斯基（Henry Lane，Joseph DiStefano and Martha Maznevski）主张有些准则可以帮助决策者跨越文化差异。他们提供了一些建议，这些建议能够指导商人与不同文化背景的人打交道。

1. 识别出对决策有兴趣或会受到决策影响的人。这可能包括东道国政府、供应商、雇员、工会和顾客。你对他们的责任和义务是什么？

2. 问问自己是否得到了最佳信息，信息是否可靠。

3. 不要回避做出自身应做的伦理决策，而且不要做不是你该做的伦理决策。

4. 小心建立依存的关系。确定你有足够的能力维持自己的标准。

5. 为了所有利益相关者尽全力履行义务，遵守法律和合同，不要使用欺骗手段，避免明知故犯（身体的、心理的、经济的或社会的）。

6. 记住“广告测试”或“日光测试”：当你明天早上开车上班时，你会很高兴地看见自己的决定出现在马路边的广告牌上吗？你的行为那时会理智吗？

资料来源：Adapted from Lane，Henry W.，DiStefano，Joseph J. and Maznevski，Martha L.，*International Management Behavior*. Cambridge，MA：Blackwell，1996.

性格差异

研究人员努力去认清那些能够成功预测人们不良行为的性格特征。

竞争型还是合作型

列维奇和鲁宾逊（1998）发现评价自己有进取心的学生会比评价自己善于合作的学生更显著地使用虚张声势、误述事实和其他狡猾的技巧。鲁宾逊、列维奇和多纳休（2000）报告竞争型的学生比合作型的学生更显著地使用伦理界限模糊策略。毫不奇怪，人们更有可能对竞争对手撒谎（Ross and Robertson，2000）。

斯坦尼尔和戴德勒（Steinel and de Dreu，2004）调查在类似囚徒困境的情况下，个人的社会价值取向是如何影响欺骗策略的使用的。社会价值取向是人们在特定环境下的偏好。毫不奇怪，在斯坦尼尔和戴德勒的研究中，重社会的人要比重自我的人对合作型伙伴更为诚实。有趣的是，当与竞争型伙伴打交道时，重社会的人却比重自我的人使用更多的欺骗手段。研究人员把这一奇怪的现象归为重社会的人被“过于同化”。换言之，他们对竞争型对手的反应可能是为了惩罚对方，要他们为其竞争取向负责。

权术主义

在第 15 章，我们讨论权术主义者的性格。权术主义者强调实用和权宜之计——“应付人最好的方法是说他们想听的”或者“不走捷径是很难成功的”。研究表明喜欢权术主义的人多是花言巧语之人，在需要时更可能撒谎，会毫无内疚地撒谎，他们的谎言更加令人信服和有效（Christie and Geis，1970）。[6] 权术主义者看上去像卑鄙行为的代言人。

控制点

每个人的控制点不同，即人们对所获得的结果大部分是源于自身的能力和努力（内部控制），还是命运、时机或环境（外部控制）的理解程度不同。研究普遍预测内在控制能力强的人更可能做他们认为对的事情（如他们有更强的社会价值系统或伦理准则），他们在充满不道德的诱惑的环境下对想要得到的结果有更强的控制力，欺骗和伦理决策的研究证据支持这一结论（Lefcourt，1982；Trevino and Youngblood，1990）。虽然控制点是不是谈判中选择策略的影响因素还有待观察，但其可能是促成伦理决策的可能因素。在第 15 章我们将更深入地探讨谈判中控制点的作用。

道德修养和个人价值观

许多研究人员研究人的道德修养和伦理决策的关系。科尔伯格（Kohlberg，1969）提出人的道德伦理判断是某一道德修养水平或阶段的结果。科尔伯格提出道德修养六阶段，分三个层次。

1. 前习俗层次（阶段 1 和 2）：在此层次，个人关心符合自身即时需求的具体结果，特别是外部奖励和惩罚。

2. 习俗层次（阶段 3 和 4）：个人根据当时所处的社会环境和同伴所认可的或社会所期望的来定义什么是对的。

3. 原则层次（阶段 5 和 6）：个人根据更加广泛的普遍价值观和原则确定什么是对的。

人们所处的阶段越高，他们的道德思维越复杂，所做的决策越合乎伦理。此外，伦理思辨是有性别差异的，如前所述，女性比男性更多地考虑别人，个人主义不那么强（Gilligan，1982）。

许多研究从道德修养角度来衡量伦理取向的力量（参见 Trevino，1986；Trevino and Youngblood，1990）。结果普遍揭示道德修养与伦理决策、乐于助人的行为和反抗试图玩弄阴谋诡计的权威人物正相关，与欺骗行为负相关。其他研究解释了更广义范畴的价值观差异。格洛弗、邦珀斯、洛根和切希拉（Glover，Bumpus，Logan and Ciesla，1997）广泛研究了伦理决策方面的诚实/正直和其他价值观，例如成就感、公平和对他人的关心。公平和成就感有选择地影响伦理决策，而诚实没有反映出任何伦理选择。这些结果合理地印证了试图衡量个人价值观、道德观和将它们与伦理决策联系起来的文献。

不良行为的情景影响

令谈判者愿意违反伦理的最后一组因素是情景因素。我们简要分析情景因素：谈判者过去使用不道德技巧的经历，运用这些手段的激励，对手的特点，与对方的关系，双方的权力和地位、沟通方式，谈判者是不是主要行为者或代理人，以及制约谈判过程的社会标准。

过去的经历

有研究显示过去的经历——特别是失败的经历——会增大谈判者运用不当策略的概率。施魏策尔、奥德涅斯和杜马（Schweitzer，Ordonez and Douma，2004）给学生不同的目标（尽量努力，实现某一目标或超越某一目标），然后让他们解决难题，控制他们的成功或失败。首先，有明确的目标会明显地影响成绩。如果被告知“尽量努力”，那么参与者会比被告知“实现目标”要更加诚实地汇报结果。必须完成目标的参与者比没有要求的参与者更可能夸大他们的工作业绩。当他们的实际成果接近目标时，他们会夸大自己的成功。如果他们认为根据整体的工作业绩“应该得到”报酬，更有可能夸大其词。

激励

第二个影响谈判者使用伦理界限模糊策略的因素是特殊场合下的激励。滕布伦斯（Tenbrunsel，1998）指出，更大的激励影响谈判者向对方歪曲事实的概率，激励也提高了谈判者对对方也会歪曲事实的预期。但是，判断谈判者对歪曲事实越来越敏感是因为对方也打算这么做或谈判者想要伪装自己不是件容易的事。

对手的特点

谈判者未必打算在谈判中使用欺骗或介于伦理边缘的技巧，但是当他们认为对方应付不了这些手段时他们会这么做。奥利卡恩斯和史密斯（Olekalns and Smith，2007）的研究显示，谈判者经常投机地采用这些策略。当认为对方仁慈、可信或者诚实时，谈判者更会通过隐瞒信息或歪曲信息来欺骗对手。这种模式反映了机会式的背叛，由于对方太弱，他们使用诡计的能力差、报复的可能性小，所以谈判者使用伦理界限模糊策略。研究还发现当对方被认为强有力时，歪曲信息更为常见。如果谈判力不是相对平衡的而是强大时，欺诈的运用不是出于投机而是为了防御。奥利卡恩斯和史密斯声称，对手强大使被占便宜的风险更高，因此，歪曲事实是为了公平竞争。

谈判者与对方的关系

谈判者与对方的关系从两个方面影响策略的使用倾向：过去的关系和未来的关系。例如，双方以前是竞争对手或合作伙伴，是朋友或敌人，相互感激或相互怨恨，谈判者过去的关系会影响当前的行为。格鲁德（Gruder，1971）的研究表明，如果谈判方和对手以往的经历是相互利用而不是合作的关系，那么谈判者可能会说假话，谈判更长时间，较少做出让步。同样，施魏策尔（1997）证实，学生会对陌生人撒谎而很少对朋友这样做。如果陌生人没有问尖锐的问题，学生更可能撒谎。

关于谈判者对对方目前和未来的行事风格的预期，我们也可以得出类似的结论。如果你带着怀疑的态度看对方——自私的、好斗的、虚伪的，那么你会采用欺骗策略，并声称自己的行为是自卫。但是，你会发现这种对行为的合理化很容易因恐惧和怀疑而发生扭曲，最终造成自然而然地使用不道德手段，到了这种地步，只需感受对方一点点的好胜或压榨式的行为，甚至想象这件事正在发生，你都会采取不道德手段，而这会使对方报复，做出谈判者预料的行为。

平衡这种自我实现动态循环的要素是谈判者期望关系是短期的还是长期的。在前面提到的列维奇和斯潘塞（1991）的研究中，参与者被告知期待与对方有一个短期或长期的合作关系。无论参与者和对手的动机是什么，期待短期关系的参与者要比期待长期关系的参与者更认同伦理界限模糊策略，这与为了未来的合作而在谈判中符合伦理规范行事是一致的（Volkema and Fleury，2002）。综合这些重要的研究成果，谈判者如果不期望自食其果，那么更愿意使用合乎伦理的策略。

相对谈判力

我们在本章前面讨论了谈判力与伦理之间的联系，发现谈判者会运用欺骗作为暂时压倒对方的手段。一般而言，有相对较强谈判力的谈判方更会运用卑劣的手段。但是另一项研究表明，谈判力强的谈判者更加经常地诈唬，很少与对手沟通（Cross，Kayser and Lamm，1980）。这个结果对某些人来说似乎矛盾。为什么谈判力强的谈判方（他们通过合法运用谈判力可以获取想要的结果）还要用卑劣的手段来增强他们的谈判力呢？答案在于权力的“陶醉”，权力腐化了强大方的思维。结果证实该理论不论是在实验研究中，还是在现实社会中都起作用。权力平衡状态下应该比权力失衡状态下产生更多的有德行为（在第 19 章里我们研究第三方的作用，如经常解决争议者，维持公平竞争环境的调停人）。

沟通方式

技术的变革影响了谈判各方相互沟通的方式。如第 7 章所述，电子邮件、短信、即时通信和视频会议为谈判方提供了更多沟通的方式（参见 Lewicki and Dineen，2002，关于“虚拟化”对谈判的全面影响）。证据显示，人们对欺骗手段是通过电子邮件还是其他沟通方式实施的看法是不一样的（Zhou，Burgoon，Nunamaker and Twitchell，2004）。问题是谈判者是否会或多或少地在双方没有面对面接触时（使用电话、电子邮件、语音留言或即时信息沟通）较多地使用伦理界限模糊策略。迄今为止的研究指向不同结果。施魏策尔、布罗德特和克罗森（Schweitzer，Brodt and Croson，2002）指出谈判者在面对面的情况下更会撒谎，因为他们认为能够观察对方的反应——以确保“谎言”产生预计效果。但是有人反驳，当谈判者没有面对面时，人际纽带更加脆弱（Friedman and Currall，2003），谈判者之间更缺乏信任、更多怀疑（Fortune and Brodt，2000）。面对面的情形迫使谈判者更加诚实合作，因为在面对面场合下因使用不良策略被识破会引起个人和情感上的后果（Thompson，1998）。有趣的是，当道德或伦理问题本身是讨论的话题时，电子邮件成为有利的媒介似乎可信，因为电子邮件沟通很少被打断，有时间让人做出反应，而且含有较少的情绪（van Es，French and Stellmaszek，2004）。很明显，谈判伦理和沟通方式之间的关联还需要更多的研究。

代理别人与代表自己的观点

你作为代理人时与你为自己谈判时处于不同的伦理框架下。如一位作者所写：

> 许多谈判者没有理解谈判的本质，因此造成自己在谈判的需求和自身的正直感之间发生冲突。混淆个人伦理观和商业道德的人不是有效率的谈判者。在谈判中充当代理者的人必须学会客观，个人目标要服从为委托人获得最佳利益的目标（Beckman，1977，引自 Lax and Sebenius，1986，p. 363）。

在第 11 章我们指出，谈判者经常在谈判中代表别人的观点而不是为自己的目标和利益谈判。许多学者提出，当人们为别人充当代理人时——特别是代理人的目标是获取最佳协议时，他们会更愿意违反个人伦理标准（Bowie and Freeman，1992）。本质上，充当代理人会让人们不再遵从自己的伦理准则，允许他们建立自己的合理标准，即为了最大化委托人的利益做任何事都是必要而合适的。

集体和组织标准和压力

许多谈判者遵从某一社会习俗来决定怎么行事。习俗是非正式的社会规则——应该做什么和不应该做什么。研究证明，团体和组织的习俗和压力在把不恰当的行为合理化方面起了关键作用（虽然该项研究没有专门涉及谈判场合）。以下是一些重要的发现和观察。

● 研究显示，不同企业的伦理氛围和文化有显著的不同（Newman，Round，Bhattacharya and Roy，2017；Victor and Cullen，1988）。企业在如何评价和赞同伦理行为或在不惜代价实现公司目标的情况下允许伦理边缘行为都是各异的。

● 企业作为整体会强调企业伦理和价值观，但是特殊工作团队、部门或组织内部的工作压力使得伦理界限模糊的行为得到允许，甚至被纵容。工作团队或部门的主要经理人的行为和做法在确定哪些行为合适上起了很大的作用，这些行为被员工认为是适当的行为（Tomlinson，Dineen and Lewicki，2004；Murphy，1992）。越忠诚、越有责任感的员工越心向组织，越有可能抛开自己的伦理判断做各种事情，甚至是卑鄙或违法的行为，去表现自己的忠心。

● 习俗必须是重要的，即与谈判者直接相关，才会产生影响。在研究伦理氛围对谈判的影响时，阿奎诺（1998）得出结论，当伦理标准对谈判者重要且相关时，谈判者采用欺骗手段的现象消失，促成更多的符合伦理的协议。类似地，罗斯和罗伯逊（Ross and Robertson，2000）发现人们在组织提供了明确的行为伦理准则后撒谎行为会减少（许多企业确实为员工提供了伦理行为准则，详见专栏 5.4 所举实例）。

专栏 5.4

企业伦理准则和谈判

许多企业给员工和股东印发企业认定的商业伦理行为准则。这些企业的行为准则都提到了谈判惯例，尤其是与供应商和顾客的关系方面的惯例。关于谈判，这些准则都没有具体到本章讨论的谈判者的伦理行为细节上，它们大多是关于“我们是公平诚实的”声明。这里有几个来自美国大公司的例子。

● 商业行为政策，辉瑞制药有限公司（Pfizer Inc.，2003，p. 13）。

在辉瑞，我们致力于公平竞争。这意味着我们所有的经营活动都遵纪守法。在这些规则下，不公平竞争或者商务中的欺诈行为都是非法的。这项禁止令包括但不限于虚假和误导性广告或者任何与销售有关的误述事实的形式。

● 伦理和商业行为准则，洛克希德·马丁公司（Lockheed Martin，2006，p. 23）。

如果你参与投标、投标准备或者合同谈判，你要保证对潜在客户所有的声明、通信和陈述必须是准确真实的。

● 伦理申明，沃尔玛（Walmart，2005，p. 17）。

沃尔玛与供应商的关系建立在合法、高效和公正的商业行为基础上……你必须尊重沃尔玛的供应商，公正诚实地对待他们，不得利用沃尔玛的商业影响不恰当地利用供应商。

- 商业行为准则，可口可乐公司（Coca-Cola Company，2006，p. 20）。

坚守自己的职责，我们会始终如一公正诚实地行动。你应该公平对待公司的客户、供应商、竞争对手和员工。任何董事、管理者或员工不能歪曲事实或采取不公平的商业行为来占取他人的好处。

知道斯坦利·米尔格拉姆（Stanley Milgram）著名的顺从实验的人会想起，服从权威的压力是很强大的（Milgram，1974）。这种压力在组织中是实际存在的，社会学家记录过压力怎样彻底摧毁一个人的正直（Brief，1992；Kelman and Hamilton，1989）。此外，一个人的道德思维越复杂，他对个人标准和组织需求之间的冲突就越理解（Mason and Mudrack，1997）。最极端的形式是，组织压力导致个人违背人性犯下触目惊心的罪行，如 20 世纪 40 年代纳粹对犹太人的大屠杀，1968 年越战中臭名昭著的美莱村屠杀，21 世纪初在伊拉克阿布格莱布监狱发生的虐囚事件。其他学者（Street，Robertson and Geiger，1997）声称，不断提高的责任的压力，包括想补偿损失反而损失更多的压力或者承担行动失败责任的压力，促使有关方采取一些原本会避免的、伦理上模棱两可的行为。

小结

研究显示，大量社会力量推动谈判者抛开个人的伦理标准，做了一些道德有问题的事情。

专栏 5.5

伦理决策：六个问题

在牵涉到伦理问题的情况下做决定需要快速回答一些复杂的问题。咨询师迈克尔·里恩（Michael Rion）认为，经理人有效地全盘考虑各种情形后就能受益。他的伦理决策指导方针建立在这样的基础上，即问问自己一系列关于所处情形的问题：

- 为什么这个情形困扰我？
- 还有谁会受到这个情形的影响？他们是如何被影响的？
- 这是我的责任吗？我该做些什么呢？
- 此处的伦理问题是什么（法律、公平、诚实等）？
- 其他人会怎样看待这种情况？
- 我的价值观和我的组织的价值观是正确的吗？

资料来源：Adapted from Rion，Michael，*The Responsible Manager*：*Practical Strategies for Ethical Decision Making*. Amherst，MA：Human Resource Development Press，1996.

5.7　谈判者如何应对对手运用欺骗手段

人们实际上经常撒谎（Adler，2007），因此本章不提谈判者认为对方在使用诡计时该怎么做是不完整的（在第 17 章会阐述这个问题，我们会分析控制损害的策略）。表 5 - 3 列举了判断他人是否在骗人的语言技巧。如果他人在欺骗人，该怎么办？看看下面这些研究人员识别出的能够用来判断对方是否骗人的一些语言技巧。

表 5 - 3　发现欺诈行为

技巧	解释和举例
恐吓	恐吓他说出真相，强迫他承认骗人。毫不废话地谴责对方、批评对方，提出各种尖锐的问题质问对方，佯装对他要说的不关心（“我对你在这件事上要说的任何话都不感兴趣”）
无效描述	强调继续骗人是无用的，而且是危险的：“真相迟早会被人知道的”“不要再自掘坟墓掩盖真相了”“你越掩盖，未来会越糟糕”“你骗人只会是孤零零的”
惭愧和宽慰	说出格言“直认无讳，身心泰然”（Confession is good for the soul.）。帮助因骗人而声名受损的对方减轻压力和紧张情绪
虚张声势	向对方谎称你已经发现他的伎俩：“你的罪行必将被发现。”告知你已知道了一切，只是不想说出来而已
稍微提醒	鼓励对方不停地说，这样你会获得分辨真假的信息。让他详细解释讨论的话题。提问但是表明你问问题是因为“别人想知道”。故意唱反调，问些轻松的问题。表扬对方，增加对方的信心，你会获得信息
最小化后果	淡化欺骗行为的后果。帮助对方找到要骗人的理由，最小化行动带来的后果，表明别人做得更坏，责备别人
反驳	为了发现更多的能帮你分辨话语中不一致和矛盾的信息，让对方全部说出来。指出和要求解释明显的矛盾之处。问说话者同一个问题数次，寻找回答中不一致之处。提出反驳，让对方解释。向说话人施加压力，让他出错或说出不想说的事情
改正信息	希望以改正信息为由诱使对方暴露他的欺骗行为。夸大其词，说你认为那是欺骗，希望对方能更正他的言论。向对方提出包含错误信息的问题，希望他能纠正
攻击防御弱点	让对方承认在某些信息上撒了点小谎，抓住这点逼迫他承认更大的谎言：“如果你在这件小事上撒了谎，我怎么相信你没在其他事情上撒谎？”
自我揭露	透露自己的事情，包括你也有过不诚实的经历，希望对方开始信任你，以揭露不诚实的行为作为回报
找出欺骗迹象	指出你在其他地方发现的迹象，如流汗、紧张、声音的改变、不敢直视等，说明他可能在骗人
表示关心	指出你真正关心对方的利益：“你对我很重要”“我真的关心你”“我懂你的苦处”
保持现状	训诫对方为了维持好名声要真诚。“其他人会怎么看？”唤醒他的骄傲和希望有个好名声的心理
直截了当	“告诉我真相”“让我们都诚实点”“你肯定不会反对告诉我一切”
沉默	制造“言语上的真空”，让对方感到不安，于是不停地透露信息。当他撒谎时，只需直视，保持沉默

资料来源：Adapted from Kalbfleisch，Pamela J.，“The Language of Detecting Deceit，”*Journal of Language and Social Psychology*，vol. 13，no. 4，December 1，1994，469 - 96.

问尖锐的问题

许多谈判者没有问足够多的问题，其实提问能够透露大量的信息，有些信息谈判者可能会刻意隐瞒（Schweitzer，1997；Schweitzer and Croson，1999）。在一项销售计算机的模拟谈判实验中（Schweitzer and Croson，1999），买家要么问卖家关于电脑的状况，要么不去问问题。多就电脑的质量提问会减少卖家谎言的数量，但是有些情况下会令卖家更多地运用隐瞒电脑信息的手段。提问题可以帮助谈判者判断对方是否在骗人，严密询问实际上会增大卖家在没有被问的场合下骗人的概率。

采用不同方式来阐述问题

法学家和伦理学家罗伯特·阿德勒（Robert Adler，2007）指出，骗人的谈判者通常都不会公然撒谎（这要冒诈骗罪的风险），相反，“他们逃避和躲闪真相，认定他们的言论会被误解或者不会被质疑”（p. 72）。以某种方式提出的问题会引出表面上真实但掩盖了提问者想要发现的实际真相的答案。来看下面的例子，作为想买房子的买家，我问“供热系统怎样？”卖家答“很好”，于是我下结论供热系统没有问题。其实，我应该问：“最后一次检查供热系统是什么时候？结果怎样？”（也可以问得更深，要求检查书面文件。）我会知道尽管此刻系统正常运转（“运转很好”），但检查后发现供热系统快报废了，需要明年更换。不同的问题会获得不同的答案。

迫使对方撒谎或避让

如果你发现对方在某件事情上吞吞吐吐，有可能骗人，但是对方没有在言语上做出明确的陈述，就向他提问，逼迫他直接撒谎（如果回答是错误的）或者放弃陈述。例如，如果卖房者暗示还有其他有兴趣的买家，就提问是否有其他开价，要一个明确的答案。这会是个有用的方法，因为研究表明人们更愿意隐瞒信息而不愿意直接骗人。有些人对耍伎俩或误导觉得心安理得，但是如果被迫正视某人的眼睛直接撒谎，他们会很快遭到良知的拷问。抛开良心不说，这种问题会让对方感到紧张，他要为其奸诈的谈判行为负责任。因此，适时地提出尖锐直接的问题会诱使对手退避而不敢当面撒谎（当然，病态的谎言有可能升级而演变成挑衅）。

测试对方

无法确定对方是不是那种会撒谎的人怎么办？阿德勒（2007）建议问对方一个你明知答案的问题。如果对方在躲避或欺骗，你就知道对方的一些重要情况以及他的可信度。你要是觉得对方的忠诚摇摆不定，阿德勒建议在谈判中做好记录（邀请对方确认你的记录的准确性），这样便于日后有据可查。

“说出”策略

向对方透露你知道他在虚张声势或骗人，有技巧且坚定地这么做，说出你的不悦。但是要记住，发现撒谎不是件容易的事——见专栏 5.6。错误地说对方是骗子或者是个卑鄙的谈判者当然不会有好的结果。

专栏 5.6

世上有没有“诚实的面孔”

虽然人们一般不是特别擅长发现谎言，但是有些人一直相信能通过观察人的脸分辨出来，其根据就是人们表现出诚实或不诚实是有规律可循的。但是这样的判断准确率是多少呢？

有项研究让参与者看人（包括小孩、青少年和成人）的照片，根据脸部情况来为他们的吸引力和诚实打分。

将打分的结果和照片中的人自我评价的结果进行比较，结果发现脸部的样子，如吸引力、“婴儿脸”、眼睛的大小和脸部的对称都会造成观察者认为他们是否更诚实。自我报告揭示出，看上去老实的男性随着年纪变大在实际生活中也更加诚实。年轻时喜欢撒谎的女性随着年龄的增长看上去显得更加诚实，即使她们的行为并没有显著的变化。项目参与者能够准确地辨认出年长组中最诚实的男性，但是对女性的评估基本不准确。

研究人员得出结论，男性的脸更准确地反映了他们的诚实倾向，但是女性的脸对于反映诚实不是一个特别有效的指标。

资料来源：Adapted from Zebrowitz，Leslie A.，Voinescu，Luminita，and Collins，Mary Ann，“Wide-Eyed and Crooked-Faced：Determinants of Perceived and Real Honesty Across the Life Span，” *Personality and Social Psychology Bulletin*，vol. 22，no. 12，December 1，1996，1258－1269.

忽略策略

如果你知道对方在虚张声势或者撒谎，不予理睬，尤其是当欺骗在谈判中不重要时。有人会谎称这是他们的谈判艺术和方法，而不会有伦理观或道德的罪恶感。谈判者不时地做出不明智的承诺——一些日后他们会后悔答应的事情或者后悔舍弃的方案，有时帮助谈判者逃避承诺和挽回面子是为了对方的利益。当出发点是纯真无邪的而不是堕落腐化的时，类似的逻辑可以应用到虚假的陈述中去：让它去吧，不要让别人难堪，过去的就过去吧（表 5－3 提出了其他怀疑对方在骗人时应对的建议）。

讨论你的所见以及能为对方改正做些什么

这是“说出策略”的另一种形式。它试图让对方相信从长期来看，讲真话让他得到的要比欺骗得来的更多。

以其人之道还治其人之身

如果对方欺骗，你也欺骗；如果对方虚情假意，你也虚情假意。我们一点也不推荐这种方法，因为这只是破坏行为的升级，会把你拖入和对方纠缠的泥沼，但是如果他认为你也在撒谎，他会意识到他的伎俩不起作用。当然，如果对方的谎言十分直接、极端以至于升级成法律可诉欺诈行为，你模仿他就不是个好办法。一般来说，以其人之道还治其人之身的方法最好作为最后的手段。

本章小结

谈判过程经常引发重要的伦理问题。本章中，我们讨论了谈判者所需考虑的分辨某些技巧是否具有欺骗性、是否符合道德标准。有关谈判的大部分著作都是强调伦理上什么该做和什么不该做，我们则提出了一种分析方法，聚焦于谈判者如何决定什么时间和什么场合下使用特殊手段。相应地，我们从决策框架中引出伦理界限模糊策略的研究，分析谈判者做决策背后的伦理选择。

首先，我们假设一些场景来讨论谈判过程中伦理问题是如何出现的。然后，我们提出四种基本的伦理思维方法（伦理观），说明每种方法是如何影响谈判中的伦理决策的。我们提出谈判者在谈判中操纵（假设准确的）信息，决定使用伦理界限模糊（或者完全卑劣的）策略是出于增强谈判力的目的。我们讨论了伦理界限模糊策略的不同表现形式，回顾了有关该策略使用的研究。

我们根据伦理决策的简单模型，分析了采用不道德谈判手段的动机和后果。随后，我们扩展了该模型，认清可能影响该策略运用的个体差异和情景因素。最后，我们提出谈判者如何应对使用欺骗手段或耍花招的对手。

本章末尾处，我们建议打算使用诡计的谈判者问问自己下列问题：

- 这些策略会提高我的谈判力，帮我实现目标吗？
- 这些策略一旦运用，会怎样影响将来我同对方的关系？
- 这些策略会怎样影响我作为谈判者的个人和职业名声？

谈判者经常忽略一个事实，即虽然阴谋诡计或权宜之计短期内会给他们带来利益，但是长期来看，这些技巧会导致其名誉扫地，策略也会慢慢失效。

关键术语

伦理（ethics）：在特定情况下分辨是非，被公众广泛接受的社会标准，或者是制定这些标准的过程。伦理不同于道德，道德是个体和个人关于是非的观念。伦理来自特殊的人生观，其目的是：（1）界定人类所在世界的本质；（2）规定共同生存的准则。

终局伦理观（end-result ethics）：一种认为行为的正确性是由结果来决定的伦理观念。

道义伦理观（duty ethics）：一种认为行为的正确性是由普遍标准和原则来决定的伦理观念。

社会契约伦理观（social contract ethics）：一种认为行为的正确性是由某社会团体的习俗和标准来决定的伦理观念。

问己伦理观（personalistic ethics）：一种认为行为的正确性是由个人的良知来决定的伦理观念。人们不用依据事情的结果、道义或社会标准来判断什么是道德规范，而只需简单地问问自己的良心。

伦理界限模糊的策略（ethically ambiguous tactics）或者伦理边缘策略（marginally ethical tactics）：徘徊在伦理边界上的策略。

传统竞争性谈判（traditional competitive bargaining）：谈判中一些传统的谈判技巧，比如不随意透露个人的意图、开价过高等。

情感操控（emotional manipulation）：一种控制情感的谈判技巧，如假装生气、害怕、失望；假装高兴、满意。

误述事实（misrepresentation）：一种谈判技巧，如歪曲信息或谈判事实。

破坏对手的关系网（misrepresentation to opponent's networks）：一种污蔑对手声誉的谈判技巧。

不当的信息收集（inappropriate information gathering）：一种谈判技巧，如贿赂、渗入、窃取等。

虚张声势（bluffing）：一种谈判技巧，如威胁或虚伪的许诺等。

隐瞒式欺骗（deception by omission）：一种谈判技巧，如不透露对对方有利的信息。

蓄意式欺骗（deception by commission）：一种谈判技巧，如谎述共同利益。

竞争性的谈判者（competitive negotiators）：追求最大化个人结果，不顾他人利益的谈判者。

控制点（locus of control）：人们对所获得的结果大部分是源于自身的能力和努力（内部控制），还是命运、时机或环境（外部控制）的理解程度。

前习俗层次（preconventional level）：在此层次，个人关心符合自身即时需求的具体结果，特别是外部奖励和惩罚。

习俗层次（conventional level）：在此层次，个人根据当时所处的社会环境和同伴所认可的或社会所期望的来定义什么是对的。

原则层次（principled level）：个人根据更加广泛的普遍价值观和原则确定什么是对的。

注 释

[1] See Boatright (2000); De George (2006); Donaldson and Werhane (2008); Green (1994); Rachels (2003) for elaborations of these approaches.

[2] *The American Heritage Dictionary of the English Language* (3rd edition), 1992, © Boston, MA: Houghton Mifflin.

[3] See Kelley (1966).

[4] The accompanying box (5. 1) on the legality of lying in negotiation addresses U.S. law. Obviously, legal systems vary from country to country, and so will legal doctrine regarding deception and fraud in negotiation.

[5] See also Fulmer, Barry, and Long (2009); Lewicki (1983); Lewicki and Spencer (1990); Lewicki and Stark (1995); Robinson, Lewicki, and Donahue (2000).

[6] See also Braginsky (1970); Exline, Thibaut, Hickey, and Gumpert (1970); Geis and Moon (1981); Ross and Robertson (2000).

N E G O T I A T I O N

第6章

感知、认知与情感

学习目标

- 理解感知、认知与情感在谈判中的重要作用。
- 探索感知如何造成偏差，并导致谈判和判断中的偏差。
- 思考偏见和谈判框架如何影响认知（信息处理过程），以及情感和情绪如何影响谈判。
- 理解情感、情绪对谈判过程和结果的影响。
- 获得如何管理谈判情境中的感知、认知和情感的建议。

人类的一切社会活动都受到人们对活动对象的认知、当时的情境以及自身的利益和立场的支配，从这个意义上说，感知、认知和情感是构成包括谈判在内的一切社会交往的基本模块。了解人们是如何感知周围环境、处理信息和经历不同情况的，对于理解人们在谈判中的行为方式十分重要。

本章我们从分析心理学上的感知与谈判过程的关系入手，重点分析那些可导致谈判者出现理解问题和表达问题的感知失真的形式。然后，讨论谈判者如何利用信息做出战略和战术决策，也就是认知过程。认知的讨论从两个方面展开：一是我们将重点放在确定框架上，即战略性地运用信息并明确表达所谈问题或者谈判形势；二是讨论在信息处理过程中谈判者容易出现的以及影响谈判效果的各种系统偏差，也称认知偏差。在本章中，我们还将讨论谈判者如何解决错误感知和认知偏差问题才能取得最大的战略优势和最大限度地消除其带来的不利影响。

社会交往不仅仅是感知和认知的问题。我们在与他人的交往过程中也在体验和表达情感。当然，在谈判过程中也不例外。在本章的最后一节，我们将讨论情绪和情感在谈判中所起的作用。情绪和情感既是在谈判中表现出某种行为的原因，也是谈判结局产生的结果。

6.1 感知

感知的定义

感知是个人与其所处环境相联系的过程。我们感兴趣的是个人在同诸如谈判情境这样的社会环境联系时的感知。谈判者如何对待每一场谈判，受其对以往谈判情境的感知、对当前态度和行为的感知支配。一个人理解信息和事件的方式会受到许多事情的影响，比如感知者当时的思想状态、角色，还有对以往交流的理解。[1]谈判的目的在于准确地感知并诠释另一方在说什么，想表达什么。当然还取决于其他参与方对情境的感知以及感知者自身的行为方式。长期以来人们对感知的定义是：对刺激进行筛选并诠释，因此对个人有独特意义（Steers，1984，p. 98）。感知是一个“意义建构”的过程。人们解释他们的环境所具有的意义，然后才能恰当地做出反应（参见图 6－1）。环境通常是错综复杂的，有大量形形色色的刺激源，每个刺激源又都有不同的属性，如数量、颜色、形状、构造等。有许多可使人们迅速处理信息的感知“捷径”。遗憾的是，由此带来的感知效率的提高是以牺牲感知的准确性为代价的。接下来我们看看感知失真如何具体影响谈判。

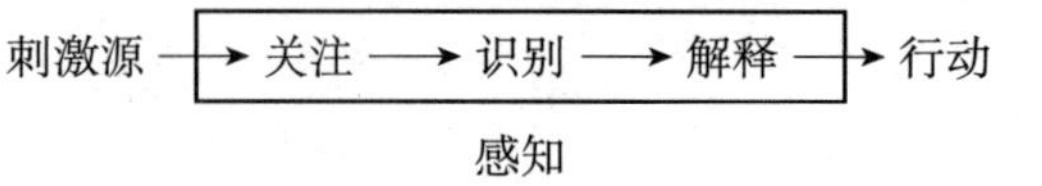

图 6－1 感知过程

感知失真

在任何特定的谈判中，感知者自身的需要、愿望、动机以及个人经验都可能使其对对方的感知产生一种倾向性。这种倾向性就是导致感知和后续的沟通出现偏见和偏差的主要原因。关于感知和交流的研究可以追溯到几十年前（比如 Bruner and Tagiuri，1954），而在谈判中涉及这个话题的研究则晚了许多（比如 Thompson，1995）。我们将讨论 4 种主要的感知偏差：刻板印象、晕轮效应、选择性感知和投射作用。刻板印象和晕轮效应是由于以点概面而导致感知失真，即用少量的感知信息得出对个体带有普遍性的结论。相反，选择性感知和投射作用则是由于预测他人具有某些特性和品质导致的感知失真。感知者滤除和曲解了信息，从而得出不符合实情的观点。

刻板印象

刻板印象是感知过程中一种非常普遍的失真现象。当人们以他人属于某一特定的社会群体或人口群体为依据，而将某些特性强加给他人时就会产生刻板印象。刻板印象的形成对象是各种不同的群体，如年轻的一代、男性或者女性、意大利人或者德国人，还有不同种族、不同宗教信仰的人以及不同性取向的人等。针对每一个群体，刻板印象的形成过程是一致的。人们基于一点感知信息（如这个个体是年轻人还是老年人）便将一个个体归属于某一群体，然后将这个群体具有的各种特性强加给这个个体（如“老年人都保守，这个人是老年人，因此也保守”或者“年轻人都不懂礼貌，这个人是年轻人，所以也不懂礼貌”）。得出老年个体是保守的这样的结论可能并没有事实依据，它所基于的只是普遍认为老年人群体具有保守的特性，这种看法也许准确，也许不准确。将某一群体所具有的特性强加给某一个体就会出现偏差。

刻板印象一旦形成，通常很难改变。人们用单一的标准，甚至是一个随意采用的标准来划分不同的群体，促使群体成员将自己定义成“我们”，而将其他群体定义成“他们”，然后在“我们”与“他们”之间进行评价性比较。在某些特定的情况下，人们更有可能认同刻板印象。比如时间压力、认识压力和心情都会使人们更加依赖于刻板印象（de Dreu，2003；Forgas and Fiedler，1996；Devine，1989）。群体之间资源的竞争、价值观以及意识形态的冲突等显著强化了刻板印象的形成（Sherif，Harvey，White，Hood and Sherif，1988）。

晕轮效应

感知中的晕轮效应与刻板印象类似，不同之处是它不是以群体成员作为分类的依据，而是根据对个体的某一个特性的了解归纳出其他各种特性（Cooper，1981）。例如，面带微笑的人被认为比紧锁眉头或愁容满面的人更诚实，而微笑和诚实之间并没有必然的联系。晕轮效应可能是正面的，也可能是负面的。如果是从一个好的特性出发来归纳一个人其他的特性，对这个人的评价就会很高；反之，如果从一个不好的特性出发，则会得出完全相反的结论。一个特性对个体总体评价的影响力越大，就越有可能用于得出与第一印象相一致的看法。感知中的晕轮效应常发生于：（1）对一个人在某些方面没有任何感性认识之时（因此，只能从对这个人其他方面的认识来得出一般性的结论）；（2）当这个人很出名时；（3）当这些特性具有很强的道德含义时（Bruner and Tagiuri，1954）。

晕轮效应和刻板印象都是谈判中常见的“公害”。谈判者容易（或在压力下）根据最初的一点有限的信息（如外表、所属群体或者最初的讲话等）很快地形成对对方的印象。谈判者对对方的第一印象往往一直保持到双方有了更深一步的了解，在这个过程中不断加入新的信息，逐步形成前后一致的看法。需要说明的是，如布鲁纳和塔久瑞（Bruner and Tagiuri）指出的，对对方形成的道德方面的印象，如诚实或不诚实、道德或不道德，很容易影响到对其他多方面特性的感知。

选择性感知

选择性感知出现在人们仅看到支持或强化以往认知的信息而忽略不支持以往认知的信息之时。选择性感知具有使刻板印象和晕轮效应永久化的作用：在有限的信息的基础上，对个体形成第一印象后，人们可能就会摒弃有悖于第一印象的证据。对方使谈判者认为其诚实或者富有合作性的最初的一个微笑，可能导致谈判者忽视一切可能体现对方工于心计或者争强好斗的言行。如果谈判者认为对方最初的微笑是一种假笑，那么谈判者可能就会对对方为建立诚实、合作的关系而付出的努力视而不见。在这两种情况下，谈判者自身的偏差，即先入为主地将对方的微笑视为诚实或者不诚实的表现，很容易影响谈判者对对方行为的正确感知和理解。

投射作用

投射作用产生于人们将自身的特性或获得的感受强加给别人时。投射作用通常是出于保护自我的需要，即认为自己永远正确和友善。谈判者可能认为如果对方处于他们的位置，也会有同样的表现（也会以相同的方式做出回应）。例如，如果谈判者认为自己处于对方所处的情境时会感到沮丧，那么他也会表现出沮丧的情绪。然而，人们对相似情况的反应往往差异较大，因此将个人的情感和信念投射给其他谈判者可能会出现偏差。比如，如果谈判者对推迟谈判确实感到很焦虑，但又必须告诉对方谈判不可避免地要推迟时，他可能寄希望于对方在听到这个消息时也表现出沮丧。对方可能会感到沮丧，也有可能会感到高兴，因为这可能给他们完成另一个项目创造了机会。沮丧只是谈判者心态的一种投射。当谈判者具有这种投射的心理时，很可能会过度估量另一方了解他们偏好或想法的程度。换句话说，谈判者倾向于认为自己的偏好可以更明显地为对方所了解（Van Boven，Gilovic and Medvec，2003）。

感知偏差

感知偏差会影响谈判过程的诸多方面，而且一旦形成会持续相当长一段时间。虽然感知偏差有助于个人对复杂的环境和情况有一些快速的感性认识，但随之而来的是巨大的代价——感知错误。感知错误通常在人们没有意识到的时候发生，而且常常带来意想不到的不好结果。例如，感知偏差会影响对于另一方的期望，对对方立场、合作或妥协的意愿做出假设，这些假设反过来会让谈判者在谈判早期就采取一种竞争、防御的立场。这一连串的事件带来的问题是：如果最早的假设是错误的，那么谈判者就无法改变这些假设带来的后果；等到谈判者可以较为准确地判断对方的倾向性时，对方会把谈判者最开始采取的带有竞争性和防御性的方式看成是具有攻击性的敌对行为。当不同团队长期处于敌对关系时，比如，工会和管理层由于激烈的罢工而相持不下，夫妻在办理离婚时，这类问题会变得格外尖锐。

6.2 确定框架

感知和谈判中的另一个重要问题是确定框架问题。框架是人们借以评估和认识所处环境，从而决定应该采取或者避免采取哪些行动的一种主观机制（Bateson，1972；Goffman，1974）。确定框架有助于说明“谈判者如何根据过去的经验来设想一整套行动”。确定框架和重新确定框架，以及信息和立场的重新评估与信息处理过程、信息模型、语言暗示、社会意识有着密切的联系（Putnam and Holmer，1992，p. 129）。确定框架是对我们周围世界的关注、定型和组织，也就是理解错综复杂的现实并用我们所能理解的语言加以定义。简言之，框架给人、事件或者过程明确了一个范围，并将它们与周围的复杂世界区别开来（Buechler，2000）。

在研究认知过程、决策、说服以及沟通的社会学家中，确定框架已经成为一个非常流行的概念。人们认识到处于同样情境下或者遇到同样的复杂问题的两个人或者多个人，常常以不同的方式来看待或者界定他们所处的情境或者遇到的问题。确定框架正是随着这种认识的深入而流行起来的（Thompson，1998）。例如，两个人走进同一间挤满人的房间但看到的场面是不一样的，一个人（性格外向者）看到的是一场盛大的舞会，另一人（性格内向者）看到的却是令人惶恐、局促不安的人群。因为人们有着不同的背景、经历、期望值和需要，因此会用不同的眼光或框架去看待人、事件和过程，而且他们的眼光或框架还会随着观点而改变，或者随着时间而改变。两个小男孩之间的追人游戏可能变成一场斗殴；橄榄球四分卫触地得分时是“英雄”，但如果被中途拦截就成了“狗熊”。

框架在谈判中非常重要，因为人们可能遇到同样的争论，但是由于“人们的背景、专业或者过去的经历不同，就可能以完全不同的眼光来感知这些分歧”（Roth and Sheppard，1995）。框架就是对这些个体化的情境解释进行标注的一种方式。框架在描述各方在讨论各自偏好和优先级时出现并形成。在谈判各方讨论各自的偏好和优先事项的过程中，框架就会浮现并逐渐凸显，它使各方开始明确与当前情境相关的共同存在的问题，以及解决这些问题的过程（Caputo，2013）。

谈判各方确定框架和明确所要谈判的问题，清晰地反映出谈判者的以下信息：他们认为什么是实现谈判目标的关键，对某种可能的谈判结果的偏爱程度和期望值，寻求利用什么样的信息来支撑他们的观点，用什么样的程序来表达他们的观点，以及以什么样的方式来评估实际结果。[2]框架的出现是不可避免的，而且没有人能够回避框架。当人们从某一个方面对复杂的社会状况做出定义或清晰地表达出自己的看法时，就已经暗含着选择了某些框架而忽略了其他框架。对于谈判者而言，这个过程并不是刻意选择的过程。人们可以基于过去烂熟于心的经验、根深蒂固的看法和价值观或者强烈的情感来确定针对某种情境的框架。框架也可以基于不同类型的信息或者提供信息时的场景形成。

在后续的内容中，我们将从以下几个方面讨论框架问题：

- 框架的不同类型。
- 框架在谈判情境中是如何发挥作用的。
- 通过利益、权力、谈判力确定谈判框架。
- 框架如何随着谈判形势的发展而变化。

框架的类型

有些学者对不同背景下的框架类型进行了研究。借用在环境纠纷中的框架（Gray，1997；Gray and Donnellon，1989；Lewicki，Gray and Elliott，2003）和其他文章

(Trötschel, et al., 2015)，我们提供如下谈判各方在处理纠纷时采用的框架类型。

1. 实质型——面对冲突，采用实质型框架的谈判者直接针对冲突中的关键问题或者冲突焦点。

2. 结果型——谈判者倾向于在谈判中达成某种具体的结果。如果谈判者希望取得具体的、有倾向性的结果，那么他的主导框架可能就是所有的战略、战术以及沟通都围绕着取得这个结果而展开。坚定地采用结果型框架的谈判者很有可能进行竞争型谈判（单赢或两败俱伤）而不是其他类型的谈判。

3. 愿望型——在谈判中倾向于满足多方面的利益或者需要，不是以某一具体的结果为重点，而是试图确保基本利益和需要得到满足，或者基本问题得到解决。坚定地采用愿望型框架的谈判者很可能进行合作型谈判（双赢）而不是其他类型的谈判。

4. 过程型——谈判者如何解决冲突。坚定地采用过程型框架的谈判者与其他类型的谈判者相比，很有可能对具体的谈判结果关注较少，更多地关注谈判如何进行，或者如何解决分歧。当谈判的主要矛盾是程序性的而不是实质性的时，过程型框架就会显示其强大的作用。

5. 身份型——谈判者如何定义他们的身份。谈判者来自不同社会群体，如按性别、信仰、民族、出生地、现居地等划分的社会群体，这些都是人们可用于确定自己的身份并使自己有别于他人的分类方法。

6. 个性型——谈判者如何定义对方。个性型框架可依据与对方的经历、对方的历史和声誉等信息，或者对方在谈判初期的表现而清晰地形成。身份型框架往往是正面的，而个性型框架往往是消极的，二者相互冲突。

7. 输赢型——谈判者如何确定某一谈判结果的风险和回报。例如，在销售谈判中，购买方可能从损失（采购的货币成本）或者盈利（物品的价值）两个方面来看待这笔交易。我们将在本章有关认知偏差的内容中详细讨论这种类型的框架。

框架在谈判中的作用

尽管人们认同框架的概念及其在谈判中的作用，但是这个领域的研究很难进行。除非对方告知（听对方说或者从对方的话语中判断）或者从对方的举止中推断，否则要想得知对方采用什么样的框架是很难的。猜测对方采用的框架是很难的，而且常常漏洞百出。再者，在听对方告知或者从对方的言谈举止中判断其采用的框架的过程中，也可能会带有偏见。有关框架问题的研究成果有助于我们理解谈判各方如何确定谈判的本质，如何通过沟通来为各自的框架辩护和改变对方的意向，如何在各方的框架显然不一致的情况下消除分歧。以下是对谈判记录进行语言学分析（Gray，1991，1997；Lewicki，Gray and Elliott，2003）和对框架效果分析时得出的一些重要结论。

1. 谈判者可能采用的框架不止一种。某土地开发商讨论在一片湿地建设高尔夫球场存在的冲突时，可能谈及高尔夫球场（实质型框架），谈及他倾向于如何填平湿地（结果型框架），谈及邻近居民以及环境组织决定如何处置这些私有的湿地时需要多大的投入（过程型框架），谈及他对这些环境组织的看法（个性型框架）。

2. 谈判各方在框架上的不协调是导致冲突的根源。谈判双方可能从不同的框架出发展开谈判（如一方采用结果型框架，而另一方采用过程型框架），也可能采用的框架相同但内容不同（如双方都采用过程型框架，但倾向于不同的过程），还可能双方的抽象层次不同（如一方采用广义的愿望型框架，而另一方采用特定的结果型框架）。诸如此类的不协调都可能产生冲突和歧义，使双方产生误解，最终导致冲突升级甚至使谈判陷入僵局，也可能导致双方重新确定框架，使双方的框架更加相容，最终使问题得到解决。如果冲突十分激烈，没有第三方的帮助，双方几乎没有可能重新确定框架（参见第 19 章）。

3. 不同类型的框架可能导致不同类型的谈判。谈判者会根据不同的框架想出某些策略、做出相应的认识和情感的回应（Caputo，2013）。例如，如果谈判者采用的是一个感情用事的谈判框架，那么他们往往会全情投入并且会表现得非常好斗，更容易让谈判进入死胡同（Conlon and Hunt，2002；Hunt and Kernan，2005）。采用身份型框架的谈判者更倾向于在谈判时保护已有的身份，会拒绝那些威胁到他们个人或社会身份的信息和提议，也会对谈判产生不利影响（Cohen et al.，2007）。

4. 针对某些类型的问题很可能采用特定的框架。就薪资问题进行谈判的谈判者可能采用结果型框架，针对关系问题展开谈判的谈判者很可能采用个性型框架。

5. 不同类型的谈判会使用不同类型的谈判框架。比如，达成整合式协议的谈判方往往使用愿望型框架，并在深思熟虑之后对大量的项目进行讨论；反之，当谈判者使用结果型框架或是消极描述的框架时很可能会对另一方持有消极看法，并对某些特定的结果有强烈的偏好——这会加剧冲突，带来竞争型的谈判结果（或者根本就达不成任何协议）。

6. 谈判各方出于各种考虑很可能采用某种特定的框架。谈判者在价值观、个性、权力、背景以及社会关系等方面存在差异，可能导致谈判者采用不同的谈判框架。专栏 6.1 给出了一个具体的案例，其中的许多因素会在接下来的各章有更深入的探讨，如第 8 章、第 15 章和第 16 章。

专栏 6.1

中国式谈判框架

虽然娴熟的谈判者都知道谈判双方采用的谈判框架是由其经验和文化所决定的，但是很少有人能够做到不以批判的眼光来审视与其感知冲突的文化因素。例如，乔治城大学（Georgetown University）的凯瑟琳·廷斯利（Catherine Tinsley）从中国文化中归纳出在中国进行谈判的谈判者应当认识的 5 个概念。

- 社会关系。中国人认为对一个人的认识应该立足于更大的社会群体背景，而不是将其作为孤立的个体来看待。
- 和谐。由于人生来便处于一定的社会关系当中，因此人们非常重视和平共处。
- 角色。为了保持社会和谐，人们必须理解和按照关系网络中的角色要求行事。角色不仅决定了人们在社会关系中所处的位置，也明确了其担负的责任、掌握的权力和应有的特权。
- 相互的责任。不同的角色决定了人们在社会关系网络中应承担的责任。这些责任一直传承下去，从而巩固了一代又一代人之间的社会关系。
- 面子。中国人非常看重“面子”，在社会交往中这是一个非常重要的问题。如果一个人的行为举止与其角色不相称或者未能履行相应的义务，便会感到丢了面子。

谈判时必须慎重考虑文化对如何看待冲突的影响。例如，谈判者可能借助个人关系网来取得理想的结果。这种认识被廷斯利称为“关系型谈判框架”，它允许谈判者通过寻求有权势者的支持和借助自己的社会合法地位来增强自己的谈判力。处于关系型框架中的谈判各方很可能征求来自外部的意见，调整立场并使之与更大的社会集体的目标相一致，这也许是一种非常有效的战略。

资料来源：Tinsley，C. H.，“Understanding Conflict in a Chinese Cultural Context，” in Lewicki，R. J. Bies，R. J.，and Sheppard，B. H.，eds.，“Research on Negotiation in Organizations，” *JAI Press*，vol. 6，January 1997，209－225.

另一种解决框架问题的方法：利益、对错与权力

尤里、布雷特和戈德堡（Ury，Brett and Goldberg，1988）还提出了一种解决框架问题的方法，建议冲突中的各方采用如下三种框架之一。

1. 利益。人们通常关注自己的需要、期望和要求。当人们谈及“立场”时，通常是指潜在的利益。某人说他需要一部能发送文本的手机，但实际上他需要的是一个新的电子玩具，因为他的朋友们都有这样的玩具。在争端中注重利益的各方通常能够找到解决问题的方法。

2. 对错。人们通常还关心谁对谁错，即谁是合法的、谁是正确的或者如何才是公平的。关于对与错的争执通常是通过帮助相关各方找到一条确定谁对或者双方都可能对的公平途径来加以解决。这种解决方式通常必须采用一些标准或规则，比如轮流处理、各打五十大板、长者优先等。在谁对谁错的争执中，通常要由正式或者非正式的仲裁者来决定按照谁的标准来评定对错更恰当（参见第19章）。

3. 权力。人们可能也希望借助权力来解决谈判。借助权力解决谈判问题，有时凭借的是谁的权势大或者谁可以压倒对方。但是，通过这种方式解决谈判问题，更多的是投入其他类型的成本，如经济实力、专有技术、法定权力等。借助权力解决争端通常的结局是一输一赢，使结果走向极端。

谈判者可以选择借助利益、对错还有权力来解决谈判问题。同样的谈判可以通过不同的框架来解决，但产生的结果不同。例如，一个学生与校园附近的汽车修理店就汽车维修费用问题产生了争执，学生认为汽车修理店收取的费用高得离谱，有些维修工作不是他要求做的，而且修理店用了最昂贵的配件，甚至在维修完成之前连账单都没有给他看过。这个学生可以采用以下三种框架之一来解决争端。

（1）利益。这个学生可能想：“汽车修理店店主有权对高质量的工作收取一个公平的价格。我会试着弄明白店主对修理费的要价体系；在这个过程中，我们会讨论这次维修的合理价格是多少，然后我会支付要求的金额，而且我很有可能还会再来光顾这家店。”

（2）对错。这个学生在某个夏天曾在一个汽车修理厂工作过，知道汽车修理费是按照标准手册上列明的劳动成本（工作小时数×每小时工资）加上那些零部件的成本计算的。“我会请求查看这本手册以及这些零部件的发票。我还会到之前工作过的修理厂问问是否认为这次的价格虚高。然后我会提出要依据零部件成本加上工人的每小时工资进行支付。”

（3）权力。“我会到修理店对店主要高价的行为大喊大叫，还会威胁要告诉所有的朋友不要再来这家修理店了。此外，我要给报社写信，说明这家修理店的恶劣行径。我

的妈妈是律师，我可以让她给店主打个电话。我会给他们点教训的!”

请注意，不同的框架导致学生与修理店店主之间的谈判完全不同，而且学生解决问题的方式也会影响店主如何做出回应。学生越是借助权力解决问题，店主也就越有可能动用自己的权力予以反击（如，学生不付钱就扣车、在费用问题上毫不退让、让自己的律师解决问题等），从而导致双方矛盾激化，可能最终诉诸法庭。相反，如果学生更多地运用利益框架，修理店老板也很可能采用利益框架，双方会就所提供的服务哪些是合理的展开谈判。虽然学生最后可能支付的多一些（与他借助权力赢得这场争执相比），但是谈判的基调可能截然不同，而且学生有可能处于更有利的位置获得折扣或者长期回报。

问题的框架随着谈判的进展而变化

谈判中明确的重要问题会随着谈判的进展而改变。不要仅仅重视谈判各方在开始谈判时所采用的主导框架，注意框架随着谈判各方的相互沟通而发生的变化（转换）。例如，费尔斯特纳、埃布尔和萨拉特（Felstiner，Abel and Sarat，1980—1981）针对法律纠纷的一项著名的研究成果指出，这些纠纷在“明确问题、分清责任和提出诉求”的过程中呈现不同的形式。明确问题意味着在纠纷中各方标识或辨别出问题并明确具体细节。分清责任是在明确问题之后，各方试图确定谁或者什么原因导致问题产生。提出诉求是遇到问题的一方试图针对引起问题的一方，决定如何抗衡、如何罚款或者采取其他行动。

谈判各方就谈判组合中的各类问题展开的对话沟通左右着谈判者的谈判框架。尽管谈判双方最初可能利用类似于我们前面介绍的各类谈判框架进行谈判，但是由于每一方都试图维护自己的立场反对对方的立场，因此双方据此展开的沟通过程左右着谈判。至少有 4 个因素影响着双方之间的对话。

1. 谈判者讨论的往往是一些老生常谈或者每次谈判都要谈的问题。例如，在劳资谈判中，可能总是要谈及工资和工作条件问题。不仅工会总是提起这些问题，资方也预计会提出这些问题，并做好了回应的准备。詹森（Jensen，1995）称对核心问题的谈判可以重组，包括更多或更少的问题，从而提高找到解决办法的可能性。关于全球性谈判，斯佩克特（Spector，1995）认为在“民族主义、道德或意识形态”框架下的冲突可能很难解决，在这类冲突中，调解人的一个主要任务是提出一些创新性的新框架（参见第 19 章）。

2. 双方都试图使谈判朝有利于自己的立场或者观点的方向发展。一方收集事实、数据或者其他有利的证据，说服对方接受自己的观点或论点。在谈判初期陈述观点时，双方各说各理的情况十分普遍，每一方都试图主导谈判的过程，而不是在倾听对方意见的基础上再去反驳，而且双方都想通过控制核心问题来控制谈判进程。但是，当双方开始根据对方的观点来反驳对方或者改变自己的观点时，他们的论点开始发生变化（Putnam and Wilson，1989；Putnam，Wilson and Turner，1990）。

3. 框架可能决定着整个复杂的谈判过程中的变化和转折。伊克尔（Iklé，1964）在讨论外交谈判时指出，成功的谈判过程划分为“建立架构和协商细节”两个阶段。在这两个阶段，双方先寻求妥协和折中，确定大体的目标和原则，然后才拟定谈判的详细要点。正如列维奇、韦斯和卢因（Lewicki，Weiss and Lewin，1992，p. 225）指出的，在建立架构阶段限定双方所要讨论的问题，在协商细节阶段允许就具体问题展开争论或者一揽子解决问题，达成双方都可接受的解决方案。扎特曼和他的同事（Zartman，1977；Zartman and Berman，1982）将“建立架构和协商细节”模式划分为三个阶段：（1）诊断阶段。在这个阶段，谈判各方认识到有必要改变或者改进自己的观点，重新审视谈判的有关过程，形成新的立场。（2）建立架构阶段。在这个阶段，谈判各方试图就冲突达成共识，其中包括共同的条件、参照物以及公平标准等。（3）协商细节阶段。在这个阶段，谈判各方根据基本架构提出具有可操作性的详细解决方案。

4. 最后，多个谈判议题促进了谈判框架的形成。虽然谈判者通常只有一个或者两个主要的谈判目标、优先事项或者核心问题，但是经常还有许多次要问题或事项。这些次要问题常常会改变就主要问题展开的谈判（Putnam and Geist，1985）。在对两个校区的教师谈判进行的分析中，帕特南（Putnam，1994）揭示出在整个谈判过程中问题是如何转化的。例如，课时安排问题演变成教师备课问题、个人保险问题转化成保险收益问题等。

随着问题的转化，最重要的一点是重构框架的过程，也就是谈判者在谈判过程中所使用的语气、语调以及谈判重点的转变。重构框架包括：（1）质疑问题的重要性、稳定性或解决方案可行性的论据；（2）谈判者“举个例子”向其他方解释重构的必要性及逻辑；（3）在谈判进程中，多重问题的管理和相互作用（比如：将谈判议题增加、减少、捆绑）。重构框架是一个动态的过程，在一次谈判过程中可能要发生多次。当双方试图挑战对方、陈述己方观点和反驳对方观点时，或者当谈判各方设法寻求解决看似不可调和的矛盾时，就会重构框架。重构框架的过程还可能发生在一方运用隐喻、类比或者具体的案例来阐述自己的观点，导致对方也采用隐喻或者具体案例来作为界定谈判形势的一种新的方式之时。重构框架的过程可能是一方或另一方有意为之，也可能是一方提出的问题激发了另一方的创造力和想象力的结果。无论是哪一种情况，谈判各方都常常提出一种新的解决问题的途径。马拉·奥利卡恩斯（Mara Olekalns）和同事的研究表明当谈判者发现谈判对手改变框架时，他们会改变自己的信息策略（Olekalns，Robert，Probst，Smith and Carnevale，2005）。

小结

确定谈判框架的过程就是聚焦、塑造和组织我们周围的世界，使我们能够理解复杂的现实世界，并以一种我们能理解的方式定义现实世界的过程。我们讨论了不同类型的框架及其对理解谈判战略选择的重要性。就如何确定解决问题的框架，我们可以给谈判者提供如下建议：

● 框架决定了谈判者认为哪些问题是关键性问题以及如何就此展开谈判。一旦谈判者对要谈的问题、要取得的成果和采用的谈判过程有了自己倾向性的意见，就应该设法让对方认可和接受自己所倾向的框架。

● 谈判双方都有框架。如果双方的框架一致，双方很可能将重点放在共同的问题和对谈判情境的认识上。如果双方的框架不一致，双方的沟通就可能存在困难。以不同框架进行交流的谈判者应当认识到他们可能在各说各的、互相设限，需要重构谈判框架以便能够在相互兼容的“波段”内交流。

● 框架至少在一定程度上是可控的。如果谈判者理解己方和对方采用的框架，他们可能转向希望对方接受的框架。

● 沟通过程以谈判者可能无法预测但能控制的方式改变框架。在谈判者讨论问题、提出依据和证据、主张采取一系列行动的过程中，沟通的内容在改变，采用的框架也随之改变。谈判者能够跟上变化，并且能够掌握其朝什么方向发展至关重要。

● 某些框架可能比其他框架更有可能导致某些类型的过程和结果发生。例如，竞争型谈判者更倾向于对自己采用积极的身份型框架，而对对方采用消极的个性型框架，同时更偏爱采用输赢型的谈判过程来解决争端。认识到这些倾向，谈判者就可以重新架构自己的观点、对方的观点以及解决争端的机制，以便使解决争端的过程更加高效。

6.3　谈判中的认知偏差

本章到此，我们分析了信息是如何被感知、被过滤、被歪曲和被取舍的。本节我们将分析谈判者在谈判的过程中如何利用信息做出决策。由于谈判者（像所有的决策者一样）不是高超的信息处理人员，他们在处理信息时有可能出现系统误差。[3]这些误差统称为认知偏差，往往影响谈判者的表现。认知偏差表现在 12 个方面：（1）承诺的非理性扩大；（2）迷信“蛋糕的大小是固定的”；（3）目标锚定与调整；（4）确定议题框架及风险；（5）信息的可用性；（6）赢家的诅咒；（7）谈判者的自负；（8）小数法则；（9）自利偏差；（10）赋值效应；（11）忽视对方的认知；（12）反射性贬值。

1. 承诺的非理性扩大

谈判者有时不断地对某一行为加大承诺，即使就其行为本身而言已经包含了非理性的成分也依然如此。这种行为是称为“承诺升级”的心理学现象之一。承诺升级是指个体有在错误的道路上越走越远的趋势（Brockner，1992；Sleesman et al.，2012；Staw，1981）。这方面经典的案例有：一个国家在不可取胜的武装冲突中持续不断地投入大量的军事力量；投资者在不断下跌的股市中投入大量的资金以期能够转运（就像人们有时将承诺升级通俗地称为“打水漂”）。承诺升级的情境被定义为：人们在面对初始资源分配的消极反馈、未来结果具有不确定性以及需要决定是否继续时不断重复决策的过程（而不是一次性决策）（Brockner，1992，p. 40）。

承诺升级是由于个人在感知和判断上的偏差造成的。一旦确定了行动方针，谈判者常常为其寻找支持性证据，同时却忽略或者没有寻找否定性证据。最初的投入变得不容置疑（见“目标锚定与调整”的内容），加上希望一直坚持下去，谈判者变得无法改变这种趋势。坚持下去的愿望常常因为不丢面子和在他人面前保持专家或强者的形象而变得更加强烈（参见第 11 章）。没有人愿意承认错误和失败，特别是当对方可能将此看作你的弱点时。承诺升级在下面的情境中都是很常见的：工会罢工并期待管理层最终会认输、在竞标场和拍卖会上、谈判者愤怒地威胁对方最后却自食其果。

自负是另一个造成承诺升级的因素。一项研究（Ronay et al.，2017）发现当决策者对自己决定的正确性越来越自信时，承诺升级更容易发生。但是这仅适用于公开做出的决定。自负的人很少会对私下的决定承诺升级。对于谈判者来说，这是非常有趣的一个经验：当下一次处于有承诺升级风险的情况时，自己进行决策和规划，远离谈判桌，避免公开的谈判场合。

改变这种趋势的一种方法是请一位顾问进行监督，这个人不会一时冲动，在谈判者不经意间出现非理性行为时提出警告。库（Ku，2008）进行的一项研究发现如果决策者对之前承诺升级感到后悔，那么在这一轮中承诺升级就不太可能发生。不幸的是，许多谈判者和决策制定者没有经历过承诺升级的情况，无法从中学习经验教训。因此，这里很有必要强调库在一个后续实验中的发现：人们在做关键性决策前，可以想象在做出承诺升级之后可能带来让人后悔的结果，这样人们就倾向于不做出承诺升级了。

2. 迷信“蛋糕的大小是固定的”

许多谈判者认为一切谈判中的“蛋糕”的大小都是固定的（Thompson，1990b）。谈判者常常将合作型谈判当作零和情境或者输赢情境来对待。迷信“蛋糕的大小是固定的”的谈判者认为合作解决问题和实现互惠是不可能的，他们不愿意为此而努力（参见Pinkley，Griffith and Northcraft，1995；Thompson and Hastie，1990a，1990b）。在薪酬谈判中，认为薪酬是唯一谈判议题的应聘者在雇主开出70 000美元时，可能坚持要75 000美元。只有双方讨论成交的可能性时，他们才发现搬家的费用以及开始工作的日期也是可谈的，这些都有助于他们解决薪酬问题。

是否将谈判看作分配固定大小的蛋糕，因人们对特定冲突情境的本质认识的不同而不同。这一点可以从戴德勒和范维尼（de Dreu and van Vianen，2000）一个非常巧妙的实验中体现出来，其中包括控方和被告律师对刑期进行的模拟谈判。一些参与者被告知在对待目标时要考虑到个人利益（比如裁定一个特别的刑期有助于参与者今后事业的发展），而其他的参与者被告知要注重效力（一个特别刑期最可能防止再犯），还有些参与者被告知要注重价值观（一个特别刑期是否公平和公正）。以个人利益为重的谈判者最有可能受“蛋糕的大小是固定的”信念的影响，用竞争的方式来解决问题。以价值观为重的谈判者则不太容易从“固定蛋糕”的角度出发看待问题，更倾向于用合作的方式解决问题。比如在有时间限制的压力下，就会出现通常的认知错误，而这又反过来会导致不那么完整的协议（de Dreu，2003）。“固定蛋糕”的信念因谈判者文化价值观的不同会有所差异（见专栏6.2）。

专栏6.2

文化对固定蛋糕迷信的影响

米歇尔·盖尔芬德和索菲娅·克里斯塔克波洛（Michele Gelfand and Sophia Christakopoulou）对谈判者将谈判当作分配“固定蛋糕”的可能性是否会随着谈判者的文化价值观而变化这一问题进行了调查研究。他们认为在一些文化中，人们更容易在谈判开始时就形成对“固定蛋糕”的判断，然而在另一些文化中，这种情况在谈判结束之后发生的可能性更大。盖尔芬德和克里斯塔克波洛对比了个人主义文化与集体主义文化下的谈判者，前者注重个人权力、成就和竞争，后者则强调团队成果、相互依存及和谐。他们预计来自个人主义文化中的谈判者会更加看重自身的利益和优先权，从而降低对对方利益的准确判断，最终形成一个持久的假定：蛋糕是固定的。

盖尔芬德和克里斯塔克波洛在一个模拟商务谈判中对这个估计进行了测试。这个谈判的参与者是来自美国一所大学的大学生（高度个人主义文化）和来自希腊一所大学的大学生（高度集体主义文化）。参与者要求在谈判开始和结束之后通过电子邮件记录下对对方利益和期望的判断。通过这种方式，如果谈判者认为对方的利益与自己的利益完全矛盾，那么“固定蛋糕”这一感知就出现了。

与期望的一样，研究者发现在谈判的初始阶段，美国与希腊的谈判者在“固定蛋糕”的看法上没有区别。然而，在谈判结束之后，相比希腊人，美国人在判断另一方利益时更明显地会出错，这表明他们有一个假定“固定蛋糕”的偏见。谈判者的文字记录还说明希腊谈判者更能洞察并意识到另一方的利益，并对此做出更多的陈述。有一点很奇怪，尽管美国谈判者在判断上更容易出错，但他们在谈判之后往往比希腊谈判者更自信地认为他们对另一方利益的认识是非常准确的！

资料来源：Adapted from Gelfand, Michele J. and Christakopoulou, Sophia, “Culture and Negotiator Cognition: Judgment Accuracy and Negotiation Processes in Individualistic and Collectivistic Cultures,” *Organizational Behavior and Human Decision Processes*, vol. 79, no. 3, September 1999, 248 - 269.

在第 3 章，我们给出了弱化这种“固定蛋糕”信念的建议。戴德勒、库勒和斯坦（de Dreu，Koole and Steinel，2000）的研究显示，“固定蛋糕”认知可以被能决定谈判方式并处在控制地位的谈判者淡化。在实验中，一些谈判者被告知，他们事后会被专家询问谈判中发生了什么，这些谈判者相信“固定蛋糕”的程度比那些没有期待有专家问责的谈判者要弱。负有责任的谈判者还能够就谈判双方更高的共同价值达成一致意见。将责任引入谈判中增加了使个人克服“固定蛋糕”信念并争取达成更全面的协议的机会。

3. 目标锚定与调整

在目标锚定与调整方面出现的认知偏差，与在谈判过程中调整目标所依据的标准（或锚点）有关。谈判中确定锚点的一个经典案例是，在听到对方第一次报价时，谈判者会想“哇，这个报价比我预期的要低多了，也许我出错价了，是不是应该重新考虑我的目标和战略呢”。类似这样的锚点对收到信息一方的谈判者来说是一个潜在危险的陷阱，因为一个锚点（如初始报价或者预期的目标）的选择可能正好基于错误的或者不全面的信息，将误入歧途。但是，锚点一旦选定，谈判者往往将其作为一个真实有效的基准，据此来调整其他方面的判断，如谈判标的的价值、还价的尺度（Kristensen and Garling，1997，2000）。[4]例如，研究表明，房地产经纪人对房屋的估价受卖方报价的影响很大（Northcraft and Neale，1987）。卖方报价在评估房屋价值中是一个非常便于使用的锚点。

谈判的目标，无论是根据实际确定的，还是随意确定的，都可以作为锚点。这些锚点对于对方可能是公开的，也可能是不公开的，而且谈判者这样做可能是有意的，也可能是无意的。还有证据表明，锚定的作用在不同的文化背景下会很不一样。最近的一项研究发现，初始的提议会带来锚定效应，其中美国谈判者会阻碍达成共同利益，但是日本谈判者会促进达到双赢的结果（Adair，Weingart and Brett，2007）。在谈判的整个准备阶段，都有唱反调的人或者对实际情况进行监督的人，有助于防止锚定和调整出现偏差。

4. 确定议题框架及风险

正如我们在本章前面所讨论的，框架是在收集信息和解决问题时所采用的观点。确定谈判框架的过程可以使人们明确某些行为而规避其他行为。确定谈判框架会引导人们在谈判中成为风险偏好者、风险规避者或风险中性者，然而谈判框架的不同确定方式会使谈判者变得厌恶风险或者追求风险。例如，当谈判的目的是获得某物而不是避免失去某物时，人们的反应是完全不同的（Schurr，1987）。[5] 当谈判者不去触及价格下限，而是紧扣更高的目标价格时，谈判可以达成一个更好的结果（Galinsky，Mussweiler and Medvec，2002），尽管框架及风险的倾向对谈判结果的影响表面上看起来受到谈判任务本身的影响更大（Bottom，1998）。

确定问题框架的方式会影响谈判者对风险的认识，从而影响对风险做出的反应。研究得出的基本结论是"预期理论"（Kahneman and Tversky，1979）：当决策问题的框架被确定为可能赢时，人们更倾向于规避风险；当决策问题的框架被确定为输时，人们更倾向于追逐风险。下面这个典型的工资谈判案例可以很好地诠释这一点（改编自 Bazerman and Neale，1992）。

1. 你当前的工资（57 000 美元）。
2. 潜在雇主给你的初始工资（62 000 美元）。
3. 你愿意接受的最低工资（65 000 美元）。
4. 你预估公司愿意给的最高工资（67 000 美元）。
5. 你最初的工资要求（72 000 美元）。

追逐风险或是规避风险可能取决于评估出价和让步的参考点。因为你是用参考点来评估谈判的过程和成功与否，所以参考点是很重要的。在这个工资谈判的例子中，有几个不同的参考点。如果你将当前工资（57 000 美元）当作参考点，那么在与当前工资比较时，你会认为 62 000 美元的工资让你获得了收益。但是如果你用来比较的标准随着列表向下移动，那么 62 000 美元的工资对你来说就是一种损失了（好比你愿意接受的最低工资是 65 000 美元）。这样的区别是重要的，因为如果你认为雇主提出的工资于你有利，那么你就会更倾向于规避风险而不是冒险尝试得到一个更高的工资。如果你认为提议的工资对你而言是有损失的，那么你就会冒险去争取一个更好的结果。高希和博尔特（Ghosh and Boldt，2006）最近的一个实验就说明了这个效应：他们让公司经理要么以目前可以获得的利润为重，要么以未来交易中可预见的利润为重，发现具有消极框架的后者相对于具有积极框架的前者来说灵活性要低一些，并有更高的期望值，认为可以得到更高的利润。

关于谈判中对风险的框架效应有两点需要谨记：（1）谈判者对于风险并不总是漠不关心；（2）不一定会相信他们对于风险的直觉（Neale and Bazerman，1992a）。换言之，谈判者对预见到的失败可能反应过度，而在同样情境下，如果预见到的是赢，他们做出的反应可能会更积极。因此，作为一个谈判者，你必须"在确定框架时避免有缺陷，同时要从正反两个方面去理解对方的框架"（Neale and Bazerman，1992a，p. 50）。当谈判者倾向于规避风险时，他们很可能接受任何可行的报价，主要是因为他们害怕失败；相反，当谈判者倾向于追逐风险时，他们可能会等待下一个更好的报价或者对方进一步的让步。

积极的/消极的框架确定过程是重要的，以渐降的工资谈判为例，同样的报价可能引出的行动完全不同，它取决于谈判者如何从输赢出发来确定行动的框架。如果谈判框架很消极，这样的谈判往往几乎不会有让步，也几乎不会达成协议，而且与框架很积极的谈判相比，谈判者还会认为结果不够公平（Bazerman and Neale，1992）。消除确定框架中这些潜在的有害效应的方法，与我们曾提到的消除认知偏差的方法类似（如知晓偏差、有足够的信息、进行透彻的分析和对实际情况进行监督），但是这些方法难以奏效，因为框架常常与人们坚持的价值观和信仰密切相关，或者与难以发现的其他锚点密切相关。

5. 信息的可用性

谈判者还必须注意由于信息的可用性或者信息检索的难易程度引起的偏差，也就是评估决策过程中，调用和利用信息的难易程度引起的可能偏差（Tversky and Kahneman，1982）。在谈判中，表现形式形象、生动、引人注意的信息往往有偏差，但容易获得，当这些信息在评估事件和替代方案的过程中成为主要的和至关重要的信息时，就会出现由于信息可用性而导致的偏差。用某种清晰的图表、图解或者公式等形式（即便是过于简化的形式）表示的信息虽然不够准确，但被认为比用复杂的格式表示的准确信息更直观、更易使用，而忽视了信息的准确性。

信息的可用性对谈判的影响还体现在用惯常的信息搜索方式获取信息上。如果谈判者有自己喜爱的信息收集方式或者搜索关键信息的方式，那么他们将反复利用这些方式，有可能过于看重通过这些方式获得的信息的价值。在第 4 章中，我们指出许多谈判者不做计划，或者所做的计划过于看重那些很容易获得的有限信息。当谈判者计划不当时，会产生可获得性偏差，谈判者会失去完整分析的优势。

6. 赢家的诅咒

赢家的诅咒是指谈判者在快速解决问题后又对过于容易的胜利感到懊悔的倾向，特别是拍卖中有这种倾向（Bazerman and Samuelson，1983）。[6] 如果对方让步太快，谈判者常常会感到疑虑，“我是不是要价太低了?”“这个条款、产品以及替代方案有什么不对吗?”谈判者可能会怀疑对方掌握的情况太多或者获得了未曾发现的利益。因此，他们不是认为“我本可以取得更好的谈判成果”，就是认为“这次交易一定亏了”。

例如，几年前，本书的一名作者曾在古董店看到一个他和夫人都非常喜欢的钟。在周围转了一下午，确定了谈判策略（初始报价、底线、时机、装作不感兴趣以及红脸/白脸策略）后，他和夫人返回古董店开始实施其策略，没想到店主接受了他们的第一次报价。他们一回到家，就受到赢家的诅咒的困扰，索性将钟放在车库，任其布满灰尘。

最近的研究表明赢家的诅咒一部分源于反事实的思考过程。反事实的思考是指谈判者对“如果提议没有被接受，现在的情况又会怎样”这一情形的设想（Kahneman and Miller，1986）。谈判者越容易思考出比当前协议更好的方案，他们的满足感越低（Naquin，2002）。对于“什么是有可能发生的呢”这一问题的反向思考不仅会在谈判者知道一个不好的结果后使他们产生不满，还会影响他们以后的行为。一项研究指出，那些在首次提议被接受后却表现出不满的谈判者称他们在之后的谈判中会倾向于不首先发起提议（Galinsky，Seiden，Kim and Medvec，2002）。另一项研究发现谈判者进行反事实思考时会降低达成一个满足双方利益的整合式协议的可能性（Kray，Galinsky and Markman，2009）。这种合作可能性的下降可能还取决于反事实思考的种类，克雷（Kray）和他的同事在一个后续的实验中发现思考未来可能机会（有哪些可以做的事情）

的谈判者比那些沉浸于错误（那些不应该做的事情）中的谈判者更有可能达成整合式协议。

应对赢家的诅咒的最好方法是防止它发生。充分的调查和准备可以使谈判者对解决方案的合理价值做出独立的判断。谈判者还可以设法让对方做出品质保证，以确保得到的结果没有缺陷。

7. 谈判者的自负

自负是指谈判者具有超越现实地相信他们具有保持正确和准确的能力的倾向。自负对谈判有双重影响：（1）强化谈判者对错误的或者不恰当的立场或替代方案的支持程度；（2）可导致谈判者轻视对方对问题做出判断的价值和正确性，实际上是切断了从对方获取信息、利益和达成合作型谈判所必需的替代方案的来源。比如，尼尔和巴泽曼（1983）的研究发现，未经过自负偏差意识培训的谈判者往往高估取得成功的可能性，与经过培训的谈判者相比，他们妥协和达成协议的可能性极低。

利姆（Lim，1997）对自负的谈判者进行了研究。在谈判开始之前，与适度自信的谈判者相比，那些自负的谈判者会认为达成协议的可能性更高一些，而且他们认为可能获得的收益更大。利姆还发现过于自信的个体比适度自信的个体更固执，更关注自己的结果。像之前提到的，自信会导致特定形式的坚持——承诺升级，即谈判者在有证据证明应该做出改变时，仍然坚持一系列行为（Ronay et al.，2017）。

表面上看谈判者对自己的能力有一种过度自信，这种过度自信会影响谈判中的感知和行为。值得指出的是，过度自信会降低发现并利用综合潜力的可能性，但是这并不意味着谈判者时刻都应该抑制自己的自信和乐观。博顿和佩斯（Bottom and Paese，1999）对分配式谈判的一项研究发现，与感知准确或者偏向于悲观的谈判者相比，偏向于乐观的谈判者达成的谈判结果更有利。显然，对乐观、自负与谈判结果之间的相互影响还需要做更多的研究。

8. 小数法则

在决策论中，小数法则是指人们具有从少数事例中得出结论的倾向。在谈判学中，小数法则是指谈判者根据自己的经验来获得或推断事实的方法。如果谈判者见识不多、经验有限（如以前经历的谈判都是很艰难的竞争型谈判），他倾向于将以往的经验推广到将来的谈判中（如所有的谈判都是“竞争性”的）。这种倾向常常导致预言的自我实现，例如，预料对方将以竞争性的方式与自己进行谈判的人，很有可能把对方的行为看作竞争性的，而且会以更具竞争性的方式对待对方，对方随之会认为该谈判者的行为证明他倾向于竞争性谈判战略，就会以同样的方式对待他。谈判者以往的经验越有限，那么错误地运用过去的教训来推断将来可能发生的事情的可能性就越大。过去有效的战略将来可能无效，而且如果将来的谈判与过去的谈判完全不同的话，那么过去的经验很可能是错误的（专栏 6.3 总结了一些关于时间是如何影响谈判者的有趣案例）。

小数法则的一个有趣案例是“热门谬误”——一个错误的信念让人们相信一些事件有发生的趋势并且会持续下去。这个谬误会让人们认为一些小事件是具有代表性的，却忽略了这些小事件是来自许多大事件（Tversky and Kahneman，1971）。研究发现，在诸如棒球、篮球、曲棍球等运动中出现“热门”连胜并没有为这种现象的出现提供任何数据上的证据（比如 Gilovich，Vallone and Tversky，1985；Koehler and Conley，2003）。维珍（Vergin，2000）的一项研究观察了 28 支职业棒球联盟队和 29 支国家篮球协会篮球队在整个赛季中连胜和连败的表现，发现在随机情况下是不存在连胜和连败的，也没有证据表明输赢与之前比赛的结果有任何关联。

专栏 6.3

谈判时间是否对你有利

谈判是如何受到协议达成和执行之间时间延迟的影响的？一对夫妻计划出行的典型谈判可以很好地说明这个问题。

> 一对夫妻对于旅行可能会有完全相反的偏好，他们首先找一个或近或远的时间坐下来解决他们对于假期的分歧，接着在分歧解决并达成一致之后再过一段时间才真正出门旅行。在这两种情况中，当时间增加时，达成或实现协议的时间也会往后推迟（Henderson，Trope and Carnevale，2006，p. 714）。

近几年研究者非常关注“时间距离”。奥霍森、格林斯基和乌普格罗夫（Okhuysen，Galinsky and Uptigrove，2003）在协议达成和执行之间的延迟是如何影响协议的效率和质量这一问题上开展了一系列实验。研究人员发现，当谈判者发现在谈判和结果之间有更多的时间时（实验中以一年和两个星期作为对照），双方会达成一个更好的结果，而且谈判者认为之后的谈判过程没有那么强的竞争性，对方也不会太具有攻击性。为什么会有这样的情况发生呢？奥霍森和同事认为因为有了更多的执行时间，谈判者最大化自身利益的压力被分散了，因此也更容易做出让步和妥协，达成一个更好的协议。

如果这是真的，那么我们就会期待在谈判和执行之间谈判者可以有更多的时间，从而促成一个双赢的结果。亨德森、特罗普和卡内瓦莱（Henderson，Trope and Carnevale，2006）为了确认以上观点进行了三次实验。他们发现谈判和执行之间的时间越长，谈判者越倾向于：(1) 在优先级高的问题上立场坚定，但是对于优先级低的问题会做出让步；(2) 对多个问题提出解决方案而不是仅仅关注单一问题；(3) 更愿意互相合作（与另一方在优先问题上进行权衡分析）。正如我们所知的（见第 2 章），这些谈判行为有助于整合式协议的达成。

更多的时候，若共赢和整合式结果可期，对你有利。

资料来源：Adapted from Okhuysen, Gerardo A., Galinsky, Adam D., and Uptigrove, Tamara A., "Saving the Worst for Last: The Effect of Time Horizon on the Efficiency of Negotiating Benefits and Burdens," *Organizational Behavior and Human Decision Processes*, *Elsevier*, vol. 91 2003, 269-279; and Henderson, Marlone D., Trope, Yaacov, and Carnevale, Peter J., "Negotiation from a Near and Distant Time Perspective," *Journal of Personality and Social Psychology*, vol. 91, no. 4, October 2006, 712-729.

---

9. 自利偏差

人们常用人的因素（如这种行为是由这个人的能力、心情或者付出的努力等内在因素所决定的）或者环境因素（如这种行为是由任务、他人或者运气等外在因素所决定的）来对一个人的行为做出解释（Heider，1958）。在解释一个人行为的过程中，有一种倾向是高估个人因素或者内在因素的作用，而低估环境因素或者外在因素的作用，这种倾向称为基础归因偏差（Ross，1997）。例如，假设有个学生早上上学迟到了，也许是由于这个学生懒惰（内在的性情方面的原因）造成的，也许是由于开车上学的途中车胎爆了（外在的环境因素）造成的。如果没有其他信息的话，教授往往倾向于用内在因素作为解释（学生懒惰）。认知偏差常常由于行为者与观察者效应而加剧——在行为者与观察者效应中，人们常常将自身的行为归因于环境因素，将他人的行为归因于内在因素（Jones and Nisbett，1976），正如一句谚语所说的，“如果我把事情搞砸了是运气不好（外在因素，其他人的过错等），如果你把事情搞砸了就是你的过错！”

已有研究文献证明了自利偏差对谈判过程的影响，我们列举4例。

● 巴布科克、王和洛温斯坦（Babcock，Wang and Loewenstein，1996）的一项研究发现，不同学区的谈判者都以自利的方式来选择对比学区，也就是说，在为学区活动选择对比标准时，他们会选择那些让自己的学区看起来更有优势的标准。

● 在另一项研究中，戴德勒、瑙塔和范德弗利特（de Dreu，Nauta and van de Vliert，1995）发现谈判者都认为他们的策略比对方的策略更具建设性，而且这种自利偏差的强度随双方之间冲突的升级而增强。

● 汤普森（1995）发现谈判的参与者预计对方可能选择的结果的准确度没有旁观者高。他还发现对同一立场的旁观者而言，对谈判的参与度会降低他们对另一方偏好感知判断的准确度，无关旁观者判断的准确度较高。汤普森的研究结果表明当人们认为自己是“正确”的时候，这种自信与正确的感知并无关系。

● 自利偏差会影响人们在谈判中对公平的感知。米歇尔·盖尔芬德和同事（Gelfand，et al.，2002）的研究中，参与者认为他们自身的行为要比其他人更加公正，而且相信在第三方的眼中，他们的行为会比对手的行为表现得更加公正。研究结果说明了自利偏差和谈判结果之间的联系：越以自我为中心的谈判者得到利益、达成一致的可能性越低。

感知误差还可以用信息评估中的偏差或曲解来解释，这里举3例。

● 错误共识效应是指高估某人的立场、观点或者行为的支持度或共识度的倾向（Ross，Greene and House，1977）。

● 如果有些共识性信息是存在的，但存在的概率很低，许多观察者会忽略这些信息，从而产生一种称为基准率谬论的偏差（Bar-Hillel，1980）。

● 我们还有一种倾向认为自身的信念或看法是有可靠的信息基础的，而对方的信念是基于错误的信息（Fragale and Heath，2004）。这种倾向表明，尽管人们希望获得准确的判断，但这种希望通常带来感知的精确度而不是客观的精确度。

这些念头对谈判的危害很大，因为受这种效应影响的谈判者将会对谈判策略或谈判结果做出错误的判断。

10. 赋值效应

赋值效应是指对自己所拥有的物品评价过高的倾向。卡曼、尼奇和塞勒（Kahneman，Knetsch and Thaler，1990）在一系列咖啡杯试验中都确凿地证明了赋值效应的存在。在一项试验中，一部分参与者被问到咖啡杯值多少钱，他们认为咖啡杯的价值略高于3美元。第二部分参与者被要求作为潜在的买主来给咖啡杯定价，他们给出的每个杯子的平均价格略低于3美元。然后，将这些杯子真的给了第三部分参与者，并问他们会以多少钱售出杯子，他们的要价是7美元。[7]从这个例子可以看出，当人们拥有一件物品时会高估物品的价格，即便这件物品的真实价格是已知的。

在谈判中，赋值效应可导致对价值的过度夸大，有碍于达成好的交易。巴泽曼、穆尔和吉莱斯皮（Bazerman，Moore and Gillespie，1999）讨论了环境问题谈判情境下的赋值效应问题。巴泽曼及其同事认为，现状所起的作用就如同"一个潜在的失效的锚点，使互惠贸易更加难以实现"（p. 1 288）。他们用以下例子来说明，一个虚拟的环境保护者因为考虑到保护和修复生态的费用，因此特别强调保护当前生态环境的重要性。巴泽曼等称，"这个结果的斜率很可能会非常陡，因为环境保护者会努力抗争来保护他们认为正在遭受破坏而且一旦失去就再也无法修复的自然环境"（p. 1 288）。

相似的情况也会在谈判中接受提议时出现。科汉、尼尔和罗斯（Curhan，Neale and Ross，2004）证明，一旦某个提议被接受了，那么相对于谈判者在整个谈判过程中提出的其他提议，他们会更倾向于这个被接受的提议。这项发现可以用认识失调理论（Festinger，1957）来解释——一个人认识、态度、信念或行为的不一致会产生心理上的不适（通常情况下）。在这个案例中，谈判者预期的结果和真实被接受的结果之间的不一致会导致失调。为了减轻这种不适，谈判者对于刚接受的结果会附加更多的主观价值。

11. 忽视对方的认知

谈判者通常不询问对方的看法和想法，这种做法导致他们谈判时掌握的信息不全面，从而产生错误的结果。忽视对方的认知，使谈判者对本来十分复杂的过程的思考简单化，导致他们采用更具竞争性的战略，并且无法认识到双方的行为和反应具有偶然性。反之，当谈判者能够从对方的角度去考虑——"换位思考"，则陷入僵局的风险会减小，通过互投赞成票完成整合结果的机会增加了（Trötschel，Hüffmeier，Loschelder，Schwartz and Gollwitzer，2011）。

虽然忽视对方的感知可以归因于对对方某些基本的、深层次的认知的偏差，但是研究表明，它是在有风险和不确定性情况下使做出决策这种复杂的任务变得更加简单的一种方法（Carroll，Bazerman and Maury，1988）。研究还指出，培训并意识到这种偏差只能在一定程度上减少其效应（Carroll，Delquie，Halpern and Bazerman，1990）。忽视对方认知的做法根深蒂固，只有谈判者下大气力，并做到准确地理解对方的利益、目标和观点才能避免。

12. 反射性贬值

反射性贬值是指仅仅由于让步使对方做出的贬低这个让步的过程（Stillenger，Epelbaum，Keltner and Ross，1990）。这样的贬低可能是出于情感（"我就是不喜欢他"）或者是由于过去的经历所造成的不信任。反射性贬值会导致谈判者最大限度地低估令他厌恶的一方做出的让步，不愿意对此做出相应的让步或者在对方做出让步后谋求更多的让步（Neale and Bazerman，1992b）。一项研究发现，即使谈判者对对方没有消极情绪，这种效应也会发生（Moran and Ritov，2002）。保持客观地看待谈判过程，委托同事进行谈判，在做出任何让步之前先了解清楚双方在替代方案以及让步方面的偏好

(Stillenger et al.，1990)，或者借助第三方来调和或者筛选让步过程，可以将反射性贬值的影响降到最低（参见第 19 章）。

6.4 应对谈判中的认知偏差

人们在收集和处理信息过程中会不自觉地形成错误感知和认知偏差。情况越复杂，信息出现偏差从而有碍于判断和决策的可能性也越大（Hammond，Keeney and Raiffa，1998）。专栏 6.4 中列出了一系列有可能会发生的决策陷阱。谈判者可能会过于依赖错误的假设和数据，以至于最后达成的结果不是最优的。

专栏 6.4

决策陷阱和谈判

1. 贸然急进。还没有充分了解问题的关键就得出结论（比如，还没有准确地定义问题，但为了得到一个定量或实质性的决定，便莽撞地将谈判推进到最后一个阶段）。

2. 对于自己的判断过于自信。由于与自己的假设和观点相矛盾，于是阻碍、忽略或不能准确地寻找真实的信息（比如，过于遵循单边战略，忽视在谈判过程中出现的其他信息）。

3. 被框架误导。错误地理解并错误地解决了一个问题，往往是因为选用的框架不合适而忽略了一些替代方案，并且没有弄明白目标（比如，强行将一个目标复杂的争端用诸如金钱这样简单具体的方式来解决）。

4. 缺乏对框架的控制。不能通过考察不同的框架来决定这些框架是否适用于正在讨论的问题，或者很容易被对方的框架过度地影响（比如，因为对方利用了我方的弱点而没有达成某项协议，于是我方同意了一个次优的方案。参见 Neale and Bazerman，1992a）。

5. 抄近路。错误地借用经验，比如便利但是具有误导性的参考点经验（比如，接受对方新的提议，而过去的经验却证明对方不可能这样做）。

6. 鲁莽行事。有太多的信息要处理，而没有用一个系统的方式来评估并做出选择（比如，仅仅凭直觉或眼神交流来决定接受某个方案，并相信相关问题不会再发生，就算发生，他们也能轻易地解决）。

7. 群体失败。没有有效地管理团队，与之相反，认为聪明、出于善意的个人可以提出一个持久、高质量的团队决策（参见贾尼斯（Janis，1982）对“团队思维”的研究。比如，为了推进问题的解决，团队也许会通过投票来决定接受哪一个解决方案，剥夺不为这个方案投票的少数人的权利，从而停止协商的过程）。

8. 用反馈来欺骗自己。要么出于保护自我，要么因为事后聪明，不能准确地对待反馈（比如，因为没有掌握更全面的信息或没有充分准备而被对方牵着鼻子走时）。

9. 没有跟踪事情发展的动向。没有对决策和相关的结果做系统的记录（比如，忽视收益、通过让步达成的协定、在谈判中相互平衡、不会将谈判中得到的经验教训应用到以后的谈判中）。

10. 不去审视自己决策的过程。没有建立和使用计划来避免这里提到的陷阱，或没有充分地理解个人的风格和弱点（甚至在经历了频繁的失败后，还教条地遵从一个错误的或不合适的谈判方法）。

资料来源：Adapted from Russo, Edward, and Schoemaker, Paul J. H., *Decision Traps: The Ten Barriers to Brilliant Decision Making and How to Overcome Them*. New York, NY: Simon & Schuster, 1989.

如何更好地应对错误感知和认知偏差是一个难题。当然，应对这样的偏差，首先要意识到偏差。然而，只意识到是不够的。研究表明，仅仅告知人们出现了错误感知和认知偏差对于消除其影响几乎没有作用（Babcock and Loewenstein，1997；Thompson and Hastie，1990a）。例如，福尔曼（Foreman）和莫宁汉（Murnighan）试图教会学生在一系列的拍卖模拟活动中避免出现“赢家的诅咒”。他们在 4 周的时间里讲解了 128 种拍卖的结果，但是发现这种培训对于减少“赢家的诅咒”没有什么作用。

怀特和西本尼厄斯（Whyte and Sebenius，1997）采取一种不同的方式来减少锚定和调整偏差。他们让谈判者进行小组讨论，来观察小组在一个将要进行的房地产谈判中是否可以在设定初始报价、期望水平和底线等环节时减少不恰当的锚点。结果说明个人和小组在以上环节都会使用锚点，但是小组更容易受到锚定和调整效应的影响。这表明仅仅与小组成员就如何设定初始报价、期望水平和底线进行讨论并不能减少锚定和调整效应。

我们讨论过的一些偏见属于谈判的框架问题，比如谈判者如何处理风险的正面（得）和负面（失）影响。当这些框架在谈判者之间没有匹配时，就很难达成一致。重新构建和定义框架是一种很有效的补救措施。比如，与其把某种可能的结果看作一种损失，谈判者可以将其重新定义为一次获利的机会（Kahneman and Tversky，1979）——就是用积极的方式来处理给定问题。谈判者还可以尝试以不同的方式或者从不同的角度来看待或者理解当前的情境来重新确定谈判框架。例如，他们可以通过明确是宏观问题还是微观问题、是大问题还是小问题、风险大还是风险小、时限要求紧还是松等来建设性地重新确定问题框架。由于重新确定问题框架要求谈判者在谈判过程中必须随机应变，因此谈判者在制定谈判计划的过程中就应该预测到谈判中可能会出现多种意外。确定框架和明确议题的过程反反复复意味着谈判者不可能一开始就制定出滴水不漏的谈判计划，但是他们必须做好准备以应对谈判中的变化。

显然，告知人们认知偏差存在或者在小组中予以讨论并不能消除偏差，可惜如何管理认知偏差方面的研究少之又少。阿鲁纳恰拉姆和迪拉（Arunachalam and Dilla，1995）的一项研究是一个例外，参与者在一个模拟的谈判中，用非结构化或结构化的交流方式进行谈判。在非结构化交流方式下参与者被提前告知角色并要求为谈判做相应的准备。对于用结构化交流方式的小组，参与者被要求在谈判前完成一份问卷——他们认为对手在谈判中的优先事项是哪些，随后他们就如何有效地确定问题、讨论优先事项接受了相关训练。最后，两种情况下的参与者通过面对面的方式谈判或与电脑终端进行谈判。阿鲁纳恰拉姆和迪拉发现了以下两点：（1）用结构化交流方式的小组比用非结构化交流方式的小组容易达成更多利益的结果，更少犯“固定蛋糕”的错误；（2）面对面谈判要比用电脑进行谈判更容易达成更大利益，更少犯“固定蛋糕”的错误。这些发现说明，问题的定义和评估可以减少“固定蛋糕”偏差。当双方谈判者认真讨论这些问题时也许可以减少认知偏差。[8]

另一个克服认知偏差的途径是加入外界的干扰。在一个由经验丰富的经理参与的实验研究中，Caputo（2016）发现当第三方作为调停者参与时，谈判方不易受到判断偏差（特别是认为“蛋糕大小是固定的”的错误）的影响，并且整个谈判过程更能创造价值且更为公平（我们将在第 19 章更为综合地讨论第三方的作用）。

关于谈判者如何克服谈判中认知偏差带来的消极影响还需要进行更多的相关研究，以给谈判者提供建议。谈判者可以听取的最好建议可能就是意识到这些消极影响，并与团队和对手用结构化的方式来讨论这些影响。考虑到偏差的顽固性，这项建议可能不怎么有用，因此我们希望研究人员能发现其他有助于管理认知偏差的技巧和方法。

6.5 情绪、情感与谈判

认为谈判过程应该是理性的观点主导着谈判学研究。研究方法往往是对谈判进行理性分析，分析谈判者由于偏离理性而导致决策失误，或者分析谈判者如何才能优化谈判结果。谈判者被描绘成精明、沉着和有控制力的非常理性的人。但是，正如巴里（Barry，2008）、奥利卡恩斯和德鲁克曼（Olekalns，Druckman，2014）以及其他的研究所指出的，情感在谈判过程中的作用没有得到充分的探讨。尽管认知和情感之间有很强的关联（参见 Fiske and Taylor，1991；Kumar，1997），但情感及其作用并没有得到广泛的注意。

情绪和情感在谈判中的作用已经成为近十年来越来越多的理论和实践研究的主题，在这个主题上还有几篇有帮助的评论（主要是最近的几篇，Barry，Fulmer and Goates，2006；Martinovski，2010）。[9]情绪和情感之间的区别体现在三个特性上，即特异性、强烈程度和持续性。情绪与情感相比表现得更发散，也不够强烈，持续时间短，而情感则表现得更强烈并且针对多个具体的目标（Forgas，1992；Parrott，2001）。在理论的合理性和直觉的可行性上都可以推断出情感在谈判的各个阶段起着非常重要的作用（Barry and Oliver，1996）。在有关情绪、情感与谈判的研究中取得了许多新的、令人振奋的进展。我们在这里只概括性地介绍一下这些进展。以下是一些精选出来的研究发现。

谈判既产生积极情感也产生消极情感

谈判过程和结果可产生积极情感和消极情感。积极情感产生于被对方吸引，对谈判进程以及取得的进展感觉良好（Carver and Scheir，1990；Curhan，Elfenbein and Xu，2006），或者对谈判取得的成果感到满意。因此，对“一个好的结果”的认识评价会让谈判方感到高兴和满足（Lazarus，1991）。相反，消极情感产生于厌恶对方，对谈判进程以及取得的进展感到不满，或者不满意取得的结果。正如库马尔（Kumar，1997）所指出的，我们往往用“高兴”这个词来笼统地表达积极情感，却往往用许多词来更加准确地表达消极情感。有些消极情感表现为沮丧，有些表现为焦虑。与沮丧相关的消极情感来自感到失望、失败或者不满。与焦虑有关的消极情感来自忧虑、恐惧或者感觉有危险（Higgins，1987）。大多数研究者认为情感会让谈判方形成某种联系，比如建立一段关系，维持、修复关系或终止关系。与沮丧相关的消极情感可能导致谈判者行为偏激

(Berkowitz，1989)，而与焦虑有关的情感则会导致谈判者设法进行报复或者逃避目前的处境。

积极情感一般对谈判产生积极作用

积极情感可带来三种结果：改善谈判（决策）进程；产生对其他谈判方的积极情感；提高谈判者必胜的信心。

- 积极情感更可能使谈判双方朝更加合作的方向发展。研究人员指出，彼此有着积极情感的谈判者更有可能努力争取达成合作型协议（Carnevale and Isen，1986；Hollingshead and Carnevale，1990）。有积极情感的谈判者在达成解决问题的方法上会更加灵活，因此陷入单一行为、承诺升级的可能性也较小（Isen and Baron，1991）。
- 积极情感还可使谈判者对对方产生积极的看法。当谈判者喜欢对方时，他们在谈判中往往更灵活（Druckman and Broome，1991）。对对方有了积极的看法，谈判者就可以做出更大的让步（Pruitt and Carnevale，1993），减少不友好的行为（Baron，1990）。一项研究结果表明，积极情感可以促使多方之间建立信任感，相对于弱势的一方，积极的情感对强势的一方更重要（Anderson and Thompson，2004）。此外，还可以通过同情与对方建立信任，传达同情的一方会获得更好的个人谈判结果（Olekalns，Lau and Smith，2007）。
- 积极情感可以提高谈判者必胜的信心。如果谈判者感到确实被对方吸引，他们就会更自信，在谈判中也会坚持下去，力争使问题得到解决并取得更好的结果（Kramer，Pommerenke and Newton，1993）。

谈判过程中产生积极情感的若干因素

研究人员已经开始研究谈判中情感的重要性，谈判过程中如何产生积极情感，以下是两项研究成果。

- 积极情感来自谈判过程中的公平程序。赫格韦斯特和基利安（Hegtvedt and Killian，1999）研究了谈判过程中情感反应与公平体验之间的相关关系。研究结果表明，认为谈判过程公平的谈判者所获得的情感体验更加积极，更不愿意表达消极情感。
- 积极情感来自有利的社会比较。诺文斯基和施魏策尔（Novemsky and Schweitzer，2004）发现，当一个谈判者取得的谈判成果比其他谈判者在类似情境下取得的谈判成果更理想时，谈判者对谈判的满意度更高。但有趣的是，这项适用于所谓的“外在社会比较”（将你的谈判成果与其他谈判取得的成果进行比较）的研究发现对于“内在社会比较”（将你的谈判成果与本次谈判中的对手取得的谈判成果相比较）并不成立，这意味着谈判者得知谈判对手获得更多时可能更加沮丧，即便对手并没有得到那么多。诺文斯基和施魏策尔认为这种情况的发生可能是因为与对手进行比较（即使是占优势的比较）时，谈判者主要聚焦于没能在谈判中要价更高。

消极情感一般对谈判产生消极作用

积极情感一般可以给谈判带来积极的结果，消极情感则相反。正如我们在前面所指出的，消极情感可能表现为沮丧或焦虑。一方或者双方都可以感受到这种情感，而且一方的沮丧和焦虑可以激起另一方在情感上出现同样的反应。以下是消极情感产生的一些消极作用（专栏 6.5 给出了应对将消极情感带到谈判桌上的谈判对手的一些建议）。

专栏 6.5

应对消极情感

在谈判中情感的出现是不可避免的，想避免或消除情感也是不现实的。谈判学者芭芭拉·格雷（Barbara Gray）认为有效率的谈判家会思考如何处理对方试图激怒我们时的突发情感。在如何与具有不稳定情感甚至具有伤害性的对手打交道时，她提供了以下建议：

1. 将情感与表达分离。情感也许是对方表明一种重要利益的方式。为什么对方会有这样的行为呢？什么样的利益会重要到让对方想加以强调呢？

2. 扭转局面。换位思考，可以这样问自己，“为什么我会这样做？”这也许可以帮助你认识到在当时的环境下这种情感的爆发是合理的。这种方法并不是让你接受对方的行为，而是它可以反映出在谈判中出现的一些可以辨识的需要或利益问题。

3. 对表达的情感做出反应。有时候强烈的情感是对方想让需求被听到的一种暗示，这种方式可以确认你在听他的诉求。你不需要表示你认同这种情感或对任何事情做出让步，你只需要认识到对方是有情感的，这也许就是对方的目的。

4. 通过提问来发现情感背后的问题或利益。了解根本的担忧可以帮助你从情感转移到具体事情上来，你一旦知道对方的担忧，可以将其放到谈判桌上进行谈判。

资料来源：Adapted from Gray, Barbara, “Negotiating with Your Nemesis,” *Negotiation Journal*, vol. 19, no. 04, October 2003, 299 - 310.

● 消极情感可以导致谈判者将谈判情境定义为竞争型或分配型的。维奇和格里菲思（Veitch and Griffith, 1976）证明消极情感使谈判者更有可能向对方做出更多的挑衅行为。在谈判中，消极的行为最可能以竞争型的姿态呈现出来。

● 消极情感可以削弱谈判者准确判断形势的能力，对谈判结果产生不利影响。冈萨雷斯、勒纳、穆尔和巴布科克（Gonzalez, Lerner, Moore and Babcock, 2004）的系列实验研究表明，与情绪稳定的谈判者相比，愤怒的谈判者对对方利益的判断欠准确，对自身利益的考虑也欠准确。愤怒的谈判者在模拟的合作式谈判中所得偏低，尽管很有趣的是，对这些所得他们比情绪稳定的谈判者更满意。值得注意的是，这项研究中愤怒与本次谈判无关，愤怒产生于谈判之前的另一项不同主题的实验。愤怒的这种延迟效应凸显出消极情感将谈判者的注意力和重点从眼前的谈判问题分散到其他方面。

● 消极情感可导致双方的冲突升级。当谈判者的情绪消极时，更具体地说，当双方感到沮丧、失败和相互指责时，冲突就可能变成人身攻击，冲突带来的问题可能增加，而且可能将其他方也牵扯进来（Kumar, 1997）。一项关于网上争端解决的研究考察了网上拍卖交易中的争端调解，雷·弗里德曼（Ray Friedman, 2004）和他的同事发现一方表达愤怒的情绪会使另一方也产生愤怒，从而减小了成功解决冲突的可能性。

● 消极情感可以导致双方进行报复和阻挠合作型结果的达成。当谈判者彼此之间感到愤怒时，当他们之间以前的交往导致一方要惩罚另一方时，一方就可能采取报复行为（Allred, 1998; Bies and Tripp, 1998）。消极情感还可能导致低效的谈判结果。谈判者认为对方应该对以往谈判中的破坏行为承担的责任越多，对对方越感到气愤和缺少同情，这又会进一步导致不关心对方的利益和降低发现双方都受益的谈判解决方案的可能性（Allred，Mallozzi，Matsui and Raia，1997）。

● 并不是所有的消极情感的作用都是相同的。愤怒可能会使冲突加剧、引起打击报复，那么对诸如担心、失望、内疚、后悔这些不那么消极的情感会有什么效果呢？范克勒夫、戴德勒和曼斯特德（van Kleef，de Dreu and Manstead，2006）就人们对带有以上情感的谈判对手的反应进行了测试。他们发现，谈判者在面对带有这些情感的谈判对手时，会有相对较少的要求，会为对方的情况表示遗憾，对于有后悔情感的对手，谈判者会认为他们比有担心、失望情感的对手要更敏感，因此会对他们更照顾。

谈判过程中产生消极情感的若干因素

与积极情感一样，针对消极情感重要性的研究最近才开始而且很有限。以下是两项研究发现。

● 消极情感可能来自竞争心态。与具有合作倾向的谈判者相比，认为“蛋糕的大小是固定的”的谈判者往往对谈判结果的满意度低一些。这可能源于这样一种认识，当谈判被看作零和谈判时，对方的每一点收获都意味着自己的损失（Thompson and De-Harpport，1994）。类似地，以自我为中心的谈判者会比利他主义的谈判者对谈判结果更为不满（Gillespie，Brett and Weingart，2000）。

● 消极情感可能是由谈判陷入僵局引起的。与成功达成谈判协议的谈判者相比，以僵局告终的谈判者更有可能产生消极情感，如气愤、失败等（O'Connor and Arnold，2001）。但是，对自己的谈判能力非常自信的谈判者在谈判以僵局告终后，消极情感的可能性较低。这一点非常重要，因为僵局不一定就是坏事，谈判是为了取得一个好的结果而不仅仅是为了达成协议。

● 消极情感可能从谈判一开始就产生了。我们也许会认为，经验不足的谈判者对于即将到来的谈判会非常紧张，但是惠勒（Wheeler，2004）指出，即使是富有经验的谈判者面对谈判也会感到异常焦虑。他发现了在谈判开始时焦虑的几个来源：对自己能力的质疑，担忧对方的态度和行为，谈判的形式具有不确定性（p. 153）。但是，焦虑不一定都是不好的，惠勒认为焦虑可以激发创造力并有助于产生建设性的结果。

积极情感和消极情感在谈判中的效应

正如我们下面所要解释的，积极情感也有可能产生负面效应，同样，消极情感也有可能产生正面效应。

● 积极情感可能产生负面效应。首先，情绪高涨的谈判者很有可能不认真审视对方的论据，因此更容易被竞争对手的欺骗策略迷惑（Bless，Bohner，Schwartz and Strack，1988）。其次，由于有着积极情感的谈判者不太关注对方的观点，因此取得的谈判成果往往是欠理想的（Kumar，1997）。最后，如果积极情感导致谈判者对谈判的期望值过高，那么无法达成合作型协议的谈判者将有可能产生更强烈的失败感，也许对待对方也更苛刻（Parrott，1994）。

● 消极情感可能产生正面效应。正如积极情感可能产生负面效应，消极情感也可产生正面效应。消极情感具有信息价值，它提醒谈判各方谈判出现了问题要予以关注，促使谈判者放弃谈判或者解决问题（van de Vliert，1985）。最近有证据表明，当一个谈判者带有消极情感时，另一方会更加乐观，并认为这次谈判可以取得成果（Schroth，Bain-Chekal and Caldwell，2005）。施罗特（Schroth）和她的同事指出，当激起消极情感的谈判者的意图是传达目的的严峻性、表示对这个讨论的关注，而不是张牙舞爪虚张声势，取得乐观的结果是有可能的。总而言之，愤怒和其他负面的情绪是促使双方直接面对问题和设法解决问题的提示信号。

当然，愤怒可能表示谈判者风格强硬和富有斗志。研究人员发现谈判者面对一个愤怒的对手要比面对一个和颜悦色的对手更容易做出让步（Sinaceur and Tiedens，2006；van Kleef，de Dreu and Manstead，2004）。范克勒夫和科特（van Kleef and Cote，2007）的一项研究给出了一个可能的解释，他们发现愤怒的表达会带来安抚还是竞争取决于愤怒的程度。在他们的研究中，当谈判者认为对方的愤怒在当时的情况下是合适的，他们会提出较低的要求，做出更大的让步（因为看起来对方有生气的理由）。但是在竞争性的谈判中，愤怒是要付出代价的，研究人员认为在这种情况下愤怒会适得其反（这可能是一种不屈不挠、不愿做出任何妥协的信号）。在以下两种情况下，感受到谈判者愤怒情感的另一方更不愿意让步：（1）有用欺骗来回应的机会（错误地表达自己的利益）；（2）没那么紧急，也就是说即使愤怒的一方拒绝提议，谈判者也没有什么好担心的（van Dijk，van Kleef，Steinel and van Beest，2008）。

情感可作为一种谈判手段，战略性地加以运用

我们一直在讨论情感问题，好像这些情感正在发生一样。假设情感具有左右对方朝着自己的观点靠近的力量，那么在谈判中也可以将其作为一种影响对方的策略，可以有控制地加以运用。例如，谈判者可以有意地操纵情感，使对方相信某些观点或者采取某些行动。巴里（Barry，1999）让谈判者对他们控制情感（比如生气、厌恶、同情、热情、关心、喜欢）的能力做出评价并判断他们将这些情感作为一种欺骗策略在谈判中予以运用是否合适。这项研究的参与者认为情感调控是一种非常合适的战术，比对谈判相关信息（如谈判目标、计划、底线）进行隐瞒、欺骗要更合适。在使用情感调控这种方法时，谈判者更自信，认为与其他欺骗的形式相比，这种方法更有效。有一点需要谨记，在将这些人为的情感用于欺骗时，与其他欺骗的形式一样，有一些道德上的问题需要注意（Fulmer，Barry and Long，2009）（我们已在第 5 章讲过谈判中的道德问题）。

科佩尔曼、罗塞特和汤普森（Kopelman，Rosette and Thompson，2006）就积极情感与消极情感的战略性使用如何影响谈判结果进行了一系列实验。在他们的研究中，经过训练的、可以营造积极情感的谈判者比那些利用消极情感的谈判者，在达成协议的同时更有可能建立关注双方未来的业务关系。他们还发现，表现出积极情感的谈判者更有可能实现最终目的。

最近有证据表明，谈判中另一方的情感会影响谈判者的战略选择。范克勒夫、戴德勒和曼斯特德（2004）的一项研究表明，谈判者会时刻注意对方的情感从而相应地调整自己的战略。具体来说，当另一方很生气、谈判者认为这种愤怒会影响谈判结果时，谈判者会倾向于提出更低的要求，做出更大的让步。此外，正如我们之前提到的，有证据表明，当对方担忧或失望时，谈判者对对方的要求会更低，但是如果对方表现出内疚和后悔，情况则相反（van Kleef，de Dreu and Manstead，2006）。

最后，除了战略性地运用自身的情感（自然流露的表情或者故意做出的表情）外，谈判者还可以调节或者利用对方的情感。如汤普森、纳德勒和金（Thompson，Nadler and Kim，1999）所指出的，有效的谈判者能够根据对方的情感状态调整自己发出的信息，他们将这一过程称为“情感调音”。有些心理学家认为人们感知和调整情感的能力是一种稳定的个体差异，将这种差异称为情商（Mayer，Salovey and Caruso，2000）。我们将在第15章来看一看情商对谈判的作用。

总之，情感是谈判中的重要特征——这一点对经典理论进行了补充。经典理论认为谈判主要是在存在风险和不确定性条件下做出决策的理性过程。从传统意义上来说，我们通过了解谈判者如何权衡信息、如何做出最优选择来理解谈判。正如我们在本章开始所说，谈判者是理性的、冷静的，并能控制自己的情绪，但是研究人员逐渐意识到，谈判者有些时候不仅不会做出理性判断，还会不可避免地在许多重要关头产生情感波动。谈判中情感的作用是复杂的，因为人类情感本身就是多样的和难懂的，这一点在专栏6.6中也有体现。

专栏6.6

人类情感不可避免的混乱性

丹尼尔·夏皮罗（Daniel Shapiro）是《超越理由：谈判时运用情感》（*Beyond Reason*：*Using Emotions as You Negotiate*）一书的作者，他发现由于情感是很复杂的，所以人们很难通过有效运用情感来增大谈判成功的可能性。他归纳了在谈判桌上影响人们的情感的六个特征来说明情感的复杂性。

- 情感是不可避免的。正如人们不能避免思考一样，人们也无法避免情感。
- 情感是无尽的。在一个特定的场合下，谈判者可能会有许多不同的情感状态，比如愤怒、沮丧、热情、后悔等。
- 情感是变化的。情感分分钟就会发生变化，而且没有任何预兆。
- 情感是多层次的。人们会同时产生多种不同的情感，有的看起来还是相对立的（比如同时产生欢喜和失望）。
- 情感的影响不同。对于一个相似的场合，不同的人会有不同的反应，一个人可能比另一个人更容易愤怒。
- 情感的起因多种多样。情感的来源很难定义——也许由情境引发，也许是另一方的某些行为引起的，还可能是由自己的生理状态引起的（比如大脑里的神经化学物质）。

资料来源：Adapted from Shapiro，Daniel L.，“Teaching Students How to Use Emotions as They Negotiate，” *Negotiation Journal*，vol. 22，January 10，2006，105－109.

本章小结

我们在本章中从多个方面分析了感知、认知和情感在谈判中的作用。首先简要地概括了感知过程，讨论了四种类型的感知偏差，即刻板印象、晕轮效应、选择性感知和投射作用。继而讨论了在谈判中确定框架对感知的影响，以及在谈判过程中重构框架和明确议题如何改变谈判者的感知。

本章回顾了谈判学近年来高度关注的领域之一，即认知偏差的研究发现。讨论了12种不同的认知偏差：承诺的非理性扩大；迷信“蛋糕的大小是固定的”；目标锚定与调整；确定议题框架及风险；信息的可用性；赢家的诅咒；谈判者的自负；小数法则；自利偏差；赋值效应；忽视对方的认知；反射性贬值。随后阐述了管理谈判错误知觉和认知偏差的方法，这是很少引起注意的研究领域。本章最后讨论了谈判中的情绪和情感，这对理解谈判行为的认知和感知过程提供了重要的参考。

关键术语

感知（perception）：谈判者如何对待每一场谈判，受其对以往谈判情境的感知、对当前态度的感知以及对当前行为的感知支配。感知是个体将其自身与周围环境相联系的过程。感知者当前的心境、角色以及对前期沟通的理解，对其解释信息和事件的意义有重要的影响。对方的感知、环境、感知者自身的倾向性，对一个人准确地解释对方的所言所想也有非常重要的影响。

刻板印象（stereotyping）：感知过程中一种非常普遍的失真现象。人们以个体属于某一特定的社会群体或人口群体为依据，将这些群体的特性强加给个体时就会产生刻板印象。

框架（framing）：人们借以评估和认识所处环境，从而决定应该采取或者避免采取哪些行动的一种主观机制。

选择性感知（selective perception）：出现在感知者仅看重支持或强化以往认知的信息而忽略不支持的信息之时。选择性感知具有使刻板印象和晕轮效应永久化的作用：在有限的信息的基础上，对个体形成第一印象后，人们可能就会摒弃有悖于第一印象的证据。对方使谈判者认为其诚实或者富有合作性的最初的一个微笑，也可能导致谈判者忽视其工于心计或者争强好斗的言行。

投射作用（projection）：产生于人们将自身的特性或感觉强加给别人时。投射作用通常是出于保护自我的需要，即认为自己永远正确和友善。谈判者可能认为如果对方处于他们的位置，也会有同样的表现。

迷信"蛋糕的大小是固定的"（mythical fixed-pie beliefs）：许多谈判者认为一切谈判中的"蛋糕"的大小都是固定的。谈判者常常将合作型谈判机会当作零和情境或者输赢情境来对待。

赢家的诅咒（the winner's curse）：谈判者快速解决问题后，又对过于容易的胜利感到懊悔，特别是拍卖中有这种倾向。

谈判者的自负（overconfidence）：谈判者超越现实地相信他们具有保持正确和准确的能力。自负对谈判有双重影响：一是强化谈判者对错误的或者不恰当的立场或替代方案的支持程度；二是可导致谈判者轻视对方的价值和正确性，实际上是切断了从对方获取信息、利益和达成合作型谈判所必需的替代方案的来源。

小数法则（law of small numbers）：人们具有从少数事例中得出结论的倾向。

注 释

[1] See Babcock, Wang, and Loewenstein (1996); de Dreu and van Lange (1995); Thompson (1995); and Thompson and Hastie (1990a).

[2] Note that frames themselves cannot be "seen." They are abstractions, perceptions, and thoughts that people use to define a situation, organize information, determine what is important and what is not important, and so on. We can infer other people's frames by asking them directly about their frames, by listening to their communication, and by watc-

hing their behavior. Similarly, we can try to understand our own frames by thinking about what aspects of a situation we should pay attention to, emphasize, focus on, or ignore—and by observing our own words and actions. One cannot see or directly measure a frame, however.

[3] For extensive reviews of research on cognitive biases in negotiation, see Bazerman and Carroll (1987); Caputo (2013); Neale and Bazerman (1992b); and Thompson and Hastie (1990b). Whether negotiators misperceive information or misprocess information remains a technical debate in the communication and negotiation literature that is beyond the scope of this book.

[4] See also Diekmann, Tenbrunsel, Shah, Schroth, and Bazerman (1996); and Ritov (1996).

[5] See also Bazerman, Magliozzi, and Neale (1985); de Dreu, Carnevale, Emans, and van de Vliert (1994); and Neale, Huber, and Northcraft (1987).

[6] See also Ball, Bazerman, and Carroll (1991); and Foreman and Murnighan (1996).

[7] In a replication, Kahneman and his colleagues left the price tags on the mugs, making the objective value of the mug clearly visible to participants. Nonetheless, results were consistent with those just described.

[8] Arunachalam and Dilla did not study the consequences of only one negotiator following this strategy, however, so it is not clear what would happen if both negotiators did not agree to participate in the decision-making process.

[9] Other reviews include Allred, Mallozzi, Matsui, and Raia (1997); Barry, Fulmer, and van Kleef (2004); Barry and Oliver (1996); and Kumar (1997).

N E G O T I A T I O N

第7章

沟通

学习目标

» 理解谈判中沟通过程的基本组成部分。
» 探寻谈判中沟通的内容以及沟通的方式。
» 思考对谈判中的沟通进行改善的方式。
» 掌握在任何谈判中改善沟通过程的实际方法。

回归到谈判的本质，它实际上是一种人际沟通方式。沟通的过程，不论是口头的还是非口头的，对于谈判目标的达成和冲突的解决都具有十分关键的作用。根据帕特南和普尔（Putnam and Poole，1987）的说法，"……冲突的产生和管理，贯穿沟通的过程。更具体地讲，沟通会促进目标的设立和重塑，并对冲突问题给予定义，缩小其范围；改善各争议方之间以及各委托方之间的关系；选择和实施战略、战术；进攻和防守以及产生备选方案；最终谈判协议的达成和确认"（p. 550）。

在本章中，我们介绍谈判者沟通自己的利益、立场与目标的过程，以及明确对方及谈判整体的利益、立场与目标。很明显，沟通贯穿谈判的整个过程，关于沟通的研究使我们更加清楚地了解到，谈判是一个互动的过程，即使细微的沟通都可能影响谈判的过程和结果（Chatman，Putnam and Sondak，1991）。本章首先讨论信息的编码、传输、接收和解码的基本机制，然后讨论在谈判中人们沟通的具体内容以及如何沟通。本章最后将讨论如何对谈判中的沟通进行改进，以及谈判结束时需要特别考虑的沟通事项。

7.1 基本的沟通模型

许多关于沟通的分析都是从介绍谈判过程的基本模型开始的，本书也是如此。香农和韦弗（Shannon and Weaver，1948）早期提出的模型是颇具影响力的，该模型将沟通定义为发送者和接收者之间的活动。[1]发送者先要有想法（如希望谈判达成某种结果），再将这些想法编码成为信息传送给接收者。信息可以被编码成语言表达（如词语和句子），或非语言表达（如面部表情、挥手示意），或二者结合。信息一经编码便通过某种渠道或媒介（如当面、电话、电子邮件、短信或者信件）传输（如通过声音、面部表情或书面形式）给接收者。接收者收到信息后对其进行解码和翻译，以对信息的含义进行理解。

在单向的沟通中，从发送者到接收者，这个过程就构成了一次完整的传输。发送者编辑信息，通读并检查之后用电子邮件的方式发给接收者，该发送者通常认为接收者能够收到并理解该信息。然而，这种将沟通视为单向活动的观点过于简单化了，事实上，大多数的沟通，特别是谈判中，还包括相互让步、对话和讨论。因此，我们有必要将这种各方间的沟通视为双向并在个体间反复循环的过程。福尔杰（Foulger，2004）的沟通模型（见图7-1）指出，在有两方参与的持续对话（经常在谈判中出现）中存在双方沟通，实际上是双向的。福尔杰的模型非常恰当地将沟通者同时视为信息的创建者和使用者而不是其中的一方。

如图7-1所示，沟通者并不只是被动的信息接收者，还以几种形式主动地采取行动。首先，接收者收到信息（听、读、感觉到信息），然后结合信息内容和发送者传递该信息的动机来进行解读。随后信息接收者就变成了发送者，将对上述信息的反馈以语言或非语言的形式进行编码，并试图完成以下事情：告诉对方他对于前述信息的反应——可能是同意地点点头，或是困惑的眼神，或是痛苦的表情（但也不总是这样，就如同在扑克游戏中一样，谈判中的信息接收者有时并不希望自己的心思被信息发送者觉察到）；以某种方式对原始发送者发出的信息内容进行回复；避免做出实质性回复，转换话题；或是出于任何其他的目的所做的举动。重点是沟通者对一个信息进行回复，与最初的信息发

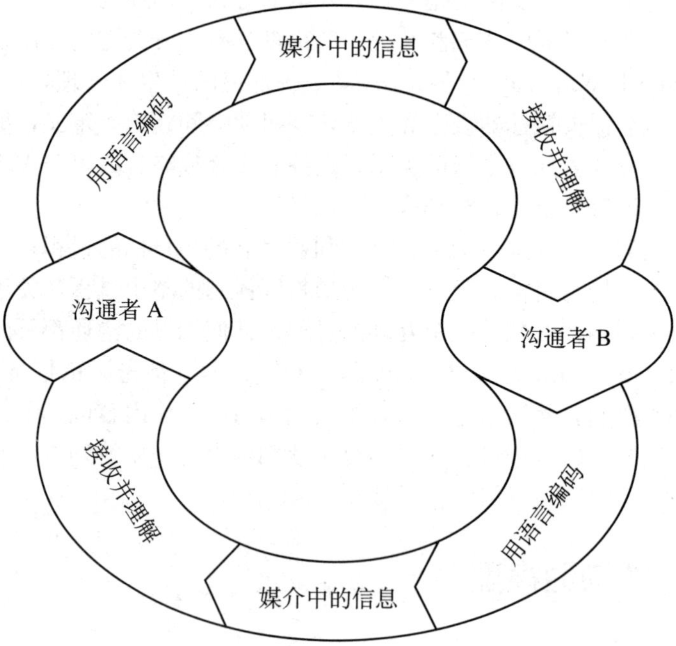

图 7－1　沟通模型——由两方参与的沟通过程

资料来源：Adapted from Foulger，Davis，"Models of the Communication Process，" February，2004. http：//davis. foulger. info/research/unifiedModelOfCommunication. htm.

送者一样，他不仅可以编码回复的内容，还可以自由选择传输的媒介或载体。人们通常根据自己的习惯或便利条件选择信息沟通渠道——如果对方给我发送电子邮件，那么我也以电子邮件回复；如果对方给我留了语音信息，那么我也采取回电的方式。然而，有效的沟通者和谈判人员是不会轻易选择回复方式的，他们通常会在考虑之后才做出关于沟通渠道（本章稍后会讲到）的战略性选择。

因此，谈判中信息接收者给信息发送者的反馈可以采取不同的形式：非语言的姿势、带情绪的表情、求证的疑问句、对信息的回复、建立在最初信息上的尝试，或是对某一论点的反驳，等等，我们只列举了一小部分，当然还可以是上述这些形式的综合。在双方沟通中，整个沟通过程既可以表现为简单常规的提问（"想去喝杯咖啡吗?"）和一个简单的点头示意，也可以表现为复杂的关于事实和观点的陈述，以及在谈判者之间对于争论的议题形成一个各方都可接受的综合性一致意见的过程中所做出的对信息复杂的回应。

在简要介绍了双方沟通过程中最基本的沟通模型之后，接下来我们用该模型中的要素作为框架去理解沟通中可能出现的曲解。

沟通曲解

沟通的有效性取决于各种信息（事实、观点、情感、偏好以及经验）在何种程度上得以完全、彻底地分享，被准确地接受和解码，并最终带来相互理解。大多数人都有这样的经验，人们的沟通系统很少会运转到最佳状态。相反，前述沟通模型构成要素以及它们之间的连接会受到外界因素的影响，这将使信息失真、含义被曲解，妨碍人们对信息的解读和相互理解。接下来，通过对前述沟通过程（见图 7－1）的构成要素进行研究，我们将探索沟通中的曲解是如何形成的。

1. 沟通者（在沟通的某一时点作为信息的发送者或接收者）。每个人都有自己的目标、目的和想要完成的事情。沟通者 A 可能想要改变沟通者 B 对于某事的看法，或使其在谈判中对所讨论的事情做出让步，但是沟通者 B 不想这么做，而且他希望沟通者 A 能够做出改变或让步。双方的目标分歧越大，或者他们之间的关系越对立，沟通过程中出现曲解和错误的可能性也越大（de Dreu，Nauta and van de Vliert，1995）。同样，信息的发送者和接收者各自的性格也会有差异，每个人可能都有自己的价值观、看待事情的态度、之前的经历以及个性特征（沟通技能更是千差万别），所有这些都使得个体之间在世界观方面存在差异。

2. 信息是沟通的符号形式。人们应用符号进行信息传递的能力是不尽相同的。一些信息是意思的直接表示（如我斜靠在桌子上，拿起我想要的铅笔），而另一些信息则要应用符号表示（如我对坐在桌子对面的人说："请把铅笔递给我"）。越倾向于使用符号进行沟通，就越有可能由于符号选择不当而不能准确表达意图。在铅笔这个例子中，如果对方不懂英语，或桌上有几支不同的铅笔，那么沟通的效果就会比较差。

3. 编码是将信息转化为符号形式的过程。编码的过程会受编码技术水平的影响（例如，语言的流利程度、书面和口语表达的能力），还有可能受到编码之前沟通的影响，包括双方想要沟通的内容以及之前沟通的反馈。一方选择的编码形式有可能并不是接收者偏好的（如太过复杂、过于随意或过于仓促）。如果信息发送者编码的方式阻碍了接收者对于信息的理解或准确解释，那么就会产生曲解。

4. 渠道和媒介指的是信息发送和接收的方法。有不同层次的渠道可供沟通者选择：首先，信息是采取语言传播（口头或书面文字）、非语言传播（肢体语言、手势以及面部表情、音调等），还是符号形式（图片、图表等）？其次，一旦确定了信息包含语言、符号、图表或姿势，沟通者还需要考虑采取何种渠道进行传输。口头沟通可以当面、通过电话或者网络进行（可视或不可视的）；书面沟通可以用纸张、电邮或者短信的形式。对于书写者来说，这几种形式的正式程度不同。我们通常认为非语言的姿势信号必须在可视的情况下选用。在电话沟通或者网络聊天中，我们会发现有很多其他的方式可以在不使用语言的情况下进行反应和情感信号的传递。科技的发展使得符号形式的沟通也可以采取不同的渠道，以各种新奇的方式传达复杂的想法。很多沟通的曲解都是由于沟通渠道的问题。一条复杂的信息可能更适合采取书面形式而非口头形式进行传递，因为这样接收者才能够以他自己的速度对信息进行消化吸收，而且可以在必要时回顾一下。在嘈杂的环境中，面对面的沟通可能导致曲解，因而不是明智之举。如果沟通者想要传递附带情感的信息，那么书面沟通就可能有被曲解的风险，相比之下，当面交谈更容易传递情感。另外，如果同时采用多种沟通渠道且渠道间存在不一致的问题，也有可能导致意思曲解。例如，家长对小孩说"不要那样做"，而说话时却是微笑或大笑的表情，这种不一致就会带来困惑（"我是该停止，还是继续呢?"）。

5. 接收是一个理解的过程：接收语言、非语言、符号形式的信息，将其解码成可以理解的形式。如果双方使用同样的语言或手势交流信息，那么解码过程就会容易得多。当然，这其中也会出现观念和认识上的错误（见第 6 章）。如果沟通各方使用不同的语言，那么解码过程将会出现更多的错误。尽管翻译人员可以帮助双方解码，但也不可能做到全面翻译，也就是说，仅仅依靠文字是不可能完全掌握说话人的意思或者语调的。事实上，翻译人员反而可能增大沟通中出现额外错误的概率。

6. 理解是确定某一情境中被解码信息的含义和重要性的过程。个人的事实、想法、感情、反应以及思想等，就如同一系列用来理解解码信息的过滤器。如果一个人对另一个人说“请将铅笔递给我”，对方回答“不”，这一回答很可能引发第一个人一系列的去探寻其真实含义的反应：“不”就是直接拒绝了我的请求吗？他为什么说“不”？他是否也需要那支铅笔呢？他是在故意刁难我还是在开玩笑？这些问题的答案取决于沟通过程中其他因素和双方之间的关系，正是这些因素导致人们对于“不”产生了各种理解。尽管清晰的理解是大家想要的结果，但模棱两可的语言有时是一种战略，它更具灵活性且有优势（Shi，2013）。

为避免产生我们提到的在沟通中出现的这些问题，一种很重要的方法就是给予对方反馈：通知信息的发送者该信息已被接收、编码，且信息的理解正如发送者所期望的那样。缺少反馈会导致沟通产生极大的误解，特别是当发送者并不知道对方是否收到了信息（更不用提信息是否被理解）时。面对很多听众演讲的人，可能会发现截然不同的反馈：有些听众没有反应，感觉就像对着空气演讲；有些听众则会点头表示同意，用微笑或者其他方式表示演讲者传递的信息已经被接收和理解。当演讲者发现接收者皱眉、睡觉或者摇头表示不赞同时，他就不大可能继续传递信息了，除非他的演讲本身就是要改变观众的这种行为。在谈判中，反馈也有可能使沟通产生扭曲，改变谈判者的出价（如Kristensen and Garling，1997），或使他们改变对预期结果的看法（Larrick and Boles，1995；Thompson，Valley and Kramer，1995）。尽管大多数反馈都是真诚的，旨在增进理解，但是谈判人员也需要谨记，有时候反馈可以是谋划好的，旨在诱导谈判者做出让步、改变策略或使其改变对谈判过程和结果的考量。

7.2 谈判中需要沟通哪些内容

沟通和谈判领域的研究人员探究的一个最基本的问题是：谈判过程中的沟通包括哪些内容？该研究工作以几种不同的形式展开，但一般都用音频或视频记录下谈判中的角色扮演，再去分析其中出现的沟通模式。例如，亚历山大、舒尔和巴库斯（Alexander，Schul and Babakus，1991）拍摄了60分钟的视频，内容是来自两个石油公司的三位高管之间的谈判。他们将该录像分为6 432个语言单元，然后编码成24个不同的反应类型。研究人员发现买卖双方之间谈判所使用的语言策略中70%都是合作型的。另外，买卖双方的行为是相互的，即一方使用合作型策略时，对方也会使用合作型策略来应对。

谈判中沟通的内容大部分都与谈判者偏好无关（Carnevale，Pruitt and Seilheimer，1981）。当合作型谈判和竞争型谈判混合使用时，沟通的内容会随着谈判问题的变化而变化（Weingart，Hyder and Prietula，1996），同样，未来期待合作的对手也随着变化。显而易见，沟通的内容只对谈判结果起部分作用（Filzmoser，Hippmann and Vetschera，2016；Olekalns，Smith and Walsh，1996）。例如，谈判一方可能选择对某些信息不做沟通（如他为什么选择其他供应商），因而他的谈判对手（如未被选中的供应商）

就不会知道产生某些结果的原因何在。接下来我们将讨论谈判中沟通的五种类型，并讨论沟通是不是多多益善。

1. 报价、还价与动机

塔特佐格（Tutzauer，1992）指出：“在议价的会谈中，最重要的沟通就是争议双方间的报价和还价以及表明的偏好。”谈判人员的偏好能够很好地体现其潜在动机，这也是谈判中沟通的内容，并可能影响对方的行为和谈判结果。兰纳和温特（Langner and Winter，2001）通过研究历史上的政治危机和实验性的数据证实了这一点。他们的研究发现，有归属动机（注重友善的人际关系）的谈判人员更倾向于传递正面的让步，以降低紧张感或促成谈判协议的达成。具有权力动机（注重影响力、声望和名誉）的谈判人员则更可能会拒绝让步并使冲突升级。

除了沟通报价和偏好，谈判人员也会沟通报价与还价过程中的情绪变化。一系列测试（Lelieveld，van Dijk，van Beest and van Kleef，2013）表明：负面情绪会引起对方内疚而起作用，谈判人员也会通过沟通负面情绪来帮助自己达成合同。当一方关心失落的另一方时，内疚感很可能会增加。当内疚感增加时，报价也就更大方。正如第 6 章提到的，强烈的情绪宣示了权力与支配。越强烈的情绪，比如生气，越能引起对方让步。内疚效应告诉我们不强势的情绪在恰当的情形下也能达成相同的效果。

谈判中的沟通框架基于以下几个假设：（1）有关报价的沟通是动态的过程（报价是会随时间变化的）；（2）报价的过程是互动的（交易者之间相互影响）；（3）各种内部因素和外部因素（如时间限制、互惠标准、替代方案、支持者压力等）都会推动这种互动过程，并“促使交易者改变自己原来的报价”（Tutzauer，1992）。换句话说，报价和还价是一种动态的、互动的过程，而且会受到情境和环境的限制。这一过程将不断修正谈判的各个参数，最终缩小议价区间，并引导谈判问题解决。

2. 替代方案的信息

然而，谈判中的沟通并不仅仅限于报价和还价。一些研究证实了与谈判方之间分享信息也会影响谈判过程。例如，平克利和他的同事们（Pinkley，1995；Pinkley，Neale and Bennett，1994）研究了是仅仅拥有最佳替代方案（BATNA）就能够使谈判者占据主导地位，还是这个最佳替代方案需要传达给对方后才能起作用。BATNA 的存在改变了谈判中的一些方面：（1）与没有 BATNA 的谈判对手相比，拥有 BATNA 的谈判方为自己设定的底价要高于谈判对手设想的底价；（2）当一方有 BATNA 时，另一方会降低谈判底价；（3）当双方都意识到其中一方拥有 BATNA 时，谈判通常会取得更为积极的结果。比伦斯和范波克（Buelens and van Poucke，2004）的研究表明，谈判方手中掌握的 BATNA 是决定谈判者开价的最重要因素之一。所有这些研究结果都告诉我们，拥有 BATNA 的谈判方若想获得 BATNA 带来的全部益处，就应该告知对方自己拥有 BATNA。因此，我们急切地想介绍传递 BATNA 信息的方式和方法。礼貌地（甚至是微妙地）让对方意识到己方有很好的替代方案，能够利用杠杆作用的同时又不疏离对方。与之相反，当面以施压或傲慢的方式告诉对方自己拥有 BATNA，可能会被看作好战的和具有威胁性的。

3. 有关谈判结果的信息

在一次模拟谈判的研究中，汤普森、瓦利和克雷默（Thompson，Valley and

Kramer，1995）研究了分享不同类型信息的效果、谈判一方对其对手谈判成功的评价以及这是如何影响谈判者对自身谈判成功的评价的。该项研究重点观察胜方和负方如何评价谈判结果（胜方是在该模拟谈判中得分较高的谈判者）。汤普森和他的同事们发现，当不知道对方做得有多好时，胜方和负方对于自己结果的评价是一样的，但当他们发现对方做得更好时，他们对于自己结果的评价就没那么好了。诺文斯基和施魏策尔（2004）的一项研究表明，若没有任何对比信息，即使谈判者知道对方表现较差，他们仍然对结果不那么满意。综上所述，这些研究给我们的启示是，谈判者应当小心避免使对方知道己方的成绩，甚至是己方对谈判感到满意，特别是在双方以后还要谈判的情形下。另外，研究结果还建议，谈判者应在知晓对方对结果的评价之前就对自己的结果做出评价。

4. 社会账户

谈判中出现的另一种沟通是通过“社会账户”进行的，谈判者会使用社会账户向对方解释目前的形势（Bies and Shapiro，1987；Shapiro，1991），尤其是当谈判者需要澄清坏消息时。西特金和比斯（Sitkin and Bies，1993）在相关文献中表明，有三种类型的解释非常重要：（1）对于缓和情况的解释，谈判者表示由于所处立场的限制而别无他选；（2）对于免责情况的解释，谈判者从更广的角度来说明自己的立场，表示虽然这可能会产生负面影响，但是出于良好的动机（例如，一个无心之失）；（3）重新对谈判结果进行解释，通过改变谈判背景来对谈判结果进行合理解释（如为获得长期利益而忍受短期的痛苦）。西特金和比斯指出，综合运用多种解释方法的谈判人员可能会得到更好的结果，或者通过对谈判结果进行解释来减轻不理想谈判结果的负面影响。

5. 对于谈判过程的沟通

最后要讲的是，有些沟通是关于谈判过程本身的，即进展情况如何，应采取何种程序来改善这一情况。这种沟通可以采取简短的“小对话”的形式，化解僵局或建立谈判双方的友善关系。这样的沟通有可能产生很好的效果，研究结果表明，在正式谈判之前谈判双方若能对认知和身份进行分享，就有可能产生合作型的结果（Swaab，Postmes，van Beest and Spears，2007）。显然，关于谈判过程的一些沟通不仅对谈判结果有帮助，在整个谈判中也有着十分关键的作用，当冲突加剧时，谈判人员可能会产生敌对情绪而阻碍谈判的进行。布雷特、夏皮罗和莱特尔（1998）研究了谈判中用以阻止冲突激化的沟通策略，避免螺旋式下降的冲突导致谈判僵局或谈判结果不理想。这种策略包括对谈判方有争议的行为的关注，并指明该行为会对谈判起到负面作用。说得更通俗一点，布雷特和她同事们的研究建议，在设法回避冲突激化时，谈判者应当遏制那种想要回击对方的有争议行为的冲动。谈判者可能因为追求谈判结果而急于应对报价和还价的问题，不愿意停下来把时间“浪费”在讨论出现问题的谈判过程上。然而，有时在实质性谈判中停下来，将注意力转向谈判过程，也是非常有必要的。

本节最后我们以三个关键问题总结谈判中的沟通内容。

6. 谈判者的沟通方式是始终如一，还是适时调整？

很多谈判指南（包括本书）的一个主要内容就是：有效的谈判人员要能够根据具体

的谈判情境调整其策略和方式。这也许是一项好的建议，然而研究发现，在沟通方式方面，谈判者更倾向于坚持固定的方式而不是适时调整。泰勒和唐纳德（Taylor and Donald，2003）对离婚和人质谈判中的行为互动方式进行了分析，其结果清晰地表明，谈判是一个动态的交互过程，但它也具有前后一致性；谈判者的说话方式会受到前面人员的影响，并将影响其后的人。该项分析还表明，谈判人员仅仅会对其对手在沟通中所提供的一小部分信息做出反应，更为重要的是，这一部分会随着谈判的进行而变得微不足道，这就意味着谈判持续的时间越长，沟通方式的变化越小。泰勒和唐纳德最后总结说："谈判者已经设置好了对于不同行为的应对方法而不论是什么谈判背景和谈判角色，这些应对方法具有一致性。"因此，在制定有关沟通的决策时，很多谈判人员都倾向于坚持使用他们熟悉的方式而非冒险地即兴发挥。

7. 谈判中前面已经说过的话是否重要？

最近发表的研究表明，谈判中一些看似不重要的沟通活动有可能对谈判结果产生很大的影响。科汉和彭特兰（Curhan and Pentland，2007）发现，谈判中的"一小部分"——开头五分钟的沟通，会对最终的谈判结果产生巨大影响。通过对双边谈判进行模拟，他们发现，对于一些谈判人员（身处高位者）来说，他们在发言（由他们讲话而别人不发言）的最初五分钟里的表现就能够决定他们的谈判结果。该研究同时说明，这开头五分钟的说话语调也是非常重要的：谈判人员越是以强调的语气以及变换的音调和音量说话，他们的谈判结果越差，而对方的结果越好。换句话说，控制谈判最初阶段的"发言权"很重要，但不是说要采取过于情绪化或夸张的沟通方式。

控制谈判初期的沟通可能会对谈判个体有所帮助，但这是否有助于双方取得合作型的谈判结果呢？科汉和彭特兰的模拟谈判研究表明，这确实有可能提高谈判双方对于达成双赢结果的兴趣，但是他们也发现最初五分钟的发言并不能影响双方取得共同收益的能力。尽管如此，其他研究人员却能够证明共同收益是受谈判初期因素影响的。阿代尔和布雷特（Adair and Brett，2005）对谈判不同阶段发生的沟通进行研究，并重点分析了那些有助于达成对双方都有益的谈判结果的行为。他们的研究发现，"谈判人员在谈判前半部分的表现对于谈判产生合作的解决方案和积极的共同收益具有重要影响"（p. 47）。

8. 信息是否多多益善？

一些研究人员认为，谈判中获得过多的信息实际上可能会对谈判者有害，这种现象称为信息的弱化效应。[2]专栏 7.1 讨论了对谈判中的沟通进行管理的若干方法。在判断谈判结果是否公平时，完全了解双方所有偏好的谈判者比不了解这些信息的谈判者更难判断谈判结果是否公平。布罗德特（1994）进行了一项研究，分析一种特定类型的信息，如对于对方底线的内部消息是如何影响谈判过程的。在一个模拟的与外国汽车厂商的竞争性谈判案例中，布罗德特发现与未获得内部信息的谈判者相比，拥有这些信息的谈判人员将会：（1）为汽车支付更低的价格；（2）在谈判中不太可能做出让步；（3）在谈判中提供更具创造性的报价。布罗德特据此得出结论，拥有较多的信息会增强谈判者的实力，因此，信息弱化效应是局限在非常特定的情况之下的。

专栏 7.1

在谈判桌前保持头脑清醒

谈判中最困难的是在谈判桌前真实地讨价还价。我应该继续坚持还是妥协？我应该首先开价还是等待对方开价？做出这些艰难的决定需要很好的判断。经验固然可以提高判断力，也还有些其他的关键方式，如有技巧地分析所处情况，有勇气做出让步，在必要时愿意坚持一个并不受欢迎的立场。同样重要的还有创造力、说服力和有交易的全局观。

詹姆斯·弗罗因德（James Freund）是一名律师，同时也是一个富有经验的谈判者。他提出了以下建议。

● 保持平衡。记住有时要争取，有时要妥协，有时要敲定协议，有时要让选择处于开放状态。在这个过程中保持某种平衡很重要，即使你是这场谈判的主导者，也要保证你与对方的关系（或者你自身作为谈判者的名誉）不会因为这次谈判而受损。

● 管理形象。一个带着行李包裹，外套口袋里冒失地插着飞机票来谈判的人就好像在对他的谈判对手说："我想要赶快敲定协议然后坐飞机回家。"他的对手会有意放慢谈判速度，希望对方因为起飞时间临近而做出巨大让步。塑造一种你会为达成一个最佳协议而耐心等待的形象是更有效的策略。

● 保持耐心。退后一些观察，可以让你了解到很多关于你的对手的真实诉求信息。他是否着急解决一些事情？他是否愿意花时间去了解一个新的但是复杂的协议的细节？你的耐心会给你带来随着谈判进行而增长的信用。

弗罗因德这样总结，"在一个重视审慎决策的低调的谈判中，耐心和毅力对于获得成功最有效。要学会如何在避免专横的前提下坚持立场，还有如何拒绝，同时并不会显得过于消极"(p. 34)。

资料来源：Adapted from Freund, James C., *Smart Negotiating: How to Make Good Deals in the Real World*. New York, NY: Simon & Schuster, July 1, 1992, 82.

一项实验研究表明，拥有更多的信息并不会自动导致更好的谈判结果。奥康纳（1997）的被测试者参加了一场工会与管理层之间围绕雇佣合同展开的模拟谈判，谈判内容既包括合作型问题，也包括一些相容的问题（双方想要获得的结果是一致的）。被测试者以团队形式进行谈判，并被分为两大组——合作组（协作解决问题）和独立行事组（追求个人利益）。奥康纳发现，合作组交换的信息要比独立行事组更多，但是这些信息并没有提高双方对对方偏好理解的准确性。最近维尔特穆特和尼尔（Wiltermuth and Neale，2011）在两项研究中发现拥有与任务不相关的对手的信息会损害协议的达成，因为这会干扰有用信息的交换。这些研究结果显示，精确信息的交换对于谈判结果的影响并不像人们预想的那样直接。也就是说，只是交换信息并不能直接带来对对方偏好的更好理解或更好的谈判结果，也不能自动带来信息弱化效应。谈判过程中信息交换的效果取决于讨论问题的类型、交换信息的本质以及谈判者利用该信息的动机。

7.3 如何在谈判中进行沟通

显然，谈判者如何沟通与沟通的内容同样重要，有很多研究分析了人们在谈判中如何进行沟通的各个方面。我们在这里将讨论与如何沟通有关的三个方面的内容：沟通者所使用的语言的特征、谈判中非语言沟通的使用以及收发信息沟通渠道的选择。

语言的特征

吉本斯、布拉达和布施（Gibbons，Bradac and Busch，1992）曾经提出，谈判“是通过语言对语意进行协调和组织，进而交换信息”（p. 156）。在谈判中，语言是在两个层面上发挥作用的：逻辑层面（用于提议或报价）和实际层面（语义、句法和文体）。一条建议或声明所传递的语意是一个表面的逻辑信息和几个实际信息（暗含的或推断的）的组合。换句话说，起重要作用的不仅是沟通的内容以及如何沟通，而且包括那些附加的、隐藏的或深层次的信息是如何安排、传递和获取的，如威胁。通常情况下，谈判者不仅要对威胁性陈述的表象有所反应，还要对其隐含的（通常是更强烈的）意思有所反应，因为这些未表达出来的信息有可能反映该威胁实施的可能性，或者是关乎双方的关系，或者是关乎双方未来继续合作的可能性。专栏 7.2 说明，威胁看起来显然是一种试图强迫对方做出让步的谈判策略，然而实际上若对所用语言的特定要素进行分析，会发现它很复杂且个体间存在着细微差别。

不论沟通的意图是命令、强迫、销售、说服，还是得到承诺，谈判各方如何进行沟通可能要依赖于说话者将想法恰当编码的能力，以及听者理解信息和对其进行解码的能力。另外，谈判者对于习语或口语的使用经常存在问题，特别是在跨文化谈判中（参见第 16 章）。说话者可能认为传递的语意已经很明确了，然而听者可能会感到非常困惑（例如，“我愿意等到最后一刻”，这句话对于美国某些地方的人来讲是一句正面的承诺陈述，而对于那些具有不同文化背景的人来说会感到十分困惑）。即使意思是清楚的，对于词语的选择或者比喻的使用也可能使表达缺乏灵敏性或者产生排斥感，就像男性经常使用运动项目来比喻战略性的业务利害关系（“好，现在是第四次进攻的机会，向目标出击；不能再继续犯错了”）。不管这一行为是有意的还是无意的，女性由此得到和推断出的信息都可能使她们感觉自己被排除在外了。德博拉·坦嫩（Deborah Tannen，1990）在《你怎么就是不明白》（*You Just Don't Understand*）一书中指出，“男女之间的沟通错误（比跨文化的沟通错误）可能更危险，因为这种情况在生活中更为普遍，而且我们对其缺少准备”（p. 281）。人们通常不会意识到在相同的文化背景下也可能出现沟通错误，因此，与跨文化沟通相比，人们对处理相同文化背景下的沟通错误缺少足够的准备。

专栏 7.2

所有的威胁都一样吗

威胁仅仅是一个向对手做出的如果他们抵抗就会遭受厄运的一般性陈述，还是有其他含义？吉本斯、布拉达和布施（1992）区分出五种施加威胁的语言模式。

1. 极端化语言的使用。谈判者在叙述自己的观点时使用积极的措辞（如慷慨的、合理的或者公平的），在提到对方立场时则使用消极的措辞（如吝啬的、不合理的或者不公平的）。

2. 用直截了当的语言（表达直接性、急迫性或者相对的心理距离的一种语言方式），或者直截了当地表达有意参与或强迫对方按照自己的意愿行事（“好，事情是这样的”或者“我非常关心……”），或者不直截了当，而是制造一种距离感和冷漠（“哦，是这样”或者“一个人应该去关心……”）。

3. 语言强度。高强度语言向接收者传递强烈的情感（通常有很多肯定的陈述和不雅的语言），低强度语言传递较弱的情感。

4. 词汇的丰富性（是否掌握大量丰富的词汇）。所用词汇丰富代表谈判者得心应手，在语言上更有优势。词汇贫乏显示谈判者不安、焦虑或者缺乏经验。

5. 高能量语言模式使用的程度。低能量语言模式的表现为：避免口头上做正面答复，犹豫不决的语言，表示尊重和顺从的有礼貌的语言。高能量语言模式则表现为：主导性的语言，清晰确定和自信表达。

根据吉本斯、布拉达和布施的研究，对对方立场的极端消极的描述、直截了当、使用高强度的语言和丰富的词汇及高能量的语言模式能够使威胁更加可信，从而更容易使对方屈服。显然，用威胁作为谈判策略时，不仅要关注威胁的内容，更要关注威胁的方式。

资料来源：Adapted from Gibbons, Pamela, Bradac, James J., and Busch, Jon D., “The Role of Language in Negotiations: Threats and Promises,” in Putnam, Linda L., and Roloff, Michael E., eds., *Communication and Negotiation*. Thousand Oaks, CA: Sage Publications, 1992, 156 - 175.

最后，谈判者的措辞不仅表达了一种立场，而且会为随后的谈判奠定基调并影响谈判效果。西蒙斯（Simons，1993）对谈判中的语言学沟通模式进行了研究，有以下两个发现。

1. 那些在谈判的沟通中对谈判实质和双方关系都有涉及的各方，与只对其中一方面进行了沟通相比，能够得到更好的谈判结果和更具合作性的解决方案。

2. 谈判初期的语言学模式能够对问题的解决有所帮助，因为这些模式可能会帮助谈判各方在谈判后期发现合作的可能性。

在本章开头部分我们曾经提到，有研究表明谈判初期的沟通可能会对谈判结果产生影响，而西蒙斯的研究从语言学角度进一步证实了这一点：“与谈判后期的语言学模式相比，谈判初期的语言学模式对于谈判结果的影响更加显著”。

非语言沟通的选择

人与人之间的大部分沟通是以非语言的方式进行的，如面部表情、肢体语言、头部动作以及语调，等等。一些非语言行为被称为“专注行为”，在与谈判一样的协作式互动过程中建立与对方的联系非常重要：他们让对方知道他们在认真听，并让对方准备接收自己的信息。在对谈判的研究中，尽管超过 90%的沟通是非语言的（参考 Thompson，Ebner，Giddings，2017），非语言沟通却得到相对较低的关注度。我们在这里讨论三种重要的专注行为：目光接触、身体姿势以及鼓励的行为。

目光接触

通常我们认为说谎的人和胆怯的人是不敢直视他人的。诗人常常将眼睛比作心灵的窗户，除此之外还有其他一些习语，都说明人们认为目光接触十分重要。但目光接触并不能可靠判断对方是否认真聆听。一些研究表明，说谎的人会给予对方更多的目光接触以使对方相信自己在认真聆听（Mann et al.，2012）。通常来讲，目光接触是向他人表示你在集中注意力认真倾听，并且你认为对方所讲的内容是重要的。如果当你说话时人们没有看你，你可能会通过提问看看他们是否在听。当然，即使不看对方，也可以有很好的收听效果。事实上，眼睛看向别处更为容易，因为你可以将注意力集中在所听的话上面而不会被视觉信息打扰。尽管如此，我们要强调的是，不做目光接触时，你就没有提供给对方一个重要的信息，即你参与到沟通中且在倾听。

在目光接触时，不应当一直将目光固定于对方，否则，对方就会理解为瞪视，这通常会导致怀疑而非信任。因此，目光应当离开对方一段时间。通常情况下，认真倾听时目光接触的时间要比说话时少且短。讲话者可能会时不时地看向别处，特别是在想一个词、短语或想要记起某个细节时。在讲话时将目光短暂转移，也是向对方表明讲话还没结束。

若想要劝说对方，在说到信息最重要的部分时进行目光接触是非常重要的（Beebe，1980；Burgoon，Coker and Coker，1986；Kleinke，1986）。在这一时点同时进行语言和非语言的沟通，强调了所传递信息的重要性。另外，不仅在讲话时需要保持目光接触，在接收对方的沟通信息时同样应该如此（Kellerman，Lewis and Laird，1989）。

需要注意的是，我们这里介绍的沟通模式符合西方社会的特点。在世界的其他地方可能适用其他的模式，如在亚洲一些地区，他人讲话时，听者保持目光低垂是表示尊敬（Ivey and Simek-Downing，1980）。

调整身体姿势

家长经常教育子女如何站和坐，特别是在正式的场合，如学校、教堂或聚餐活动中。“坐直”的命令后面通常紧跟着“注意听”，这时家长就是向子女灌输一种被大众接受的观点：一个人的身体姿势表明他是否将注意力集中在对方身上。为确保对方知道你在认真听，你就要保持身体笔直、稍稍前倾，并直接面对对方（Ivey and Simek-Downing，1980）。如果你认同对方的发言，就要注意不摆出不尊重人的身体姿态，如耷拉脑袋、转向别处或将脚放在桌子上（Stacks and Burgoon，1981）。与之相反，双臂交叉、摇头、眉头紧锁或挤眉弄眼都是表示对于对方所传递信息强烈排斥或反对（Nierenberg and Calero，1971）。

通过非语言沟通表示对对方发言的鼓励或劝阻

人们可以通过各种简单的行为来表示对于对方发言的关注和兴趣。点头或是一个简单的手势表示继续，或用低声“嗯”表示对发言的理解，这些都可以用来告诉对方你在倾听、对方可以继续讲话。事实上，你可以通过点头来鼓励对方继续讨论某些话题。简单的目光交流、微笑或点头都可以表达鼓励的意思。与之类似，皱眉、绷脸、摇头或抓住胸口假装疼痛，都可以发出不赞同某人发言的信号。

非语言沟通如果做得好，有助于谈判人员相互合作，达成更好的谈判结果。德罗莱特和莫里斯（Drolet and Morris，2000）对谈判人员之间在谈判中有无目光接触而产生不同的合作关系进行了对比，并将该合作关系定义为“在交互活动中，通过非语言类表达行为的汇聚而形成的一种相互之间抱有积极态度和兴趣的状态”（p. 27）。研究发现，面对面的非语言沟通增进了双方的友善关系，能够促进协作并使谈判得到更好的共同利益。当然，这些利益的获得是有前提条件的，即谈判各方必须能够准确地理解这些非语言沟通。说起来容易，做起来难，对非语言行为的判断能力因谈判者的社会背景、性别和其他因素而有所不同（Puccinelli，Tickle-Degnan and Rosenthal，2003）。

最后，非语言沟通有时不需要亲自面对面交流，可以通过虚拟网络。通过网上工具，谈判者可以进行高质量的视频谈判。熟练的谈判者知道如何在非语言沟通中取得成功，即使他和谈判对手不在同一室内。下面我们讨论使用虚拟沟通渠道遇到的一些挑战。

选择沟通渠道

不同的沟通渠道产生的沟通结果是不一样的。我们可能习惯地认为谈判总是面对面发生的——这一假定被“谈判桌”这一普遍的比喻强化。然而现实中，谈判是通过不同种类的沟通媒体来完成的，如电话、信件以及应用日益广泛的电子方式如电子邮件、电话会议、即时消息，甚至短信等。谈判中所使用的网络媒体信息技术有时也称为虚拟谈判（也叫作电子谈判）。对特定沟通渠道的选用决定了谈判双方对即将进行的沟通任务的认识以及适合采用的行为规范。因此，渠道能够潜在地对谈判过程和谈判结果产生重要影响（Bazerman，Curhan，Moore and Valley，2000；Lewicki and Dineen，2002）。

考虑到我们当前的目的，我们将引起沟通渠道之间差异的关键性变量叫作社交带宽（Barry and Fulmer，2004），它是指一种渠道承载和传递超出信息字面含义的微妙的社会信息和关系信息的能力（也可参见Short，Williams and Christie，1976，他们将此称为“社会性存在”）。更宽广的社交带宽意味着一个能传递更多线索的渠道。这些线索包含社会的、亲属的或者符号内容。例如，作为一种对面对面交互活动的替代选择，人们打电话时通过发音或音调的变化来表达社会性的提示信息，但不能通过面部表情或肢体语言进行交流。在信件沟通方式中，尽管措辞和语言的组织也能够表达预期、理解以及感情，但毕竟只有纸面上的文字或符号。

电子邮件作为当今非常普及的一种人际交往和组织间沟通的方式，可以简单地看成信件沟通的另一种形式，区别只在于它通过电子手段进行传输。然而，电子邮件与其他形式的书面沟通仍有非常大的差异。许多人将电子邮件视为一种非常不正式的媒体，在电子邮件里他们会随意地发出形式和语法上都未经修饰的信息，而在其他场合（如在工作中），他们绝不会这样不认真地写在纸上。还有一些人使用字符组合成的“表情图标”来表达情感。早期对于人际沟通和小团体沟通的研究表明，社会性暗示的缺乏会使沟通者情绪低落，并可能导致超出社会规范的过激的沟通行为，例如充满火药味的、敌对或侮辱性的沟通（Sproull and Kiesler，1986）。许多早期对于计算机作为媒介的沟通的研究关注的是匿名沟通。目前，我们尚不清楚减少社会性暗示在彼此认识的情况下是否会产生同样的影响，事实上谈判双方很可能对彼此了如指掌（Barry and Fulmer，2004）。

仅仅将电子邮件视为书面沟通的另一种形式在分析上过于简单化，因为电子邮件的沟通方式经常可以取代电话沟通、当面沟通，甚至是本来可能不存在的沟通。因此，只知道电子邮件与传统信件沟通方式的区别是不够的，我们还需要了解当人们选择采取电子邮件而不是其他具有更高级社交带宽的沟通渠道时，交互活动（如谈判）是如何被沟通渠道影响的。

研究人员一直在研究总体上沟通渠道对于谈判过程和谈判结果的影响，特别是电子邮件，遗憾的是，几乎没有发现明确的影响。我们当然清楚，面对面的沟通方式比其他方式更能使沟通各方建立起友善的人际关系（Drolet and Morris，2000），并且面对面的谈判者更愿意如实吐露信息，从而使他们更有能力达成双赢的结果（Valley，Moag and Bazerman，1998）。研究发现，通过书面信件渠道进行的谈判比面对面谈判或电话谈判更容易陷入僵局（Valley et al.，1998）。

发展密切关系和真诚地分享信息是面对面交流的两个方面，有助于达成合作，但面对面交流也会提升谈判的难度。一个研究分配式谈判的团队研究了硬谈判相对于软谈判的优势如何受谈判者是否面对面的影响（Hüffmeier，Freund，Zerres，Backhaus and Hertel，2011）。他们发现当谈判者能看到对方（与看不见对方作对照），有竞争力的方式变得更加有效。一方会屈服于强硬的另一方（他们会提出极端的报价、很少妥协）。这些研究者认为面对面情况下，强硬的一方能很明确地表达自己“强硬”的条件，这样就限制了另一方的目标。

电子邮件谈判比面对面谈判能缩短谈判者之间的权力距离。还有一些研究结果表明，与面对面谈判相比，电子邮件谈判的结果更为平等（对于资源的分配更平衡）（Croson，1999）。克罗森（Croson）指出，这种现象的原因在于电子邮件沟通使得谈判中强势方和弱势方的地位被拉平了（p. 33）。电子邮件可以给予谈判者一定的时间思考对方的信息，并回顾和修改自己的沟通方案，因此，这可能会帮助那些人际交往能力不强的谈判者改善其表现，特别是当他们面对比自己更熟练的对手时（在面对面或打电话的情况下），也能够自然地应对。范埃斯、弗伦奇和施特尔马斯齐克（van Es，French and Stellmaszek，2004）通过对网络谈判者的行为进行分析发现，网络谈判者经常会重读并回顾他们之前的陈述和观点，但他们也提出了此类书面形式谈判的缺点。首先，在网络上进行书面谈判给了谈判者不充分准备的借口，这是因为一方需要回顾此前的谈判陈述，并思考未来的行动策略，这些都将导致谈判存在时滞。其次，采用电子邮件这种形式进行谈判，对于不喜欢此类方式或者文笔不好的人来讲，无疑是巨大的挑战。范埃斯等认为：“大部分人都宁愿说话而不愿意费力去打字……打字的任务可能会促使谈判方急于结束谈判”（p. 169）。事实上，很多人可以用口头交谈的方式巧妙地表达自己的意思，却不能用书面方式很好地做到这一点。

电子邮件谈判有时会导致谈判僵局，穆尔、库尔茨伯格、汤普森和莫里斯（Moore，Kurtzberg，Thompson and Morris，1999）对其原因进行了研究。在他们的实验中，学生们通过电子邮件进行谈判，他们处在同一学校（组织内配对），或者分处不同的学校（组织外配对）。一些谈判者会透露自己的信息，另一些则不会透露。研究人员发现，在进行组织外配对和在不相互透露个人信息的情况下，电子邮件谈判更容易导致僵局。另一项研究则表明，当谈判的参与方逐渐增多时，通过电子邮件方式进行的谈判就更难以达成结果。库尔茨伯格、邓恩-詹森和马特斯贝克（Kurtzberg，Dunn-Jensen and Matsibekker，2005）在模拟谈判中发现，在通过电子邮件方式进行的谈判中，由四方组成的谈判最容易陷入僵局，而各参与方在谈判后也会表示强烈不满。

如果谈判者想要克服电子邮件、短信或其他书写媒介渠道的限制，他们就要更努力地建立亲密的合作关系，否则就会导致谈判陷入僵局。书写媒介与面对面谈判相比，欠缺了亲密的闲谈和专注于话题的交流（Morris，Nadler，Kurtzberg and Thompson，2002）。闲谈有利于谈判者建立亲密的合作关系和信任感。在一项研究中，在电子邮件谈判之前进行电话闲谈的谈判者能够达成更多的谈判协议、更好的谈判结果、更多的合作、更强的信任，以及未来与对方继续合作的乐观前景（Morris et al.，2002）。在另一项研究中，研究人员尝试克服电子邮件在人际关系方面存在的问题，他们将使用电子邮件进行谈判的弊端告诉谈判者，并指导谈判者向对方提出问题，以期创建一种人际上的联系（Sheehy and Palanovics，2006）。采用这些方法之后，谈判达成了更多的协议，且谈判结果更具合作性，这表明电子邮件作为谈判的沟通渠道所具有的一些弊端是可以克服的，只要谈判者注意并对这些问题进行调整。

为了进一步阐述有效使用虚拟谈判渠道的关键问题，珍妮弗·帕兰米斯（Jennifer Parlamis）和英戈玛·盖格（Ingmar Geiger）创造了术语“媒介管理”来描述谈判者使用或者不使用虚拟渠道（比如电子邮件）产生的影响。他们比较了两类谈判者：一类积极地管理虚拟媒介，他们提前思考媒介的局限性并寻找方法维持信息的流动；另一类被动地管理媒介，他们在问题出现之后才思考虚拟媒介的局限性。研究者发现后者更难有效地达成谈判。帕兰米斯和盖格得出结论，谈判者不应被电子邮件的特性控制谈判进程，而应该积极地融入其中，彼此加强联系，发展和测试结论，创造价值并且控制与虚拟媒介相关的不可修复的问题（p. 378）。

早期更多的研究专注于电子邮件，短信方式已经普遍地存在于职场和人们的生活中，作为谈判中的沟通渠道之一受到更多关注。埃布内尔（Ebner，2017，p. 136）指出虽然不是每个人都在发短信，但这种即时通信有利于人们快速沟通并建立一个多元的社交网络。这些信息系统抛弃了电子邮件的劣势，迅速地在商圈取得了优势并且成为一种重要的虚拟谈判渠道。洛温斯坦（Loewenstein，2005）和他的同事们做了一个实验，他们比较了电子邮件和即时通信方式（IM是一种在动态交互领域里类似于短信的媒介）。研究者的研究基于一个假设：电子邮件和即时通信最大的不同在于谈话轮流的速度。电子邮件是慢速的，而即时通信是快速的且十分接近口语的沟通。该研究检验并比较了这两种渠道在应对复杂的和简单的论证中的表现。在一个模拟的买卖双方谈判中，一些卖家使用复杂的论据支持自己的主导地位，另一些则使用简单的论据。研究者预测并发现运用复杂论据的卖家在快速媒介中比在慢速媒介中做得更好。由此表明，在快速媒介的使用中，复杂强势的论据更能取得优势，相反简单的论据则容易妥协。

总之，电子邮件及其他以网络为媒介的技术方式为谈判创造了更多的机会，但是也对谈判者提出了严峻的挑战，即他们在选择具体的谈判媒介时，一定要事先进行充分的了解。一个重要的理解渠道的方法是“沟通倾向模型”（Swaab，Galinsky，Medvec and Diermier，2012），使用不同沟通渠道的效果取决于之前的合作与各方竞争心理的较量。研究者发现当谈判者具有竞争思想时，他们所听到的、见到的及直接反馈给另一方（比如面对面反馈）的都具有激进的情感，容易引发矛盾，这样很难分享信息和调和矛盾。与此相反，谈判者倾向于和已经具有密切联系与信任感的人沟通（Swaab et al，2012，p. 32），这种情况下有助于达成合作。对他们来说，渠道选择没有那么重要。虚拟或者口头谈判对那些中立的或者不确定合作还是竞争的一方很重要。在这种情况下（当彼此不了解时），非语言的暗示帮助谈判者决定是否信任彼此与分享信息。当缺乏这些暗示时，会阻碍双方建立亲密关系和分享信息。

在第6章中我们讨论了认知偏差的不同形式，这些偏差将会阻碍谈判者做出理智的决策。类似地，我们在这里也可以思考一下虚拟的谈判方式可能会对谈判的顺利进行、友善气氛以及意见交换的有效性带来偏差，这些偏差对谈判提出了挑战。汤普森和纳德勒（2002）提出了可能阻碍在线谈判取得成功的四个具体偏差。

1. 时间同步方面的偏差。虽然谈判者看起来是同步的，可实际情况并非如此。面对面的交互活动通常都会有一系列的讨价还价，谈判各方在沟通和信息交换过程中是同步的。与之相反，对于通过电子邮件进行的谈判，谈判各方不一定在同一时间做同样的事情，而这种时间上的非同步性可能会使另一方恼怒，进而对谈判中的各方关系和谈判结果产生消极影响。

2. “烧毁的桥梁”引起的偏差。在通过电子邮件进行的谈判中，谈判者有可能采取冒险的行为，而这些行为是不可能在面对面谈判中出现的。电子邮件对社交活动造成了距离感，并给人以匿名的假象，因此会促使谈判者采取比面对面沟通时更不易被人接受的行为举动。例如，谈判者更倾向于挑战另一方，下达最后通牒，或者对提议表现得很消极。弗里德曼和柯尔（Friedman and Currall，2003）认为，电子邮件本质上的结构特征使得它比面对面或电话交流方式更容易导致冲突升级。

3. “刺耳的车轮声”引起的偏差。采用电子邮件进行谈判的人员有可能采取消极的情感方式来达到他们的目标。一方面，如果缺乏社交行为规范的约束或约束不严格，则谈判者可能会变得愿意诉诸威胁、粗鲁或失礼的举动来达到其谈判目标；另一方面，如果使用电子邮件的谈判者遵守社交规范和礼仪，就可以使这种相互不礼貌的倾向得以缓解。有研究证明，电子邮件谈判中所表达的情感比面对面谈判时更为温和（van Es et al.，2004），其原因可能是情感的表达是写出来的而不是说出来的。

4. 险恶的归因引起的偏差。这种偏差发生的情形是：谈判一方忽略了情景因素而错误地认为另一方的行为是由其性格缺陷造成的。汤普森和纳德勒认为，电子邮件谈判过程中可能出现的信任缺失、双方的差异性以及友善关系的缺乏，都可能导致谈判者把对方的谈判目标视为险恶且不诚实的，这种险恶的归因最后将导致较差的谈判结果（Moore et al.，1999）。

谈判方之间建立积极的友善关系，不论是通过面对面方式还是电话方式，都有助于纠正这些偏差。遗憾的是，通过网络交互活动是不太可能建立这种友善的谈判关系的。在这种情况下，谈判者就有必要寻找能够为自己的行为增强信任感的途径。例如，在电子邮件沟通中引入第三方，或在谈判开始之前花一定的时间与对方闲聊，以获得信任并建立友情。专栏 7.3 提供了一些方法，可供谈判者在虚拟环境下最大化其沟通的有效性。

专栏 7.3

虚拟谈判的十项规则

1. 在谈判之前或谈判初期，采取一定的措施与对方面对面交流，虚拟谈判就有了除电子邮件之外的面孔或声音的参与。

2. 明确提出谈判过程中应当遵循的标准程序。

3. 如果还有其他人参与虚拟谈判（来自我方或对方），要确保谈判中的每个人都知道谁会参加谈判以及为什么参加。

4. 选择一种在收集全部信息和细节方面最为有效的渠道（面对面、视频会议、电话或者电子邮件等），这样双方就可以仔细考虑是否要使用这个渠道。

5. 避免情绪激动。如果你必须表达自己的情绪，那就将之明确化，以使对方了解你是要表达什么情绪以及它背后的含义是什么。

6. 没有必要严格遵守“轮换说话”的原则，但是要尽量使报价和还价同步。如果不清楚现在该哪方表态了，就明确提出来。

7. 检查你对对方利益、报价、提议或行为的假设。面对面接触越少，对于对方信息的了解就会越少，推断就更有可能将你带入困境，因此，一定要多提问题。

8. 在许多虚拟谈判（如电子邮件谈判）中，每一件事都是通过书面形式进行沟通的，因此要非常小心，不要做出可能会对你不利的不明智承诺，你也不应利用对方的这种失误，应当对承诺进行讨论和澄清，直到各方达成一致意见为止。

9. 在虚拟谈判中使用不道德手段是非常容易的事情，因为很难去证实真实情况，但是请抵制住这种诱惑，如果虚拟谈判达成之后，使用不道德手段的证据被发现，后果将更为严重。

10. 并不是所有的谈判风格都适合所有的情境。你必须选择一种属于你自己的谈判风格（协作的或竞争的等），使之与所使用的沟通渠道相适合。谈判中最为困难的一个方面就是谈判桌上的取舍问题：我是应该坚持，还是应该放弃？我是应该先出价，还是等待对方出价？解答这些问题需要你具有良好的判断力。

资料来源：Adapted from Lewicki, Roy J., and Dineen, Brian R., “Negotiation in Virtual Organizations,” in Heneman, Robert L. and Greenberger, David B., eds., *Human Resource Management in Virtual Organizations*. New York, NY: John Wiley & Sons, 2002, 263.

7.4 如何改善谈判中的沟通

由于沟通可能会被很多因素打断和曲解，因此，谈判者实际上能够理解彼此的程度会让我们大为吃惊。正如我们在第6章和本章中详细讨论的，感知、认知和沟通中的失败和扭曲是导致谈判中断和失败的最主要原因。研究还不能够直接对这一结论进行验证，因为感知、认知和沟通的过程与谈判中的其他因素是相互交叉的，这些因素包括自我定位和对目标的确定、谈判过程的性质、谈判力及其战术以及谈判者的个性。尽管如此，许多研究都证明，即便谈判者之间的目标是相容或合作型的，仍然有可能因为误解对方或因为沟通过程的中断而无法达成谈判协议，或者达成的协议并不令人满意。正如我们能够通过谈判评估交易的质量，我们也可以评估沟通的质量，比如沟通的效率和效力。这些发生在相互作用的过程中，以促成协议的达成（Schoop, Köhne and Ostertag, 2010）。

谈判者可以采取三种方法来对谈判中的沟通进行改善：提问、倾听以及角色互换。接下来我们将对这三种方法进行详细讨论。

提问

明确沟通、消除干扰和曲解最常用的一种方法就是提问。提问在谈判中十分重要，通过提问，我们可以获得一定的信息。好的提问使谈判者能够获知对方的定位、有利因素和需求。然而，迈尔斯（Miles, 2013, p.385）警告说，提问不一定能够获得想要的信息，“对方可能跳过提问或者给出误导性的信息，也可能并不清楚自己的偏见和情感从而无法给出清晰的答案”。

尼伦贝格（1976）认为，提出的问题大致可以分为两大类：易于处理的问题，难以处理并可能带来麻烦的问题（见表7－1）。易于处理的问题容易引起对方的注意，有助于准备好下一个问题（“我可以问你一个问题吗?”）、获得信息（“这需要多少钱?”），以及提出想法（“你认为应该如何改进?”）。难以处理的问题将会引起麻烦、给予信息（“你难道不知道我们支付不起吗?”），并使讨论得出一个错误的结论（“你难道不认为我们对此已经谈论得足够多了吗?”）。正如我们从表7－1所看到的，大多数难以处理的问题都会使谈判者产生防备心理和愤怒情绪。尽管这些问题也可能会提供一些信息，但是它们会令对方感觉不舒服，不愿意再继续提供信息。

表7－1 谈判中的问题

易于处理的问题	示例
开放式问题——不能简单地使用“是”或“不是”进行回答。提问是关于谁、什么、何时、何地以及为何的问题	“你为什么在这些方面持那样的立场呢?”
自由式问题——引发对方的思考	“你觉得我们的提议怎么样?”
引导式问题——引向某个答案	“你不认为我们的报价是公平合理的吗?”
冷淡问题——低情绪性	“如果你们对其性能进行改良，我们将要额外支付多少钱?”
规划问题——事先按照整体逻辑顺序准备好的问题	“你们将产品性能改良后，我们什么时候可以使用?”
对待问题——在询问的同时夸耀对方	“可否告诉我们你对该问题的独到见解?”
窗口问题——有助于洞察对方的思想	“能告诉我们你是如何得出这一结论的吗?”
指示问题——关注某一特定问题	“改进后，每平方米的租金是多少?”
评估问题——确定对方的感觉	“你对我方的提议感觉怎么样?”
难以处理的问题	**示例**
封闭式问题——强迫对方按照你的方式来看待问题	“你不会是想占我们的便宜吧?”
别有用心的问题——不管对方的回答是什么，都将对方置于你安排的境地	“你的意思是说，只有这样你才接受我们的条件?”
激动问题——高情绪性，激发对方的情绪性反应	“你不认为我们已经花费了过多的时间来讨论你这个荒谬的提议吗?”
冲动问题——没有计划，冲动发生的，试图使谈话脱离轨道	“既然我们在讨论这个问题，你认为我们应该对其他有相似需求的公司怎么答复呢?”
圈套问题——表面上看是需要一个坦率的回答，实际上隐含圈套	“你将会怎么做? 向我们的要求让步，还是诉诸仲裁?”
反问式圈套问题——反问对方，使其同意你的观点	“我是这么想的——你不同意吗?”

资料来源：Adapted from Nierenberg，Gerard I.，*Fundamentals of Negotiating*. New York，NY：Hawthorn Books，1973，125－126.

谈判者还可以利用提问来处理陷入困境或中断的谈判（我们将在第17章和第18章深入讨论谈判的困境）。通常提问是用来收集信息、判断信息或帮助对方表达需求和兴趣的，除此之外，提问还可以用于避免谈判中断和陷入僵局。表 7－2 列出了大量用于处理困境的特定问题。这些问题的价值在于帮助或强迫对方面对他们自身行为的影响和后果，不论他们是否有预谋或预期这些结果的发生。另外，尤里（1991）建议，使用“为什么不”的问题而不是“为什么”的问题，是消除谈判障碍的一个好方法。谈判对方可能对讨论提议中哪些是错误的比哪些是正确的更有准备。因此，使用“为什么不”的问题并认真倾听，可以帮助谈判者更好地了解对方的偏好。

表 7－2　困境中的问题

困境	可选的问题
接受或放弃，最后通牒	“如果我们可以拿出更有吸引力的备选方案，你是否仍然希望我接受（或放弃）你的报价？” “我现在必须决定，还是允许我思考？” “当结束谈判时，你感到压力吗？”
被迫对不合理的最后期限进行答复	“我们为什么不能再商讨一下最后期限呢？” “如果你觉得这个最后期限有压力，那么我们可以做些什么来帮助你减轻压力呢？” “为什么非要在今天下午达成协议？把它作为明天早晨的第一件事怎么样？”
高水平或低水平战略	“你的观点的逻辑是什么？” “你觉得我认为的公平提议是什么？” “你认为最终解决方案应该满足什么标准？”
僵局	“我们还可以做些什么来消除彼此观点之间的差异？” “你需要我做出什么特别的让步来立即结束这个问题？” “设想在六周之后，当我们再回顾该谈判时，会希望当时在谈判桌上采取哪些措施？”
对接受还是拒绝提议犹豫不决	“除了接受我的建议之外，你还有什么更好的方案吗？” “如果拒绝这个建议，你有更好的建议可以取代它吗？” “你怎么能够确定你会从别处得到更好的交易条件？”
询问对方自己给出的价格与提供给他人的是否一样	“你认为什么是公平的提议？假设是那样的话，你认为我刚才的提议怎么样？” “你认为我最大的兴趣就是对你不公平吗？” “你认为在对不同的人区别对待时，还能不能同时做到公平？”
尝试强迫、控制或操控	“我们难道不应该满意地结束此次谈判吗？” “如果我们互换角色，让你感受一下我现在的压力，你会有什么感觉？” “你感受到结束此次谈判的外部压力了吗？”

资料来源：Adapted from Deep，Samuel D.，and Sussman，Lyle，*What to Ask When You Don't Know What to Say*：*555 Powerful Questions to Use for Getting Your Way at Work*. Englewood Cliffs，NJ：Prentice Hall，1993.

倾听

积极倾听和反射是咨询业（如心理咨询和心理治疗）中常见的术语。顾问们承认沟通经常有多重意义，因此，他们必须尽力识别这些不同的意义，以免使沟通者感到恼怒并进行防卫。卡尔·罗杰斯（Carl Rogers）提出倾听这种重要的沟通模式几十年来，人们对于倾听的技巧，特别是积极倾听的兴趣大为增加，不论是在一般的沟通中还是在特定的商务领域和有组织参与的情况下。[3]倾听主要有以下三种形式。

1. 消极倾听。指只接收信息而不向信息发送者反馈其信息接收是否正确和完整。有时消极倾听本身就可以使对方持续发送信息。有些人喜欢讲话，对长时间的沉默会感到不舒服。如果对方很健谈，谈判者会发现当对方谈论其观点时，最好的办法就是坐着倾听。

2. 认同。这是倾听的第二种形式，比消极倾听稍微积极一些。在倾听时，接收者会偶尔点一下头，保持目光交流或回答诸如“我明白”“嗯”“有意思”“真的”“继续”等类似的话以表示认同。这些反应足以使信息发送者继续发送信息，但发送者很有可能会将此误解为接收者同意其观点而不只是接收信息。

3. 积极倾听。这是倾听的第三种形式。接收者积极倾听并用自己的语言重述或解释发送者的信息。戈登（Gordon，1977）列举了如下有关积极倾听的例子。

发送者：我不知道该如何解决这个难办的问题。

接收者：你真的被如何解决这个问题难住了。

发送者：请不要问我这个问题。

接收者：看来你现在很忙。

发送者：我认为今天的会议没有什么成果。

接收者：你对我们的会议感到很失望。

阿索斯和加巴罗（Athos and Gabarro，1978）指出，成功的反射性回答是积极倾听的关键。它具有以下特征：(1) 交流的重点在于倾听而不是交谈；(2) 对涉及个人的问题而不是抽象的问题进行回答（也就是情感、信念或立场而不是抽象的想法）；(3) 跟随对方而不是引导对方讨论自己觉得需要讨论的问题（比如允许演讲者制定谈判进程）；(4) 理清对方所表达的思想和情感，而不是质疑和建议对方应该想什么和应该如何感觉；(5) 对对方已经表达出来的情感做出反应。

积极倾听通常用在咨询式沟通中，但是它在谈判中的价值并不明显。因为在谈判中倾听方具有固定的立场，对问题有自己的看法。我们提倡采用积极倾听的方式，并不是建议接收者机械地同意对方的观点而放弃自身的观点，相反，我们认为积极倾听可以作为一种技巧去鼓励对方更全面地表述自身的感觉、关心的事情、参考的框架以及立场。当对方确实如此做时，谈判者就能够更好地理解对方的立场、支持这一立场的事实和信息，以及如何能够以符合对方的偏好和优先级的方式来使其妥协，缓和关系并与之沟通。

角色互换

谈判中的沟通也可以通过角色互换来加以改善。一味地在谈判中争论自己独特的立场不利于双方找到彼此立场的兼容性。我们之前建议积极倾听有利于明白对方的观点和参考框架。积极倾听从某种程度上讲也是一个消极的过程，而角色互换的技巧能让谈判者更彻底地理解对方的立场，即积极地争论这些立场，直到让对方确信他们理解了己方的立场。例如，谈判者可以询问对方如果他处在这样的情境中会如何反应。通过这种角色互换，谈判者可以逐渐了解对方的立场，可能会接受对方观点，并知道如何修改彼此的立场以使结果更为相容。

经典的研究证实了角色互换技巧的影响和成功使用（例如，Johnson，1971；Walcott，Hopmann and King，1977），并得出了以下结论：首先，尝试角色互换的另一方可能更好地理解对方的立场，有利于双方找到彼此立场的融合点。其次，当双方立场从根本上具有兼容性时，积极倾听有利于产生好的变化，但当双方立场从根本上不具有兼容性时，积极倾听反而会加重矛盾。

总之，谈判中的角色互换有助于改善谈判者的沟通，促进其对于对方立场做出准确理解与评价。在谈判的准备阶段或谈判出现问题时召开的核心小组会议上使用角色互换是最为有效的。尽管角色互换可以增进相互了解，但是并不一定能够以简单方式解决冲突，特别是当通过深入沟通后发现谈判双方在立场上存在根本性的不一致时。

7.5 谈判结束时需要特别关注的沟通问题

当谈判即将结束时，谈判者必须同时关注沟通和谈判中的两个重要方面：(1) 避免致命的错误；(2) 以建设性的方式达成满意的结果。

避免致命的错误

研究销售谈判的加里·卡拉斯（Gary Karrass，1985）对于谈判接近尾声时的沟通过程提出了具体的建议。他嘱咐谈判者“要知道何时该结束谈判”，以免对重要的问题做出不必要的妥协，并避免“不当的言语”使对方在已经准备签署谈判协议时出现摇摆。此外，还要对对方的不当言语有所了解、不做回应，或不被其分散注意力。卡拉斯还提醒谈判者要注意谈判最后关头存在的问题，如那些没有实际参与讨价还价过程却有权力或责任进行审视的人对谈判结果的细节进行挑剔和再度猜测。他建议谈判者要对这些挑战有所预期，并提前做好准备以沉着应对。最后，卡拉斯指出了简化谈判协议书的重要性，并且认为起草协议的一方应当保证协议目的和执行方式得到清晰的表达。

结束谈判

在谈判接近尾声时，通常需要做以下几方面的决定：接受报价、确定妥协问题的优先次序、与对方在某些问题上进行权衡等。决策过程有四个关键要素：框架、收集信息、得出结论以及从反馈中获取信息（Russo and Schoemaker，1989）。关于前三个要素，我们已经在其他部分进行了讨论。第四个要素，即从反馈中获取（或无法获取）信息，基本上是一个沟通的问题，它包括“对你所期望发生的事进行跟踪，系统性地保护自我实现的期望，并在下一次遇到相似的决策时确定你回顾了之前所得到的关于这一类型决策的反馈信息”（Russo and Schoemaker，1989，p. 3）。在第 6 章中我们讨论了谈判者不可避免地需要面对由认知和观念偏差导致的决策陷阱。尽管一些陷阱可能在谈判初期出现，但我们仍然怀疑当谈判各方急于结束凌乱的谈判问题并达成交易时，这些陷阱可能会在谈判的结尾出现。

本章小结

本章我们讨论了有助于理解谈判的沟通艺术和沟通技巧。我们首先展示了一个两方参与的交互模型，并指出沟通就像一个交易过程一样在谈判各方间循环，且在各个环节都可能出现错误和曲解。曲解最容易发生在沟通的各方在谈判目标上存在分歧，或相互之间有强烈的不满的情况下。在信息的编码、传递、解码以及解释环节中，都有可能出现曲解的情况。在谈判者沟通循环的各个阶段，“噪声”问题或干扰问题都可能会潜在地影响信息和反馈的准确性和清晰度。

我们接着讨论谈判中沟通的具体内容。谈判不仅是双方交换对于问题解决方案的偏好，而且涵盖了很多话题，是谈判各方在一定环境下试图影响对方的一个过程。我们还讨论了如何在谈判中进行沟通：语言的特点、非言语沟通，以及沟通渠道的选择。我们还花一些篇幅介绍了在网络环境下（如电子邮件）谈判者行为和谈判结果是如何被影响的。

在结尾部分，我们介绍了谈判中改善沟通的几种方式，包括倾听、提出问题以及在谈判结束时需要特别注意的沟通问题，例如，避免最后时刻犯错误，成功地结束谈判。

关键术语

沟通曲解（communication distortion）：有效的沟通是指各种信息（事实、观点、情感、偏好以及经验）得以完全、彻底地分享，并被准确地接收和解码，最终带来相互理解。但是，人类的沟通系统很少会运转到最佳状态。前述沟通模型构成要素以及它们之间的连接会受到外界因素的影响，这将使信息失真、被曲解，并妨碍人们对信息的完全理解和相互了解。

编码（encode）：编码是谈判中沟通的一个步骤，是信息发送者将信息转化为符号形式的过程。编码的过程会受编码技术水平的影响（例如，语言的流利程度、书面和口头表达的能力），还有可能受到编码之前沟通的影响，包括双方想要沟通的内容以及之前沟通的反馈。如果发送者编码的方式阻碍了接收者对于信息的理解或准确解释，那么就会产生曲解。

渠道和媒介（channels and medium）：谈判中沟通时信息发送和接收的方法。沟通渠道可以分为不同层次：语言沟通（口头或书面文字）、非语言沟通（肢体语言、手势以及面部表情、音调等），以及符号形式（图片、图表等）。一旦决定了沟通渠道的具体层次，沟通者还需要考虑采取何种媒介进行传输。口头交流可以通过面对面、电话或网络联系（有或者没有视频联络）；书面交流可以用纸张、电子邮件或者短信的形式。沟通渠道的选择对于谈判沟通的效果具有重要的影响。

解码（decode）：解码是谈判中沟通的一个步骤，信息接收者接收到以语言、非语言或符号形式传递过来的信息，将之解码成接收者能够理解的形式。

理解（interpret）：谈判中沟通的一个步骤，是信息接收者确定被解码信息的含义和重要性的过程。

反馈（feedback）：沟通过程中的一个重要环节。信息接收者通知信息发送者该信息已被接收、编码，且对信息的理解正如发送者所期望的那样。如果没有反馈就会产生曲解，特别是当发送者并不知道信息是否被接受和理解时。

非语言沟通（non-verbal communication）：谈判中的一种沟通方式，与语言沟通相对应。人与人之间的大部分沟通是以非语言的方式进行的，如面部表情、肢体语言、头部动作以及语调等。在如谈判一样的协作式互动过程中，一些称为“专注行为”的非语言行为对与对方建立联系是非常重要的，这些行为让对方知道他们在认真听，并让对方准备接收你的信息。

虚拟谈判（virtual negotiation）：也叫作电子谈判。现实中，人们的谈判是通过不同种类的沟通媒介来完成的：电话、信件以及应用日益广泛的电子方式如电子邮件、电话会议、即时通信甚至短信等，这种使用网络媒体信息技术进行的谈判叫作虚拟谈判。

注 释

[1] 显然，沟通并不局限于两者。但相同的谈判进程可以运用于两者以上，尽管更加复杂。为了表述清晰，该章案例仅限于两者谈判。更复杂的谈判，比如两者以上的，将在第 13 章讨论。

[2] See Roth and Malouf (1979); Schelling (1960); and Siegel and Fouraker (1960).

[3] For discussions of listening in general contexts, see Bostrom (1990); Wolff, Marsnik, Tacey, and Nichols (1983); and Wolvin and Coakley, (1988). For applications to business and organizational settings, see Bone (1988); Lewis and Reinsch (1988); Rogers and Roethlisberger (1991); and Wolvin and Coakley (1991).

N E G O T I A T I O N

第8章

发现并利用谈判力

学习目标

» 理解谈判力的不同方式及其在谈判中的重要性。

» 探究谈判力的来源及基础。

» 思考应对强或弱的谈判者的不同策略及如何应对谈判力强的对手。

本章中，我们重点讨论谈判力。我们用“谈判力”这个词表示谈判者在谈判中占据优势或增大获胜概率的能力。所有的谈判者都需要谈判力，他们都想知道如何对谈判对手施压，如何说服对手从我方角度考虑问题，如何引导对手给出合意条件，如何战胜对手或改变对手的想法。值得注意的是，在谈判力的定义中，我们用到了许多在第 3 章和第 4 章中出现过的谈判方法。分配式谈判和整合式谈判的策略属于杠杆策略——用以向谈判对手施加影响的策略，可以帮助谈判一方或双方获得满意的结果。

在接下来的两章中，我们要区分谈判力和影响力这两个概念。搞清楚两者的区别很重要。我们用谈判力表示在特定情形中一个人改变他人态度和行为的潜力，而影响力则可以理解为行为中的力量，即一个人在谈判中实际采用的改变对方态度和行为的信息或方法。简而言之，正如许多学者所说，“影响力是付诸行动的谈判力（实际应用的谈判力），谈判力是潜在的影响力”（French and Raven，1959，p. 152）。我们在本章讲解谈判力，在下一章讲解影响力。

首先我们定义谈判力的本质，说明为什么谈判力对谈判者如此重要，并讨论其在谈判中应用的动态机制。我们重点讨论谈判力的来源，这些来源使谈判者可以施加影响力。在众多谈判力来源中，我们在本章讨论三个主要来源：信息和技术的力量、来自个性和个体差异的力量，以及某人在一个组织或网络中的地位带来的谈判优势，比如对资源的控制。我们也研究另外两个谈判力来源：谈判方之间关系的本质、特定环境（比如，谈判者的最佳替代方案的质量和可用性），然后我们讨论受谈判者谈判力差异影响的谈判方式和应对具有更强谈判力的对手的方法。

8.1 为什么谈判力对谈判者如此重要

大多数谈判者认为谈判力在谈判中很重要，因为它赋予谈判者战胜对手的优势。拥有这一优势的谈判者通常希望用它来确保分得更大份额的谈判成果或达成心仪的解决方案。在谈判中寻求谈判力主要由于以下两个原因：

1. 谈判者认为自己目前的谈判力水平逊于对手。在这种情形中，谈判者认为对手已经拥有了一些优势，这些优势即将发挥作用，因此他会寻求谈判力来抵消或抗衡对手的优势。

2. 谈判者认为他需要比对手更强的谈判力来增大得到满意结果的可能性。在这种情形下，谈判者认为增加谈判力是在即将开始的谈判中获取或维持己方优势的必要条件。

上述两种情形暗含着战术和动机两个问题。战术可用来增强谈判一方的谈判力或削弱对方的谈判力，以及创造一种谈判力均衡（power equalization）状态（双方谈判力相对平衡或相互抵消）或创造一种谈判力差距（power difference）状态（一方的谈判力比另一方强）。动机问题涉及谈判者运用战术的理由，主要有两点：第一，也许最常见的情形是谈判者运用战术创造双方的谈判力差距，从而获得优势或阻碍对方的谈判生效。这样的战术可增强一方控制谈判局面的能力，从而形成一种竞争性的或者一方主导的局面，进而达成一个分配式协议。第二，也许不常见但同样重要的是谈判者运用战术创造的谈判力均衡状态是一种平衡双方实力的方式。这样做的目的是尽可能削弱任何一方控制谈判局面的可能性。这为推动谈判进程进而达成一个相互妥协的或合作性的综合协议打下了基础。专栏 8.1 展示了一个框架（第 4 章中首次提到该框架），即将谈判力作为谈判战术的优点（与在争论中重视利益或强调权力的情况相比）。

专栏 8.1

利益、权力和谈判力

一种研究谈判力作用的方法与其他可替代的谈判战略相关。在第 6 章，我们介绍了由尤里、布雷特和戈德堡（1993）提出的框架，该框架对比了三种不同的谈判策略：利益、权力和谈判力。

- 谈判者关注利益的情况：他们试图了解彼此的利益关注点和优先排序，以达成双方都满意的创造价值的协议。
- 谈判者关注权力的情况：他们希望通过一定的决策规则或标准规定来解决争端，其中规定条例以法律原则、公平的社会标准或现存合约为基础。
- 谈判者关注谈判力的情况：他们威胁或采用其他方式迫使另一方做出让步。

该框架假设上述三种方法在某一场合均可应用。谈判者选择他们的关注点。但谈判者是否真的会同时运用三种方法？他们应该这样做吗？这些问题在莱特尔、布雷特和夏皮罗（1999）的一项研究中被提出。他们分析了一场模拟合同争端谈判的录音带，在该争端中，两家公司希望阐明双方相互依赖的商务关系。在参与其中的 50 个谈判者中（25 对谈判组合），有雇员，也有经理，所有人都有 5 年及以上的商业工作经验。

莱特尔和她的同事发现大部分谈判者在同样的情况下循环应用利益、权力和谈判力三种方法。他们还发现谈判双方倾向于使用同一种策略。例如，谈判双方可能都采用强制性的谈判力策略，这会导致消极的冲突螺旋（conflict spiral）或糟糕的协议（或者不能达成协议）。此外，学者还发现了一些谈判力应用的重要准则。

- 如果你的威胁可信度高，你可以在谈判开始时向谈判对手展示你的谈判力，这样可以尽快完成谈判。然而，如果谈判对手认为你在虚张声势，你就陷入了要么实施威胁，要么丢面子的境地，这两种情形都不理想。
- 为了避免冲突螺旋并推进利益互换，谈判双方需要避免透露关于权力和谈判力的信息。另外，谈判双方可以通过询问与利益相关的问题转变话题。可能需要几番尝试才能重新成功地定位谈判话题。
- 如果某一行为会给自己和对手都造成损失（该行为可能属于自然反应，但不一定有效），尝试采用一种“结合式陈述”方法，该陈述方法将威胁与利益结合在一起（例如，“是的，我们也可以起诉你，但那不会解决任何问题，所以为什么我们不努力达成有利于双方的结果呢？”）。
- 当对手拒绝谈判或谈判破裂需要重启时，谈判力战术（以及权力战术）也许最为有效。在这种情况下，用权力或谈判力做出威胁没有很大风险，但是威胁自身可能会帮助谈判对手认识到局势的严峻性。
- 谈判力战术（以及权力战术）成功与否很大程度上取决于它们如何实施。为了使其有效，威胁必须是具体可信的，直击对方颇为看重的利益，否则，对手几乎不会妥协。同时，要确保你给对方留下了消除威胁、保存颜面以及重启利益谈判的余地。

毕竟，大多数威胁对手的谈判者并不是真的想实施威胁。正如莱特尔和她的同事所观察到的，“一旦你开始将威胁付诸行动，你将失去谈判力的来源”(p. 48)。

资料来源：Adapted from Lytle，Anne L.，Brett，Jeanne M.，and Shapiro，Debra L.，“The Strategic Use of Interests，Rights，and Power to Resolve Disputes，” *Negotiation Journal*，vol. 15，no. 1，January，1999，31 - 52.

一般而言，不关心自己谈判力（相对于其他人而言）或与谈判对手谈判力相当（不论是同样高还是同样低）的谈判者发现他们的谈判进展更顺利且更易达成双方都满意的结果。相反，关心自己谈判力并努力追赶或超越对手谈判力的谈判者则很可能寻求一种方式，让他们不至于输掉谈判（防守模式）或能够控制谈判（进攻模式）。这样谈判力行动能够创造暂时的优势，但是使谈判更加复杂，创造了更多危险的机会。

谈判力涉及许多先前提过的竞争力强的合作性谈判战术（collaborative negotiation tactics）。正如第 2 章和第 3 章所描述的那样，例如暗示谈判对手你有很好的替代方案（一个强大的最佳替代方案）用以加大你的谈判砝码或者通过撒谎来操控信息（见第 5 章）。近期很少有研究专门针对谈判力和谈判中的影响力，我们已将现存的所有研究纳入了讨论。然而，本章讨论的很多内容源自更广泛的领域，比如一个组织中经理如何影响其他人，我们认为将这些内容应用于谈判情形是恰当的。最后，正如我们将备注的，真正的谈判力被定义为一个独有问题的独一无二的性质。

8.2 谈判力的定义

广义上说，当人们拥有“获取他们渴望的结果的能力”或“使事情按照他们希望的那样进展的能力”时，他们便拥有了谈判力（Salancik and Pfeffer，1977）。我们有理由相信，拥有谈判力的一方可以引导另一方去做他们本不打算做的事情（Dahl，1957）。埃默森（Emerson，1962）在一个经典的有关谈判力的研究中从一方如何依赖另一方的角度定义了谈判力。

这里有一个问题：我们目前定义的谈判力似乎仅仅注意到它的绝对性和威胁性，这对理解谈判力在谈判中的应用是远远不够的。事实上，关于谈判力的应用有两种观点：一种认为谈判力是用来引导、控制对手的，大多用在分配式谈判语境（distributive bargaining context）中；一种认为谈判力是用来与对手合作的，大多用在整合式谈判语境（integrative negotiation context）中（Coleman，2000b）。在拥有谈判力的一方看来，第一种观点适用于达尔（Dahl）对压迫式谈判力的定义，即谈判力本质上具有主导性、威胁性。在另一方看来，如此应用谈判力恰恰意味着无能，它依赖于对手的配合。这种谈判力关系的动态机制既包括“温和支持式”的关系（如师徒关系），又包括“压迫辱骂式”的关系（如独裁家长）(Coleman，2000b，p. 111)。

第二种观点强调合作式谈判力，即拥有谈判力的人与对手共同利用、分享谈判力。有这种谈判经验的人认为这种谈判力赋予人独立的权力，它的运行机制反映了这种授权的优点：如雇员参与度提高，管理层的代表性提升，员工的自治力和个人发展也都越发完善。

多伊奇关于谈判力的观点与达尔的观点相反。

> 一个行动者在某一特定场合拥有可以达成目标的力量，称为情境力（situational power）。他能够满意在那种情境中所达成的目的（目标、愿望或者意愿）（Deutsch，1973，pp. 84－85）。

但是多伊奇还指出有一部分人认为谈判力仅是行动者的特质。这些人忽略了行动者所处的背景或情境因素。

> 力是一种关系概念，它不是针对某人而言，而是针对这个人与周边环境的关系而言。因此，这种力量既与环境特点有关，又与个人特点有关（1973，pp. 84－85）。

正如多伊奇所说，“A比B更有力”这句话应从三个既有区别又有联系的角度来看：（1）环境力，即A通常能够以对他有利的方式影响整体环境或更能够克服环境中的阻力；（2）关系力，即与B相比，A能够更有利地影响B和/或克服来自B的阻力；（3）个人力，即A通常比B更能满足自身诉求（1973，p. 85）。

现在我们看两个体现上述观点的例子。

1. 经济萧条期间，工会谈判主题通常是推迟涨工资甚至削减工资，这对于公司管理层而言是工会做出的难得让步，是工会人员无论如何不愿意做的事情。工会人员之所以这样做，是因为公司管理人员说如果不减工资，公司将会裁掉数千名员工，关闭工厂，将工厂搬到另一个国家，撤销商业链，或采取其他类似措施。我们可以认为工会人员做了一些理性的、深谋远虑的决定，这些事情是工会本不会做的（达尔的观点），在这个案例中，公司管理层利用了经济环境中环境力的改变。市场变化时，商品需求改变，生产成本增加，或者其他地方提供较便宜（不属于工会的）的劳动力。在这些谈判中谈判力将持续转变。

2. 在现代组织中，项目、团队或任务组的领导发现他们必须在正常权力（直接报告关系）缺失的情况下有效地影响他人并发布指令，因此，管理层不得不学会应用“无权力的影响力”完成工作、实现集体目标。这种影响力的目标人群可能是雇主、同事、其他经理或者老板。如果下属在未得到上司认可的情况下向上司抱怨工作难以完成，这样的员工难以令上司满意。然而，那些在不给老板惹大麻烦且能够用影响力得到老板帮助的人却可以得到老板的赏识，也可以实现个人目标。在这样的情形下，强大的关系力和个人力至关重要。简而言之，正规组织里某一职位派生出的环境力不可得时，管理人员必须学会应用关系力和个人力。

在继续下一个话题之前，我们需要注意到任何关于谈判力的讨论都不能免除的疏漏之处。我们乐于为读者全面呈现谈判力的来源、谈判力的基础构造以及每一种策略具体应用的条件。不幸的是，这样的任务不仅令人望而生畏，而且是天方夜谭。原因有两个：首先，谈判力的有效应用需要敏感而灵巧的感知，其结果也因人而异。对一个谈判者而言，谈判力可能带来繁荣和成就，而谈判力落在另一个人手里，则可能成为专制和混乱的噩梦。[1]其次，在不同的场合，不仅行动者、目标对象千差万别，谈判力应用的环境也大相径庭。因此，我们能做的最好的事情便是识别一些谈判力的关键来源。我们将在下一章详细阐述究竟怎样、何时应用谈判力，或者如何组合应用谈判力

（一些谈判力的观察参见专栏 8.2，在汽车买卖市场以一种变化的视角观察谈判力参见专栏 8.3）。[2]

专栏 8.2

关于谈判力的一些讨论

● 谈判力在旁观者眼中可能呈现为谈判力有效发挥，其实谈判者不一定完全拥有谈判力，但他必须做出拥有谈判力且可随意应用的样子。因此从某种意义上讲，谈判力具有自我实现的功能。如果你自己（和其他人）认为你拥有谈判力，你就拥有它。如果你自己（和其他人）认为你不拥有谈判力，你就没有。认知上的谈判力创造了杠杆，许多谈判力持有者特意为谈判力树立了这样一种形象：它是构成有效的影响力的关键因素（参见 Sun Tzu，1983，为这一观点提供了精彩注释）。

● 谈判力和影响力是否有效最终取决于目标人的行为，其中最重要的是针对目标人的谈判策略。目标人是否配合，做你希望他做的事，或者按照你希望的方式行事？当设计一项影响力策略时，你不仅需要注意对目标人起作用的因素，也应密切关注可替代策略。

● 一些人暗示：事实上，谈判力会腐化。用阿克顿爵士（Lord Acton）的话来说："权力导致腐败，绝对的权力导致绝对的腐败。"原因有如下几个：第一，如前文所述，谈判力基于人们的认知——创造人们对于你拥有并且可以使用谈判力的认知，甚至是这一幻象。创造了这一幻象之后，人们就很容易在欺骗对方的同时欺骗自己。第二，谈判力令人沉迷。这一点在涉世未深、无一技之长的人身上尤其明显。那些通过迅速成功的事业获取谈判力的人通常滥用谈判力。谈判力带来了巨大的资源基础、优越的信息条件以及掌控他人命运的能力。在没有一技之长的人手中，谈判力可能具有致命的破坏力（Lewis，1990；Stewart，1992）。

资料来源：Lewis，Michael M.，*Liar's Poker*：*Rising Through the Wreckage on Wall Street*. New York，NY：Penguin Books，1990；and Stewart，James B.，*Den of Thieves*. New York，NY：Simon and Schuster，1992.

专栏 8.3

汽车买卖谈判中信息的力量

在互联网时代到来之前，许多消费者像热衷看牙医一样热衷买车。消费者知道他们要做的就是在询问价格时虚张声势，假意走开不买和摆出一副强硬的议价姿态。然而，即使他们这样做了，买下车开走后，仍会犹疑是否买贵了。

理智的消费者懂得审视自己对汽车的实际需求，选取若干满足要求的汽车，为每辆车估价，联系现在的车主以决定他们对每辆车的满意程度以及避免过于沉迷某一款车。这些举措都有利于人们更好地与卖家谈判。然而，大多数情况下消费者仍需估算卖家可接受的最低价格。

现今新车和二手车的价格可通过互联网及其他渠道查得。消费者与卖家商讨时，卖家以事实和数据为基础给出卖价，消费者也了解邻州不同备选车的价格并知晓特定时段买卖双方的兴趣所在。花时间调查汽车实际进价的买家据称可以节省数百甚至上千美元。大量的信息给了消费者更多的谈判力。最终，谈判力使消费者能以更低的价格买车（Lewicki and Hiam，2006）。

资料来源：Lewicki，Roy J.，and Hiam，Alexander，*Mastering Business Negotiation*：*A Working Guide to Making Deals and Resolving Conflict*. Hoboken，NJ：John Wiley & Sons，July 21，2006.

8.3 谈判力的来源——人们如何获取谈判力

为理解谈判力应用的不同方式，我们最好先理清谈判力的来源。弗伦奇和雷文（French and Raven，1959）在其关于谈判力的经典著作中将谈判力分为五种：专家力、奖赏力、强迫力、合法力以及对象力。大多数术语的含义不言而喻。

- 专家力：源自对某一主题拥有独到而深入的见解。
- 奖赏力：源自对完成任务的人的奖赏。
- 强迫力：源自对没完成任务的人的惩罚。
- 合法力：源自在某一组织拥有正式职位（如副总裁或副经理）并使用相关权力。
- 对象力：源自某人因个性、正直、处事风格等积累的威望和赞赏。A 对 B 的对象力取决于 B 希望与 A 紧密相连的程度。

许多当代的关于谈判力的讨论仍以这种类型划分为基础（雷文数次详细阐述这种划分）。在本章中，我们将谈判力的含义加以扩充，并将其来源细分为五个不同组别（详见表 8-1）。

（1）信息；

（2）个性和个体差异；

（3）基于职位的力量；

（4）人际关系的力量；

（5）环境力量。

表 8-1　谈判力的主要来源

谈判力来源	描述
信息	● 信息：数据的积累和展示，这些数据用于改变他人对事物的看法和观点 ● 专业技能：对某一特定问题或事物积累了一定信息或处于权威地位 专业权威（expertise power）可能是积极的（我们信任他人，因为他们拥有可信的专业技能），也可能是消极的（我们不信任所谓的专家并与专家的建议背道而驰）
个性和个体差异	谈判力来源于个性方面的下列差异： ● 心理定位（谈判力应用的广泛定位） ● 认知定位（谈判力的意识形态） ● 动机定位（应用谈判力的具体动机） ● 性情和技能（对合作和竞争的定位） ● 道德定位（应用谈判力的哲理定位） ● 情绪和性情

续表

谈判力来源	描述
基于职位的力量	谈判力来源于某一组织或沟通结构中的特定职位。导致不同类型的谈判中的影响力有： ● 合法力，或正式权力，来源于在层级组织中占据重要职位。合法力也可能影响社会准则，例如： —互惠，或预期的利益交换等 —公平，或某人为对方付出后的预期回报 —依赖，对于不能保全自身之人的潜在义务 ● 资源控制权，或资金、原材料、劳动力、时间以及设备的积累。这些资源既可用作鼓励他人顺从的工具，也可用作惩罚他人不顺从的手段。资源控制权表现在： —奖赏力，利用有形奖励或个人赞赏来获取他人的顺从 —惩罚力，利用有形惩罚或保留个人赞赏来获取他人的顺从 ● 基于网络结构中的地位的力量
人际关系的力量	● 目标的相互依存——各方如何看待各自目标 ● 对象力：基于对他人的吸引，这种吸引源于经历，是某个组织中的一员及其地位等 ● 对象力同样可以是积极的（我们出于信任而尊敬他人）或消极的（我们出于对他人的蔑视而采取与他们的建议相反的行动）
环境力量	源于谈判发生的环境 一般来源包括： ● 最佳替代方案（BATNA）的可行性 ● 组织和国家文化 ● 是否存在能够直接或间接影响谈判结果的代理人、委托人及直接或间接影响谈判结果的观众

谈判力的信息来源

信息力源于谈判者集合和组织事件、数据的能力。事件和数据用以支持观点、论断或渴望的结果。在谈判中，信息可能是最重要的谈判力来源。谈判者可以用信息反驳对方的观点或削弱对方论证的有效性。即使在最简单的谈判中，谈判者也需要提出观点并用事实加以论证。例如，我想以3 000美元出售一辆二手摩托车，而你认为车只值2 000美元。我将告诉你我当初买车的价钱、车依旧良好的性能以及吸引人的特点，进而解释为什么车值3 000美元，而你则指出车已经用了5年，强调车上的刻痕、刮痕以及锈斑，还有需要更换的轮胎。你也许会说你没有3 000美元那么多钱。讨论了20分钟后，我们就价格、车龄、功用、折价以及目前性能交换了大量意见，也谈及你的经济条件和我的现金需求。最后我们以2 600美元的价格成交，其中我给你600美元的贷款（参见专栏8.3，了解信息力在互联网时代改变人们的买车方式）。

谈判中的这种信息交换也是做出让步的核心。随着双方各自提供信息，情况也愈加明朗。双方分享的信息量、信息种类以及信息共享方式令双方对摩托车的性能、市价及各自偏好有了进一步了解。然而，信息并不需要百分之百准确才能发挥作用，虚张声势、夸张、忽略或谎言也可能同样有效。如果我花2 500美元买车，我可能跟你说花了

2 000 美元，我也可能不告诉你离合器需要买新的。你也可能不告诉我其实你的价格承受上限是 1 500 美元或为了买这辆车花多少钱你都愿意（在第 5 章我们讨论欺骗伦理时讨论过谈判中的欺骗和曲解）。

通过交换信息，事实愈加清楚。双方基于此修正立场，最终以双方均接受的价格成交。摩托车案例中的谈判者会因两件事对这次谈判感到满意：第一，价格本身让他们满意；第二，虽然成交价不是他们初始的心理价格，但是他们认为这是公平价格，因为他们对摩托车和对方的观点有了改变。因此，谈判中的信息交换对理清事实脉络、评判双方观点、做出让步及最终表达对协议的意见都是必不可少的。

信息的提出同样是谈判力的关键来源。有研究指出信息可以通过两种方式呈现：（1）直接方式，目的是改变他人观点；（2）间接方式，通过让对方“不小心听到”对话或使用一定技巧以不直接针对对方现有立场和观点的方式提供信息（Raven，1993；Raven，Schwartzwald and Koslowski，1998）。在第 7 章和第 9 章我们详细论述上述直接的、间接的说服技巧。

专业权威是信息力的一种特殊形式。任何用事实和数据支持论断的人都可以获取信息力，但只有那些有一定水平和数量信息的人才可以获得专业技能力。专家会得到人们的尊敬、肯定和信任，是因为他们有经验、学识和成就。比起不是专家的普通人，谈判中的一方或双方会更听信专家意见，但仅限于在专家的知识与谈判者试图说服对方的情形相关的情况（Cronkhite and Liska，1976，1980）。例如，轿车领域的专家可能并不精通摩托车。因此，某一试图利用专业知识的谈判者通常需要向对方展示两点：（1）他确实拥有真才实学；（2）专业知识与讨论的内容相关。

基于个性和个体差异的谈判力

第二种谈判力的来源是个体差异及个体差异对谈判力的倾向。对于社会情形每个人有着不同的心理定位。根据多伊奇（1985，p. 74）的观点，有三种定位尤其显著：认知定位、动机定位及道德定位。这些定位在特定情境中引导人们的行为及对该情形的反应。这些稳定的个人差异——个性特点（如果你想这么称呼它们），将会影响个体获得和利用谈判力的方式。基于多伊奇的观点，我们补充两点：技巧和情绪。我们现在简短讨论一下这三种定位。其他的倾向将在第 15 章中讨论，第 15 章也将讨论其他个体差异及它们对谈判行为的影响。

认知定位

伯勒尔和摩根（Burrell and Morgan，1979）认为人的意识形态框架内的个体差异——一种代表认知定位的方式——是获取谈判力的关键。他们定义了三种类型的意识形态框架。

- 单一框架。该框架的思想是：社会是一个集合体，个人利益与社会利益是统一的，因此谈判力在很大程度上可以忽略，或者当需要时由仁慈的权力当局使用谈判力，以使大众受益。
- 根本框架。该框架认为社会处于各种利益的持续冲突中，谈判力在本质和结构上是不平衡的。
- 多元框架。该框架的思想是谈判力在不同族群间均等分配，这些族群相互竞争以在不断增加的谈判力中保持平衡。

每一种意识形态都形成了一种框架（参见第6章）或一种世界观，这些框架或世界观决定了一个人对事物的关注点、事情的发展方向以及人们应如何应用谈判力。意识形态影响处理与谈判力相关的社会信息的方式——“局限式或延展式，竞争式或合作式，平等式或差异式”（Coleman，2000b，p. 116）。意识形态决定定位如何影响人们掌权时分享谈判力的意愿。拥有谈判力并不意味着能够合理地应用谈判力（参见专栏8.4）。

专栏8.4

谈判力本身并不能保证健康的个性或其被合理应用

心理学家研究了权力引发妄想症的方式。妄想症是这样一种心理疾病：人们总觉得自己是他人危险行为的受害者。妄想症患者极度关注自身，常常觉得自己被他人审视评价，担心自我的概念和自尊受到威胁。妄想症患者常常高度不信任他人，这种不信任本质上是不理性的，因为患者对他人抱有强烈的恐惧和怀疑，但没有具体接触和经验来证实这种不信任。在最极端的案例中，妄想症是一种病态，因为不论他人说了什么或做了什么，患者几乎不信任任何人并对自己的直觉深信不疑。

个性缺陷或环境影响都可能导致妄想症。例如，一些研究者考察了美国总统林登·约翰逊（Lyndon Johnson）的案例。克雷默（Kramer，1995）展示了约翰逊如何不信任、猜疑他的政治对手，如罗伯特·肯尼迪（Robert Kennedy）。这使得约翰逊对最小的政治威胁与挑战也极为警觉。他的妄想症由于越战与督促他撤兵的强大反战势力而恶化。结果，约翰逊明显夸大了这种认知上的力量与对手的威胁，最终坚定了他不采取任何可能被视为屈从于这些看法的行为。不幸的是，正如卡罗（Caro，2006）所注意到的那样，他对反战言论的反应大大削弱了他作为一位政治家及领袖所应有的威望。

资料来源：Adapted from Kramer，Roderick M.，“Power，Paranoia and Distrust in Organizations：The Distorted View from the Top，” in Bies，Robert J.，Lewicki，Roy J.，and Sheppard，Blair H.，eds.，“Research on Negotiation in Organizations，” *JAI Press*，vol. 5，1995，119－154；and Caro，Robert A.，“Lessons in Power：Lyndon Johnson Revealed，” *Harvard Business Review*，vol. 84，no. 4，April，2006，47－52.

动机定位

第二个是与个体的动机差异有关的定位，即来自个人需求与个性中“能量元素”（energizing elements）的差异，而非来自意识形态的差异。有研究者（McClelland，1975；McClelland and Burnham，1976）区别了“力量动机”中的个体差异，着重研究一类人的性情，这些人对影响、控制他人有着极高欲望且贪慕权力。例如，对于第二次世界大战中臭名昭著的希特勒与墨索里尼，性格专家将他们的个性描述为：他们有支配他人的强烈欲望，但同时又能识别出更高的权力并屈从于它（Adorno，Frenkl-Brunswick，Levinson and Sanford，1950）。这些倾向容易在有权力压迫或者缺乏权力的情况下表现出来，具体要根据对方的地位来看。

个性和技能

一些研究者（如Frost，1987；Pfeffer，1992）认为谈判力定位取决于个人合作或竞争的意愿（例如，第1章中的双重关注模型，第15章冲突的管理类型中的个体差异）。竞争式的个性和技能强调“压迫式”的谈判策略并认为有这种个性的人懂得保持能量、耐力和注意力的技巧，也懂得专业技能且高度自信，对冲突有很高的忍耐度。例如，凯尔特纳（Keltner，2016）总结了早期的研究指出：具有法人权限的人更容易打断合作者的对话，提高自己的声音并可能在办公室大声辱骂（p. 113）。合作式的个性和技能更适用于合作式的谈判策略，强调对他人的敏感性、灵活性以及考虑他人观点并将其纳入最终协议。例如，一组调查员鼓励学生回忆一段他们感到拥有权力的时间并说明个性如何转化为谈判力。强势的人更容易发起谈判及在一系列竞争中迈出第一步，也更擅长首先发盘并从中获益（Magee，Galinsky and Gruenfeld，2007）。

道德定位

最后，每个人对谈判力及其应用有着不同的道德看法。研究者普遍认为每个谈判者的行为都以自我利益为基础，他们只做利己的事。在第 5 章，我们讨论了追求自身利益的差异广泛地影响着在谈判中使用道德或者不道德策略。但是最近的研究表明，在自身利益与道德认同之间存在一种强烈的相互关系，那就是更广泛的承诺代表着更广泛的共同利益。科尔曼（Coleman，1997）早期的研究发现，人们越信服平等主义（相信人人权力平等），就越乐于与弱势群体分享权力。更重要的是，研究人员已经表明，具有强烈道德认同感的个体不太可能拥有自己的私利，即使他们比别人拥有更多的谈判力（DeCelles，DeRue，Margolis and Ceranic，2012）。

由此，“谈判力腐化”导致谈判者在谈判中滥用权力的看法不总是正确的。一种强烈的道德认同感显然可以缓和这种倾向。

情绪

除了刚才讨论的更持久的个性品质外，性格中一些短暂的方面也可以为谈判者创造谈判力。比如我们可能遇到这样的谈判者，他可能具有独一无二的、特别的需求（很难满足他）或者优柔寡断，经常改变主意，让人很难预测。谈判者的情绪能够创造谈判力，继而增强情感表达的影响。研究人员最近发现，对于强大的谈判者来说，愤怒是有帮助的——愤怒往往使他们的注意力更集中在自己想要的东西上，并使他们更加自信，在竞争激烈的谈判中要求更多的价值。愤怒帮助谈判者专注于他们想要的东西，减少被对方想要的东西或对方的情绪分散注意力。相比之下，谈判力弱的一方不能应对自己的情绪，结果更有可能被带到对方情绪中。他们注意力不再集中，因此更容易妥协（Overbeck，Neale，and Govan，2010）。（我们在第 6 章中大致讨论了谈判中角色的情绪。）

基于在组织中职位的谈判力（结构化谈判力）

与基于个性特征和品质的谈判力不同，谈判力也可由组织的“结构性”特征塑造，即一个群体或组织如何设计结构使得组织中的个体拥有比其他人更多的谈判力和权威。许多研究表明，结构化谈判力对谈判策略和结果具有很强的影响（Bacharach and Lawler，1981；de Dreu and van Kleef，2004；McAlister，Bazerman and Fader，1986）。然而，拥有更多结构化谈判力的谈判者不一定会使用这种谈判力（Conlon，Carnevale and Murnighan，1994），这通常是因为他们意识到指定的解决方案可能不会被谈判力弱的一方热情地接受或执行。

在本节中，我们将讨论影响谈判力的两种结构方法。第一种方法与更传统的组织结构方法相一致，也就是说一个由框架或组织工作和职位组成的层级结构。第二种方法更符合一种新的组织结构。该方法将这些结构视为网络，并展示了谈判者在网络中的位置及其对议价能力的影响。

来源于传统层级结构的谈判力

在本节中，我们讨论基于传统层级结构中职位的谈判力的两种来源：(1) 合法力，源于一份工作的头衔与职责以及在组织中的阶层地位；(2) 资源控制权，来源于对工作资源（如预算、资金等）的掌控。

合法力 合法力来自组织中的特定职位。在这个意义上，合法力与工作本身的头衔及职责有关，因为某一职员的“合法职权”取决于特定组织中特定工作的头衔与职责。因此，一个新上任的副总裁的合法职权来自副总裁这个职位本身。

有时人们听从他人指令，甚至是他们不认同的指令，是因为他们觉得这个人号令他们是理所应当的（合法的），并且他们应该（有义务）服从，这就是合法力的作用。这个过程是这样开始的：人们在孩童时期学会听从父母的指示，上学时听从老师的指示，由此延伸到听从公务员（比如警察）的指示。最终这个行为将融入他们的生活，他们会听从许多其他组织的指令。

合法力是社会结构的基础。当个人或小组进入任何社会系统（如小企业、联盟、政治组织、球队或任务组）时，这些系统几乎立刻就会形成一定的结构和等级划分。通过选举或任命的方式选出领袖并制定相关法令，规定决策、分工、职责归属及冲突解决事项。如果没有这种社会秩序，小组内部会由于内讧不能统一行动，一项决议要征求每个成员的意见，协调工作就不可避免了。

社会结构是有效的，这个现实创造了合法力的基础。人们愿意放弃自己的权力去听从一个被授权的人（主席、领袖、代言人）的指令。设计集团结构使得一些人具有了权力的基础，团队成员也愿意服从领导的指令。

获取合法力的途径有如下几个：第一，这种权力可能与生俱来。伊丽莎白二世（Elizabeth Ⅱ）有英国女王的头衔以及一切相关皇权与财富，然而，她没有管理英国国事的实权，这一点近来广受争议与诟病。第二，合法力可通过赢得选举而获得。美国总统拥有宪法赋予的管理政府的合法实权。第三，合法力可通过被提升或任命到某一职位得来。例如，总经理可以行使职权范围内的一切权力与特权。第四，一些人拥有合法力是因为人们尊重他们所从事的工作。人们之所以尊重他们是因为他们的工作能够造福社会，对社会具有重要价值。社会上，青年人听从年长者的建议，学生听从老师的指导，是因为他们觉得这些人的话值得听。尽管事实上听从他们的建议未必有好处，违背他们的话也未必遭到惩罚，他们还是拥有一定的合法力（参见 Cialdini，2009，关于权力的阐释）。

谈判力是否有效取决于人们是否承认组织结构的合法性以及是否认可授权法令的公正性（Barnard，1938）。简而言之，合法力离不开被管理者的支持和认可。如果大多数英国人都质疑女王权力的合法性，那么即使君主政体已存续数百年，女王的地位也岌岌可危。如果大多数天主教徒质疑教皇是否有权干涉堕胎、生育及其他社会政策，教皇的威信也将大打折扣。如果总统的内阁成员与顾问不配合总统的指令，总统也就形同傀儡。如果大多数人质疑掌权者的合法性，掌权者也就不再是权力的来源。

一旦成员不再认同掌权者的权力，合法力就将失效。因此，掌权者应当积累其他的权力资源（如资源控制权与信息）以巩固权力基础。某一头衔或职位常常也包含着资源控制权与信息力。操纵其他权力来源同样可以产生合法力。军官就深谙这一点。即使现在并不需要军队作战，但所有的军事组织仍进行操练。这样做有下面几个原因：军事操练可以教导、管理士兵，这种赏罚分明的体制有利于士兵服从集体；操练使士兵无条件地接受某位军官的指令；在操练过程中，服从者得到奖励，违令者受到惩处，一段时间后，不需赏罚，士兵便会自觉听从军官的指令。

尽管我们谈论的是产生合法力的组织机构和职权，但合法力同样适用于强制性的社会准则和规范（Raven，1993；Raven，et al.，1998）。

1. 互惠互利的合法力。这种社会准则认为，如果某人的行为惠及他人，那么这个人应该得到回报（“我帮助了你，我也希望你能帮我个忙”）。

2. 平等主义的合法力。这种社会准则认为，如果某人特意为他人做了一些事或代替他人遭受损失，那么这个人有权要求补偿（“我特意为你这样做了，你至少应该为我做同样的事”）。

3. 责任或依赖的合法力。这种社会准则认为，我们有义务帮助那些自身能力有限又依赖于我们的人（“我了解他们真的需要帮助而他们自身又不能解决问题”）。

资源控制权　拥有资源控制权的人可以将资源分配给服从命令的人，也可以将资源从不服从命令之人手中撤回。资源包括很多东西。在谈判中，某些资源尤其有用，因为谈判者对这种资源很看重。在一个组织中，有如下几种重要的资源。

1. 资金：现金、工资、预算分配、补助金、红利、支出账户以及其他款项。

2. 供应储备：原材料、零部件。

3. 人力资本：劳动力、特殊技工、临时帮工人员。

4. 时间：可以自由支配的时间，按时完成工作的能力，控制截止日期的能力。如果某一方或双方承受时间压力，这种掌控时间的能力就尤为重要（我们在第 3 章中讨论过谈判中的截止期限）。

5. 设备：机械、工具、技术、电脑硬件和软件、运输工具。

6. 关键服务：修理、保养、维持、安装、交付、技术支持以及运输。

7. 人际支持：对于优良表现的口头表扬与鼓励及对恶劣表现的批评。这种资源很特别，因为每个人不需任何努力就拥有这种资源。这种资源又极为有效，因为它不像我们想象中使用那么频繁。

普费弗和萨兰西克（Pfeffer and Salancik，1974）强调，控制并分配资源的能力是一种谈判力来源。在资源贫乏的环境中创造资源也可以产生权力。在《权力管理》（*Managing with Power*，1992）一书中，普费弗阐述了伟大的政治、商界人物如何靠资源控制权创建事业。在林登·约翰逊早年的议会生涯中，他接管了“微型议会”，代表普通职员发言并协助他人，他在此期间积累的资源为他日后成为众议院发言人乃至总统打下了基础。同样，罗伯特·摩西（Robert Moses）作为公园工作人员起家，日后他的权力帝国包括建设了 12 座桥、35 条高速公路、751 个操场、13 个高尔夫球场、18 个游泳池以及为纽约设计了 200 多万英亩的公园，他凭借这些功绩成为城市建设的权力掌门人。

资源配置主要有两种方式：奖赏和惩罚。这里称之为奖赏力和强制力。雷文（Raven，1993；Raven，et al.，1998）进一步区分了这两个概念并定义了私人形式与非私人形式。私人形式的谈判力来源于代理人与目标人之间的吸引。因此，私人奖赏力来源于目标人受代理人的影响，因为代理人喜欢目标人或者向他们展示了某种社会认同。非私人奖赏力则来自代理人的直接物质奖赏，如薪水、奖金、升职许诺或其他有利因素。当目标人希望消除或最小化代理人的反感或某种社会排斥，私人强制力会发挥作用。非私人强制力则来源于对方的直接惩罚，如取消目标人的升职机会或给其安排不好的工作。

如果谈判者希望将资源作为权力基础，他们要么必须掌控一些对手希望得到的资源，如土地、工作、预算划拨权或原材料，要么可以免除对手不希望承担的惩罚。如前所述，奖赏和惩罚既可以是有形的，也可以是无形的。有效的资源控制权往往和掌权者有关。最终，掌权者会根据对手是否配合自己的要求来分配资源。资源的贫乏催生了这样一条铁律：拥有黄金的人建立规则。奖赏力和强制力在谈判中通常表现为施加惩罚的威胁和授予奖励的许诺，我们在第 2 章的分配式谈判中讨论过这一点。

专栏 8.5

肯尼思·范伯格：权力的非凡写照

大多数人不会立刻想到肯尼思·范伯格（Kenneth Feinberg）这个名字。然而在合法权和资源控制权方面，范伯格多年来一直占据着举足轻重的地位。

范伯格是一名美国律师，主要从事调解和替代性争端解决等工作。他被任命为“9·11”事件（2001 年）受害者赔偿基金的特别负责人，无偿工作了 33 个月，以决定“9·11”悲剧的受害者及其家属将如何获得政府赔偿基金。范伯格有权根据基金的规定以及他自己确定的申请和审查程序来决定每个家庭能得到多少钱。这些赔偿大多基于受害者一生能够挣多少钱。尽管许多家庭对范伯格的重要决定和个人风格（通常被描述为傲慢和冷漠）不满意，但他最终还是将 70 多亿美元的赔偿金给予了 97%的家庭。基于他在这项工作上的成功，范伯格在向弗吉尼亚理工大学校园枪击事件的受害者发放赔偿金方面也发挥了类似的作用（这一次他也是无报酬的）。他作为特别任命的高管管理政府用于援助 2008 年华尔街金融危机的资金。他曾管理 200 亿美元的救助资金用于赔偿因英国石油公司在墨西哥湾的原油泄漏事故而生计受损的民众。2010 年他受聘于宾夕法尼亚州立大学，协助解决因助理教练杰里·桑达斯基的不当行为而对该校提出的索赔。

处于如此强势的地位，让范伯格遭受了巨大的批评：受害者家属认为他们的赔偿是不公正和不公平的。其他悲剧（国际恐怖主义、俄克拉何马城爆炸案）的受害者家属对此表示愤怒：为什么他们得不到赔偿。许多政治家对他应该如何完成工作有不同的看法。以下是范伯格对他工作的几点思考。

（1）你一定见过金钱如何影响人们的生活。

我从处理“9·11”事件和弗吉尼亚理工大学校园枪击事件赔偿工作中体会到的是：当人们对我抱怨、争论或要求更多的钱时，我认为这与贪婪无关而与悲伤有关。珍惜失去的爱人——一段无法实现的生活，一个永远无法实现的未来。

（2）关于生命的价值，你学到了什么？

我明白了对悲剧的反应几乎是无限的，只有人性的变幻莫测才会限制它。这是难以置信的。一些家庭会来见我，表达他们的愤怒、沮丧、悲伤和喜悦，这是因为有人会倾听。还有些家庭向我表达他们的新信仰。另一些人认为上帝决不允许这种事情发生。人类情感的融合令人难以置信。

(3) 你已经在令人可怕的、令世界揪心的两次悲剧中面对这种情绪。我们不希望再发生这种事。但是如果有人叫你，你准备好再做这项工作了吗?

当然可以。你不能对律师、美国的将军、弗吉尼亚理工大学的校长说不。

尽管个人感情受到了影响，我还是会再做一次。数以百万计的美国人也会如此。如果你能在治愈的过程中做出一点小小的贡献，那么你就有理由卷入悲剧之中。

资料来源：Katz，Lee Michael，"What I've Learned: Kenneth Feinberg，" *Washingtonian Media Inc.*，March 1，2008. www. washingtonian. com.

基于网络中位置的谈判力

第二种主要的结构谈判力来自组织结构中的位置，但不一定是层级结构。在这种情况下，谈判力来源于流经结构中特定位置的任何关键资源（如信息、资源、资金）。某个职员可能没有正式头衔，他的影响力来自流经他职位的任何关键资源。例如秘书、办公室职员、技工等可以接触到大量信息或可以收集、管理、分配重要的资源（资金、原材料、许可证和授权书），那么他们的谈判力就很大（参见 Charan，1991；Kaplan，1984；Krackhart and Hanson，1993）。一项有权力的工作可能没有炫目的头衔，没有很多手下，也没有很大的办公室，但它是掌握大量信息和资源的渠道。

即使没有很高的职位和头衔，一个人也可以具有强大的谈判力，这种谈判力来源于他们在信息流、商品流、服务或者专业沟通中的行为和责任。要想理解这种谈判力，首先要明白它来源于概念化的组织中，它不再是层级结构而是一张人与人之间关系的网络。在网络模型中，关键人物用圈或节点表示，人物间的关系用线表示（详见图 8－1，网络结构与组织层级结构比较图）。

在网络结构中，线将组织中实际接触和需要接触的人连接起来。虽然信息和资源是交易的主要内容，但是人际关系、对象力和"压力"也可以通过网络线路进行交易。在传统的层级结构里，谈判力大小取决于垂直结构里职位（框架或者职位描述）的高低及手下人员多少。在网络模式里，谈判力大小取决于某人在网络中的位置及通过该位置的节点数。流经一个节点的信息越多，这个节点就拥有越多的权力。这个人知道得越多，就具备了是否向网络结构中其他部分传递信息或者机动地决定谁可以获得信息的权力。因此在许多案例中，老板的行政助理实际上比老板知道更多的信息，因为他决定了老板能够获得的信息。

网络结构中的几个因素决定了谈判力：线的强度、线的内容以及网络结构。

1. 线的强度。这个概念用于表示与他人关系的强度和质量。关系的质量可以用亲密程度、与他人分享了多少个人信息或者一个人愿意为对方做出多少让步来衡量。线的强度取决于双方的接触频率、他们认识的时间、关系的亲密程度、双方的接触方式以及双方各让一步所带来的利益。某人的线的强度越大，他就有越大的谈判力使对方妥协。

2. 线的内容。这个概念用于表示流经线的资源。资源可以是资金、信息、支撑、情感等。线的内容越多，人际关系就越强（不仅仅是一系列交换或交易，参见第 10 章），人与人之间的信任与尊敬也就越多，这样线也就越强（Ibarra and Andrews，1993）。

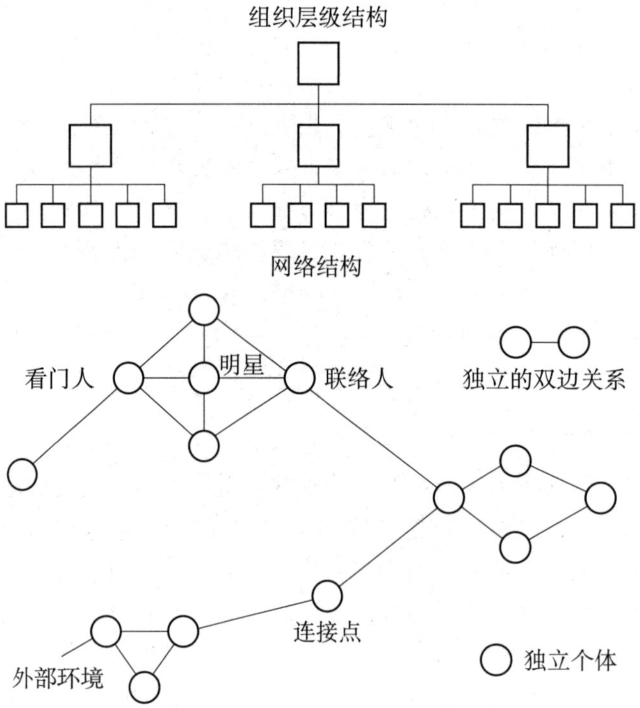

图 8－1　网络结构与组织层级结构比较图

3. 网络结构。线的强度和内容与一个网络中的人际关系有关。网络结构指的是一个社会体系中的全套关系（例如，一个工作地点、部门、朋友圈、院校或其他社会环境）。（参阅专栏 8.6 在流行网络中观察谈判力的一些方法。）网络中影响谈判力的因素包括如下几个。

（1）中心距。一个节点在网络中的位置越接近中心，谈判力越强。判断一个节点是否靠近中心取决于流经该节点的信息量和交易量，以及该节点是否位于信息流的中心。在图 8－1 描绘的网络中，明星更靠近中心，因此有更强的谈判力。研究者发现信息流的中心位置（工作流程网、私人交流网以及友谊网络）尤其值得注意（Brass，1984）。例如，一个新员工乐于主导一些非正式的活动，比如员工讨论会，因为他可以处于交流活动的中心位置。

（2）重要性和相关性。网络中谈判力的第二个来源是一个节点是否处于要塞。尽管大量信息或资源并不经过某个节点，但这个节点可能对组织的任务、主要工作或核心产品至关重要。高度依赖他人的人也可能很重要，因为他们可以从许多地方收集信息，即他们和许多重要任务接触并可以把那些信息整理成建议、行动策略及决策。在图 8－1 中，联络人和连接点就起这个作用。希望迅速成功的雇员就应找一份靠近组织中心与要塞的工作，这样他们可以获取迅速升职的经验和视野，使自己变得重要，甚至不可替代，这是获得并保持谈判力的关键。

（3）灵活度。网络中谈判力的第三个来源是职位的灵活度，即一个人决定事务以及掌控人力资源的能力。灵活度与重要性常常是相关的（参见前文讨论）。灵活度的代表是看门人的角色（见图 8－1），看门人掌控着联系到关键人物或组织的渠道。任何想与明星接触的人都必须通过看门人。如果你想见老板，必须得到他秘书的允许。

（4）能见度。不同节点的能见度不同，即一个人工作表现的透明度、可见度不同。能见度与中心性或重要性不同。如果一个谈判者与他的队友在同一个房间里商讨事务，他的能见度就很高；如果队友亲眼看见了这个谈判者令对手连连让步，这些队友就会极为尊敬、爱戴他。一个拥有很高中心性、重要性的节点未必能见度高，但如果他的能见度不高，他的贡献就很可能被忽略。能见度可能仅仅取决于一个人办公室或停车场的位置，比如他的办公室在总裁就餐的必经之路上或他的车位就挨着总裁的车位。普费弗（1992）讲了这样一个故事：一个新员工的办公室离男厕所很近，因此大多数人都在上厕所时认识了他。

（5）联盟成员。最后，就像网络中的一个节点，你可以成为一个或多个组织或联盟的成员。一个联盟的成员常常持相同观点，统一行动。你加入的联盟越多，你就越可能遇见可以为你引荐贵人的朋友，也越可能获取重要信息（经常是内部信息）并完成目标。我们将在第 12 章详细讨论联盟的作用。

专栏 8.6

Facebook 的网络力量

没有任何组织能够像 Facebook 那样阐明网络的意义和影响力。截至 2018 年初，Facebook 拥有超过 20 亿用户，收入近 50 亿美元，它还拥有超过 200 万广告客户。大多数 Facebook 用户通过手机访问该网站，约占所有 Facebook 流量的 1/3。Facebook 因电影《社交网络》（*The Social Network*）走红。

Facebook 的“力量”表现在许多不同的方面。例如：

（1）Facebook 用户的绝对数量大，达到了其他正式或非正式技术无法比拟的社交连接水平。

（2）这些用户通过互加好友来建立个人联系的能力，以及几乎所有可识别的共性——家乡、学校、爱好、求职、推荐一部好电影或一个吃饭的地方，每个连接计划都创建了具有共同兴趣的人员网络。

（3）为了让会员喜欢公司的产品和服务，许多公司加入了 Facebook，以增强非正式的营销支持，从而减少在广告上的投入。

（4）访问 Facebook 有许多方式：电脑、平板和智能手机。

（5）Facebook 通过用户看到的内容（新闻提要、用户组、朋友更新的信息、发布信息的历史等）来管理信息的传播。

（6）在市场上 Facebook 成为投资的热点。

Facebook 也有问题，也许是因为它有巨大的不受控制的力量。2017—2018 年该公司被控利用离岸公司避税数十亿美元。该公司分享和出售用户数据的模式也存在弊端。最引人注目的事件是 Facebook 将 8 700 万用户信息出售给了剑桥数据分析公司（Cambridge Analytica），该公司曾为唐纳德·特朗普的竞选提供咨询。最初，Facebook 的高管们对这些丑闻处理得很糟糕，渐渐地，他们承认严重辜负了用户的信任，并将实施重大改革。

资料来源：Compiled by Roy Lewicki from public Web Sources，including Facebook. com and Wikipedia. com.

小结

在本节中，我们讨论了影响谈判力的两种主要结构安排。第一，谈判力源于谈判者具有正式的头衔、职位、可以控制的资源，或处在某种正式的层级结构中。这种成员关系反映了权威、合法性和对资源的控制。第二，谈判力源于在友谊、社区和信息或资源流动网络中的位置。这些流动网络中的位置决定了你知道什么、可以访问什么、选择管理什么。谈判者从第一种谈判力中获得的权力的数量和类型不一定与他从第二种谈判力中获得的权力的数量和类型有关。一个人可以从两种资源中获得很多的权力，要么来自其中一种，要么不来自任何一种。关于网络环境下谈判的进一步讨论，请参见 Brass 和 Labianca（2012）。

基于人际关系的谈判力

我们接下来讨论两种谈判力：目标互相依赖和对象力。

目标互相依赖

各方如何看待自己的目标以及他们的目标对另一方的依赖度影响着双方如何利用谈判力。目标结构对谈判者的态度和行为有很大影响，因为它影响双方对谈判力的看法。合作式目标更容易塑造合作式谈判策略，甚至是上级和下属之间的合作。乔斯沃德（Tjosvold，1997）发现这种目标使双方重视互助与支持，产生更多的说服力、更少的压迫感，更加友好并信赖对方（p. 297）。拥有合作式目标的人希望他人努力工作，达成共同的目标。反之，竞争性目标塑造压迫式谈判策略，它强化了现存的谈判力差异，使人们用谈判力来完成各自的目标，而这往往以牺牲对方目标为代价（参见 Deutsch，1973；Howard，Gardner and Thompson，2007）。例如，人际关系和目标依赖均为工资谈判中谈判力的主要来源（参见专栏 8.7）。

专栏 8.7

工资谈判中的关系力

来自 Monster. com 的工资谈判专家保罗·巴拉达（Paul Barada）指出，谈判力是谈判中最易被忽略但又最重要的机制。他指出关系力虽不是 21 点游戏，但两者存在一个相似之处：权力会决定谁更胜一筹。雇主常常占上风，是因为他们有员工想要得到的东西——工作。一份工作总是有很多候选人（一个很好的最佳替代方案）。如果候选人有雇主心仪的特殊技能，或者具有某一领域的抢手天赋，那么这个候选人就有了谈判力，因而更能占上风。一个求职者可以按如下方式增强自己的谈判力。

- 考虑自己具有什么和应聘岗位相关的技能。
- 练习不同岗位与行业需要的技能。
- 结合市场条件与地理位置，计算应聘岗位的合理工资。
- 使雇主相信，自己可以为他创造价值。
- 确定一个薪水底线，低于这个值自己就会离开。

如果求职者不具备一定的技能、教育背景与专业知识，他就应该考虑如何能得到这些，以增强自己的谈判力。

资料来源：Adapted from Barada，Paul W.，"Power Relationships and Negotiation," *Monster Worldwide*，2008. www. monster. com.

对象力

如前所述，对象力来源于对某人的尊敬和爱戴，这是因为他的个性、诚恳、人际交往的方式或类似的优点。A 对 B 的对象力取决于 B 与 A 相似的程度和希望与 A 紧密相连的程度。对象力通常基于有共同的经历、过去、命运，或者在同一组织中共事所产生的吸引力。当一方认可双方的共性并借此增加相似性（或者说服力）时，对象力就显得尤为重要。此时，谈判一方可能开始挖掘与另一方的共同之处（家乡、毕业学校、最喜欢的球队以及政治观点），这些共同点可以为双方提供纽带，促进达成共识。与专家力一样，对象力也可能有消极的形式。当谈判双方希望彼此之间形成距离与差别时，他们会用消极的对象力。例如，政治对手总称对方为“自由党人”或“右翼分子”，试图让对方在即将到来的选举中显得不利。

环境力

谈判力可能蕴藏在人际关系中，也可能蕴藏在背景、情境或谈判发生的环境中。这种形式的谈判力短期内很容易被忽略，因为我们倾向于将谈判力视为一种个人特性，而不认为它与环境结构有关。但在一场谈判中，这些短期资源同样重要，并且为那些无力的谈判者提供了一些途径，让他们能够在短期内建立权力基础，从而增强自己的影响力。

最佳替代方案（BATNA）

在第 3 章和第 4 章，我们讨论了谈判协议的最佳替代方案，即一个谈判者对现有协议不满意时转而寻求的替代协议。最佳替代方案的存在为谈判者提供了强大的谈判力，因为谈判者既可以选择接受对手的提议，又可以选择替代方案。任何最佳替代方案都给了谈判者一个选择权：他们既可以放弃现有合约，又可以利用最佳替代方案达成更好的协议。一个获得两个学校奖学金的学生比只获得一个学校奖学金的学生有更强的谈判力，他可以要求任何一个学校提高奖学金水平，因为他可以让两个学校相互竞争而从中得利。了解对手的最佳替代方案有助于确定一个谈判者的出价。比伦斯和范波克（2004）指出，对手的最佳替代方案是影响谈判者发盘价的最重要决定因素，因为他能够判断如何使初始报价比对手的 BATNA 更好或更差。此外，翁（Wong，2015）发现，对价值的索求能力强和知道对方的 BATNA 的谈判者谈判实力会增强，但会有碍谈判的实际效率：谈判能力弱的谈判者知道对方的 BATNA 会提高谈判效率；谈判能力强的谈判者知道对方的 BATNA 会增加价值主张，但也会增加判断失误，减少更多价值创造谈判所需的信息共享（Wong and Howard，2017）。

很多研究都强调了最佳替代方案是一种重要的谈判力来源。首先，一个强大的最佳替代方案增加了一个人首轮发盘成功的可能性（Magee et al.，2007）。其次，与没有最佳替代方案的情况相比，最佳替代方案增加了谈判双方的收益。一方持有的最佳替代方案越好，他相对于对手在谈判中的影响力就越强。再次，好的替代方案不仅让谈判者对另一方有一定的影响力，而且让谈判者相信自己有可行的选择，不会听命于对方的解决方案。最后，最佳替代方案更优的谈判者可以比对手分得更大块的资源蛋糕（Pinkley，Neale and Bennett，1994）。然而，如果一个人想获得整合式的结果，情况就相反了，即谈判力中可识别的差异越小（由替代方案的质量决定），谈判的整体结果就越好（Wolfe and McGinn，2005）。此外，一项研究表明，有了这些选择（解决问题的外部选择），谈判者会有更强的权力意识，并对与当前对手解决问题有更高的愿望，反过来，这些更高的愿望会激发谈判者的机会主义行为（Malhotra and Gino，2011）。

文化

文化决定一个社会环境的“含义体系”，即文化是一个包含基本假设、准则的体系，包括如何与他人接触、如何合作、如何处理外部环境以及如何发展组织（Schein，1988）。文化天然地存在于不同的国家，它也存在于不同的组织、团体或者家庭之中。

文化常常决定哪些谈判力是合法的或者不合法的，以及人们如何应用、处理影响力。例如，在本书作者熟知的一个组织中，CEO 在管理会议上介绍商业策略的重大改变，高级经理很少在会议上评论这些改变，但他们在与同事或 CEO 的私人谈话中会表达对这些改变的不满。这种公开场合的不公开和不诚实（一种组织中的文化价值）导致了很多表面上受到认可但私下里备受质疑的决议。要想改变这种文化，CEO、高级经理及顾问需要齐心协力调整。文化常常包含许多隐性规定，这些规定涉及谈判力的应用规则以及评判压迫式或合作式谈判策略是否得当。

不同国家的文化对压迫式或合作式谈判策略的支持鼓励程度不同。霍夫斯泰德（Hofstede，1980a，1980b，1989）将“权力距离”定义为区分国家文化的重要因素。权力距离大的文化会接受社会结构的内在不平等性，即社会的有些人对另一些人有控制权，如宗教领袖、政治领导、长辈、智者等。反之，权力距离小的文化支持合作式谈判策略，即大部分人应有决定权，民主的决定应当由具备专业知识或特殊技能的大部分人做出而不是由少数人做出。我们将在第 17 章中深入探讨这个问题。

最后，文化——不论是在组织中还是在国家中——通常会演变成社会结构的深度不平等。妇女、宗教或民族群体、某些社会阶层或其他少数群体遭遇的不平等待遇反映了社会结构中长期以来的权力不平等的历史演变。这些重大社会问题以及解决方案的讨论可以追溯到这些问题在历史中的演变，而做出有意义的改变需要多年的巨大努力和对这些问题的持续关注。

代理人、委托人及外部观众

本书中讨论的谈判大都是一对一的情况，也就是只有你和另外一个谈判者，但当谈判者代表他人观点（如作为组织代理人或被他人代表）或有多个组织、媒体和观众观察、批判和评价时，谈判就变得非常复杂。当谈判中这些团体都出现时，他们就会积极地以正规或不正规的方式在谈判中压迫他人，这就改变了谈判的机制。我们将在第 11 章进一步讨论这些额外组织。

8.4 谈判力不平等的后果

在本章中，我们广泛地讨论了谈判者的各种谈判力来源。在讨论如何与其他拥有更大谈判力的国家打交道之前，我们应该简单地提一提谈判力不平等对谈判的影响。谈判力的差异源自结构性权力的差异（比如，合法力，老板与下属）、信息能力的差异（一个人比另一个人有更充分的准备），或者只是拥有比对方更好的 BATNA。在这些情况下，谈判力强的人比谈判力弱的人能更好地控制自己和其他人的结果（Magee et al.，2007）。

大量的研究集中于谈判力差异对谈判结果的影响。总的来说，这些研究支持了几组发现。

（1）各方谈判力和相互依赖程度的差异可能导致冲突的方向和行为有显著差异，比如，避免让事情变得更糟、退出关系、阻碍对方的行动等；Coleman，Kugler，Michinson，Chung and Musallam，2010）。

（2）谈判力平等的组织更有可能采取合作行为，而谈判力不平等的组织更有可能采取有争议的行为，比如使用威胁、惩罚和剥削行为（如，de Dreu，Giebels and van de Vliert，1998）。

（3）谈判力更大的一方有能力决定谈判结果（无论谈判力的来源），但不一定使用这种谈判力（如，Conlon，Carnevale and Murnighan，1994）。强大的一方实际上可能不会使用这种力量，因为如果他们使用，弱势的一方可能会拒绝达成一致的结果，不满意他们在谈判中扮演的角色，以及在缺少监督和管理的情况下不再执行和实施谈判进程（如，DeRue，Conlon，Moon and Willaby，2009）。

8.5 应对有更强谈判力的人

到目前为止，我们都在讨论谈判力可以给谈判者带来的多种优势。然而，谈判者也常常是谈判力的受力方。很少有研究关注人们如何应对谈判力更强的谈判者（拥有我们在本章中提到的一个或更多方面的谈判力）。我们在本章结尾给谈判力弱的谈判者提出一些建议，我们在第 18 章会再回到这个问题，我们将详细讨论谈判力不匹配的问题，讲解谈判力弱的人如何使用策略与谈判力强的人抗衡。部分学者（如，Malhotra and Bazerman，2007；Watkins，2002）特别谈到了“与大象跳舞”的问题（与比你强大很多的对手达成协议），并强调在商务合作中谈判力弱的人应对谈判力强的人的方法。

1. 永远不要做“零和”生意。在依赖对手的一单“不成则败”的生意中，谈判力弱的一方很容易蒙受损失。例如，一个将沃尔玛作为唯一客户的小企业可能被沃尔玛完全控制。谈判力弱的企业应当与多个企业合作来分散风险，这样任何一个谈判力强的对手都不能将其摧毁。我们在第 12 章讨论联盟机制时会详细讲解这个过程。

2. 使对手变小。与一个谈判力强的对手打交道时，特别是对手是一个团体或组织时，谈判力弱的一方应尝试建立多种关系或参与多个谈判。通过与具有很强谈判力的对手中不同的个人和部门分别打交道，谈判者有可能通过建立多样化的关系和找到这些次级组织中的多重利益而做到“分割并战胜”。

3. 使自己变大。谈判力弱的人应尝试与其他谈判力弱的人建立联系，这样可以增强他们的“联合谈判力”。这些联盟策略将在第 12 章详细讨论。另外，如果谈判力弱的一方企图通过挑衅手段使自己变强，他会输得更惨，还不如接受自己谈判力弱的现实（Donohue and Taylor，2007）。

4. 通过连续交易建立动力。早期交易可用来建立关系，与谈判力强的一方强化关系，还可能为你带来资源（信息、技术、原始资本等）。选择可以给你带来最大收益的谈判力强的目标人，并增加交易的能见度。

5. 运用竞争力去平衡谈判力的缺陷。这是最佳替代方案中的一个变量。如果你能提供一些有利条件，你应向多个谈判力强的对手同时提供。如果你可以让对手为了你想得到的条件彼此竞争，一些对手就可能与你达成协议，原因仅仅是他们不想让你与其竞争对手成交。

6. 约束自己。对自己做生意的方式和接触的商业伙伴做出一定限制。然而，这些约束固然会减少竞争，但也同样会约束你。

7. 信息总是谈判力的来源。寻求可以提高你谈判地位的信息，争取获得一些对对手最有说服力的信息，然后进一步组织信息以使其更有说服力。

8. 大量提问以获得更多信息。研究表明谈判力弱的谈判者会问更多的诊断性问题，并常常表现出合作的意愿，这样的行为会带来更好的结果（de Dreu and van Kleef，2004）。

9. 尽自己所能掌控谈判过程。如果谈判力强的一方掌控谈判过程（日程、节奏、时间以及位置），他就会操纵谈判来确保自己得到想要的结果。同样，如果谈判力弱的一方掌控谈判过程，他就更可能使谈判对自己有利（Watkins，2002）。

本章小结

本章中我们讨论了谈判力的本质。有两种考虑谈判力的方式：压迫式谈判策略认为谈判力本质上具有主导性和强迫性；合作式谈判策略认为谈判力理应与他人共享以达成共同目标。大部分人同意前一种谈判力，但基于我们前文的讨论及我们的基本谈判策略，合作式谈判策略同样是成功的整合式谈判的关键。我们来回顾一下五种谈判力来源。

- 信息来源（信息和专业技能）。
- 个人来源（心理定位、认知定位、动机定位、性情和技能以及道德定位）。
- 基于职位的谈判力（合法力和资源控制权）。
- 基于关系的谈判力（目标依赖、对象力和网络）。
- 环境力（最佳替代方案的可行性、代理人以及谈判所在的组织、国家的文化）。

最后，我们强调两个关键点：第一，尽管我们讲了许多获取谈判力的手段，但我们也要记住谈判力在谈判中非常难以捉摸且不易察觉。任何能够给谈判对手暂时优势的东西都是谈判力（例如，一个最佳替代方案或一些关键信息）。第二，谈判力仅仅是影响他人的能力。使用这种力量和有技巧地对对方施加影响力需要老练和经验。下一章，我们会转向从细节上检视谈判者如何通过人际影响力的策略和技巧将这些谈判力的来源付诸实践。

关键术语

谈判力均衡（power equalization）：谈判双方谈判力相对平衡或相互抵消，由此形成的势均力敌的谈判状态。

谈判力差异（power difference）：谈判中一方的谈判力比另一方强，因此造成的谈判实力不对等状态。

合作性谈判战术（collaborative negotiation tactics）：一种战胜对手的谈判策略，如暗示谈判对手你有很好的替代方案（一个强大的最佳替代方案），用以增大谈判砝码。

分配式谈判语境（distributive bargaining context）：应用谈判力的一种观点，认为谈判力可用来引导、控制对手。

整合式谈判语境（integrative negotiation context）：应用谈判力的另一种观点，认为谈判力可用来与对手合作。

压迫式谈判力（power over）：关于谈判力的一种观点，认为谈判力本质上具有主导性、威胁性。

合作式谈判力（power with）：关于谈判力的另一种观点，认为拥有谈判力的人应与对手共同利用、分享谈判力。

环境力（environment power）：谈判力的一种，拥有环境力的人通常能够以对己方有利的方式影响环境和/或更能克服环境中的阻力。

关系力（relationship power）：一种谈判力，拥有关系力的人能够更有利地影响他人或克服来自他人的阻力。

个人力（personal power）：一种谈判力，拥有个人力的人通常更容易达成个人目标。

专家力（expert power）：谈判力的五个来源之一，指对某一主题拥有独到而深入的信息。

奖赏力（reward power）：谈判力的五个来源之一，指拥有对完成任务的人给予奖赏的能力。

强迫力（coercive power）：谈判力的五个来源之一，指拥有对没完成任务的人施加惩罚的能力。

合法力（legitimate power）：谈判力的五个来源之一，指在某一组织拥有正式头衔并能使用相关权力（如副总裁或副经理）。

对象力（referent power）：谈判力的五个来源之一，指某人因个性、正直、处事风格等积累的威望和赞赏。例如，A 对 B 的对象力取决于 B 希望与 A 紧密相连的程度。

信息力（information power）：源于谈判者集合和组织事件、数据的能力。

单一框架（unitary frame）：关于意识形态的观点之一。该框架的思想是：社会是一个集合体，个人利益与社会利益是统一的，因此谈判力在很大程度上可以忽略，或者当需要时，由权力当局使用谈判力，以使大众受益。

根本框架（radical frame）：关于意识形态的一种观点。该框架的思想是社会处于各种利益的持续冲突中，谈判力在本质及结构上均存在不平衡。

多元框架（pluralist frame）：关于意识形态的一种观点。该框架的思想是谈判力在不同族群间均等分配，这些族群相互竞争以在不断增强的谈判力中保持平衡。

注　释

[1] 研究人员定义了一种个体差异的现象，即沟通能力（Spitzberg and Cupach，1984）。沟通能力强的人可能有较强的语言表达能力，能够制定从一种情况到另一种情况的沟通策略，并能很容易地从另一方的角度思考问题。善于沟通的人能够适应不同的情况，并在任何特定的情况下做最必要和最可取的事情。

[2] 例如，Cialdini，Goldstein，2004；Schreisheim，Hinkin，1990；Yukl，Tracey，1992。要了解在谈判中重新定义权力使用的全面方法，请参见 Kim，Pinkley，Fragale，2005。

N E G O T I A T I O N

第9章

影响力

学习目标

» 理解谈判中成功获取影响力的原则。
» 探究两种能够成功获取影响力的途径背后的动机。
» 思考谈判影响力在各种途径下使用的方法与技巧。
» 对谈判者实施影响力的各种方法有更深入的了解。

在第 8 章我们讨论了谈判力在改变他人的态度与行为方面的潜力。第 9 章我们将探究与谈判力互为补充的另一个概念——影响力，即个人为使对方的态度与行为发生预期转变而实际采取的谈判策略与传递的信息。在谈判过程中，谈判者需要不断地使对方相信己方已经提供了有价值的信息和合理的报价，无法再做出更多的让步。同时，谈判者也可以改变对方对自己谈判目标重要性的认知，使其相信他所做出的让步并没有想象的那么大。谈判者或许认为自己应该被礼貌地对待。我们结合信息和信息传递者与接收者的具体情况采取行动，使对方改变立场、观点与想法。这一整套战术称为影响力。

如果你可以凭借自己的职位或者给予他人奖励的方式来施加影响，使他们按照你的要求处理事情，那么你当然可以通过权力来获得影响力。本章开篇有必要强调：获取影响力并不一定要有优于对方的权力。影响他人态度与行为有诸多途径，一些是利用优于对方的正式或非正式的权力，但是在很多情况下这并不是必需的。

在有效利用影响力方面人们各有不同。一些人认为，说服他人的能力是与生俱来的。虽然人们与生俱来的说服力参差不一，但说服他人也是一门学问，每个人都有机会提升自己的说服力。本章的学习目标是探讨经验丰富的谈判者如何使用各种谈判方法来获取影响力。首先我们确定结构框架，即从两种不同的获取影响力的途径来定义影响力。

9.1　获取影响力的两种途径：一种组织模型

分析影响力的方法之一是借助一种传统的沟通模型，这种模型着重分析了信息发送者希望接收者相信、认同并理解的信息的内容与特征。长期以来，心理学家都用这种传统的方式分析影响力与说服力：当一个人接收到、注意到、理解、记忆信息并按照信息的内容行事时，就会产生有效的影响力。后来，研究者认识到即使接收者对信息中的特定内容不做出反应，他们的态度与行为依然会发生改变（Petty，Briñol and Tormala，2002）。事实上，即使人们没有积极地思考信息，他们也会受到影响（Petty and Briñol，2008）。这并不是说谈判者用来获取影响力的信息内容不重要，它们在多数情况下是重要的，然而仅基于企图施加影响力的人针对目标受众所设计的具有说服力信息的内容来考虑影响力过于简单了。

这里，我们选择一种对影响力和说服力有着更为微妙理解的研究方法。它最初由心理学家佩蒂和卡乔波提出（Richard Petty，John Cacioppo，1986a，1986b）。[1]该研究方法认为一般通过两种途径说服人。

第一种是目标受众有意识地积极思考传递影响力的信息，并将其融入个人已形成的认知体系（思想、知识框架等）。佩蒂和卡乔波将这种方法称作核心途径，一般发生在目标受众具有较高的动机和较强的能力仔细检查与论点相关信息的情况下（1986b，p. 131）。

第二种是外围途径，目标受众往往通过一些暗示与背景信息做出判断，对接收到的信息缺乏主动思考和认知处理。在这种途径中，说服力被看作自动产生的（例如，潜意识的），并没有通过细致的讨论便导致对方态度变化（Petty and Cacioppo，1986b，p. 132）。由于通过这种途径获得的说服力并没有融入目标受众现有的认知体系，所以与通过核心途径获得的说服力相比，持续的时间较短（Petty and Briñol，2014）。一个通过外围途径产生说服力的简单例子是，听众更容易被讲演者所展示的各种证书说服，而非讲演者所陈述的观点。

我们通过一个简单的图示来清楚地展示两种途径中的各个要素（如图 9-1 所示）。许多增强影响力的常见要素是核心途径的一部分，例如信息的结构与内容或者发送者与接收者之间的关系。增强影响力也可以通过间接或外围途径，例如增强信息来源的可信度或者吸引力，借助互惠原则（因为我已为你付出，你也要为我付出），或者利用从众心理（因为许多人都这样认为，你也应该这样认为）。[2]接下来本章将围绕核心途径与外围途径对影响力产生不同作用的原理重点分析图 9-1 中的两种途径。

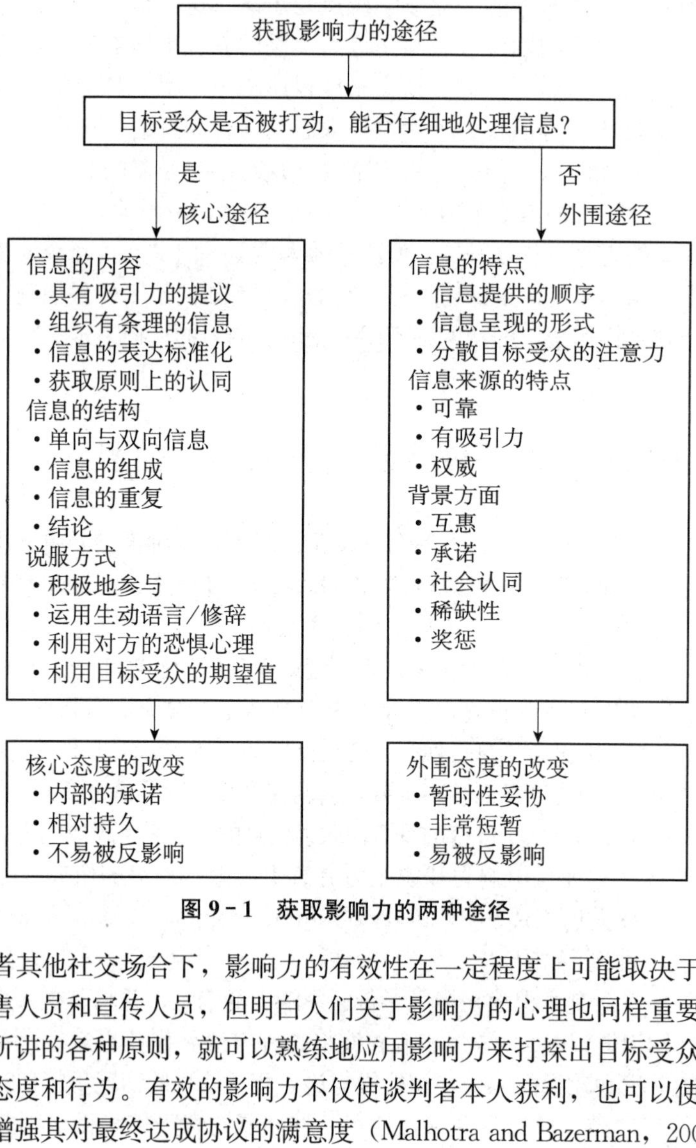

图 9-1　获取影响力的两种途径

在谈判或者其他社交场合下，影响力的有效性在一定程度上可能取决于个体所具有的天分，就像销售人员和宣传人员，但明白人们关于影响力的心理也同样重要。如果谈判者掌握了这一章所讲的各种原则，就可以熟练地应用影响力来打探出目标受众理想中的和长远来看有用的态度和行为。有效的影响力不仅使谈判者本人获利，也可以使对方看到彼此共同的利益，增强其对最终达成协议的满意度（Malhotra and Bazerman，2008）。

9.2　获取影响力的核心途径：信息及其传递

事实与观点在改变他人想法与认知的过程中十分重要，但说服力的有效性主要取决于这些事实与观点是如何被选取、组织并表达的。在组织信息的过程中有三个重要的因素：信息的内容（应该涵盖的论点和论据），信息的结构（应如何安排这些论点和论据），信息的传递方式（如何将这些信息呈现出来）。

信息的内容

谈判者在说服对方时需要确定他们应选取哪些论点和论据。在这一部分，我们将讨论谈判者在做出具有说服力的论证时需要考虑的四个问题：（1）如何使提议更具吸引力；（2）如何组织信息使得对方能够认同；（3）如何使信息更加标准化；（4）如何在原则上获得认同。

使提议更具吸引力

在构建信息的过程中，谈判者应该着重强调对方接受提议可以获得的好处（Michener and Suchner，1971）。尽管这显而易见，但仍有许多谈判者花费大量的时间去解释他们能够获得好处而非揭示对方的获益点。经验丰富的谈判者会确保对方能够清楚他们接受该提议可以获得的好处。为了做好这一点，谈判者需要了解对方的需求。销售人员在做出进一步的具体行动之前要了解顾客的需求。劳工谈判者经常与管理者提前进行非官方的会面，商议即将到来的重大事件。了解对方的兴趣和需要后，谈判者可以制定更具有吸引力的提议。了解对方的需求在一定程度上可以称为“换位思考”的个人技能（Trötschel et al.，2011）。关于换位思考的能力，我们会在第 15 章详细讨论。

谈判的提议方往往会着重强调提议具有吸引力的地方，使得自己将来的让步最小化；接受者则会强调提议中还不够完美的地方，以使得对方做出更大的让步。因此，接受提议的谈判者经常对最具吸引力的条款避而不谈，而是将主要精力放在还不够完美的条款上面。他们会力争对方所卖货物不是他们想要的、不合适或者达不到他们的要求。谈判者越能理解对方的真实需求和顾虑，就越容易制定出对对方而言真正有吸引力的提议（即便对方不愿承认），也就越容易用符合对方预期的方式来包装提议。

梳理信息的结构使对方信服

广告商发现人们一旦同意一种观点或者提议，就更容易同意由同一个人提出或者是相同主题下的另一种观点与提议（Fern，Monroe and Avila，1986）。[3] 由此可见，如果你能让对方认同一件事，那么便为接下来协议的签署打下了基础。最重要的是要找到一些能让对方同意的东西，让他产生认同的心态。房地产销售人员只要让潜在买家相信他们看的房子处在一个不错的街区或有庭院可供孩子玩耍，就已完成了让买家同意买房的第一步（尽管房子的大小、布局或价格都不理想）。

使信息标准化

我们经常认为人会被简单而直接的自身利益驱使。然而大量证据表明，人们的行为通常受到价值观的影响，尤其是宗教、社会和道德层面的标准。在这些标准的指引下，他们认为自己的行动是一种权利或适当的行为。这些标准已经成为人们对自我形象管理和自我认知的一部分。人们会不遗余力地去做或说符合他们自我形象的事情。有时，人们即便怀有敌意也表现得非常有礼貌，即使经济拮据也表现得慷慨大方（Reardon，1981）。他们这样做是为了维护自己的形象，并让别人相信他们是好人（在第 10 章将会讨论关于保住面子的话题）。[4]

谈判中一个有力的观点是通过一系列的行动使对方相信，他将与自己的价值观和一些更高的（更加高贵、更有修养的）行为准则保持一致。政客们使用标准化的信息证明拉动内需的财政政策是合理的；利益集团利用标准化信息宣扬本方观点，贬低对方观点。有时，一句简单的“这是理应做的事情”作为一种正常的影响力诉求可能具有相当大的分量，尤其是当谈判者试图诱导对方采取有损自身利益的行动时。

争取原则上的认同

有时使对方在“原则上认同”是谈判中有意义的一步。例如，当双方发生激烈冲突几乎不能达成协议时，双方可以适度让步，首先在一般原则（停火）上达成一致。以色列与埃及在 20 世纪 70 年代末关于西奈半岛的谈判中，没有达成任何关于巴勒斯坦命运的细节条款，但是就巴勒斯坦自治原则达成了协议。当别无选择时，原则上的认同是有效的，但是想要将其变成切实可行的计划与行动指南仍需不懈努力。原则上的认同表面看起来不错，大多数人可能会同意他们所提倡的，但一般性原则如何适用于特定的情况存在很大的不确定性。再看中东地区关于巴勒斯坦问题的例子，即便双方同意以土地换取和平的原则，仍有大量的工作要做，以具体规定哪些土地和何种和平。

信息的结构

在谈判中人们不仅受到对方所说话的影响，也受到对方组织语言的方式的影响。所有的作家与讲演者都面临着如何以合乎逻辑或最有说服力的方式展现材料的问题。如何有效组织论证呢？是否应该提及反对的观点？关于产生说服力的不同信息结构已经有了相当多的研究。让人难以置信的是那些本以为可以产生较大影响的因素并没有那么重要（如信息的逻辑结构）。接下来我们将通过信息结构的四个方面来解释说服力是何时以及如何在核心途径中产生的，这四个方面分别是：（1）单向和双向信息；（2）信息的组成；（3）信息的重复；（4）结论。

单向和双向信息

谈判者之所以试图说服对方，是因为他们相信对方持有不同观点。单向信息法是指许多人在处理问题时，忽视了可能支持对方立场的观点与论据。许多政客不仅不提对手的观点，甚至也不提及他们的名字。面向消费者的产品广告不会提及竞争品牌，也不会公开进行比较；比过去更为常见的是，广告主在不明确提及竞争对手的情况下，与竞品的特性与质量进行对比。

与忽略竞争的单向信息法不同，双向信息法会提及相反的观点，并展示它是如何以及为什么不如自己的。接下来的问题是，这些方法中哪一种最有效？

单向信息法可能适得其反：发表观点的人没有提到对方的反驳观点，并不意味着对方不会研究他们。马兰维・甘扎彻和帕兹（Maaravi，Ganzach and Pazy，2011）通过一系列分配式谈判实验测试了这种可能性。一些谈判者在提议的同时附以容易反驳的论点（对方很容易找到反驳的论据），一些谈判者在提议的同时附以很难反驳的论点，而一些谈判者提议的同时不附带任何论点。不出所料，做出回应的谈判者对附有难以反驳论点的提议做出了更大的让步。更重要的是，与不附带任何论点的提议相比，谈判者对附有容易反驳论点的提议让步较小。得出的结论是，如果论点很容易被反驳，单向信息法有时候可能会适得其反。

一般来说，双向信息法比单向信息法更为有效（Jackson and Allen，1987）。具体来说，双向信息法在以下条件下最有效：(1) 对方接受过良好的教育；(2) 对手从一开始便反对己方观点；(3) 对方的观点暴露给反对该观点的人；(4) 讨论的话题是为众人所熟知的。除此之外，当我们倾向的观点放在最后陈述时，双向信息法最为奏效（Zimbardo，Ebbesen and Maslach，1977）。但是双向信息法有一个缺点：当一个人接触到的是单向信息而非双向信息时，态度上的转变更有可能引起行为上的变化（Glasman and Albarracín，2006）。态度改变和行为改变之间的这种联系很重要，因为谈判者不仅仅是为了说服对方对自己的提议持更积极的态度，他最终希望的是对方以这种态度做出让步达成协议。

总而言之，与理性聪明的信息接收者打交道时，不应该忽视提及对立观点所产生的影响。当你说话时，对方也会阐述自己的观点，最好是用双向信息法来反驳对方。然而，有一种可能性是，与改变实际行为相比，双向信息法能更好地改变对方的想法——有时候恰恰是我们想要的想法。

信息的组成

重要的观点与提议总是很难理解并被接受，尤其是当它们与你自己的想法截然不同时。谈判者可以将这些信息分解为更小、更容易理解的信息（Fisher，1964）。如果这些被分解的信息中包含了对方已接受并认同的观点，那效果会更好。例如，公司难以让工会接受一整套规则的更改，但可以尝试将一整套规则分解为对特定规则的单独讨论：工厂内部门间的变动、工厂之间的变动、工作分类的临时变动等。在一个案例中，工会很乐意改变工作条例以保障工作安全，并且已经同意了相关规则的更改，而且他们更加易于接受管理层对工作规则变化的要求。另外，将信息分解为细小的部分，使得注意力更容易集中于每一部分上，进而能够在各个问题之间进行权衡（参见第3章），这些问题更容易被关注。然而，如果谈判目标是发现并利用整合潜力，那么谈判各方最好不要细分问题而导致对零碎问题的分散解决。要想达成互有所得、互相赞成、捆绑和替代的机制，那么各种问题就要一同摆在桌面上谈判。如果问题都被细分、逐一解决，就无法达成统一意见。

信息的重复

我们只需要想想电视、广播和线上广告的狂轰滥炸，就能认识到重复在传递信息方面的力量。信息的重复有效地推动了核心途径的实现过程，增大了影响目标者深入分析并审视信息的可能性，从而增加了信息被理解的可能性（Cacioppo and Petty，1985）。然而，重复一个观点只会在最初的几次有效，之后多余的重复不会改变目标者的态度（McGuire，1973），甚至可能会使人厌烦，对该信息产生逆反心理。

结论

有时作家或讲演者先摆明论点，然后得出结论，其他情况下，他们会让听众自己得出结论。让对方自己得出结论（只要是我们想让对方得出的结论）可以使得论述更为有力。研究表明，当与那些非常聪明的人或尚未做出决定的人谈判时，保持结论的开放性往往更有效（假设你的论点已经阐述到一定程度，能够引导对方得出你想要的结论）。与此相反，对于那些已经形成并强烈坚持自己观点的人来说，开放式的结论无疑会失去影响他们的机会。例如，那些坚持自己观点的人很容易形成“确认偏见”，导致他们以强化现有信念的方式来理解和解释论点而忽略相反的论点（Nickerson，1998）。综合来看，最好不要以为在你给出一定的观点与论据以后，对方会得出你想要的结论，而是要给出对方明确的结论以确保对方完全理解你的观点（Feingold and Knapp，1977）。[5]

说服方式：如何陈述信息

当谈判者为他们构建好的信息选取表达方式时，他们会设定感情基调。一些人选择强势敌对的方式，另一些人采用热情随和的方式；一些人进行演说，另一些人展开平等对话；一些人陈述细节并得出具体结论，另一些人运用形象的比喻并勾勒美好蓝图。在这里我们主要讨论四种说服方式以及它们是如何成功地影响说服力的。这四种方式分别是：（1）鼓励积极参与；（2）增强语言的生动性与力度；（3）通过威胁来制造恐惧心理；（4）打破信息接收者的期望。

鼓励积极参与

从长远来看，人们在主动参与学习新事物时更易改变他们的态度与想法（Johnson and Eagly，1990）。[6]优秀的老师深谙这一道理，他们会提出问题让学生们展开讨论。当学生在脑力与情感上都积极参与时，教学更为有效。角色扮演与案例分析能够让谈判者更好地利用主动参与产生的效果。使用主动参与这一办法的谈判者更具有说服力，因为能够使信息接收者努力参与从而改变态度。

在谈判前，友好对话有益于推动谈判的进展。这不仅仅是出于礼貌，更重要的是彼此的互问互答能够更好地激励合作（Howard，1990）。多林斯基、拉夫特和鲁达科（Dolinski，Nawrat and Rudak，2001）指出，当你以对话的方式提出要求而不是以一个人独自演说的形式提出，对方更容易做出让步。正如我们在第 7 章关于沟通的讨论中提到的，如果双方关系融洽、和谐，则更有可能避免谈判陷入僵局并实现预期结果（Morris，Nadler，Kurtzberg and Thompson，2002；Swaab，Postmes，van Beest and Spears，2007）。让对方参与对话会让他将这种情况视为熟人之间的互动，而不是与陌生人的正面交锋（Dolinsky，et al.，2001），熟人的提议自然更容易被接受。

增强语言的生动性与力度

生动且有力度的语言能够增强说服力。“这肯定是你能得到的最好的价格”比“这个价格不错”更加具有说服力。同样地，“我今晚不想出去”就没有“你用八抬大轿也抬不走我”的情感强烈。语言的强度可以通过形象的比喻、语调变化（渐强或者渐弱）来增强（Bowers，1964）。

你或许认为最强势的语言往往最具有说服力，正好相反，不那么强势的语言更加具有说服力。研究表明，说服别人时强势的语言会使对方排斥（Burgoon and King，1974）。压力之下的人似乎更容易被较为温和的语言说服，强势的言语会适得其反（Jones and Burgoon，1975）。强势的语言所产生的影响往往较复杂，研究表明它的效果取决于使用它的人。当信息来源可信度高时，可以使用较为强势的语言（Burgoon and Stewart，1975）。有说服力的人会将他们富有感染力的情感与影响对象接受信息的能力匹配起来，从而实现信息的传递（Conger，1998）。需要提醒的是，人们很容易用强势的话语来表达自己的观点，但需要适当平和地使用这种方法。

在说服他人的过程中，使用比喻和类比是增强语言生动性的有效方法（Bowers and Osborn，1966；Conger，1998）。一个汽车销售员需要为潜在顾客提供发动机、里程、速度等方面的信息，可以向那些对于技术细节一窍不通的顾客采用生动的说法——“这辆车风驰电掣而且省油”。过度地运用比喻会让对方认为你大话连篇，适度地运用比喻来说明事实并制造直观印象可以有效增强说服力。一个重要的提醒是：在使用比喻时，谈判者一定要恰当比喻。对方如果来自不同的文化环境，比喻不当反而会使对方困惑，甚至会使对方感觉受到了侮辱（我们将在第 16 章详细讨论文化与谈判）。

通过威胁来制造恐惧心理

当谈判者强调某一观点的绝对重要性时，带有威胁的信息可能会有用。例如，工会和管理层罢工的威胁，损害对方声誉以及中止谈判的威胁。从本质上讲，威胁时往往会用到如果–那么（if-then）句式来传递负面信息，例如：如果你偏要做某件事，那么我只好做某件事。

由于威胁本身具有戏剧性而且可以使对方情绪激动，因此威胁经常被使用（参见第 2 章）。实际上，威胁并没有人们想象中使用得那样多。主要有以下原因：首先，对方被威胁后的反应难以预测。其次，难以衡量威胁究竟能使对方产生多少恐惧。通常威胁方比被威胁的一方更容易夸大威胁的作用。再次，被威胁的一方有可能真的让威胁方采取所威胁的行动，威胁方采取行动会产生重大的损失（Lytle，Brett and Shapiro，1999），不采取行动又会失信于人。最后，威胁或许会导致暂时的妥协（为避免威胁结果的发生，在行动上做出短期的调整）而不是最终的承诺（真正而持续的态度转变）。正如我们讨论过的那样，谈判双方往往希望达成双方都能接受的协议。人们可以通过多种方法来避免威胁结果的产生，可能会采取短暂的让步而不是真正的承诺。

威胁可以视为谈判中宣泄愤怒的另外一种方式。米纳瑟、万克莱夫、尼尔、亚当和哈格（Minaceur，van Kleef，Neale，Adam and Haag，2011）比较了愤怒和威胁对谈判过程和结果的影响。在一系列实验中，他们发现威胁比愤怒更能让对方做出让步，而且愤怒作为一种策略，往往被愤怒的受众默认为威胁。明示威胁可能比默示威胁更能迫使对方做出让步。

威胁的具体内容和传达方式决定了其有效性。研究表明，如果威胁能使对方恐惧程度增加，那么威胁是有效的（Boster and Mongeau，1984；Sutton，1982）。例如，一位经理在与另一位经理就两部门间工作流程进行谈判时，第一位经理威胁说如果协议没有达成，将以不合作的名义将对方告到上级主管那里。为了使威胁更加有效，谈判者应该同时告知对方采取何种替代措施以降低或消除发生可怕结果的可能性。此外，威胁的有效性也取决于时机与形式。西纳塞和尼尔（Sinaceur and Neale，2005）指出在谈判初期，默示威胁更为有效（例如暗示对方会有消极后果，但对消极后果不做过多阐释）。与此相反，在谈判后期，明示威胁更为有效。在此项研究中，谈判者如果在初期使用明示威胁而在后期使用默示威胁则会导致他们的战术无效。

打破信息接收者的期望

在著名的政治小说《国王班底》（*All the King's Men*）中，罗伯特·佩恩·沃伦（Robert Penn Warren，1946）描述了这样一个场景：一位善于蛊惑民心的政府候选人威利·斯达克（Willy Stark）将要向一群富有的市民演讲以筹集竞选资金，但是市民既不支持他激进的提案，也不喜欢他咄咄逼人的讲话方式。讲演的那天，斯达克到达演讲场地时穿着保守，温和谦逊地跟大家打了招呼，接着态度温和地就社会改革和融资方式提出了一些合理的改进建议。他的听众起初很惊讶，继而开始思考他所说的话，最后同意了他的提议。斯达克就是使用了打破信息接收者原有期望的战术。因为说话者的行为打破了信息接收者对他的预期，提出的与自身利益相悖的观点更具有说服力（O'Keefe，1990）。例如，一位汽车修理工最近建议本书的作者之一应该使用含辛烷值更高的汽油以减少维修费用。这十分具有说服力，因为对于汽车修理工来说，建议更换汽油（他并不卖汽油）是与其自身利益相悖的（减少了未来汽车修理的费用）。

另一种打破信息接收者期望的方法是：当人们期待演讲者以一种方式讲话，演讲者却以另外一种截然不同的方式演讲。例如，当一个人预期会听到强势的言语时（大声的、粗鲁的、挑衅的等），他会准备反驳，但如果另一方采用随和且理性的语调沟通，倾听的一方就会放松防范，客观地听取其中包含的信息，更容易被说服（Miller and Burgoon，1979）。伟大的演说家如丘吉尔、马丁·路德·金就是采用这种方式，通过控制语调来吸引听众的注意。虽然不是每个人都能应用这种战术，但这种有价值的技能对经验丰富的演说者来说手到擒来。这种方法在相反的情境下同样适用，一个极具情感渲染力的演说者同样可以说服期待温和、自制且高度理性的沟通方式的信息接收者。

推而广之，巴里（2001）提出了一种人际影响力的模型，其核心是通过打破目标受众的期望来提高一个人作为影响者的效力。该模型提出打破原有期望会改变寻求有影响力的信息的方式。例如，在一段正式或陌生的关系中寻求影响力的人突然采用一种友好的方式，目标受众更容易妥协并放松警惕，相反，突然采用更加直接、武断的方式时，对方会提高警惕，密切关注信息。桑托斯、利夫和普拉特卡因斯（Santos，Leve and Pratkanis，1994）做过一个有趣的实验用来证明意想不到的要求可以获得额外收益，他们让一些人扮成乞讨者向过路人讨要 25 美分（典型的要求），另一些人讨要 17 美分或者 37 美分（奇怪的要求），奇怪的要求更能激发人们让步的心理并给付更多的金钱，同时也更能激发过路行人对乞讨背后原因的好奇心。

毫无疑问，通过打破目标受众的预期来说服他人的方式并不总能奏效。毕竟，对他人的信任在一定程度上取决于我们对他人行为的预测能力。虽然偶尔的出乎意料会吸引人们注意，但频繁的操作会降低目标受众对寻求影响者的信任度，起到相反的效果。因此，我们应该从长远考虑有节制地使用打破目标受众原有期望的方式（我们将在第 10 章深入探讨信任在关系谈判中的作用）。

小结

总的来说，谈判者在构思信息以说服对方同意自己的观点时需要谨慎。假设目标受众能够被调动起来并关注这种说服方式，那么合理的、有依据且有逻辑的信息更可以说服他人（Crano and Prislin，2006）。信息的内容、结构以及传达方式可以决定信息在何种程度上符合这些标准并产生说服力。换句话说，如何传达信息与传达何种信息同样重要，如果对方没有被说服则说明信息的构建并不是有效的。当我们精心构建信息传递方式并通过核心途径获取影响力时，目标受众态度的改变会更持久而且不易被反向影响（Petty，Haugtvedt and Smith，1995）。

9.3 外围途径

到目前为止，我们探讨了通过组织信息的结构及内容这一核心途径来获取影响力

（见图9-1左侧部分）。在这一部分中，我们将探讨通过外围途径影响对方的方法（见图9-1右侧部分）。在这种情况下，信息接收者更少地依靠信息内容本身，而是受由细微暗示而自动生成的影响力的支配。这种途径通常是在目标受众没有足够动力且不能关注信息内容的情况下产生并应用的（Petty and Briñol，2008）。正如我们在前文提到的，通过外围途径产生的影响力不太可能带来态度的转变，它持续的时间较短而且容易产生反向影响力（Petty and Briñol，2012）。

我们讨论外围途径需要引用心理学家罗伯特·西奥迪尼（Robert Cialdini，2009）的部分观点，他认为这种说服方式就像眨眼与吃惊一样自然。西奥迪尼花多年时间研究人们为什么向他们本不同意的要求妥协。他研究了大量容易妥协的人，如销售人员、资金筹集人、营销专家和广告专家。他的研究结果不仅对如何在谈判中成功地获取影响力有帮助，对如何避免陷入他人的说服力陷阱也是有帮助的。

我们关于外围途径的讨论主要包括以下三个方面的战略：信息的特点、信息来源的特点以及产生外围影响力的其他方面。

信息的特点

当目标受众没有动力且不能被影响力需求者提供的信息吸引时，他们更关注信息的其他基本因素。我们在此讨论三点：影响力寻求者安排论点的方式，传递论点的形式以及如何分散目标受众的注意力。

信息的顺序

在谈判者准备的具有说服力的论点中通常会包含一个特别重要的观点或信息。把它放在整个信息中的什么位置比较合适呢？开头、中间还是结尾？研究结果清晰地表明，绝不能将重要信息放置在中间位置（Bettinghaus，1966）。在绩效评估中，一个常见的做法是将负面反馈夹在较为积极乐观的开场白与结束语之间。通过这种方式负面反馈既得到了传达，又不会显得刻意强调。这样做有助于减轻对被评估者的打击，但如果负面反馈的目的是引起被评价者的重视并在未来改变自己的行为，这样做说服力可能不够。缓和负面反馈的打击可能是一种善意，但完全将其掩盖掉并不利于成长。

如果为了说服别人，重要的信息应该放在开头还是放在结尾？当信息接收者对话题熟悉、感兴趣或有争议时，重要观点应该放置在开头。首因效应表明：一长串的清单中，头一项往往是最容易被人记住的。因此，谈判者应该最先表达信息接收者感兴趣的内容，再说出他们不想听的内容。与此相反，当话题本身无聊且没有吸引力时最重要的观点应该放置在最后，利用近因效应：人们更倾向于记住清单中最后出现的项目。如果所要传达的信息很可能与接收者当前持有的观点相反，应该考虑近因效应（Clark，1984）。

信息呈现的形式

我们在第7章讨论沟通时重点强调了沟通渠道对于谈判的影响（面对面、电话以及电子邮件等方式），这同样适用于影响力。我们的说服能否成功或多或少取决于使用的渠道或演示的形式（Barry and Fulmer，2004）。信息能否通过外围途径产生影响力取决于信息呈现的形式能否使对方迅速判断其论证的合理性。例如赫布·科恩（1980）认为书面形式比口头形式更具有说服力。因此，一项原则如果被写在政策手册或合同细则中，可能比口头承诺更可信，也更容易被接受。瓜迪诺和西奥迪尼（Guadagnoa and

Cialdini，2007）最近的研究表明，通过不同的沟通渠道进行说服的有效性存在性别差异。除非事先与发件人有过接触，参与研究的人员中女性很难被电子邮件的信息说服，并且女性表示不喜欢通过电子邮件来寻求影响力的沟通者。

分散注意力

人们一旦发现别人试图说服自己就会产生防御心理，这使得说服过程变得更加复杂。当对方倾听时，部分注意力放在所谈话题上，另外很大一部分注意力集中于形成他们自己的反影响力观点上（Brock，1963；Festinger and Maccoby，1964）。如果可以削弱对方防御性的反影响力，那么说服可以变得更加有效。一种方法就是分散对方的注意力。分散对方的注意力当然可以削弱对方试图形成反影响力的努力，同时使对方更易受到谈判者传递的信息的影响（Reardon，1981，p. 192）。换句话说，当对方的注意力被分散时，就无法更好地集中精力进行反影响力方面的思考，也就更容易通过外围途径获取影响力（Petty and Brock，1981）。例如，在进行一项经济利益提案的口头阐释时，谈判者可以向听众发放配有图表的文件，这样听众就会随着展示内容关注每一张图表，图表可以分散听众的注意力，使他们不能顺利地进行反影响力方面的思考。分散注意力妨碍了对方进行默读（人们听到信息时喃喃自语）。有时当对方反对谈判者的观点时，默念会形成反影响力，当然也有可能赞同观点。信息接收者如果赞同已经提出的观点（如朋友劝你再吃一块巧克力蛋糕），默念会促使他接受提议。在这种情况下，信息接收者想要保护自己免受诱惑，也会反过来产生分散力（Petty，Wells and Brock，1976）。

信息来源的特点

当目标受众没有动力且不能被寻求影响力者所提供的信息吸引时，他们更容易受到信息来源的影响。换句话说，对方没有集中精力于信息本身时，会对传递信息的个人或者机构更加感兴趣。信息来源的广泛作用力会对信息的说服力产生有益影响。我们将其大致分为三类：可信度、吸引力以及权威性。

可信度

在谈判中，人们会交换信息、观点以及理解。那么什么样的信息、多少信息可以相信呢？一方面，谈判者往往有强烈的动机去误导对方（参见第 5 章）；另一方面，谈判者至少会相信对方给出的部分信息，否则谈判无法顺利进行。谈判者不可能检查每一句话、每一个事实。在没有单独验证的情况下，你愿意接受对方提供的信息越多，任务就越容易完成。反之亦然，你对对方来说越是可信，你给他们的信息就越有说服力（在第 10 章关于信任的作用的讨论中，有更多关于可信性的内容）。

为了说明这一点，我们以买房子为例。卖家告诉你今天下午会有其他三个买家来看房子，他们中有两个正在往这边赶，只有一天的时间选定房子。如果这是真的，而且你很喜欢这个房子，那么现在就做决定签买房协议对你是最有利的，总比你拖延两天后发现被别人买走要好。但卖家说的到底是不是真话呢？只有卖家知道买主会不会在同一天来看房。毋庸置疑，卖家有能力提供真实信息，但卖家是否可信、是否会提供真实信息就是问题的关键所在了。

信息可信度的重要性可以追溯到古希腊——亚里士多德在劝服的三种途径中对“信

誉”的定义包含了信息提供者的可信度和合法性（参见 Weiss，2015，讨论亚里士多德的劝服思想如何适用于谈判）。近几十年来，有大量的研究试图证明可信度如何产生影响力（Pornpitakpan，2004）。许多因素影响信息来源的可信度。在此我们讨论谈判者可以控制的最重要的几种因素。

1. 资格与专业技能。我们在判断可以在何种程度上信任他人时通常会问：“他是否有获得信息的资格呢？是否有能力获取这些信息呢？”一个人越是有能力和资格获取信息，就越值得信赖（Swenson，Nash and Roos，1984）。对于信息来源者资格的评判可以取代对于信息本身的评判，这就是为什么信息来源可信度成为获取影响力的外围途径。当人们怠于思考信息本身传递的观点时，会通过信息来源的可信度判断论点是否有说服力（如 Chaiken and Maheswaran，1994）。

专业技能可以通过多种途径获得，从事的职业、接受的教育以及过去的阅历都会让你有资格获得他人在能力方面对你的认可。有时候并没有明显的方法使你的专业技能被他人认可，因为思维定式会使他人习惯性地认为你缺少专业技能，不值得信任。一些人习惯性地认为女性缺少机械方面的常识，男性不懂得照顾小孩或者做饭。当你不知名或者在他人的思维定式中缺少技能，你就需要绞尽脑汁地获得资格与专业技能的认可。一种方法是在谈话中透露关于你的教育或学历信息（如“我在读法学院的时候……”），一种方法是引用来源可信度较高的信息（如“《纽约时报》今天早上报道……”），最后一种方法是依据有深度的第一手资料或专业经验提出问题或者得出结论。

2. 建立值得信赖和正直的名声。谈判者试图说服对方时，对方不禁会问：“这个人是否真实汇报了他所知道的情况？他本人是否值得信赖？他是正直的人吗？”正直是一种良好的品质，即一个人的价值观符合高水平的道德标准。一个正直的人会赢得他人的信任，会被公认为是诚实的，而且言出必行。如果别人告诉他绝密的信息，他不会向任何人泄密。如果与正直的人签订合同，他一定会始终如一地遵守并贯彻下去（Shapiro，Sheppard and Cheraskin，1992）。

相反，如果一个人声名狼藉，总是失信于人，就无法顺利进行谈判——即使他们讲真话也不会获得他人的信任。研究表明，与自私自利的谈判者进行谈判会延缓谈判进程，导致不利的谈判结果。即使谈判者是一位专家，不好的声誉也会为他的专业技能笼上一层阴影（Tinsley，O'Connor and Sullivan，2002）。一旦有了不守信的名声就很难改变，因此谈判者总是小心谨慎地维护他们的名声便不足为奇了。有的谈判者采取具有竞争性的策略，通过夸大、渲染甚至歪曲事实使得谈判朝有利于他们的方向发展，但一次性的成功会导致未来的信誉全毁。因此对于谈判者而言，树立长久的信誉十分重要（声誉和信誉的问题在第 5 章讨论谈判者道德时已经有所涉及，第 10 章会再做深入探讨）。

3. 自我陈述。人们在向他人展示自己的过程中会获得或多或少的信任。那些冷静、自信、从容的人会比犹豫不决、飘忽不定的人赢得更多的信任。友好、开朗的人总是比冷漠、粗暴、傲慢的人更容易沟通（容易取得信任）。表达清晰有力的人会比其他人更加具有说服力。沟通者可以通过多种方式展现能够赢得他人好感的形象。要知道我们的穿着、言谈举止影响我们的可信度。如何调整外观和举止以提高（或避免侵蚀）可信度呢？你是否应该放弃习惯穿的牛仔裤和 T 恤而穿上西服去面试？你是否应该放弃你熟悉的说话方式而改用当地常用的语言讲话？总的来说，研究表明最好是穿着正常（Bet-

tinghaus，1980），举止得体自然，切忌矫揉造作。一位接受过哈佛大学教育的政客在得克萨斯州操着一口新英格兰口音可能会给人留下做作而不是真实可信的印象。

4. 社会地位差异。社会地位有多种衡量指标：职业、年龄、受教育水平、居住社区、衣着、汽车类型等。例如，大公司董事长的社会地位高于大学教授但低于最高法院法官。社会地位会产生可信度，反过来会通过多种方式增强影响力。首先，社会地位会令一个人更引人注目，更容易被大家关注，同时也提高了声望，让人认为他的话更值得倾听（Bettinghaus，1980）。然而社会地位的差异会使人产生抵抗性，因为听众更容易被地位高的人说服，因此他们会产生很强的防御心理。说服者需要考虑是否强调他们之间的社会地位差异（与他们身份地位相符的言行举止与穿着打扮）或者使穿着与听众更为一致以缩小差异性。

5. 说服的方式。谈判者是要以唯利是图的形象出现还是以冷静、淡定、有修养的形象出现？如果对方觉得谈判者就是来说服自己的，那么他会产生巨大的怀疑与防御性。例如电话不经意间响了，我们很容易辨识对方试图与你进行友好的交谈（“今天心情好吗?”），然后开始熟练地推销他的产品（“很高兴你最近身体很好，那你是否有……方面的问题呢?”）。当他开始推销时，你的心里已经戒备森严了。与此相反，如果你的交谈自然热情、真情流露，就不那么像是说服他人，对方会放松警惕并增强你的可信度。因此，许多技术娴熟的谈判者会采用谦虚适中的谈话方式、稍显混乱的行为举止而不是强势的说服态势来获取或传达信息。

6. 联系。与你有联系的人也会影响他人对于你的社会地位与专业能力方面的认知。明智地在谈话中提及他人的名字（如提到一个有声望的人的名字）或者介绍能够提高自己信誉的人都是有重要意义的。但是如果不能娴熟地应用这种方法会产生弊端，因为人脉很广与哗众取宠之间往往只有一线之隔。

7. 坚持与韧性。坚持与韧性是谈判者良好的品质。我们通常认为孩子是优秀的谈判者，因为他们会一直坚持他们想要的东西。简单地拒绝是不会让他们妥协的，他们会想尽各种新奇的办法直到实现目标（得到糖果、玩具或者看电视节目）。市场营销学的研究人员（例如 Lawlor and Prothero，2011）仔细研究了儿童是如何与父母进行谈判并使父母屈服的过程，从中发现其中一点是要对自己的目标坚持不懈，另一点是要想尽各种新奇独特的方法推进目标实现。

坚持并不是要你盲目地追求，因为那样会被对方委婉地拒绝，而是要运用新颖的想法与创意去实现目标。坚持不懈的人善于处理与他人的争吵，他们并不害怕冲突而且能够轻而易举地从这种意见不同的局面中脱身。他们有韧性同时也很灵活，随着情况的改变游刃有余地转换策略。因此坚持会增强可信度，同时对方并不会被这种坚持困扰，而是觉得谈判者坚定、有韧性。专栏 9.1 举例说明了通过不断重复可增强信息来源的可信度。

专栏 9.1

信息可信是否意味着信息来源可信

从一项关于流言为何传播以及人们为何相信流言真实性的研究中得出，一条可信的信息会使信息来源变得可信。研究人员假设，当流言的来源真实可信时人们就会相信流言。这看起来似乎符合逻辑，然而反过来是否可行呢？如果信息本身真实可信，人们是否相信其来源也是可信的呢？

为了回答这一问题，研究人员进行了关于食品安全方面流言的实验。首先，他们向实验对象展示了一些关于食品安全方面的市井传闻（其中的两条流言分别是“用在方便面杯身的蜡使老鼠致癌”“Jack-in-the-Box辞退了两名在客人汉堡里吐痰的员工”）。实验参与者有两次机会看其中一些信息，有五次机会看另一些信息。参与者被告知每条信息都是源自消费者报告（高可信度的信息来源）或是全国调查（低可信度的信息来源），然后询问他们每一条信息最有可能的信息来源是哪一个。

结果表明参与者更容易认为看到的五次信息都是来自消费者报告。也就是说，仅仅多看几次信息就会使人们认为信息来源更加可靠（你听见的次数越多，就越容易相信）。这表明人们更愿意相信如果信息是真实可靠的，信息来源必定是真实可靠的。通常情况下，为了让对方相信自己所说的，谈判者会提高自己的可信度，但研究结果表明，如果对方相信你的信息，对你的信任就会随之而来。

资料来源：Adapted from Fragale，Alison R.，and Heath，Chip，“Evolving Informational Credentials：The (Mis) Attribution of Believable Facts to Credible Sources，” *Personality and Social Psychology Bulletin*，vol. 30，no. 2，February 1，2004，225－236.

吸引力

我们对有好感的人态度会更加和善（Roskos-Ewoldsen，Bichsel and Hoffman，2002）。人们不会相信他们喜欢的人会失信于人或胁迫他们（Tedeschi，Schlenker and Bonoma，1973）。人们更容易信任喜欢的人，相信他们所说的并受其影响（Chaiken，1986）。友善、和蔼可亲是增强说服力的有效途径。有多种原因可以说明个人吸引力能够增强说服力。人们倾向于对有吸引力的人放下防备并且轻易相信他们。有吸引力的人经常赢得众人的关注，别人喜欢模仿他们并使自己更像他们（Trenholm，1989）。个人吸引力能够增强别人对自己的喜爱（O'Keefe，1990）。我们可以通过多种途径加强对于谈判对手或者说服对象的吸引力。

1. 友好。它是谈判者一个极其重要的特质。谈判者应该具有对别人友好、开朗并且与他人建立良好关系的能力，尤其是与谈判中的另一方。我们可以通过热情、同理心、对他人表示出兴趣的方式来缓和使用其他谈判技巧时产生的僵硬关系。成功的谈判者从不直接切入主题，他们会与对方建立友好关系以使对方感到放松舒适，深入了解对方，对对方处境表示感兴趣并发现双方的共同点。正如我们前面提到的，在进行非正式的对话后提出的要求更容易被接受（Dolinski，et al.，2001）。

2. 迎合。迎合是指通过言行提高对方的声誉和形象，反过来也会提高自我形象（Jones，1964；Vonk，2002）。运用赞许的语言奉承别人是迎合他人的最佳方法。学会奉承别人会让对方产生好感并且易于被你说服（Gordon，1996）。谈判者表扬对方精心的准备、周全的考虑、专注的倾听、合理的让步或者条理分明。赞美是迎合对方的有力武器，不仅因为对方喜欢接受赞美，更是因为按照互惠原则对方需要给予回应（Cialdini，2009）。没有理由否定迎合他人是没有意义的。埃利斯（Ellis）及其同事声称面试者在面试中积极运用迎合的方法，可以对面试官产生积极影响，比自我提升的方法更为有效（Ellis，West，Ryan and DeShon，2002）。不过很显然，尽管迎合战略经常使用，但如果使用不得当则会适得其反。如果你表扬了对方不具备的品质或对方明显做得不到位的地方，对方会产生提防心理，担心你别有用心或有不可告人的目的。

3. 喜好。喜好原则很好理解，你喜欢的人更容易产生影响力（见本章之前讨论的信息来源的可信性）。如果你对与你交谈的人有好感，就会更容易接受他的要求并且不易产生对立观点（Roskos-Ewoldsen，et al.，2002）。然而研究表明，喜好产生的作用小于其他影响可信度的要素，如专业技能等（Eagly and Chaiken，1975）。

喜好原则产生的影响是隐性的。喜好可以通过多种方式产生，想要避免所有影响因素是不可能的。德博拉・坦嫩（1990）在关于性别与沟通差异的研究中提到：与男性相比，女性更多使用“融洽的谈话”。她们的目标是建立关系而后进行谈判，男性则使用“记录式谈话”，以社会等级差异的形式表达社会地位的差异。西奥迪尼（2009）指出试图阻止自己喜欢别人是没有用的，相反，要警惕毫无根据的喜欢（p. 171）。如果在同一种情形下，你超乎想象地更容易喜欢上该类人，此时应该多加注意了。为了不受喜好原则过多的影响，在谈判中应该做到撇开对他人的喜好而将注意力放在协议本身上。

4. 帮助对方。在谈判中有很多方法可以帮助到对方：给予对方小恩小惠、宽裕的时间、提供绝密信息、顺从对方的要求，或是帮助对方获得选票。谈判者可以帮助对方免于意外被骗。例如，一位汽车销售员会对客户说：“我带你去见经理，为了能够降低你买车的价格，我会说一些这辆车的缺陷，但你不要介意，我们仍按照谈妥的价格交易。”销售员希望通过帮助顾客降价的方式让顾客从他这里买一辆新车。另一个例子是销售人员在向一家大公司销售一块土地时，私下告诉公司负责此项交易的人即将进行的分区改革会惠及该公司，销售人员信守诺言没有将这条内部信息公之于众，销售人员并没有获得物质上的好处，但是实现了这笔交易。

5. 相似点。人们经常试图在初次见面时找出与对方的共同点，也许是在同一所学校读过书、曾住在同一个社区或者有共同的朋友。基本的逻辑就是我们喜欢那些和我们相像的人，这就是所谓的相似相吸假设（Byrne，1971）——社会心理学中最有力、最值得信赖的发现之一（Machinov and Monteil，2002）（另一种相反的学说是互异互斥假说（Rosenbaum，1986）——人们不喜欢与自己不同的人）。在双方处于对立面的情况下，例如谈判，彼此找到越多的共同点就越能建立紧密的关系，双方感觉越好就越容易更多地接受彼此的信息，更容易被说服（Oldmeadow，Platow，Foddy and Anderson，2003）。因此，谈判中一种有效的策略是寻找并讨论与对方相同的经历、性格或者观点。如果你看见对方办公室的墙上挂着皮划艇，你应该提及你对于航海的热爱。如果你看见对方冬天晒黑的皮肤，你可以提及你在热带的假期或者滑雪的经历。如果说提及与对方相似的经历、态度、背景是一种优势的话，提到与对方的不同就会产生不利影响。当然讨论具有争议性的社会话题或政治话题是没有意义的，因为对方很可能持有不同观点。

6. 情感。我们在本章开始讨论了情感对于构建信息的影响，情感也是影响信息来源可信度的因素。坚定的情感可以传递决心与肯定，如果有效利用就可以增强信息来源的可信度，使得对方相信你持有具有吸引力的、更深入的观点（这同样可以增强说服者本身的可信度）。

我们在第 6 章讨论过恐惧、气愤或者热情的情感表达都是谈判的一部分，尤其是在持有强烈观点的问题上。情感是强有力的，它与我们的预期形成巨大反差，因为我们习惯性地认为谈判是一个冷静且理性地交换信息的过程，是由结果最优化的逻辑分析和备选方案的经济价值所决定的。然而谈判者并不总是秉承着理性严谨的经济效益原则。另外，如果其他人是理性严谨的，那么往往是强烈表达情感、坚定持有自己观点的谈判者获胜（Henderson，1973）。工会领导者、政治领袖、社会运动带头人、传道者以及所有旨在组织并动员支持者的人都深知在号召群众的过程中运用情感因素的重要性。

在影响力与谈判中运用情感因素有一点需要注意，并不是每个人对情感诉求的反应都是一样的。研究（DeSteno，Petty，Rucker，Wegener and Braverman，2004）表明当信息想传达的情绪与对方情感状态相匹配时可以起到最佳效果。这一研究说明当一个人悲伤时最容易被伤感的信息打动；同样地，一个人愤怒时最容易被义愤填膺的信息打动。另一项研究阐述了带有感情的观点与个人特性之间的关系。研究（Haddock，Maio，Arnold and Huskinson，2008）表明，倾向于认知性信息的人更容易接受认知性信息的观点，倾向于情感性信息的人则更容易接受情感性观点。

还有一点，不要以为对方心情好就会接受你的观点。一些说服者试图通过讲笑话、取悦他人的方式使对方的心情愉悦，进而实现说服目的。尽管这听起来很有道理，但是研究表明心情与接受度之间的关系十分复杂。许多研究表明心情愉悦的人不大可能仔细审查信息，而心情不好的人更可能仔细审查信息（Hullett，2005）。根据赫利特（Hullett）的观察，“当对方心情不好时，由激烈的争论而产生态度的改变可能是最好的”（p. 439）。谈判者想要通过强有力的观点影响心情好的人，最有可能在对方倾向于接受该观点时奏效。但是如果谈判者希望对方认真审视观点进而被说服，事先使对方心情愉悦不见得是一个成功的策略。

权威性

这一原则很简单，有权威的人比没有权威的人更具有影响力。长时间以来研究人员对于权威人士在人类行为中产生的影响很感兴趣。斯坦利·米尔格拉姆（1974）关于遵从权威的经典研究表明当人们的行为得到权威人士的授权与认可时，人们会拼尽全力。即使没有战争或紧急情况，大多数人也会服从穿着制服的人。这同样适用于权威原则。

在谈判中可以用多种方式运用权威原则。西奥迪尼（2009）发现通过使用头衔，如博士、教授，可以增强使用者的权威性并提高影响力。作者的一位朋友每次订飞机票时都给自己加上“博士”的头衔，他发现发生航班延迟等情况时航空公司会先打电话给“博士”而忽略其他旅客。这个简单的事例表明一些头衔在社会中拥有的名声。西奥迪尼同时指出权威不仅仅是地位，它可以延伸至专业技能。他讲述了一位侍者的故事，这位侍者先是忽略顾客的点单，告诉他们“今晚这道菜没有平时那么美味”，并推荐另外一道更便宜的菜（p. 194）。通过这种方式，他就可以在顾客心中树立权威以便之后推荐更加昂贵的菜式或点心（顾客有可能为了回报他的建议而给他更多的小费）。

权威因形式不同而产生不同的结果。研究人员将产生影响力的权威分为两类：（1）基于个人专业技能与可信度的权威；（2）基于个人在社会阶层中的社会地位的权威（Cialdini and Goldstein，2004）。第一种是软策略，第二种是硬策略（Koslowsky，Schwarzwald and Ashuri，2001）。考斯洛夫斯基（Koslowsky）及其同事研究了护士及其管理者之间的影响力行为，他们发现当管理者较多地使用软策略时，护士们更容易服从管理者的要求且工作满意度更高。由此可见，突出个人在专业技能上的优势比强调社会地位的差异更加有效，尤其当你说服的最终目标是与公司利益长期挂钩而不是短期妥协时。

关于如何处理那些试图影响你的权威人士这一点，西奥迪尼（2009，pp. 191－192）

提出了如下建议，即问两个问题："这个权威人士真的是专家吗?""这位专家到底有多高的可信度?"第一个问题是帮你确定这位权威人士是真正意义上的专家，还是浪得虚名（凭借头衔、名声等）。第二个问题提醒你注意这种所谓的权威背后的动机。正如刚才提到的那位侍者一样在提出其他意见之前先提出一个负面性的意见，是因为他试图引导你相信他是诚实的而实际上并非如此。

产生外围影响力的其他方面

最后我们要讨论一下除了信息本身以及信息来源之外产生影响力的外围途径方面。我们将从互惠、承诺、社会认同、稀缺性与奖惩五个角度进行讨论。

互惠

哲学家、人类学家、社会学家以及其他社会科学家长期致力于研究"互惠"这一概念。互惠是指如果你从他人那里获得好处，也要在将来某一时刻还给对方相应的好处。互惠通常意味着帮助之前给予过你帮助的人。它是泛文化的，世界各地都奉行这一准则（Gouldner，1960）。我们在前面讨论信息来源吸引力和一些接收者因素时提到过互惠这一概念。

互惠准则在谈判中具有重要作用。谈判一方做出让步并期望另一方也做出相应的让步，他们礼貌地接待对方也期望对方能够以礼待之。通常人们运用这一准则以获得对方与之相对的反应。例如，谈判者 A 给予谈判者 B 小恩小惠，是希望谈判者 B 回报以更大的好处，最终 A 获得净利益。尽管我们习惯性地认为互惠的双方总是给予彼此相似程度的好处，但事实并非如此。许多销售人员宣传给予消费者小礼品以获得消费者更大程度的让步。

同样的情形也发生在谈判场合。适当表扬对方的某个积极行为会使对方产生好感，并为他积极反馈埋下伏笔。针对对方在意的问题快速给予让步，会使对方高兴，同时对方需要承担做出相应让步的责任。谈判者通常坚持自身利益决不放手，极不情愿地做出让步，并认为这是最好的办法。如此刻板的行为无法使谈判成功进行，灵活性与适应性在谈判中尤为重要。

既然互惠原则能起到如此重要的作用，如何有效避免受到互惠原则的影响呢？一种可能的途径是在谈判中拒绝所有的好处，但这有可能产生更多的问题。例如，拒绝主人提供的咖啡可以避免互惠原则产生影响，但这样会侮辱主人尤其是在五分钟后你自己去买了一杯咖啡时（参见第 16 章，在某些国家，所提及的侮辱可能是由于文化上的差异）。对方可能只是会前表示一下友好，也有可能是想利用互惠原则制造小小的恩惠。[7]

谈判者应该如何回应这些好处呢？西奥迪尼（2009）指出你应该礼貌回应并接受你真正需要的好处。然而，如果这种恩惠显而易见是出于对方想要控制你的目的，那么你就应该将其重新定义为陷阱而不是恩惠，因为这不再适用于互惠原则，"互惠原则是指以德报德，而不是以德报怨"（p. 47）。

承诺

长期研究表明，一旦人们决定一些事情，就会将其视为信仰始终坚持。这种对于自己立场的坚持源于人们的共同需求，即始终如一，不管是对自己还是对他人。许多人对于诱饵推销法非常熟悉。毫无道德的商家广告宣传以极低的价格出售一些商品，然而当顾客到达商店时，商家却声称商品“断货”了，随后向顾客推销高价的替代商品。为什么这一策略总是会奏效呢？一种解释是：一旦你做出了购买商品的决定（承诺），你就会潜意识地被这种承诺牵引（即使是高价商品）。除此之外，你费尽力气跑到商店，不想空手而归。因此，如果你被一个标价 49.95 美元的商品吸引走进商店，结果极有可能是购买了一件 64.95 美元的替代商品，尽管后者的价格绝不可能吸引你走进商店（专栏 9.2 讲述了一个警示性的故事：关于买车做出的承诺）。

专栏 9.2

承诺：一个需要警示的故事

本书的作者之一在年轻时准备购买一款二手 MG 跑车，他讲述了这样一个故事。

“我在居住的城市只找到一辆我能够买得起的车，试驾后与销售员讨价还价，同意买车后填写各种文件，当天晚上销售员同意我把车开回家，第二天再回来签约。就在这时汽车销售员尴尬地对我说直到老板告诉他，他才知道这辆车配有电动超速挡，因此他不能按照协议价格出售，我必须为超速挡额外支付 350 美元。当然他允许我改变主意不买车，但我还是买了。把车开走后我意识到销售员使用的是不断引导我做出承诺的方法。我可以与汽车经销商当面对质，但没有证据表明他们欺骗顾客（而且一位年轻顾客和声誉优良的汽车经销商大家更愿意相信谁呢）。销售员为此付出的代价远大于卖车多收的 350 美元。我告诉我的很多朋友不要到那个经销商处买车，因为他的经营方式有问题。在保修期过了以后我就没有再到那里修过车。

“你可能会认为销售员当时是真的忘记了超速挡的事情，那么经销商在保修期间的行为就说明事实并不是那样的。保修期间唯一需要更换的就是转速器，保修书上说明经销商需要支付配件全额以及一半人工费。销售员告诉我更换转速器十分困难，先要更换仪表盘，然后摘除仪表盘下的许多部件以便穿线。他说这需要六个小时并建议我把车留下。我根本不相信销售员的话。在他跟维修经理谈话时，我紧跟着汽车旁的机修工，他只用 15 分钟就把零件换好了。在付了一半的人工费后，我扬长而去，再也不会去那里了！”

承诺策略是让对方服从的有效方法。一种增强承诺效力的方法是将其写下来。西奥迪尼（2009）指出由顾客自行完成订单的公司比由销售人员填写订单的公司拥有更低的订单取消率。为什么呢？因为亲自书写增加了顾客做出承诺的感觉，这就像是他们对自己说：“如果我不想要这种产品，我就不会写下来。难道不是吗？”许多消费品公司都会让顾客写下对产品的赞美之词以获得抽奖的机会。为什么呢？很显然，写下赞美之词就会增强顾客做出承诺的感觉。研究表明，即便是签写请愿书也会增强人们的承诺感，在接下来的几天做出一些过激的事情（Freedman and Fraser，1966）。研究人员将其称为“门槛”技巧（Clark，1984）。

承诺如何在谈判中发挥作用呢？通常它是增值的，在谈判之初逐渐渗透无关紧要的观点，为后面不断加深的让步打下基础。让步往往产生于我们自己的语言与行为。正如专栏 9.2 中的例子，买家很愿意支付额外的 350 美元，因为在试驾的过程中他已经告诉朋友要买车，销售员很大方地同意买家在签约前把车开回家，所以买家为弥补销售员忘记“超速挡”的错误而额外支付 350 美元看起来是合情合理的。

承诺策略是很难避免的。通常当我们意识到被别人操控时便已经同意某件事情或者受其影响了。从某种程度上来说，事先警示即需要事先准备。西奥迪尼（2009）指出当使用承诺策略时，你的身体会发出两种信号：为一些细小的让步感到不舒服，或者是协议有不合理的地方。如果你在谈判中产生这种感觉，就要小心对方使用承诺策略。最后一点，一定要注意你在谈判中签署的任何协议，哪怕是那些小的、不易察觉的协议，因为它们有可能在为下一步做铺垫。

社会认同

这一原则是指人们根据别人的行为确定自己的行为在不同场合下是否正确。这一原则表明人们有时采取特定行为是因为所有人都这样做。西奥迪尼（2009）认为这一原则就像电视喜剧中自带笑声的效果一样（Fuller and Sheehy-Skeffington，1974）。这也解释了为什么销售人员喜欢提及以前的满意消费者，如果其他人喜欢使用这一产品，就证明产品很不错。邀请名人推介产品也是同样的道理。

在谈判中，社会认同是很有影响力的策略。销售人员会列出一个满意顾客的清单，几乎没有人会花费时间核对它的真实性（“如果这不是真的，为什么要给我们展示呢?”)。彩票店会重点突出之前的中奖者。谈判者会强调他们的新产品如何受欢迎以及今年业绩的大幅增长。房地产商会告诉你有很多人对你正在考虑的房子感兴趣（Fishbein and Azjen，1975)。

社会认同原则之所以会奏效是因为可疑信息（“所有人都认为这个产品不错”）在做决定的过程中被给予很大权重。西奥迪尼（2009）表示如果想要削弱社会认同的影响，就需要发现信息中的错误进而在做决定时给予它应得的权重。在谈判中，这意味着我们要精心准备并留心对方所提倡的观点与你所知有出入的事实。当对方向你提供产品如何受欢迎的证据时，不要轻易相信，而是让对方进一步证实。即便对方所售产品紧缺，也要确保你是出于自身最大利益做出决定。通常来说，当你犹豫并且延迟做决定（让我考虑一晚上）时就意味着你已经区分开了社会认同和自身利益。

稀缺性

该原则意味着当东西十分有限时，它们会更加具有影响力。西奥迪尼（2009）描述了常见的销售策略是如何依赖稀缺性原则的。销售人员通常会说他们并不确定消费者想要购买的商品是否还有货。在回库房取货前他们会跟顾客确认是否要在下一位顾客购买之前抢购一个。顾客通常会同意购买而且在销售人员取回所谓的“最后一件”时感到很幸运。这就是工作中对稀缺性原则的应用，当人们认为自己获取了稀缺性的资源时更容易受到影响。

在谈判中，如果出现对于一种商品的较大需求的情况就可以应用稀缺性原则。一些组织故意使他们的商品供应短缺，使其看上去十分抢手（如受欢迎的圣诞节玩具)。汽车经销商劝你快速决定车的颜色，因为这款车正在热卖，仅剩为数不多的几辆了。任何运用“特权”以及“时间有限，欲购从速”的谈判者都是在应用稀缺性原则。审查制度也会造成稀缺，图书馆禁放某些书籍也会增加人们的需求。最后一个例子，拍卖者将独一无二的物品拍卖给出价最高者也是应用稀缺性原则。越稀有的物件，竞价越高。

当稀缺性原则被有效运用时，我们很难不受其影响。西奥迪尼（2009）提议我们要注意这种原则应用时产生的感情陷阱，当我们强烈地需要某种稀缺性产品时，应首先考虑需要这种产品的动机与目的。

奖惩

我们在第 8 章讨论过对于资源的控制是一种很强的权力来源。这些资源至少可以在两个方面作为施加影响力的工具：一种是通过交换给对方资源以获取对方的让步与合作，一种是通过带有惩罚性条款的威胁向对方施压。

交换依赖于寻求影响力者用作权力基础的资源，尤其是可转化为对他人回报的资源——恩惠、福利、激励、优待或者津贴等。因此，交换经常会用承诺作为说服的工具——你愿意承担相应的责任来换取对方能满足自己需求的合作或承诺。基于交换的交易通常是通过谈判达成的。一方现在完成自己应承担的责任，但直到未来的某个时刻才要求对方履行义务。这种方式会使双方在人际关系交流中留下义务与责任，以便随时向对方提出请求。对于组织中权力使用的研究（例如，Kotter，1977）表明，成功的经理人会辨识、创造、培养周围人（下属、同事，甚至上级）对他的依赖，并将这种依赖转化为义务。

第二种运用权力的方式是通过惩罚的威胁来施加压力。影响力寻求者可以提出要求，指出未如期完成任务的后果，检查确定要求是否已被执行，随时提醒对方自己的期望，最后如果对方并未合格完成任务，则要切实执行惩罚措施。如果销售人员总是无法按时完成销售指标，销售经理可以扣发其工资；如果孩子们没有整理好房间，家长会剥夺他们一周看电视的权利；如果顾客逾期支付，供应商可以收取滞纳金。压力不会涉及实际资源的否认或撤销。胁迫或惩罚和口头斥责具有同样的效力。销售经理严厉责备销售人员未完成销售任务而不是解雇他们，家长批评孩子们的行为而不是真的剥夺他们看电视的权利，其实是同样有效的。

压力策略的使用条件与交换、奖励是一样的：对方在某种程度上依赖于权力拥有者，那么权力拥有者就可以运用剥夺权利的惩罚方式确保对方做出让步。根据凯普尼斯（Kipnis，1976）的说法，当目标是维持对方现有利益时，运用鼓励、奖励的方法更为有效；当对方改变行为的意愿大于维持现有利益时，惩罚与批评更为有效。压力策略至少会使对方短期内服从要求，并且减少对方的对抗性，但经常使用压力策略会使对方疏远并导致更强的对抗性，这时就不得不使用更严重的后果威胁对方向对方施压。压力策略要有选择性地使用，因为它会损害双方关系，经常使用也会破坏其效力。

研究显示，形势的不同会影响谈判者使用压力策略。拥有较高权力的人比权力小的人更易使用压力策略，例如威胁、更少让步等（Michener，Vaske，Schleiffer，Plazewski and Chapman，1975）。当双方的权力差异相对较小时，权力小的一方同样会使用威胁与权力策略，增大双方谈判不成功的可能性（Vitz and Kite，1970）。显然，处于低权力地位的谈判者很容易受到威胁，最简单的回应方式就是服从威胁制造者所提的要求。然而，需要记住一点，权力较低的一方除了公然反抗还有其他的选择。例如，一个人可以试图拖延与威胁者的互动来拖延时间，进行被动的抵抗，或者最低限度地服从威胁者的要求（也就是“按规则办事”）。

最后，有证据表明压力策略的应用因文化背景而异。廷斯利（2001）发现来自注重社会阶层的国家（本研究中是日本）的谈判者比来自注重平等观念的国家（如德国）的谈判者更容易使用压力策略。另一项研究表明，在个人主义文化中人们更喜欢使用有说服力的技巧（而不是压力策略），而在强调关系和谐的集体主义社会中，压力策略更有可能出现。通俗来讲，文化差异是建立在逻辑上的而不是基于术语表达（Adair et al.，

2014）（我们将在第 16 章深入探讨文化在谈判中的作用）。

小结

在这一部分，我们讨论了通过外围途径获取影响力的方法。主要包括信息本身、信息来源的特点以及其他背景因素，其中第三点尤为重要，要求施加有效影响力的人不仅注意与目标受众的关系，也要注意其他社会因素。专栏 9.3 给出了在大型组织背景下施加影响力的复杂性。

当目标受众没有动力且不能关注影响力施加者的信息时，运用外围途径十分有效。经验丰富的说服者都认为很重要的任务是让对方站在己方的立场进行思考。外围途径的各种方法是产生这种影响的有力武器。

专栏 9.3

组织中的影响力

迈克尔·沃特金斯（Michael Watkins，2001）探讨了在大型组织的特定背景下是如何运用影响力的。他提出以下五个有效谈判的主要目标。

1. 勾勒影响力框架。确定施加影响的目标以及有效实施方法尤为重要。在组织或社会网络中，不仅要关注目标受众，而且要注意那些与之关联的其他组织与个人。你需要学会折中反对性的观点。

2. 明确对方利益。我们可以运用策略与技巧影响他人的观点与想法。成功说服可以改变对方的动机并实现预期结果。补偿方案、任务说明、策略计划、年度预算等都能够在组织中有效影响对方的动机。

3. 明确备选方案。使对方认同你的备选方案也是一种有效的说服方式。这意味着对方关注你的备选方案，可以有效增强你的观点。

4. 获取对方对于艰难决策的认同。在组织中设定使对方认同艰难决策的框架是十分重要的。当组织中的成员感到自己加入了决策过程时，他们更容易接受这些艰难的决策。

5. 远距离说服。由于组织庞大，很难进行一对一的说服，因此远距离说服他人显得尤为重要。建立值得信赖的沟通渠道，通过演讲与内部通知传递重要信息，学会如何在组织中正确且有创造性地影响众人。

资料来源：Adapted from Watkins，Michael，“Principles of Persuasion，” *Negotiation Journal*，vol. 17，no. 2，April，2001，115－137.

9.4 信息接收者（目标受众）的作用

本章最后我们要讨论一下作为影响目标的人。影响目标不应该认为自己仅仅是被动地受信息的影响并做出同意或否定的决策。影响目标的作用主要体现在两个方面：第一，影响目标不应该对影响力施加者的手段过于防范，而是要了解对方施加影响力的目的及利益；第二，影响目标有很多方法可以识别是否受到相关信息的影响以及如何避免受到影响。接下来我们将依次分析这两点。

了解对方观点

影响目标如果在谈判中能够整体把握对方的目的与观点，就可以更好地做出是否被对方说服的最佳决策。接下来我们将提供三种深入理解对方的方法与策略。

1. 挖掘对方观点。谈判者经常忽略对方的观点与想法。如果能够了解对方的想法、对方如何看待某一问题以及对方如何形成自己的观点等，就会占有优势。我们可以通过提出能反映对方利益与需求的问题来挖掘对方的想法（参见 Miles，2013）。例如“这些目标为何对你如此重要？”“如果无法实现任何要求你会怎样？”“我们上次谈过以后你的想法改变了吗？”诸如此类问题可以更好地挖掘对方的立场与兴趣点。探究对方的想法不仅可以为你制定更加符合双方利益的方案提供帮助，而且可以知道为何对方要按照他的特定想法说服你。要注意你的问题是在探索而不是在攻击。“你怎么可以那样说？”“哪个正常人会那样认为呢？”这类问题会制造紧张气氛，使对方增强防御性，令谈判变得消极（回忆我们在第 7 章提到的在谈判中提问的例子）。

2. 选择性地转换措辞。转换措辞可以确保双方清楚彼此的观点。如果你未能完全明白对方的观点，就给了对方纠正你的机会。在你被纠正以后再一次陈述事实是很重要的，这可以确保你的理解正确。另外，复述对方的观点可以帮助你更好地记住他们所说的。不要只是在语言上简单地重复，而是要转化成你自己的语言，要以“你看我这样理解是否正确”这样的话作为开头。如果对方希望你了解重要观点，他会有力地不断重复。因此，转换措辞是推进谈判的有效途径。

你也可以要求对方重复或者转换你的观点。你可以这样说“我刚才提到的十分重要，希望贵方可以用你的语言说一下我刚才的主要观点”。这个过程有如下作用：第一，使对方仔细倾听并回忆你所提到的观点；第二，你有机会确认对方是否正确理解了你的观点；第三，他强调了你的陈述中最重要的部分。

3. 强调对方观点中你认可的部分。谈判者的努力有时是无效的，往往是因为只提到对方的观点与提议中他们不喜欢的部分，却忽略了他们喜欢的部分。这种回应方式忽略了影响和引导对方观点的绝佳机会。许多经典的行为理论（如交换理论、拿来理论等）都指出：人们更倾向于执行被赞许的行为而不是被否定的行为（Homans，1961；Skinner，1953）。

肯定对方观点中你认可的部分的简单方法是认同并支持对方所提到的，可以这样说，“这一点很有趣”或者“我之前从未听过这么有趣的说法”。非语言性的认同方式如点头等也很有效。这种说法或者行为很好地表明对方的主要观点中你认可的部分。第二种方法是在对方提到你想要强调或有利于你的观点时表扬并感谢对方。例如在劳工谈判中，经理对工会说：“你们说恶劣的劳工关系会影响客户与我们签订长期的合作合同，这种说法很重要。”第三种方法是分离你喜欢的部分与你不喜欢的部分，鼓励对方深入你感兴趣的部分。在买房的谈判中卖家可以这样说：“你刚才提到调整价格使其包括装修的部分，我觉得这个想法很好。你想要怎样的装修呢？”

抵抗对方的影响

谈判者除了可以采用多种方法鼓励、支持、引导对方，也可以运用如下三种方法抵抗对方的影响：提出最佳替代方案（BATNA），做出公开承诺（或让对方做出公开承诺），不断暗示自己增强对于对方说服信息的抵抗力。

1. 提出最佳替代方案。许多专家将最佳替代方案视作影响力的来源（如 Pinkley，Neale and Bennett，1994；我们在第 2、4、8 章也讨论过最佳替代方案）。毫无疑问最佳替代方案可以帮助我们避开现有的谈判方案，而在另一处找到自己的利益契合点。仅当对方意识到时，最佳替代方案才会产生影响力。因此想要此种方案产生作用就要让对方意识到它的存在，最好与对方说明这个事实。使用这种方法需要娴熟的技巧，因为对方有可能将你所透露的替代方案视作一种潜在威胁。要记住最佳替代方案是要不断改进的。优秀的谈判者会在谈判前提出最佳替代方案，在谈判过程中不断改进最佳替代方案以产生最大的影响力。

2. 做出公开承诺。让对方坚定立场的方法之一是做出公开承诺。例如工会带头人公开说："若解决方案少于××钱，我就辞职。"在做出这样的承诺以后，工会领导就面临着来自各方的压力。第一种压力来自工会成员，如果工会领导不真正履行承诺，就会被其他人逐出工会；第二种压力是领导不遵守诺言会在未来的管理工作中失去信誉；第三种压力是他会被认为言行不一致。

谈判者只是有时希望对方做出公开承诺，并不总是希望这样。如果对方做出的是你想要的承诺，他会迫于压力一直坚守承诺，即使他想放弃这些承诺。有时谈判者会说"我会尽最大努力实现双方利益的共赢"，他也会要求对方做出同样的承诺。有时谈判者会以更直接的方式要求对方做出承诺："你是否想要把这个资产卖给我们？""让我们齐心协作，共同拿出切实可行的具体方案吧。"

引导对方做出具体行动上的承诺比做出观点上的承诺更为有效。例如零售商在顾客不能付全款时让他们做出首期付款与分期付款的具体行动上的承诺。如果承诺有碍达成协议，那么谈判者就不会要对方做出公开承诺。另一方或许会放弃承诺，聪明的谈判者会出于自身利益帮助对方放弃不利承诺的同时保住面子。对方放弃承诺的行为会为人所诟病，他们会不理会所做出的承诺，为自己放弃履行诺言的行为合理辩解。（我们在第 2 章已经深入探讨过谈判双方做出承诺的好处和风险。）

3. 暗示自己增强抵抗力。仔细倾听并理解对方观点的结果之一是你或许会改变自己的想法与立场。有时我们并不想改变自己的想法，因此会给自己灌输反抗对方观点的想法（Pfau et al.，2001）。例如一些经理不得不同意他们原本反对的组织政策时，就会通过准备、反复回想抗辩观点的方式提醒自己反驳对方的主要观点。

主要有以下三种方法反对对方观点。

（1）精心准备支持自身观点的论点；

（2）从对方的论述中发现抗辩观点，即从自身观点中寻找驳斥对方观点的论点；

（3）寻找支持以及反对性的观点，同时驳斥这两种观点（两者结合的方法）。

我们将通过研究生招生主任的例子进一步阐述，他要向一位学生解释学校不能接受其申请。招生主任可以从以下三个方面进行说明：（1）阐述学校为什么不能接受学生的申请（如学生的成绩不够好）；（2）从学生的角度阐述观点（如学生要在学术性的学校学习高难度的课程）；（3）阐述驳斥学生观点的抗辩观点（如学校在决策的过程中将教学质量与课程的严格要求考虑在内）。

研究表明有效抵抗对方影响的方法是第三种，即将两者结合的方法——提出支持与反对性的观点，同时对两者提出抗辩（McGuire，1964；Pfau et al.，2001）。第二种方法即从自身观点中找到驳斥对方观点的论点也是有效的。第一种方法仅提到支持自身观点的论点是效用最小的。还有另外三种因素可增强抵抗性：第一种是引导对方按照他们所反对的观点的方向进行思考；第二种是提出越多的反对观点就越有效；第三种是不断在公开场合重复自身的初始观点以有效抵抗对方观点。

小结

无论是作为倾听者还是影响目标，谈判者都可以采取很多措施来弱化对方所传递信息的影响力。在挖掘对方的观点、对其观点提出质疑、采取措施抵抗影响力的过程中，谈判者可以弱化对方通过外围途径产生的影响力与设置的陷阱。增强抵抗力的关键因素包括采用最佳替代方案、做出公开承诺、暗示自己增强抵抗力等。在很多情况下，对方的观点的确坚实有力，具有说服力，因此最重要的是你要确保自己头脑清醒，只有在对方观点有理有据时才会受其影响。了解说服力是如何产生并运作的有利于我们在谈判中更好地避免受到对方的影响（Malhotra and Bazerman，2008）。

本章小结

本章我们讨论了人们能够在谈判中运用的影响力的运作机制。影响力主要分为两大类：一类是通过核心途径产生影响；另一类是通过外围途径产生影响。在讨论核心途径的过程中，我们强调了信息内容的重要性、信息的结构以及信息的传递方式。通过核心途径获取的影响力更持久且不容易产生反影响力。讨论外围途径的过程中，我们提到了构建信息、信息来源的特性以及信息背景的基本要素。通过外围途径产生的影响力会使对方妥协但不会从态度上产生根本性承诺，而且这种妥协是暂时性的并且容易产生反影响力。

在本章最后一部分，我们讨论了信息接收者即影响目标如何通过分析对方的需求与利益来抵抗影响力。成功的谈判者不仅擅长有效传递信息，而且善于有效消化信息。

最后的重要提醒是：这一章我们仅提到了几种可以在谈判中使用的方法。谈判者通常会花大量的时间支持自己的立场，却花很少的时间考虑如何运用信息来源与接收者的特性来增大产生影响力的可能性。如果谈判者更加认真地考虑信息来源、目标以及背景而不仅是信息本身，将更容易产生有效影响力。

关键术语

核心途径（central route）：获取影响力的途径之一，指有意识地积极思考传递影响力的信息，并将其融入个人已形成的认知体系（思维、智力体系等）。

外围途径（peripheral route）：获取影响力的另一种途径，指并没有主动地思考与认知信息的过程，而是依靠细微的暗示与内容。在这种途径中说服力被看作自动产生的，并没有通过细致的讨论便导致了对方态度的变化。

单向信息法（one-sided messages）：当与谈判对手的意见不一致时采用的一种方法，指人们往往容易忽视支持对方立场的观点与论据。

双向信息法（two-sided messages）：当与谈判对手的意见不一致时采用的另一种方法，指提到并描述对手的观点，并强调自己的观点是什么且为什么更为可取。一般情况下双向信息法比单向信息法更有效，但双向信息法有一个缺点，即单向信息法比双向信息法更易使影响目标由态度上的转变产生行为上的转变。

信息分解（message component）：将某一重要信息分解为细小的、更易理解的信息，这样可使谈判对手更易于接受这一观点。

首因效应（primacy effect）：当话题本身是信息接收者熟悉、感兴趣的和有说服力的，重要观点应该被放置在开头，这样更容易被人记住。因此，谈判者应该最先表达信息接收者感兴趣的内容，再说出他们不想听的内容。

近因效应（recency effect）：人们更倾向于记住一类清单中最后出现的项目。如果重要观点为信息接收者反对的话要注意近因效应。

注 释

[1] See also Chaiken (1987). Petty and Cacioppo embedded the central-eripheral distinction into what they called the elaboration likelihood model (ELM) of persuasion (1986b). The ELM is an example of a dual-process model identifying alternative forms of thought that guide persuasion and decision making. Chaiken's (1987) heuristic model is another dual-process framework. For a review of three decades of ELM research, see Petty and Briñol (2012).

[2] Researchers have disagreed as to whether the two routes to persuasion are separate systems (e. g., Petty and Cacioppo, 1986a, 1986b) or compensatory systems (e. g. Chaiken, 1987). That is, it is not clear if the two routes to persuasion operate separately or if they work in conjunction. Some work (e. g., O'Keefe, 1990) seems to suggest that both processes operate at all times, but one is likely to be dominant. It is also the case that the separation between central and peripheral modes of processing is regarded as a continuum, not a strict division (Petty and Briñol, 2012). The model does not provide exact prescriptions about how to persuade everyone in all circumstances. It does provide a clear way to think about the variables that have been found to influence persuasion. It helps clarify when persuasive tactics can work, although this does not mean that these factors will work in all circumstances. In many situations, influence is achieved through a skillful blend of many persuasive techniques.

[3] See also Freedman and Fraser (1966); Seligman, Bush, and Kirsch (1976).

[4] See also Bem (1972).

[5] See also Hovland and Mandell (1952); McGuire (1964).

[6] See also Johnson and Eagly (1989); Petty and Cacioppo (1990).

[7] Note that many public-sector bargaining laws prohibit negotiators from buying even a cup of coffee for each other. Negotiators need to be aware of the laws and norms that may have implications for compliance strategies. In addition, there are cross-cultural differences in refusing a gift, and negotiators need to prepare carefully for such instances when they negotiate across borders. (See Chapter 16 for more discussion of culture and negotiation.)

N E G O T I A T I O N

第10章

谈判中的各种关系

学习目标

» 理解在谈判中“现有的关系”是如何发挥作用影响谈判过程的。

» 了解谈判中出现的不同类型的关系。

» 思考声誉、信任和公正三者在谈判关系中发挥的作用。

» 探索如何重建信任，修补受损的关系。

在本章之前的讨论中，我们假设参与谈判的双方不存在任何关系，即在谈判开始前双方并不认识，在完成交易后也不会再有任何联系。也就是说，谈判参与者仅仅在某一时刻进行了一场谈判活动，此前和此后不会有任何交集。但是在现实世界中，很多谈判并非如此。谈判发生在一个复杂的社会环境中，这种环境会极大地影响参与者之间的互动和谈判的过程。

环境会影响谈判主要是因为许多谈判建立在长期存在的关系上。本章将重点讨论过去和未来的关系是如何影响当下谈判的。我们对谈判中关系的处理主要分为两个方面。一方面是分析谈判双方过去、现在和未来的关系会如何影响谈判过程。这对现有的很多传统理论和实践中的假设提出了质疑——排除过去和未来关系对谈判的影响，同时也为关系谈判理论的充分性提供一个关键的评估标准。另一方面是对关系以及关系谈判情境进行分类，简单回顾基于长远关系影响假设下的研究。最后，我们将深入学习影响关系与有效谈判的三个非常关键的因素：声誉、信任和公正。

在后续章节中，我们将讨论其他社会环境因素对谈判的影响。第 11 章我们将深入学习委托代理关系是如何影响谈判的，即谈判者代表他人利益参与谈判的情况。第 12 章我们将讨论谈判者结成联盟的动机，并学习联盟关系下参与者是如何增强自己的谈判优势并有效分配资源的。第 13 章我们将研究谈判在多方参与的情况下会发生什么样的变化，小组和团队如何共同协商复杂的决策和协议。

10.1 对现有谈判关系研究的挑战

学者一般采用两种方法研究谈判过程。第一种方法是利用真实的谈判案例来研究谈判过程，如雇佣关系和国际关系。[1]第二种方法是在实验室中对场景进行适当简化，模拟现实情况对谈判过程进行研究。研究人员会邀请感兴趣的大学生或研究生参与模拟，在可控的实验环境中进行观察来测试一些重要影响因素的作用。

在过去的 50 年中，使用第二种方法进行研究的比较多。主要原因有以下几点：第一，相比第一种方法，第二种方法更容易实现。毕竟组织大学生参与模拟和进行问卷调查比介入一场真实的谈判更简单，现实的谈判者不会轻易允许研究人员进行调查、询问甚至公开报道谈判过程中的得失。第二，在实验室的可控环境下得到的结论能更好地说明某一谈判因素发挥的作用，因为现实世界中几乎不可能重演相同条件下的谈判过程。例如，为了研究威胁是否会增加谈判中双方的敌对情绪，我们不可能要求一方谈判人员威胁对方而被威胁的一方不予以反击，这与现实往往是不符的。第三，和真实谈判相比，模拟谈判可以有效收集数据，控制外部因素，从而使实验结果更可靠和更有效。

然而，传统的实验室研究存在诸多问题。有关如何在复杂的谈判中进行有效沟通的理论绝大多数来自对模拟谈判的研究，参与模拟谈判的双方几乎没有任何关系，而在大多数的实际谈判中双方基本已建立关系。因此，关于实验结论被广泛用于指导真实谈判是否合适，尤其是在实际谈判中双方已经建立深厚的联系，并期望将来继续合作的情况下理论是否适用的质疑有一定的道理。

一些对现有基于实验室研究提出的谈判关系理论持批评态度的研究人员举了如下例子。

> 一对新婚夫妇争论圣诞节应该去哪方父母家过节，（营销巨头）宝洁公司和沃尔玛公司讨论在双方首次合作的过程中库存的处置问题，（会计/咨询公司）普华永道和大客户讨论成本超支的问题，一个新成立的专项小组讨论工作职责却发现两个人想要担任同一个职位。如上事件可以看作各自代表己方利益的个体事件，即分配式谈判的问题。在大多数情况下，一方会试图探求另一方谈判的底线并隐藏自己的底线。但是，现实情况比单一的分配问题更加复杂（Sheppard and Tuchinsky，1996a，pp. 132－133）。

他们认为，基于实验室研究的人员过快地将简单的实验室结论（“交易性谈判”）推广到复杂关系下的谈判。现有的关系可以通过以下几种方式影响谈判的过程。

1. 关系在谈判过程中始终存在并发挥作用。第3章指出，将分配式谈判转化为整合式谈判的方法是，让谈判方轮流做出让步，而关系恰恰能够保证这一点。夫妻俩可以协商在不同的假期轮流看望对方的父母。然而，模拟谈判中的参与者不会选择这样做，因为模拟结束后，他们的关系也会随之终止。由此可见，时间是关系谈判中非常重要的变量，参与者过往对问题的处理方式会影响双方对当下谈判困境的解决。

2. 谈判不只是解决问题的方法，也是相互理解、增进互信的方法。在一场交易谈判中，交易双方为了争取更有利的成交条件而努力收集对方的信息。短暂的交易过程使得一方可以单纯根据自己的偏好做出一定的回应或者根据对方表现出的一些细节来进行决策。但是在关系谈判中，广泛地收集对方的看法、了解对方的偏好是非常重要的，因为我们可以利用这些信息了解对方真实的思维方式和工作习惯，以便更好地配合对方，巩固和发展长期的关系。简而言之，在交易谈判中，最重要的目的是交易；在关系谈判中，最重要的目的是保持和发展关系。假设在打扫厨房和支付账单两项工作中选择，仅从工作内容考虑，我可能倾向于打扫厨房，但是如果我的另一半对打扫厨房情有独钟，我就会选择支付账单。就像在本章后续内容中指出的，了解对方的喜好可以促进双方建立信任，尤其是在困难的情况下，这种信任可以有效稳固双方关系。

3. 分配问题的处理对未来会产生影响。时间是一把双刃剑，谈判问题的处理会给未来相关问题的处理提供参考，例如，宝洁公司对库存问题的处理方式。但是，这并不意味着谈判双方要一直按照一个计划执行下去或者在出现分歧时都要选择轮流妥协。例如，新婚夫妇关于过节的决定，他们需要向对方声明什么时候先例不适用并向对方解释自己的决定。

谈判的结果可能会改变双方在未来关系中的权力和依赖情况。随着双方相互了解越发深入，彼此的依赖性也会逐渐提高，利益也更容易受到损害。举个例子，如果Acme公司遇到生产上的问题，可能会希望与它的重要客户Battle公司建立稳固的合作关系以渡过难关，因为Battle公司与其他供货商打交道时遇到过类似的问题，可以利用其经验很好地帮助Acme公司解决生产问题。但Battle公司可能会要求Acme公司把其所有的货交由Battle公司来销售，来确保Battle能从提供帮助中获得收益。此时，Acme公司对Battle公司产生了依赖，Battle公司在权力方面优于Acme公司。如果产品更新换代、生产技术有所突破，或者Battle公司试图控制Acme公司业务中其他重要的方面，Acme公司将会变得十分被动。不过这种现象在小规模的供货商和像沃尔玛或者汽车制造商这样的大型企业中并不常见，因为在这样的情形中，业务的稳定性通常取决于大型主导企业的决策（Sheppard and Tuchinsky，1996b；Yoshino and Rangan，1995）。上面例子中的不稳定因素会给 Acme 和 Battle 双方都带来声誉上的问题，稍后本章会继续阐述声誉的影响。

4. 在关系谈判中对分配问题的处理会引发激烈的情绪反应。如果一方对于某些事态度很强硬而另一方也不退让，那么谈判的火药味会很浓。公开地表达愤怒将会使谈判无法进行下去（情绪对谈判的影响请参见第 6 章）。一方无意间说的一些话可能伤害了对方，使得双方不得不暂时中断甚至终止谈判，双方冷静下来或者一方道歉才能继续谈判。更有甚者，两方可能因此而积下宿怨，再也不会给对方合作的机会。很多失败的谈判终止于法庭，究其原因就是情绪在谈判中占据了主导地位。从小纠纷到婚姻问题再到组织争端和国际争端，失败的谈判往往具有感受糟糕、沟通失败和矛盾不可调和的特点。

5. 关系背景下的谈判影响更持久。模拟谈判的一个特点是双方关系会随着模拟结束而终止。在实验室的模拟谈判中，很多参与者会据此调整他们的谈判策略，通常参与者会在谈判的最后阶段放弃与对方的合作，追求自己的利益。然而在现实生活中人与人之间的关系并不会随着模拟谈判结束而终止，人们往往会对尚未达成或已经达成但有失公平的事进行再协商。这会出现以下几种情况。

- 推迟棘手问题的谈判，以便有一个良好的开端。如果一对已婚夫妇认为他们将在两年后离婚，那么他们可能会在婚姻存续期间保证己方能从婚姻中获得更多的利益，他们甚至会达成一个非常细致的协议，明确双方的财产划分。在一些离婚率飙升的国家，很多夫妻意识到这一点，因此签订了非常复杂且具有法律效力的婚前协议来解决这个问题。如果夫妻双方认为他们的婚姻能一直持续下去，就会简单地把他们的所有财产混合在一起，并认为未来的任何事都能得到解决。
- 难以预测未来时预先商定所有事项。两个决定一起创业的年轻企业家不能预测他们共同努力的所有结果以及如果他们 5 年后分道扬镳的话应该考虑的事情。现在无法预知事业将来是否会成功，也无法确定谁做的贡献更有价值，他们所能做的就是尽可能地与对方沟通，并在出现问题时积极协商解决，或者经双方同意后引入公正的第三方作为解决争端的合理手段（参见第 19 章）。
- 分歧永远不会消失。就像我们之前提到过的那样，一些关系永远不会终止。两个对卫生要求不同的室友永远不能彻底解决房间究竟是应该整洁点还是杂乱点这个问题。一方总是被要求将周围的东西整理好，而另一方总是被各种乱摆乱放的杂物困扰。只要他们住在一起，这就是他们难以回避的问题。就算他们为了照顾对方的偏好和习惯而提出一系列可能的解决方案，这些关于清洁的协议也会经常被打破。

6. 在很多谈判中，对方才是解决问题的关键。一个关于整合式谈判的著名理论认为，为了更有效地解决问题，谈判者必须将人的因素从问题中剥离出去（Fisher，Ury and Patton，2011），但是如果对方就是问题所在，该怎么处理呢？如果我们将一系列情绪问题与两个人的个性、偏好的生活方式联系在一起，这将不是一个简单的谈判，而是一场战争。好比我们之前举的两个室友的例子，爱整洁的人也许不会将对方的行为仅仅看作生活方式的差异，而会认为这是对方故意为之甚至带有敌意。尽管双方试图通过“将人的因素从问题中剥离出去”寻找可行的解决方案，但问题仍很难解决，因为对方的存在，其偏好、生活方式和习惯是无法回避的，分开居住或许是唯一的解决方案。

7. 在一些谈判中，维护关系是首要的谈判目标，双方可能就一些最核心的问题做出适当的利益让步。在传统的分销市场交易中，常见的做法是给出一个更低（高）的报价或者取中间价格，双方会从各自的角度权衡自己的利益进而相互妥协。然而，很难理解双方是如何在关系的价值和具体问题的特定目标间进行权衡的。假设我有一辆市场价值 5 000 美元的二手汽车，我决定将这辆汽车卖给我的母亲，这样她便可以偶尔在城里转转或去看望她的孙子。请注意，这可不是一个简单的市场交易！我怎么能说服我妈妈以与他人同样的出价来买我的二手车？怎么说服自己按照市场价格卖给妈妈呢？显然，我和母亲之间过去以及未来的关系远超过一辆汽车的价值。正如第 1 章中提到的，当与对方的关系很重要时，调和是一种战略性的明智选择，而实际利益则是次要的。不同于简单的市场交易，调和在关系谈判中更有可能成为一种战略选择。

总而言之，关系谈判和参与者没有过去或未来关系的分配式谈判或整合式谈判是不同的，它更具挑战性。从实验室中获得的经验并不总适用于实际的关系谈判。现在，我们来定义一些使谈判变得复杂并具有挑战性的关系因素。

10.2　关系的类型

社会心理学领域的学者曾经对关系进行了广泛研究并发现了几种方式来描述关系。[2]大多数的关系都有相同的特征，即一方的行为会显著影响另一方的行为。当事人在谈判中会有怎样的反应取决于他们之间的关系类型（我们之后会针对这一问题进行讨论）。按照谢泼德和塔奇斯基（Sheppard and Tuchinsky，1996b）的理论，我们把关系定义为“对于双方都有意义的一对实体，实体中的双方对过去和将来关系的认知会影响他们当下的行为”（p. 354）。这个定义中存在两个假设：（1）双方当下的相处模式是基于彼此过去和未来的关系；（2）双方之间的联系是有意义的（关系本身能够得到承认并且有实际意义，超出了每个个体赋予它的价值）。

关系的四种基本类型

菲斯克（Fiske，1991，2004）提出了一个有影响力的关系模型理论。他指出人类社会存在四种基本的关系类型，即集体关系、从属关系、平等关系和市场关系。四种关系的定义和特点如下。

1. 集体关系。集体关系具有团结、集群、寻求集体认同和较好相处的特征，典型的例子就是家族中的亲戚关系（Fiske，1991，p. ix）。在集体关系中，个人对集体认同的追求往往优先于对个人认同。这种团体非常容易辨认。集体关系是基于人们由于共同的根源、纽带和血缘自然而然产生的好感。这种关系在家庭、俱乐部、兄弟会、种族群体和社区中很常见。

2. 从属关系。从属关系是一种代表等级差异的关系，通常表现为地位和优先级的顺序，通过上级命令和下级的服从与尊重体现（Fiske，1991，p. ix）。人们按照组织中等级设定的原则行事，等级高的人支配等级低的人。从属关系是一种不平等的关系，等级高的人往往对人和事都有更多的控制权，通常也有更强的知识背景和能力。这种等级关系并不是凭借暴力的强制手段建立起来的，而是合法的组织设定，等级低的人自愿服从等级高的人（参见第 8 章和第 9 章关于谈判力和关系中的影响力的讨论）。雇员和老板、士兵和军官、谈判者和他们的委托人之间通常是这种关系。

3. 平等关系。平等关系是一种一对一的关系。在这种关系中，人们是不同的个体但互相平等，体现为互惠互利（或睚眦必报），对成果平均分配，做出相同的贡献，以物换物或轮流妥协（Fiske，1991，p. ix）。在这种关系中，人们会将彼此视作平等独立的个体，同时又是可以进行交换的对象，每个个体都希望平等地付出并得到平等的回报。这种交互在很多活动中都有所体现，例如轮岗（轮流从事某一个岗位）、以物换物（双方都期望平等的付出换取同等的回报）、平均分配（双方从共同的产出中得到相同的份额）。平等关系存在于需要成员之间相互协作的组织中，如本章之前提到的室友共同保持宿舍卫生环境。类似的例子还有集体聚餐，每个人都需要带来自己的菜肴与他人分享，同时每个人也可以分享到他人的菜肴。

4. 市场关系。市场关系是基于（模型间的）价值度量的。通过统一的价值尺度（价格）比较不同的商品，计算交换率以及成本/收益比率（Fiske，1991，p. ix）。这种关系的价值通过市场体系来决定。通常用某些单一的定量（如分数或美元）来衡量，并通过一定的商品价格比率来进行交换。在这种关系中，人们将对方视作可替代的对象，因为交易比关系更重要，任何人只要能以一个不错的价格提供同样的产品和服务，都可以与之交易。在前面提到的汽车案例中，我可以将小汽车卖给任何能够支付我的报价的买家，因为我只关注交易本身。在市场关系中，各方可以在利己动机的驱使下改变商品价格（最大化他们的所得），或者寻求一个彼此都觉得公平的价格来进行交易。

菲斯克（1991，2004）的分类学是一种普适的“配对方法论”，可以用来解释社会内部和社会间的社会运动。菲斯克的这四种关系类型揭示了不同社会中的人是如何创造和交换物品，如何做出选择和判断以及如何确定自己的社会价值取向的。它为权力、成就、平等和隶属关系等社会动机下关系的形成奠定了理论基础。更重要的是，这套理论指出了两个对象之间可能不仅仅存在一种关系。谢泼德和塔奇斯基（1996b）提出，兄弟姐妹之间可能存在以上四种关系。例如，在讨论一个被借走并被损坏的玩具的价值时，双方之间的关系属于市场关系；轮流承担某项家务时，双方之间的关系属于平等关系；当一方受伤另一方去寻找创可贴时，双方之间的关系属于集体关系；争夺对各自喜爱的电视节目的优先收看权时，双方之间的关系属于从属关系。另一个多种关系形式同时在谈判中体现的例子请参见专栏 10.1。

专栏 10.1

家族企业中管理与亲属的争端

家族成员共同经营一项生意时经常会产生矛盾，如权力分配、经营理念以及继承等的冲突。参与者产生矛盾是由于其处于不同的关系框架下以及有不同的期望。例如，父子形成的从属关系、兄弟姐妹或远亲形成的平等关系、团体关系或商务活动中的重大经济问题形成的市场关系。参与者不仅没有及时发现问题并有效解决，反而采取一种回避的态度，使问题变得更加复杂。

弗兰克·桑德（Frank Sander）和罗伯特·博尔多内（Robert Bordone）建议利用整合式谈判的思路来有效解决这些争端。每一方必须全面考虑所有参与者的利益，包括一些隐藏的却很强烈的情绪（公正很重要）以及参与者之间关系的历史背景等。在每个可选择的解决方案中，都需要考虑公正性并权衡各方利益。最终得到一个可以在家庭内部被接受的方案，而不是把问题扩大，超出家庭的范围。他们提出了一些指导性建议。

1. 时刻为解决复杂问题做好准备。考虑到参与者不同的背景和预期以及家庭关系会在一定程度上使原本简单的解决方式变得复杂，要做好努力解决这些问题的准备。

2. 力争透明化。对冲突及在家庭内部找到一个让人满意的解决方案的挑战保持一种诚实和公开的态度。

3. 邀请中立的调解者。事务的复杂性以及争端背后强烈的情绪要求一个中立的第三方来解决问题，如商业分析师、中间人、家庭顾问甚至是一个可信赖的家庭朋友。

4. 预测各种潜在的问题。很多典型的家族企业的问题是可以预测的，如权力的交接、职务晋升、利益分配或者转变业务方向等。对于这些可能会发生的问题进行预测，就讨论和处理这些问题的程序达成一致意见。

在第18章可以找到更多的解决“困难对话”的方法，第19章可以找到有关中立调解者和第三方的更多信息。

资料来源：Adapted from Sander，Frank E. A.，and Bordone，Robert C.，“All in the Family：Managing Business Disputes with Relatives，” *Negotiation*，vol. 9，no. 3，March 1，2006.

就像在本章开始时对谈判研究的评论中阐述的那样，受很多经济学家、博弈论学者和社会心理学家研究人际行为时采取的一种基于“交换”的视角的影响（Blau，1964；Kelley，1966），很多研究在讨论谈判问题时，一个基本的假设就是谈判双方是基于市场关系的。在市场关系的框架下，双方对一种商品进行讨价还价，使用何种策略和手段，这些内容大家都熟知了。在从属关系中，这种实际存在的谈判却没有被仔细研究过，但是有相当多的对于老板和员工如何发挥自己的影响力的研究（参见第8章、第9章）。再比方说，在平等关系中，参与者将会就如何对产出、贡献和各方的资源进行等值分配进行讨论，特别是在无法确定一个绝对客观公平的分配方式时（这在衡量一个学习小组中每个成员对于一个报告或项目的贡献时经常出现）。

关于集体关系的研究比较多（Tuchinsky，1998年的一篇评论）。这些研究表明集体关系下的双方更具有合作精神并且更富有同理心。他们对对方成果的关注不亚于自己的成果，更有可能与对方分享信息。他们往往将妥协或解决问题作为冲突解决的策略。他们按照某种标准，在决策和绩效协调任务上表现得更好。[3] 最近的研究（Shapiro，2010）强调了集体谈判的重要性。夏皮罗（Shapiro）提出了一种广泛适用的理论——关系认同理论，用于理解社区（国家和由共同的种族、有相同的经济或政治利益者组成的群体）内部和社区间的谈判。夏皮罗认为这些群体通常作为一个部落发挥作用，因强烈的共同认同感聚集在一起，形成了非常固定的边界，以至于使用传统的谈判技巧（专注于问题而非身份的技巧）来解决争端的大多数努力几乎注定要失败。

然而，关系较好的双方是否会比关系一般的双方最终达成的谈判结果要好暂时还不清楚。一些研究发现，关系一般的双方更有可能达成整合式的解决方案。[4] 这可能是因为关系中的双方为使冲突最小化而不会为了一个更好的解决方案向对方施压或者牺牲自己的利益来维持这份关系。[5]

最后，一些研究探索了谈判中的双方是如何形成不同的关系以及不同的关系对他们的谈判会产生什么样的影响。在一项对选择离婚调解的研究中，男士倾向于选择法律和惯例来解决问题和冲突，女性则更关注双方当事人应履行的责任。男性更加理性保守，女性则比较感性（Pines，Gat and Tal，2002)。这些结论不仅可以用来说明谈判各方是如何以解决冲突的方式来恰当地处理一段正在瓦解的关系，同时也揭示了这类关系冲突处理过程中的性别差异（见第 14 章）。对关系中的冲突管理的论述见专栏 10.2。

专栏 10.2

在紧张复杂的关系中处理冲突

心理学家约翰·戈特曼（John Gottman，2007）在他的职业生涯中一直在研究婚姻中的冲突解决。

他采访了成千上万对夫妻，记录下了他们谈到的婚姻中出现的问题，并就如何让婚姻更美好提出了如下见解。

1. 一段成功的婚姻中，双方总会不断想办法保持积极的态度并尽可能多地肯定对方的想法和贡献。这对那些看轻女性的男性来说尤为重要。

2. 将接受冲突的存在作为解决分歧的一种方式，而不是试图回避冲突或一直让步。在婚姻关系中，典型的冲突是对于工作、娱乐、守时和重要事情的解决方式存在分歧。

3. 一段成功的婚姻不仅包括如何争吵，还包括争吵后怎样修复关系。幽默、道歉和其他积极的情绪表达在和他人建立真正的联系时是很重要的。戈特曼强调，这些看似在婚姻关系里不怎么起眼，但对关系的经营很重要。

4. 一段成功且长久的婚姻关系具有以下特点：夫妻双方会欣赏、珍惜和尊重对方。相反，在一段并不长久的婚姻关系中，夫妻双方总会频繁地批评对方，拒绝妥协，甚至对对方及其观点表示蔑视或厌恶。戈特曼认为轻视对方是最致命的影响因素，它能迅速地将一段婚姻关系由好变坏。

资料来源：Adapted from Gottman，John M.，and Silver，Nan，*The Seven Principles for Making Marriage Work*：*A Practical guide from the Country's Foremost Relationship Expert*. New York，NJ：Three Rivers Press，1999，45 - 50；and Coutu，Diane，"Making Relationships Work：A Conversation with Psychologist John Gottman，" *Harvard Business Review*，vol. 85，no. 12，2007，45 - 52.

10.3 影响关系谈判的主要因素

由于亲密的人际关系的复杂性，很难知道哪些方面与谈判最相关。在一项关于二元工作关系的研究中（Ferris et al.，2009)，作者确定了 8 个主要的关系因素：信任、支持、情感、忠诚、责任感、互惠性（社会交换中的价值预期）、尊重和灵活性。当一段关系成熟以后，8 个因素都很重要。在建立关系之初，互惠性、情感和尊重很重要；一段关系的长久发展离不开声誉和公正，但最基本、最重要的因素是信任。这一节我们将讨论声誉、公正和信任三要素是如何影响关系谈判的。

声誉

声誉是指双方进行了一场谈判之后你留给对方的印象，是“通过直接观察或二手渠道间接建立起来的对一个人品质和成就的感知”（Ferris，Blass，Douglas，Kolodinsky and Treadway，2003，p. 215)。基于这个定义，我们可以对声誉的重要性做如下说明。

● 声誉本质上是一种高度主观的个人理解。声誉的好坏不受我们的控制，而是别人对我们的看法和评价。声誉一旦形成，就像一个滤镜和框架，人们会通过它来预判我们未来的做法（Fiske and Taylor，1991，2007）（参见第 6 章中对于感知的讨论）。

● 一个人可以具有很多不同的甚至相互矛盾的声誉。他可能在不同的情境下表现得非常不同。一个人可以和路边的旧货交易人员进行一场分配式谈判，却和电脑定期维修人员进行整合式谈判。人们会在不同的情境下塑造多种不同的声誉。声誉通常是大家在不同的背景下对一个人形成的共识。在绝大多数情况下，人们会对一个人有一个较为统一的认识。

● 声誉由过去的行为塑造。我们可以通过直接接触来了解一个人（例如，一段合作或竞争的历史），也可以从别人那里打探到这个人的一些消息。“直接”的声誉（从我们自己的经验中获得）也许会和“间接”的声誉（从他人的经验中获得）有所不同。一般人更倾向于通过切身体会而不是道听途说来评判一个人的声誉（Goates，2008）。

● 声誉受个人性格和成就的影响，具体包括年龄、种族、性别、教育背景、过往经历、个人的优缺点、技能和举止等。这些因素综合起来慢慢地形成了广义的声誉和狭义的声誉。广义的声誉是指人们是怎么记住一个人的，狭义的声誉是指在过去的交往中对某个人的认知。研究表明，在谈判情境中谈判者的性别、对谈判过程和结果的满意度以及是否达成协议都会对谈判者的技能和声誉的评分产生显著影响（Goates，Barry and Friedman，2003）。这种声誉一旦在其他人的社交网络里传播便会影响其他人对谈判者行为的预期（Torgersen and Rivers，2005）。

● 声誉的形成需要时间，一旦形成就很难改变。我们和某人早期相处的经历以及我们从他人那里获得的信息，都会塑造我们对这个人的看法。在新的情境下，这种看法会影响我们的预期。这些预期会在下一次和这个人的交往过程中得到肯定或否定。因此，第一印象和初次的相处经历对于形成对他人的预期是非常重要的，这种预期一旦形成很难改变。如果一个谈判者留给他人的印象是一个“虚伪的骗子”，那么下次他将很难说服对方他是一个真诚和值得信任的人，别人也不会和他达成互惠互利的合作协议（Ferris et al.，2003）。相反，具有良好声誉的个人往往被认为更有能力且更值得信任，会拥有更高的地位（Bromley，1993）。

● 声誉不仅会影响预期，也会对谈判中的情绪状态产生影响。正面的声誉会让我们对对方做出积极的情绪反馈，而负面的声誉会让情绪反馈变得消极（Goates，2008）。一些研究认为，声誉可以影响人们的预期。格利克和克罗森（Glick and Croson，2001）在一项研究中将声誉划分为五种类型：编造谎言、诚实强硬、和善理性、阿谀奉承和空白未知。研究者在谈判课程中向学生展示了这五种声誉类型。78%的学生认为，对方的声誉是影响他们使用何种谈判策略的一个重要因素。对于编造谎言者，61%的谈判者采用分配式谈判策略，10%的谈判者采用整合式谈判策略；对于诚实强硬者，49%的谈判者采用分配式谈判策略，35%的谈判者采用整合式谈判策略；对于和善理性者，30%的谈判者采用分配式谈判策略，64%的谈判者采用整合式谈判策略；对于阿谀奉承者，40%的谈判者采用分配式谈判策略，27%的谈判者采用整合式谈判策略。这些发现在另外两项关于谈判者声誉影响的研究中得到了证实。一项研究发现，当获知对方一贯采用分配式谈判策略，谈判者将会降低对对方的信任，在关键的谈判问题上交换的关键信息相对较少，比那些不知道对方声誉的谈判者收获更少（Tinsley，O'Connor and Sullivan，2002）。相反，当得知对方惯于采用整合式谈判策略（创造价值），谈判者则产生较低的被欺骗的预期，较少地闲聊不相关的话题，而是坦率地讨论具体需求、利益和优先级，并对双方能够达成互惠互利的协议抱有更大的信心（Tinsley and O'Connor，2007）。由此可见，不良声誉会降低谈判成功的可能性，这并不是因为你做了什么，而是因为不良声誉使人产生了消极的预期。相反，良好的声誉可以提高谈判成功的可能性，因为良好的声誉可以使人产生积极的预期（cf. Goates，2008）。

- 负面的声誉很难修补。负面声誉持续的时间越长，就越难转变为正面的声誉。我们需要积极主动地维护和更新在别人眼中的声誉，尤其是当一件事很可能给他人造成不好的印象时，我们必须努力维护自己的声誉，不要让他人以一种负面的眼光来看待我们。我们如何看待和解释过去的行为，如何道歉并请求别人淡忘过去都会影响他人对我们的看法。我们将会在下一节“信任”中更多地介绍道歉、解释和其他说明对于改变我们声誉的作用。

信任

很多学者都认为信任是关系中最核心的因素。[6]麦卡利斯特（McAllister，1995）对信任进行了如下定义：信任是一种针对他人的言论、行动做出反应的意愿。有三个主要因素会影响谈判一方对另一方的信任程度：一方长期的信誉表现（是否具备令人信任的品质），环境因素（双方之间是否有充分的沟通），长久以来两方的关系。

早期对信任的研究认为信任是一个简单的概念。然而，最新研究发现，信任可以分为很多种（参见 Lewicki and Bunker，1995，1996；Lewicki and Tomlinson，2014）。比如，根据不同的亲密度，信任大体可以分成两种类型[7]：基于权衡的信任和基于认同的信任（Lewicki and Tomlinson，2014）。

基于权衡的信任

基于权衡的信任建立在确保行为前后一致的基础上。个人之所以会言行一致是因为：（1）他可以从实现承诺以及保持与他人的关系中获得益处；（2）他害怕承担破坏承诺带来的后果。这种信任能维持多久与惩罚的清晰度和可能性有很大关系。因此，与履行承诺的奖励相比，破坏承诺的惩罚将是个人信守承诺的更大动机。

这种基于权衡的信任主要出现在市场关系中以及其他关系类型的早期。个人会计算遵守承诺获得的益处以及为了保持关系要付出的成本。信任是通过奖励遵守诚信的行为和惩罚破坏诚信的行为来实现的。如果受到欺骗的人向他人传播“这个人不可信”，那么这个人的声誉将会受到影响。

基于认同的信任

基于认同的信任是基于对方的需求和意图而建立的信任。信任之所以存在是因为双方十分理解对方的需求并欣赏对方的能力，这种相互之间的理解和认同让一方认为对方可以有效地为他工作。基于认同的信任可以使一方在谈判中充当另一方的“代理”（Deutsch，1949）。一方明白另一方真正关注的要点，并且像对方一样把这些要点放在很重要的位置上来考虑。在集体关系中或者在市场关系向集体关系转化的过程中，大家非常希望看到这种类型的信任。这种信任可以通过强烈的集体意识产生。集体意识的行为包括使用共同的标识（联合名称、职务、标志等）、在同一地点协作办公、合作设立共同的目标或产品线、承诺共同分配利益。通过以上这些行为，双方将会具有相同的目标，可以在对外交易中代理对方的利益。我们可以在不同的团体和关系中看到基于认同的信任，例如，人们相互配合完成一场精彩的交响乐、一台成功的外科手术、一次精确的着陆、一次没有瑕疵的接力赛交接棒和终场一秒前传到篮筐的完美助攻。

信任和不信任

另一个在研究中被重点关注的问题是信任与不信任之间的区别（Lewicki，McAllister and Bies，1998）。如果信任是指一个人对另一个人的行为抱有积极的预期，那么不信任就是对个人行为抱有消极的预期。不信任表现为怀疑对方将利用我们或利用我们良好的信用和声誉来操控双方之间的关系达到某种不可告人的目的。之前的研究都将信任作为一个单一的维度，认为信任和不信任只是一个闭合区间的上限和下限。然而我们应该了解，在复杂的关系中信任与不信任可以共存。打个比方，我可以信任我的另一半能为我的新西装配好领带，因为她的品位很好，但是我不认为她能打扫好我的书房，因为她会扔掉一些她认为没有用但是对我很有用的文件。在经济形势不好的今天，不信任越来越多地充斥在我们的工作环境中，比如公司丑闻和与日俱增的薪酬差距，如专栏 10.3 所示。

专栏 10.3

失去员工信任的成本

来自管理咨询公司的咨询顾问评估了一个公司失去员工信任后产生的成本。一个组织如果不能把诚信和团结作为核心文化的一部分，将产生高昂的成本，包括对公司形象的损害、较高的员工流失率、人才市场上下降的竞争力、士气不振、较差的创新能力和较低的生产力等。大量的证据表明，较高的信任度、荣誉感和友好的工作氛围能够带来组织和财务上的收益。

尽管存在以上证据，员工信任度却呈现下降的趋势。在 2007 年由一家咨询公司完成的针对 202 个组织的调查中，接近 30%的员工认为近两年他们对公司的信任感下降，27%的员工认为信任感保持不变，34%的员工认为信任感有所增加。不信任感主要来自公司不充分披露信息、隐瞒或掩盖事实、忽略承诺、不重视员工、不支持员工的发展等。

我们建议通过以下途径增加员工对公司的信任：平等地尊重每位员工；分享信息；以诚信团结为宗旨；以员工的职业技能发展为己任。

资料来源："The Cost of Losing Employee Trust," *Right Management Consultants*, April 27, 2007.

结合信任与不信任这两个维度，我们可以把信任的类型拓展到四种。

- 基于权衡的信任：对他人的行为抱有积极预期。存在于理性的商业交易中，相信与对方保持关系带来的收益大于支付的成本。
- 基于权衡的不信任：对他人的行为持消极态度。同样存在于理性的商业交易中，认为与对方保持关系的成本要高于可能得到的收益。
- 基于认同的信任：对他人的行为抱有积极预期。它建立在共同的价值观、共同的目标以及与他人积极的情感基础上。

- 基于认同的不信任：对他人行为持消极态度。它来源于不同的价值观、不同的目标和对他人的负面情感。

信任的建立与谈判

以上四种信任类型为希望在谈判中与对方建立互信的谈判者提供了清晰的策略指导。具体的策略总结在表 10－1 中。[8]我们需要说明，如果一个谈判者正在与对方建立关系并期望两者之间的关系不止于一场交易，那么谈判者需要关注与对方建立和维持“基于权衡的信任”，同时小心应对“基于权衡的不信任”。然而，如果谈判者期望与对方发展成共同体的关系，那么他不仅要关注基于权衡的信任，还要努力建立基于认同的信任。这个过程不能操之过急，也不能单方面施行。当一方发起了一些有助于建立信任关系的行动，必须以双方都能接受的节奏进行，信任关系才能稳固地发展。最后，如果一方感觉到彼此之间存在“基于认同的不信任”，那么他既需要谨慎地保持这段关系，又要尽可能减少与对方的接触。关于如何在谈判桌上建立信任的建议，请参考专栏 10.4。

表 10－1　处理谈判中不同形式的信任应采取的行动

如何增进基于权衡的信任
1. 塑造并满足对方的期望。明确自己即将会采取的行动并且说到做到。
2. 强调建立互信的好处。明确这份信任的维持将会给对方或者双方带来的好处。
3. 建立信誉。保证你所说的话真诚而且准确，说实话并遵守诺言。
4. 信守承诺。做出承诺并坚定地执行下去。
5. 建立良好的声誉。注意自己的直接声誉和间接声誉，让他人相信你是一个值得信任、言出必行的人。
如何增进基于认同的信任
1. 发展共同的兴趣，培养对同样事物的兴趣。
2. 为当下和未来制定共同的目标与愿景。
3. 模仿对方的行为和反应，尽力去做对方在同样情形下会做的事情。
4. 与对方保持同样的原则、价值观和想法。
5. 讨论双方的共同点，并针对如何提高和加强这些共同点制定计划。
如何处理基于权衡的不信任
1. 监督对方的行为，确保对方按照其承诺办事。
2. 准备好正式的协议（合同、备忘录等），在协议中明确双方的义务以及违约的后果。
3. 制定检查计划，定期检查对方承诺的执行情况。明确确认对方违约的方法，建立收集数据核实这些承诺的程序。
4. 想办法确保他人不会利用你的信任和善意来侵占你的私人空间。警惕对方的行动，时刻捍卫自己的底线。
5. 如果担心被对方利用，可通过正式的司法程序来维权。
如何处理基于认同的不信任
1. 对双方的分歧做好心理准备，如经常性的争端、看法的不一致、观点相悖或者方法和原则的分歧。
2. 假设对方会趁机利用你。时刻严密监测你的底线是否被突破。
3. 核实对方给出的信息和承诺，永远不要把对方的话当作耳旁风。
4. 最大限度地降低对对方的依赖程度，小心应对无法避免的依赖问题。警惕被利用，尽量采取克制和冷漠的态度与对方进行交涉。

续表

5. 尽量不要将个人隐私泄露给对方以免被对方抓住弱点。不要与对方分享任何私密的重要信息，并假设如果这么做了就会遭到背叛。
6. 在跟这个人的交往中总是假设："最好的进攻就是防守！"

资料来源：Based on Lewicki, R. J. & Stevenson, M., "Trust Development in Negotiation: Proposed Actions and a Research Agenda," *Journal of Business and Professional Ethics*, vol. 16, 1998, 99-132; Lewicki, R. J., McAllister, D., & Bies, R. H., "Trust and Distrust: New Relationships and Realities," *Academy of Management Review*, vol. 23, no. 3, 1998, 438-458; Lewicki, R. J., & Tomlinson, E. C., "Trust, Trust Development and Trust Repair," in Deutch, M., Coleman, P. T., & Marcus, E. C., eds., *The Handbook of Conflict Resolution*. San Francisco: Jossey-Bass; and Lewicki, R., "Trust, Trust Development and Trust repair," in Deutsch, M., Coleman, P., & Marcus, E., *The Handbook of Conflict Resolution*. San Francisco, CA: Jossey-Bass, 2006, 92-119.

关于信任和谈判的最新研究

近来，很多学者对谈判中的信任进行了深入的研究。[9]早期的研究由于对信任较为简单的定义和单一的实验环境，取得的成果有限。早期的研究认为较高程度的信任可以使得谈判过程更顺畅，而较低程度的信任使谈判变得更困难。整合式谈判有助于双方建立更多的信任，分配式谈判会降低双方的信任（Olekalns and Smith，2001）。

过去10年学者们做了大量的研究。一些近期的研究成果详见专栏10.4。

专栏10.4

在谈判桌上建立信任

关于信任的研究为如何在谈判桌上建立信任提供了以下几点建议。

1. 了解对方的情况。他在别人心目中的声誉好不好？他对别人好吗？他说的话可信吗？他会履行双方达成的协议吗？即使从一处获得有关其声誉的信息也是有帮助的。如果能从几个认识他的人那里多获得一些信息就再好不过了。

2. 在正式谈判前先了解对方。在美国文化里，更有可能是双方先谈判，再互相了解。然而正如我们在第16章中所指出的，在许多文化中，谈判者会在谈判前花相当多的时间去了解对方。无论之前是否与对方谈判过，都建议采取这种策略。如果一个人与另外一个人没有接触过，一次简单的会面是很有用的——喝杯咖啡或吃顿午餐都是可以的。在这个过程中，你们对彼此的背景、家庭、爱好和家乡等会有所了解。双方的共同点越多，就越有可能建立信任。相反，如果你已经了解过对方，那么这段时间可以用来"赶上"对方。研究人员发现，仅五分钟的"互相了解"的对话就能大大增加在接下来的谈判中的合作、信息共享和信任（Janice Nadler，2004）。

3. 关于对方是否值得信任需要谨慎对待。即使你认为对方可信，也应该采取一些防护措施来确保自己不会判断失误。各种各样的认知偏见（见第6章）会导致过度信任他人。

4. 赢得对方的信任。尽可能多地了解对方的过去、兴趣和文化。务必使他明白我方做出重大让步的代价，同时表示你也不会低估他所做出让步的价值。

5. 倾听并注意对方的焦虑。倾听和给予对方关注会让对方产生一种被公平对待的感觉，这对信任的发展和谈判协议的总体满意度有很大的影响。要特别注意对方在意的地方，倾听时关注对方的情绪可能是建立信任中最重要的一部分。

资料来源：Adapted from "Negotiating Skills for Trust Building at the Negotiating Table," PON Staff, Program on Negotiation at Harvard Law School, January 1, 2018. www.pon.harvard.edu.

首先，正如我们在第 1 章中所指出的，信任和诚实导致了所有谈判者面临的两个基本困境（Kelley，1966；Lewicki and Polin，2013）。谈判者必须决定在多大程度上相信对方和他们所说的话。谈判者可以基于对另一方的预期或基于对形势的预期在谈判之前做出判断，也可以在对话的前几分钟进行判断或修正自己的看法。同样，谈判者也可以决定是否如实表明自己的需求，这通常取决于他们对对方信任的程度。因此，信任和诚实的程度对于谈判的开始、发展和结束都是至关重要的。

其次，研究表明，信任建立的过程中，选择信任的人和被信任的人的关注点可能不同（Malhotra，2004；Malhotra and Bazerman，2007）。选择信任的一方可能主要关注信任带来的风险（一旦信任对方，他们是否会变得很被动），而被信任的一方则关注信任给他们带来的好处。这里我们可以看到一个谈判者的“框架偏见”，也就是选择信任的一方和被信任的一方如何看待信任行为（见第 6 章）。当被信任带来的收益很高时，被信任的一方更有可能信任对方，他似乎不会考虑到选择信任的一方所担心的风险。此外，实验参与者声称，他们对影响对方做决定的因素并不敏感。因此，尽管建立信任是谈判进展的核心，事实上，试图建立信任关系的双方往往忽视对另一方关于谈判进展顺利与否的看法和判断。如果双方能够清晰明了地交流接下来的讨论中存在的风险或潜在的好处，以及如何更有效地管理这些风险和好处，谈判的过程可能会大大简化。

再次，对其他关系情境下信任的研究表明，对一个人信任会受这个人的个性的影响。一个人选择是否信任对方主要从三个方面进行考量：能力、善意和诚信。感知能力是“使一方在某一特定领域具有影响力的一组技能”（Mayer，Davis and Schoorman，1995，p. 717）。例如，在谈判中，谈判者准备好了吗？他们知道自己在说什么吗？他们是否明白为达成协议双方应做哪些妥协？感知善意是指被信任的一方抛去利益的动机外多大程度上会做出对选择信任的一方有益的事情（Mayer et al.，1995，p. 718）。他们是否尊重选择信任的一方？对他们是否友好？他们是否态度友好地努力解决谈判中所遇到的问题（当谈判是整合式的或基于认同的信任时，善意最容易体现出来：双方帮助对方实现目标）。最后，感知诚信是“选择信任的一方关于被信任的一方是否会遵循他所认同的一套原则的看法”（Mayer，et al.，1995，p. 719）。对方是否诚实？他们说话有说服力吗？他们是否会履行双方达成的协议？他们会使用欺骗手段吗（见第 5 章）？善意是由对手对我们有多好来定义的，诚信体现了对方的基本道德品质。判断一个人是否诚信不只基于他们对我们的态度，更基于他们的行为方式。他们会履行承诺吗？他们会说实话吗？他们表现得专业吗？

最后，在谈判中有很多因素有助于建立信任——这些因素源自信任又反作用于信任。个体差异会影响最初信任的建立。例如，对对方的预期、个人动机、个性差异等。情景差异也会影响最初信任的建立。例如，他们是否面对面谈判，他们是否通过电话、电子邮件或其他方式谈判，他们是为自己谈判还是代表他人谈判。在谈判过程中，信任往往与先前的期望和动机相互作用来辅助双方确定沟通和共享信息的方式。因此，信任增强了合作行为，改变了各方的沟通方式，并影响谈判朝着分配式谈判或整合式谈判的方向发展。表 10-2 总结了这些不同的研究发现（另见 Kong，Dirks and Ferrin，2014）。

表 10-2 谈判中信任的作用

个体

- 即便对形势和对方不是很了解，一方仍会以高度的信任开始谈判。[1]
- 个人动机影响双方信任的建立以及对对方行为的预期。[2]
- 个性的差异影响对信任的预期。有的人很容易相信别人，有的人则很难相信别人。[3]
- 情绪会影响信任。愤怒的情绪会导致不信任和抵制的行为，而心怀希望和积极的情绪则会促成信任的建立和合作行为的产生。[4]

情境

- 谈判过程会影响信任的预期。期望采取分配式谈判的一方比期望采用整合式谈判的一方更不值得信任。[5]
- 相比于网上沟通，面对面的沟通更有助于双方之间建立信任。[6]
- 在谈判中代表他人利益而不是自己利益的谈判者（机构代理）较不容易获得他人的信任（或更不值得被信任）。[7]

信任和谈判的过程

- 双方对谈判类型的期望不同导致信任者和被信任者关注点不同。
  - 如果他们更期望采取分配式谈判，选择信任的一方会更多地关注披露一些信息带来的风险，而被信任者则倾向于关注从对方那里获得的信息给他们带来的收益。
  - 如果他们期望采取整合式谈判，选择信任的一方会更多地关注他们可以提供给对方什么样的信息，而被信任的一方会关注他们需要从对方哪里获取什么样的信息才可以满足双方共同的利益。[8]
- 信任可以增加围绕共同利益的积极转化点的数量，减少极端问题和负面情绪导致谈判陷入僵局的消极转化点的数量。[9]

结果

- 信任暗示着接下来的合作。[10]
- 良好的信任将加强谈判中的信息共享。更多的信息共享会促成更好的谈判结果。[11]
- 为了共享信息和理解对方思考问题的角度，相互信任的双方倾向于通过提问和回答的方式来沟通。[12]
- 相互不太信任的人往往会为了自己的偏好而争论不休，也较少听取对方的建议。因此，他们基本不可能理解对方的观点，更有可能将自己的观点强加给对方。[13]

[1] Kramer，1994；Meyerson et al.，1999.
[2] Olekalns，Lau and Smith，2002.
[3] Kramer，2004；Rotter，1967.
[4] Liu and Wang，2010.
[5] Malhotra，2003；Olekalns and Smith，2001.
[6] Naquin and Paulson，2003；Schweitzer，Hershey and Bradlow，2006.
[7] Song，2004.
[8] Malhotra，2003.
[9] Gunia et al.，2011.
[10] Butler Jr.，1995，1999.
[11] Butler Jr.，1995，1999.
[12] Gunia et al.，2011.
[13] Gunia et al.，2011.

双边信任与谈判

一些研究采用了更为复杂的方法来理解和总结谈判和信任的发展，它们对双边信任在双边谈判进程中的影响特别感兴趣。

在一项研究中，研究人员利用元分析法对二元谈判中信任的决定因素进行了研究

（Lu，Kong，Ferrin and Dirks，2017）。他们为谈判中可能影响信任发展的因素搭建了一个框架，这些因素包括选择信任的一方所具有的特点、被相信的一方所具有的特点以及双方共有的特点。对于选择信任的一方来说，积极情绪的表达有助于信任的建立，负面情绪的表达不利于信任的建立。当谈判者倾向于融入社会而不是展现自我时，双方的信任就产生了。谈判力对信任的发展没有影响。对于共有的属性，谈判前关系的存在对信任发展有积极的影响，谈判前的"闲聊"对信任的形成有促进作用。面对面的谈判比电脑沟通更有可能促进信任的发展。研究已证明在谈判的早期赠送礼物有助于建立信任（Matthews，2017）。这跟礼物自身的价值关联度不大，主要是因为这一举动表明了赠送礼物的一方的友好，这也为将来互送礼物做了铺垫。卢（Lu）和他的同事们对被信任者所具有特点的研究不足以检验这些特点对信任建立的影响。

有研究列出了信任发展在模拟谈判中的实证（Yao，Zhang and Brett，2017）。正如预测的那样，一方越倾向于信任另一方，信任就越可能建立。这种信任将会延续到双方今后的沟通方式上。那些具有较高信任倾向的人往往会更多关注与共同利益相关的问题，而信任倾向度较低的一方倾向于用更多的论据来证明自己的立场，不是出于双方利益的考虑解决问题。这些不同的做法进一步影响了他们自己和对方随后的信任和谈判策略。

虽然这些研究为信任如何在双边谈判中起作用提供了一些看法，但重要的工作还未完成（Kong，Lount，Olekalns and Ferrin，2017）。这些动机需要在多边谈判的背景下研究，以及通过更一致的信任定义和更严格的探索交互动态的方法进行研究。

信任的修复

之前的研究表明，信任极大地推动了谈判进程，促成了更多的整合式谈判，产生了更好的谈判结果。不信任将阻碍谈判进程，导致更多的分配式谈判，并且削弱谈判的效果。由于信任对于谈判的顺利开展和结果是非常重要的，一个成功的谈判者需要知道如何修复被破坏的关系，以便于谈判朝更有利的方向发展。

研究表明，失去对方信任的人可以使用三种主要策略来修复对方的信任。首先是通过口头表达的方式，或用语言或用情感。比如，"对不起""这是一个错误""我不是故意的""是我口误"。道歉、解释等都是为了阐明失信者这么做的动机或者原因。其次，失信者可以通过金钱或实物等有形的补偿来弥补由于他的不当行为给受害者造成的损失。最后，失信者和受害者可能会改变组织的架构来防止类似状况再次发生。比如，通过签订合同，建立监控机制或者依靠仲裁的方式（Dirks，Kim，Ferrin and Cooper，2011；Kramer and Lewicki，2010）。

修复信任的第一种方法是做出某种形式的口头陈述，比如解释、道歉或表示后悔。道歉是最常见的。成功的道歉一般包含六大要素：对自己所作所为充满懊悔的表情，对自己行为的解释，承担自己行为所带来的责任，悔改的声明，主动提出最大限度降低失信行为带来的后果和请求对方宽恕。当其中的一个或多个要素缺失时，道歉很大程度上是无效的（Lewicki，Polin and Lount，2016）。研究表明，道歉是修复信任的一种非常有效的方式。表10-3是关于道歉影响的研究综述。然而，需要指出的是道歉并不总能有效地修复信任。失信行为发生的背景可能影响信任修复工作。汤姆林森（Tomlinson，2011）认为，双方对对方的依赖程度会影响受害者对失信行为的解读，进而影响道歉的有效性，而失信行为所带来的严重后果会使道歉的有效性进一步复杂化。此外，至少有一组研究表明，失信行为是由于超出自己能力范围（“我做错了”），此时所做出的道歉是有效的，然而，如果涉及个人诚信品质问题（“我没说真相”），否认罪责比道歉更有效（Kim，Ferrin，Cooper and Dirks，2004）。

表 10-3　道歉在信任修复中的影响

当信任出现裂痕时，道歉是谈判者使用的主要策略。在以下情境中，道歉往往更有效。

- 主动道歉或者承认失信的口头声明比一句话也不说更有效。
- 破坏信任后道歉越迅速，效果越好。
- 勇于承担个人责任的道歉比将责任推卸给外界的道歉效果更好。
- 如果破坏信任的影响力仅局限于单独的事件，影响不会扩大或者破坏信任的行为不会再次发生，那么道歉的效果要更好。
- 如果破坏信任的行为不含有欺骗，那么修补信任的可能性要大一些。欺骗行为（比如说谎、虚张声势）对信任的伤害远大于能力不足或缺乏爱心所造成的伤害。

资料来源：Results summarized from Bottom，W. P.，Gibson，K.，Daniels，S. & Murnighan，J. K.，“When Talk is not Cheap：Substantive penance and expressions of intent in the reestablishment of cooperation，” *Organization Science*，vol. 13，no. 5，2002，497-513；Frantz，C. M. & Benningson，C.，“Better Late than Early：The Influence of Timing on Apology Effectiveness，” *Journal of Experimental Social Psychology*，vol. 41，no. 2，2005，201-7；Kim，P. H.，Dirks，K. T.，Cooper，C. D.，& Ferrin，D. L.，“When More Blame is Better than Less，” *Organizational Behavior and Human Decision Processes*，vol. 99，no. 1，January 2006；Lewicki，R. J. & Polin，B.，“Trust and Negotiation，” in Olekalns，M. & Adair，W.，eds.，*Handbook of Research on Negotiation*. Northhampton，MA：Edward Elgar，2013；Schweitzer，M. E.，Hershey，J. C.，& Bradlow，E. T.，“Promises and Lies：Restoring Violated Trust，” *Organizational Behavior and Human Decision Processes*，vol. 101，no. 1，September 2006，1-19；and Tomlinson，E. C.，Dineen，B. R. & Lewicki，R. J.，“The Road to Reconciliation：Antecedents of Victim Willingness to Reconcile Following a Broken Romise，” *Journal of Management*，vol. 30，no. 2，April 1，2004，165-187.

第二种修复信任的方法是通过赔偿，即为失信行为的后果向受害者支付赔偿。有些人[10]认为道歉和其他口头解释都是空谈，直接的赔偿是修复信任最有效的办法。研究表明（Bottom，et al.，2002），尽管道歉提高了信任修复的效率，但提供经济补偿对于任何信任修复努力都是必不可少的。此外，所提供的数额没有赔偿本身那么重要，少量的赔款与数额较大的赔款同样有效。德梅等（Desmet，DeCremer and van Dijk，2011）的研究对这一发现做了进一步补充，当赔偿金额稍微超过失信行为造成的经济损失时，赔偿是最有效的，但是，当发现失信是由对方的故意欺骗所导致时，经济补偿是无效的。最近，德鲁克（Druckman）和莱维茨卡（Lewicki）比较了“言语”（道歉）和“行动”（补偿）的影响。他们的研究结果表明，行动远比言语更有影响力，尤其是当补偿的重点是弥补过去产生的成本而不是奖励未来的行为时。

也可以采取和平友好的姿态进行赔偿。虽然这些举动看起来是善意的，但有时也可能适得其反。

修复信任的第三种方法是提出“结构性解决方案”或者通过创建规则、规章和程序的方式将未来失信的可能性降至最低。一旦违反这些规则和程序，将被处罚或罚款。德克斯（Dirks）和他的同事们（2011）发现，如果受害者认为这些措施确实表明了失信者真心悔过，那么赔偿和法规都是有效的。结构性解决方案的一种形式是“人质过户”的程序（Nakayachi and Watanabe，2005）。首先，双方互相过户一笔“保证金”。如果一方失信，对方将得到这些保证金。各种正式和非正式的规则与程序是如何在谈判中将失信行为控制在最低限度或加强信任修复的还有待继续研究（Gillespie and Dietz，2009）。

公正

第三个对关系产生很大影响的因素是公平公正。公正一直是组织科学中非常重要的一项内容。例如，个人经常会质疑他们的薪水是否公正，他们的待遇是否公正，或者某些群体（女性、少数族裔、来自其他文化的人群）是否得到了公正的对待。

研究结果显示[11]，公正有以下几种形式。

- 分配公正，是指产出分配的公正性。各方可能关心的是一方得到的比他应得的多；产出应该平均分配或按需分配（Deutsch，1985）。例如，本顿和德鲁克曼（Benton and Druckman，1974）的研究表明分配式谈判中的结果公正就是按照争执的两方所要求的中间程度进行分配（也就是所谓的折中方案，见第2章）。[12]这个折中点的设置有助于两方妥协从而增加解决分歧的可能性（Joseph and Willis，1963）。然而，桑达克和泰勒（Sondak and Tyler，2001）发现在重要的分配问题上（例如，谁应该在圣诞节工作，或者谁应该获得最好的车位），很多人更倾向于请第三方来进行裁决而不是双方协商解决。
- 程序公正，是关于产出分配的程序的公正性。各方可能关心在谈判过程中是否得到了公正的对待，是否有机会充分发表其观点，或者是否得到应有的尊重。由于谈判是双方创造的一个讨论如何分配产出的环境，程序公正在大多数谈判中非常重要。当一方评判第三方的行为时，程序公正的问题就显得尤为突出。泰勒和布莱德（Tyler and Blader，2004）强调了程序公正对于第三方的重要性，只有保证了程序的公正，第三方的行为才会被认为是中立和值得信任的，被裁决的双方才会接受他们的评判（见第19章）。
- 互动公正，是指在一对一关系中双方公正地对待彼此。研究显示人们对于他人如何对待自己怀有强烈的预期。当这些预期被破坏时，人们会觉得遭受了不公平的对待。互动公正可以被细分为两个部分：人际公正和信息公正。权威人物在对待他人时是否尊重有礼貌反映了人际公正；信息公正是指在对待他人时提供信息的诚意和真实度。比斯和蒙戈（Bies and Moag，1986）发现当对方欺骗、不坦诚、行为粗鲁、询问不合适的问题、说出带有偏见和歧视性的语言、做出不公正的决定以及采取不公平的行为时，谈判者会感觉公平的标准被破坏了（人际公正和信息公正都低于预期）。夏皮罗和比斯（1994）肯定了上面的论断，他们还发现在谈判中使用威胁的谈判者尽管被认为更强大，但也会被看作不易合作且不够公正，因为另外一方会觉得自己受到了不公平的对待。
- 系统公正，是指组织是否公正地对待组织内群体以及用于管理这些群体的制度是否公正。当某个群体遭到了歧视、被剥夺了某种权力、统一地被支付了较少的报酬或者提供较差的工作环境，他们会很少归结于程序方面的原因，而是更多关注整个制度在对待某些群体和与这些群体相关的问题时可能有偏见和歧视。我们将会在第12章讨论这些传统意义上的弱势群体如何回应系统性的歧视。

有学者对谈判中的公正性问题进行了系统的研究。下面是这方面近期的一些研究成果。

- 参与制定谈判策略将会提高对这个策略的认可和执行的意愿。这就是我们所熟知的“程序公正效应”（Jones and Worchel，1992）。积极参与谈判并制定谈判策略的一方将有更大的意愿执行策略。帮助制定团队谈判策略的谈判者更专注于团队的谈判目标。

● 程序公正似乎也对谈判人员处理谈判过程的方式产生了影响。在对政府间谈判的 11 个历史案例的复杂分析中发现，对程序公正的关注与问题解决过程和实现整合式结果具有很大的相关性（Wagner and Druckman，2012）。另外，谈判所达成的协议的持久性与对分配公正的坚持高度相关。也就是说，双方可以确保协议是公正的，因为双方都为协议的达成互相妥协。

● 在分配式谈判中，如果谈判者（市场交易中的买家）能被激励更多地考虑公正性问题，他们将会做出更大的让步，表现得更公正，更快速地达成协议，并对对方持更积极的态度。作为回报，他们也要求对方公正地对待他们。然而，当对方没有对谈判者合作性的行为给予相应的反馈，谈判者会不留情面地进行报复并惩罚对方的不合作行为。因此，声明己方的行为是公正的并鼓励他人也采取公正的行为可能是公正交易中最好的选择。不过，要防止他人利用所谓的公正举动来暗度陈仓，迷惑谈判者（Maxwell，Nye and Maxwell，1999，2003）。

● 当一方认为他们所获得的回报是不公正的，他们会拒绝和放弃这种回报，即使这种回报要好过一无所有。这是一种无法言明的谈判现象。经济学家认为得到任何大于零的收入都应该被接受（如果另一个可选项是零收入），但是研究者发现谈判者经常会拒绝这种小额的回报（Pillutla and Murnighan，1996）。很明显，一个与实际不匹配的不公正回报会激怒一个人并伤害他的自尊，谈判者宁可牺牲整体的交易也不愿意接受一个小小的象征性的解决方案。

● 建立一些客观的标准将会对推动谈判和对结果的满意度有积极的影响。我们在第 3 章讨论了设立一个客观标准的作用（Fisher，Ury and Patton，2011）。克里斯滕森（Kristensen，2000）发现，在一群参加商业收购模拟实验的学生中，对于一家公司的收购价格有合理认知的买家会对被收购公司提供的报价更加满意，更愿意收购该公司，也更愿意在将来与对方开展合作。比伦斯和范波克（2004）发现对于对手的最佳替代方案和对于目标对象市场估计价格的了解将会很大程度地影响谈判者对于交易是否公正的判断。

● 对公正的判断受第 6 章认知偏见的影响。比如，大多数谈判者会有利己主义倾向，在进行利益分配时力图使自己的份额更大，甚至对最明显的平均分配的公正规则都视而不见。近期的研究发现，可以通过严格的相互检查来减少这种利己偏差，即重新认识对方受到公正待遇的必要性，切实公正地对待对方可以减小利己偏差，更公正地分配资源，更快地解决争端，更少地制造僵局（Leung，Tong and Ho，2004）。

● 利己偏差在不同文化中是不一样的。至少有一项研究显示，与关注自身缺点以融入群体的集体主义文化（如日本）相比，利己偏差在强调个人优于他人的个人主义文化（如美国）中更严重（Gelfand et al.，2002）。（我们将在第 16 章仔细研究文化差异）。

鉴于对公正问题的普遍担忧，例如双方如何看待产出分配的公正、如何看待决策程序的公正以及是否公正地对待彼此，我们发现很多研究中并没有讨论谈判中的公正问题。一些学者研究了第三方如何根据对公正的理解来行动（Karambayya，Brett and Lytle，1992）。当个人在组织内部进行谈判时也会有公正性的问题，如在组织内创建一套独特的或专门的工作职责时就会出现这种问题。这些“特殊的交易”应当被有效地解决，以确保它的存在不会破坏他人对于公平交易和公正的理解（Rousseau，2001）。人们通常认为谈判达成的交易应该是程序公正的，因为在谈判中双方一起做出决策，谈判的参与者预先知道交易条款，彼此都对过程表示赞同。然而至少有一项研究显示，协议达成后谈判者认为对方并没有那么公正且今后不愿意与他继续进行交易。因此，与其让事情更加公正，不如将重点放在解决由于交易者没有意识到利己偏差而导致的争议和对他人动机及品质的不良揣测上（Molm，Takahashi and Peterson，2003）。

最后，尽管我们将公正的四种形式视为彼此独立的，但实际上它们之间经常是相互交叉的。比如，一些学者研究了程序公正和分配公正之间的关系[13]，发现如果一方认为得到的结果并不公正，那么其往往会认为分配结果的程序也不公正，反之亦然。分配不公正可能会导致对决策的结果不满，而程序不公正则会导致对分配结果和实施不公正程序机构的不满（Cropanzano and Folger，1991）。

声誉、信任和公正三者之间的关系

并不是只有公正的各种形式之间存在关系，声誉、信任和公正三者也会相互影响，形成我们对他人行为的预期。例如，一方认为另一方在过去一直表现得很公正，或者相信在将来会表现公正，他将会信任对方（Lewicki，Wiethoff and Tomlinson，2005）。一项针对长期关系的深入研究表明，相互之间是否公正是影响之后双方建立信任的最主要因素。程序公正和人际公正是预测对方未来可信度的重要依据（Colquitt and Rodell，2011）。我们也可以推测，公正的行为可以让你获得信任并提高正面的声誉。一些研究和实证也发现当一方受到不公正待遇时，他们往往会变得比较愤怒并对不公正本身或造成不公正的人进行报复。[14]不公正的行为有可能导致不信任和不好的声誉。信任、公正和声誉都是关系谈判的核心要素，三者相辅相成。我们只有考虑清楚如何通过这三个方面评价他人（和我们自己），才能够理解复杂关系中的谈判。

小结

在这一节中，我们考察了关系谈判中最核心的三个因素：声誉、信任和公正。它们都是必不可少的，并且相辅相成。信任问题是关系的核心。虽然在市场交易谈判中存在一定程度的信任，但在拥有共同的经历、可预期的未来和彼此关联的集体关系中信任更加重要。除此之外，公正对关系谈判也非常重要。在很多谈判中——夫妻、商业合作伙伴、国家间的谈判中，参与方对分配结果的公正性和分配过程的公正性都会很关注。最后，过去谈判双方关于信任和公平的行为很大程度上会影响一个谈判者声誉的好坏，声誉又反过来影响谈判者在谈判中所采取的策略。

这些因素不仅对于建立关系很重要，而且是影响谈判成功的关键因素。建立关系对谈判的成功起到了不可或缺的作用。关于一个公司通过建立关系来促进销售的方法，参见专栏10.5。

专栏10.5

捷蓝航空公司的道歉

2007年2月14日（美国情人节）捷蓝航空公司遭遇了重大危机。纽约JFK机场2英寸厚的冰雪导致1 000架航班延误，飞机停飞。乘客们被困在飞机上长达9个小时，这个事件被媒体广泛报道，捷蓝花费近一周才恢复了正常秩序。虽然其他航空公司同样因风暴而服务中断，但捷蓝的关注度最高，主要是由于捷蓝在过去七年中的良好表现使得其忠实顾客对公司有更高的预期。

捷蓝的创始人兼首席执行官戴维·尼尔曼（David Neeleman）面临着如何修复大众的信任，从而保持公司在顾客心目中的良好形象的难题。在危机发生后的一周内，戴维出现在地方和国家所有的新闻媒体上，他承认公司在决策和组织管理方面出现了问题。他多次道歉，承诺为滞留的乘客退款，并解决导致这次灾难的问题，同时他还提出了一个有关客户的“权利法案”。灾难发生后的两周后，在访问捷蓝网站的人群中，有 43% 的人认为捷蓝还是他们心目中最喜爱的航空公司。

在航空公司已经很难赢得顾客认可和信任的今天，尼尔曼成功化解危机成为创造值得信赖的品牌并在危机中保持品牌声誉的一个经典案例。国际危机管理机构首席执行官布鲁斯·布莱思（Bruce Blythe）总结得很好：“一个公司在危机中唯一最需要表现的就是它对于危机的重视。这不是一种态度，而是切实的行为。”

资料来源：Summarized from Salter，Chuck，“Lessons from the Tarmac，” *Fast Company*，May 2007. www. fastcompany. com.

10.4 修复一段关系

修复一段关系有许多步骤。努力摆脱不良声誉，重新建立信任，在关系中重建公正，这些往往说起来容易做起来难。费希尔和厄特尔（Fisher and Ertel，1995）讨论了促成有效的整合式谈判需要经历的过程并给出了以下在想要改善关系时可以用于提问的诊断问题。

1. 是什么导致了当前的误解？怎样做才能更加了解它？如果一段关系遇到了困难，可能是什么原因导致的？应当如何收集信息并改善情况？

2. 是什么导致了信任的缺失？怎样来修补可能已经被破坏的信任？修补信任是一个长期而缓慢的过程，它要求对过去的行为有充分的解释、道歉，甚至是赔偿。

3. 是什么让一方或双方感到遭受胁迫？怎样做能尽量地说服对方而不是胁迫对方采取一定的行为？怎样消除给彼此造成的压力以便让双方自由地发表关于问题和解决方式的意见？

4. 是什么让一方或双方感到不被尊重？怎样做能让对方接受并尊重我们？怎样才能让双方相互欣赏彼此的贡献以及双方共同努力取得的成果？怎样恢复双方的相互尊重并对彼此的贡献予以肯定？

5. 是什么导致一方或双方的不愉快？怎样平衡情绪和理智？怎样将那些产生愤怒、沮丧、拒绝和失望的深层情感表达出来？怎样发泄这些情绪或者理解背后的原因，以便克服这些情绪？这些都是很重要的问题。如果关系问题并不明显或是暂时的，那么参与者可以在内部自行解决。如果问题持续时间很长，让一方或双方遭受了很大损失，就需要第三方介入进行干预了（参见第 19 章）。

本章小结

在本章中，我们考察了现存的关系是如何影响谈判的。大多数的谈判理论和研究都是建立在这样的实验设定的基础上，即谈判双方彼此不认识，认为交易是一次性的，双方在未来不会有进一步的交易，而且是基于价格和数量的市场交易。然而很多商业、法律、政府、社会团体和国际组织的相关领域的谈判中，谈判各方都有交往的历史（或者预期未来会有交往），在这样的情况下各方之间的关系将对谈判产生很大的影响。

除此之外，我们不能假设谈判者只在市场中进行商品和服务的交易。很多谈判者关注如何与对方一起高效地工作和生活，当关系产生问题时应当如何解决。在本章，我们评价了过去仅仅基于市场交易的传统关系理论，考察了关系的几种不同形式，尤其是集体关系和从属关系。在这些关系中，我们看到参与者将单一的对价格和交易的关注转向了对未来关系的关注，具体包括双方对彼此的信任程度、公正问题和良好声誉的建立。我们认为大多数谈判会包括这些因素，未来对于谈判的研究也应对这些因素的特殊复杂性给予更多的关注。

在第11章，我们将会从另一个角度考察谈判关系：如果谈判者代表他人而非本人的利益，谈判情形会发生怎样的变化，以及存在两个以上的参与者时谈判过程将如何展开。

关键术语

交易谈判（transactional negotiation）：仅就达成货物或劳务交易所进行的谈判。

关系谈判（relationship negotiation）：谈判参与者在彼此存在关系的情况下所进行的谈判。

调和（accommodation）：在谈判中为了发展长期关系，因照顾对方的偏好而牺牲己方利益做出妥协的一种行为。

关系（relationship）：存在于双方之间的一对实体，意味着双方对于过去或者将来的互动的认知会影响当下谈判者所采取的行为。

集体关系（communal sharing）：存在于团体组织中的关系，往往伴随着集体归属感和对另一方的认同感。

从属关系（authority ranking）：由等级差异所产生的关系，体现在上级发布命令与指示，下级服从与尊重上级的命令。

平等关系（equality matching）：双方之间平等互利的关系，双方相互付出并得到相应的回报。

市场关系（market pricing）：通过统一的价值尺度衡量交换物，以此来权衡成本和收益，并在此基础上展开的互动关系。

声誉（reputation）：他人或其他组织从过去经历中形成的对本人、本组织的印象。

信任（trust）：针对他人的言论、行动和决定能否实现的信念。

基于权衡的信任（calculus-based trust）：以遵守诚信获得奖励和破坏诚信受到处罚作为基础建立的信任。

基于认同的信任（identification-based trust）：以对个人的性格和品德的认识为基础建立的信任。

结果公正（distributive justice）：产出分配的公正性。

程序公正（procedural justice）：分配产出的程序的公正性。

互动公正（interactional justice）：在一对一关系中双方互动方式的公正性。

系统公正（systemic justice）：组织内部对待个别群体并为其提供发展空间的公正性。

注 释

[1] Douglas (1962); Friedman (1994); Iklé (1964).

[2] See Holmes and Murray (1996); Kelley et al. (1983); Reis and Patrick (1996); and Rusbult and Van Langue (1996).

[3] Ben-Yoav and Pruitt (1984b); Dant and Schul (1992); Ganesan (1993); Greenhalgh and Kramer (1990); Lowenstein, Thompson, and Bazerman (1989); Macneil (1980); Shah and Jehn (1993); Sondak, Neale, and Pinkley (1995); Tuchinsky (1998).

[4] Fry, Firestone, and Williams (1983); Thompson, Peterson, and Brodt (1996).

[5] Barry and Oliver (1996); Tripp, Sondak, and Bies (1995).

[6] Greenhalgh (2001); Greenhalgh and Chapman (1996); Tuchinsky, Escalas, Moore, and Sheppard (1994).

[7] Earlier papers by Lewicki and Bunker (1995, 1996) suggested three types of trust: calculus-based, knowledge-based, and identification-based. However, their more recent work has eliminated the knowledge-based form of trust, suggesting that knowledge of the other was more a component of the relationship itself than of trust. Thus, later theorizing only discusses calculus-based and identification-based forms of trust.

[8] See Lewicki (2006).

[9] For example, Butler (1991); Kimmel, Pruitt, Magenau, Konar-Goldbaud, and Carnevale (1980); Lindskold, Bentz, and Walters (1986); Schlenkler, Helm, and Tedeschi (1973); and Zand (1972, 1997).

[10] See Bottom, Gibson, Daniels, and Murnighan (2002); Farrell and Rabin (1996); and Gibson, Bottom, and Murnighan (1999).

[11] See Greenberg and Colquitt (2005) and Sheppard, Lewicki, and Minton (1992) for reviews of justice issues in organizations and Albin (1993) for a commentary on the role of fairness in negotiation.

[12] See also Lowenstein, Thompson, and Bazerman (1989).

[13] See Ambrose and Arnaud (2005); and Brockner and Wiesenfeld (2005).

[14] See Greenberg (1990); Sheppard, Lewicki, and Minton (1992); and Skarlicki and Folger (1997).

N E G O T I A T I O N

第11章

代理人、委托人、观众

学习目标

» 理解在谈判的动态发展中，新加入的谈判者是如何影响两人谈判的。

» 探究谈判者不得不代表其他人（如委托人）的利益而不是自己的利益时，谈判会如何发生改变。

» 考虑委托人和观众对谈判采取的关键行为及其对谈判的影响。

» 获取关于委托人如何管理其代理人以及代理人如何管理其委托人的建议。

在本章中，我们将集中讨论谈判在发生以下几种情况时会如何变化：（1）我们从研究简单的一对一谈判到有其他各方加入的谈判中的情况；（2）在这一过程中谈判者作为代理人出现——他们不只提供自己的观点和看法，而且要代表不在谈判桌上的人的观点，这种情况叫作代理关系。

我们的目标是检验新增加的谈判者如何使谈判环境变得更复杂且富于动态变化。我们检验当谈判者代表的是其他人的利益而非自己的利益时，谈判是如何变化的。在这种更复杂的环境中，个体及团体试图对谈判者施加直接或间接压力以主张自己的利益。我们还检验谈判者所使用的影响战略的类型以及随着谈判方数量的增加谈判者采取的不同类型的影响策略。

11.1　谈判中谈判方的数量

在谈判中应该考虑的一个重要方面就是：实际参与谈判的谈判方的数量如何影响谈判动态，或者在谈判桌上受谈判影响的谈判方的数量会如何影响谈判动态。最简单的谈判模式就是谈判二分体。这种结构发生在两个孤立的个体（谈判者）为各自的需要和利益而进行谈判的过程中。谈判中的每一方只负责陈述和维护他的立场和需要，并与另一方达成协议。每一方都有权决定是否接受谈判结果并达成交易。

当谈判者不止两人时，谈判就变得复杂了。例如，一个家庭正在决定要去哪里度假，每一方（妈妈、爸爸、两个孩子和奶奶）有各自的偏好与首选。尽管每一方只需对自己的立场与需求承担责任，但是协议必须能够反映所有各方的观点（通常地位较低或谈判力较弱的谈判方不得不同意由其他人所达成的协议）。当有超过两个谈判方时，很有可能一些谈判方会形成同盟，在数量上或利益的一致上寻找共同力量（我们将在第 12 章以联盟为话题展开对联盟动态的讨论）。

谈判也能够在谈判团队之间发生。一个团队由处于同一立场的两方或多方组成，他们共同主张相同的立场和利益。团队内的谈判力（如一些成员比另一些成员更具谈判力或地位更高）会影响团队间的谈判过程，而且随着谈判者数量的增加，找到共同需求并满足所有人利益的可能性会下降。我们将在第 13 章中讨论组内谈判有效实施周密计划的必要性。

谈判会随着代理人和委托人的加入而变得更加复杂，通常情况是，谈判者不仅代表他们自己而且代表其他人。在这种情况下，我们会把谈判者描述成一个代理人，把他所代表的个体称为委托人（也叫作主体）。委托人是指在谈判中指定某人（代理）来代表他们自己的立场与利益的一方或者多方当事人。代理人与委托人的典型例子是一名律师与一位客户，一名售货员与他的老板或经理。委托人通常不参与现实的谈判（尽管他们可能在场），相反，他们会选择让代理人代替他们向另一方要求他们的利益并向他们准确汇报谈判中所发生的情况。

最后，当观众、旁观者及第三方也积极地参与到谈判中时，谈判就变得相当复杂了。旁观者是指那些在谈判中有一些利害关系并关注实质性问题以及解决过程的人，但是在谈判桌上并没有正式的代表性。旁观者会频繁地跟从整个谈判，向谈判者传递公众或个人关于潜在的结果或过程的看法。观众是指任何个体或者团队，他们并不直接地涉及谈判或受到谈判的影响，但是有机会观察并且对正在发生的事情做出反应，他们也会时常向谈判者提供看法、意见或批评。旁观者和委托人经常作为观众，并不积极地与另一方进行对话的谈判组成员也经常作为观众。最后，我们把第三方看作为了帮助达到谈判的目的而被引入谈判的旁观者。第三方经常能够缓和极端情况，使谈判达成积极的协议。如果旁观者掌握必要的技巧并被视为中立的，那么他们能够成为有效的第三方。我们将在本章后面与第 19 章中讨论旁观者与观众及第三方所起的作用。

尽管我们已对这些不同的组成部分加以区分，但事实上谈判各方在谈判过程中起到的作用不止一种，认识到这一点对于研究谈判非常重要。现在，我们探索代理人、委托人、观众及旁观者是如何改变谈判结果的。

11.2 代理人、委托人、观众是如何改变谈判的

在一次谈判中，经常有些个体并不积极地参与到整个谈判中，这是因为有人代表他们参与，有代理人代表他们的利益。代理人谈判的结果会影响到他们的利益，或者他们会观察代理人的表现并提供建议、评论或对过程及结果的评价。若处于这种情况，谈判者必须将注意力由其他谈判者转向这些个体。我们通常把放在这些额外的团体（不管他们是谁）上的注意力称为观众效应。

在本章这一部分，首先，我们必须检视存在于谈判中的观众的不同类型，观众会如何影响谈判者的行为；其次，我们看看谈判者为了更好地与观众和其他谈判者进行互动而主动对观众行为进行管理的不同方法。

观众：团队成员、委托人、旁观者与其他人

有很多不同类型的观众及观众效应。我们在前面介绍了主要的角色。首先，我们把已经提到的所有角色——谈判团队成员、委托人、旁观者，甚至中立方（除了主谈判者以外的每个人）都概括为观众，因为他们都可以起到委托人、观察者、评论焦点谈判者行为的人员的作用。

观众的一种形式就是在商议中与谈判者一同在场的“额外的团队成员”。谈判团队成员可以兼任多个职责：首席发言人、专家或关于某一特定议题的咨询顾问、主张谈判结果相关利益的特定子团队、法律或财务顾问、统计或成本分析员、记录员或监察人。团队成员在谈判中会起到重要作用，但是他们也会随着谈判的演变而转换成另外的角色。最为普遍的角色转换是从主谈判者转变为一个当其他人在讲话时保持沉默的观察者。观察者可以记笔记、聆听讨论、准备为后面引入的谈判进行评论，或者仅仅是评价和判断眼下正在发言的那些人的行为。谈判者也会将他们的评论转向另一方的观察者。因此，当一方的主要发言人对另一方的主要发言人讲话时，对话的目的也许是要在一些问题上影响谈判中另一方的法律或财务专家（同样也在场）。

团队成员可以扮演各种角色，他们可以像谈判对方一样用语言和行为去影响和改变他们的发言人的行为。图 11-1 表现了两组谈判者之间一场简单的谈判，即在每一方，一个人是首要的发言人（N1），而另一个人（N2）进行协助，但是在每一方内部，他们可以随时转换角色。在本例中，假设重要谈判者是一位有名望的摇滚歌手雅典娜

(Athena) 和她的经纪人，他们与一家组织下一届超级碗比赛中场秀的格利兹传媒公司(Glitzy Productions Inc.) 的总裁和总经理洽谈一个表演合同 (见图 11 - 2)。

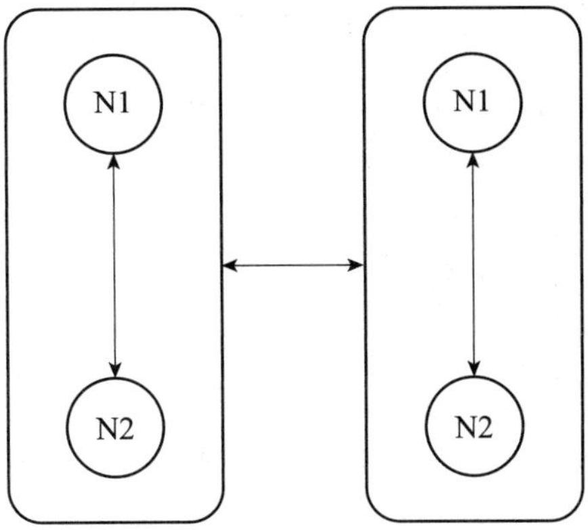

图 11 - 1 每个谈判者与一位同伴

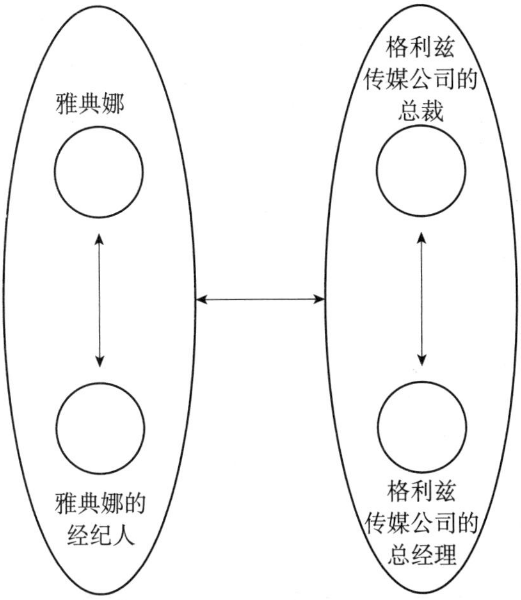

图 11 - 2 雅典娜及经纪人与格利兹传媒公司的总裁及总经理

另外一种观众类型是委托人。委托人是指由谈判中的主要谈判者代表其利益、要求或者优先权的一个或者更多的谈判方。"委托人" 这个词通常用于政治上，被选出的官员通常要对选举他们的投票者 (他们的委托人) 负责任。对于律师、会计师来说，他们的委托人就是他们的客户。这种谈判的社会结构可见图 11 - 3、图 11 - 4 和图 11 - 5。在图 11 - 3 中，谈判者 (经纪人) 的委托人也是团队成员 (摇滚明星雅典娜)，并且出席了谈判。图 11 - 4 中，谈判者代表了在谈判背景之外的一个委托人 (例如，雅典娜没有参与到谈判中，但需要授权这项协议)。在图 11 - 5 中，谈判者代表了一组委托人 (雅典娜的九人乐队——希腊之神——外加媒体推广者、设备管理人、保镖等)。

正如图中所示，有委托人的谈判者经常处于两种完全不同的关系中以及两个单独的不同的谈判中。第一种谈判关系是代理人与委托人的关系 (有时称作 "后桌谈判"，见

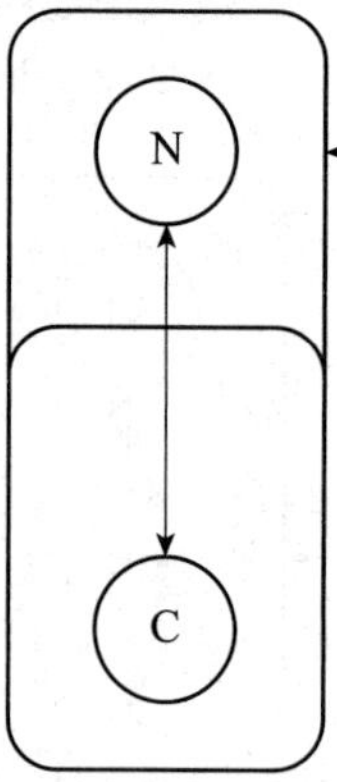

图 11－3　谈判者和在场的委托人与其他谈判者

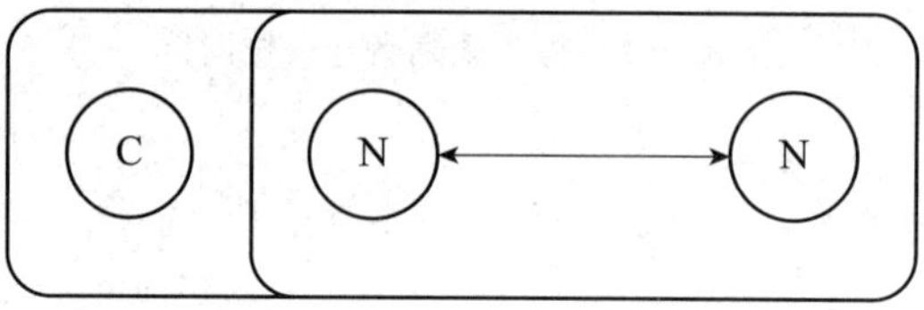

图 11－4　谈判者和不在场的委托人与其他谈判者

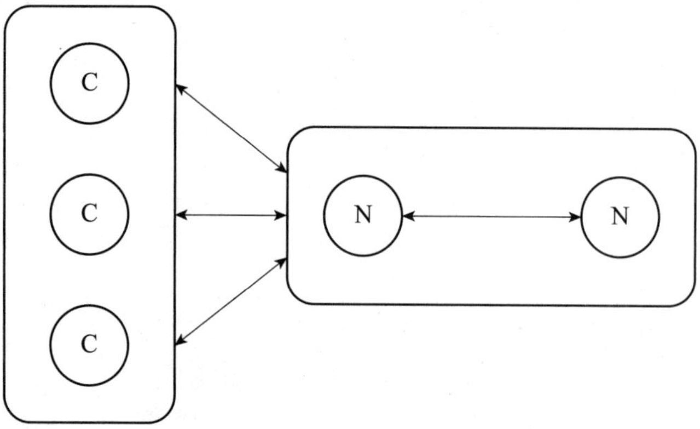

图 11－5　谈判者和多个委托人与其他谈判者

Docherty and Campbell，2005)，有时只是简单地根据委托人的指示行事。在其他情况下，代理人也有偏向（preferences)，并且这些偏向和委托人不同。因此双方必须共同决定他们想在谈判中获得的东西（出场费、广告费和推广费等）以及获得他们想要的东西的战略和战术。这通常是一场很紧张的谈判，特别是当双方谈判目标以及应该使用的战略和战术存在较大差异时。一旦双方在目标上达成一致，委托人就下放给代理人一些权限和授权，通过谈判达成他们的利益，委托人代理人能够在商议中准确并且热忱地代表他们的利益，随后阶段性地汇报谈判进展，并且在谈判结束时汇报最终的结果。因此，委托人希望从代理人的有效工作结果中获得利益（也可能是损失），并且他们经常根据代理人达到其目标的能力来选择合适的代理人（本章后面会继续讨论此话题）。

第二种谈判关系是与其他代理人（反方谈判者）的关系，在这种关系中谈判者和另一方努力尝试达到一个可实施且有效的解决办法。这种谈判经常发生在“前桌”（Docherty and Campbell，2005）。达成一致的解决办法可能要求谈判者对于他的委托人订立的目标进行妥协，然后向其委托人解释并且证明妥协的合理性。代理人可能没法完全满足委托人的要求并与另一方达成协议，这使得委托人给代理人制造了独特的压力和冲突。我们将在本章详细讨论这种压力和冲突。

第三种谈判关系中的观众由外部的旁观者和观察者组成。要记住的是谈判团队成员本身也可以作为旁观者和观察者。此外经常有许多旁观者，他们的利益并不直接在谈判中体现出来，但是他们会受到谈判结果的影响或者具有观察谈判的优势，以及对过程和出现的结果进行评价的强烈需要。图 11－6 展现了谈判中最具社会复杂性的环境。在我们的例子中，包括其他正在与格利兹传媒公司进行谈判的团体（如其他表演者、负责音响的团队、布景设计师、安保等），还有观察者和旁观者（如娱乐媒体、超级碗组织、负责转播的电视网络等）。这个谈判的例子提供了许多谈判方观察并评价谈判的情景，而且为谈判者提供了利用观众来给另一方谈判者施压的许多方法。我们将在本章后面部分探讨一些最普通的战术。

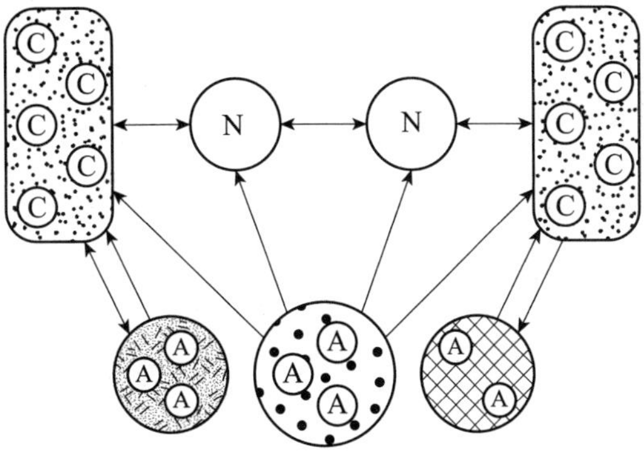

图 11－6　谈判者代表委托人，委托人吸纳了观众的意见

观众的特点

我们能够以几种方式来描述观众的主要特点（Rubin and Brown，1975）。

第一，观众出席或者缺席谈判有不同情况。一些观察者（如团队成员）会在谈判期间出席谈判并直接见证事件的发生，其他观察者也许不会参加谈判，而仅仅是通过报告和记录来了解所发生的事情。观众出席还是缺席谈判会影响谈判者的表现，他也许会对出席的观众说一件事情，而对缺席的观众说另外一件事情。除此之外，当观众缺席谈判时，代理人必须汇报谈判中所发生的事情。当观众没有独立了解发生事情的真相时，这些记录也许不是十分真实或者完整的。

第二，观众可能依赖或者不依赖谈判者来获得在谈判过程中所得出的结果。具有结果依赖性的观众通过谈判者的行为和有效性的结果而获得他们的回报。在摇滚音乐会的例子中，格利兹传媒公司与其他团队（如暖场节目、音乐家等）商议支付的报酬可能会直接受到格利兹传媒公司与雅典娜签订协议的影响。相反，非依赖型观众就不会受到结果的影响。尽管大众会对雅典娜与格利兹传媒公司之间签订的合同感兴趣，但是他们极少会受到解决方法的直接影响，除了可能受到他们必须支付的门票的影响。其他了解合同条款的乐队也可能会使用该合同作为基准来为自己谋得更好的报酬。

第三，观众影响谈判的主要方式取决于他们牵涉其中的程度，观众也许会直接牵涉到谈判过程中，如果是这样的话，相互影响的复杂性在许多方面就增加了，这取决于观众是谁，什么是紧要的，观众有多大的权力以及观众的选择起什么样的作用。

观众也会定期地给谈判者反馈意见，评价谈判者的效率，并让谈判者知道他们的进展。反馈可能是文字的，以个人对话和意见、便条、信息或者信件的形式出现。反馈也可能是非文字的，以微笑、肯定地点头或者表示不同意的皱眉头的形式出现。反馈可能会指向谈判者采取的立场、做出的让步、达成的协议或者其在商议期间的行为方式（委托人如何能更好地管理代理人可参见专栏 11.1）。

专栏 11.1

委托-代理理论和谈判

委托-代理理论是经济学的重要理论。这一理论聚焦于研究代理人的主要动机和利益与委托人不一致的情形。当主体（或者说委托人）不能够直接观察到代理人的行为，委托人也不能够仅根据谈判的结果准确决定代理人做什么时，双方的这种不一致最可能出现。

代理人的利益和行为与委托人的期望不一致的情况有三种，委托人会采用监控、激励和协同的方式去处理这些情形。第一，代理人有所“渎职”（shirking）。其在谈判时的努力程度不符合委托人的预期，却试图掩盖这一点，在委托人面前显得很努力。在谈判时，代理人会夸大与对方达成协议的难度，向委托人申请更多的时间和精力（emotional investment），而实际上这场谈判很简单。因为委托人担心代理人的“渎职”，他们经常会花时间去监督代理人。例如，没有提前通知，直接去谈判会议现场查看进展，但这也增加了委托人的成本，和他们一开始找代理人的初衷相违背。

第二，除了监督这种方式外，委托人也会采用一些激励措施去控制代理人，使代理人达成自己的目标。但是，设计激励措施的专家指出，没有一个激励架构能够百分之百塑造忠诚的合作伙伴。任何一种激励架构都会产生合作和监督的新问题。例如，如果你激励一个谈判者是为了让他尽快地达成协议（例如在交易完成后给他一笔钱），他可能会忽略谈判中重要的细节而草草达成协议。相反，如果你激励一个谈判者是为了让他小心谨慎，关注细节（比如，按时薪结算），他可能会花大量的时间达成交易，仔细地处理每个细节。

第三，确保代理人的目标和策略与委托人的目标和策略完全协同。即使委托人已经采用了激励和监督的方式，仍需要花大量的时间和精力与代理人进行沟通，协调双方的利益、策略、职责、资源等。谁参加谈判会议？在谈判时说什么？委托人会和代理人共享所有的信息和利益吗？在谈判中由谁做出决定和让步？什么时候且由谁决定放弃，或者采用最佳替代方案？

法律专家斯科特·佩珀特（Scott Peppet）给委托人提出六条授权和管理谈判代理人的原则。

1. 如果可以的话，选择代理人时，这一代理人的偏好是你了解的，并且是你能够接受的。

2. 如果可以的话，选择代理人时，这一代理人的偏好是其他谈判方也了解的。

3. 如果可以的话，改变谈判的结构，使得委托人和代理人的动机一致。

4. 委托人和代理人之间共享必要的信息，以准确地影响委托人的策略。

5. 以这是一个长期的谈判而不是单次的谈判的视角来安排授权范围，权限应与代理职责相匹配。

6. 当委托人自己的偏好、倾向和情感会阻碍其做出决定，导致徒然、分配式的谈判时，需要最大限度地依靠代理人的判断。

资料来源：Adapted from Mnookin, Robert H. and Susskind, Lawrence E., *Negotiating on Behalf of Others*. Thousand Oaks, CA: Sage Publications, October 11, 1999; and Peppet, Scott R., "Six Principles for Using Negotiating Agents to Maximum Advantage," in Moffitt, Michael L. and Bordone, Robert C., *The Handbook of Dispute Resolution*. San Francisco, CA: Jossey-Bass, August 16, 2005, 189-202.

与直接的干预方式形成对照，观众也会间接地牵涉到谈判中。当观众使自己的希望和欲望为人所知，但不试图直接影响正在进行的谈判时，间接干预才会发生。例如，消费者经常受到鼓励去抵制一个商店或者一种产品（如葡萄、莴苣）以支持工会和其需求，或者支持某个事项，例如更好地保护环境。间接沟通也经常给另一方提供大量的反馈，指明观众对代理人的言行同意或者不同意的程度。

观众在许多方面可能发生改变：身份（他们是谁和他们代表谁）、构成（所代表不同观点的数量和种类）、大小（什么会影响他们所能获得权力的大小）与谈判者的关系（感情纽带、他们能够对谈判实施非正式控制的能力）以及在谈判环境中的作用（准备好试图直接影响谈判者的行为、风格或者沟通的内容）。简而言之，谈判一旦扩大到三方或者更多方，相互影响的本质和复杂性就会增加。观众起到了几种不同的作用并试图用不同方式来塑造谈判的过程。除此之外，随着谈判方之间的关系类型由市场交易转变到一些其他的形式（参见第10章），谈判问题、策略和过程也随之发生改变。例如一种观众可以起到的作用——建议者，详见专栏11.2。

专栏11.2

谈判中建议的影响

法律专家杰斯沃德·萨拉丘斯（Jeswald W. Salacuse, 2016）对于谈判中建议的作用以及建议者如何影响谈判者提出了大量的观点。萨拉丘斯将建议定义为“一人（建议者）向另一人（客体）说的话，这些话的目的是帮助对方决定为了解决某一特定的问题所需要做出的行为”(p. 103)。谈判者会由于以下两个主要原因使用建议者：向建议者征求某一问题的专业建议，或是使得某一事项、政策或者谈判者的目的合法化（例如，向谈判对方表现出有一个法律专家正在给这个问题提供信息）。当谈判者能够获得和某一目的、意图相一致的建议，这个建议就会对谈判过程产生重要的影响，而这一影响是建议者和接收者都无法预料到的。

萨拉丘斯指出建议的过程需要建立在高效的工作关系的基础上，要求各方相互信任，接受建议的人相信建议者的忠诚、能力，以及各方都会对彼此的最大化利益付出努力的共同信念（见第10章）。建议者可以是正式的（他们是正式指定的建议者，他们的身份是关键人物或某一领域的专家）或非正式的（比如亲密的朋友、配偶，甚至是说客）。有三种建议者：

- 作为指挥者的建议者。在这种情况下，建议者控制整场谈判的过程，指挥谈判者为了达到目标应该如何说，如何做。

● 作为下属的建议者。在这种情况下，谈判者控制建议者，给建议者提出他想要建议者做一些事情的要求，他想获得哪些特殊的信息，以及建议者应该如何表现。谈判者会经常有一些不同的“下属”建议者，给他提供不同的建议或是信息。

● 作为同伴的建议者。在这种情况下，谈判者和建议者进行合作。当谈判者掌握谈判过程的最终决定权时，合作的各方必须对彼此有充分的信任，共享信息，讨论战略和策略。

在一个范围较大的谈判中，这些不同的建议者角色可能会不断演进。建议者在他们的行为方式中会表现出不同的个性，他们有多大承担风险的意愿，以及其他的个性和风格（见第 13 章）。

萨拉丘斯对于建议者能够发挥的多种作用给出了极佳的分析。谈判者应该深入考虑他们应该向哪些建议者进行咨询，思考这些建议者会如何帮助或阻碍他们的谈判。

资料来源：Salacuse，J. W.（2016），The Effect of Advice on Negotiations：How Advisors Influence What Negotiators Do. *Negotiation Journal*，32，2，103 - 124.

在我们更为详细地讨论观众之前，我们先对观众以及他们影响代理人行为的主要方式和最重要的原则进行总结。

观众使谈判者更加努力、更加强硬

研究表明，观众（委托人）的出席会增加谈判者的热情，也就是说当谈判者知道他们正在被监督时，他们就会更加努力。仅仅意识到他们正处于监督之下，就能够激励谈判者不畏困难地行动。在一项实验中，卡内瓦莱、普鲁伊特和布里顿（Carnevale，Pruitt and Britton，1979）告诉在实验谈判情况下的一些对象他们正在被其委托人通过单面镜观察，而其他人认为他们没有被观察。相信自己正在受到监督的谈判者更可能以分配式的谈判方式来处理他们的谈判，并使用威胁、承诺战术和令其对手难堪的方式来取得优势（详见第 2 章）。他们不太可能使用整合式的谈判战术，并且他们要比不受监督的谈判者取得更少的成果。大量近期的研究表明，若观众席（constituency）有多个派系（parties），即使他们中只有一小部分人是“鹰派”或者有攻击性，都会使代理人表现得更有竞争性。观众席中鹰派不必占主导，也不需要占多数，一小部分的鹰派就能够增加代理的竞争行为。研究表明，只有观众席是百分之百的合作型，代理人才会变得更有合作意识（Steinel，de Dreu，Ouwehand and Rameriz-Marin，2009）。另外，如何管理代理人似乎也存在文化差异。具有高度的关系导向型文化的国家的管理责任和具有高度的结果导向型文化的国家存在区别（Liu，Friedman and Hong，2012）。

德鲁克曼（1994）在分析了大量对委托人影响的研究之后，指出公开谈判之所以缺乏灵活性大部分是由于对谈判代表施加了过大的压力，使得谈判者采取强硬姿态。时间的压力也会极大地影响灵活性。莫斯特德和鲁特（Mosterd and Rutte，2000）发现，当谈判者为其自身谈判时，谈判者表现得更不具竞争性，从而使谈判得以达成协议。相反，当谈判者为其委托人谈判时，时间的压力会导致沟通更具竞争性，谈判更容易陷入僵局。

谈判者从观众那里寻找肯定的反应

观众的出现不仅激励谈判者更加努力，而且激励他们从观众那里寻找肯定的评价并避免否定的评价。由于谈判者试图给观众留下好印象来获得有益的评价，观众的热情就增加了。乔斯·沃德（1977）指出，从委托人那里得到强烈肯定的谈判者不愿意迁就其他谈判者的立场，以维护他们对委托人的竞争性形象。因此，谈判者经常会在积极的自我形象和与另一方达成协议之间进行权衡，对谈判者来说积极的自我形象可能会占支配地位。

来自观众的压力会迫使谈判者采取“不合理”的行为

除了一般观众在场之外，重要观众（因其观点和支持性的评论而被重视）在场对谈判者的影响更大。由布朗（1968）进行的一项经典研究揭示了来自重要观众的反馈对于谈判者后续行为的影响。在布朗的实验中，高中学生与另外一个学生进行了一场竞争型谈判，事实上，这个学生是实验者的同盟，并在实验中使用设计好的战略。在所有的情况中，事先计划好的战略具有侵略性和利用性，因此，学生们在谈判开始时处于劣势，然后学生们从他们的“同伴”（观察了第一轮谈判的人，是实验中安排好的）中获得了反馈信息。同伴告诉这些学生在第一轮谈判中他们看上去很脆弱而且很愚蠢，或告诉他们由于他们公平地参与第一轮谈判，看上去很优秀而且很强大。然后，学生们开始了第二轮谈判。在这一轮谈判期间，他们有两种选择：使用报复性的策略来报复他们的对手（这一策略操作起来会花费大量的金钱）或使用第二个不会牵涉到报复的策略，以避免从观众那里得来的否定信息给他们的自尊心带来挑战。这项实验要求研究对象在使用能够赚钱但会在观众面前丢脸（形象和自尊受损）的策略和使用报复手段以恢复颜面但会造成重大钱财损失的策略之间进行选择。正如布朗总结的：

> 结果是引人注意的：在公众面前出丑的主体（收到了轻蔑反馈意见的人）更可能会报复，并且伴随着很严重和强烈的自我牺牲（与收到令其满意的反馈意见的主体相比较）。特别有趣的是，当被问及他们为什么选择使用严厉的报复手段时，使用了报复策略的75%的主体说他们不想因为被人利用而看上去愚蠢和脆弱，并且他们报复的目的是重新证明他们的能力和长处（Rubin and Brown，1975，p. 45）。

在后来的研究中，布朗探讨了主体了解报复行为的代价对他们采取报复行为起多大作用。在一种情况中，观众知道为了报复主体要承受多大的个人损失。在另一种情况中，观众不知道这种损失。这两种情况的结果清楚地表明，当观众告诉主体他看上去很愚蠢，并且观众不知道主体的报复行为会付出多大的代价时，报复是很严重的。布朗的研究指出了谈判者经常陷于“保住面子”的两难境地：保持在观众面前的形象，但经常要付出不为观众所知的代价；或者丢失面子，但要保留住资源。这项研究清楚地表明，当需要重新获得在观众面前的正面形象，而且观众不知道谈判者这样做会付出多大的代价时，谈判者最具进攻性（Brown，1970）。

布朗的研究对于理解观众对谈判者的影响力有重要的意义。第一，研究中的学生谈判者不知道观众中任何人的身份，仅仅知道他们来自同一所高中。学生谈判者永远看不到被模糊地定义为一个重要团体的观众，观众可能仅通过告诉谈判者他们看上去既脆弱又愚蠢就能对谈判者的行为施加有力的影响。第二，即使没有观众在场，一些学生也会对另一方施以报复。这表明谈判对手也会像观众一样做出反应。那些认为谈判对手使他们看上去愚蠢或者认为其行为无力并且无效的谈判者会尽力重新赢得来自其他人甚至是谈判对手的肯定评价，如“坚强”。（专栏 11.3 展示了两个谈判团队间的一个简单谈判。）曾经与一些富有竞争性的朋友进行过“友好”的网球、高尔夫球、篮球或者足球比赛的人会意识到，大多数嘲弄、戏谑和言语上的困扰都是为了削弱对手的自信心，或者刺激他打得更好。所有这些通常是善意的，然而如果评论过于尖刻或者不当的话，嘲弄会马上变得很严重，会使对手感到极其不安并伤害双方的关系。人们能够想象来自另一方谈判者的关于他很容易“被打败”的信息会产生的巨大影响。谈判者会感到失败的困窘，而且这种困窘会被扩大。这样的评论助长了报复和长期深存的仇恨。

专栏11.3

代理人争抢球员的压力转化为道德伦理压力

美国的中西部为运动员代理人提供了充分的土壤，这些代理人试图代表许多学生运动员并将其推向职业运动的舞台。在他们的视角中：

- 成为顶级运动员的竞争非常激烈。在任何一个赛季内，潜在代理人（注册和没有注册的）的数量远远超过运动员的数量。
- 很多代理人选择不为首轮的新秀代理。“竞争的唯一途径就是作弊，”代理人兼律师布雷特·亚当斯（Bret Adams）说道，“如果不作弊，你就得不到首轮的新秀代理权。你只能做一些通常不会做的事情，要么打破常规，要么出卖灵魂。”作弊包括与已是专业水准的球员签约，给球员们一些福利（现金、车、投资基金）等。亚当斯为教练及广播员做代理，因为需求比较少，所以他能够坚守道德底线。
- 根据运动项目的不同，一些代理人并没有牵涉到工资谈判中。例如，在为职业女子高尔夫联盟的高尔夫球员代理时，代理人只对与高尔夫器械生产商、肥皂公司、制鞋公司签署的代言合同负责任。
- 许多代理人是律师，因此会受制于道德和法律条款，有些人将其代理行为定义为“神职”，并且会遵循宗教原则来指导其行为。
- 代理的客户不同，佣金的变化范围很大。2001年国际足球联盟的合同给了代理人球员合同金额的3%的佣金，但商业代言可至球员合同金额的15%、女子职业高尔夫球联盟合同的20%～25%不等。
- 现在很多州制定规范来限制代理人，例如，要求他们在州代理部注册；代理人与球员的合同要用明示语言说明球员违反规则的结果，包括大学生资格的丧失；如果代理人失职，为运动员及大学提供损害赔偿的安全性保障措施。

大量的对于教练、运动员、父母及家庭、代理人自身的教育是避免代理人滥用职权的最佳方式，但是每年都有几起影响很大的案件表明这种问题依然存在。

资料来源：Adapted from Josh Caton, “Big League Agents,” *Columbus Monthly*, vol. 27, no. 6, June 2001, pp. 54-60.

布朗的研究表明，对于那些行为高度公开透明并要面对来自观众的大量反馈意见的谈判者来说，挽回面子有多么重要。例如，在关于代表当事人对薪水和合同进行谈判的运动员经纪人的研究中，惠勒（1999）分析了这种代表过程对于代理人声誉的影响。他发现感觉到他们的声誉作为谈判的一部分而受到威胁的代理人要比名誉不受威胁的代理人更可能冒较大的风险，确定更高的离开谈判的点，并可能经常陷入僵局当中（专栏11.4提供了不同的观点）。

专栏 11.4

"面子威胁敏感性"被视为达成协议和实现共赢的障碍

一组研究人员最近证实并更新了关于爱面子的力量的布朗经典研究结果。这些研究员最近报告了几项有趣的发现。

1. 个体水平不同，对研究员称为"面子威胁"的敏感度也不同。对面子威胁更敏感的个体更容易同意以下三点：

"我的情绪很容易受到影响。"

"我对直面的批评无法做出较好的回应。"

"我脸皮很薄。"

2. 在模拟的谈判实验中，当卖方对面子更加敏感时，买方与卖方很难达成对双方都有利的协议。

3. 在模拟的求职面试中，若候选人对面子更加敏感的话，雇主与其达成的劳工协议的联合增益就很少，而且这些对面子更敏感的候选人会把自己描述得更具竞争力，这种竞争力权衡了面子敏感性及低联合增益的关系。

显然，面子威胁敏感性在影响谈判结果时是一个很重要的因素。

资料来源：White, Judith B., Tynan, Renee, Galinsky, Adam D., and Thompson, Leigh, "Face Threat Sensitivity in Negotiation: Roadblock to Agreement and Joint Gain," *Organizational Behavior and Human Decision Processes*, vol. 94, no. 2, July 2004, 102 - 124.

最后，当观众仅仅是间接地参与谈判时，为了挽回面子的事情也会发生。例如，在20世纪90年代中期，俄亥俄州的监狱管教部门发言人对在监狱暴动中挟持监狱看守为人质并威胁其安全的犯人团伙的威胁的可信度提出了质疑，当新闻界问及犯人的威胁是否真实时，发言人否认了这种威胁，并称"犯人们一直都在威胁要杀死人质"，在这些评论之后不久，犯人真的杀死了一名警卫——也许要证明他们的威胁是可信的，并要在他们自己的监狱内外的委托人面前挽回面子。

观众认为谈判者应负责任

观众通过坚持谈判者应该为他们的表现负责以及以表现为基础的奖惩来维持对谈判者的控制。这种责任会在两种主要情况下发生：(1) 当观众能看到谈判者的表现并对其表现做出判断时；(2) 当观众要依靠谈判者获得他们的结果时。依赖于谈判者表现获得结果的观众通常坚持谈判者在为委托人取得最好的结果的努力中要表现强硬、坚定、苛刻、永不屈服。谈判者没能在观众面前表现出这些行为可能会遭到公开批评，感到难堪，这促使谈判者以能给观众带来收益的方式表现。这一点在布雷夫和克里莫斯基(Breaugh and Klimoski, 1977) 的一份研究报告中得到证实。一些代理人成为谈判中的一员，而其他没提供帮助的人则成为局外人。谈判结束之后，代理人必须回去并且将谈判协议"卖"给他的委托人（桌后谈判）。

谈判者脆弱或者软弱，或有人出卖，会导致可预测的不良后果：(1) 谈判者会变得越来越不灵活或者越来越具报复性，来向委托人证明他能够保护他们的利益；(2) 谈判者会努力成为一个更加忠诚、尽责，更有奉献精神的提倡者，来主张委托人更喜欢的结果和优先权，以重新获得支持和好评；(3) 谈判者会被迫辞职，如果被断定不能代表委托人的最佳利益的话。人们可能希望地位较高的代理人有更多的灵活性和自主性去决定什么对他们的委托人是最好的。地位较高的团队成员（如高层经理或者正式委任的领导）似乎不会比地位较低的成员更迅速地推进谈判，在谈判过程中并没有更少地陷入僵局或者取得更好的解决办法（Klimoski and Ash，1974；Kogan，Lamm and Trommsdorf，1972）。结果，责任压力要比不存在这种压力时更能导致更为长期、更加费时的谈判。[1]

责任对委托人的影响不一定都是不好的。委托人能够使谈判者不会做出极端的或者可能使其以后陷入困境的离谱承诺。例如，柯比与戴维斯（Kirby and Davis，1998）让委托人在模拟生产实验中监督经理的投资决定。实验结果表明受到监督的谈判者比不受监督的谈判者更不可能增加他们对无效益行为的承诺，并且更不可能追求高风险的投资策略。责任感能够使个体决定不使用那些长期看来会具有破坏性的冒险决定。法西纳（Fassina，2004）指出委托人可以与其代理人起草至少两份不同的合同。第一份是行为或有合同，在这份合同中代理人基本以其谈判中的表现来决定其报酬。另一份结果或有合同中，代理人以其所得结果来决定其报酬。混合合同既强调行为也强调结果。法西纳指出，谈判的各部分——技能、情感压力、达成一致的可能空间和其他问题——都可能决定合同采取哪种形式，这些不同的合同可能导致代理人的不同谈判行为。详见专栏 11.5。

专栏 11.5

如何保持谈判者的责任感

詹妮弗·勒纳（Jennifer Lerner）和凯瑟琳·肖恩克（Katherine Shonk）就如何保持谈判者的责任感给出了很多建议。他们指出谈判者具有较强的责任感能够增强谈判者的竞争力（正如我们已经提到的那样）。职责的压力在谈判者参与一个分配式交易时会非常重要，并且职责的压力会让谈判者愿意向委托人解释谈判的结果。以下是一些他们给出的关于如何创建一个对于谈判者而言有效的责任机制的建议。

1. 在谈判开始之前，让谈判者清楚地认识到他对委托人负责。这样做不仅会增强谈判者对于满足委托人偏好的承诺，并且能够让谈判者更好地预测其他谈判者的回应。

2. 不仅要强调谈判者需要负责任，并且要强调他需要对什么负责任。如果一个谈判者需要对整个谈判过程负责，那么相比于一个只需要对谈判结果负责的谈判者而言，他需要对谈判过程中的每一个选择和进展深思熟虑。对于后者而言，仅对结果负责会放大他对于结果的承诺，从而可能导致谈判僵局（见第 2 章）。

3. 向谈判者提供什么信息是和结果有关的，什么信息是无关的。强烈的责任感会让谈判者关注所有的细节，因为他不知道什么对于最终结果而言是相关的。

4. 通过“练习”与其他谈判者谈判某一事项的直接解决方案，减少谈判者可能会出现的争论。通过考虑其他人可能的需求以及双赢协议达成的各种方式，谈判者尽量不那么咄咄逼人，并且能够提升获得成功的可能性。（注意：这一发现加强了我们在第 4 章所提到的充分的过程规划的重要性。）

5. 促进团队合作。康奈尔大学的凯瑟琳·奥康纳（Kathleen O'Connor）的研究表明，如果一个人不需要承担所有责任带来的压力，那么产生争执的行为就会减少。如果可能的话，让一个团队对谈判负责，这样他们既能够相互监督，又不会造成让一个人承担所有压力的情况，以此来避免不必要的竞争行为。

资料来源：Lerner，Jennifer S. and Shonk，Katherine，"Create Accountability，Improve Negotiations，" *Negotiation*，vol. 9，January 01，2006.

社会结构形态的策略性含义：谈判者的两难处境

观众，尤其是有结果依赖性的观众在场，会由于两组压力而给谈判者制造矛盾。一组压力来源于委托方与团队，他们希望代理人强硬、坚定、不屈服并且支持委托方的要求。另外一组压力来源于谈判对手，要求谈判者灵活、有调节能力，并愿意参与到"给予和索取"中（图 11－6 描述了从两个方向推动谈判者的压力）。古奇特-格申菲尔德与沃特金斯（Gutcher-Gershenfeld and Watkins，1999）指出，这些压力制造了信任困境。[2]代理人需要代表其委托人的利益（后桌谈判中树立的目标）而参与谈判，但也需表达其自身利益。谈判者在多大程度上实现自身利益与委托人利益，这个度必须控制好。两难困境就是委托人越信任其代理人，代理人越觉得有更多的自主性和自由去和其他谈判者一起创造价值。代理人更多地参与到价值创造中，就更难以回头说服委托人其新的解决方案与委托人的初始利益是一致的（要注意代理人与委托人签订合同的形式，如结果型或行为型，可能有助于缓和这种紧张状态）。

基本的困境是谈判者如何能够既满足委托人对坚定的要求（和有利于他们利益的解决方案），又满足另一方对让步的要求（和有利于另一方或者他们共同利益的解决方案）。答案就是谈判者必须与委托人和另一方都建立关系。一方面，与委托人的关系必须在完全支持他们的要求并愿意在谈判中主张这些要求的基础上得以发展；另一方面，与另一方关系的发展必须通过强调双方的共同目标或者命运的相似点，以及强调建立并维持一种富有成效的工作关系以取得积极结果的愿望来实现。然而，每一种关系必须秘密发展，不让其他团队看到。秘密确保了谈判者能够没有责任压力地与另一方进行协商。保守这种秘密要求谈判者具有一定的欺骗行为，因为他必须在不被他人看到的情况下向每一方承诺忠诚和奉献。这是可能通过描述每一方谈判者的期望来实现的。尽管如此，保持秘密关系并不足够。谈判者和其委托人必须基于他们的利益建立合作关系。如果代理人和委托人对于合作没有达成一致意见，这种不合作会使得达成一个有效的协议变得困难（Aaldering，Greer，Van Kleef and De Dreu，2013）。

通常谈判者与委托人在初次见面时就限定了他们共有的利益和目标（后桌谈判），然后他们与谈判对手私下见面，以使他们能够坦率地陈述委托人的期望，但是也会做出必要的让步，并不会被委托人看作懦弱或者愚蠢的。最后谈判者回到委托人处告知这种让步，并使其相信已取得的解决方案在这种情况下是可能的解决方案中最好的。因此，对委托方的成功管理就要求谈判者控制委托人和观众对其谈判行为的可见度。没有这种控制的谈判者总是将其行为呈现在观众面前。每一个陈述、论据、让步和错误都在观众的注视之下，他们会遭到批评并且质疑他们可能是不忠诚的。这种潜在的压力是很不受欢迎的，并且正如我们前面所讨论的，可能会导致谈判者提请委托人注意而不是寻求达成协议。

管理委托人是一个非常重要但相当细致的过程。在接下来的一节中，我们试图通过提供两种建议来讨论这个过程：（1）给面临委托管理问题的谈判者的建议；（2）给必须管理代理人的委托人的建议。

11.3 给代理人用来管理他们的委托人与观众的建议

弄清角色预期与业绩合同

正如早前所指出的那样，法西纳（2004）已经证明，委托人可与其代理人达成行为合同或结果合同。行为合同只要求代理人具备一些行为（如对一个律师来说，充分地陈述法律事项），而结果合同则要求代理人达到确定的结果（如让对手撤诉）。如果委托人没有详细说明如何对代理人进行评估及给予报酬，那么代理人就应该直接问，这样他就知道应该做些什么并消除误会。博顿等（2006）强调，创立一份具有说服力又明确的结果合同能够让委托人放心，因为代理人会得到很大的鼓舞去达成谈判目标，并且不需要委托人的监督。

劳和法伊诺尔（Rau and Feinauer，2006）指出，在某些场合中，代理人的角色更加复杂。例如，当考虑一名专业人力资源师（代理人）在帮助一名新员工与一家公司争取丰厚的起薪时，代理人可能会表现出以下几种身份：

- 一名讨价还价者（支持公司与新员工议价）。
- 一名倡导者（为新员工代理以使其得到最佳的起薪）。
- 一名中介者（更像一个在公司与新雇员之间的中间人，以确保能达成满意的协议）。
- 一名实情调查者（纯粹为了确保信息在公司与新雇员之间清晰地流动，以期他们能够自行达成协议）。

毫无疑问，这些身份选择显示作为代理人的人力资源专家能够相当程度地改变自己的角色，根据他们与雇主的协议，根据他们自身认为什么是对自己、对新雇员和公司最有利的。在一些情况中，代理人变得更像第三方而不是倡导者（详见第 19 章）。

阐明达成协议的授权

除了明确角色和绩效期望之外，代理人还应该明确他们得到了多少授权，可在没有咨询委托人的情况下接受对方谈判者的提议。萨布拉马尼安（Subramanian，2006）指出，谈判者应该提前确定其权力以便不与委托人的期望冲突，并且不将他的委托人与之后可能会被认为是不可接受的交易捆绑在一起。代理人还应该明确对方谈判者得到多少授权。

管理委托人的能见度和沟通

代理人可以同时控制他们行为的能见度和与委托人、观众及第三方的沟通过程。这种控制是采用一种让他们显得对谈判更为投入的战术来实现的。这里描述了一些最常见的战术。

1. 通过使谈判让委托人可见来限制自身的让步。因为完全按委托人要求来谈判的谈判者相对于私下商议的谈判者更不可能做出让步，所以谈判者通过增加他们与委托人的能见度来加强他们的立场。典型地，当谈判者想要保持立场时会把谈判公开。例如，一个谈判者可能会坚持让委托人出席所有的谈判，并知晓大部分的让步是在私下商议时做出的。结果，看得见的谈判将会限制代理人寻找解决方案并很可能增加僵局的频率，也可能会导致根据问题的不同而改变优先排序，更注重短期目标而不是长期利益（King and Zeckhauer，1999；Kurtzberg，Moore，Valley and Bazerman，1999）。

2. 用委托人来表现好战性。另一个从战术上使用委托人的方法是让委托人参加并展示他们相对于代理人更极端、更激进、更坚定和更不灵活。想要激励政府官员进行变化的社区小组经常会坚持让官员们来开公开会议。在会议上，社区发言人让官员们直面他们的担心和抱怨。那些被邀请到会议上发言的人经常是最苛刻和好战的。故意邀请好斗者可能是想让另一方知晓让步不容易，并且唯一达成协议的方法是对方做出重要让步。除了胁迫另一方外，这一战术对代理人来说具有其他的利益。难以控制的好战的委托人不仅胁迫了另一方，也使代理人看上去像一个善良、令人感到愉快而且通情达理的人。很自然，人们喜欢与善良且令人愉快的谈判者而不是生气好战的谈判者打交道。通过这种对比效果，谈判者能够比失控的委托人看上去更冷静、沉着、通情达理。如果谈判者说“你要么和我打交道并考虑我的要求，要么你就和来自我的委托方的远比我缺乏理性的其他人一起工作”，这样谈判者更容易在与对手的谈判中取得重大进展。这是在本书第2章中讨论过的典型的红脸/白脸谈判战术的一个变体。

3. 利用委托人来限制自己的权力。谈判者能够巧妙地利用委托人的第三个方法就是通过向另一方表明委托人已经限制了谈判者做出特定让步的权力。这种战术可以用于虚张声势或者对权力加以限制。作为一种虚张声势的手段，谈判者会使另一方相信所有的让步都必须得到委托人同意。作为一种真正的战术，谈判者的委托人真的对谈判者能够做出什么样的决定进行了限制。例如，银行的新任贷款人员几乎不能以他们自己的签名批准贷款，而银行的高级贷款人员则具备更大的自主权。虽然高级贷款人员有权批准一些贷款，但是他们也会利用委托人（银行的贷款委员会）来取得保护（确保不是愚蠢地批准了贷款），同时要求借款人满足某些特定条款和条件。

谈判者在解释他们有多大的权力与自主权时必须谨慎。一方面，似乎限制权力会给一方带来明显的优势。远离最初陈述立场的每一个小偏差都要得到批准，这个过程是冗长乏味且耗时的。如果另一方很着急，他会选择做出让步来避免这种拖延。另一方面，这种战术可能会招致相反的效果，当每一个小变化和让步都要得到确认和批准时，不但会使另一方受挫，而且会使代理人受挫，使他们因为感到毫无权力而窘迫。这种挫折最终会导致谈判中完全的崩溃。因为谈判被认为是互相商议做出让步的过程，如果遇到一个不能够自由地做出任何让步的谈判者，期望就会被打破并使对方恼火。这会导致另一方要求委托人派一个拥有签订协议权的代理人。杰克逊和金（1983）论证了如果委托人真的想要得到一个协议，他们应该会派出最高地位的成员（如首席执行官或主席），或者给予谈判者更多的权力。

4. 在超越权限时要万分谨慎。过分地扩展授权或者超越由委托人赋予的权限的谈判者会无法使委托人相信已取得的解决方案是优秀的。这在工会与管理层关系中是一个普遍的问题，尤其是当工会组织态度强硬并且有很高的期望时。经过长期艰难的谈判，工会谈判组与管理层达成暂时的解决方案，但是有更夸张期望的工会成员会拒绝接受谈判中提出的协议。这种拒绝方式与谈判者在谈判中拒绝结果是一样的。有时候处于这种情况的谈判者会辞职，有时候他们会以更强的好战性返回谈判桌，来向他们的委托人证明他们的强硬态度，这就降低了与另一方达成任何有效协议的可能性。在这种极端情况下，谈判者会愿意忍受极高的个人代价（如长期的罢工、个人罚款、进监狱以及负面的公众观点），以恢复他们在委托人心目中的形象。

5. 通过减少对委托人的可见性来增加对另一方做出让步的可能性。如果增加观众的可见性，提高谈判者采取更为强硬的立场、更不易屈服，并且做出更少让步的可能性，那么那些希望更灵活一些并且更有调节性的谈判者就会想使谈判变得不太可见。达到这个目的有以下三种方法。

（1）在谈判开始之前建立起“秘密”的关系。在真正的谈判开始之前建立起谈判的基本规则是很重要的。必须考虑的一条规则就是要使谈判秘密地进行，不允许有媒体和公开的采访，并且与另一方委托人的合同和对观众的可见性应受到严格控制。为了保证谈判秘密进行，双方会选择在一个中立地区或者一个偏僻的地方。在那里，会议不会太明显或者被人们看到。当到了宣布进展或者成果的时候，双方能够联合起来，协调他们的言论。毋庸置疑的是，如果另一方希望谈判在公开的环境下进行（在那种环境下与委托人的交流要容易，并且委托人会有直接的感觉），为谈判的可见性确立规则和条件必须作为谈判日程的第一项内容。人们现在能够用许多方式交流（如电话、短信、传真、电子邮件等），在谈判中维持真正的秘密状态很困难，但还是能做到的。

（2）在谈判期间遮蔽视线。如果谈判者事先没有对秘密且安全的地点达成一致意见，有其他的选择来隔开不受欢迎的观察者对谈判进行敏感的讨论。最简单的方法之一就是在严格的非官方的基础上与非正式出现的代理人进行一些讨论。可以在喝咖啡时，绕大楼散步时，甚至在健身房或者旅店的酒吧进行讨论。主要的代理人会同意在开始一天的正式协商前在早餐时见面或者在协商之后一起喝酒。在这样的会面期间，双方会更坦率地交流，或者暗示他们的底线或者他们做出某些让步的意愿，“你知道，我们在那个房间里坐了那么长时间，如果你们一方愿意做……（在此处填入特殊的细节）事情的话，我的人会愿意一起做的”。德鲁克曼和德鲁克曼（Druckman and Druckman，1996）指出，在媒体报道被限制时或者当谈判进程没那么正式时，以及在对观众和委托人的可见性较低的“周边位置”举行时，站在对立立场的谈判者会表现得更具灵活性。

国家领导人在进行重要的和平条约、武器限制会谈、贸易协定的谈判时经常会被拍到出现在晚宴、接待会或者在花园散步。虽然这样做大部分是公开的、出于礼仪性的，但是私人的时间也经常占一部分。[3] 每一次国家领导人和组织领导人的聚会也为大量的非正式接触提供了机会。

在一些情况下，会议是计划好的但秘密进行。例如，在一个工厂中，每两年有一次劳动谈判。在正式的谈判开始之前，工会主席和公司首席执行官在另外一个很远的城市一起进餐，他们会广泛地讨论将在谈判中提出的关键问题。如果工会的普通成员知道了这次会面会使工会主席失去工作，但是两位领导人都认为在他们之间保持一种非正式的沟通渠道，并允许他们在接下来几个月的谈判对抗期间保持私人联系是十分宝贵的。

其他种类的信息也能够在这些非正式场合私下进行交换。谈判者会抱怨并吹嘘他们的委托人及其获得的支持，甚至让另一方无意中听到他们与自己的委托人之间的对话。所有这些战术给另一方提供了附带信息，使其了解到在正式谈判期间没有直接说出来但实际上很有可能的事情。

(3) 明了时间压力。毫不夸张地说，谈判中的时间压力也会增加竞争性的行为，尤其是当谈判者要对委托人负责时。研究表明，当谈判者不代表委托人的观点时，时间压力使谈判者表现得不那么具有竞争性（Mosterd and Rutte，2000）。然而，当谈判者作为其他人的代理人时，时间压力就会导致更具竞争性的情形和僵局的频繁出现。

6. 建立合作的声誉。最后，代理人可以建立起具有合作性的良好声誉，无论是与其代表的人还是与其他代理人。例如，吉尔森和姆努金（Gilson and Mnookin，1994）认为，律师既能够有效地代表他们的当事人，又能与其他律师建立良好的关系。

> 我们想要说的是，与对方律师的关系和建立可信的合作愿意的声誉对于争端解决具有深远的意义。如果这种奖惩结构将合作作为最佳策略并且存在支持性的制度结构，律师就能够避免冲突，减少交易成本并促进争端的解决（p. 564）。

然而，声誉问题也可能为代理人制造出一个问题。那些感觉到他们的声誉处于险境的代理人更有可能冒险，表现出更多引起争议的行为，制定更高的离开谈判桌的价格，陷入谈判僵局的可能性更高，并陷入更多的僵局当中。感觉不到名誉处于险境的代理人则不然（King and Zeckhauser，1999；Kurtzberg et al.，1999）。

与观众和委托人进行间接的沟通

谈判者经常可以通过间接沟通来创造之前所描述的可见性及责任的情形。间接的沟通指谈判者将其委托人和观众的意见引入谈判中以对另一方施加压力所做出的努力。间接的沟通通过以下几种方式实现。

1. 通过上司进行沟通。通过上司进行沟通的技巧经常在谈判者代表层级结构组织（如公司和工会，或者有生意往来的两家公司）以及当谈判者对对方的行为或者谈判过程感到不满时使用。为了管理他们遭遇的挫折和不满，他们会求助于上司并要求联系对方组织中的对手。图 11-7 描述了这种情况。销售员 A（作为他公司的代理人）在与买方就主要销售合同进行谈判的过程中受到了挫折，买方 D 由于要购买大量产品而希望对方做出较大的价格让步。销售员没有被授权减价，因此他最后和他的上司销售部门副总裁 B 谈话，然后 B 接触了买方的高级采购经理 C，这位高级采购经理用几个小时描述了其公司从其他卖方获得竞争性报价的细节（他们的 BATNA），并解释了为什么卖方必须降低价格，否则就会失去这笔生意。这位销售员最终被授权以相当低的价格出售了商品，而没有失去做成这笔买卖的奖金。

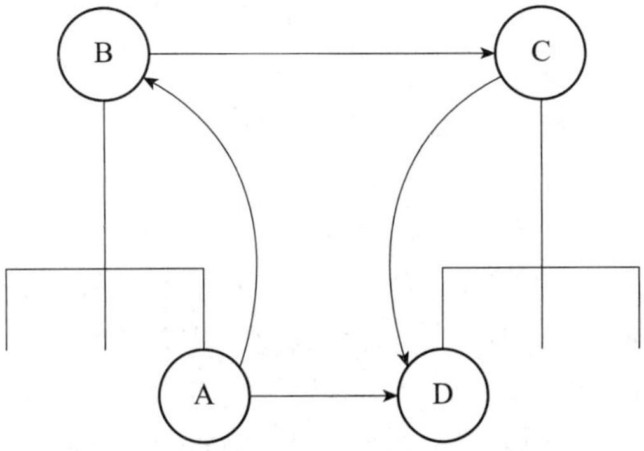

图 11-7　通过老板的谈判者之间的间接沟通

这种间接的沟通在以下几种情况中起作用：第一，这个战术的有效性取决于一种社会结构。在这种社会结构中，谈判者代表了一些具有正式权力的层级制度的组织或者团队，并且另一方具有类似的组织结构（参考我们在第8章关于合法权力的讨论和在第10章关于权力等级关系的讨论）。代表正式组织的代理人之间的谈判属于这种情况。第二，主要的谈判者不是有最大权力的人，如总统、主席或者销售副总裁。主要领导不参与谈判并不一定是因为他们忙于做其他的事情，而是因为通过一个不是最高级人员的代理人进行谈判，使组织通过限制谈判者做决定的权力来限制其所做出的让步。只有当谈判极为精细、重要或者对于组织的利益及与其他组织的关系具有十分重要的意义时，高级管理人员才会参与谈判。（在我们的例子中，如果销售副总裁认为买家要求降价是在吓唬人，他可以简单地让销售员告诉对方，但是他可能冒着失去生意的风险）。通常许多初级的基本工作是由下属和主要谈判者完成的。例如，在国家关系中，国家之间的联系发生在几种外交层次上：外交助手，首席外交官，秘书职位等。国家元首只会直接参与到最精细、最具象征性或者具有重要政治意义的谈判中。

这种战术的有效性取决于同另一方所信任的人或者不太防御的某个人的间接沟通。当间接的沟通来自领导时，由于沟通者具有较高的地位、声誉和可见度，这个战术会更加有效。在前面的说明中，高级采购经理不得不制造一种强迫性的情况来寻求减价，如果情况不是很好，或者销售副总裁认为他是在吓唬人，这种战术将不会奏效。在这个案例中，如果高级采购经理不被看作一个“讨价还价者”而被看作一个“实情调查者”（提供关于买家选择方案和影响因素的中立信息），那么销售副总裁更可能去接受和相信他的信息，而不是谈判中买方所提供的信息。

2. 通过中间人进行沟通。当谈判者需要与另一方、谈判对手或者委托人进行非正式的接触时，谈判者会通过中间人进行沟通（参见图11-8）。选择该方法通常出于一些正当的原因，如过去一起工作的经验、私人的友谊或者关系、个人的可信度、可信赖性以及公平和正直的声誉。这种战术经常在两种主要的情况下使用，即当谈判者想要摸清谈判对手，试图获取真正需要的信息时，或当谈判陷入僵局需要得到缓解时。在超级碗比赛中场秀谈判的例子中，假设格利兹传媒公司的代理人莫里斯在和雅典娜的代理人的谈判中感到很挫败，那么莫里斯认为只有他直接与雅典娜谈判时才会同意交易，但是雅典娜的代理人不允许，因此莫里斯去找了雅典娜的现任男友贾斯汀，并要求贾斯汀直接接受给雅典娜的新出价。在这里，贾斯汀成了安排交易的重要中间人。

普鲁伊特（1994，1995；也可参见 Salacuse，1999）提出了一个组织之间谈判的分支链模型。这个模型使用了影响力网络这一概念（见本书第8章关于影响力网络的讨论），并认为组织之间的谈判发生在组织成员、跨越组织界限和组织界限之内的感兴趣的中间人之间。分支链末端是主要的股份持有者，而这个链的其他成员是以另一种形式存在的中间人（如外交官、前任和现任领导、朋友以及每个关键团队的同盟者），他们试图协调不同股份持有者的需要和价值观。在考察了从美国国家部门中得到的几个谈判案例后，普鲁伊特（1994）提供了一些有趣的关于分支链可以被动员以获得无法由股份持有者自己达到目标的方式。

政治科学家授予这个过程“幕后外交”的称号。圣威尼斯·约翰（Wanis-St. John，2002，2010）研究了谈判问题的处理、保密的角色、由于保密而没有出现在谈判

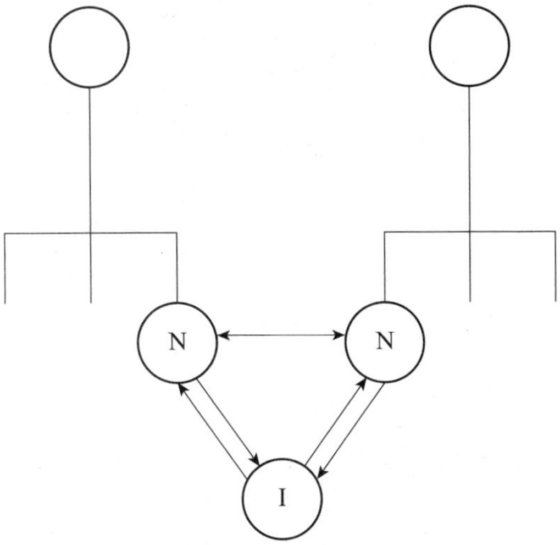

图 11-8　通过中间人的间接沟通

中的关键方、第三方的角色以及其他形态。主要的结论是，决策者运用幕后外交来控制很多影响谈判的不确定性，尤其是在应对暴力的国际冲突谈判中。这些不确定性问题包括进入谈判的成本，和平进程中的破坏效应，在决定如何谈判时可能需要的关于对方利益和偏好的关键信息的缺失，以及谈判结果对决策者的影响。在短期内，幕后外交通过实现初期的突破来帮助管理这些不确定性问题，而正面的渠道通常无法做到。然而，因为幕后外交是秘密的，所以可能排除了某些当事人，在短期内成功的因素可能从长期来看会反过来破坏协定，而且那些在早期商议中没有加入进来的当事人可能最终会反对或破坏协定（Shonk，2015）。

与通过领导进行沟通的战术相类似，非正式接触的有效性取决于是否有适当的个体参与，这些个体不被那些束缚正式团体代表的责任压力制约，因此，这些个体能通过非正式的沟通渠道最终清除掉在正式沟通中出现的障碍。

直接与另一方的委托人进行沟通

间接沟通的第三种形式是代理人试图绕过其他代理人直接与其委托人进行沟通，来劝服相关的人改变立场或者给代理人指示（参见图 11-9）。通常当代理人认为谈判陷入僵局，另一方谈判者不能有效地与其委托人进行沟通，或者另一方代理人不能清晰地代表其委托人的利益时，代理人本人就会采取这种战术。代理人试图跨过另一方的代理人而与另一方的委托人直接沟通。例如，在劳动力管理谈判中，管理方的代理人经常喜欢直接对工会普通成员讲话或者写信而不是通过工会的领导。这确保管理层的立场得到完全的倾听和理解，但这种行为可能在某种程度上破坏了工会领导的可信度和有效性。在国际关系中，一个国家的政治信息可能会在另一个国家的新闻媒体中播出，可能包括食物、医疗产品等类似的馈赠等。当然，这种战术也可能由另一方谈判者首先使用，通常是因为他质疑对方的可信度或者正直性，从而希望能够直接从对方的委托人那里得到信息。在摇滚演唱会的例子中，莫里斯没有去找贾斯汀，而是在乐队的一次彩排中尝试直接与雅典娜和她的作曲家讨论出场费。

应该清楚的是与另一方委托人的直接沟通（尤其是在没有另一方谈判者支持的情况

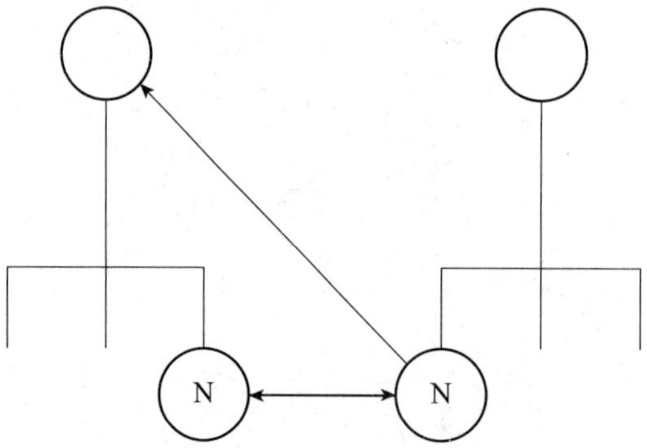

图 11-9 通过委托人的间接沟通

下）可能被看作颇具煽动性的战术。以这种方式受到对手打击的谈判者会变得更具防御性且更加刻板。然而，对谈判者委托人的直接影响并不是很清楚，他们会把这种战术看成是对他们领导效力的故意破坏，并通过更牢固地加强他们的领导力来做出回应。在其他情况下，尤其是当委托方怀疑代理人的效率时，来自另一方谈判者的直接的、公开的、准确的沟通会在更大程度上削弱他们对自己代理人的信心。

直接与旁观者进行沟通

代理人会试图操纵旁观者的观点并获得他们的支持，来加强他自己的立场或者破坏另一方的立场（参见图 11-10）。

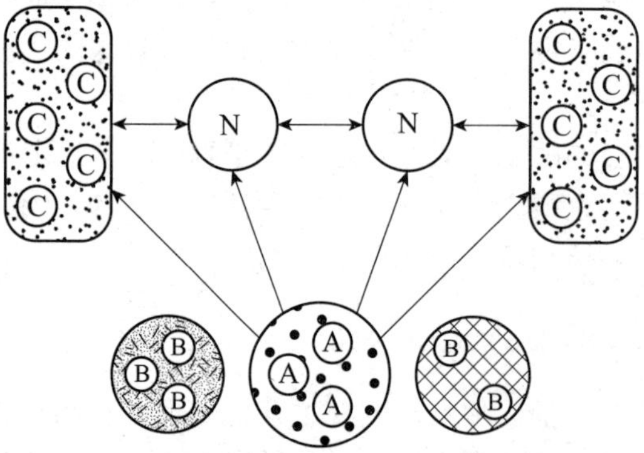

图 11-10 通过委托人、观众或旁观者进行谈判

通过旁观者沟通可能发生在以下情形中：（1）作为明确的战术来对另一方施加影响，但是以迂回方式进行；（2）希望建立同盟并寻求对己方观点的支持；（3）作为冲突升级的自然趋势的结果。在所有的情况中，代理人公开自己的要求。他们会告诉任何一个聆听的人他们的立场是多么公正、合法、公平且适当，而另一方的立场是多么不公正、不公平、不合法以及不适当。代理人希望旁观者公开支持他们，相信他们的论据，并对另一方表达他们的不满和不悦（这样可以破坏另一方论据的力度和可信度）。在摇滚乐队的例子中，莫里斯可能会直接去找娱乐新闻媒体，声明雅典娜和“希腊之神”乐队在超级碗比赛的中场秀演出的传言正处于危险境地，并指明雅典娜的粉丝应该发信息给雅典娜，让其接受格利兹传媒公司“非常合理”的报价。（专栏 11.6 给出了另一个例子。）

专栏 11.6

在解决社区纠纷问题时引入委托人的重要性

加拿大一个地方政府委员会计划通过出售公园土地来解决预算问题，公园土地被称为“绿宝石项链”（绿化带），受到影响的居民害怕他们的露天场所会落到开发商的手中，他们举行了一次全体出动的游行来阻止公园出售。

政府官员间的闭门谈判很快产生了一个解决方案。这个方案似乎避免了居民们的极度恐慌，也完成了委员会减少支出的目标。然而，在形成解决方案中排除了公众的参与。这些幕后安排引起了公众的不满，以至于委员会发现未来的规划要获得支持变得更加困难。

被目前的成功掩盖的将来的失败给公共纠纷协调者上了一课，让他们了解到让公众参与达成一致解决方案的过程是很有必要的。

资料来源：From a description of a parkland dispute in Canada Ottawa, Jackman, Richard, “Back Room Politics Solve Today's Problem—but Create Tomorrow's?” *Consensus Magazine*, April 1996, pp. 1-2.

通过观众沟通（尤其是媒体），在主要的社区、环境和政府间的谈判中是极其常见的。大多数的冲突都以初始的公开阶段而出名，在此阶段谈判者向观众而不是他们的对手阐明观点。在这期间，媒体（广播、电视和报纸）扮演了一个本身既是观众也是通向其他观众的沟通者的双重角色。媒体关系和公众形象管理经常是这些谈判者的目标。强有力的谈判者能够有意识地在无线话筒和电视镜头前亮相以赢得舆论的支持，这会将压力转移给另一方，迫使其做出让步。

通过媒体沟通也可以接近自己的委托人。让自己的委托人知晓自己谈判的态度和实现目标的决心的最快、最有效的方法就是在媒体上申明这一立场——尽管许多代理人知道媒体也许无法了解实际情况。当代理人想在一种立场上表现坚定强硬时就会使用这种方法，但代理人打算在沟通中做出一定让步或者采用比较灵活的策略时，不大可能用这种方法。很多有关环境问题的争论使用了这种方法。当无法在一个问题上适当地影响政府代理或者公司时，愤愤不平的团体就会通过报纸和电视报道把这些问题摆到公众面前。

沟通也可能是为调动和说服那些感兴趣的观众而设的，这些观众可能与对方直接沟通。我们可以在很多国家的政府首脑的演讲中找到这样的例子。一旦国家首脑发表了演讲，受到演讲中的关键问题影响的各类政治领袖和各种形式的特殊利益团体，便会开始对演讲进行评论，并将其定性为积极的或消极的。通过观众进行沟通的有效性由几个因素决定。首先，战术的成功与否取决于观众的结论与谈判者效力直接相关的程度以及后果的严重程度，从直接的以引人注目的方式影响观众到仅最低限度和间接地影响观众。如果我居住在加拿大，美国的农场工人罢工不会对我造成严重的影响，尤其是当我可以购买当地种植的水果和蔬菜或者我基本不吃水果和蔬菜时。如果我有学龄的孩子，本地校车司机的罢工就会直接影响我和我的家人。

通过观众进行沟通的有效性的第二个影响因素是，观众在何种程度上能被组织成一个具有凝聚力的整体。观众也许会受到特定谈判结果直接且严重的影响，但是不能对谈判施加重大影响，因为他们无法决定集体的情绪或者在他们的团体内部做决策。如果他们的反馈无法施加到谈判者本身，即使是一大群人也不大可能对谈判有显著的影响。对校车司机罢工带来的不便感到反感的许多家庭无法轻易组织起来，为所有人提供替代的交通工具，他们也不能对罢工者施加压力。十分有趣的是，媒体为这样的“无组织的大多数人”提供了越来越多的发言机会。在过去的 20 年中，广播、电视脱口秀节目、博客都有巨大的增长，主持人和作家激起人们对政治问题的争辩，为听众提供发言的机会。打入电话的脱口秀被认为是普通市民参与到政府和公众事件的一种方法，并且在许多情况下，他们为关键的政治问题激起了巨大的公众支持或反对浪潮。网络聊天室、博客和媒体民意调查也已成为流行的公共意见载体。

我们已经阐述了在缺少某种形式的沟通影响力的情况下观众是无法对谈判造成影响的，但必须注意相反的情况也是如此：组织良好的观众对谈判结果有极大的影响，即使他们的总人数很少。有着政治游说倾向和特殊利益导向的联邦和州政府的一些政治游说团体和特殊利益群体的影响力是组织力量的来源。例如，虽然很多民意投票支持这些政府决策，如税改、枪支控制或者环境保护立法，但是游说人员成功地反对了这些决策，并不是由于其数量大，而是由于他们通过在主要的立法官员那里或者在官司中设置阻碍，制造因程序和技术问题引起的延期，策略性地阻碍这些改变的发生（见第 8 章）。

最后，呼吁观众能否奏效取决于谈判者熟练使用媒体的程度。对于不善于使用媒体作为一种有效但是间接的谈判工具的人来说，媒体对他们而言可能仅仅是发推特、出现在镜头中、在麦克风前说一些准备好的内容。然而，正如我们在本书第 9 章中提到的，一个人所传递的信息的内容，尤其是在电视上，通常远不如视觉冲击和表现那样重要。树立一个自信、有控制力和坚决的形象是很关键的，谈判者要穿着得体，善于言谈并且能够控制住局面。进一步地，他必须能够对怀有敌意的或者过分的问题做出有效的回应。最后，代理人会希望被他的委托人（如普通成员、支持者、关系密切的提议者）环绕，他们会公开证明他们的团结以及支持。不论出自什么行业和背景，有影响力的政治家学会了如何使用媒体使他们的信息为人所了解，并赢得主要观众的心来支持他们的立场。

与观众、委托人和其他代理人建立关系

在本章的开始，我们认为试图与另一方建立关系或加强与另一方关系的谈判应该与简单的一次性市场交易不同。同样的原则也适用于谈判者管理与观众、委托人和其他代理人的关系。与破坏另一方的支持相比，谈判者应该努力发展与另一方的个人关系。潜在的假设是与一位友好的对手工作并且说服他们，要比与不友好的人一起工作容易得多（也一定更让人开心）。认为自己与对方相似、对彼此有吸引力或者有过相同的经历的个体更有可能改变对彼此的态度（参见本书第 9 章关于影响力来源和信息接收者影响因素的讨论）。除此之外，建立起私人关系，允许代理人将其信息让不太防御、不太敌对的对手了解。这样，委托人和其他委托人之间的关系越好，最终的协议就越会代表长期的利益而不是短期的盈利（Kurtzberg et al.，1999；McKersie，1999）。总之，代理人尝试将关系从以市场交易为背景转变为以共同利益为背景（参见第 10 章）。

本章之前描述的许多战术都能够应用于这个背景之下。一些谈判者在正式谈判之外又有非正式的会面，喝酒、吃饭、喝咖啡都是显而易见的可以增进双方友谊、进行轻松

的谈话和表达热忱的机会。当双方抛开正式的谈判者角色作为个体会面时，他们能够发现彼此的共同点，并加深对彼此的好感。在这种场合下通常不进行正式的协商，而是开诚布公地交流、建立互信，缓解正式谈判中的紧张气氛和固有的冲突，避免以无法达成协议而结束谈判甚至是谈判者中途恼怒离席的情况。即便在这些非正式会谈中，各方依旧在不停地谈判。

除了发展建立在分享个人利益或者真正喜爱基础之上的关系外，代理人也会强调他们的共同命运。也就是说，他们的委托人对他们施加了责任压力。如果两个代理人都感到委托人施加的压力巨大，他们可能会强调他们的共同命运，并将其作为建立关系的一种途径。“你和我是一样的”“我们都要对付我们的委托人”“我们想为所有人赢得最好的结果”“我们要以相互尊重为基础达成一项协议，并能够在未来依然认为该协议很成功”，这些都是代理谈判公开阶段的陈述（参见我们在第 4 章的相关讨论）。许多有经验的谈判者把共同命运的表达当作“和谐且轻松”的演讲，他们相信另一方将这样表达仅仅作为一种战术，在提出强硬的要求之前软化他们。虽然这些断言可能是正确的，但正式谈判开始时的奉承、愉快的对话确实对谈判起到了关键作用。即使发言是仪式性的，也表明另一方有兴趣建立个人关系，缺少这样的发言可能表明双方在立场上是如此强硬或者他们对彼此相当恼火，这可能成为一个明确的信号，表明谈判会很紧张，并且很有可能陷入僵局。

非正式会面的深层目的是使每一方了解对方的目标。在许多谈判中，主要谈判者在正式协商之前会面，就像我们前面描述的公司和工会领导一样。这种会面的目的有两个：察觉另一方的主要需求；建立一种不论谈判如何紧张都能利用的关系和开放的沟通渠道。这样的会面通常是秘密进行的，因为公开会面会使其他管理者或者工会成员将其看成是串通。然而，一些谈判者会选择公开这一会面来证明合作精神。

最后，代理人之间的牢固关系使得谈判者在向委托人报告谈判解决方案时更好地协调他们的行为。关系越好、越有能力的代理人越能更好地以看上去满足双方利益的方式向委托人陈述协议，即使事实并非如此（Kurtzberg et al.，1999；McKersie，1999）。

11.4　何时使用代理人

这章包含了很多给予谈判者的建议，介绍了当更多人加入谈判和当代理人、委托人、观众和旁观者开始在谈判中扮演他们的角色时，谈判会如何发生变化。在表 11－1 中，我们总结了在哪些情况下谈判者可能会希望雇用一位代理人，在哪些情况下谈判者会自己进行谈判。

表 11－1　何时使用代理人以及何时自己谈判

何时使用代理人

1. 当代理人在处理某些问题或在谈判环境中具有独特或唯一的知识或技能时（如一位律师或会计师），代理人对于达成协议是必要的。
2. 当代理人有比你更好的谈判技能（这个判断需要你有清楚的自我认知以便识别相对竞争力）。
3. 当你只强烈地在乎结果而不是关系时。专家也持有这样的观点，即当我们亲自谈判时，我们通常会更快地屈服。

续表

4. 当代理人拥有特殊的朋友、人际关系，或者他能够联系到正确的人以接近关键决策者使交易完成时（这个途径或联系是我们在第 8 章中讨论过的关系力的类型）。这些特殊的朋友或关系可能会使谈判者不必自己去获取信息，或者他们可能会用来接近和说服无法通过直接联系接近的人。 5. 当你在一个问题上非常情绪化并需要某个不那么情绪化的人来代表你去跟对方谈判时。 6. 当你希望使用一种更为灵活的谈判策略，而这种策略需要多方参与时，如第 2 章中列举的红脸/白脸策略或者有限权力策略，这些策略在分配式谈判中更常见。 7. 当你本能的冲突管理风格倾向于妥协、适应或逃避时。即使代理人与你有相同的冲突管理风格，他们作为你的代理人也会比他们为自己谈判更强硬。 8. 在你做得好时能得到更高回报，并且/或者你做得不好时会面临更高成本的谈判情形中。
何时自己谈判 1. 当你想要建立或重建与另一方谈判者较为牢固的个人关系，并且/或者你希望他们与你建立这种关系时。信任最好在没有代理人的一对一的情况下建立和培养。例如，当事人在诉讼中解雇律师而尝试自己进行辩护的情况很常见。 2. 当你需要修复一段受损的关系。为过去的行为解释和道歉，并许诺未来的表现，由自己来传达比通过代理人更好（见第 10 章关于修复破碎的信任）。 3. 在你起草一份协议之前，想要通过非正式会议、对话和谈话等了解对方更多的信息时。 4. 当你的谈判技能比可利用的代理人强很多时。再次强调，谦逊和无偏见的自我认知在做出这个判断时是必要的。 5. 当你认为你的代理人更可能会代表他们自己的利益而不是你的利益时。 6. 当雇用一个代理人成本太高或者太费时间时，斯科特、曾和斯奈德（Schotter，Zeng and Snyder，2000）相当令人信服地论证了当通过代理人讨价还价时，效率有显著的下降。 7. 当被代理人代表的形象可能会让另一方怀疑、更具防御性或减小同意的可能性时。绝大部分人基本不用代理人来和老板谈判加薪。 8. 当代理人太过投入感情、太具防备性、太固执、受困于他自身的局限中，并且由于他自己的情绪投入和贡献而危及协议时。例如，律师可能因为太过重视法律细节或类似的东西而不能对案子的特定方面做出有价值的发言。

资料来源：Adapted and extended from Rubin，Jeffrey Z.，and Sander，Frank E. A.，“When Should We Use Agents? Direct vs. Representative Negotiation，” *Negotiation Journal*，vol. 4，no. 4，October 1988，395－401.

11.5 管理代理人

我们大多数的建议是对谈判者管理观众和委托人提出的，我们也应该花一些时间来对委托人如何有效地管理代理人做一定阐述。许多建议能够从我们前面对观众和代理人的影响的讨论中提取出来，如互相竞争的利益的影响、责任的压力和挽回面子、最后期限等。我们也利用了费希尔和戴维斯（1999）以及他们对委托人管理代理人的特殊建议，尤其是那些试图取得整合式结果的建议。

1. 检验代理人的证书和资格。对他们进行面试，发现他们的经验，检查介绍信并决定你和代理人是否相合。

2. 花一些时间了解代理人。确保你和代理人的合同以及你的期望清晰明确。

3. 在你了解代理人的谈判能力和理解关键问题之前，不要授予代理人对任何一个独立的问题做出承诺的权力。

4. 在开始时，代理人应该有自由设计和确定行之有效的全局性谈判进程的权力。

5. 委托人应该将与代理人的沟通主要集中在利益、优先权和备选方案上，而不是特定的解决点上，除非有一些绝对不能让步的事项。

6. 委托人应该对代理人做汇报的频率和质量提出明确的要求。

7. 委托人应该对代理人明确说明在谈判中什么是可以公开的，如利益、可接受的解决方案的范围、关键事实、当事人的身份（有时候在商业或者不动产交易中要保密）等。

8. 随着代理人和委托人通过谈判获得对另一方的认识，代理人的权力应该扩展。

9. 委托人对代理人的特定的指导原则应该以书面形式写出来，必要时能够给另一方看。

10. 制作一份双方都清楚的行为或结果合同并且准备好在出现错误传达或错误理解时进行阐明。

本章小结

有时候，谈判是双方之间的私事。在另一些时候会有观众参与到谈判中，并且观众出席谈判会对谈判有微妙而直接的影响。

谈判中会遇到三种类型的观众。首先，当几组人（而不是个体）谈判时，主要的谈判者占用了谈判中绝大部分的对话。虽然他们通常彼此直接对话，但也会利用赞同自己或者反对对方观点的人作为观众。我们将在下一章中广泛讨论这些情况。

第二种观众类型是谈判者所代表的委托人。为一栋新房子进行谈判的丈夫或者妻子代表了一个家庭，公司的预算委员会组织明年的资金预算谈判，采购人员为他们的公司谈判，外交官为他们的国家谈判。每一种情况中的观众与谈判结果之间都存在利害关系，并且根据他们代理人的能力获利或蒙受损失。

第三种观众类型是旁观者。旁观者在谈判中或看或听，形成对解决方案和谈判双方的满意或者不满意的意见。旁观者也许会（也许不会）受到谈判过程和结果的间接影响。

观众通过两种不同的途径影响谈判者：其一是谈判者希望从观察他们行为的那些人那里得到肯定的评价；其二是观众认为谈判者对谈判结果负责任。观众能够公开表扬谈判者或通过解雇来惩罚谈判者，他们能够干预并且改变谈判过程，特别是当他们在某些纠纷中要求强制性仲裁或者进行实况调查时。他们将喜好公之于众（例如，通过媒体公布），从而通过公众的意见和支持的影响对一方或者双方施加压力。

观众对谈判可以产生有利和不利的影响。当谈判者试图强迫另一方采取更为灵活且更受欢迎的立场时，谈判者会利用观众来取得优势。当谈判者认为那些影响对他们来说是不受欢迎的时候，他们会试图阻止观众对谈判造成影响。虽然影响观众有许多不同的方式，但是所有的方式都涉及控制谈判可见度以及与观众进行沟通。在本章中，我们提出了影响观众的4个基本策略。

1. 通过让谈判者的行为能为委托人所见来限制其做出让步，让其他方认识到谈判者现在的状态很难改变。

2. 通过切断谈判对观众的可见性来增加双方做出让步的可能性。

3. 通过观众与另一方的观众进行间接沟通。

4. 通过减少可见性和与双方观众的沟通来促进与另一方谈判者建立关系。

最后，我们也为委托人提供了几条用于在谈判中管理代理人的建议。这些建议包括管理代理人权限，帮助代理人理解委托人的主要利益和选择，赋予代理人管理谈判过程的自由权以及建立代理人和委托人之间的频繁汇报的程序。

当谈判从秘密状态转为公开时，谈判就变得更加复杂且更加正式。谈判者需要考虑谈判是否应该秘密地进行或者如何利用观众的影响力。忽略了这一点就忽略了决定谈判结果的一个强有力的因素。

关键术语

第三方（third parties）：为了协助达到谈判目的而被引入谈判的旁观者。第三方常常可以缓和极端化的情况并促成协议的达成。

观众效应（audience effects）：在谈判中，经常有些个体并不积极地参与到整个谈判，这是因为有人代表他们参与，有代理人代表他们的利益；代理人谈判的结果会影响到他们的利益，或者他们会观察代理人的表现并提供建议、评论或对过程及结果提出评价。若处于这种情况，谈判者必须将其注意力由其他谈判者转向这些个体。我们通常把放在这些额外的团体（不管他们是谁）上的注意力称为“观众效应”。

代理人（agents）：代表一个或更多的谈判方的利益、要求或者偏好。由谈判桌上的核心谈判者来代表。

委托人（constituent）：委托人是指委托他人为自己办理事务的人。

两难困境（dilemma）：委托人越是信任其代理人，代理人就越容易感到价值创造的自主和自由，越可能去创造价值，但也越有可能偏离委托人的初衷，代理人会试图说服委托人新的解决方案与其初始利益是一致的。

基本的困境（basic dilemma）：谈判者既要满足委托人对坚定立场的要求，又要满足另一方对让步的要求。

注 释

[1] See Benton (1972); Breaugh and Klimoski (1977); Haccoun and Klimoski (1975); and Klimoski (1972).

[2] 在这一章中，我们注意到大多数谈判者所面临的一个难题：对另一方所说的话要相信多少，是否相信其他人说的话（Kelley，1966）。相信和轻信别人说的一切会使谈判者处于受他人控制的境地，但是不相信别人说的一切会导致达不成任何协议。代理人和委托人之间有相似的信任困境。

[3] Blessing's 1988 *play A Walk in the Woods* is an interesting re-creation of the way President Jimmy Carter shaped the Camp David accords between Israel and Egypt through a number of informal discussions with Prime Minister Menachem Begin and President Anwar Sadat.

N E G O T I A T I O N

第12章

联 盟

学习目标

» 理解联盟的含义，联盟在谈判中起重要作用的原因。

» 探究联盟的形成和发展方式，是什么使联盟坚固或脆弱。

» 思考联盟组织和成员如何针对谈判问题做出决定。

» 获取在建立和维系联盟方面切实可行的建议。

在第10章和第11章中，我们着重讨论了谈判的社会环境，形成了两个重要的主题：（1）当各方当事人之间存在某种持续性关系时，谈判的动态情况就会变得更加复杂；（2）当谈判者代表其他当事人时，谈判的动态情况也会变得更加复杂。我们认为谈判者作为代理人代表他人利益，和其委托人之间互动。在本章以及下一章中，我们将对包括多方当事人的三种情况进行研究。现在我们着重研究多方（两个以上）当事人互相进行谈判，且谈判中的各方都想努力地达到各自目标的情况。我们考察了当事人是如何通过结成联盟来实现他们的既定目标的。在第13章，我们研究那些由多方当事人组成的谈判以及由多人组成的各方当事人的谈判。

在本章中，我们对联盟的含义做了概述，同时描述了联盟可能存在的不同形式。接下来我们分析联盟是如何形成和发展的，以及为什么会这样形成和发展，联盟做出决策的特性，以及谈判力和影响力在联盟中的作用。在本章结束的时候对建立和保持联盟提出了一些可行建议。一旦成功地建立联盟，它就不只是通过与有益伙伴进行短期结盟来追求个人利益的便利工具，联盟能为谈判桌上的每一方当事人以及联盟政治所存在的更大的社会系统（如组织、社会团体）带来互利且持久的收益。我们希望可以通过这一章使你更加了解建立和保持有益联盟的艺术和科学，使你在多方谈判和争端解决中更好地利用广泛存在的联盟。

让我们从一个例子开始本章，该例子阐明了当多方当事人参与谈判时，情况就会变得相当复杂。

12.1 多于两方当事人的情况

当更多的谈判者加入时（见图12－1），谈判情况就会变得更复杂。例如：假设有一个学生，他想卖一台LED屏智能电视。他在在线校园广告栏上张贴了一则通知，标明了电视的详细信息以及参考价格，两个感兴趣的同学给他打了电话。现在让我们来设想一下在这种情况下可能出现的三种情形。

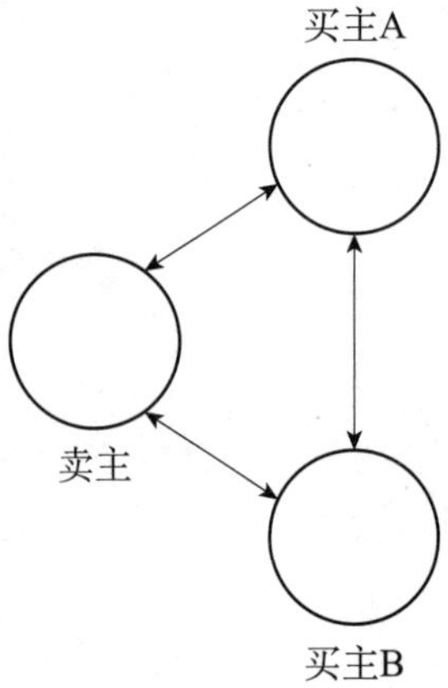

图12－1 一个卖主与两个买主的情况

● 第一种情形，两个潜在的买主是室友。一个室友已经同意由自己来进行谈判并尽量谈成最优价格，而另一个则保持沉默，但会一同前来给予精神支持。

● 第二种情形，两个买主彼此不认识。卖主可以卖给第一个打电话的人，或者卖给第一个出现在他公寓门口的人，或者让两个人同时来谈并试图让他们彼此竞价。在这种情况下，每一个买主对电视的报价都成为卖主卖电视可选择的价格（假设这些可选择的报价都是可以接受的），而且实际上卖主可以将电视卖给出价最高者。

● 第三种情形，两个买主同时出现在门口，互相问好后发现他们住在同一栋宿舍楼里，他们还发现卖主通知他们来的时间是一样的，因此他们断定卖主很有可能试图让他们相互竞价。因此，他们达成一致约定对电视虚报一个低价并且只小幅度提高报价。他们希望努力压低价格并且当场付现金，卖主能立即将电视卖给他们。

以上三种情形代表了三方谈判中的三种情况。第一种情况类似于我们在第11章中描述的典型的代理关系。一个买主代表另外一个买主，在整个谈判过程中实际上发生了两个谈判：一个是在卖主和买主之间，另一个是在两个买主之间。在第二种情况中，卖主进行了一系列一对一的交易，他让一个人先行报价，然后拿着这一报价找到另一个人，让其提高价格。当卖主努力地使这些买主参加到竞拍中时，他将每一个潜在的买主都作为他的可选项。这一情况下卖主的成功很大程度上依赖于买主之间不愿意或者不可能进行沟通。在第三种情况中，卖主的利益会在不知不觉中受到买主达成一致意见的损害。发现卖主试图让他们相互竞争之后，为了压低价格并且惩罚卖主（因为他想将这次交易设计成拍卖的形式），买主就有动力而且有能力合谋。如果买主成功了，那么他们能够以一个便宜的价格买到这台电视（尽管他们之间仍可能要面临一场关于谁能真正拥有这台电视以及如何使用它的条款的谈判）。在本章中我们着重分析第三种情况——当谈判当事人为巩固其谈判地位通过集体行动形成了联盟时，会发生什么情况。

12.2 什么是联盟

简单地说，联盟就是两个或多个当事人在大的社会背景下的一个集合，这些当事人为了彼此都想要的目标而聚集在一起（Guo and Lim，2007；Murnighan，1986）。以四方谈判为例，两方也许会结成一个联盟，并试图朝使己方的两方当事人都感到满意的方向影响谈判结果，即使这样做会使另外两方的利益受到损害。

目前已经有大量针对联盟的研究，其中大部分研究以实验性质的讨价还价或者模拟投票的形式在实验设定的环境中完成，但是也有一些是在现实世界中分析联盟形成的应用型研究。复杂的组织是一个特别吸引人的研究联盟的背景，因为在复杂的组织中决策经常是由结成联盟的一些人做出的。被广泛接受的组织治理和管理理论[1]将指导和管理组织的那些人称为“主导的联盟”。通常主导的联盟包括级别最高的人，如总裁或者首席执行官，也可能包含幕僚、高级顾问、律师，或者其他可能没有主要头衔但在决定组织的目标和发展方向方面有显著影响的人。

皮尔斯、史蒂文森和波特（Pearce，Stevenson and Porter，1986）提出联盟有以下特征。

● 联盟是内部相互作用的个体形成的集体。这个观点将具有相同目标但彼此之间没有相互作用的个体组成的集体（如电视例子的第二种情况）排除在联盟之外。联盟成员应就相关问题进行沟通。通常联盟中的大部分人都知道谁属于联盟而谁不属于。

● 联盟的建立是有意识的并且以问题为导向。在联盟中，各方当事人为实现某些有利于他们的特定目标而有意地加入。一旦与这些问题有关的成员间的互动不复存在，联盟也随之消失。当一个新的事项出现时，处于休眠形式的联盟又有可能再次被唤醒。

● 联盟的存在不一定要有正式的结构。一个联盟不一定是一个正规的组织，例如，一个部门、团队或者专项工作组（这些组织的成员在一定的组织架构中联结在一起），一个部门或者团队也可以围绕共同的目标以非正式的方式结合到一起。在这种情况下，联盟起初建立的模式为基于各方利益的非正式组织，而非基于组织架构的正式组织。

● 联盟缺乏正式的结构。因为联盟不具备正式的组织架构，不是法律实体，它缺少一些内部等级制度和正式合法的权威性。然而，伴随着联盟的存续和演进，非正式的领导关系和联盟中的角色地位也许会随之发展。

● 联盟专注于联盟外部的目标。很大程度上联盟的建立是为了对联盟外部的个人或组织施加影响。这一外部的作用对象可能是组织内部（但不属于联盟）的一个人或者团队，也可能是组织外的一个人或团队。

● 联盟要求成员统一行动。联盟要求其成员朝着一个共同的目标采取集体行动。联盟成员可能会一起采取某些行动或者致力于共同避免采取某些行动（如一些形式的有组织的抗议），不论是哪种情况，联盟的目标都应是实现个体无法实现的集体目标。

联盟的本质是其成员都努力去获得那些可以满足联盟整体利益的结果，而不是去满足联盟所处的更大组织的目标，尽管有时这两者是可以相容，可以同时得到满足的（Polzer，Mannix and Neale，1998）。

联盟的类型

联盟可以采取很多种形式。我们在这里引用科布（Cobb，1986）对联盟的不同类型的归纳总结。

1. 潜在联盟，是一个可以通过采取共同行动形成联盟，但现在还没有实现联盟的新兴利益集团。潜在联盟有两种形式，即潜在形式和休眠形式。

● 潜在形式的联盟就是一个尚未启动的新兴利益集团。

● 休眠形式的联盟就是之前已经建立，但现在没有运行的利益集团。

潜在联盟对联盟成员和联盟所反对的人来说都是有利的。如果一个人可以确定是什么使得一个支持的或者反对的联盟形成（或者是什么触发一个休眠的联盟），那么这个人就可以据此选择行动的方向，以使联盟启动或者失效。

2. 一个正在运行的联盟，是目前在运行、处于活跃状态并发挥作用的联盟。有两种常见形式，即已成立的联盟和临时的联盟。

● 已成立的联盟相对持久，更加活跃。已成立的联盟会持续运行下去，是因为其成员代表了相当广泛的利益，或是因为有些问题很难彻底解决，或是因为持续地反对另外一个已经建立起来并持续活跃的联盟。例如，在大多数政府系统中，存在着由自由主义者、保守主义者、中立主义者组成的联盟，他们不断参与到关于一系列问题的辩论中。

● 临时的联盟运行的时间很短而且通常针对单一事件或问题而建立。它的形成是为了快速实现集体行动的目标，当目标实现时，也就是联盟解体之时。然而，通常临时联盟中的成员会发现他们有其他更为持久和长期的共同利益，因此，临时的联盟经常会转变成稳定的联盟。

3. 反复存在的联盟，这种联盟可能起始于一种临时的联盟，但是后来发现其针对的事情和问题会不时发生，因此联盟成员在需要共同行动时会再次聚集到一起。例如，一个市民组织成功地就一家快餐店的位置提出了反对意见，该组织可能会发现其中的问题并没有彻底解决，当一个大型的便利店随后在同一地点寻求建筑许可时，他们需要再次形成联盟。

12.3 联盟是怎样和为什么形成和发展的

联盟什么时候形成

联盟在任何时候都可以形成

在家庭中，父母通常站在同一阵线，给希望延长玩的时间或是少做家务的孩子设置障碍。父母中的一方也可能会与一个或者多个孩子结成联盟向另一方施加压力，爸爸对最大的儿子说，“去告诉你妈妈，订泰国菜很好”（不想在那天晚上做晚饭）。同样地，政治组织中也经常形成联盟，这些联盟集合力量支持或者反对一些立法议程。同样的事情也发生在商业组织中，各方聚集在一起支持或者反对由组织的正式领导制定的决策。当复杂的并购出现时，联盟有可能会出现在公司之间（Gomes，2015）。在每种情况下，基本的联盟形态是一样的：各方当事人聚集在一起，倾尽他们所有的努力和资源，以追求共同或者部分重合的目标。

联盟的形成能够在很大程度上帮助解决艰难的争议，使之变得易于处理。正如我们之前提到的那样，争议不可避免地会因为参与方的增多而变得更加复杂。斯塔基、博耶、威肯费尔德（Starkey，Boyer and Wilkenfeld，2015），这些撰写了关于国际政治和谈判的政治和政策的教授，观察到联盟的形成能够达到减少谈判桌上参与者的效果，创造“一个对于参与方而言更熟悉和可控的模型”（p. 51）。

可以用多种方式分析联盟的形成

很多社会科学都对联盟进行了研究，其中包括经济学、社会学、心理学和政治科学（以及其他学科）。社会学家试图在现实中找到集体组织和社会运动来作为样本研究联盟的建立（例如 Simpson，2015）。例如，妮塔·范戴克（Netta van Dyke，2003）使用历史档案来检验联盟形成的条件，这些条件可能属于社会运动的边界范畴或者跨越了这一边界。范戴克检查了 1960—1990 年在大学校园里发生的 2 000 起抗议事件。调查结果显示，当资源可以获得以及存在受威胁情况时一次性的运动联盟更容易形成。相比之下，心理学家和经济学家经常通过实验的方法来研究联盟。在实验中，每个人拥有一些资源，但只有当这些资源合在一起时才能取得期望的结果。研究的焦点经常放在个体行动者如何形成最不可能“赢”的联盟以及每一个参与者通过参与这一联盟获得多少收益（Murnighan，1982）。控制资源是联盟形成过程中两个重要方面的基础：每个成员给联盟带来了哪些资源以及如果联盟成立每个成员可以从中获得什么。

一个经典的联盟模型

为了理解何时会形成联盟以及联盟形成的原因，我们研究了一个经典的联盟问题，即 4－3－2 模型（Murnighan，1978，1982）。在这一模型中，为了募集到奖品（如一大笔钱），三个参与者被给予了不同的选票数。安德鲁（A）拥有 4 张选票，芭芭拉（B）拥有 3 张选票，塞西尔（C）拥有 2 张选票。为了得到奖品，他们必须至少有 5 张选票，因此，若不与其他参与者形成联盟，任何参与者都不能获得奖品，而且每一个参与者必须一次性使用他所有的选票。参与者之间可以进行沟通（有时通过谈话的方式，有时只发送文字信息），他们的任务就是决定与谁结盟以及之后如何分配奖金。毫无疑问，决定谁与谁结盟的最重要因素就是他们如何决定奖金的分配。基于一系列的研究，莫宁汉等（Murnighan，1986，1991；Murnighan and Brass，1991）提出了以下发现。

- 3－2（芭芭拉-塞西尔）联盟是最常见的情况。这一结果经常发生，因为安德鲁（拥有 4 张选票）认为他对联盟贡献最大，应该获得最大的份额，或者因为安德鲁的要求被认为太过分（可能是这样），又或者因为芭芭拉和塞西尔感觉安德鲁对他们很糟糕，又或者因为芭芭拉和塞西尔认为他们可以集中他们为数不多的选票来获得全部奖金，因此更多的情况是芭芭拉和塞西尔倾向于形成联盟。
- 3－2 联盟一旦形成，看起来比较稳定。换句话说就是在大量的重复实验中，芭芭拉-塞西尔的联盟将会始终占据主导。芭芭拉和塞西尔将会一直选择对方而将安德鲁排斥在联盟外。奖金最常见的分配方式就是对半分，或者给芭芭拉（拥有 3 票）稍微多一些。
- 有时，稳定的联盟也会破裂。如果安德鲁对芭芭拉或者塞西尔提出一个非常有吸引力的条件，就可能诱使他们中的一个脱离芭芭拉-塞西尔联盟，这时稳定的联盟就很有可能破裂。有趣的是，研究结果表明如果安德鲁想要打破芭芭拉-塞西尔联盟，他就需要对芭芭拉或者塞西尔提出一个非常诱人的条件（如一九分成），但事实上，安德鲁几乎不会这样做。他可能会提出一个相对之前略好的条件，但通常情况下，安德鲁给出的条件只是将分配比例稍微提高一点点，但这不足以诱使芭芭拉和塞西尔背叛他们之前达成的联盟协议。

当安德鲁成功时，他更可能会使得芭芭拉而不是塞西尔背叛联盟（Murnighan，1986）。莫宁汉猜测这可能是由于芭芭拉膨胀的自我意识——他认为“我得到了一个更有利的分配方式，大概这是我应得的，为什么我不能得到一个更好的分配方案呢？”（Murnighan，1991，pp. 131－132）。这一结果也可能因为塞西尔不会背叛联盟，因为他得到的一直都比其他人少，他需要给继续参与这样的交易一个合理的理由。

一旦背叛出现，随之而来的会是什么呢？背叛者（假设是芭芭拉）很可能受到了相当大的诱惑（如给他较大份额奖金的承诺）才选择背叛。背叛者现在可能坚持认为这部分多出来的奖金应该一直属于他。这一行为通常在安德鲁看来是贪婪的，尽管一开始是他提出了这一丰厚的奖金条件才使芭芭拉变得这么贪婪。因而，在今后的分配中安德鲁可能因为芭芭拉的贪婪而拒绝给予他丰厚的奖金。此外，塞西尔仍然对芭芭拉背叛了原有的稳定的 3－2 联盟而感到愤怒。因此，被诱惑并最终背叛了 3－2 联盟的芭芭拉现在可能被两边同时拒绝。安德鲁和塞西尔可能会结成联盟。这一联盟可能会持续很长时间，除非芭芭拉能在谈判中提出一个足以打破联盟的非常诱人的条件。

一个现实世界的例子

在现实生活中，存在着大量的与 4－3－2 模型联盟类似的情况。例如，在 1957 年欧洲经济共同体（EEC）最初成立时，联盟成员包括其创始国德国、法国、意大利、荷兰、比利时和卢森堡。德国、法国和意大利国土面积大而且经济实力雄厚，而比利时和荷兰要比这三巨头弱但其经济实力又强于卢森堡。在EEC的首批条约中，每个国家的表决权是与其经济和国土面积成正比的（德国、法国和意大利各有4票，比利时和荷兰各有2票，卢森堡有1票）。有些决议需要全体一致投赞同票方能通过，其他决议则只需多数赞同票通过（占全部的2/3）。这些要求促使大量联合行为产生。当需要全体一致通过时，最小的国家也可以对决议产生很大影响，因为它可以对提出的任何政策投出反对票。相反，当只需要多数投票就可以通过时，小一些的国家就可能会寻求与大一些的国家联盟。当三巨头决定联合时，所有的小国家都很可能被排斥在外。直到1973年EEC扩大了其成员国，这样的状况才被彻底改变。当丹麦、爱尔兰和英国加入EEC时，各方当事人所持的选票占总票数的比例发生了变化，需要多数赞同票通过的决议所需的总票数也随之改变（Murnighan，1991）。

联盟资源的本质

一般而言，人们形成联盟是为了保存或者增加他们的资源。正如莫宁汉（1986）指出的，存在着几种不同的资源类型，如资金、信息、自然资源、判断力（不咨询别人独立做出决定的能力）等。在我们已经讨论过的情况（4－3－2模型和20世纪50年代的EEC的例子）中，资源就是每一方带到决策过程中的可能的选票数量。早期对于联盟的实验研究往往是将资源定义为选票（Gamson，1961），但是当选票不能转化成任何可以控制事态发展的真实的谈判力时，对投票行为的研究很难形成概念。

联盟投入的资源可以有很多种形式，这取决于联盟形成的特定背景，记住这一点非常重要。例如，在组织中，联盟会很现实地围绕着主要资源而形成，如信息、资金或者对团体和组织未来发展方向的控制权。联盟的投入也可能包括其他种类的资源，例如，非常努力工作的人，拥有完成任务或解决问题的能力或技术的人，或者拥有专业知识的人。努力、能力和技能对联盟来说与控制特定资源同样重要。例如，在合资企业建立时，能力、技术和专业技能通常与资金、工厂生产能力和原材料处于同样重要的地位。

在两方或者更多方认为他们属于同一个社会类别时，联盟可以围绕一个共同的社会身份而形成。这些类别可能包括作为群体身份的基础或者社会分类（如性别、人种、国籍等）的大规模社会群体。联盟也可以是个体熟识之后进而产生群体内部的互动而形成的社会类别，例如，贡献较大的人相比贡献较小的人，或者个人在团队中担当的角色（Swaab，Postmes and Spears，2008）。当联盟只是围绕着社会身份形成时，联盟成员并不是真的“理性”。换句话说，这样的联盟并不是基于谈判内容而形成的，即基于联盟成员各自的通过控制共同资源来影响结果的能力形成的，因此联盟未必能够帮助他们实现谈判目标。然而，谈判者也是人，人往往倾向于跟自己相似的人结成联盟，这就使得多方互动中不可避免地出现基于身份的联盟。

有个关于联盟不同寻常的投入的有趣例子，见专栏12.1关于弦乐四重奏乐队中联盟的角色的描述。

专栏12.1

弦乐四重奏乐队联盟

两位研究人员基思·莫宁汉（Keith Murnighan）和唐纳德·康伦（Donald Conlon）对在弦乐四重奏乐队中出现的团队协作和联盟政治做了研究。他们的分析是基于与英格兰和苏格兰地区的 80 个弦乐四重奏乐队的会谈展开的。

在一个弦乐四重奏乐队中，有四个音乐家——两个小提琴手、一个中提琴手以及一个大提琴手，他们必须一起演出，使乐曲听上去和谐。由于组织内各成员的个人天赋有所不同，他们必须合作才能完成工作，因而每一个弦乐四重奏乐队都形成了自身独特的风格。两个弦乐四重奏乐队即使演奏的是同一首曲子，演奏效果听起来也是有差别的。演奏者之间会因为在乐队中所起的作用及其自身的声誉而产生很多争论、讨论和谈判。

- 首席小提琴手总是最重要的演奏者以及乐队的驱动力。很多优秀的音乐作品都是为这一角色而写的。因此，首席小提琴手变得狂妄自大是较为普遍的事情。
- 第二小提琴手总是要附和首席小提琴手，因此总是被视为弱一些的演奏者。他们的工作就是充当“副手”，同时还要配合首席小提琴手。
- 中提琴演奏者经常被视为最古怪和最不按惯例行事的人。他们中的许多人很小就开始练习小提琴，但很难在与其他顶级小提琴手的激烈竞争中脱颖而出，因此转而选择演奏对专业水平要求不那么高的中提琴。
- 最后，大提琴手被视为演奏背景音乐的角色。他们经常演奏的是低音，起到为乐队里其余的演奏者奠定基调的作用。
- 与首席小提琴手相比，其余的三个乐队成员经常被视为四重奏乐队的“底层”，他们的工作就是配合和突出首席小提琴手。

基于与这些音乐家的面谈，莫宁汉和康伦认为弦乐四重奏乐队的背景演奏家和中间层次的演奏家最容易结成联盟。首席和第二小提琴手也经常会结盟，因为他们演奏的乐器是相同的。相反，有研究者认为人们几乎不会将大提琴手排斥在联盟之外，即便他们演奏的乐器体积更大，不能像小提琴一样夹在下巴上演奏。此外，联盟中的其他差异也会促使该联盟发生一些动态变化（例如，一个成员是女性而其余成员是男性的话，或者三个成员都住在该城市的一个地方，又或者一个人的能力或其对乐队的投入水平对其他三个成员造成了严重的影响）。

将联盟的行为准则应用到这些专业化的团队中，就为我们阐释了如何就内部固有冲突谈判，如何与那些被掩藏在所有类型的团队表面下的联盟谈判。

资料来源：Adapted from Murnighan，J. K. and Conlon，Donald E.，“The Dynamics of Intense Work Groups：A Study of British String Quartets，” *Administrative Science Quarterly*，vol. 36，no. 2，June 1991，165 - 186.

“公地悲剧”

我们以上讨论的例子都是通过建立联盟来实现成员的共同目标。除此之外，联盟也可以是为了避免出现利己主义行为导致不好的结果而建立的。对这种问题（称为社会困境或者公地困境）的一个经典阐述就是由加勒特·哈丁（Garrett Hardin，1968）提出的“公地悲剧”。这是 17 世纪英国乡村生活的写照。莫宁汉（1991）讲述了这个故事。

在镇中心附近的地方有一片公共土地，城镇中的任何人都可以使用这块公共土地。野餐、农产品交易会和夏季婚礼往往都在这块公地上举行。一开始对于这块地方没有制定任何的使用规则，城镇上所有人都可以采用他们喜欢的任何方式来使用这片地。不幸的是，有一个牧人住在城镇的另一端，他认为如果可以在这片公地上放牧的话，他就能在不多买土地的情况下增加他放牧牛群的数量。采取这种方式，他就可以充分地利用自己的农场并且获得更大的牛群。一旦一个牧人这样行动，城镇中的其他牧人也明白了这是一个对自己十分有利的方案，于是他们也到公地上放牧。当然了，没过多久，富饶的公地沦为荒地，没有了草，失去了吸引力，人们也不会在公地上举办任何社会活动了。下雨的时候，公地就变成了一片泥塘。再也没有人想要在这里举办婚礼了。正如哈丁提出的："所有人一拥而去的地方就是废墟的目的地，每一个人都追求其自身在社会中的最大利益，他们相信自由使用的公共资源可以给他们带来最大的利益。公共资源的自由使用会毁掉所有东西。"（pp. 141 - 142）

读者会发现社会困境这一术语可以用在很多现实问题上，如空气和水污染、自然资源的使用、慈善捐款、选举投票（或者不投票）。在每一种情况下，如果很多人认为他们的举动或者选举行为不会对结果造成很大影响，就会出现严重的社会问题。例如，一个新英格兰捕龙虾的渔夫可能希望持续劳作来养家糊口，然而，如果所有在同一片水域（公共用地）捕龙虾的渔夫数量没有减少的话，多年后龙虾基本上就所剩无几了。只有大家一起承担从自身做起不去无限地占用公共资源，公地困境才有可能避免，而今后其他人也可以共享这些资源。

不幸的是，公地困境经常会螺旋式不断恶化。然而研究表明，相关个体之间的沟通交流（Orbell，van de Kragt and Dawes，1988），对合理使用相关资源的教育（Roch and Samuelson，1997），以及公开地让个人承担节约资源的责任（Dickerson，Thibodeau，Aronson and Miller，1992），都可以使得人们对于公地悲剧的反应更加体现出亲社会性。另外，那些感觉到团队归属感的或者被团队重视的人的行为会更有益于整个团队的利益（De Cremer，2002）。这些方法有可能会使得人们更加倾向于彼此合作，并且强调联盟可以在团队发生冲突时起到重要的作用。

联盟是怎样发展的

通过一系列的调查研究，莫宁汉和他的同事（Murnighan，1986；Murnighan and Brass，1991）提供了对联盟过程详尽的评估。研究结果显示，以下步骤和行为在这个过程中至关重要。

联盟开始于一个创始人

联盟的创始人就是发起联盟的人。在典型的情况中，创始人就是发现了他们自己不能通过现有渠道得到想要的东西的人。联盟的创始人通常会列出实现目标所必须完成的日程表和必须采取的一系列行动。从影响力的角度看（见第8章和第9章），创始人制定出行动日程、愿景或承诺，并且劝说其他人加入他的联盟中来实现目标。

创始人与其他人进行的讨论经常会采用谈判的形式。在某些情况下，只对其他人进行劝说也可能会成功，即简单地描述想要实现的目标，或者用溢美和热情的词语来描述它，创始人可能就可以获得其他人的支持。在其他情况下，只努力劝说是不够的，而且创始人可能不得不提供一些奖励或者好处来吸引其他人加入。实际上，谈判就发生在这一过程中。莫宁汉和布拉斯（Murnighan and Brass，1991）提出在联盟过程的早期，创立者可能要给潜在的加入伙伴提供份额不等的利润或好处。换句话说，创始人可能会按不平等或者不公正的份额比例分配给早期加入的人。这样做是因为在没有明显利益的刺激下，人们可能不愿意承担风险并加入联盟。因此，创始人就会面对一个显然的悖论，那就是在联盟过程的早期，他可能需要为了一点点好处而做出很大让步。但是，这一过程不可能无限期地持续下去。当联盟建立起来并且变得牢固时，其他潜在的合伙人会更有兴趣，也会想要加入，这时创始人的地位就会由弱（不得不为了获得盟友而做出很大让步）变强（能够对希望加入联盟的新成员提出条件）。

莫宁汉和布拉斯（1991）表示有两个关键的因素会影响创始人建立联盟的能力。

- 成功的创始人拥有广泛的交际网。在第8章中，我们讨论了拥有一个交际网以及在交际网中处于关键位置的能力。成功的创始人通常都拥有广泛的交际网，当他们因为某件事情需要其他人帮助和支持时，他们就可以联系到那些他们认识并且可以接近的人。正如我们在第11章中提到的，多方谈判看起来像分支链，谈判者最终通过这些链条与其他方当事人建立联系并且为更加正式的会谈或者讨论奠定基础（Pruitt，1994，1995）。

- 联盟的创始人在早期获利总是很小。因为其他人往往对支持联盟持怀疑态度，一个创始人需要给予早期加入的伙伴足够多的优惠，使其觉得加入联盟是值得的。因此像我们之前说明的那样，联盟的创始人不会立即从早期的支持中获益。事实上，在有其他人加入联盟，联盟建立起一定的驱动力之前创始人的情况实际上会很糟糕。

建立联盟在激进的社会运动的背景下格外重要。专栏12.2从社会变革过程中联盟领导者的视角考察了联盟成功的含义。

专栏12.2

联盟成功的含义

联盟的领导者是怎样把联盟定义为成功的呢？领导者什么样的品质被认为有助于成功建立联盟呢？为了回答上述问题，研究人员特里·米泽拉什和贝丝·罗森塔尔（Terry Mizrahi and Beth Rosenthal，2001）与70位来自40个不同联盟的现任和前任联盟领导者进行了会谈。这些联盟在纽约/新泽西地区动员人们采取行动改变社会形态。参与者被问及他们建立联盟的目标、策略、组织构建和管理技能以及做决策的过程等问题。

结果显示联盟的领导者定义成功的方式有很多种。大多数被访问的领导者认为成功是实现个人目标以及在改变世界中起作用。其他人将成功定义为“对问题获得了新感悟”“建立了持久的交际网”“寿命很长”。

不管这些领导者是怎样定义成功的，绝大部分都认为努力实现联盟目标以及优秀的领导力是成功最重要的两个因素。由参与者提出的影响联盟成功的其他重要因素可以分为两大类。

- 内部因素（在联盟的控制之内）：进程、结构、策略和可利用的资源。
- 外部因素（在联盟的控制之外）：政治环境、联盟想要影响的目标以及时机。

采访中联盟内部资源交换的重要性被多次提及。许多领导者都认为让成员从联盟中获得一些东西很重要，这样他们才能对联盟进行回馈。“成员们付出和从联盟获得的资源越多，他们就越会对联盟忠心”（p.73）。因此，回馈机制被看作成功的关键。

当参与者被问到什么个人特质能使联盟领导者有效地领导一个联盟时，他们给出以下答案：坚持不懈、说服力、谈判技巧和引导技巧最为重要。

资料来源：Adapted from Mizrahi，Terry，and Rosenthal，B. B.，"Complexities of Coalition Building：Leaders' Successes，Strategies，Struggles，and Solutions，" *Social Work*，vol. 46，no. 1，January 2001，63－78.

通过一次增加一个成员建立的联盟

这样的联盟不因为一个单独的确定的事情就形成，而是通过一次一个个体逐步地加入而形成。创立者或者早期的联盟者在这一过程中起到了至关重要的作用。联盟成员可能只是通过朋友或者那些创立者定期见面的熟人来接触（早期提到的网络优势）。亲近度和见面的便利程度影响了创立者会接近谁，但这两项都不起决定性作用。这时就需要另外一个关键的谈判原则——如果创立者知道其他人的利益诉求，那么他就会在建立联盟中获益匪浅。一个创立者如果可以知道其他人想要什么或者需要什么，同时能够向联盟成员说明会如何满足他们的需求，那么他就拥有吸引新成员加入的强有力武器。其他人的这些需求、需要以及拥有或者可以利用的资源可以很复杂多面。创立者与其他人进行的探讨可能只是尝试性的，创立者希望通过交流来搞清楚其他人的诉求而不是直接向他们发出明确的加入联盟的邀请。之后他可能会基于一个或多个条件去邀请他们加入，开始建立联盟的过程。

- 非联盟成员可以将一些能增强联盟实力的重要资源带入联盟。
- 非联盟成员为了成为联盟成员而比其他人提出更少的要求（非联盟成员的要求越少，他在成为联盟成员之后想得到的就越多，但是一个要求很少的人也不会被认为很有价值或者在联盟中起重要作用）。
- 创立者可能会对非联盟成员做出某些形式的许诺或者承诺，这些承诺是关于未来的奖励或未来可以分配的利益。有时，这些承诺是清晰明确的甚至是书面形式的，在其他情况下，它们可能是模糊的和不确定的。做出不明确承诺而糊弄过去的创立者显然比做出清晰明确且高代价承诺的创立者对联盟有着更多的控制力。

联盟的建立和发展需要机会

如果参与方没有合适的机会去探求双方的共同利益，那么形成联盟的动力会不足。例如在一场多边谈判中，一些参与者认为，如果一方没有机会离开谈判桌单独商议，形成联盟会十分困难。如果参与者在进行谈判前不知道彼此（彼此的利益），那么识别和巩固联盟会十分困难，除非在核心的谈判之外双方的核心成员有私下交流的机会。最近的研究表明，小团队的单独交谈会促进联盟的形成并赋予少数派更大的发言权（Swaab，Phillips，Diermeier and Medvec，2008）。这些研究人员认为团队领导者会缜密地思量是否允许或者鼓励单方会谈，控制多方谈判过程的人也应该这样做。

联盟成员的关键数量

联盟通过两人一组的讨论和匹配过程不断发展。联盟能有多少人由许多因素决定，但是在某种程度上需要达到一个"入盟门槛"，即联盟最少的人数标准。其他人开始加入，因为他们意识到朋友和熟人都已经是联盟的成员了。创立者和他们早期的盟友与很多人接触，他们试图使那些可能对加入联盟感兴趣的人加入到他们的队伍中并决定他们的入盟"代价"。当联盟人数达到某个关键数量（Schelling，1978）时，联盟的扩大会越来越容易，但同时也会更没必要再扩大了（Murnighan and Bass，1991）。从这个数量开始，可能还会陆续有更多的成员加入联盟，“尤其是在严重政治化的动荡的环境下”（Murnighan and Brass，1991，p. 292）。

联盟对成员的排斥

联盟不只是一味地增加成员，也会排斥成员。范比斯特、威尔克和范迪克（van Beest，Wilke and van Dijk，2003）对联盟建立的过程中被排除在外的当事人进行了研究。被排斥出联盟的人的境况可能会变得糟糕。范比斯特和同事引用了在两个公司合并时被排斥在联盟外的竞争者的利益受到损害的例子，以及自由贸易组织的建立损害非参与国利益的例子。但是在某些情况下，被排除在外的人的情况也可能变得更好。例如，当两个公司建立联盟，共同在市场上推出一种产品，处在相同领域的其他公司会从这一联盟事件的公开化所引起的关注中获益。在实验中，范比斯特和同事预测并证实个体不仅会出于个人利益而建立联盟，也会为了维护私人关系以及将可能对被排斥的个体造成的损害降到最低而建立联盟。当被联盟排斥的人可能因此受到伤害时，实验的参与者更不会去排斥某个个体而结成更小的联盟。

从联盟中排除成员部分取决于多方谈判和联盟政治的交流渠道。斯瓦布、克恩、迪麦尔和梅德韦（Swaab，Kern，Diermeier and Medvec，2009）的研究发现，在一个三人团队中，其中的两个人也可以实现交易，于是出现把一个人排斥在联盟外的情况。面对面交流的团队相比于在线交流的团队更不可能将一方当事人排除在外。交流的公开性也很重要。即使团队是在线进行交流，在不允许单方交流的情况下，排斥现象就不大可能发生。这些研究人员总结，如果以电脑为工具的交流方式是唯一的，并且希望促成合作而不是某一方或几方被排斥，那么控制这一过程的人就应该将交流控制在公开环境下并且不鼓励或者不允许参与者私下进行交流。

不紧密的联系也可能是优势

我们之前讨论了联盟中较弱的资源拥有者反而拥有加入联盟的优势的情况——联盟的创立者会拉拢那些较弱的人加入联盟，这通常是因为较弱的人最需要加入联盟，同时要求更少。一个相关的情况涉及创立者的人际关系网。创立者通常拥有一个庞大且多样化的为了联盟联系在一起的由初次接触和较为熟识的人组成的人际网。研究表明，在建立联盟上，那些拥有一个联系不太紧密的庞杂的人际网的创立者通常要比那些拥有一个小而亲密的牢固人际网的创立者更有优势（Granovetter，1973；Kadushin，1968）。[2]然而自相矛盾的是，拥有一些牢固联系的人，与有广泛人际网的人通常已经组成了小型联盟。

在组织的架构里拥有否决权的参与者（高级经理人或者那些处于正式的权威位置上的人）可能不会成为创立者，因为他们有太多东西不愿意放弃而且很难说服其他人加入联盟，相反，他们更有可能会等到其他人主动接近他们并提出一些刺激条件，这时拥有否决权的人可能不再等待，“直到开出的条件足以诱惑其加入时，他们才会采取行动加入联盟，否则他们会一直等待下去”（Murnighan and Brass，1991，p. 293）。创立者可能在早期会使用这种方法，但只是试探性地采取这种方法，因为在某一时刻，创立者可能想要让拥有否决权的人进入董事会。换句话说，与一些人具有广泛而松散的交际的创立者，通常会将那些自身就有广泛交际网的人拉入伙（因此扩大了潜在成员的“交际网的边界”），并利用这些关系建立联系和获得支持。

许多成功的联盟都是悄悄建立，迅速解散

有效的联盟不一定要持久、庞大或者公开。事实上，如果联盟是持久而公开的，那么联盟成员经常会被看作反对者、唱反调的人，或者被认为质疑正式领导人或现有体制的人。

成功的联盟会围绕着关键问题迅速聚集，为了支持或反对一系列特定行为而建立。这种联盟的成员很少正式见面，相反，两人小组和小团体可能会不正式地接触（如在午餐时，通过邮件的方式），通过这种见面方式来交流观点、交换信息和传闻，很可能还会就正在发生的事以及如何发生的达成一种相同的看法。当要迎来一个关键行为或决定时，联盟就会动员大家齐心协力，当目标实现或者关键时刻过去后就各自回到从前。请大家记住，沟通渠道可能也会影响联盟能否有效地建立和解散。在第7章，我们讨论了不同的沟通渠道（如面对面交流、电话或者远程电话会议、邮件等）是如何影响谈判过程的。尽管联盟的形成和沟通可以通过任何媒介发生，但研究指出一些在线媒介（如电子邮件）作为多方谈判的渠道时可能存在挑战（Kurtzberg，Dunn-Jensen and Matsibekker，2005）。在联盟建立时机成熟的情况下，加入的成员越多，使用诸如基于文字的信息或者电子邮件这样互动感较弱的社交媒体进行沟通的联盟就越难以识别出成员的共同利益和潜在的联盟成员。

莫宁汉和布拉斯（1991）指出，对联盟来说成功解决其所针对的问题之后仍然保持完整有一定风险，原因如下：

- 来自被征服者的报复。如果一个联盟胜利了并且能够被识别出来，那么非赢家可能会想要得到补偿。报复的行为会使得联盟之间彼此相斗，使得每一个联盟的唯一目标都变成阻止其他联盟成功。这种情况非常普遍，例如，自由派和保守派都试图阻碍对方获得主动权和推进议程。

- 联盟内的动荡。联盟的公开可能会导致内部的动荡，这种动荡可能会对联盟未来的活动造成影响。例如，如果联盟全部是由有着强烈自我优越感的人组成的，那么大多数人会想要得到多于他们对联盟成功所做的贡献的声望。如果联盟是非正式的，那么所有人都可以受到嘉奖并且自我感觉良好；如果联盟的行为变得公开，就可以知道哪些成员实际做出了贡献，而哪些成员实际上贡献非常小，这就可能导致联盟内部的斗争并且威胁到联盟继续存在的能力。一项有关团队内谈判的研究表明，相对于表现一致的团队而言，内部谈判对于存在内部斗争以及不和的团队损害更大（Halevy，2008）。因此，内部动荡不仅威胁联盟的稳定性，而且影响它未来的威信。

- 匿名的愿望。一些联盟的成员可能更想要匿名。若联盟成员的身份公开，那么更多的人就会认为他们未来的行为是出于联盟成员的身份而不是自身利益驱动。他们可能会失去加入其他联盟的机会，而且可能会失去个人的威信，因为他们会被认为是联盟领导者的傀儡。由于这一原因，许多联盟成员都不想让大家知道他们与其他联盟成员有政治上或公开的联系，而且他们当然希望在未来有需要时仍可以组建其他联盟。

12.4　联盟的决策标准

联盟的决策规则强调了确定各方当事人将会从联盟行为取得的成果中得到多少回报

的标准的重要性。决策规则主要关注受联盟成员支持的用于分配产出和成果的标准。决策规则往往有三个公平的标准，即公正、平等和需求。主张公正标准的人认为能者多得，得到的应与贡献的成比例。那些主张平等标准的人认为每个人应该得到的一样多，而那些主张需求标准的人认为申明对结果有更大需求的当事人应得到更多（见第 10 章）。

一般说来，当事人倾向于支持最有可能满足他们个人需要的决策标准。例如，回到我们之前引用的 4－3－2 模型，安德鲁拥有 4 张选票，他可能就会主张公正这一标准。按照这一标准，他应该得到更大份额的资金，因为他贡献的票数更多。塞西尔只拥有 2 张选票，他可能会主张平等这一标准，因为他与安德鲁和芭芭拉中的任何一个人平等分摊资金时所得到的都要比他按照公正的分摊原则所得到的要多。芭芭拉会表现得摇摆不定。如果她试图与安德鲁结盟的话，她就可能会主张平等这一标准，但是如果她与塞西尔结盟，她就会主张公正这一标准。要是一个参加者有着强烈的需求（例如，他需要钱修车，所以需要工作），如果他可以使其他两个人相信与他们要求公正或平等分配的需求相比他这一需求的优先性和正确性，那么大家就可能会接受这一观点。

联盟中的谈判力和影响力

第 8 章和第 9 章对谈判中谈判力和影响力的一般特征进行了阐述。谈判力和影响力的动态变化是联盟成立和保持稳定的重要因素，因为联盟倾向于在多方行为人的利益相互冲突但又部分重叠的情况下出现。我们接下来从两个角度对联盟的影响力问题进行讨论，即联盟中的优势和劣势以及联盟形成背后的谈判力类型。

联盟中的优势在哪里

一方当事人拥有或控制的资源越多，他就越可能成为联盟中至关重要的一分子，这样的人会在促进联盟成员齐心协力、申明战略和影响资源分配上起到关键作用。这就是“优势就是力量”的理论。这一核心作用与我们在第 8 章中讨论的核心作用很相似：由一个人在等级体系和人际关系网络中的位置带来的正式和非正式的权力。有优势的联盟参与者在联盟形成和资源分配的过程中经常会处于交际网络中心位置（Murnighan and Volrath，1984）。

有时创立者追求的目标就是建立一个最不可能获得胜利的联盟，在这样的情况下那些在联盟中拥有相对更少资源的人就可能更具优势。事实确实是这样，他们在资源上相对较弱势的地位使得他们要求分得的利益更少，因此他们在加入联盟时更加抢手（Murnighan，1978）。当获胜的联盟得到相同的回报，贡献最少的资源、更小的权力或者影响最小的参与者将更有优势。这一结果通常称为“弱势即优势”理论（Murnighan，1986）。正如莫宁汉指出，“当任何一个人都可以做到时，可替代性更倾向于选择较弱的一方。因此，在提出一个新的组织战略时需要一些支持声音的管理者几乎一定会选择去说服最弱者，因为他们是最容易赞成其意见的成员”（p. 161）。然而莫宁汉也特别指出，尽管这样的情况会导致联盟领导人采取选择弱者的战略，但因为弱者缺少战略热忱，由弱势成员组成的联盟可能会损害该战略的实施。

谈判力是如何影响联盟形成的

波泽、曼尼克斯和尼尔（Polzer，Mannix and Neale，1995，1998）定义了三种关

键的多方谈判中的谈判力类型，即战略的、标准的、以关系为基础的。对于这几种谈判力类型的讨论有助于对联盟成立的过程进行一个总结。

- 战略谈判力来源于有可以替换的备选方案。如果谈判者有很好的备选方案，他就可以从那些让他难以接受的交易中走开，然后接近那些有可能且有意愿与其达成更好交易的人。一个潜在加入者带给联盟的资源越多，或者资源和投入的种类越多，就越能增强联盟实力，他就更能够对联盟做出贡献并且对联盟具有更大的决定权。

- 定夺标准的谈判力来源于各方当事人认为谈判者提出的建议是对联盟取得的成果公平公正分配的意见。本质上，那些对结果的公平分配的规则和原则提出建议的人拥有更大的定夺标准的权力。一方当事人可能会主张一种平等的分配方式，一方当事人则可能主张公正的分配方式，还有一方当事人可能会主张基于需求的分配方式。最终被团队采纳的分配规则的提出者拥有最大的标准谈判力。

- 基于关系的谈判力是兼容两方或者多方当事人的偏好而形成的。正如我们在第10章中指出的，具有相同或兼容的利益的当事人之间更容易建立和维系关系。各方之间的兼容性可能是基于共享或互补的利益（共赢）、共同的理念或者仅仅是喜欢彼此，愿意在一起。

在考察这三种谈判力来源的研究中（Polzer et al.，1995，1998），谈判者是一个研发公司的三个分区副总裁，他们被要求从两个资源池中分配资金。第一个资源池的资金价值不固定，其价值取决于资源库最终一致的解决方案中包括的是三方当事人中的哪两个。谈判者的谈判力大小与他们所代表分区的规模有关。战略谈判力被能够联合另一方取得资源池控制权的人所掌握。标准谈判力归属于一旦获得资源池的控制权，能够为公司总体使命贡献最大的分区副总裁。关系谈判力由各方的兼容性决定，这里各方当事人在所谈判的问题上的偏好或多或少可以兼容。结果表明，来自兼容利益的关系谈判力是最重要的谈判力来源。正如作者指出的：拥有兼容利益的成员能够从任务的每个部分获得更大的个人收益，即使没有形成排他的两方联盟也是这样。

波泽及同事（Polzer et al.，1995，1998）也指出了关系的动态变化会在很大程度上影响联盟的建立和稳定性。有关系的当事人倾向于认为他们在未来的某个时刻会结盟，因此他们会将现在的关系看成暂时的，并且认为即使他们现在的利益并不吻合，也一定会在未来的某个时刻吻合。结果是，他们齐心协力却不要求立即得到回报。另外，他们认为他们有相容的偏好，这种相容的偏好意味着他们都希望彼此能够实现各自的目标。基于此，有关系的各方建立了互信，更加相信另外一方的行为和目的是对他们有利的，更倾向于把握双方合作的机会。对于参与多方谈判的当事人来说，应该记住与其他谈判者的私人关系可能很有用，有时甚至比确定战略重点的重叠部分更有用。

如何建立联盟：一些实用建议

现在让我们来用彼得·布洛克（Peter Block，1987）提出的一个实际的研究联盟的方法来结束本章。他提出了一个在组织内部授予权力和发展积极政策的策略。布洛克表示，“授权许可来自基于自身利益的行为。政策就是追求自身利益，而积极的政策就是追求开明的自身利益”（p.105）。布洛克指出，追求开明的自身利益的行为会在下列情况出现时发生。

- 联盟成员追求那些对他们自己和他人有意义的活动。

- 被需要。
- 单纯地希望对组织和其目标做出贡献。
- 行为正直并对所见实话实说。
- 友好地对待其他人，并对他们产生积极的影响。
- 在他们所做的事情上，尽最大努力做到最好和最有成效。

追求开明的自身利益的当事人可能会与其他人一起使用诚实的策略。诚实的策略就是符合上文列出的开明的自身利益的策略行为。与诚实策略相对的是只为自身利益考虑，不考虑他人需求和感受的权宜的、不甚合乎道德的行为（如在第 5 章中所探讨的行为）。诚实策略需要当事人做到以下事情。

1. 直陈立场。与不表明立场，拒绝做出承诺，坐观成败，或者没有原则地对每个人都好相比，当事人更应该让其他谈判参与者知道他的立场。尽管联盟从合作中获取很多益处（我们在下一点会提到），偶尔的竞争更能够突破多方互动的杂乱无章，产生更大的影响（Steinel，de Dreu，Ouwehand and Ramírez-Marín，2009）。

2. 尽可能多地分享信息。诚实策略需要各方当事人对他们所了解的信息全盘托出，这样他们就可以最大化地了解别人所掌握的信息，从而最大化公共信息池，增强各方达成一个既符合个人利益又符合集体利益的解决方案的能力。正如布洛克（1987）指出的：这也许意味着大家要共享全部的预算而不只是一小部分；共享完整的财务数据；让人们广泛参与到预计会发生的改变中并且在这一环节的早期就让他们了解改变即将发生；让人们提早了解可能的失败以便让他们能够避免或最小化其影响；让人们知道他们的立场和对工作排序的方式，这样组织中的成员就可以在信息充分的情况下对他们的生活和未来做出相应的决策。一组实验表明，在双方谈判中，独自拥有信息要比分享信息更有价值，但是在联盟协议中独占信息而非分享信息会使效率低下（van Beest，Steinel and Murnighan，2011）。“与动态谈判中集体智慧的不同之处在于：诚信可能会成为联盟协议中最好的政策，无论是短期还是长期”（p. 746）。

3. 使用能够描述真实情况的语言。当事人应当使用直截了当和清晰明了的表述方式，而不是使用那些会混淆、隐瞒或者掩饰真正发生的事情的表述方式。政治家经常会因没有清楚全面地回答问题或者没能对发生的事件全面准确地描述而遭受指责。政治家巧妙地使用扭曲、模糊和具有误导性或将指责转移到别处的语言，而非那些能够描述真实情况的语言（Kurtz，1998）。

4. 避免为了被接纳而改变立场。谈判各方仅仅为了被接纳，为讨他人欢心，或为了与最火、最流行的事情保持一致而改变立场、认可和支持的方向，这种立场的转变经常被嘲笑是迎合最受欢迎的做法。在员工关系上所做的廉价努力或者是努力包装陈旧腐朽的观点，把它们当作新的观点展示出来。例如，公司经常会因换汤不换药地把旧的管理程序换个时髦的名字和宣传语，如企业文化、品质、产出效率、领导力等重新推出而受到谴责。政治家互相指责对方提出的是老的计划，但给它们起一个新的名字和流行语。这越是经常发生和被人察觉，就越会引起人们对于真正的改变是不是需要的和合理的冷嘲热讽。

布洛克（1987）认为联盟的核心驱动力是人们对未来的愿景——使人们团结起来朝着建设一个其他人渴望加入的伟大的团队和组织而努力。然而，回想一下，关系、共同利益或者标准的规则也能够为联盟建设提供组织上的原则。当各方从表达观点转向实践观点时行为就开始了。行为开始时人们会与别人谈论他们的观点和需求并以此来测试他们的反应。布洛克认为，当这样的情况出现时你可以从两个方面去考察其他的潜在成员：他们的目标与你的是高度还是低度符合？他们对你是高度信任还是不太信任？

这两方面被加入到对5种可能的联盟角色的定义和阐述中，即盟友、反对者、关系亲密的伙伴、中立者以及对手。对每个角色的描述均引自布洛克（1987）。

盟友

盟友就是那些与谈判者的目标一致，谈判者信任的人。对盟友采取的最好策略就是把他们当朋友对待，让他们确切地知道己方的设想和计划。盟友可以帮助谈判者弥补他最弱的地方，以共担弱点和疑虑。另外，一个谈判者信任他的盟友，相信他会说实话并且以他的利益为出发点行事。

反对者

反对者是目标与谈判者有所冲突的人，但同时他们能够在自己的立场上坚持原则、坦率直言。他们提出质疑，抛出尖锐问题，不接受草率的回答，并且不断促使谈判者在倡导一系列特定行为上变得更好、更强。谈判者认为他们的反对者会按照规矩办事并希望取得胜利。正如布洛克指出的，当人们与其他人玩游戏时，他们希望其他人表现好，以使自己表现得更好；当他们胜出时，他们希望感觉到对手已经竭尽全力，因此他们是当之无愧的胜利者。

关系亲密的伙伴

关系亲密的伙伴就是在预期和目标上与谈判者具有高度的一致性，但是谈判者对其信任程度处于中低水平的人。信任水平较低的原因是双方中的一方或两方不相互分享信息，不讲出全部事实，小心谨慎，只讲他们认为别人想听的而非事实（见第5章和第10章）。需要指出，关系亲密的伙伴可以由其他方当事人的行为或者自身行为促成。如果谈判者对其他方当事人不那么坦白和诚实，或者认为其他方当事人反过来也会不坦白和不诚实，那么信任水平就会下降。

中立者

中立者是那些在某一问题上不会采取某一特定立场的人。他们害怕表明立场，担心一旦表明立场就会困在其中，承担风险，与那些没有结盟的人变成敌人或者使得他们陷入危险。他们也有可能是真不清楚想要什么。结果就是谈判者对于中立者没有太多的信任，因为他们的立场不明并且他们很有可能主动地想要保持这种模棱两可的状态。

对手

对手也是与谈判者的意见较为不一致的人，但与反对者不同，谈判者不能像信任反对者那样相信他们也会采取有尊严的行为。虽然谈判者可能会努力尝试与对手进行对话，但通常会发现无法达成一致意见和建立信任，反而会加深对立的状态。很多人被对手搞得心神不宁，通常是因为与对手谈判的失败暴露了他们在经营关系这一能力上的弱点和缺陷。另外，对手通常会采取谈判者难以接受的方式来行动。因此，谈判者的目标就会变成要么战胜对手，要么摧毁对手。不幸的是，正如布洛克指出的那样，实际情况通常事与愿违。你越要努力地改变其他人或者对其他人施加压力，他们就会变得越强硬，他们越会对你造成威胁，你就越会被他们困扰。克雷默（2004）已经证明对对手长时间的关注是如何导致组织内部的无端猜疑和功能障碍的。

布洛克（1987）表示，与这五种类型中的任何一种人建立联盟都是可能的，但是谈判者应该在不同情况下采取不同的策略。现将如何选择盟友的建议总结在专栏 12.3 中。

专栏 12.3

在联盟中建立关系的行动策略

彼得·布洛克对于何时与他所定义的五种类型的人建立联盟提出了建议。主要建议总结如下。

和盟友：

- 确认你和大家共同的期望或目标相一致。
- 再次确认关系是否牢固。
- 大方地承认你对能否实现你们的期望和集体的目标有所疑虑和担忧。
- 寻求建议和支持。

和反对者：

- 再次确认你们的关系是建立在信任的基础上。
- 表明你的观点或立场。
- 从一种中立角度表明你是怎么理解他们的立场或观点的。
- 参与解决某种问题。

和关系亲密的伙伴：

- 再次确认意见一致。
- 认识到需要小心。
- 要清楚地知道你想从他们的支持中得到什么。
- 询问关系亲密的伙伴想从你这里得到什么。
- 试图在两方当事人如何齐心协力工作的问题上达成一致。

和中立者：

- 表达你对于这一问题所持的立场。
- 询问他们的立场。
- 施加温和的压力。
- 鼓励他们对这一问题进行思考，并且告诉你要给予他们什么才能获得他们的支持。

和对手：

- 表达你的期望或目标。
- 采取一种中立的方式来表达你对他们立场的看法。
- 让对方了解你对于改善你和对方之间不太理想的关系所做的努力。
- 会议结束时，再阐述一下你的计划，但是不要提出任何要求。

资料来源：Block，P.，*The Empowered Manager：Positive Political Skills at Work*. San Francisco，CA：Jossey-Bass，1987.

本章小结

在本章中，我们对联盟的特点以及联盟建立、领导、维系和最终解散的过程进行了阐释。我们认为联盟在多于两方当事人参与谈判的情况下形成，且在谈判者需要获得资源或其他人的支持或者帮助他们实现自己的目标时更易形成。我们讨论了联盟何时会形成，形成的原因和方式；探讨了一旦联盟形成，它是如何运转的（或者停止运转的）；考量了谈判力和影响力在联盟中的作用。最后，我们给那些正在建立联盟的人提出了一些建议，特别是关于谈判者应该如何看待潜在伙伴以及与这些伙伴进行谈判时应采用怎样的议程。

在本章的结尾我们再次提醒，谈判各方之间的私下关系会对导致分歧起一定作用，这与联盟的建立有关。莫宁汉（1991）认为，联盟很多的早期工作都忽略了一个重要因素，那就是一起建立联盟的人是否可以有效地合作。毕竟一个成功的联盟包括的不仅仅是谈判结果的回报，还包括从合作关系中得到的人际上的好处。正如莫宁汉指出：

> 你可能会从谈判中得到最大化的金钱收益，但是如果你在攫取利益的同时把所有人际关系都恶化了，那么你最终将会以富有但孤独的结局收场。很多时候有比赢得谈判更值得讨价还价的事情（生活也远远不只有谈判这一个主题），尤其是当你承担了孤立他人的代价时。毁掉了人际关系，谈判的最佳时机也会离你而去(p. 137)。

关于谈判各方之间关系的问题——过去、现在和将来——显然会影响如何选择联盟伙伴，这些伙伴关系能否持久以及是否会随着利益刺激的改变而发生转变。

关键术语

联盟（coalition）：由两个或多个当事人在一个大的社会环境中组成的一个集体，这些当事人聚集到一起是为了追求共同的目标。

公地悲剧（tragedy of the commons）：当资源或财产有众多拥有者，他们都有权使用资源，但没有人有权阻止他人使用，由此导致资源的过度使用，即“公地悲剧”。如草场过度放牧，见本章关于公地悲剧的故事。

创始人（founder）：发起联盟的人。在典型情况下，创始人认为他们自己不能通过现有渠道得到想要的东西，因此希望建立联盟。联盟的创始人通常能制定出一份完成和实现其中事项的日程表和行动过程。

“优势就是力量”理论（strength-is-strength）：一方当事人持有或控制的资源越多，他就越可能成为联盟中至关重要的一员。这样的人会在使联盟成员齐心协力、采取战略以及在影响资源分配上起到至关重要的作用。

“弱势即优势”理论（strength-is-weakness）：在追求建立最小获胜可能性的联盟的情况下，那些在联盟中拥有相对更少资源的当事人就可能更有优势。因为他们处于资源的相对弱势地位，这就导致他们从公共资金中只能获得较少的一部分。当所有获胜的联盟都得到相同回报，同时假定有两个参与者可以相互替代（每一个都可以对联盟起到相同的贡献作用）时，拥有较少资源、谈判力和带来影响最小的当事人就会有优势。这一结果通常被称为“弱势即优势”。

盟友（allies）：与谈判者的目标和观点相一致并且谈判者信任的人。

反对者（opponents）：其目标和目的与谈判者相冲突，但是谈判者认为他们的反对是有原则的并且是坦诚的。

关系亲密的伙伴（bedfellows）：在预期和目标上与谈判者具有高度的一致性，但是谈判者对其信任程度处于中低水平的人。

中立者（fence sitters）：在某一问题上不会采取某一特定立场的人。

对手（adversaries）：与谈判者的意见较为不一致的人，但与反对者不同，谈判者不能像信任反对者那样相信他们也会采取有尊严的行为。虽然谈判者可能会努力尝试与他们的对手进行对话，但通常会发现无法达成一致意见和建立信任，反而会加深对立的状态。

注释

[1] See Cyert and March（1963）；March（1962）；and Thompson（1967）.

[2] 在这篇文章中，联盟的力量由创立者和联盟成员互动的频率和多样性决定。互动的频率表示联盟互动的次数。单一性和多样性表示联盟互动的不同方式。如果联盟成员只是一起完成某个项目，那么关系是单一的。如果联盟成员在一起做不同的项目，以社交的方式对待彼此，经常一起吃午饭，那么彼此的关系是多元的。

N E G O T I A T I O N

第13章

多方谈判与团队谈判

学习目标

» 理解当谈判桌上有两个以上谈判方参与时，谈判方式如何变得更为复杂。

» 在多方谈判过程中，描述构成一个高效谈判团队的关键要素。

» 明确进行一场高效多方谈判的几个关键阶段。

» 理解团队间谈判中的挑战。

在前两章中，我们研究了在有其他方加入时谈判是如何发生改变的。在第 11 章中，我们讨论了当谈判人员是代表其他人利益进行谈判时谈判如何发生了改变。在第 12 章中，我们探讨了在三方或多方谈判中联盟是如何形成的，以及联盟对其他谈判者如何产生影响。在本章中，我们分析多方谈判的以下两种情形。

1. 多个谈判方互相进行谈判从而尝试达成共识，我们将这种群体决策视为多方谈判。

2. 多个个体组成团体或小组，分别代表各自谈判的一方，我们称之为团队间谈判。

13.1 多方谈判的本质

多方谈判是指两个以上的谈判方为达成共识而进行的谈判。下面我们沿用第 12 章中的例子来说明多方谈判的本质。现在我们假设出售 LED 智能电视的人不是一个人，而是共同拥有电视的四个室友。一年前，每人投入了 200 美元购买电视，现在他们对如何处理这台电视有不同意见。艾伦（A）想要把电视卖掉然后把钱平分，因为他想买一个新智能手机；比尔（B）想要把电视卖掉，然后买一个相对小且便宜的电视来看自己喜欢的节目；查克（C）想要把电视卖掉，然后买一台屏幕更大且音质更好的电视，这当然需要每个人再出很多钱；丹（D）根本不想卖掉电视，他认为这是件很愚蠢的事。每个人都有自己的偏好和优先选择，他们必须统一决定是否卖掉电视以及何时卖掉它。他们要对下一步如何做达成一致意见，也许会在小组内集资，或者按照各自的方式行事。当各方同意开会讨论各种选择并做出统一决定时，这就是一个具有独特的动态集体决策过程的多方谈判。

多方谈判的一般模型如图 13-1 所示。谈判各方（可能是三个或更多）分别代表各自的利益。在另一种情形下（例如，谈判各方可能代表不同部门为完成共同任务进行谈判），他们可能代表其他人的利益（见图 13-2）。随着更多谈判方、委托方以及观众的加入，这种谈判的复杂性也会呈指数增长或者线性增长。

在本章中，我们将关注那些使多方谈判比一对一谈判更加复杂的各种因素。我们还会对多方谈判中的一些关键时期和阶段加以评论。在各个阶段，我们考虑了多种促成高效多方谈判的策略。我们展示了多方谈判是如何复杂和易于破裂的，同时也讨论了为达成有效的共识需要谈判各方有意识地投入以及促进者的参与。[1]

双边谈判与多方谈判的区别

多方谈判不同于双边谈判，这体现在以下几个重要方面。这些差异使得多方谈判变得更加复杂、更具挑战性，也更难以应对。

参与方的数量

第一个区别是最为明显的：多方谈判中有更多的参与者参与谈判。这样一来，谈判的规模变得更大了，这样就使掌控几种不同观点和确保各方有足够的时间来表达与倾听变得更加困难。每一方都可能扮演当事人来代表自己的利益（见图 13-1），或者是代理人来代表至少另外一方的利益（支持者；见图 13-2）（回到我们第 11 章讨论过的角色）。另外，各方在谈判之外也许都有不同的社会角色（例如，主席、副主席、顾问、

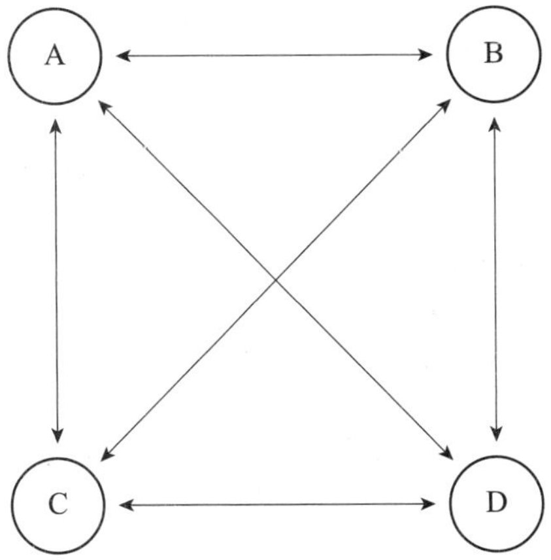

图 13－1　多方谈判

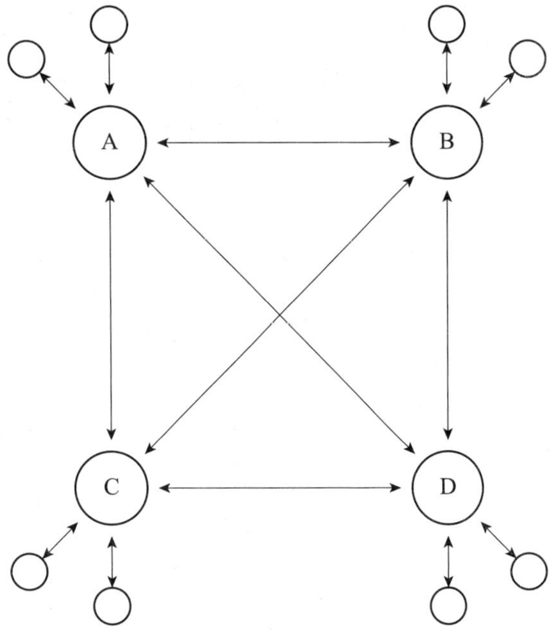

图 13－2　带有委托方的多方谈判

专家），这些角色会导致谈判中的权力与地位的差异（参见第 8 章）。如果各方的地位是平等的（例如，全部都是副主席），谈判中的交流就会比一方有更高的权力和地位的情况更加开放。例如，如果一方是主席，其他方都是副主席，我们可以想到主席会对谈判过程有更多的控制和主导。

信息和计算的复杂性

第二个区别是多方谈判引入了更多的问题，关于这些问题有更多的观点和更多的信息（事实、数据、立场、观点、支持材料等）。“谈判者数量的增加带来的最基本的结果之一就是谈判变得更不明晰、更复杂，导致在某些方面要求更加苛刻。随着谈判规模的扩大，会有更多的价值、利益和观点被融合或采纳”（Midgaard and Underal，1977，p. 332，引自 Kramer，1991）。对于谈判者来讲，实时了解所有的信息、各方的观点以及每一种情况，将是一个很大的挑战。因此，相比在谈判过程中跟踪信息、权衡利弊，在谈判之前做好充分的准备更加重要。

社交的复杂性

第三个区别是随着谈判方数量的增加，社交环境从一对一的对话变成了小组内的讨论，结果导致组内所有的力量都开始影响谈判者的行为。第一，谈判过程的发展也许会由谈判者相互间的动机倾向决定。一项研究表明具有合作动机倾向的谈判方（比个人倾向者）更有可能获得高质量的谈判成果，更容易彼此信任、减少争论（Weingart，Bennett and Brett，1993）。这种倾向似乎也会影响谈判方讨论问题的方式（稍后会讨论）。

第二，社交压力也许会使小组团结一致，但是除非成员找到了一个可以接受的解决方案，否则他们仍然会相互冲突而无法团结一致。成员之间相互比较、相互评估，并不断尝试用各种影响策略劝说他人同意自己的观点（关于这些策略的阐述参见第 9 章）。成员之间互相施压来达成一致观点、对问题的一致认识或者同意一个解决方案，这一过程也促使顺从的压力不断增大。另外，小组内也可能产生不良的小组力量。例如，如果企图维持小组一致的力量过强，小组可能为了减少冲突而忽视或者不全面解决差异性问题，只为得到一个相对有效的解决方案。贾尼斯（Janis，1982，1989）关于政策制定和决策制定小组的研究表明，采取减少或者避免冲突的行为经常会带来灾难性结果。像美国航空航天局对发射“挑战者号”的决议（Tompkins，1993），错误是由于关键决策层中存在不良影响力，使得一些成员为避免冲突而不愿意表达不同意见，这会导致团队一致的假象，使得每个成员都认为自己是在这个即将达成一致的讨论中唯一持不同观点的人。因为害怕表达不同意见会显得弱势或愚蠢（需要注意这种顾全自己脸面的动力——参见第 11 章），小组成员便自我抑制了不同意见和顾虑，从而更加强了表面上意见一致的假象，最终导致灾难性决策的形成。

程序的复杂性

多方谈判比双边谈判更加复杂的第四个区别是谈判者要履行更加复杂的程序。在双边谈判中，谈判方只是按顺序表达自己的问题和观点，反驳对方的观点，或者按照从谈判前期到后期的顺序逐步进行。当有更多谈判方加入时，谈判的流程规则就变得模糊复杂。该轮到谁去做什么了？谈判各方如何协调自身定位（例如，开场陈述、表达立场、逐步达成一致意见）？这种程序上的复杂性会导致以下几种结果：第一，谈判时间会变得更长（Sebenius，1983）；第二，谈判方数量越多，谈判进程就会变得更复杂、更难以控制，尤其是当一些谈判方采取强硬的态度讨价还价并且企图通过主导谈判进程来使自己的观点得到认可时（Bazerman，Mannix and Thompson，1988）；第三，鉴于前两个因素的存在，谈判者不得不投入更多的时间来讨论谈判流程以形成各方想要的解决方案或一致意见。这些关于如何做大蛋糕（综合谈判）和平分蛋糕（分别商讨）的讨论令人十分焦虑，因为考虑公平性十分重要（参见第 10 章），且讨论过程中可能会受制于第 6 章所提到的认知偏见（Thompson，Richardson and Lucas，2012）。谈判者必须决定如何同时处理多个问题。魏因加特、贝内特和布雷特（1993）称同时讨论多个问题并在问题之间权衡利弊的谈判者相比逐个（一个接一个按照固定或事先议定的顺序）讨论问题的谈判者更易达到高质量的谈判结果。同时处理多个问题的谈判小组也获得了更多的信息，并能更清晰地了解其他方的偏好与优先选择。

后勤的复杂性

使多方谈判变复杂的第五个因素是求同存异的谈判方之间的物理距离。如果各方不在同一个房间谈判，那么他们必须通过电子媒介来完成，例如电话、视频会议、电子邮件或短信。与此同时，相隔甚远的谈判团体很有可能出现社会性沟通断层并对对方缺乏积极响应。物理距离可以影响各方的信任程度、对手含混行为的解释方式，以及在冲突解决策略下继续谈判的意愿。无论是物理距离还是心理距离，似乎都影响对他人行为的感知和解释，以及对对方的“信号”代表合作还是竞争的判断。因此，在多方谈判中想要达成共识，可以利用更近的距离来联系，以及理解谈判者的意图（Henderson and Lount，2011）。

策略的复杂性

最后，多方谈判在策略上比双边谈判更加复杂。在双边谈判中，谈判者只需关注对方的行为，因此谈判策略便根据谈判者的目的、对方的行动以及战术来制定。在第 2、

3、4 章中我们讨论过两方谈判的策略与技术选择。

在多方谈判中，复杂性明显增加。谈判者必须考虑所有其他方的策略并决定是与之单独谈判还是群体谈判。单独谈判包括一系列的双边谈判过程，而且是在其他谈判者的关注下进行的。在这种情况下，这一系列的双边谈判会导致以下几种结果。

第一，这些谈判受制于第 11 章中所说的监督和观众力量。在这种情境下，谈判者会变得很敏感，并且会以强硬的态度展示坚定的决心（不论是对谈判对方，还是对旁观者和观众）。结果是，这样的交流环境会导致谈判者采取分配式战略和战术，即使他们并没有打算这么做，但这是为了向他人展示强硬和决心。短期的结果就是团队中的谈判者会处于很强大的地位，除非采取专门措施防止团队竞争升级。一旦一方强硬地坚持自己的立场，另一方便不得不调整自己的立场做出妥协，并以一个令人满意又不丢面子的方式向自己的委托方做出解释。即使没有委托方，谈判者也不想在其他人面前丢面子。

第二，那些有办法控制谈判桌前（甚至是整个屋子里）谈判者人数的人，从一开始就采取策略利用这种控制来达到他们的目的。所采用的策略是由战略利益决定的，而战略利益又可以通过增加其他方来实现。新的加入者也许是被请来支持对谈判者的立场、提供对某些观点独立的证明或支持，或者仅仅是为了展示实力。例如，当社区正在争辩是否应该新建一所学校或购物中心、变更当地法律，或者宣布一个新的税收方案时，不难遇到一些代理人在公开场合谈论这些问题，并安排很多支持者时不时地表现出激动来支持或反对一种立场（可以回顾第 11 章中对于寻求观众的支持来对反对者施压的讨论）。这样一来，谈判者可以策略性地增加谈判方的数量，要么是凭借数量来增强已有势力或支持者的青睐，要么是展示一些有力的威胁以警示对手如果不按照他们的方式做事可能引起的后果。

第三，谈判者可以公开地加入联盟来获得更多支持。在第 12 章中我们阐述过联盟力量。谈判方也许会公开或暗中相互支持，从而增强他们共有观点的分量，并利用联盟掌控谈判进程达成想要的协议。联盟可以在谈判之前或谈判间歇期形成，也可以在谈判过程中形成。两个或更多的谈判方意识到他们也许有相容的观点，从而互相帮助并在共同目的达到时实现各自的目标。

在多方谈判中联盟成员可以用很多方式发挥他们的力量：相互一致的表述，同意互相帮助实现共同或个人的目标，控制谈判时间以及在出现特定方案或协议时给予支持。莫宁汉（1986）指出决策团队中一致性的出现就像一个“滚雪球联盟”。正如之前所说的，联盟是通过每次一个谈判方加入而形成的。这样一来，在谈判中，各方共享信息提出解决方案，就会有一部分人因拥有一致观点而默认或公开地支持彼此的观点。其他的个体则会跟这个新生的联盟谈判从而加入他们。那些不愿意商议或调整自己观点的人最终会被排除在决策团队之外。

对于处于有影响力的联盟之外的那些人来讲，他们冒的风险便是无法成为讨论中积极的一员，有些讨论甚至是远离谈判桌的核心会议。一项由金（Kim，1997）领导的研究表明，多方谈判中被排除在外的谈判方比始终在场的人得到的成果要少。金的研究结果表明，如果被排除的一方错过了后半程的讨论，损失会更大。经验就是，在关键的讨论中仅仅在场就非常重要，在谈判后期各方即将达成最终协议时更是如此。

波泽、曼尼克斯和尼尔（1995，1998）指出在多方谈判中，关系是决定哪一方加入联盟的决定性因素。当关系合适时，谈判者就会更多地把时间维度考虑在内，然后选择盟友。这样一来，谈判者过去为彼此做了什么、将来能为彼此做什么就对当前的谈判有很大影响。另外，正如第 10 章讨论的，关系会使得各方产生相似的偏好，为对方着想并且希望帮助对方达成目标，各方在这个过程中建立并维持稳固的互信关系。

何为高效的谈判团队

多方谈判更像群体决策过程，因为它是一个在各方偏好有所不同的情况下寻找共同解决方案的过程。因此，在某种程度上说，理解多方谈判就要了解高效团队的特征。施瓦茨（Schwartz，1994）指出高效的团队和成员应当遵循以下几个原则。

1. 验证假设和推理。在一个高效的团队中，每个成员都应该清晰地表达自己的假设和推理，并与其他成员商议，因为被忽略的假设和推理容易导致结论有误。

2. 尽可能多地共享相关信息。在一个竞争性的谈判中，谈判方可能会策略性地使用信息，努力获取他人的信息却不愿分享自己的信息。然而，高效的谈判团队需要一种高度整合的谈判，将拥有的信息分享，这样才能使各方信息量最大化，从而找到解决方案并达到集体利益最大化。因此，各方应该坐下来讨论彼此的利益而不是离场或者提出最佳替代方案（BATNA）。

3. 更多地考虑利益而不是立场。在多方谈判中，成员应更多地考虑成员间内在的利益而不是各方声明的立场；应该更多地分享信息，提出问题，考虑内在利益和需求。

4. 对于言论、问题和回答都要给出明确的理由。公开利益要求各方要清楚各自最重视的问题及其原因。

5. 表述要详细，多使用例子。各方应该讨论具体的行为、人物、地点和事件，因为表述过于笼统会导致误解和模糊，使问题的解决脱离正轨。

6. 各方对于关键词的理解要一致。参与者要注意清楚地解释协议中可能涉及的关键词或语言。例如，如果团队成员同意根据“共识”做决定，那么所有成员必须对“共识”有统一的定义。

7. 有不同意见要公开表明。如果有谈判方不表明自己的异议，冲突被掩藏，这样容易导致团队意见无法达成一致或者无法得出大家都同意的方案。非冒犯性地提出异议有助于提高效率。

8. 发表意见后要欢迎大家提问和评论。不同观点不仅要向他人表达，而且要主动向他人询问，鼓励其他方表达对你方利益和需求的理解。

9. 共同设计表明异议和解决方案的流程。设计一个确认事实、明确解释、表明异议理由的流程，这样才能一步步地解决问题。这个流程可以由任何与谈判团队无直接利益关系的人制定。这部分在本章还会讨论。

10. 讨论看起来无法讨论的问题。谈判者有很多认为无法讨论的问题：有成员表现令人失望或者很糟糕，现场挑战老板的权威。把这些问题拿出来讨论，对提高谈判效率至关重要。一种方法是公开讨论一些标准、规则，如果问题不能公开讨论，要阐明公开讨论会导致什么结果。正如施瓦茨所说，“如果成员确定他们的顾虑不会发生的话，他们会更愿意将之前不能讨论的问题公开讨论”（p. 82）。

11. 保证讨论中心不偏移。团队领导要确保交流按正轨进行，直到每个人都发表了意见。制定一个谈判流程表，让主席保证讨论正常进行而不脱离正轨。

12. 不要使用小把戏分散团队注意力。讽刺、无关的故事、故作幽默等都会使团队分散注意力，脱离讨论的核心内容。尽管这些行为在互相喜欢的团队或者冲突明显的团队中可能无法避免，但高效团队还是要尽量减少分散注意力的事情。

13. 尽量保证所有成员参与整个谈判的所有阶段。所有成员必须愿意参与所有谈判进程，分享相关信息，积极帮助团队寻找方案，保证流程正常进行。

14. 与谈判外人员交流相关信息。如果有外部人员作为专家或者信息提供者被邀请的话，应该向他们解释清楚谈判的程序规则并请他们遵守。

15. 通过一致意见决策。尽管让团队达成一致意见不容易，但成员都应该努力促成共识。我们后面会阐述小组讨论的规则。

16. 开展自我审查。最后，在进行重大决策时，团队应该花些时间反思谈判流程和谈判效率。矛盾的是，合作不顺利的团队反而很少反思谈判流程，这也许是因为他们希望避免在讨论团队的低效性时很可能产生的冲突。毫无疑问，不讨论低效性只会让团队更加低效。

总的来讲，很多高效团队的决策原则都适用于多方谈判。接下来我们讨论使多方谈判更有效率的技巧。

13.2 管理多方谈判

在多方谈判中，复杂性随之增加，什么才是最有效的理解与应对方式？诺斯克拉夫特（Northcraft，2011）认为多方谈判有四个核心要素：偏好（谈判方想要得到的条款或利益），人员（参与谈判者的个人特征，参见第 14、15 章），过程（谈判者在谈判中所做的事情），地点（谈判所发生的环境或背景）。图瓦（Touval，1988）研究了很多国际外交中多方谈判和条约谈判，他指出多方谈判中有三个关键阶段：谈判前阶段、正式谈判阶段、达成协议阶段。在应对这些阶段时我们应明确一个谈判者在以下几种情形中可以做什么。

- 当谈判者只是多方谈判中的一方，只希望能在最终协议中使自己的利益得到保障时。
- 当谈判者希望谈判团队得到最高质量的结果、达成最好的协议时。
- 当谈判者负责管理整个谈判流程，从而确保复杂的程序和策略都能高效地实现时。

谈判前阶段

这个阶段的特点是各方会进行很多非正式的沟通。在这个阶段，各方主要关注以下几个问题：谈判参与者都有谁，如何制定计划，是否可以形成联盟，各成员将会扮演什么角色，无法达成一致的后果是什么，以及制定谈判议程。

参与者

谈判各方必须对谁将被邀请参与谈判达成一致意见，如果谈判各方已经是一个完整的谈判小组，就很容易做到。然而，很多复杂的国际谈判都会花很多时间讨论哪些人被认可并可以作为代表发言。关于参与者的问题可以归结为以下几个。

- 要达成协议谁必须参加（主要联盟成员）？
- 哪些成员如果被排除将会严重影响谈判（潜在否决者）？

- 谁的存在会帮助各方实现目标（令人满意的联盟成员）？
- 谁的存在会阻止各方达到目标（主要的联盟阻击者）？
- 哪位成员的地位会在谈判桌上得到提升？

制定计划

正如第 4 章所述，谈判者要为开局准备一个清晰的表述，要表明谈判者在谈判过程中关于议程、顺序，以及谈判的形式、时间、地点等事宜的偏好。除了交易条款之外，要随时准备传递这样一种信号：愿意就细微而重要的谈判过程做商讨。最后，要确保观点呈现给别人。如果谈判者认为自己的声音被更健谈的队友淹没，他可以请求会议主席给他一些说话时间，或者请求会议外的团队成员帮他加入正式讨论之中。

联盟

我们在第 12 章中详细研究过联盟。在所有谈判方都见面之前就会形成联盟（提前相互知道对方利益的谈判方）是很正常的。显而易见，谈判联盟的形成是为了促成或阻止某个议程。

确定成员角色

如果谈判小组已经有了框架，就要决定诸如领导者、问题专家、技术行家、记录者等人选。如果谈判小组成员之前没见过面，那么有些成员就会使用手段来获得关键角色。有些人想成为领导，积极参与并且推进某个特定议程；有些人希望保持沉默、自我隐藏；有些人想要扮演像调停员或使谈判更加容易的第三方角色（见第 19 章）。小组成员可以在组内扮演很多角色。表 13-1 描述了成员可以扮演的三种角色：任务型角色，促使小组做出决策或得出结论；关系型角色，建立和维护成员之间良好的关系；自我型角色，总希望把注意力拉向个别成员，这样经常会降低团队效率。

表 13-1　团队成员通常扮演的角色

任务型角色	关系型角色	自我型角色
发起、提出——提出新想法	鼓励——支持他人的评论、贡献	阻碍——消极表现，经常表示不同意
寻求信息——询问他人观点	协调——缓和冲突，增进团结	寻求认可——吸引团队注意，寻求他人认可
寻求观点——询问他人意见、判断	折中——改变自己的立场，找到各方的折中点	支配者——经常发言，控制对话，控制团队达到预期结果
阐释——阐明、延伸主题	场面控制——鼓励沉默者发言，控制频繁发言者	逃避者——保持沉默，不参与涉及任务或关系的问题
评估——提出对话题的评断	设置标准——要求或提出评估团队效率的标准	
协调——统一各方观点		
激励——激发讨论话题的兴趣		

资料来源：Based on Benne，Kenneth D. and Sheats，Paul，"Functional Roles of Group Members，" *Journal of Social Issues*，vol. 4，no. 2，1948，41-49.

清楚没有达成协议的后果和代价

布雷特（1991）提出谈判者需要清楚小组无法达成一致会产生的后果和代价。之前在讨论最佳替代方案时（参见第 2、3、4、8 章），我们曾经为一对一谈判提过建议。例如，假设一家手机公司的副总裁们正要决定明年该使用哪种型号的手机新生产线及其数量。为了能有效地做出选择，他们必须考虑如果不能达成一致意见，将会发生什么。会有别人（如总裁）介入来替他们决定吗？如果他们不能达成一致意见，总裁会怎样想？僵局对每个人的代价都是一样的吗？通常不是，不同谈判方在不能达成协议时的代价是不同的。例如，如果副总裁们不能达成一致，总裁就会决定生产线和数量，这样一来对技术和生产部门带来的成本（也许需要全盘改变）就要比市场和销售部门（需要重新制定市场和营销策略）小。受僵局影响相对小的成员（拥有最佳替代方案的人）在谈判中会更有力量，因为他们并不是非常在意团队能否达成一致、找到解决方案。最后，成员能清晰地认识意见一致与不一致的选择吗？事实证明，谈判者更易产生认识偏差，认为他们比其他人强（参见第 6 章），他们的选择比其他人明智，他们得到的结果比其他人好，他们比其他人对结果有更大的控制力（Taylor and Brown，1988；Tyler and Hastie，1991）。在多方谈判中，这些认识偏差使得谈判者过高估计他们的力量与获胜的能力，导致他们过度乐观地对待无法达成一致意见的后果。与其他方核对实际情况是控制偏差的重要方法：成员们真的愿意接受未达成一致意见的代价吗？团队在什么情况下会认可这种可能呢？

理解问题并制定议程

最后，各方应该花时间熟悉涉及的问题，获取相关信息，相互了解各自的利益，同时也应该共同制定议程。谈判议程之所以有益于提高决策效率，有以下原因。

- 它确定了要讨论的问题。
- 根据问题的表述，它确定了每个问题的立场和框架（见第 6 章讨论过的框架问题）。
- 它确定了讨论问题的顺序。
- 它既可以引入程序性问题（决策原则、讨论标准、成员角色、讨论动力），又可以引入实质性问题。
- 它可以为不同项目设定时间限制，从而表明不同问题的不同重要性。

除了制定议程之外，各方也应该遵守一系列“底线原则”，这样能保证谈判有秩序地进行。洛法斯托和拉森（LaFasto and Larson，2001）提出了建立高效团队行之有效的方法：关系模型。表 13－2 概述了这一模型中的四个关键需求和步骤。

表 13－2　建立关系的模型和需求

四种需求	步骤
1. 我们是否同意进行建设性的对话？	建立关系——表明你决定去解决问题，并确信这是值得做的事情 优化安全感——你将尽最大努力确保他人没有抵触感，并且尊重他人提出的观点
2. 我们的对话能否有效地产生足够的影响？	将讨论的问题简化为一个问题——以非胁迫的方式每次只确定一个问题 消除抵触——尽量避免使用能使他人产生抵触的话、术语和描述
3. 我们能否理解和尊重彼此的观点？	理解并积极响应每一个观点——告诉他们你所注意到的、你的感觉以及长期结果

续表

四种需求	步骤
4. 我们能否致力于做出改进?	改变行为——想要达成协议，每个人都要改变自己的行为 跟踪了解——制定监控过程的方式

资料来源：LaFasto，Frank，and Larson，Carl，*When Teams Work Best*：*6,000 Team Members and Leaders Tell What It Takes to Succeed*. Thousand Oaks，CA：Sage Publications，August 21，2001，51.

正式谈判阶段——管理谈判流程和结果

多方谈判的第二个重要阶段是谈判方的正式磋商。多方谈判流程大多是由前面讨论过的群体决策、双边谈判、联盟建立等活动组成的。谈判也包括我们所了解的如何通过小组讨论来达到各方认可的结果。下面几种方法可能会有助于进行高效率的群体决策。

指定一位合适的领导者

当参与的每个人都十分清楚由谁来领导团队和推动进程时，多方谈判会进行得更加顺利。通常这一角色会由其中一个存在相关利益的谈判方担任，多方谈判可以由一位中立的领导者来带领，这位领导者可以使许多策略得以实行。若要指定一位领导者，这个人必须与特定谈判结果没有利害关系，但是对确保谈判中各方朝同一方向努力以达到最好结果很有兴趣。实际上，领导者通常会在利益相关方中选出。务必记住，如果领导者支持某一特定立场或者偏好某种谈判结果，那么他很难被看作独立行为人或者中立行为人，因为他所希望达成的协议可能会威胁（或者说被认为会危害到）谈判的中立性及客观性。专栏 13.1 介绍了多方谈判中的领导者可以采取的有益方式。

专栏 13.1

担任一场多方谈判的主席

多方谈判的领导者必须牢牢控制团队进程，同时不会直接影响团队谈判结果。当团队想要取得一致意见时，领导者的任务就是时刻关注谈判进程。对于多方谈判的领导者应当如何有效地管理谈判进程，有如下几个建议。

1. 清楚地解释你作为领导者的职责，明确你仅仅是管理程序，结果由团队决定。

2. 提出议事日程或者根据团队关注的话题、优先考虑的问题制定议事日程。确保在谈判开始前，团队有机会对议事日程进行讨论、修订或者提出异议。

3. 合理安排进程，这样有利于谈判的进行。考虑会议室的布局是否会为建设性的讨论提供最好的环境。安排挂图、黑板或投影仪，以显示要讨论的问题。许多谈判者发现，在谈判中对问题、提议和其他信息的直接观察是有益的。

4. 提出基本规则或者由谈判者提出规则。会议会持续多久？最终的结果和协议是什么？用时多久？休会多久？谈判地点在哪里？团队成员何时、如何进行他们各自的商议？这些都是领导者需要考虑的问题。

5. 制定复审决策标准、规则。制定一个谈判双方都认可的公平标准。该方案是不是公平、合理、有效？团队最终如何达成协议？

6. 确保个体成员在谈判中能公开陈述自己的观点或以其他方式提出自己所关心的问题。要明白，谈判者一旦熟悉了某些问题，同时进行几个问题的讨论将会成为可能。这是问题间的权衡而不是在每个问题上的折中。

7. 做一个主动的协调者。确保每个人都有机会发言，以防口齿伶俐的人占据主导地位，而使话少的人保持沉默甚至退出谈判。要求口齿伶俐的人暂停，明确邀请话少的人发表评论和提出建议。通常当团队趋于达成某种形式的协议时，有些人很少参与。确保他们是自己选择不参与，而不是因为他们认为自己的观点没有价值或者不重要而中途退出。

8. 听取各方的利益点所在并找出共性。鼓励各方表达自己的利益点，并告知他们不但需要表明自己想要什么，而且要知道自己为什么想要。听取人们优先考虑的问题以及关心的问题，一旦问题和利益点确定了，就留出时间来讨论。运用头脑风暴法和其他团队决策技巧来产生备选方案并进行评估。

9. 引入可以帮助解释问题的外部信息（如学习、报告、统计数据、事实、专家证词）。要求硬性数据来支持论断（但要避免卷入有损你的中立性并带有进攻性的“互相责问”中）。

10. 经常总结，特别是当谈判中止、混乱或者紧张时。陈述一下你认为团队进展到了什么地步，已经完成了什么，下一步要做什么。通过阐述和总结将团队带回到现实任务中。

应用和重新制定议事日程

控制谈判流程和方向的关键方式是制定议事日程。领导者或谈判方都可以引入和协商议事日程。议事日程会大大增强谈判的结构性、组织性和对问题的协商性。如果这些问题都在议事日程中，那么弱势和处于不利地位的团体将有机会阐述和解决自己的问题。然而，议事日程由谁来制定（在谈判之前协商一致通过，还是由一个人来制定）可能会对谈判的流程有很大影响。除非团队成员能够从容地反驳那个首先制定议事日程的人，否则它将会无异议地通过，并且它所隐含的谈判结构和形式也会占据上风。当参与多方谈判的谈判者得到一个预先设定的议事日程（未被接受）时，他们会考虑让其他谈判方提前知道议事日程，并做公开的讨论和修订。换言之，需要确定可能会修订的部分是议事日程中的。

虽然议事日程增加了多方谈判的条理性，但它的缺点是可能会人为地分割相关的问题，结果导致问题被单独讨论，而不是一起讨论或者综合权衡考虑。使用议事日程的谈判者必须对议事日程所隐含的结构敏感，并且如果修订议事日程会对一致性协议的产生有利，那么谈判者应该乐于去挑战和修订议事日程。

确保信息和观点的多样性

第三种有利于谈判的方法是确保团队能够广泛获得有关谈判任务的不同观点和信息。因为信息性质的变化取决于团队的任务（例如，规划和实施一项改革，找到问题的最佳解决方案），所以预知什么信息是最重要的并确保团队能够获取是很困难的，确保每位参与者的意见都能被陈述也是值得关注的（关于为何有些团队成员在商议中变得沉默，请见专栏13.2）。在一个针对交叉功能团队的研究中，洛夫莱斯、夏皮罗和魏因加特（Lovelace，Shapiro and Weingart，2001）发现对于任务表现的不同意见的影响取决于：（1）不同意见是如何交流的——合作或者争吵；（2）团队成员是否可以自由表达与任务有关的疑虑；（3）团队领导者被认为有多有效。合作性的交流可能带来更大的创新，然而，如果交流缺乏争议性，有可能因为团队成员不能自由表达疑虑。因此，对分享不同意见的过程进行有效安排，对于多样性观点的有效交流具有十分关键的作用。

专栏 13.2

为何团队成员会放弃

研究人员马尔维、维加和埃尔萨斯（Mulvey，Veiga and Elsass，1996）认为团队成员太过看不惯团队的决策制定，并且许多人认为团队的决策制定太过令人沮丧和冗长，因此他们经常举起白旗并私自退出讨论，而不是努力帮助大家做出一个很好的决定。这里列举了一些团队成员进行“自我限制行为”（悄悄地放弃而不是继续参与团队讨论）最常见的原因。

- 认为存在专家。当他们认为团队中的其他人有很多专业知识——最大的问题是，这些团队成员努力炫耀自己的专业知识——他们就会强烈地限制自己加入，通常是由于担心自己在这些专家面前显得愚蠢。
- 强迫性争论的存在。当一个或多个人表现得很强势，有说服力，并且进行争论——特别是当发生了很多毫无结果的讨论之后——其他人就会自我限制。
- 对自己的贡献和能力缺乏信心。如果有些人对自己的观点没有信心，并且不愿意冒风险，他就会选择自我限制。
- 一个不重要的或毫无意义的决定。当人们认为做出的决定对于他们几乎没有或者根本没有影响时，他们会更少地努力。
- 迫于压力去承认团队决定。迫使某些成员承认团队的决定或加入联盟的强大压力，或者害怕报复，可以使得人们加入其中。
- 有障碍的决策气氛。当人们看到其他团队成员沮丧、混乱或低迷时，他们可能会自我限制。无力的领导和决策过程初期都可能导致这种情况。

作者建议团队领导者可以采取几种策略（其中一些会在本节后面提到）来确保团队成员不会过早地放弃讨论，以致产生一个错误的一致意见。

资料来源：Adapted from Mulvey，Paul W.，Veiga，Jack F. and Elsass，Priscilla M.，“When Team Members Raise a White Flag，” *The Academy of Management Executive*，vol. 10，no. 1，February 1996，40－49.

安科纳和考德威尔（Ancona and Caldwell，1988）认为在信息管理的过程中有四种有用的团队角色，即侦查员、大使、协调人以及守卫人。侦查员对环境进行侦查并带来相关的外部信息，如报告、数据、发现以及他人的经验。大使代表了与一些重要人员（如高级管理人员）的正式联系纽带，他们帮助获取团队需要的资源并提供有限的信息，（给支持者提供关于事件的信息但不足以暴露私人的或者机密的讨论）。协调人连接团队成员和他们的委托人——通常协调人自己就是将委托人的信息纳入团队商议的人。最后，守卫人被指定用来使一些信息留存在团队内部，并且确保不成熟的关键信息不会泄露。显然，团队成员可以身兼多个角色，并且可以在多方谈判进行过程中转换角色。

领导者要确保团队接受来自每个人的信息，确保委托人有机会提供信息（通过写评论或者在会前公开陈述），确保相关的报告、文件或同级分析资料能够被传阅和讨论。曼茨、内克、曼库索和曼茨（Manz，Neck，Mancuso and Manz，1997）为谈判领导者提出了五个关键建议，以确保有效、友善异议的存在。

1. 说话前要镇定，理清思路。避免情绪性的鲁莽行事，要以理服人。

2. 尝试理解他人的立场。在第7章和第10章中我们讨论了一些技巧，如倾听技巧、反馈技巧以及换位思考。

3. 试着寻找双赢的方式。

4. 考虑一下这个问题对你来说有多么重要。在谈判中，你的问题是最重要的吗？你能否在这一问题上牺牲你的全部或部分立场，以换取在其他问题上的胜利？

5. 记住，将来你可能不得不和其他人一起工作。即使感到愤怒和受挫，也不要使用让你将来后悔的手段。

确保对所有可利用的信息都加以考虑

确保团队能够讨论所有可利用的信息的一种方式就是监测讨论规范。讨论规范反映了团队分享和评估已知信息的方式（Brett，1991）。

尽管这样做很值得，但团队很少预先考虑他们会遵循什么样的讨论规范。在许多案例中，失败可能是由于缺乏对遵守讨论规范的理解所造成的。以下几种讨论规范可能会破坏有效的谈判。

- 不愿忍受有冲突的观点和看法。有许多原因可能会导致这种现象，例如，一位或多位成员不喜欢冲突，害怕冲突难以控制，或者认为冲突会破坏团队的凝聚力。但是正如我们前面所提到的，缺乏冲突将会导致灾难性决策的产生。

- 单独交谈。一个团队中的两三名成员之间的单独交谈有时是有益的，但有时是有害的。当人们感觉两三个人的对话比整个团队的对话更加舒适时，单独交谈可能会破坏团队的整体感和决策能力，尤其是需要意见一致的关键时刻。当一项决策会产生独特的利益和创造性的价值时，单独交谈是有益的。然而，当团队必须保持一致时，单独交谈可能会制造更多危害并降低达成协议的可能性（Swaab，Phillips，Diermeier and Medvec，2008）。

- 无法平息讨论中的冲动情绪。除非有一种方式可以释放这种冲动情绪，否则生气、挫折或者怨恨将会与大量实质性的问题搅和在一起，影响团队的效率。虽然大量的著作提出，谈判者应保持沉着和理智，但很少有人能做到这一点。越多的人关注某个特定问题，就越可能产生情绪。因此，必须有一种渠道来使所有的谈判者有效地发泄情绪。

- 无准备地参加会议。对会议根本没有准备或仅仅准备自己的个人立场是不合适的。关注他人的立场，对潜在利益和优先选择进行评价都需要做充分准备。

有几种策略可以应对讨论规范可能遭到潜在破坏。谈判者必须以充分了解的方式提出和交换观点，并允许每个人都能发言，从而避免一些破坏性冲突和情绪的产生。巴泽曼、曼尼克斯和汤普森（1988）提出了常用的几个团队决策和头脑风暴技巧来达到这个目的。

1. 德尔菲技术

调解员制定一份调查问卷，发放给每位谈判者，要求其填写信息。谈判者填写自己的意见并反馈给调解员，调解员总结信息再反馈给谈判者。谈判者对信息做评估报告，进一步输入信息，并交给调解员。经过几个循环后，调解员对问题和需求进行总结。这样谈判者之间就能交换大量的信息并共享一些不同的观点。这样做的优点是团队几乎没有面对面交流，不会陷入含有敌意和无效交流的困境中，而且可以进行几轮交流。这样做的局限性则是成员真正的优先关注点和偏好可能无法表达，而且问题被定义和定型的方式会在很大程度上决定结果。各方可能会错过扩大资源、重新定义问题或真正评估重要方案的机会。因此，德尔菲技术可能会趋向于产生妥协的结果而不是真正有创造性、整合式的解决方案。

2. 头脑风暴法

在头脑风暴法中，谈判者被要求确定问题，然后尽可能多地提出解决方案，当然，不要批评任何人的观点，这个问题我们在第3章中讨论过。专栏13.3列出了头脑风暴法的几条关键规则。

专栏13.3

头脑风暴法的规则

- 不允许批评。不可以评论某种观点的好坏。
- 提问题仅仅是为了澄清观点。
- 鼓励无拘束。疯狂的想法是受欢迎的，而且事实上这些想法可能激发团队成员的想法。不要考虑你的想法是好还是坏、愚蠢还是现实，尽管说出来。
- 努力获取想法。从团队中得到的想法越多，对团队的成果越有利。
- 将观点结合并加以改进。在某人观点的基础上提出更好的。

资料来源：Manz，C. C.，Neck，C. P.，Mancuso，J. & Manz，K. P.，*For Team Members Only：Making Your Workplace Team Productive and Hassle-Free*. New York，NY：AMACOM，1997，135.

3. 名义团队法

名义团队法往往用于头脑风暴法之后。一旦头脑风暴法列出了可供选择的方案清单，团队成员就可以对方案进行排列、评价和评估，以决定哪个方案可以解决问题。领导者收集、公布和记录成员们的评价，使所有团队成员都能正式地评估方案并投票支持他们认为最有效的一个。

有效控制冲突

团队必须产生许多观点和解决问题的方法，这样可能会产生冲突，但不允许冲突造成信息流动中断或个人恩怨。当一切都进展良好时，冲突是团队生活中很自然的一部分，它能提高团队成员完成任务、协作和维持关系的能力。如果在这方面做得不好，冲突将会不断破坏进程。耶恩和曼尼克斯（Jehn and Mannix，2001）在一项研究中对高绩效工作团队中冲突的发展和管理进行了调查。他们研究了工作团队的三种不同类型冲突：关系冲突（人与人之间关系不和睦，团队成员之间厌恶，关系紧张、摩擦、烦恼、挫折和厌恶感等），任务冲突（对团队任务的不同看法），过程冲突（对任务如何完成——谁将做什么，每人将分配到多少报酬等——的争论）。高绩效团队具有小的却不断出现的过程冲突，关系冲突保持在最低水平，任务冲突处在中等水平。想要建立理想冲突的团队，就要预先制定与工作相关的价值体系，包括高水平的信任和尊重，在谈判中间阶段围绕冲突进行公开讨论。有效团队都会预料到他们不得不处理冲突，而且当冲突出现时，必须寻求多种处理策略。

本法、彼得森、曼尼克斯和特罗希莫（Benfar，Peterson，Mannix and Trochim，2008）研究了有效团队和无效团队对冲突的解决过程。他们发现那些保持或提升业绩的团队都具有三个解决冲突的策略：（1）他们专注于与其他团队的交流内容而不是交流风格；（2）他们明确地讨论接受和分配任务的决定背后的原因；（3）他们将工作安排给有相关经验的成员而不是根据方便程度和自愿报名来进行分配。有效的团队在预料到他们不得不处理冲突时发展了多种策略，当冲突产生时进行处理。[2]值得注意的是，当个人价值受损时，冲突较难解决。

检查和管理决策规则

除了有效遵守讨论规范和管理冲突之外，谈判者也要管理制定决策的规则，即团队决定用什么方式来做什么（Brett，1991）。对于团队制定决策，主流的观点是采取少数服从多数的原则，但有时是由全体成员投票，赞成票超过 50%的选项就是所要的方案。很明显，选择不止一个，团队可以通过独裁（一个人决定）、寡头集团（占主导地位的少数联盟决定）、简单多数（过半的人决定）、2/3 多数、类似一致通过（团队多数人赞同，而且那些有不同意见的人并不抗议或提出反对意见）、一致同意或全体通过（每个人都同意）来制定决策。在谈判前所决定的决策规则会对谈判过程产生重大影响。例如，如果在一个 5 人团队中通过简单多数制定决策，那么仅仅需要 3 个人同意。因此，在谈判期间甚至是谈判前，任何 3 个人都能聚在一起形成联盟。相反，假如决策规则是全体通过，那么团队需要一起努力工作以确保所有谈判者的利益点都能被提出、讨论并整合到团队决议中。无论是采用建立联盟的策略还是采用完全共享立场、利益和方案的策略，都需要应用不同的方法。

表 13-3 总结了三种不同的协商策略以及相关的决策规则、目标导向以及决策辅助。三个策略中的每一个，即最大化个人收益、联盟或共赢（一致性决定原则），都按照策略、决策规则、目标导向以及决策辅助来陈述。正如表中所揭示的，任何元素都可以推动其他元素——决策规则或目标导向可以推动决策辅助。因此，谈判者将会在选择一个策略或一套策略前仔细理解决策规则和目标导向。谈判者也必须理解选择与决策规则和目标导向不相符的方案（策略）的后果，因为错配可能会导致失败、团队进程缺陷以及可能的次优结果。

表 13-3　共赢、联盟和最大化个人利益的策略、决策规则、目标导向以及决策辅助

	共赢	联盟	最大化个人利益
策略	1. 分享自己和他人的利益点 2. 考虑很多备选方案；有创造性；为可用资源寻找途径 3. 不要仅仅妥协，要做权衡 4. 鼓励积极的关系	1. 寻求同类并建立符合自己利益的备选方案 2. 吸纳刚好足够的成员以操控团队决策 3. 联盟中鼓励人际责任	1. 以一个较高但又不是太高的需求开始 2. 为你的优点据理力争；不要暴露自己的利益点 3. 表现出不能或不愿让步 4. 鼓励积极的关系 5. 如果必要的话，运用威胁、截止日期以及承诺等方法
决策规则	一致性	寡头	独裁者
	全体通过	大多数原则	
目标导向	合作性	合作性或个人	个人
决策辅助	包装	包装	
	寻找模型	寻找模型	

资料来源：Jeanne，Brett，"Negotiating Group Decisions，" *Negotiation Journal*，vol. 7，no. 3，July 1991，291-310.

努力达成初步协议

如果目标是达成一致协议或者最好的解决方案，谈判者不用努力追求谈判一气呵成，相反，他们应该努力达成初步协议，并对其进行修正、提升和改善。正如我们所讨论的，多方谈判的复杂性增加了问题的复杂性、谈判对话中断的可能性和谈判者更坚定自己立场的可能性（或者是因为竞争力的影响，或者是因为观众和其他成员的影响）。考虑到这些条件，即使存在能通过的解决方案，要想在谈判者中取得真正的一致，通过也会比较困难。因此，通常来说，为谈判者设置适度的目标会更好，达成初步协议或者临时的一致协议，然后在“二次谈判”中系统地改善，即把初步协议作为一个能够在下次谈判中加以修订、改造、调整和改进的平台。

当然，这样做的缺点是团队可能对初步协议就很满意，因为初步协议包含了他们的观点或者因为达成协议花费了太多时间和精力，他们精疲力竭。初步协议反映了团队大多数成员的立场或者少数掌权者的观点（Brett，1991；Nemeth，1986，1989），这些人可能不愿意再去接受不同的观点，而这些观点往往可能刺激更多的替代选择的产生。正如布雷特（1991）指出的：

> 大多数人和掌权的个体常常无法容忍不同意见。毕竟，他们为什么要冒失团队决策去控制的风险来允许不同意见的存在呢？第二次协议解决的就是这样一种问题。它保持掌权者一方的控制权——如果没有更好的协议被提出，第一个协议就得以保全。同时，通过让所有人在不害怕会被团队攻击的前提下，表露有关他们的问题和隐藏的议程信息，既保护了多数人的利益，又保护了少数人的利益。第二次协议商议过程鼓励了共享少数人的观点、对于假设的疑问、对决策分歧的讨论、对更优方案的寻找以及对共识的研究。（p. 294）

那些乐于接受初步协议的谈判者对进一步改善协议的反对意见，可能会被初步协议达成后的间歇、鼓励团队批评和评估初步协议、明确地计划二次谈判（再谈判）所消除。此外，如果团队是克服大量的分歧和冲突而达成协议的，那么再次谈判必须致力于改变和管理冲突程序。正如布雷特（1991）所述，这个过程中的有效参与可能会使得一个团队在初次谈判中达到一个高质量的结果。最终，初次谈判可能会成为一个锚点（参见第 6 章），它将会使一个团队在初步协议谈妥后继续前进找到不同的解决方案。

管理问题成员

团队成员的个人行为是团队谈判障碍的根源。有的成员可能会迟到，未做充分的准备，讲不着边际的话分散团队注意力，或者忽略了他们的分内之事。然而不幸的是，许多团队都有一种趋势，即他们会忽略个人行为而不是正视个人行为并改正它。曼茨等（1997）提出了以下管理问题成员的策略。

1. 明确问题行为——给出清晰、具体的例子。

2. 指出影响的可能是团队而不仅仅是个人。用“我们”代替“你们”，“你们”听起来有更多的责备，并且可能使其产生防御心理。

3. 关注问题成员的可控行为。目的并不是批评他或使他尴尬，而是强调个人能够控制和改正行为。

4. 给出建设性评论，直至个人能真正听懂并接受。私下里与问题成员沟通，在他没有任何压力的情况下再处理主要问题。

5. 保持反馈的专业性。用礼貌的语气来描述错误的行为和其产生的影响。进行一次成人与成人的对话，而不是父母对子女。

6. 确信听懂和理解了你的观点。要求他重复或再次描述观点，这样你就知道自己的观点是否已被听懂。

在第 17 章中，我们还将讨论如何应对“难以对付”的谈判者。

达成协议阶段

管理多方谈判的第三个阶段，也就是最后一个阶段，是达成协议阶段。在该阶段谈判者必须在谈判的所有可选方案中做出选择。他们可能会遇到几个问题，如最后期限的压力、之前未讨论过的新问题、对有关特定问题和关注点的更多信息的需求，以及一些谈判者威胁行使否决权以试图在最终协议中包含他们的观点或方案。在该阶段会用到的策略与第 3、4 章提到的策略类似，其中有四个解决问题的关键步骤（Schwartz，1994；Thompson et al.，2012）。

- 选择最好的方案。团队必须权衡他们已经考虑过的选择，可以进行选择一项也可以选择几项，尽可能使大多数成员满意。我们之前提到过，解决方案的公平性应该成为选择方案的主要标准之一。
- 制定行动计划。这会增加方案被全面、有效、及时实施的可能性。例如，一项好的行动计划可能包含以下几个关键步骤：每一步要达到什么目标，每一步何时开始和结束，完成每一步需要什么资源以及谁负责该步的执行。按这种计划工作可能会使那些模糊的或者疏忽的问题浮出水面，这样可以避免方案实施后产生更大的冲突。
- 实施行动计划。这会在团队解散之后或团队范围之外进行，但需要依照团队所确立的方针进行。如果没有一个有效的行动计划，那么之前认识到的问题就会在实施计划的过程中发生。
- 评估结果和过程。对谈判结果和过程的评估，对衡量团队工作的有效性是至关重要的。这一步骤不需要与谈判同时进行，也不需要作为会议决议来安排，但它不应该被推迟或遗漏。如果团队成员不想引起公众批评，那么可以做一些总结性的调查问卷，然后由领导者或中立的协调人反馈给团队，再由团队分析出需要特别注意的问题。例如，警方的行动小组在每次人质劫持事件后专门听取报告，以便发现能从人质谈判中学到什么以及在将来如何更有效地实施行动（见专栏 13.4）。

专栏 13.4

警方行动小组如何运用报告提升有效性

巴恩和劳登（Bahn and Louden，1999）指出人质谈判经常被错误地看成是劫匪和谈判专家之间的意见交流。实际上，谈判专家代表了一个小组的努力，包括多个个体之间精妙的组合，这个组合中每个人都有自己特定的角色，他们全部为确保人质的安全而努力。

作者展示了一个在城区医院里持续了两天的人质劫持事件。在 48 小时的僵持中，部署了 250 名警方人员，从交警到警察局长。此外，政府雇员和 25 个战术小组成员以及 8 位训练有素的谈判专家也到了现场。他们将这种努力称为高度的互相依赖，每个个体都依赖于他人来完成自己的任务。

在人质事件结束后，小组成员聚集到一起讨论谈判结果。讨论必须是建设性的，着眼于哪些本来可以做得更好以及哪些在以后的人质事件中需要改进。在经历了这次紧张的事件之后，小组会议也可以成为一个减压并发泄情绪的讨论会。

资料来源：Bahn，Charles，and Louden，Robert J.，"Hostage Negotiation as a Team Enterprise，" *Group*，vol. 23，no. 2，June 1999，77 - 85.

领导者所起的作用

除了专栏 13.1 中列出的领导者职责外，这里还有几点做法能够使团队领导者带领团队走向成功。

- 督促团队选择一项或多项决议。使用我们之前讨论过的程序规则，还有第 3 章所讲的达成整合式协议的技巧。注意关键成员之间"滚雪球式"联盟的出现。允许和鼓励对多个问题同时进行讨论并交换观点，或对初期达成的协议、临时协议进行修订。如果决议是在冲突的情况下制定的，那么达成初步协议后中断会议，过些时间再开始二次谈判。
- 制定和起草临时协议。记录临时协议，以文字的形式写在黑板上、挂图上，或用投影仪展示给整个团队。这样所有人都能看到并对其进行修正。确定所有的谈判者都理解该协议以及它的实施结果。此外，要明确书写协议的人比其他人拥有更大的权力，因为他是用自己的话来写，其中可能会有偏差或者选择性地记下一些观点而遗漏另一些观点。
- 讨论何时实施以及下一步要做什么。确保谈判中每个起作用的人都能了解他们要做什么。分配给每个人任务，以确保对关键步骤进行设定和执行。写出下次会议的安排，并计划以后何时对协议效果进行评估。
- 感谢团队成员的参与、辛苦工作以及卓越成效。如果讨论过程很困难或者花费了很长时间和精力，那么组织一场小型的庆祝晚会或给大家发送正式的感谢信或小礼物是必需的。举行一场聚会来庆祝所有艰苦工作的完成。
- 组织事后研究。组织团队成员讨论该次谈判的过程和结果，并讨论在下次谈判中哪里可能做得更好或不同，这将使团队和领导者都有收获。这能确保谈判者学到经验。同样，你还需要准备一些失败的案例。

13.3 组间协商

在本章最后部分，我们将研究那些小组而不是个人进行的协商。我们用组间协商这个术语来形容这些情况：会议桌一边是两个或更多的有共同利益和优先偏好的合作协商者，会议桌另一边则是两个或多个拥有各自利益和优先偏好的协商者，两方进行谈判（Shapiro and von Glinow，1999）。在第 11 章中我们讨论了在谈判中附加的团队成员如何扮演"观众"的角色，而这一角色将影响个体在谈判中所扮演的角色。这里我们列举了一系列更为广泛的团队协商问题。对于这些问题，仅有很少的学术研究进行过调查，我们从这些研究发现中总结出五条广泛性的结论。

当团队参与时更加容易达成整合式协议

汤普森、彼得森和布罗德特（1996）比较了团队之间的谈判、个人之间的谈判以及团队和个人之间的谈判。他们发现当至少有一方是团队时双方的共同获益会更大。部分解释是团队会比谈判者孤军奋战交换更多信息，这样增加了整合式协议的潜质被发掘的可能性。这样的情况只有当所有人都有权发声而非只有一个谈判代表时出现。即使是一个团队与个人谈判者进行谈判，团队协商的积极之处也能够体现出来。波泽（1996）表明团队达成整合式协议的好处取决于经验：当谈判者是新手时，降低了结果的整合性，然而，当谈判者训练有素时，团队将会带来更具整合性的结果。

团队有时比个人更具竞争性且更有价值

一份有关博弈论的实质性研究表明，团队在处理与其他团队的事务上更具竞争性（例如，McCallum，et al.，1985）。这是否也可以拓展到谈判领域呢？这方面的研究成果形形色色。在一个关于谈判团队在竞争、合作和信任方面的影响的研究中，波泽（1996）发现当团队参与谈判时，各方之间会有更多的争议以及更少的信任。然而，其他研究没能发现谈判中团队和个人在竞争性方面的差别（O'Connor，1997；Thompson et al.，1996）。

撇开竞争性不谈，团队会比个人在协商分配（各方所声称创造的价值）时更优吗？迄今为止的研究指出了团队的优势所在。在我们最近讨论的一个着眼于团队协商的关键性研究中（Thompson et al.，1996），参与实验的团队相比于个人要求更多的价值，但在另一个协商任务中却没有。波泽（1996）发现在针对混合谈判者（团队与个人）时，团队比个人做得更好，他认为部分原因是谈判团队的力量更加强大。

最后，团队的力量可以影响谈判者代表团队谈判的行为。一个低调且协作的团队比激进好斗的团队更容易达成整合性协议。当团队不那么有攻击性时，谈判者不仅能和对方求同存异，还能更加信任队员并提高对达成协议的认可度（Aaldering and de Dreu，2012）。同样地，如果团队内有相互争论的“小团体”，组内的冲突就会极大地削弱与对手谈判的成果（Halevy，2008）。

这些研究向我们揭示了个人在面对谈判团队时的两种反应：(1）留意团队可能会在追求自身利益和获取价值上表现得有进攻性；(2）避免这样一个陷阱——仅仅由于对方是一个团队进行谈判就认为双方实力失衡。

与个人相比，团队的责任压力是不同的

正如我们在第 11 章中所讨论的那样，相比于不存在责任压力的情况，当需要对委托人负责时，个人谈判者更有可能表现得求胜心切。有时，这种现象的发生是因为谈判者所代表的委托人可以了解到他的表现，他认为有必要表现出强势的一面。然而，奥康纳（1997）的研究揭示了团队在面对委托人的监督时并不会如此表现。在她的实验中，责任增强了个人谈判者的求胜心，这在很大程度上超过了对团队谈判者的影响。奥康纳的发现说明由责任所带来的压力被分散给了团队中的每个成员，因而每个谈判者从谈判的结果中感受到了更少的责任。

团队成员必须有效处理组内关系

布雷特、弗里德曼和本法（2009）认为团队间谈判的最大挑战在于管理自身谈判团队。小组成员的一句无心之言，就能让整个团队的战略和能力在谈判对手面前大打折扣。

三位作者表明管理自身谈判团队成员有两大挑战：校正团队成员多元且相冲突的利

益关系，在谈判开始时就实施服从战略的组内纪律。下文对这些挑战提出了建议。

团队利益的一致化

- 绘制可能的利益冲突图。制作并分享一张画有每个团队成员利益的图，既可以各自完成，也可以大家聚在一起画在白板上。这个方式可以让队员在一致对外谈判之前解决利益冲突。
- 与成员的委托人交流。如果团队成员代表了不同的委托人（例如管理层和员工），获得其委托人直接的信息，并告诫其不要对团队领导抱有过高的期望是十分必要的。
- 使数据广泛可得。团队成员需要将数据视为目前由部分成员掌握，并理解特定的团队决策对不同部门的影响。一些成员不太相信来自其他部门的数据，如果这种不信任度很高，那么数据就应该由中立的第三方机构提供，例如咨询顾问。

实施团队纪律

- 在遇到对手之前，角色扮演可以增强队伍的情感接受度和对抗能力。在实战中对手可能会用语言来“激怒”我方，要排练一些控制性的回复，以防在真实谈判中被“扼住咽喉”。
- 团队成员明确分工，让每个人各司其职并做出贡献。如果每个人在团队中有自己的明确定位，那么他们将会减少发表扰乱谈判议程的随意言论。
- 与团队其他成员利用非语言信号进行交流，体育教练常常使用这种方式。这些信号都是提前编码，在召开核心会议、避免讨论特定主题等情形下使用。虽然一些身体手势或动作就可以满足要求，但是在人人都拥有智能手机的时代，以即时短信或电话作为沟通方式可能会更加有效。

当团队领导必须努力在队伍中实行纪律时，他们同样有责任管理其他队伍，尤其是在确认其他团队是否接受由代表在谈判桌上达成的协议时。专栏 13.5 为谈判者在自己的团队中帮助对方团队达成协议提供建议。

专栏 13.5

帮助对手获得协议的批准

知名社会学家罗伯特·帕特南（1988）认为诸如国际外交这样的复杂组间谈判有两个层次：第一层强调由双方的谈判代表达成谈判协议；第二层着眼于谈判者将与对手达成的协议呈现并说服支持者，使其予以认可。

詹姆斯·塞本尼斯（James Sebenius，2013）认为第二层次谈判的相关战略战术没有被谈判研究重视。然而，这个部分更加具有挑战性，因为支持者对第一层次的谈判更加关心，并对协议的成立与否有更强的话语权。在长期为国际外交家提供解读和建议后，塞本尼斯提出了如下建议，帮助代理人为对方代理人“兜售”第一层次所达成的协议给对方支持者（详情请参考第 11 章图 11-6）。

- 代理人必须明确对方的利益，以及对方支持者多样性的立场、观点和利益。
- 代理人必须理解对方的政治、经济和社会环境，以便了解其局限和约束。
- 代理人必须与对方代理人保持密切联系，以防意料之外的新问题出现。
- 代理人还须主动帮助对方代理人构思演讲、新闻发布会、业务陈述等讲稿，以防某些不当言论会激怒对方代理人的支持者。

● 代理人要主动提供特殊补偿或承诺给对方的支持者，以赢得他们的支持。

塞本尼斯的建议在以下情况下应予以考虑：在解决一些重要的政治和社会问题时，需要多方利益相关者达成一致协议，并说服人们认可、支持该协议。

资料来源：Sebenius，James K.，"Level Two Negotiations：Helping the Other Side Meet Its 'Behind the Table' Challenges，" *Negotiation Journal*，vol. 29，no. 1，January 2013，7－21；and Putnam，Robert D.，"Diplomacy and Domestic Politics：The Logic of Two-Level Games，" *International Organization*，vol. 42，no. 3，1988，427－460.

团队成员之间的关系影响谈判进程和结果

彼得森和汤普森（1997）研究了朋友组成的团队与陌生人组成的团队谈判时会发生什么。不出所料，他们发现，与陌生人组成的团队相比，朋友组成的团队更有凝聚力，并且更加着眼于维护他们的关系。对于陌生人组成的团队来说，越有凝聚力，越能够有好的表现。彼得森和汤普森发现团队成员之间的关系会影响在达成谈判结果的过程中信息是如何使用的。特别是当团队中的个人有与团队利益和偏好有关的独一无二的信息时，陌生人组成的团队能在谈判桌上要求比朋友组成的团队更多的联合利益。责任的话题也在彼得森和汤普森的研究中占有一席之地。若陌生人组成的团队为他们的谈判表现（向监督人）负责的话，他们会比同样承担责任的朋友组成的团队做得更好（要求更大的联合利益）。总的来讲，这些发现表明成员间的关系使得团队使用信息和策略的方式变得更加复杂。普遍来说，彼得森和汤普森发现由陌生人组成的团队在某些情况下比由朋友组成的团队表现得好。我们并没有得出结论团队成员不能成为朋友，但是有朋友关系的团队成员应该格外注意不让朋友关系影响到团队的最佳结果。由陌生人组成的团队在谈判前花些时间形成更紧密的关系有助于提高谈判质量。

本章小结

大多数谈判理论都是基于双边谈判的假设，即只有两个谈判者或谈判团队相互对抗。然而有很多谈判是多边谈判或团队谈判，即不只有两个谈判方参与，各方都持有自己的立场和利益，整个团队必须对计划、决策或行动达成一致意见。在本章中，我们研究了两种多方谈判的特点：一种是谈判各方必须共同努力达成一致决策和共识；另一种是谈判各方在谈判中处于相互对立的位置。

所有形式的多方谈判共有的特点是，都需要积极地关注和管理比一对一谈判更为复杂的流程。在这里我们提出几个涉及联盟、多个谈判方或分组谈判者应该注意的问题。

● 如果各方由于谈判的复杂化而无法达成共识，其后果是什么？如果没有一致意见会发生什么？

● 各方通过什么方式做出选择？也就是说，决策的规则是什么？为什么这些是最好的规则？

● 各方如何通过多轮谈判达到目标？（这一点非常适合于决策规则是一致性原则或者最优协议的情况，因为通过单轮谈判很难达成共识。）

● 我们是否需要安排负责人或者调解者？他应该是一个中立的外人还是由一方的成员担任？一个调解者可以用哪些策略管理谈判流程从而保证得到最好的方案？（这些策

略包括确保团队拥有充足的信息来源、保证所有团队成员充分考虑所有可利用的信息，以及用心制定团队议程等。）

- 如果两个或多个团队互相谈判、与对方的代理人谈判，谈判的情势将发生什么改变？谈判团队内或团队间的力量将如何发生变化？

如果这些问题都能被提出并充分考虑，谈判各方将会对谈判流程更加满意，并且相比忽视这些问题更易得到有效的谈判结果。

关键术语

德尔菲技术（Delphi technique）：一种团队决策技术，由指定的仲裁人制定调查问卷，发放给每位谈判者，之后仲裁人再将总结后的问卷信息反馈给谈判者。经过几次循环后，谈判者之间完成信息和观点的交换，最终达成一致观点或决策。

名义团队法（nominal group technique）：一种团队决策技术，往往用于头脑风暴法之后。一旦头脑风暴法列出了可供选择的方案清单，团队成员就可以对方案进行排列、评价和评估，以决定哪个方案可以解决问题。领导者收集、公布和记录成员们的评价，以使所有团队成员都能正式地评估方案并投票支持他们认为最有效的一个。

注 释

[1] These sections draw heavily on the work of Bazerman, Mannix, and Thompson (1988); Brett (1991); and Kramer (1991), who provide excellent overviews of the problems and challenges of multiparty negotiation.

[2] For additional ideas on managing conflict in groups, see Cloke and Goldsmith (2005).

N E G O T I A T I O N

第 14 章

个体差异 I：性别与谈判

学习目标

» 理解性别和社会性别之间的区别。

» 探索有关社会性别和社会互动的替代概念方法。

» 研究男性和女性谈判的区别，以及他们在谈判中是如何被他人对待的。

» 寻找克服因社会性别差异和刻板印象所导致的谈判劣势的方法。

一些人的谈判能力比其他人强。在谈判中能发挥作用的个人特征是什么？优秀的谈判家的做法、想法以及感觉是如何使得他们同普通谈判者区别开来的？多年来，研究者一直在研究个体差异对谈判过程和结果的影响，接下来的两章，我们将研究这些差异。本章中，我们只讨论获得了谈判研究人员更多关注的个体差异：社会性别差异。在第 15 章，我们研究一系列其他的个体差异因素，包括人格特质和能力。

所有的这些，如性别、人格特质、自身能力等，都被心理学家定义为“稳定的”个体差异，这意味着如果这些差异发生改变，那么它们的属性是随着时间的推移慢慢改变的。如果个体的这些方面是稳定的、不可改变的，那么还值得担心吗？一些研究学者，比如巴泽曼、科汉、穆尔和瓦利（Bazerman，Curhan，Moore and Valley，2000）质疑探索谈判中个体差异的价值，这是因为：(1) 个体差异不像谈判情境那样可以预测谈判过程和谈判结果；(2) 任何情况下，稳定的个体差异通常不能为个体谈判者所控制。这两种观点都是正确的，但是他们没有必要认为研究谈判中的个体差异没有价值。

我们从以下三个方面说明了解个体差异的重要性，可以使谈判人员获益。第一，尽管谈判人员或许并不能够选择自己的特质和能力，但是在很多种情况下管理者有机会从众多的候选人中选择具有不同特质属性的谈判人员。第二，如同我们在这两章中所讲，我们可以把一些个体差异同谈判人员的责任或者缺点结合起来，以便察觉和通过协调一致的努力进行补偿。第三，抓住相关个体差异的优点和缺点，能够帮助谈判人员识别对方的才能及局限性，并相应地调整战略和战术。

本章中，我们对个体差异（某种程度上可以称为社会性别差异）的研究通过区分性别和社会性别来展开。然后我们开始研究谈判中的个体差异。首先，我们回顾一下关于人与人之间存在差异的理论观点。然后，我们会看一下实证研究的证据。在过去的几年里，这个领域里出现了令人兴奋的新的研究进展，使我们能够更清晰地理解关于谈判中社会性别的基础心理学。一些研究指出，社会性别差异会使谈判人员处于劣势。之后，我们将提出克服谈判中社会性别差异劣势的建议。最后，我们将提供一些有趣的论据来证明社会性别研究者所观察到的也许并非事实。

14.1 性别和社会性别的定义

科学界之外常将性别和社会性别视为同义词，但是它们之间的区别对于生物学家、心理学家和其他科学家来说非常重要。因此，本章中我们将二者进行明确的区分，并说明理由。

性别是指男性和女性的生物学分类。如同英语词典中解释的，性别是指“根据其生殖器官和功能的属性和品质，将生物体分类为男性或者女性”。[1]社会性别是指两性的文化和心理标记——在特定的文化或者社会中，能够使男性与女性进行区分的角色或者身份（不是生物学上的），这不仅仅是语义上的区别。研究性别差异的人相信，这种差异主要植根于生物学上的差异，而研究社会性别差异的人则倾向于行为差异的社会解释（Deaux，1985）。几乎没有研究者赞同关于行为的单纯的生物学（性质）或者单纯的社会学（性质）解释，重点在于平衡基础研究中隐含的假设。

关于谈判中男性/女性差异的大部分实证研究已经分析了性别差异（也就是说，比较了男性和女性)，是用社会性别的理论来解释所发现的差异。例如，一个典型的实验或许会对比男性和女性在谈判中是如何讨价还价的，并探索其过程和结果的影响因素(Kolb and McGinn，2009)。如果发现了不同点，他们就可以解释为与社会性别相关(比如，在儿童和青少年时期，男性和女性的社会化程度不同，这解释了成年人谈判行为的一个方面)。

谈判研究人员似乎主要依赖于社会性别一词。比如，我们综合性地回顾了这一领域中两个具有领先地位的学者克雷和巴布科克（2006）关于性别/社会性别的谈判研究，发现他们无论是描述现存的研究结果，还是描述基础概念和意义，几乎只指社会性别。其中一位作者解释说，在此背景下，大部分是研究社会性别差异，而不是研究能够追溯到生物学原因或者标记的差异，因此，社会性别这个词是恰当的、首选的词。[2]我们同意这个观点，鉴于所讨论的内容基本上用社会性别理论来解释，因此整章内容我们都在强调社会性别这个词语及其概念。值得一提的是，我们还接触到一些该课题下未发表的文献，它们突破了只有男性和女性的二元讨论，研究了一些多元的社会性别会如何与现有的管理产生冲突，并且期待谈判领域的研究者对此加以重视。

14.2　谈判中的社会性别差异研究

社会性别差异是谈判中个体差异话题中最主要的研究。直到最近，这项研究倾向于产生一些矛盾性的研究结果。一些研究表明，男性谈判人员和女性谈判人员之间有很少的差异或者没有任何差异[3]，而其他的研究表明男性谈判人员和女性谈判人员之间的差异非常显著。[4]大量关于谈判中的社会性别差异的文献得出以下结论：谈判中，女性比男性有更小的竞争性和更强的合作性，而男性比女性的谈判结果更好（Kulik and Olekalns，2012；Mazei et al.，2015；Stuhlmacher and Walters，1999；Walters，Stuhlmacher and Meyer，1998)。对于这两个结论，尽管统计显著，但是区别很小。

对于社会性别是如何影响谈判的这个问题，答案或许并不简单，最近的研究揭示了这种差异确实是存在的，而且揭示了一刀切地比较男性和女性谈判人员会很难找到这种差异的原因。概括地说，这种差异与以下情况有关：在给定的情境下，社会性别差异会显现出来；在其他情境下，社会性别差异则不明显。最近对大量文献做了全面的元分析的一位作者总结：男性普遍比女性获得更经济的结果，但社会性别强烈依赖环境背景(Mazei et al.，2015，p. 85)。对于这一研究结果，我们首先对之前关于谈判中性别和社会性别研究的理论批判地讨论，然后回顾最近的实证研究发现。

男性谈判人员与女性谈判人员：理论视角

一直以来，社会性别差异是交易研究和其他形式的人际交往研究的关注点，到 20 世纪 90 年代，随着女权主义理论在谈判中的应用，这一问题有了新的变化。[5]谈判被清楚地描述为一项性别心理活动（Kolb and Putnam，1997)，然而大多数的谈判理论的重点在于为获取有益结果而工作的独立人群（Gray，1994)。理论学家发现了谈判中的一些关键性的方面，而这几个关键性的方面未受到谈判理论和研究的重视。[6]例如，直到最近，人们把重点放在谈判的工具性价值方面，而忽略了谈判中关系的重要性。因为谈判关系可能会影响谈判人员的感知、构架和执行，研究人员忽视关系，可能会低估它们在影响谈判动态中的重要性（Gray，1994）。如果社会性别的研究中有关系的重要性及其维持方法的观点，那么低估谈判的关系层面可能会导致研究者忽视性别的影响。

在研究人员中成为共识的观点是，男性和女性在谈判中是有差异的，但是这些差异很难察觉出来（Kolb and Coolidge，1991）。除此之外，研究人员最近才开始研究社会性别是如何影响谈判的。社会性别影响了谈判者偏好吗？或者是战略和战术？让步？结果？情境因素与社会性别结合起来，以复杂的方式影响这些变量（Kolb and McGinn，2009），从而使得社会性别很难产生预计的广泛影响。

如果现在的观点是男性谈判人员和女性谈判人员不同，那么理论上假设存在的区别是什么？研究这个问题的学者们进行了争论，得出影响男性和女性谈判者的重要因素有以下几个。

1. 他人的相关观点

女性比男性更想知道谈判中各方之间的完整关系，并且更有可能把谈判看作使更大谈判发生的部分背景，而不会只注意到所讨论问题的内容（Kolb and Coolidge，1991）。因此，女性会把重点放在互动目标上（谈判中的人际关系方面），而男性更倾向于完成特定任务（Kray and Babcock，2006）。这显然暗示了男性与女性在与谈判对方的关系和谈判的问题中的不同表现。我们在第 3 章中讲过，了解对方是如何看待该情况的与在谈判期间所讨论的需要和利益同等重要。

2. 谈判与关系

科尔布和库利奇（Kolb and Coolidge，1991）表示，女性倾向于不在谈判和其他关系之间划出严格的界限，相反，她们将谈判看作各种关系中的一种。男性则倾向于将谈判与其他关系分开，并且严格界定谈判的开始和结束。由于女性更倾向于将谈判看作一种关系，她们不太会认为“除非将谈判和发生的背景区分开来，谈判才会发生”（Kolb and Coolidge，1991，p. 265）。

3. 关于能力和价值的信念

个人期望和自我价值影响谈判人员的做法。薪酬谈判结果中关于社会性别差异的一种可能的解释是：女性更倾向于关注雇主付给她们的工资所体现的价值（Barron，2003）。除此之外，一般女性在谈判的社会情境中可能会感到那么一点点的不舒服（Small，Gelfand，Babcock and Gettman，2007）。这反过来会削弱自信，影响好的谈判成果的实现。

4. 通过授权管理

女性和男性对权力的看法和使用是不同的。当“谈判关系中各方的相互影响可以建立联系、增强每个人的权力”时，女性更愿意寻求授权（Kolb and Coolidge，1991，p. 265），而男性则通过使用权力达到个人目标，或者强迫另一方屈服于自己的观点。这同样证明了，在谈判的背景下，性别是地位的一种标志。为了进一步说明，迈尔斯和克兰尼（Miles and Clenney，2010）认为地位高者（例如男性）会令他人认为其有权采取独断的谈判策略，这就意味着男性所提出的策略会比女性提出的更容易为人所接受。虽然女性的权力意识使她们在整合式谈判中而不是分配式谈判中比男性更适合，但是这种适合并不完美。

5. 通过对话解决问题

男性和女性使用对话的方式不同，这种现象在他们还是小孩子时就出现了（Sheldon and Johnson，1994）。女性“尝试将另一方置于共同探索方法之中，并且通过相互影响达到更进一步的理解”；她们倾听并参与，“通过对话对彼此有了新的理解”（Kolb and Coolidge，1991，p. 266）。男性使用对话的目的是：（1）使另一方确信他们的立场才是正确的；（2）支持在讨论期间能够赢的战术和对策。

6. 认知和刻板印象

谈判者是如何感知以及“构筑”谈判过程的，这可能对谈判行为有很重要的影响。第6章我们讨论了感知的框架和模式以及它们对谈判过程的影响。谈判情境激活了“社会性别信念系统”，即在特殊情境下男性和女性实际如何做的或者应该如何去做（Bowles and Flynn，2010，p. 771）。这些是基于社会性别的关于行为和刻板印象的期望。克雷和巴布科克（2006）指出，由于“占主导地位的文化定型”，男性在谈判中占有优势。对于女性谈判人员而言，声誉对她们至关重要。男女双方谈判时对女性谈判人员消极的刻板印象会影响其期望和行为。根据阿曼那图拉和廷斯利的观察（Amanatullah and Tinsley，2013），在谈判中女性处于不利地位，不是因为她们比男性缺乏动力或能力不足，而是因为她们“被行为期待束缚，这种期待源于社会中普遍的性别角色地位”（p. 119）。

关于谈判中社会性别差异的实证发现

之前我们提到很多大规模的研究得出这样的结论：女性比男性的合作性更强，而男性能取得更好的谈判结果。但是我们注意到这些影响并不明显，在此我们抛开这些广泛影响，把重点放在特定的认知和行为过程上，我们发现了关于社会性别差异的更为引人注目、更为有用的视角。本部分我们研究 5 个过程：（1）男性和女性是如何看待谈判的；（2）他们在谈判中是如何沟通的；（3）他们在谈判中是如何被对待的；（4）他们对战术是如何做出反应的；（5）他们是怎样受刻板印象影响的。

1. 男性和女性理解谈判的方式不同

越来越多的证据表明，男性谈判人员和女性谈判人员对谈判概念以及谈判过程的理解是非常不同的。我们在这里讨论一些不同的理解方式。

冲突是如何形成的：关系与任务取向

罗宾・平克利（Robin Pinkley，1990，1992）探索了争论者是如何解释或者“构筑”冲突局势的。[7]在她的研究中，人们回忆并且描述了最近发生在他们身上的冲突。平克利发现争论者一般从三个方面来理解冲突：关系与任务、情感与智慧、折中与取胜。女性更倾向于从关系的角度理解冲突事件，而男性倾向于从任务的角度看待冲突事件。关系和任务分别与较好的关系结果和任务结果有关。

冲突是如何形成的：竞争与合作

琳达・巴布科克和萨拉・拉契夫（Linda Babcock and Sara Laschever，2003）在处理谈判中的性别鸿沟时指出，从出生开始，男性就被教导要秉承竞争和优越性的阳刚规范。“……优越性是我们对男性社会定义的核心”（p. 103）。她们说，女性在早期就学习到如果同男性竞争，战胜男性，这会威胁到社会所定义的男性的阳刚之气。同样地，女性被培养成维护社会和谐，并且经常会因为自我推销或者竞争行为被看成缺乏女人味，从而会受到惩罚（Rudman，1998；Rudman and Glick，1999）。有研究表明男性和女性在竞争意愿上有区别：男性更加渴望参与一场跨性别的竞争活动，而女性更倾向于避免竞争（Niederle and Vesterlund，2008）。

回顾谈判中关于社会性别的研究时，克雷和巴布科克（2006）说，当把谈判描述为一项竞争活动而不是协同努力的活动时，社会性别差异最为明显。迪尔（Deal，2000）的研究表明，在一个竞争性的谈判情境中，男性比女性更能刻意地利用信息使得他们处于有利的谈判地位，而使另一方处于不利的谈判地位，但是在一个合作性的谈判情境中，这种社会性别差异就不复存在了。在一个相关研究中，鲍尔斯、巴布科克和麦金（Bowles，Babcock and McGinn，2005）的研究表明，当以自己的名义进行谈判时，女性取得的谈判结果要比男性差，而当以另外一个人的名义进行谈判时，女性的表现要比男性更好。这些结果表明，当人们期望女性是一个恭敬的、合作性的女性时，她们表现欠佳，而当这些压力解除时，她们就能够表现更好。这里很有必要指出的一点是，这两个研究中，男性谈判人员不会受到情境的影响。

感知到的情况能否作为一次谈判机会

在可以谈判但并非必须谈判的情况下，谈判人员会把这当成一次谈判机会来进行感知和行动吗？研究表明，在是否倾向于谈判方面，男性和女性之间存在明显的差异（Babcock and Laschever，2003）。最近的一项研究（Small et al.，2007）发现了关于谈判倾向方面的显著性的社会性别差异。在一项任务中，每个人会因个人表现获得3～10美元的报酬。完成任务后，他们会问所有的参与者："这是给你的3美元。3美元够吗？"大部分参与者会说够了，但是男性要远远比女性想获得更多的报酬（多出8倍!）。当谈判中没有社会线索时，就能发现这种差异（比如，没有告知参与者可以把谈判作为一种选择），不过当在后续实验中明确告知参与者可以谈判时，这种差异仍然存在。有趣的是，在一个实验中，一些参与者被告知"可以要求更多的薪酬"，而其他人被告知他们"可以通过谈判获得更多的薪酬"，意欲进行谈判的那组在"可以要求"的条件下，其社会性别鸿沟消失了。这些结果表明，女性通过谈判的方式来获得某种东西要比直接要求得到某种东西更为消极被动，即她们不擅长通过谈判获得某种东西。于是斯莫尔（Small）与同事得出这样的结论："相比于直接要求的不同框架前景而言，谈判的前景可能会更多地抑制女性进行谈判"（p.610）。在这一点上，雷布朗特和李斯特（Leibbrandt and List，2015）在关于劳工市场上的工资谈判中有更进一步的研究。他们发现，当岗位描述很清晰（而不是模棱两可）时，报酬具有可谈判性，"两性有同样的可能性去为工资而谈判，或者对低工资抱有迟疑态度"（p.2023）。

巴布科克、盖尔芬德、斯莫尔和斯丹（Babcock，Gelfand，Small and Stayn，2006）的调查研究发现女性更少地倾向于发起谈判。他们要求工作的成年人回想上一次他们发起谈判的时间，男性的回答一般是两周前，而女性的回答至少是男性的两倍。这个结果很可能十分具有价值：在一项关于投资银行员工的调查中，格雷格（Greig，2008）发现：更倾向于谈判的女性会比不愿谈判的女性更频繁地获得晋升机会。

难道简单的社会性别差异就可以解释女性更抗拒谈判吗？贝尔（Bear，2011）在他的实验中解释道，厌恶谈判可能是介于社会性别和谈判学科下的拟合函数，而不仅仅是性别一个变量造成的。在贝尔的研究中，参与者扮演人事部经理，并决定是亲自与岗位候选者交谈，还是把该工作交给一位假想的主管。半数参与者在岗位候选人想要商讨典型的男性话题时给予响应，例如工资；半数参与者在母婴室中会响应候选者想要商讨的典型女性话题。该结果支持了性别角色解释：女性更可能避免谈论工资，而男性更可能避免谈论在母婴室中的话题。

结果预期

有证据表明，女性除了比男性更倾向于忽视谈判的潜力之外，她们还会比男性预期取得更差的谈判结果。鲍尔斯与同事（2005）做了一个实验，在这个实验中，参与者扮演制造商的角色，谈判供应商品的价格。研究人员将对谈判人员有用的大量信息做了分类。一些参与者在“低模糊度”的情况下被告知其上司的意见，研究人员认为他们会取得理想的谈判结果。其他谈判人员在“高模糊度”的情况下并没有收到这种信息。结果表明，当期望含糊不清时，男性买主会比女性买主更期望少支付 10%的价格且开价比女性买主低 19%。正如我们在第 2 章讨论的，高抱负的谈判者往往会拥有更好的结果。相应地，我们可以毫不费力地发现，男性谈判人员的交易价格平均比女性谈判人员的交易价格低了 27%。当模糊度低时（提供买方关于预期的特定信息），提供的关于预期结果的信息足够克服社会性别差异，在这种情况下，男性谈判人员与女性谈判人员的谈判结果并没有太大区别。

2. 男性和女性在谈判中的沟通方式不同

沃森和卡斯滕（Watson and Kasten，1988）研究了男性和女性是如何看待谈判期间发生的沟通行为的。在一项管理者作为参与者的模拟谈判研究中，沃森和卡斯滕发现，女性认为男性更武断，而男性则不以为然。这里很重要的一个暗示就是，根据对方谈判人员的性别不同，同样的行为可能会引起显著不同的看法和反应。同样情况下，进取性的、有竞争性的策略被女性运用时和被男性运用时有所不同（Bowles，Babcock and Lai，2007；Dreher，Dougherty and Whitely，1989）。关于这些发现的一种解释是，社会（不管怎样，至少是美国社会）促进了男性之间的竞争，而阻碍了女性之间的竞争。

谈判时对沟通的不同看法或许可以分为行为风格和策略的不同。例如，一项研究表明，谈判时男性和女性会讨论不同的事情。哈尔彭和帕克斯（Halpern and Parks，1996）用一个低冲突讨论模拟研究了几组同性别的男女谈判人员是如何进行谈判的。他们发现，男性比女性更倾向于讨论立场，而女性比男性更倾向于披露个人信息和个人感受。除此之外，谈判中，男性和女性会选择不同的例子来支持他们的论点。

最近的一项研究认为，男性和女性在使用可能跨越道德底线的策略上有不同的态度，大体而言，女性更不愿意“脱离道德”，即尽力合理化自己不道德的行为（Kray and Kennedy，2017）。特别是在谈判的情境下，女性比男性更遵守道德，她们会对那些为金钱和地位而折腰的道德观嗤之以鼻（Kennedy and Kray，2014）。女性相比男性会对诸如第 5 章谈到的道德上有瑕疵的策略（例如，不实信息或虚假承诺）感到不适（Robinson，Lewicki and Donohue，2000）。

沟通中的社会性别差异随谈判情境的变化而变化。这里我们将指出两点。第一，有证据表明，男性与女性的差异取决于谈判中使用的沟通渠道。在最新的研究成果中，斯图马赫尔、赛特拉和威利斯（Stuhlmacher，Citera and Willis，2007）得出这样的结论：女性在虚拟谈判中（比如，通过电子邮件谈判）要比在面对面的谈判中更可能产生争议或者敌对，而男性谈判人员在这两种沟通渠道上并没有什么区别。斯图马赫尔和同事们从社会角色角度对此做了解释。他们说，谈判人员的角色从根本上来说是男性化的角色，因为其重点在于竞争性及获胜性。虚拟谈判“使得谈判人员的性别没有那么突出（与面对面的谈判相比），因为这里面涉及的地位和社会因素很少”，这减少了女性谈判人员对其对手地位的注意力，增加了其对互动的实质内容的注意。虽然虚拟谈判可能会让女性在谈判时更具竞争力，但是斯瓦布（2009）在一项关于综合谈判的研究中发现，在谈判中女性的目光接触会使谈判获得一个更高质量的协议，因为（对于女性而言）目光接触会与人建立共识。但对于男性而言，其眼神交流会增加对手的不适感，阻碍共识的达成。相应地，在没有目光接触的谈判上，男性会达成更高质量的协议。

第二，产生社会性别差异的另外一个情境因素是监督：谁在监督谈判人员的谈判行为。我们在第 11 章讨论过，监督的影响非常重要，在很多情况下，谈判人员会受组员或者其他人的监督，要为自己的行为和结果负责。有关监督方面的研究指出监督对社会性别会产生影响（遗憾的是并未得到明确）。一项研究发现，当监督员是女性时，男性会提出更多的要求，并且会赋予更多的主导性（Cantrell and Butler，1997），另一项研究发现，当监督员是男性时，谈判人员的行为会更有争议性（Pruitt，Carnevale，Forcey and van Slyck，1986）。性别似乎能影响自信或者合作性行为的外在社会感知，但是如何影响以及什么时候影响还需要进一步研究。

3. 男性和女性在谈判中受到的待遇不同

女性和男性不仅看待谈判的方式不同，而且有研究表明，谈判期间女性通常比男性受到的待遇更差（Whittemore，1996）。例如，在一项研究中，研究人员设计了一个模拟谈判，旨在诱使各方做出欺骗行为，女性谈判者在感知上更容易被误导，而男性谈判者相比面对同性对手，会更频繁地去欺骗女性谈判对手（Kary，Kennedy and van Zant，2014）。我们将从两个不同的领域分析这些研究发现：购买汽车的谈判和薪酬的谈判。参见专栏 14.1 中一个有趣的实验例子。

专栏 14.1

最后谈判中社会性别的差异

索尼克（Sara Solnick，2001）公布了研究的结果，这一研究对比了男性和女性在二人模拟谈判（又称“最后谈判”）中的行为。索尼克实验是这样进行的。

每一对谈判人员用真正的 10 美元来进行谈判。第一个参与者（出价方）提出在两者之间如何分配这 10 美元。第二个参与者（接受方）单独设定了他所能接受的最小份额。如果由第一个参与者提出的 10 美元的分配方案超过了接受方所能接受的最小份额，那么双方会接受这种分配方式，并且两个参与者会得到他们应得的份额。如果没有超过接受方所能接受的最小份额，那么双方什么都不会得到。出价方会想方设法地给出恰好超出接受方最小期望的分配比例。

参与各方知道与其同一组的另一方的性别。不管出价方是男性还是女性，他们在提出分配比例的大小上不会有区别，但是这种提议随着接受方的性别不同而发生改变。平均来说，出价方会为男性出价 4.89 美元，但是只为女性出价 4.37 美元。按照索尼克的说法，这表明出价方预期，女性会比男性要求更少的报酬。

不过有趣的是，与接受方所能接受的最小份额的对比显示，女性会比男性要求更高的最低接受价。索尼克还发现，不管是男性接受方还是女性接受方，当他们与女性出价方组合时，都会要求更高的可接受的最小份额。索尼克解释说，这意味着人们期望从女性那里而不是从男性那里获取更高的慷慨或者公正。

这个研究的寓意似乎是，谈判人员经常怀有一种可疑的假设（并且也会这样做），那就是女性会提出较少的要求并且会做出更大的让步。根据索尼克的观察，这或许可以解释：在新车谈判中，提供给女性的价格要比提供给男性的价格高（Ayers and Siegelman，1995），在薪酬谈判中，男性得到的要比女性的高（Gerhart and Rynes，1991）。谈判人员——尤其是女性谈判人员——必须小心，不要让可疑的假设影响了谈判中对渴望结果的追求。

资料来源：Solnick，Sara J.，"Gender Differences in the Ultimatum Game，" *Economic Inquiry*，vol. 39，no. 2，April 2001，189 - 200.

汽车谈判

艾尔斯和司格曼（Ayres and Peter Siegelman，1995；也可参见 Ayres，1991）做了一个实验，记录了在购买新车的谈判中，男性和女性是如何受到不同的待遇的。他们将不同的谈判人员组合（黑人女性/白人男性，黑人男性/白人男性，白人女性/白人男性）分配到芝加哥 153 号汽车经销店购买一辆新车。一位白人男性谈判人员参与到所有的谈判组合当中。组合中的每一位谈判人员在不同时间分别走访了同一家车行，并就一辆新车进行讨价还价（谈判人员从列表中为每一次谈判选择一辆特定的车，事实上没有购买任何一辆车）。谈判人员在去第一家车行之前接受了两天培训，他们在谈判期间遵循同一套固定的说辞，并且其年龄、受教育程度、着装、经济阶层、职业和魅力都很相似。研究中关键的利益结果是一开始对经销商利润的估计与谈判人员最终接受的价格相比较的结果。经销商的利润通过公布的汽车价格表与谈判人员接受的出价之间的差额来计算（在研究中忽略了经销商的固定成本）。

艾尔斯和司格曼（1995）发现，由于谈判人员的性别和种族不同，谈判人员从汽车商那里得到的信息存在显著差异（见表 14 - 1）。白人男性获得最优惠的信息，以下依次是白人女性、黑人女性、黑人男性。当研究讨价还价过程时（出价与还价次数），艾尔斯发现开价的不同在绝大部分情况下决定了谈判人员最终接受价的差别。让步率和谈判时间并没有因为谈判人员的性别和种族的不同而有很大区别。最后，销售人员的性别和种族对艾尔斯和司格曼的研究结果没有影响，也就是说，女性和黑人（与白人男性相比）在与女销售员或者黑人销售员进行交易时，并没有取得任何优势。

表 14 - 1　汽车销售商的平均利润

实验者	开始出价		最终出价	
	利润（美元）	涨价（%）	利润（美元）	涨价（%）
白人男性	1 019	9.2	564	5.2
白人女性	1 127	10.3	657	6.0
黑人男性	1 954	17.3	1 665	14.6
黑人女性	1 337	12.2	975	7.2

注：利润值是艾尔斯和司格曼根据发布的新车价格表计算所得的估计值。

资料来源：Adapted from Ayres，Ian，and Siegelman，Peter，"Race and Gender Discrimination in Bargaining for a New Car，" *The American Economic Review*，vol. 85，no. 3，June 1995，304 - 321.

艾尔斯和司格曼（1995）的研究结果表明，人们购买新车时会受到不同的待遇——女性和黑人要比白人男性的谈判地位低。最新的一项研究也支持了这个不幸的事实：相比女性，男性会更全面地获得有利的汽车租赁条款（Tubbs，Ottenbreit and Falk，2008）。为什么女性和黑人会受到这样的待遇，这一点并不清楚——可能是汽车经销商有种族歧视、性别歧视或者机会主义行为（他们可能坚信对于同一种产品，女性和黑人愿意比白人男性支付更多的钱）。值得注意的是，并没有证据表明，女性和黑人与白人男性的谈判过程不同，最终交易的差别体现在对不同的谈判人员的最初开价上，这一差别一直延伸至最后的价格。想想在艾尔斯和司格曼的研究中，这对特定的谈判人员意味着什么吧。谈判期间，谈判人员从汽车经销商那里获得相同的让步，因此，他们确信自己谈了一笔好生意。只有当把这些结果在组内进行比较时（一般不会发生，因为大部分人不会知道很多同一时间购买同一辆车的其他人），因性别和种族造成的差异才会变得明显。

薪酬谈判

对求职者进行的薪酬谈判研究说明谈判期间女性和男性是如何受到不同待遇以及取得不同结果的。一些结果的差异是由于谈判人员希望得到更好的薪酬的意愿不同造成的。这些差异之所以重要，就是因为可能会将性别薪酬差距永久化。据约翰逊（2016）的观察，虽然立法发展、社会进步，但在美国，男性和女性在薪酬上的鸿沟仍然存在。相应地，约翰逊总结道“在薪酬谈判中理解并为性别差距而战斗，是另一种在工作中为女性平权的方式”（p. 151）。

先前我们就发现，在是否要进行谈判方面存在社会性别差异，研究表明这种差异对于找工作以及薪酬谈判可以产生巨大的影响。在一项对应届硕士生的调查中，研究员琳达·巴布科克发现，只有7%的女性毕业生提出想要得到比雇主提供的初始工资更高的薪酬，相比而言，有57%的男性毕业生提出了想要更高的薪酬（Babcock and Laschever，2003）。尽管学校职业培训服务的专业人士已经向学生建议进行薪酬谈判，但是这种情况仍然会发生。进行了谈判的学生，其起薪平均增加了7.4%，这与男性和女性之间整体的起薪差距（7.6%）差不多。巴布科克和拉契夫（2003）在他们的书*Women Don't Ask*中指出，忽略谈判，甚至是一次薪资谈判，都会对整个职业生涯造成严重的财务损失。他们这样解释道：如果一位22岁的女性接受了一个目前工资为25 000美元的工作，而一个相同年纪的男性进行了谈判，将工资提高到30 000美元（在写书时，这是一个对于应届硕士生较为可信的起始工资），如果他们在余下的职业生涯中会得到相同的3%的加薪，那么60岁时，这个男性38年的收入将比女性多出36万多美元。如果以3%的利息进行储蓄和投资，那么60岁时，男性在银行的额外收入要比女性多出56.8万美元。如同巴布科克和拉契夫所说，这是“一次谈判所带来的巨大回报”（p. 5）。

尽管男性和女性都会就薪酬进行谈判，然而有证据表明，女性的谈判不如男性。在对MBA毕业生的研究中，格哈特和瑞因（Gerhart and Rynes，1991）发现，尽管男性和女性同样进行谈判，但是通过谈判，男性会比女性获得更高的薪酬。为了排除其他的可能，格哈特和瑞因统计了行业、专业、平均学分（GPA）以及工作经验对薪酬的影响。薪酬谈判中的社会性别差异导致谈判人员对议价区的定义不同，这就不可避免地影响了一个人提出以及接受的薪酬。一项研究表明，进行假设性的薪酬谈判时，相比男性而言，女性对薪酬有更低的期望，而且设定了较低的目标点和抵抗点（Kaman and Hartel，1994）。相比男性，女性会尽量少地与雇主进行谈判，虽然这是招聘过程中的正常环节。一位大学教授在研究中发现，在雇用之初，女性教职工在谈判薪酬时会比男性教职工获得更消极的结果（Crothers，et al.，2010）。

4. 男性和女性使用相似的策略时产生的效果不同

谈判中一个非常引人注目的社会性别差异并不是男性和女性在谈判中是如何表现的，而是当男性和女性使用相同的策略时，他们是如何被区别看待的。对以下两个研究的简单描述有力地证明了这一观点（或许会令人不安）。

交换策略

德勒埃、多尔蒂和惠特利（Dreher，Dougherty and Whitely，1989）的研究结果表明，在薪酬谈判中，男性和女性不仅谈判结果不同，而且使用相同的策略可能会对薪酬谈判结果产生相反的影响，这取决于使用该策略的是男性雇员还是女性雇员。德勒埃和他的同事发现，使用交换策略（提醒上司以前的恩惠，并肯做出牺牲）对男性雇员的薪酬谈判结果会产生积极影响，而对女性雇员的薪酬谈判结果则会产生消极影响，也就是说，女性和男性使用相同的谈判策略时，女性不如男性那么成功。德勒埃和他的同事推测，女性使用交换策略时，“可能会违反对女性恰当行为的固有期望”（1989，p. 547），并且会因使用这种策略而受到惩罚。当女性在谈判中违背了对方基于性别的期望时，结果就会陷入一种“怀疑和竞争的循环”，从而使谈判变成有争议的对抗（Kulik and Olekalns，2012，p. 1 395）。

进攻策略

鲍尔斯、巴布科克和莱（Bowles，Babcock and Lai，2007）调查了人们对于积极谈判人员的反应。研究中的参与者阅读了求职者的简历和面试记录。求职者的性别不同，求职者对于是否试图谈判具体的工作福利也不同。除了这两点不同外，参与者所了解的信息是相同的。结果显示，不管是男性求职者还是女性求职者，当他们主动讨价还价时，都不太可能被雇用。但是，主动讨价还价时，女性不被雇用的可能性远远大于男性。简单地说，当采取相同的行动时，女性要比男性受到的惩罚更为严重。

5. 社会性别刻板印象影响谈判人员的表现

在一系列的重要研究中，克雷、汤普森和格林斯基（Kray，Thompson and Galinsky，2001）研究了男性谈判人员和女性谈判人员的行为是如何随着特定情形下的性别角色的刻板印象而变化的。他们与典型的社会性别刻板印象建立了理论连接。这些社会性别刻板印象是关于男性和女性如何应用相关资源以及如何感知男性和女性在谈判中的表现。他们根据“刻板印象威胁”（Steele，1997）的社会心理学理论进行分析。刻板印象威胁是指在一定的社会范畴内（比如，种族、性别），折磨个体并使其产生焦虑的行为，这些个体担心他们的表现会验证为一种消极的刻板印象。克雷和他的同事（2001）认为，刻意理解某些社会性别刻板印象的人，在谈判中会以证实这种刻板印象的行为进行谈判。他们对这种现象进行研究得出了几个关键性的发现。

刻板印象破坏了女性谈判人员的表现

当刻板印象威胁被激活时——通过告诉谈判人员交易任务是他们能力的体现，由于存在消极的刻板印象，女性会表现得更差，而男性则会因为积极的刻板印象而在谈判中表现得更好（Kray et al.，2001）。与此相反，当明确告知谈判人员谈判任务不是个人能力的体现时，男性和女性谈判人员的表现就不会存在差异。由此，男性在谈判中做得比女性好（比如，Stuhlmacher and Walters，1999），凯瑞和他的同事证明了刻板印象——或许有事实依据，或许没有任何事实依据——是影响表现的原因之一。

关于社会性别差异的刻板印象的负面影响是可以克服的

尽管刻板印象会破坏女性谈判人员的表现，但是同样有证据表明，谈判桌上女性消极的刻板印象有时也能够改变。在上面所描述的同一项研究的另一个部分，克雷和同事（2001）发现，明确提醒大家男性能够表现得更好后，在男女混合谈判中，女性的表现要比男性好。在这个实验中，女性同这种刻板印象的负面影响进行对抗，而且更积极地进行谈判。

14.3 克服社会性别差异的不足之处

本章中我们所描述的大部分研究都将女性谈判人员置于一种劣势的谈判地位，这说明选择和风格的不同，加上刻板印象的恶性影响，使得女性在谈判中更加糟糕。根据克雷和巴布科克（2006）的研究，下面我们会提到三种干预措施，能够帮助谈判领域的女性克服性别歧视或者其他竞争环境的影响。最终，克服这些问题的关键——比如克服判断和感知中棘手或者有害的倾向（第 6 章对此进行了讨论）——是培养一种意识，即这些倾向是存在的，谈判人员要警惕，以免落入陷阱。

激励式干预措施

很多人，甚至是有成就的专业人士，一直认为男性和女性的谈判能力不同，并且在判断他人行为时采用双重衡量标准。比如，女性比男性更容易因看起来像是自我推销而受到惩罚，于是，为了获得一个好的谈判结果，女性谈判人员比男性要更努力地给别人留下好印象。其后果就是，女性可能会接受比男性更低的成果。克雷和巴布科克（2006）提出了打破这种模式的一种方法，那就是强调谈判关系中谈判双方相互依赖。也就是说，削弱双重标准，以使谈判与自我推销的关系较少；重新构建谈判，使它成为一个双方可以走到一起共同解决问题的机会。

研究发现，谈判能力中的性别差异来自对男性和女性的能力和行为的社会性别刻板印象。克服谈判能力中社会性别刻板印象的影响的一种方法就是，明确地将刻板印象同谈判结果连接起来。例如，克雷、乐伯（Reb）、格林斯基和汤普森（2004）发现，激活男性化刻板印象——仅仅提醒谈判人员男性有性别优势（男性的典型特征是有主见、以自我利益为主），导致谈判人员的行为更具有竞争力。在第二个实验中，克雷和同事（2004）换成了激活女性化刻板印象，并且告诉参与者娴熟的谈判人员“有敏锐的口头表达能力、良好的倾听技巧，并能深入了解其他谈判人员的谈判结果”（p. 406），这使得谈判人员能够更好地做好开发综合潜力、实现共同回报的工作。问题在于激活刻板印象——使人们有意识地了解它们以及假定它们对结果的影响——能够激励谈判人员在谈判中采取克服社会性别差异的方式进行谈判，甚至有时候会使女性表现得比男性好（Kray，Thompson and Galinsky，2001）。简而言之，激活消极的刻板印象可能会激励一个人克服这种印象。

同样有证据表明，当个体想给谈判对手留下积极印象时，他们愿意去克服刻板印象。库尔汗和奥弗贝克（Curhan and Overbeck，2008）告诉他们的一部分MBA学生参与者通过模拟谈判来获得一个工作机会，另一方的参与者则被要求给出对每个参与者的印象。在实验中，被鼓励留下良好印象的男性和女性都表现得与社会性别的刻板印象相矛盾：女性会表现得更果断并要求更高价值，而男性则会在对方面前放弃更高的价值要求。即便如此，虽然男性被设定需要给对方留下一个积极印象，女性也会被评价得更消极一些。给人留下好印象的驱动力对于女性来讲是把双刃剑：她们可以从中获得较为理性的好处，却需要付出感性代价；而男性则获得感性的好处，付出理性的代价（pp. 189－190）。

认知式干预措施

强大的思维定式是谈判的重要工具。强大的思维定式是指能够意识到谈判力在谈判中的地位，以及它与战术和结果之间的联系。格林斯基、格鲁菲尔德和马吉（Galinsky，Gruenfeld and Magee，2003）指出，思维定式能够对行为造成很大的影响：谈判力会变成行动。谈判中，如果有一种强大的心态，那么女性谈判人员会取得更好的成果，否则她们可能会处于谈判劣势。斯莫尔与同事（2007）的研究表明，尽管女性比男性更担心谈判的前景，但是如果引导女性去想到谈判力，就可以克服女性的恐惧心理（在他们的实验中，让参与者描述“他们曾经控制并且对他人产生影响的一种状况”）。研究者得出这样的结论：“当女性被引导体验谈判力时，她们对谈判的厌恶减少了，而且她们能像男性一样进行谈判”（p. 609）。根据克雷和巴布科克（2006）的研究，改变女性谈判人员思维定式的其他方法包括把精力集中在男女谈判人员共同的事情上，比如他们共同的目标、共同的特征；重新定义对于一个好的谈判人员而言，能够包含女性特征的刻板印象，这意味着通过有组织的训练可以增加对控制力的感知。

认知式干预还能以重塑谈判任务本质为表现形式。（我们在第6章讨论了逐步构建谈判框架的作用。）研究表明在代表他人谈判时，女性在谈判结果方面表现得和男性一样好（Amanatullah and Tinsley，2013）。这表明在服务更大的团队或组织目标时，女性谈判者可以通过重塑谈判来克服其性别角色的部分劣势（Tinsley et al.，2009）。

情境式干预措施

谈判力差异也许可以解释我们所观察到的男性谈判人员和女性谈判人员之间的很多不同（Watson，1994b）。但是根据克雷和巴布科克（2006）的研究，在某种意义上，谈判力是谈判中的平衡因素，男性和女性倾向于使用同等的谈判力并且获得同等的利益。当他们被赋予了相同的谈判力时，他们就能够表现得同样出色。这样看来，克服社会性别差异或许需要消除谈判中的谈判力的结构性失衡。做到这一点的一种方法就是改变谈判中女性承担的社会角色，以“减小女性因性别而受到的各种限制的程度”（p. 36）。

如同我们在第8章所讨论的，谈判力是谈判中对解决方案有选择权的一种能力：在其他条件相同的情况下，谈判时拥有更好选择的一方，就是拥有更多谈判力的一方。克雷等（2004）指出，社会性别刻板印象的不利影响可以通过提醒谈判各方注意来进行克服，但是他们的发现同样显示了，如果谈判各方之间的谈判力非常不平衡，刻板印象可能还会继续存在。也就是说，谈判人员只了解有害的刻板印象，并且在谈判中以抗衡这种刻板印象的行为进行谈判，未必是足够的；谈判人员还需要做一些关于重要的强化谈判力方面的工作。积累能够巩固你的立场和论点的信息，拓展、改善谈判方案的替代方案，并且利用这些资源来说服对方你们的实力强大。

小结

假设谈判人员表现出刻板的男性态度和行为（独断、有竞争性以及类似的行为）时，他们就能获益，但是这种假设是建立在一个根本错误的前提之上，谈判并不是一个谈判方能够从独断的或者有争议的行为中获益的活动，相反，一些谈判中存在竞争性是合理的，一些谈判中则需要合作性，还有一些谈判（我们认为是大部分的谈判）同时需要竞争性和合作性的冲动和动机。关于社会性别刻板印象和简单的假设阻碍了对有效的谈判来说最为重要的东西：正确地了解谈判状况和对手的能力，以及做出战术选择的能力（这种战术选择不应受到无根据的刻板印象和不相关的假设的影响）。考虑到有研究表明女性谈判人员会处于不利的谈判地位，尤其是在商业谈判和其他专业谈判中，社会性别角色假设和刻板印象仍然存在。专栏 14.2 为这些情境中的谈判管理提出了一些实用性的建议。

专栏 14.2

关于在有性别区分的工作场所进行谈判的实用性建议

最近，一本针对商务人士的贸易刊物为当今工作涉及谈判的女性提出了一些有用的建议——或许这些建议有时对所有人都有用。我们在这里列出了一些建议，还有我们自己提出的建议（结果表明，大部分的建议对男女谈判人员来说都是好建议）。

- 依靠调研。确定对谈判中的其他人来说什么是重要的，“用信息武装自己”。
- 准备一个商业案例来支持你的论点，尤其是为自己的薪酬进行谈判时，确定你为公司带来了利润并提高了商业价值。你的案例越具体、越具有针对性，别人就越不会以刻板印象回击你的观点。
- 通过共同的努力来提高你们的谈判技能和实践能力。在重要的谈判到来之前，邀请一个信任的同事或者朋友来模拟谈判。
- 在与他人的交易中与刻板印象做斗争。研究表明，女性和男性都有刻板印象，这将使女性处于不利的谈判地位。
- 在谈判中，不要试图模仿刻板的男性风格。可能存在双重标准：实际上，富有进取心的女性仍然可能会获得消极的回应，即使这些特性在男性中是受到欣赏的。
- 不要过于脱离刻板的女性角色，应该利用刻板女性角色的本质。利用与生俱来的才智和优势力求获得一个合理的中间立场，而非发挥刻板印象或者过度补偿刻板印象。倾向于合作和建立关系的女性（还有男性！）可以利用这些作为自己的优势，尤其是在鼓励合作多于竞争的情况下。

资料来源：Adapted from Agnvall, Elizabeth, “Women and Negotiation,” *HR Magazine*, December 1, 2007.

14.4 社会性别差异真的存在吗

本章的大部分讨论都围绕着一个概念，即在谈判结果中存在（适度的）社会性别差异。男性和女性使用不同的谈判方法可以解释社会性别差异；当强调性别差异的人在解释谈判差异时，社会性别差异可能被减少或消除。该研究领域内领先学者肯尼迪和卡雷（Kennedy and Kray，2015）为我们提供了不同的视角。他们对这种差异提供了解释：研究表明在追求平等的结果中，男性和女性谈判者之间存在一种“范式障碍”的标签。

肯尼迪和卡雷想要通过“范式障碍”说明，谈判的教学往往会使人们对作为一名出色的谈判者究竟意味着什么产生偏见。他们指出就目前我们所知的谈判，包括社会性别影响，都是基于大学生或是MBA学生在模拟冲突中的实证研究。他们观察到，相比真实世界的谈判，这些模拟谈判仅有很低的利益相关关系，并且“太过于关注短期关系、竞争策略和结果”（p. 17）。这些主流谈判研究范例的问题（这就是为什么他们称之为“范式障碍”）就在于其内在地迎合了男性的反应和冲突解决过程。

肯尼迪和卡雷倡议主流谈判研究范例可以做出改变，去提供更加强调关系和超越经济结果的长期情境。只有这样才能“让女性的优势有平等的机会去发挥，并更好地测试男性和女性是否真的存在不同的谈判表现”（p. 17）。另一种方法就是考虑这样一种可能性，如果不是因为主导范式影响我们对谈判成功的看法，将不会存在社会性别差异。正如肯尼迪和卡雷说的那样，“事实上女性的表现可能并不差，观察到的差异可能反映了谈判研究中使用的教学工具”（p. 7）。

本章小结

越来越多的证据表明，男性和女性在谈判中的表现不同，而且谈判之前以及谈判过程中受到的待遇也不同。从表面来看，这些发现表明女性在谈判中会处于劣势地位，仅仅因为她们是女性。这种劣势会在谈判过程中的几个要素体现出来，包括抱负、初始报价、进攻性的互动、让步、结果。正如我们所探讨的，性别的影响会在不同的谈判背景下出现，包括商务交易、消费者买卖，甚至包括与配偶或同伴就职业角色和工作家庭平衡问题的谈判（Livingston，2014）。了解了这些潜在的劣势后，应该记住，研究人员分析表明，在统计量上，男性谈判人员和女性谈判人员之间的粗略差异相当小。

更为重要的是关于谈判中的社会性别差异的基本理论依据。本章中出现了几个理论，包括强调谈判关系的不同、在更广泛的社会背景下谈判的嵌入点、关于能力和价值的信念、如何使用权力，以及设计谈判的方式。谈判中关于社会性别差异的实证研究提出了一些重要的原则：男性和女性以不同的方式理解谈判，在谈判中进行不同的交流，并且在谈判中会受到不同的待遇；男性所使用的技巧以及女性所使用的技巧有非常不同的影响；感性的刻板印象会对男性和女性如何进行谈判产生重要的影响。

我们所讨论的很多社会性别差异都有许多不同的解释。关于谈判中社会性别研究的当下发展前景广阔，因为人们对这一课题再次产生了兴趣，并且对其理论解释给予了关注。我们将会从研究中对社会性别差异有更深的理解（这些研究是跨越了简单的实证的文献），探索一种根本的社会机制和心理机制，而这可以用来解释男性和女性如何去体验谈判。

关键术语

“稳定的”个体差异（“stable” individual differences）：一系列的个体差异因素（包括性别、人体特质、自身能力），如果这些差异会发生改变，那么它们的属性是随着时间的推移慢慢改变的。

性别（sex）：男性和女性的生物学分类。按照英语词典的解释，性别是指“根据其生殖器官和功能的属性和品质，将生物体分类为男性或者女性”。

社会性别（gender）：两性的文化和心理标记——在特定的文化或者社会中，能够使男性与女性进行区分的角色或者身份（不是生物学上的）。

低模糊度情况（low-ambiguity condition）：进行研究时，研究人员告知参与者有关其上司的一些意见，使其能够取得良好的谈判结果。

高模糊度情况（high-ambiguity condition）：进行研究时，研究人员不告知参与者有关上司方面的一些意见。

虚拟谈判（virtual negotiation）：和面对面谈判（face-to-face negotiation）相对的一种谈判方式，比如通过电子邮件进行谈判。

刻板印象威胁（stereotype threat）：在一定的社会范畴内（比如，种族、性别），折磨个体并使其产生焦虑的行为，这些个体担心他们的表现会验证为一种消极的刻板印象。

强大的思维定式（powerful mindset）：能够意识到谈判力在谈判中的地位，以及它与战术和结果之间的联系。格林斯基、格鲁菲尔德和马吉（2003）指出，这种思维定式能够对行为造成很大的影响——谈判力会变成行动。

谈判力（power）：在其他条件相同的情况下，谈判时拥有更好选择的一方，就是拥有更多谈判力的一方。

注　释

[1] *The American Heritage Dictionary of the English Language*, 3rd edition, 1992, © Houghton Mifflin.

[2] Personal communication with L. Kray, June 29, 2004.

[3] See, for example, Carnevale and Lawler (1987); Pruitt, Carnevale, Forcey, and Van Slyck (1986); and Putnam and Jones (1982).

[4] See, for example, Kimmel, Pruitt, Magenau, Konar-Goldband, and Carnevale (1980); Neu, Graham, and Gilly (1988); Pruitt and Syna (1985); Stuhlmacher and Walters (1999); Walters, Stuhlmacher, and Meyer (1998); and Watson and Kasten (1988).

[5] For examples, see Gray (1994); Kolb and Coolidge (1991); Kolb and Putnam (1997); Northrup (1995); and Watson (1994a).

[6] See Harding (1986).

[7] See also Pinkley and Northcraft (1994).

N E G O T I A T I O N

第15章

个体差异Ⅱ：个性与能力

学习目标

» 探究影响谈判行为及其进程的特定的个性特征。

» 考虑在谈判中自我认识、情感和文化能力的作用。

» 了解富有经验的与缺乏经验的谈判者行为间的区别。

在上一章中，我们深入分析了一个特殊的个体差异：性别。在本章中，我们扩大研究范围，对其他与谈判有关的个体差异进行分析。从直觉上说，我们可以合理地认为一个人的特质会影响他作为一个谈判者的能力，而关于此类特质的研究早在十多年前就开始了。[1]可惜的是，因为个体特质差异对于谈判能力的影响十分微妙，这些早期研究并不能给出任何定论。个体之间的特质差异可能会使谈判者倾向于某一种行事方式，即便如此，谈判情境的关键因素，如谈判问题的性质（Barry and Friedman，1998）或者谈判者间的相对谈判力（Anderson and Thompson，2004），对行事方式的影响会更大一些。换句话说，人与人之间的差异并没有很大的潜在重要性，谈判的具体情境决定这些特质差异是否会在谈判中表现出来并发挥重大作用。

与早期关于个体差异的研究相比，如今的概念研究更加完善，研究方法更好且更多样化。心理学家更懂得人格的结构，对于心理能力和情感能力之间的联系有更深刻的解读。有了这些新的发展之后，本章着重讨论的近期研究已经十分成熟，因此可以探讨性格和个体差异所带来的影响。

我们将研究区分出两种主要类型进行讨论：（1）个性维度，似乎对谈判会产生影响；（2）自身能力，其在谈判中所起的作用包括认知能力以及情商的相对新的领域。在本章末尾，我们还提出了另一种研究谈判者特质的方法，用来检验优秀谈判者的行为与普通谈判者之间有怎样的差别。

15.1 个性和谈判

个性特点是以特定方式思考、感受或者表现所呈现的一种稳定的趋势，而且这些特定方式都是可以确定和衡量的。例如，思考一下外向型个性（相对于内向型）。你可能认识一些外向型的人——这些人爱交际并且常常很自信，你也可能认识一些内向型的人——这些人典型的特点就是很安静、寡言少语并且不那么爱交际。人们因各自的个性不同而不同。例如，在任何给定时间下，一个人可能是高兴的，而另一个人可能是生气的。但是，那些描述符号不能等同于个人特点，像外向型的人，他们的标记是以不变的方式进行思考或者采取行动，这些不变的方式可以用于预测个人或社会行为的其他方面。个性特点有时称为“性情”，在本章中我们将会交替使用这些术语。

尽管从直觉上可以明显地感觉到每个人的个性是不同的，并且不同的个性会对特定情况下事情的走向造成影响，但是过去的几十年间研究心理学和组织行为学的学者在个性的重要程度问题上存在相当大的争议。我们将这一争论简化，一方面，有人认为没有足够的理论支撑个性研究，而且与可以用来预测态度和行为的情境相比，性格产生的影响更小（如 Davis-Blake and Pfeffer，1989）；另一方面，有人虽然承认情境的重要性，但他们认为自身性格也可以很好地预测相关行为（如 House，Shane and Herold，1996）。许多心理学家认为该争论是一种“错误二分法”（Funder，2001，p. 200）：研究提供了充足的证据证明个人特性是稳定不变的，而且跟情境一样可以进行重要行为的预测。简而言之，性格和情境都很重要。

在这一部分中，我们回顾了研究个性的 9 种方法，其中被研究的个性都会影响谈判行为。9 种方法分别是：（1）处理冲突的方式；（2）社会价值取向；（3）人际信任；

（4）自我效能和控制点；（5）自我监控；（6）马基雅维利主义；（7）面子威胁的敏感度；（8）求知动机；（9）五大个性因素。

处理冲突的方式

处理冲突是谈判过程的一个重要部分。简单来说，人们会以不同的程度参与冲突以便化解矛盾，而非将人际冲突视为要去避免的事情（Bresnahan，Donohue，Shearman and Guan，2009）。在第 1 章中，我们确定了 5 种常用的处理冲突的行为模式：竞争、解决问题、不作为、退让以及折中。我们还检验了选择一种处理方式而不选择其他处理方式对结果的影响，但是我们没有探究选此处理方式而不选其他处理方式的原因。一个谈判者可能会理智地做决定，例如选择自认为最可能会产生期望结果的模式。人们可能会不断地使用这种模式，因为他们有这么做的性格倾向。正如第 1 章中讨论的，两种程度的关心构成了 5 种处理冲突的类型：一种是一方当事人所表现出对自身结果的关心程度；另一种是当事人对其他人结果的关心程度。托马斯（Thomas，1976）提出用两种性格维度代表这两种关心程度。

1. 一方当事人坚持使用他偏好的解决方法或结果的武断程度，由高到低。
2. 一方当事人与其他方当事人合作实现共同目标的合作程度，由高到低。

将这两个方面放在一起（见图 15－1），托马斯确定了 5 种主要的冲突处理方式。

- 竞争性方式——高武断，低合作。
- 调节性方式——低武断，高合作。
- 避免性方式——低武断，低合作。
- 合作性方式——高武断，高合作。
- 妥协性方式——适度武断，适度合作。

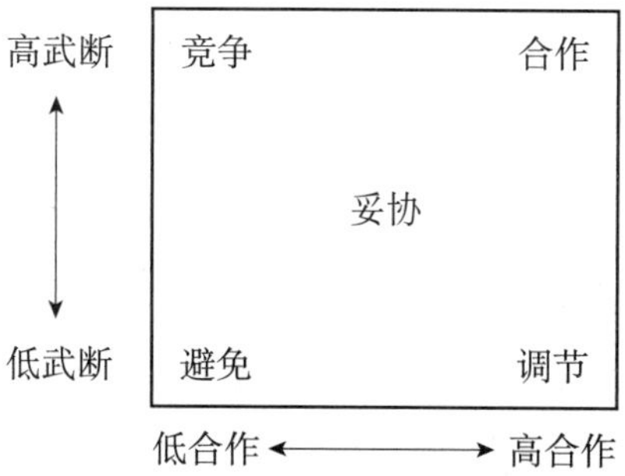

图 15－1　托马斯-基尔曼冲突处理方式

资料来源：Adapted from Kenneth W. Thomas and Ralph H. Kilmann (1974). *Thomas-Kilmann Conflict Mode Survey*, *CPI*, *Inc*.

研究支持这一模式的两个维度[2]，前提是在特定条件下个人做出的战略选择以及个人不考虑情况地使用某种方式的倾向都可能导致不同的冲突处理方式。[3]一般来说，托马斯-基尔曼模型是简单且条理分明的，该模型揭示了个人性格对谈判和冲突处理行为产生的影响。

在某些冲突情况下，特定的冲突处理模式倾向可能如何导致特定的行为，关于这一点很容易推测。如果成功的概率很高，并且结果取决于个人努力，那么拥有强烈竞争心态的人应该会起主导作用；如果结果取决于共同努力，那么拥有强烈合作心态的人就会起主导作用。相反，如果对于个人来说成功的概率很低，那么个人可能会忽视冲突（采取避免模式）或者采取允许其他人得到不可获得的资源的冲突处理模式（调节模式）。人们从自身的角度看待这些冲突类型的价值和效用。对处理假定冲突情况的战略方法进行检验研究（Gross and Guerrero，2000）发现，个人将竞争方式看作不适合其他人使用的方法，但是适合自己使用而且是有效的。

个体在冲突处理方式中存在的差异与其他性格是相互关联的。例如，托马斯（1976）认为喜欢竞争的人风险承受能力较高，更有内控能力，对谈判力和控制力有更高的需求，对与他人的联系的需求较低。类似地，有很强合作意识的人被认为更能以任务为重，更富有创造力，以及更具有处理复杂问题的能力。专栏15.1展示了一个有趣的例子，但是目前很少有将冲突处理方式与其他稳定的性格特点相联系的直接的经验研究。

专栏 15.1

亲自处理冲突——个体差异

研究人员达林格和汉普勒（Dallinger and Dale Hample，1995）发现每个人亲自处理冲突的程度不同，即他们是如何经历对特定冲突事件处理所产生的强烈的负面情感的。那些可以亲自处理某种冲突的人可能更易感觉受威胁、焦虑、受伤、被贬低和/或受到特殊冲突事件的侮辱。这些研究人员认为亲自处理冲突既是一种状态（与一个特殊事件有关的临时感受），也是一种特性（个体间长期存在的不同的品性）。研究结果表明：

- 那些更可能亲自处理冲突的人，在处理冲突方面更易采取非对抗（避免和调节）的处理方式。
- 那些更可能亲自处理冲突的人，会更喜欢妥协处理冲突的上司。
- 主管如果采取强迫（竞争）的冲突处理方式，那么那些更可能亲自处理冲突的人，就更易感觉到困扰，且有更大程度的压力管理反应，因此这些人对这一类主管非常不满意。

资料来源：Dallinger，Judith M.，and Dale Hample，"Personalizing and Managing Conflict，" *International Journal of Conflict Management*，vol. 6，no. 3，1995，273－289.

社会价值取向

社会价值取向是人们的一种偏好倾向，即一种关于人们在需要与他人相互依赖的社会环境中出现的结果偏好（McClintock and Liebrand，1988）。一些人有一种先利己或者以自我为中心的取向，这就意味着他们会首先关心自身结果，而不关心其他人能得到的结果；有些人有先社会或者合作的取向，这就意味着其倾向于对自己以及那些互相帮助的人都有利的结果（de Dreu，Weingart and Kwon，2000）。从本质上说，先社会取向的人会采取合作性冲突处理方式（回顾图15－1）。

谈判是一个很明显的社会依赖性例子，社会价值取向会在谈判中起重要作用。关于这一问题的研究表明利己主义者都是分开行动的，并且采取一种相当难执行且富有争议的方式，相对于注重增加谈判双方收益的潜在利益点来说，利己主义者更加注重对立场的谈判（Steinel and de Dreu，2004）。[4]先社会取向者更加关心其他人的福利水平，更倾向于解决问题以及互惠合作。因此，先社会取向的谈判者比利己主义的谈判者能得到更多的综合结果（更高的共同利益）（de Dreu et al.，2000）。这并不表示利己主义的谈判者不能达成整合的解决方案，只是他们达成的可能性低（尤其是当双方谈判者都是利己主义者时），而且他们可能使用不同的手段来达成整合的解决方案（Olekalns and Smith，2003）。

有证据显示，利己主义谈判者对其达成的协议更为满意。吉莱斯皮、布雷特和魏因加特（Gillespie，Brett and Weingart，2000）发现，先社会取向谈判者谈判后的满意度高于利己主义者。他们用以下方式解释了该发现："那些重视自己及其所在团队的先社会取向的谈判者，可以从两个方面获得满足感，因此他们可能比利己主义谈判者更容易满足。利己主义者只关注自己，因此他们只能从一个方面获得满足感"（p. 792）。吉莱斯皮和同事们也猜测，如果先社会取向者为自身在谈判中设定的目标低，那么他们可能相比设定更高目标的其他人更容易满足（例如，利己主义谈判者）。

社会价值取向的不同会引起谈判行为和结果很明显的差异，但是可以通过讨价还价的许多方面来缩小这些差异。与之前的研究结果一样，一项近期的研究（Giebels，de Dreu and van de Vliert，2003）显示，先社会取向者进行谈判时要比利己主义者表现得更为合作。然而，当双方当事人在谈判中都有退出选择时（例如，双方对谈判协议都有一个好选择），先社会取向者会做出更多威胁，交换更少信息，从而达成的共同结果更差。因此，有更好的选择时，在先社会取向谈判者和利己主义谈判者之间的差异就趋向消失。

谈判中的先社会取向相对于利己主义的动机要么源于稳定的个体差异（以某种方式行动的一种可靠倾向，例如个性），要么源于特殊情境（例如，当谈判者被引导或者被鼓励表现得自私或者合作）中的因素。大多数情况下，如果不考虑这些动机是源于个人性格还是源于环境需要，这些社会动机对谈判行为的影响大体上是相同的（de Dreu et al.，2000）。[5]

人际信任

正如我们在第 1 章中讨论的，谈判的一个根本困境是谈判者对其他方当事人的信任程度。谈判者必须收集信息并且辨别出在多大程度上其他方当事人可能骗人或者说谎——用错误立场代表正确的立场，曲解相关事实，或者传播虚假信息。另外，其他方当事人的可信度可能随时改变，这取决于谈判是刚开始还是接近尾声，还取决于谈判是合作性的还是竞争性的（我们在第 10 章探讨过信任在谈判中的重要性）。

我们可能将信任视为一种态度，这种态度是会随着关系和环境的变化而发生转变的。人际信任起作用的方式与个性起作用的方式相同，即在社会关系中起重要作用。根据朱利安·罗特（Julian Rotter，1980）的研究，每个人在人际信任水平上是不同的，人际信任被定义为"个人所持有的一种广泛的期望，即其他人或组织的文字、承诺、口头或书面声明是可以信赖的"（p. 1）。据罗特说，人际信任是由与其他人交往的经历决定的。如果人们已经有相信其他人的经历，并且这种信任得到了相互信任和有成效关系的回报，那么人际信任就会变得更广泛。相反，如果人们的信任得到的是其他人的压榨剥削、欺骗和不诚实的惩罚，那么人际信任水平就可能很低。[6]

信任他人的性格倾向对谈判影响很大。[7]高信任度的人认为其他人是可信任的，他们自己也必须是可信的，因此，他们更可能对自身设定高的道德标准，并且做出合乎道德规范的行为。相反，低信任度的人认为其他人是不可信任的，不认为其他人可以做到遵守规则，因此他们自己可能不会有讲真话的压力。有趣的是，尽管高信任度的人不一定比低信任度的人更容易上当受骗，但人们可能认为，高信任度的人更容易相信其他人的言论，不怀疑其他人的可信性，但是罗特（1980）的研究表明高信任度的人比低信任度的人更不容易轻信他人。

这就存在一个关于“自我实现诺言”的信任倾向问题。拥有高人际信任度的人可能在态度和方式上以及代表信任的方式上都与其他人很接近（Chaudhuri，Khan，Lakshmiratan，Py and Shah，2003）。其他方当事人会寻找在这一情况下采取恰当行为的线索，并且在实质上可能以可信任的行为来回应，从而形成各方当事人之间的合作关系。相反，一个以怀疑和欺骗的心态与别人进行交流的低信任度的人，可能会使得其他当事人以不表露自己的信息、不诚实和不信任的方式来做出回应，这就导致了一种倾向，即人们更不相信彼此并且双方之间出现低合作关系。然而，不能认为低信任度的人总是在表面上表现出令人不信任。昌德赫里等（Chaudhuri et al.，2003）发现低信任度的人有时会表现得令人信任，借此压榨其他方当事人以实现自身利益的最大化。我们需要记住，信任对于谈判中的欺骗的影响会根据不同文化习惯而改变：面对欺骗，来自不同文化背景的谈判者会展现不同的接纳程度（Zhang，Liu and Liu，2015）。我们会在第 16 章更加细致地探讨文化问题。

自我效能和控制点

自我效能是对在特定情况下有效表现的个人能力的一种判定（Gist，Stevens and Bavetta，1991）。将任务完成好的能力取决于有效做事的动力和高执行力。对自我效能的一个更加规范的定义概括了这些因素：自我效能即“人们相信其有能力调动大家的积极性，凝聚大家的认知资源，以及采取一系列行为以控制他们生活中出现的事情”（Wood and Bandura，1989，p. 364）。人们发现，可以通过设定更高的目标和采取分析性更强的策略来影响自我效能的发挥。

自我效能在包括谈判在内的复杂的人际行为中起到了重要的作用。例如，一个谈判者的自我效能预示着他选择谈判而不是接受调解的可能性（Arnold and O'Connor，2006）。在研究中，吉斯特及其同事（Marilyn Gist and colleagues，1991）模拟了有关薪水的谈判，结果他们发现具有高水平自我效能的人在模拟谈判中会获得更高的薪水。[8]一个人对谈判能力的认知水平可能会增大以合作方式解决问题的可能性。亚历山大、舒尔和麦科克尔（Alexander，Schul and McCorkle，1994）在对参与模拟销售谈判的经理人的研究中发现，对某一特定任务具有高自尊心（一个人对执行任务能力的认知程度）的人，其参加谈判的行为更具合作性，也更有利于解决问题。这就扩展到了对在谈判中使用分配式或者整合式谈判策略的认知效能。那些认为自身在使用分配式或整合式谈判策略上能力更强的人会更经常地使用这些策略，并且他们可以在分配式或整合式的问题中得到更有利的结果（Sullivan，O'Connor and Burris，2006）。

一个在观念上与自我效能相关的概念就是控制点，即人们认为他们对已经发生的事情的控制程度（Rotter，1966）。将事情发生的原因归结为外在原因（例如，运气）的人的外部控制点很高，那些将事情的原因归结为内在原因（例如，能力）的人的内部控制点很高。一些研究指出，具有更高内在控制点的谈判者通常都很强势且更加厉害。在分配式谈判中，福特（Ford，1983）认为内在因素比外在因素有更高的抵抗点。另外，福特发现了一种趋势，即由内在控制点高的人组成的团队在谈判中更容易陷入僵局。关于控制点如何影响谈判结果的研究是沙尔维、莫兰和瑞涛夫（Shalvi，Moran and Ritov，2010）提出的。他们表明内在控制点高的谈判者通常不会在很大程度上被对方给出的第一个提议影响（因此，他们不会轻易地成为锚定效应的受害者——此现象在第 2 章分配式谈判中进行了讨论）。沙尔维等发现，内在控制点高的谈判者可以在达成共识的同时获得更高的报酬。

自我效能和控制点共同被称作"控制的认知"——对于处理各种情况的能力的自我判断。研究表示，倾向于自我控制的谈判者比没有自控能力的谈判者更有优势。即便如此，成功的谈判需要谈判者接受与自己偏好不同的谈判者进行谈判带来的风险。如同每一个人有不同的控制的认知一样，每个人对于风险的容忍度与承受能力也不同。马克斯和哈罗德（Marks and Harold，2011）的研究表明，一个喜欢规避风险的谈判者倾向于全然规避谈判，并且在不能规避的情况下很有可能会妥协。不同性格特质在谈判中可以同时存在，并且用于不同的目的（例如，一个自我效能高的谈判者也有可能厌恶风险），因此，性格特质的影响从理论上看很清楚，在实际情况中却会难以破译。

自我监控

自我监控是指人们对来自社会环境中的社会线索的反应程度（Snyder，1974，1987）。具有高度自我监控力的人密切关心发生在社会环境中的外部的、人际的信息，更倾向于将这些信息作为线索来指导他们的行为。具有较低自我监控力的人对外部信息就不那么关心了，尽管这些信息可以指导他们的行为，但他们更多的是由个人内心的感受来指导他们的行为选择。我们认为自我监控是人们为获得指导他们如何行动的线索而对外在社会环境进行监控的程度。

乔丹和罗尔洛夫（Jordan and Roloff，1997）检验了自我监控力对计划谈判所起的作用。在他们的整合式模拟谈判中，具有高自我监控力的人更可能会谋划他们想要在其他谈判者中留下的印象（例如，表现出友好），计划在谈判中使用互投赞成票的策略（见第 3 章），以及考虑更多的策略。自我监控也会对谈判结果造成影响，即高自我监控力的人与低自我监控力的人相比可以达到更多的目标。

这些发现表明自我监控是影响谈判结果的一个重要个体差异。人们可能会认为自我监控是一个不那么吸引人的趋势。有一个例子是，没有安全感的人不断地调整自身行为以符合他所认为的该情况下的恰当行为。但是有监控社会环境、准确看懂并适应社会环境的动力似乎才是谈判的真正所需。自我监控似乎在计划中是很重要的，但是可能会与其他因素相互作用，例如其他方当事人行为，从而影响谈判进程和结果（见 Ohbuchi and Fukushima，1997）。

马基雅维利主义

另一流派是将个性与谈判行为联系在一起进行研究。它是由克里斯蒂（Christie）、盖斯（Geis）及其同事们对马基雅维利主义（Machiavellianism）的概念进行的研究。在对尼可罗·马基雅维利（Niccolo Machiavelli）和类似的政治哲学家的著作进行广泛研究后，克里斯蒂和盖斯（1970）基于马基雅维利的经典著作制作了一种态度量表。在马基雅维利主义中得分很高的人往往会怀疑他人的动机，更可能自私地、没有同情心地对待他人，并且在社会压力下不愿意改变他们的主张。高马基雅维利主义的人被认为更可能容忍那些违反社会准则的行为并且更倾向于主张人与人之间使用欺骗手段。

研究性格的心理学家认为马基雅维利主义是三个“冒犯的但非病态的”性格之一，它们统称为“黑暗三性格”，其他两个分别是自恋和精神变态（Paulhus and Williams，2002，p. 556）。国际上一致认为，性质上病态的性格特征与竞争和社会动机带来的自私相联系。我们因此可以毫无惊奇地发现，当成功取决于竞争性目标时，谈判者通常会表现得更好；反之，当成功取决于合作性行为时，谈判者通常表现得不尽如人意（Ten Brinke，Black，Porter and Carney，2015）。

在众多研究中，克里斯蒂和盖斯（1970）探究了在不同情况下马基雅维利主义导向和行为之间的关系。由于在谈判进程中的适用性，在这里我们仅描述这些实验的一部分。

● 第一个实验给实验对象机会去劝说其他人不要欺骗、告知实验者谁是欺骗者、不使用从不合乎规范的途径得到的信息、向实验者坦白其自身恶劣行为以及谎报的自己的行为。高马基雅维利主义的人一开始就努力地劝说其他人不要欺骗，并且拒绝在实验任务中使用从不合乎规范的途径得到的信息，但是高马基雅维利主义的人与低马基雅维利主义的人在被直接控告之前，说谎频率没有什么区别。一旦被控告，高马基雅维利主义的人仍有能力说出具有相当高可信度的谎话。

● 第二个实验研究了实验对象处于一个高权力位置时的行为。无论在总体数量还是种类上，高马基雅维利主义的人明显比低马基雅维利主义的人更希望控制他人的行为。高马基雅维利主义的人说更大的谎话，更加口不对心，采用的控制技巧也更具创新性。

● 第三个实验描述了实验对象在有机会创造和打破联盟的情况下的行为（我们在第 12 章讨论了联盟）。与其他参与者相比，高马基雅维利主义的人在组建或解散联盟的时间把握上表现出了更大的投机性，而且他们可以更明确地控制投标的主动性以及联盟谈判的结构。高马基雅维利主义的人发起了更多的提议，但当他们不再有优势且不再被其他要加入联盟的人追随时，他们就果断地解散联盟。结果，高马基雅维利主义的人所在的联盟通常是获胜的，而且很少会输掉比赛或者被排斥。

在谈判的情况下，马基雅维利主义与行为之间的其他联系在随后的研究中出现。例如，高马基雅维利主义的人是自私的：他们更加专注于自己的利益和结果最大化，对他人少有关注，他们更倾向于利用更多的影响策略以便形成政治联合（这些和其他的研究是由 Dahling，Whitaker，Levy，2009 进行的）。达令（Dahling）等概念化并演示了马基雅维利主义的四个概念。

1. 怀疑。高马基雅维利主义的人对他人表现出极其不信任。

2. 非道德的操控。高马基雅维利主义的人“在有机会获取更大利益的时候会刻意地选择回避道德标准”（p. 228）。

3. 控制欲。高马基雅维利主义的人认为他人对自己有威胁性，并希望主导人际关系。

4. 对地位的渴望。高马基雅维利主义的人会为了“积累外在成功的指标”而驱使自己“追寻金钱、权利和地位等目标”（p. 228）。

在克里斯蒂和盖斯的实验后的一些研究则是直接探讨马基雅维利主义对谈判的影响。弗赖伊（Fry，1985）所做的实验发现，在分配式谈判中，高马基雅维利主义的人确实比低马基雅维利主义的人做得好。[9]富尔默、巴里和朗（Fulmer，Barry and Long，2009）在对人们使用伦理上存在疑问的谈判技巧的态度的研究中对马基雅维利主义进行了分析。巴里和他的同事发现高马基雅维利主义的人更可能赞成在谈判中使用欺骗伎俩（做出虚假承诺，代表错误利益）。将这些结论综合在一起，表明高马基雅维利主义的人愿意使用伎俩来追求他们的目标，但是这样做可能会威胁其他方当事人调整其策略，而这会使得后者的境况更糟糕。

面子威胁的敏感度

“面子”是指人们对他们的公众形象和名誉的重视程度。日常说的“丢面子”和“顾全面子”描述一个人担心自己声誉下降或遇到了避免声誉下降的机会的情形。最近，研究者开始探究一种概念，即面子威胁的敏感度是个体个性中一个稳定的方面。换句话说，由于个性的不同，一些人更容易以消极的方式对面子威胁做出反应，也可以说，脸皮更薄。怀特及其同事（White，Tynan，Galinsky and Thompson，2004）所做的研究探究了这种特性——我们称之为面子威胁敏感度（FTS）——可能作为谈判者个性中的一个因素起作用。他们认为面子在谈判中很重要，因为对一个人形象造成威胁可能使得这个人采取斗争方式，相反，人们在这种情况下采取合作行为，则可以从中受益。在这两个研究中，怀特及同事们发现在谈判双方中至少有一个谈判者具有高的 FTS（面子威胁敏感度的分数很高）的谈判中，更不可能产生双方受益的结果，更不可能达成合作性的解决方案。尽管这些研究没有明确指出高 FTS 是如何以及为何阻碍合作的，但作者提出了一些合理的解释。一个原因就是，高 FTS 的谈判者更可能将其他方的行为看成一种潜在的威胁，导致消极感受，对其他方不信任，以及采取更有竞争性的行为。另一个原因是高 FTS 的谈判者的对手可能会将他们看作“难伺候的人”，需要给予更多关照且会制造更多麻烦的人（p. 118）。对威胁自我形象的反应倾向的研究是对谈判中个体差异研究中一个值得注意的方向。正如怀特和同事们指出的那样，“在意面子会给谈判者施加一种牵引力，其强有力、不可阻挡、无形”（p. 120）。

求知动机

人们搜寻和处理可以让他们更好地了解周围世界的信息时，他们的行为会因人而异。心理学家用“求知动机”来描述个体“想要开发并拥有对于这个世界（包括眼前的谈判问题）的一个完整且准确的了解的欲望”（de Dreu，Beersma，Stroebe and Euwema，2006，p. 928；也可参见 Kruglanski，1989）。[10]在求知动机高的时候，人们会分析情况、权衡选择并通过深思解决问题；反之，在求知动机低的时候，人们比较容易形成印象，并在已经熟知的规律和方法的基础上做出快速的判断（de Dreu and Carnevale，2003）。求知动机可以在某个特定情况下在人们心中萌发。例如，戴德勒（de Dreu）和他的同事们告诉实验对象在模拟谈判结束以后，他们需要回答他们是如何谈判的，并需要讲出为什么自己用了某个谈判策略而没有用其他的。虽然此类的问题可以让人们开动脑筋深入思考，但是求知动机的不同很大程度上源于性格差异：想要丰富自身认知的欲望（高求知动机）和想要快速解决一个复杂问题的偏好（低求知动机）。

因为谈判的情况通常复杂，谈判者不总是拥有关于对方和谈判问题的全部信息，所以求知动机在谈判中就十分重要。尤其是在整合式谈判中，为了更好地了解情况，搜寻并思考新的信息会带来更好的结果。研究表明求知动机高的谈判者更能适应复杂的思维方式，带来更好的互惠结果（Ten Velden，Beersma and de Dreu，2010）。更有意思的是，威尔登（Ten Velden）和他的同事们发现在两个正在谈判的谈判者中，只需要其中一位拥有高求知动机就可以达到这种效果（“一个巴掌也能拍响”解释的就是这个现象）。其他的研究表明，当谈判者是合作性的而非竞争性的时，求知动机可以带来更大的好处。在德鲁和同事们的一个实验中（2006），高求知动机的谈判者被告知谈判对方是自己的“伙伴”（一个带有合作性的指示）比被告知对方是“对手”（一个带有竞争性的指示）获得了更好的共同利益。总之，促进高求知动机（寻找并处理新信息的欲望）的性格特质在复杂且整合的谈判中十分有用。

五大个性因素

为了从更加统一和一致的角度对个性进行研究，而不是针对大量不相关的特性进行研究，应该侧重于对一些非常重要的个性类型或因素进行研究，且应包括大多数的个性特点。这是研究个性的心理学家在建立个性的五大因素模型（例如，Goldberg，1993，也称为“大五”模型）时所考虑的。五大个性因素分别是（Barrick and Mount，1991，pp. 3－5）：

- 外向型——爱交际的、自信的、健谈的。
- 随和型——灵活的、合作的、令人信任的。
- 责任型——有责任感的、有组织的、追求成就的。
- 情绪稳定型——有把握的、自信的、不焦虑。
- 开放型——富有想象力、思维开阔、富有好奇心。

巴里和弗里德曼（1998）研究了五大个性因素与谈判者行为以及谈判结果的关系。他们研究了分配式和整合式谈判的情况，对列举出的五大因素中的前三个进行了重点考察。谈到分配式谈判（一个价格的模拟谈判）时，巴里和弗里德曼发现更外向和更随和的谈判者可能使自己变得更糟，其中一个原因就是这些谈判者更易受到“锚定”陷阱的影响，当一方的极端报价使得另一方对形势的看法存在很大偏见时，这种情况就会发生。巴里和弗里德曼发现在包含更复杂的分配式模拟谈判的单独实验中，这些个性因素对谈判者的表现并没有影响。在这种情况下，谈判者的认知能力（智力）比个性更为重要（本章随后将会讨论能力的作用）。德儒、康伦、穆恩和维莱比（DeRue，Conlon，Moon and Willaby，2009）研究了随和型的一方面——“坦率”，待人诚恳真实的倾向。他们发现坦率是分配式和整合式谈判中谈判者的一个责任。在巴里和弗里德曼的研究（1998）中，当谈判者特别看重自己的表现时，个性所起的作用就变小了。换句话说，特别想把事情做好的动力会比谈判中人们的某些个性更重要。

为更深入地研究个性在不同情况下的影响，迪默塔克易斯、康伦和伊里斯（Dimotakis，Conlon and Ilies，2012）探索了谈判者和谈判任务之间的“适宜度”，或者匹配程度。例如，一个随和性低的谈判者更适合一个竞争性强且分配式的谈判；一个随和性高的谈判者更适合一个整合式谈判。他们发现，和任务更匹配的谈判者在谈判中会经历更多的身体（心跳加速）和心理（积极情绪）刺激，对谈判有更强的毅力，带来更好的谈判结果。迪默塔克易斯和他的同事们坚信他们的发现突显了“在谈判中配置具备特定能力的谈判者的重要性，取决于具体情况的特性”（p. 191）。

威尔逊、德儒、马塔、豪和康伦（Wilson，DeRue，Matta，Howe and Conlon，2016）的研究给五大个性因素的作用带来了新的理解：他们研究谈判双方的总体特质如何影响谈判过程和结果。他们的研究成果表明，当谈判双方的性格相匹配（外向性和随和性都高或者都低）时，双方交涉时的情绪基调就会比较积极，因此，这些“匹配”的谈判者可以更有效且更和善地达成协议。关于个体差异的研究受到了这个将双方特质匹配起来研究的新发现的启发。与埃尔芬拜因、埃森卡夫特、科汉和迪拉拉（Elfenbein，Eisenkraft，Curhan and DiLalla，2018）观察到的一样，“谈判本质上都是双边的”。他们认为个体差异不仅展现了作为一个谈判者的个人特质，也可以驱使“一个很适合或者很不适合的人去与一个和自己互补的人进行谈判”（p. 88）。

小结

本节中，我们对个性在谈判中所起的作用进行了讨论，其中涉及各种各样的个性，包括冲突处理的方式、社会价值取向、人际信任、自我效能、控制点、自我监控、马基雅维利主义以及面子威胁敏感度。最近，许多研究个性的心理学家对五大因素模型（“大五”模型）进行了融合，并着重探讨了应该将个性特点分开看待还是看作相关特性聚集所成。五大因素模型是一种分析个性的很奏效的方法，因为它将很多个性集中在一个易于管理的集合中。有限的个性可能比宽泛的个性因素更有利于预测谈判行为，因为将许多特性集合在一起会掩盖掉具体特性和具体策略之间的重要关系（Moberg，1998）。未来有关谈判中特性的研究可能仍然要在特殊个性和一般个性的紧张关系之间挣扎。

个性在谈判中也具有潜在重要性，因为人们可以通过个性来观察其他方的行为。莫里斯、拉里克和苏（Morris，Larrick and Su，1999）所做的研究发现，尽管谈判中会发生什么事情大部分是由双方的利益和立场决定的，但是谈判者往往会用个性来解释谈判对手的行为。例如，对其他方情况缺乏充分信息的谈判者可能会借助对另一方随和性或合作性谈判的推断来理解发生的事情。尽管事实上个性因素对这一情况的发生确实起了一定作用，但是谈判者不恰当地根据个性来解释其他方的行为就是误解。很明显，全面理解个性对谈判的作用不仅需要重视人们的个性是如何影响其行为的，还要重视我们是如何正确使用或者滥用个性去解释谈判对手的行为的。

15.2　谈判能力

更聪明的人或者那些在某些认知或情感领域中更有能力的人就一定是更优秀的谈判者吗？“聪明”意味着什么？在这一部分中，我们检验四种能力和谈判行为之间的关系：（1）认知能力，即对智力的传统认识；（2）情商，最近出现的概念；（3）换位思考能力；（4）跨文化能力。

认知能力

认知能力指的是“很常见的心理素质，包括推理、计划、问题解决、抽象思维能力、理解复杂想法、学习迅速以及从经验中学习的能力”（Gottfredson，1997，p. 13）。认知能力与广义的智力概念同义，而且认知能力会对推理、决策、信息处理能力、学习能力以及适应能力造成影响，尤其是在异常或复杂的情况下。[11]思考和心理过程的这些方面明显地与谈判中的认知相关。某种程度上，需要引导谈判朝解决复杂问题的方向发展。期望用个人的认知能力来预测谈判进程和结果（Fulmer and Barry，2004）是合理的。

只有个别研究注意到了认知能力对谈判的重要性。一些早期的研究涉及实验性的讨价还价博弈，例如囚徒困境，其结果复杂且不确定。然而，在检验更加复杂的整合式谈判环境下的认知能力的研究中，出现了不同的情况。巴里和弗里德曼（1998）发现谈判者的认知能力和解决方案一体性存在很强的联系，这些解决方案是参与者在一个复杂的对商业实物资产谈判的模拟环境下达成的。同样，库尔茨伯格（Kurtzberg，1998）发现认知能力预测了谈判者在关于电视节目的联合合同的虚拟谈判中达成整合解决方案的能力。更加聪明的谈判者在引领当事人认知和寻求共赢上似乎更具有优势。

真正的分配式谈判情况怎么样？拥有高认知能力的谈判者会做得更好吗？巴里和弗里德曼（1998）使用分配式谈判任务对这一问题进行了探究，在该任务中生产商和供应商对一种产品的价格进行谈判。他们发现智力和表现之间没有任何联系。然而，我们应该慎重看待这一发现，因为研究的任务涉及的是一个非常基础的单一问题的谈判，仍然没有探究出谈判者的智力在更复杂的分配式谈判情况下可能起到的作用。专栏15.2提供了一个有关谈判中智力所起作用的相关应用。

专栏15.2

整合复杂性和冲突解决办法

整合复杂性是心理学家使用的术语，用来指人们处理信息时的认知规律的复杂性。那些具有高度整合复杂性的人能够区分一个问题的不同方面，并且可以理解这些方面彼此之间的联系。此方面能力欠缺的人往往认为世界是“非黑即白”的，而且常常表现出更加独断的个性特点（Tibon，2000）。

研究者将整合复杂性看作一个与政治危机和国际外交有效性有关的因素。下面将阐述一些研究结果。

- 整合复杂性低是与更具竞争性的冲突解决策略相联系的，而整合复杂性高是与更具合作性的策略以及更综合的协议相联系的（Walker and Watson，1994）。
- 休德菲尔德和布卢克（Suedfeld and Bluck，1988）对20世纪的九个国际危机的文献进行了分析，结果表明在实施突然袭击的3个月前领导者的整合复杂性下降了，而在达成和平协议之前没有发现这样的下降。
- 在一项对1991年海湾战争之前及战争期间的美国国会文字记录进行的分析中发现，支持对伊拉克使用武力的国会成员要比那些投票反对战争的人缺乏认知复杂性（Wallace，Suedfeld and Thachuk，1993）。

情商

近几年，心理学家提出了超出普通的认知能力范畴的作为一种稳定的能力的其他智力形式。自 20 世纪 90 年代早期以来尤其吸引人们注意的一种智力类型就是情商（EI）。研究者认为情商包含了一系列分离的但相互联系的能力：（1）准确察觉和表达情感的能力；（2）使用情感以促进思考的能力；（3）理解和分析情感的能力；（4）恰当地管理自身以及他人情感的能力（Mayer and Salovey，1997）。一个记者在 20 世纪 90 年代中期写了一本书（Goleman，1995），他在书中强烈表达了情商在广泛社会领域中的作用，该书得到了大众媒体的广泛关注。一些学者批评这些言论具有误导性，并且被夸大了（Mayer，Salovey and Caruso，2000），其他学者对这些言论背后的研究方法提出了质疑（Landy，2005），还有人对情商这一特别概念是否有科学依据支撑存在质疑（Locke，2005）。然而，一些学者认为情商源于对人们情感的科学分析，并且他们对情商越来越感兴趣（Ashkanasy and Daus，2005）。作为一个普遍的问题，情商这一概念已经在研究者和普通群众中产生了共鸣，并被作为一种能捕捉在社会生活中人们如何分析和使用情感的变化的方式。

正如我们在第 6 章中讨论的，谈判学者们对于谈判问题的情感方面的研究兴趣在最近几年有所上升。在某种程度上，情商概念抓住了稳定且可衡量的趋势，该趋势涉及洞察力、理解力以及情感管理等，这可能是谈判研究的一个重要的个体差异（Ogilvie and Carsky，2002）。在这种情况下，富尔默和巴里（2004）认为一个情商高的谈判者在领会和管理情感方面的能力上可能存在以下几种优势：能够更好地收集其他方感兴趣的相关信息；更准确的风险评估；对自身情感更有效的管理以及更有效地使另一方当事人出现预期的情感。高情商的谈判者可能更会利用情感来影响谈判结果——被汤普森、纳德勒和金（1999）称为情感调节过程中的一部分。情商不仅在普通谈判中十分重要，在国际的跨文化谈判（Caruso，2014）和第三方仲裁（Kelly and Kaminskienė，2016）中同等重要，学者们争辩这个观点也就不足为奇了。

至今，只有一小部分研究是基于实验来探求情商在谈判中的作用。已有的研究结果表明，具有高情商的人往往会创造出对自身和另一方都更加积极正面的谈判经历（Foo，Elfenbein，Tan and Aik，2004；Mueller and Curhan，2006）。然而，情商和谈判结果之间的联系——情商高的谈判者就是更优秀的谈判者吗？——并不那么明确。已有的两个研究检验了个人情商在双方谈判中对个人以及联合结果的影响（Elfenbein，Foo，White，Tan and Aik，2007；Foo et al.，2004）。这两个研究的结果表明高情商的谈判者在谈判中更善于创造价值，这表明情商可能是达成整合式交易的一种资产。然而，这两个研究对情商是否有助于个体谈判者为自己获得更多的价值（换句话说，达成更好的协议）这一问题得出了相互冲突的结论。一个来自金、坎迪夫和崔（Kim，Cundiff and Choi，2015）的最近研究发现情商高的谈判者更容易信任对方、对谈判结果满意并且想要和对方进行更多的交涉；但是情商对于谈判后结果的经济价值并没有任何影响。需要更多的研究来全面理解情商在谈判中的作用以及解决如何用最恰当的方式来衡量情商这一持续存在的问题（Conte，2005；van Rooy and Viswesvaran，2004）。

换位思考能力

谈判者需要察觉、理解以及回应其他方在谈判中提出的论据。换位思考的能力，尤其是在计划谈判阶段，有利于谈判者更好地准备和回应其他方的言论。换位思考能力被定义为“通过另一个人的视角去理解和思考这个世界的认知能力”，并由此预测另一方的行为（Tröschel，Hüffmeier，Loschelder，Schwartz and Gollwitzer，2011，p. 773）。了解另一方观点的谈判者更可能提出令对方信服的论据，也更可能找到使另一方也满意的协议。

尼尔和巴泽曼（1983）在关于武断性会对分配式谈判产生什么影响的研究中探究了换位思考能力的重要性。他们发现与具有较弱的换位思考能力的谈判者相比，拥有更强的换位思考能力的谈判者达成的合同价值更高。他们发现换位思考能力和让步程度之间存在联系：拥有更强的换位思考能力的谈判者似乎能扩大其他方愿意做出的让步。拥有换位思考能力的谈判者在竞争性强的情况下也享有优势，因为他们不太容易被对方的极端提议“锚定”，进而不容易产生消极影响（Galinsky and Mussweiler，2001）。

换位思考能力在整合式谈判中尤为重要，因为谈判者需要去理解对方的需求和利益以便达成一个满足双方利益的协议。换位思考者能够了解另一方的目标和利益，因此更有能力去发现双方共享的潜在利益以及达成更有创造性的解决方案（Galinsky，Maddux，Gilin and White，2008）。谈判者可以更好地探测到多个价值不同的潜在问题，形成一个共赢的一致解决方案（Trötschel et al.，2011）。人们发现换位思考能力既可以预测个人结果，也可以预测谈判双方的共同结果。事实上，在整合式谈判之前换位思考可以带来更好的共同结果（Kemp and Smith，1994）。

谈判基本上是通过沟通的方式来解决冲突。鉴于这一点，似乎可以合理地认为换位思考能力在社会交际中是一种重要的个体差异，这在谈判和其他涉及冲突解决的情况下是有益的。然而，在一系列引人注目的研究中，埃普利、卡鲁索以及巴泽曼（Epley，Caruso and Bazerman，2006）指出换位思考能力是一把双刃剑。在几个有关组内分配有限资源的任务中，他们发现那些花费时间去思考其他人认为公平的事情的人，更倾向于认为公平对他们来说就是占用更少份额的资源。换句话说，换位思考能力可以减少人们自私自利的可能性。这似乎足够合理，但是仍存在阻碍：换位思考者可能以不那么自私自利的方式来判断公平，但是当真正开始做分配决定时，他们就会表现得更加自私——他们会为自己占用更多的可利用资源！如何解释这一令人吃惊的悖论呢？研究者认为，这一情况的发生是因为他们会考虑其他人表现得更加自私的可能性，这就导致了换位思考者反过来做出自私的决定（他们称这个为“反应自私主义”）。这会使换位思考变成一件糟糕的事情吗？不会，埃普利及其同事认为，明确指出双方的共同利益以及他们合作的需要是一种充分利用换位思考的好处而不产生负面（自私）行为的方式。

可能会隐藏或者降低人们优先考虑其他人想法的能力的社会条件是：人们是否拥有权力或者是否感觉有权力（参见专栏 15.3）。

专栏 15.3

权力腐化的人会换位思考吗

有权力的人以自我为中心，只重视自己的需求和目标，不理解其他人的需求吗？研究员亚当·格林斯基（Adam Galinsky）、乔·马吉（Joe Magee）、埃娜·伊尼斯（Ena Inesi）和德博拉·格鲁菲尔德（Deborah Gruenfeld）的回答为：是的——拥有权力或者感到有权力的人的行为不可能超出他们的经验范围，并且不会去想象其他人的动机、需求以及情感（2006）。为了对这一假设进行探究，他们对某些实验对象引入权力因素，然后对他们理解其他人情感的能力进行了研究。

在他们的实验中，一半的参加者（高权力情况）被告知回忆并写下一件过去他们比其他人有更大权力的事情。其他的研究表明在实验对象中引入权力概念是可靠的。另一半的参与者（控制组）被告知回忆并且描述他们昨天的生活是什么样子的。然后所有的参加者都执行了一个寻找脸部图片的任务，其中每一张脸部图片都表达了一种情感，并且表明了其表达的是 4 种情感（开心、忧虑、生气和伤心）中的哪一种。

研究者预测拥有高权力的参加者可能在搞清脸部图片所表达的情感上表现更为糟糕，因为这些高权力的参加者不太关注其他人如何体验世界以及如何感受事物。这样的结果确实发生了，那些被诱导认为自己很有权力的人，在判断图片中的面部表情上明显比控制组的人犯的错误多得多。

因为研究中的参加者并不知道权力（引发一半的研究对象感觉到拥有权力）和后来的任务之间有联系，所以研究者推理出与权力有关的换位思考的缺失至少部分是一种无意识过程。他们得出结论，"我们相信权力并不会导致一个有意识地忽略其他人想法的决定，相反，会导致一种更不可能进行换位思考的心理状态"（p. 1 072）。

资料来源：Adapted from Galinsky，Adam D.，Magee，Joe C.，Inesi，M. Ena and Gruenfeld，Deborah H.，"Power and Perspectives Not Taken，" *Psychological Science*，vol. 17，no. 12，December 1，2006，1068－1074.

跨文化能力

我们在本章的开始提及如果想要理解谈判中的个体差异，背景十分重要，因为环境可以决定个别特质或能力。我们先拿美国文化举例：个性特征在不同文化环境中会有不同的展现形式。刘（Liu）、弗里德曼（Friedman）和迟（Chi）指出：五大个性因素，比如外向型和随和型，在美国谈判者中比较多见（2005）。随着全球化和国际谈判的发展，谈判中个性和文化的交融是我们仍需多多学习的东西。

研究者了解到人们对多文化情况的适应力各不相同。厄利（Earley）和安（Ang）把这个文化适应力称作"文化智商"（CQ），形容在多文化情况下的认知、动力和行为偏好（2003）。例如，CQ 的认知层面是指一个人如何获得并运用关于文化差异（和相同点）的知识；CQ 的行为层面包括在跨文化交流上的语言和非语言能力。CQ 在跨文化情境中预测一个人的个人效能（Ang et al.，2007），一个 CQ 高的人做出的文化判断更加准确，在跨文化任务上表现得更好并且可以适应国际情境。[12]

琳恩・伊麦（Lynn Imai）和米歇尔・盖尔芬德（Michele Gelfand）在 2010 年研究过 CQ 对跨文化谈判的影响。她们的第一个研究对象是工作的成年人，探讨 CQ 与社会动机和求知动机之间的联系（我们之前曾讲过这两个动机与有效谈判相关）。这个研究揭示了 CQ 高的人更加以合作为导向（一个亲社会的导向），他们还具有想要准确认识周围环境的欲望（求知动机高）。两位研究者表示，"CQ 带给个体有益的心理特质来应对跨文化谈判"（p. 10）。在她们的第二个研究中，伊麦和盖尔芬德将美国和东亚学生组成一队来开展有整合性可能的模拟谈判。在这个跨文化模拟情境中，依据 CQ 预测谈判者搜寻信息的程度，信息可以帮助形成互惠的解决方案，进而预测共赢的结果。重要的是，伊麦和盖尔芬德在研究统计上控制了其他能力，包括认知能力和 EQ，以及研究对象以前的国际经验和相关个性特征，因此体现了 CQ 是"跨文化谈判有效性的主要预测指标”（p. 13）。格罗夫斯（Groves）、弗伊赫姆（Feyerherm）和顾（Gu）2015 年的研究表明，CQ 可以在多文化谈判情境下预测基于利益的谈判成果。我们将在第 16 章中更深入地探讨跨文化谈判。

15.3 另一种方法：对成功谈判者的研究

一些研究者试图通过对成功的谈判者的实际行为进行分析来探究谈判效果，而不是通过探讨他们的个性特点或者天生能力。这一研究的隐含假设是那些可以理解并采用成功谈判者行为的人将会成为更优秀的谈判者。反过来，这些假设依赖于一个更基础的前提：谈判是一种可以提高的技能，而不是一种你要么有要么没有的天生能力。换句话说，优秀的谈判者是天生的还是后天培养的呢？作为有关谈判书籍的作者，很明显，我们支持谈判是一种可以后天培养的技能的观点。

人们对这一问题——谈判者是天生的还是后天养成的——的立场不只是两种观点。最近由克雷和哈兹霍恩（Kray and Haselhuhn，2007）所做的研究表明人们对这一问题的看法明显与谈判结果有关。在一系列的实验中，克雷和哈兹霍恩把那些认为谈判能力是与生俱来的（研究者称这些人为“实体理论家”）的人的谈判行为和表现与那些认为谈判能力是可以改变以及提高的（研究者称这些人为“增量理论家”）的人的行为和表现做了比较。在一些研究中，他们通过让实验参与者阅读专家对优秀谈判者是天生的还是后天培养的这一问题的看法，对这些观点进行了处理。在其他研究中，他们只是衡量一下这些看法，引导参加者表达真实想法。在所有情况下，他们发现增量理论家——认为谈判是一种可塑技能的人——比实体理论家的表现突出得多。这一优势在价值申明（分配式谈判）和价值创造（整合式谈判）中同时存在。为什么这些有关谈判能力的观点这么重要呢？克雷和哈兹霍恩认为，答案就是，增量理论家从中获利，即“在面临挑战时，即使成功的机会很渺茫，他们也愿意付出努力。增量理论家有学习和掌握谈判领域知识的目标，他们愿意直视失败的可能性并且愿意不断地为实现目标而努力”（p. 62）。

如果认为谈判是一种可以培养的技能，那么试图理解那些擅长谈判的人的行为也是有意义的。有三种方法用来研究成功谈判者的行为：（1）比较实际谈判中专业谈判者和业余谈判者的表现；（2）比较模拟谈判中资深谈判者与谈判新手的表现；（3）学习知名谈判者的表现。每一种方法都存在优缺点，没有一种方法是完美的。然而，这一研究侧重于经验而非个性，确实提供了一些关于优秀谈判者如何表现的有趣看法。

1. 专业谈判者和业余谈判者的表现对比

尼尔和诺斯克拉夫特（Neale and Northcraft，1986）对模拟谈判中的专业谈判者和业余谈判者的行为进行了比较。任务是给买者和卖者提供了与其他市场上的买者和卖者进行谈判的机会，但是每一对卖者和买者只能做一笔交易。在市场模拟中，要使所有可能的每对买者和卖者达成交易，时间明显是不够用的。研究中的专业谈判者平均具有 10 年以上的正规谈判经验，而业余谈判者都是研究生或者本科生。尼尔和诺斯克拉夫特发现两种谈判者在谈判进程中均可能达成一致的解决方案，但是专业谈判者在谈判一开始时会比业余谈判者更能达成一致。专业谈判者往往比业余谈判者平均获得更好的结果，尽管两者的差异不是很大。

2. 资深谈判者与谈判新手的表现对比

汤普森（1990a）检验了一种特殊经验——优先加入整合式谈判的机会——对谈判中的判断、行为和结果造成的影响。汤普森将谈判者分为两组。在有经验的谈判者组中，谈判者通过在 7 次不同的整合式模拟谈判中与不同的谈判者进行谈判来增加谈判经验。在谈判新手组中，谈判者要么只有一点或者完全没有整合式谈判的经验，而且在研究中只有一次增加经验的机会。汤普森发现有经验的谈判者可以对其他方的重要诉求做出准确的判断，因为他们有经验，并且经验越丰富越有利于达成一致协议，尤其是与那些没有任何经验的谈判者进行谈判时。

奥康纳、阿诺德和伯里斯（O'Connor，Arnold and Burris，2005）探究了应对谈判冲突时经验是如何影响谈判结果的。他们探究的结果是明确的：那些在第一次谈判中就陷入僵局的人（无交易）在他们下一次谈判时陷入僵局的可能性更大，而且相比第一次就成功达成协议的人来说，那些第一次陷入僵局但第二次达成协议的人所达成的协议质量更低。不管第二次谈判的对手是否相同，不管谈判方式是面对面还是网上，也不管两次谈判时间间隔短（15 分钟）还是长（一个星期），这些结论都是成立的。

3. 学习知名谈判者的表现

一个可以替代系统的社会科学方法来学习知名谈判者的方法是以叙述的方式走进知名谈判者的人生。这就是迈克尔·贝诺利尔（Michael Benoliel）和琳达·卡诗丹（Linda Cashdan）在《既成事实：访谈世界知名谈判者后学到的东西》（*Done Deal*：*Insights from Interviews with the World's Best Negotiators*，2005）中提出的方法。他们的采访收集了来自商业、法律、政治和外交界知名人士的第一手经验，讲述了这些人物成功的技巧和策略。在书中的最后一章里，贝诺利尔和卡诗丹把一个“谈判大师”描述成一个具有智慧、态度和技能的人。还可以加上其他特点，认知能力和 EQ，以及个人动力、耐心、务实主义、换位思考能力、创造力和战略眼光。显而易见，这些与我们之前探讨的个体差异中得出的特质和能力有重叠的内容。

总的来说，探究成功谈判者的研究表明，专业的、有经验的以及优秀的谈判者与普通的谈判者在很多方面具有不同的表现。然而，对于研究者来说，研究谈判中的专业知识和经验是很困难的，因为他们很难获得实际谈判的情况（Rackham，1980，是很罕见的一个例子）。当研究者确实可以在实际中研究专业的谈判者时，观察的行为就会出现问题，因为观察方法很容易改变研究的进程（经常被观察的人发现，很难不注意有人观察他们，因此他们的行为很可能会偏离没有被观察时）。尽管研究者可以在更精确以及更多控制条件的实验室模拟中研究谈判者的经验，但是这些研究方法缺乏实际谈判的丰富性，最恰当的方法可能就是将实验研究和现场工作结合起来进行分析。

15.4　结论

最后，我们希望重新审视和充实我们在第 14 章（有关个体差异的两章中的第一章）开头所做的关于理解个体差异如何影响谈判进程和结果的分析。正如我们在第 14 章中提到的，一般情况下个人特性与环境的特征都没法预测出谈判进程和结果，同样地，大部分稳定的个体差异是不能被个人谈判者控制或者改变的。此外，埃尔芬拜因（Elfenbein，2005）称个体差异的重要性有可能因为对实验和模拟谈判的依赖而无法得到正确的评价。他指出，鉴于“个性在真实情境中比实验中更重要”“个体差异可能会比之前研究给出的结论更有影响”（p. 135）。

我们认为，个体差异能起重要作用是由于以下原因：一个原因是尽管谈判者不能选择自己的能力或特性，但是领导或者管理者可以选择谈判者，并做出决定，获得候选者相关的个人特性的信息；另一个原因是一些个体差异的劣势是可以被谈判老手补救的——可能通过知道劣势以及共同努力克服劣势，又或者通过组建谈判小组的方式来克服劣势。谈判小组利用其他人的优势来弥补自身的不足。理解个体差异是如何使得谈判者更优秀或者更糟糕，可以帮助我们提高对另一方行为和策略的理解、诠释、回应和采取行动的能力。

本章小结

在本章中，我们回顾了有关个体差异——个性和能力——对谈判造成影响的早期和近期的研究。我们探讨了描述谈判者之间差异的不同个性特质，其中包括管理冲突方式、社会价值取向、人际信任、自我效能、控制点、马基雅维利主义、面子威胁敏感度、求知动机以及五大因素模型。然后我们又讨论了能力在谈判中所起的作用，包括认知能力、情商、换位思考能力和文化智商。我们还探讨了研究个体差异的行为方法。这种方法着重描述了专业或有经验的谈判者是如何表现的，以及其和缺乏经验或者表现欠佳的谈判者的比较，而不是对基本的个性方面进行研究。

尽管对个体差异的研究仍然存在着巨大挑战，但是我们看到了对这个领域进行研究的希望。研究者必须认真地研究个体差异并且仔细地分析不同谈判情况下的个体行为。谈判者的确不能改变他们的个性或者其他固有的个体差异，但是他们可以尝试弥补自身特点造成的限制，并且学习利用其他人的特性来弥补自身缺点。委托人和组织经常会选择能代表他们利益的谈判者进行谈判，在这些情况下，个体差异可以在谈判者选择方面起重要作用。因此，我们可以合理地得出结论，个体差异可以在谈判的过程和结果中起到重要的作用。

关键术语

个性（personality）：以特定方式思考、感受或者行为所呈现的一种稳定的趋势，而且这些特定方式都是可以确定和衡量的。

社会价值取向（social value orientation）：人们的一种偏好倾向，即一种关于人们在需要与他人相互依赖的社会环境中出现的结果的偏好。

人际信任（interpersonal trust）：一种被广泛认可的期望，即其他人或组织的文字、承诺、口头或书面声明是可以信赖的（p. 1）。

自我效能（self-efficacy）：人们对调动大家积极性，凝聚大家的认知资源，以及采取一系列行为的自身能力的信心，其中这些行为是用来控制他们生命中出现的事情的。

控制点（locus of control）：人们认为他们对已经发生的事件的控制程度。

自我监控（self-monitoring）：人们对来自社会环境中的社会线索的反应程度。具有高度自我监控力的人密切关心发生在社会环境中的人际信息，更倾向于将这些信息作为线索来指导他们的行为。具有较低自我监控力的人对外部信息就不那么关心了，尽管这些信息可以指导他们的行为，以及通过个人内心的感受来更多地指导他们的行为选择。

认知能力（cognitive ability）：大脑的一个非常常用的能力，包括推理、计划、问题解决、抽象思维能力、理解复杂想法、学习迅速以及从经验中学习的能力。

换位思考能力（perspective-taking ability）：谈判者在谈判中能理解另一方的看法，并由此预测另一方的战略和战术的能力。

注释

[1] Detailed reviews of early research include Hermann and Kogan (1977); Rubin and Brown (1975); and Terhune (1970).

[2] See, for example, Ben-Yoav and Pruitt (1984a, 1984b); Carnevale and Keenan (1990); Kabanoff (1987); O'Connor and Carnevale (1997); Pruitt, Carnevale, Ben-Yoav, Nochajski, and Van Slyck (1983); Pruitt and Rubin (1986); Rahim (1983); Ruble and Thomas (1976); van de Vliert and Kabanoff (1988); and van de Vliert and Prein (1989).

[3] Kilmann and Thomas, 1977; Thomas, 1976.

[4] See also de Dreu and van Lange (1995); Olekalns and Smith (1999); and Olekalns, Smith, and Kibby (1996).

[5] An exception to the idea that trait motives and state motives have similar effects is the satisfaction with outcomes that negotiators experience after a deal is reached. In the study of satisfaction mentioned earlier (Gillespie, Brett, and Weingart, 2000), the finding that proself negotiators were less satisfied afterward held for measured (stable-trait) motives, but there was no effect for induced motives (instructing the negotiator to be pro-self or prosocial).

[6] Rotter and his colleagues developed a test for diagnosing an individual's level of interpersonal trust and used the scores to measure levels of interpersonal trustworthiness. More detailed description of these and other studies of interpersonal trust can be found in Rotter (1967, 1971, 1980).

[7] For reviews of research on trust and negotiation, see Kong, Dirks, and Ferrin (2014); Lu, Dirks, and Ferrin (2017); and Ross and LaCroix (1996).

[8] See also Brett, Pinkley, and Jacofsky, 1996; Stevens, Bavetta, and Gist (1993); and Stevens and Gist (1997).

[9] There is one study, Greenhalgh and Neslin (1983), that reported a contrary finding—that high Machs tended to negotiate inferior outcomes compared with low Machs.

[10] The word *epistemic* refers to the acquisition of knowledge; *epistemology* is the branch of philosophy concerned with the origins and nature of human knowledge.

[11] See, for example, Gottfredson (1997); Lepine, Colquitt, and Erez (2000); Ree and Earles (1991); and Schmidt and Hunter (1998).

[12] See Ott and Michailova (2018) for an extensive review of empirical and conceptual research on CQ over the past 15 years.

N E G O T I A T I O N

第16章

国际谈判及跨文化谈判

学习目标

» 掌握国际谈判和跨文化谈判与国内谈判或同文化谈判间的差异。

» 理解文化的不同定义和内涵。

» 思考文化如何影响谈判的动态发展。

» 掌握适应对方文化风格的谈判策略。

尽管几个世纪以来，人们对国际谈判饶有兴趣，但也只是在近 20 年，国际谈判的频率才迅速增加（Hopmann，1995；Weiss，2006）。现在人们比从前旅游更频繁且路途更遥远，商务活动也比以往更加国际化。对于许多人和组织而言，国际谈判已习以为常，不再是偶尔发生的新鲜事。许多图书和文章从学术和实践的角度出发，阐述了跨境谈判，即与来自不同的国家、不同的文化或地区的人进行谈判的复杂性。虽然“文化”这个词有许多释义，但是我们认为文化指的是一群人所共享的价值观、信仰和行为。一个国家可以拥有不止一种文化，文化也可以跨越国界。正如我们在第 1 章和第 10 章讨论的，谈判是在更广泛的情境下发生的一种社交过程。这种情境随着更多文化或国家的涉入而变得更加复杂，这也使得国际谈判变成高度复杂的过程（Sebenius，2002a）。

关于这个话题已有不少论著，我们不能在一章中全部讲完，如果你想多了解一些关于国际谈判和跨文化谈判的知识，可以参考一些重要的文献。[1]关于这一领域近期的主题包括新兴经济体的谈判研究[2]、不同国家的谈判者的文化对比[3]、中国的谈判（不少研究者在研究）[4]和印度的谈判[5]，以及国际外交和贸易谈判[6]。本章的目的是全面讨论国际谈判和跨文化谈判，重点讨论该领域近期有趣的研究。

值得注意的是，本书是从北美学者的角度写的，它反映了文化渗透如何影响我们对谈判所持的看法，在谈判中什么是重要的因素以及关于我们如何成为一名更出色的谈判者的建议（Brett and Gelfand，2004）。本章同时反映了我们自身的文化渗透力，它存在于我们选择谈论什么以及我们把美国作为与其他文化比较的基准。[7]并不是说所有的美国人都有相同的文化（参见专栏 16.1）。实际上，有证据表明，来自与美国和加拿大相似的国家的人，谈判风格却不一样（Adler and Graham，1987；Adler，Graham and Schwarz，1987）。在美国和加拿大，有地区和文化体系差异（例如，英裔和法裔的加拿大人、西班牙裔人、非裔美国人、美国南方人、纽约人和其他地方的人群）。然而在某些方面，美国人确实（或多或少）共享与其他国家不同的普通文化。尽管我们承认美国国内的这些差异，但是在阐述国际谈判和跨文化谈判时我们仍会列举美国文化的一些共同点。

专栏 16.1

在美国的跨文化谈判

我有个客户在西弗吉尼亚州，我们合作了多年。他和他的祖父在一个小镇上创立了家族生意，现在已经成为该镇一家大企业。我们关系密切，每隔几个月，我会从北卡罗来纳州飞去看他，见面他就给我下订单。每当我们聚在一起，我们先是除了生意无所不谈，相互更新信息。我会问他的生活、生意、家庭、小镇等，他则问我在北卡罗来纳的工作、公司和大城市的生活。我们聊得差不多了，就开始谈生意，通常都是在午饭后，每次都会花几个小时，我总是能带着订单离开。我一直都忙忙碌碌的，这样的面谈对我来说是个愉快的休息。

一天我准备出发前打电话给他确认他是否在、哪天有空，他告诉我等我到时，想带我与他的一个朋友见面。他说，他的朋友对我公司卖的一些产品十分感兴趣，他觉得我应该见见他。我当然很高兴，我们安排了一天三个人会面。

当我抵达他的办公室时，他的朋友卡尔已经到了。我们随意地互相介绍，他开始介绍卡尔的工作，他认为我的公司卖的产品对他是多么的有用。然后卡尔接过话题简单讲述了一下他做的事，过了一会儿我认为我们快要直入主题谈生意了，然而我们的话题回到了北卡罗来纳和小镇的生活、我们各自的家庭和个人兴趣上。卡尔喜欢狩猎，他们开始畅谈狩猎经历。我也有过几次打猎经历，我把我的经历和他们分享。一件事接着一件事，很快我们又讨论假期、经济、棒球，凡是你能想到的，我们都聊到了。

我们偶尔会从闲聊中回到生意上来，但是生意的话题总是伴随着闲聊，就像我们狩猎用的枪的机械装置一样，时而精准时而不精准。我意识到虽然我们之间从来没有直接谈生意，但是在此期间，许多关于我们彼此的工作、我的公司、他们的需要和他们的工作的信息也得到了交换。我记起我和我的客户多年前刚开始的几次会面，也是用这种方式互相了解的。我顿时感觉这是多么有趣，它与我平常卖东西的方式不一样，然而我很喜欢这样工作。

上午余下的时间里我们的谈论就这样一直进行下去，大量非正式的、生活上的闲聊交织着生意上的事情。临近午饭的时候，我的客户靠过来开始近乎随意地总结了我是什么样的人，在做些什么，我所做的正是他和卡尔及他的公司所需要的。卡尔表示赞同，我的客户几乎是代表我问他想订购多少，卡尔考虑了一会儿，向我下了一个来自西弗吉尼亚最大的订单。我的客户说："好了，事情办好了，一起去吃午饭如何?"我们一起去了以往我在西弗吉尼亚经常去的一个地方，继续谈论生活和生意。到了下午三点左右，我说要回家了，我们都同意保持联系。此后，我们一直联系，现在每次我去西弗吉尼亚，我都有两个客户要拜访。

资料来源：Foster，Dean Allen，*Bargaining Across Borders：How to Negotiate Business Successfully Anywhere in the World*. New York，NY：McGraw-Hill，1992，108－109.

本章的结构如下。首先，我们阐述跨文化谈判的科学和艺术。其次，我们分析使国际谈判发生差异的因素，包括环境因素（宏观政治因素）和直接因素（微观战略因素）。接着我们转入国际谈判中被频繁研究的方面：文化的作用，涵盖国家、地区及组织三个层面。我们还研究了如何对文化这一概念下定义，并讨论了学者和实践者在解决与文化相关的问题时所采取的四种方法。接下来，我们从管理和研究的角度分析文化对谈判的影响。本章最后总结国际谈判者可运用的文化应对策略。本章中各专栏阐述了与文化背景不同的人谈判时要考虑的因素。

16.1 国际谈判：科学与艺术

谈判既是艺术又是科学的概念在跨文化谈判或国际谈判中尤为有效。谈判的科学性是谈判研究的基石。谈判的艺术性决定了什么时候运用什么策略，应选择哪种模式和观点以加深跨文化理解。因为跨文化谈判比同文化谈判要复杂得多，所以跨文化谈判特别有挑战性（Crump，2015）。本章中关于这种复杂程度有两层含义。

首先，我们提出跨文化谈判的不同模式和观点。不同场景下细节和有效性会随之改变。没有一种模式可以解释每一种跨文化谈判场景——并不简单的是因为缺乏知识而不能创造这样的模式，而是可能永远没法做到。这种复杂度是许多跨文化谈判者遭遇挫折的原因，当跨文化谈判时他们会希望得到更清晰的技术指导。

简单明了的万能书是不存在的。本章中我们提出的模式和方法可以为跨文化谈判者提供一套有用的工具。通过实践、阅读和研究这些工具，谈判者可以在跨文化谈判领域里磨炼他们的技巧。

跨文化谈判复杂度的第二层含义是谈判者会倾向于低估文化内变异的存在性。重要的是要记住谈判结果——无论是国内的还是国际的——都由不同的因素决定。虽然文化差异至关重要，但是谈判者必须避免把太多的注意力放在这上面（Rubin and Sander，1991；Sebenius，2002b；Weiss，2003）。戴尔丁等（Dialdin et al.，1999）将这种倾向描述为偏好文化释义，即文化属性失误（Huang and van de Vliert，2004；Matsumoto and Yoo，2006）的同时忽视了情境因素的重要性。看看专栏 16.2 中的情境。任何一种潜在的原因或这些原因综合起来是有可能解释谈判者的行为的。同样值得注意的是，即使文化描述了群体层面的特点，在文化差异的基础上预测个人的行为也是很困难的（Avruch，2000；Sebenius，2002b；Weiss，2006）。实际上，同文化内的行为差异与不同文化间的行为差异是同样广泛的（Rubin and Sander，1991）。虽然了解对方的文化可以为谈判桌上的预期提供最初的线索，谈判者还是需要敏捷地随着新信息的汇总调整他们的观点（Adler，2002）。

专栏 16.2

文化、谈判和旁观者视角

通过大量例证，考虑如下情境：你对面坐着一位与你文化背景不同的男性谈判者，在谈判中，他出乎意料地做出较大的让步，你很满意这种行为，你可能希望得到解释。有以下几种可能性。

第一，对方可能因为自己的性格原因让步了。即他的性格让他这么做了，在其他情况下他也会这么做。第二，可能你们两个人遇到了某种冲突，你们商讨的问题可能会带来较大的让步。第三，或许与你们两个人一起工作时独特的互动有关，如果你的对手坐在其他人的对面，或许他的谈判行为会发生变化。第四，可能是文化因素，或许来自那种文化背景的人倾向于在谈判中采取缓和的态度。

毋庸置疑，每种可能性都可以解释为什么对手会采取某种特殊的行为，但是我们怀疑文化比其他可能性更有说服力（至少在国际情境下是这样的），文化是主要的原因。当我们怀疑时，一开始我们倾向于认为文化或国籍是这些行为的起因，但是在现实中，我们发现上述所有的原因都牵涉其中。

资料来源：Rubin，Jeffrey Z.，and Sander，Frank E. A.，"Culture，Negotiation and the Eye of the Beholder，" *Negotiation Journal*，vol. 7，no. 3，July 1991，249 - 254.

总之，跨文化谈判和国际谈判要比国内谈判复杂。当跨文化谈判时，这种复杂性亦成为能量、兴奋、挫折的源头，为谈判者在发展谈判艺术的同时理解谈判科学带来挑战。

16.2　什么使得国际谈判如此不同

费塔科和哈比卜（Phatak and Habib，1996）认为两种综合情境对国际谈判有影响：环境情境和直接情境（见图16－1）。环境情境包括影响谈判但任何一方的谈判者都无法加以控制的环境因素。直接情境包括谈判者可以加以控制的一些因素。掌握环境情境和直接情境下的因素的作用对理解国际谈判进程和结果的复杂性十分重要。

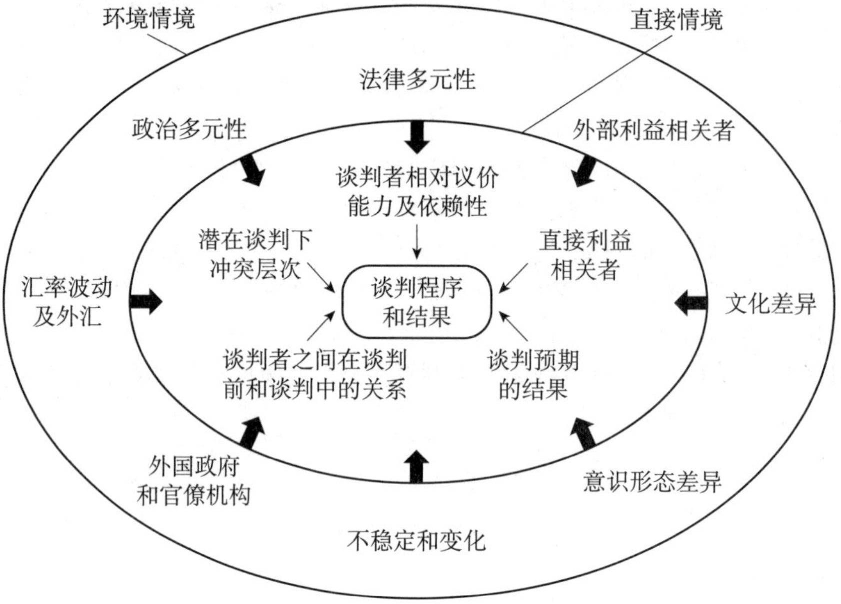

图16－1　国际谈判的情境

资料来源：Adapted from Phatak, Arvind V. and Habib, Mohammed M., "The Dynamics of International Business Negotiations," *Business Horizons*, vol. 39, no. 3, May-June 1996, 30－38; and Salacuse, Jeswald W., "Making Deals in Strange Places: A Beginner's Guide to International Business Negotiations," *Negotiation Journal*, vol. 4, no. 1, January 1988, 5－13.

环境情境

萨拉丘斯（Salacuse，1988）认定了使得国际谈判比国内谈判更加困难的环境情境中的六个要素：政治和法律多元性、国际经济、外国政府和官僚机构、不稳定性、意识形态及文化（文化是目前国际谈判分析中备受关注的因素，本章后面会有单独一节进行阐述）。费塔科和哈比卜（1996）提出了一个新的要素：外部利益相关者。这些因素限制了跨国经营组织的发展，谈判者理解这些因素的影响是十分重要的。

政治和法律多元性

跨国公司通常与不同的法律和政治体制打交道。一家企业面临不同的税制、劳工法或劳工标准、不同的合同法和执行标准（例如，判例法、普通法还是无效的法律体系）。此外，在不同国家、不同时期，政治方面的考虑可能会增强或减弱商务谈判的效果。例如，21世纪俄罗斯的开放商务环境与20世纪60年代封闭的环境截然不同，而在当今的中国做生意也与10年前完全不同。国家也会利用国际贸易协议如北美自由贸易协议（NAFTA）或者世界贸易组织（WTO）来影响其他地缘政治因素。例如，美国为了影响智利在联合国安全理事会上关于伊朗的投票而推迟与智利的贸易谈判（Crump，2011）。

国际经济

在不同国家谈判时必须考虑国际货币汇率的波动这一因素。达成协议时用哪种货币?对于必须用对方货币支付的一方来说，其承担的风险更大（Salacuse，1988)。货币越不稳定，双方承受的风险也就越大。此外，汇率的变化（升值或贬值）会严重影响双方协议的价值，使得双方互利的生意变成一方大发横财，而另一方损失惨重。许多国家严控货币的跨境流动。通常在这些国家必须用国外谈判方带进来的硬通货才能购买东西，国内机构无法用外币购买国外产品，或无法在要求以外币付款的谈判中谈出任何结果。

外国政府和官僚机构

不同国家的政府对产业和组织的管制程度不同。关于政府干预，美国企业相对来说自由些，除了一些行业（例如，发电、国防）管制较为严格外，有些州比其他州的环境管制更严。一般来说，美国的商务谈判没有政府批准也可以进行，谈判方只根据商务原因来决定要不要签订协议。相反，有些国家的政府严密监督进口和合资企业（Brouthers and Bamossy，1997；Derong and Faure，1995；Pfouts，1994)，其政府机构在与外国组织打交道时有垄断地位（Salacuse，1988)。此外，它们会有政治考虑，例如对政府财政的影响和对国内经济的影响。

不稳定性

北美的商务谈判比较稳定，这在世界其他许多地区是不存在的。不稳定性各式各样，包括缺乏商务谈判中必备的资源（纸张、电、计算机)，其他物品和服务的匮乏（食物、可靠的交通、饮用水）和政治不稳定（政变、政府政策的突然改变)。国际谈判者面临的挑战是要准确地预测变化，有足够的时间提前做出相应调整。萨拉丘斯(1988）认为面临不稳定性的谈判者应该在合同中签订条款以便容易撤销合同，或者采取仲裁方式和考虑购买保险来保障合同条款。这些建议的前提是合同会得到执行，且具体的合同条款在文化上是可以被另一方接受的。

意识形态

美国谈判者的意识形态表现为关注个人主义和个人利益。美国人坚信个人权利，私人投资的至高无上和商务盈利的重要性（Salacuse，1988)。有些国家的谈判者更注重集体利益而不是个人利益，公共投资会比私人投资获得更好的资源配置。他们对赚钱和利润分摊有不同的方案。从最广泛的意义来说，意识形态冲突增加了国际商务谈判中的沟通障碍，因为谈判方可能对正在谈判的问题在最基本的层次上产生分歧。

文化

在国际谈判中当有关谈判是什么和谈判如何发生的一些基本观点不同时，这是很大的一个挑战。文化在国际谈判和其他跨文化谈判中起的关键作用在本章稍后会详述，这里我们先提一些要点。

不同文化背景的人谈判风格迥异（例如，Graham and Mintu-Wimsat，1997；Metcalf et al.，2006；Metcalf，Bird，Peterson，Shankarmahesh and Lituchy，2007)。不同文化背景的人除了行为表现不同外，对谈判的基本过程的理解也不同（例如，可协商的内容以及谈判的目的)。根据萨拉丘斯（1988）的见解，某些文化背景的人在谈判中喜欢采用演绎的方式（从一般到个别)，而有些文化背景的人更喜欢运用归纳的方式

（从一系列个别的问题着手最终达成普遍性的协议；见Palich，Carini and Livingstone，2002；Xing，1995）。在某些文化中，谈判方关注实质性问题的协商，而不太重视双方的关系；然而，在其他文化里，关系却是谈判的核心，生意上的实质问题变成次要的（Tinsley，1997）。大量证据表明，冲突解决的模式偏好也随着文化不同而有所差异（Tinsley，1997，1998，2001）。

外部利益相关者

费塔科和哈比卜将外部利益相关者定义为"能够从谈判结果中获利的不同人群和组织"（1996，p.34）。这些利益相关者包括企业协会、工会、大使馆、行业协会等（见Sebenius，2002a）。例如，工会可能会因为害怕国内失业而反对与外国企业谈判，国际谈判者可能会通过大使馆的贸易部门从政府那里，或通过行业协会（例如，谈判所在国的商会）从其他商界人士那里得到大量的支持和指导。

直接情境

本书中我们讨论了谈判中与直接情境有关的许多观点，而没有考虑它们的国际含义。本节中，我们要阐述费塔科和哈比卜（1996）国际谈判模式中所涉及的概念，强调直接情境也会对谈判产生重要的影响（Lin and Miller，2003）。

相对的议价能力

国际谈判领域获得大量研究关注的一个方面是双方相对的议价能力。合资企业是国际谈判中大量研究的对象，相对议价能力常常由谈判各方愿意为合资企业投资（资金和其他投资）多少来决定（见Yan and Gray，1994）。一般认为谁的股份多，谁在谈判中就越有地位，对谈判过程和结果的影响力也越大。然而，杨和格雷（Yan and Gray，1994）的研究质疑这一观点，并指出相对议价能力并不简单地与股份有关，而是归因于项目的管理控制能力，这是通过谈判获得的。此外，其他一些要素也能够影响相对议价能力，包括有特权的市场准入、分销体系（例如，在有些国家建立一个新的销售体系成本极高，以至于成为进入市场的壁垒），或者协调和政府的关系（例如，在那些语言和文化迥异的国家），以及各自最佳替代方案的价值（Saorin-Iborra，Redondo-Cano and Revuelto-Taboada，2013）。

冲突的层次

跨文化谈判的双方之间的依赖度和冲突的层次也会影响谈判过程和结果。高冲突的情境（比如与种族、身份或边界有关的冲突）很难解决。[8]历史证据表明结束战争可以通过签订综合的、制度化的协议，禁止使用强制力以及促进资源和政治权力的公平分配，来获得更加稳定的解决方案（Hartzell，1999）。谈判者如何制定不同的谈判方案或者诠释谈判所关心的是什么也同样重要（详细讨论见第6章），与谈判者应对冲突的方式一样（参见Ohbuchi and Takahashi，1994；Tinsley，1998；Weldon and Jehn，1995的评价），这些会随着文化的不同而不同（Abu-Nimer，1996）。例如，费希尔、尤里和巴顿（2011）阐述了中东地区冲突之所以多年来难以调停是因为各方对争端（例如，安全、主权和历史权利）的理解不同。秘密进行的"背后通道"的外交谈判也许能帮助解决高冲突情境，但是不能保证成功（Wanis-St. John，2006）。

谈判者之间的关系

费塔科和哈比卜（1996）认为主谈判方在实际谈判开始之前建立起来的关系会对谈判过程和结果有重要影响。谈判是双方建立更广泛关系的一部分。谈判方原先建立的关系会影响当前的谈判（例如，谈判方如何构建谈判架构），就如当前的谈判会成为双方日后谈判的一部分一样（详见第 10 章）。

预期结果

有形和无形因素对国际谈判的结果也会起较大的作用。国家通常利用国际谈判来实现国内和国际的政治目的。例如，最近在世界上发生的种族冲突中，许多谈判方都威胁说，如果他们在正式谈判中不被认可，他们就中断执行达成的冲突解决方案。当前谈判方的短期目标与各方长期关系相制约。在美日之间的贸易谈判中，双方经常由于长期关系的重要性而不对近期结果设置太高的要求（见 Phatak and Habib，1996）。

直接利益相关者

谈判中的直接利益相关者包括谈判者自身、直接代表，例如经理、雇主和董事会（Phatak and Habib，1996）。利益相关者会多方面地影响谈判者（见第 11 章）。谈判者自身的技巧、能力和国际经验（也称作文化智商）能对国际谈判的过程和结果产生重大的影响（见 Groves，Feyerherm and Gu，2015；Imai and Gelfand，2010）。此外，主谈判者与其他直接利益相关者的个人动机对谈判的过程和结果的影响亦重大。在谈判中，人们可能还受一些无形因素的影响，包括谈判进程或结果影响他们在谈判对手和主管眼中的形象，以及个人职位的晋升（Phatak and Habib，1996）。

小结

总而言之，费塔科和哈比卜（1996）的模式为我们进行国际谈判提供了很好的指导。重要的是要记住，谈判过程和结果受到许多因素的影响，这些因素的影响力随着时间而改变（见 Stark，Fam，Waller and Tian，2005；Yan and Gray，1994）。每个国际谈判者面临的挑战是了解多种因素对谈判过程和结果同时产生的多重影响，并且要随着环境的变化定期更新这一理解。这也意味着国际谈判的准备工作特别重要，正如要根据环境和直接因素获取的新信息对谈判策略进行调整一样重要。

16.3　定义文化和谈判

国际谈判中，文化常常是研究的重点，关于文化对谈判的影响的研究在过去的 20 年里越来越多。[9]关于文化的定义也各式各样（见 Avruch，2000），但是所有的定义都包含两个重要的方面：第一，文化是群体现象，即一群特定的人共享信念、价值观和行为期望；第二，文化信仰、价值观和行为期望是后天学习的，并传承给群体的新成员。

亚诺希克（Janosik，1987）阐述了国际谈判中定义文化的四种方式：后天的行为、共享的价值观、辩证法和情境。这四种方法各有特点，但是都强调了理解文化如何影响谈判的重要性。

文化是一种后天行为

理解文化影响的方法之一是归纳不同文化的人的谈判行为。这一实用的、具体的方法不是关注某一特定文化的人为什么有特定的行事方式，而主要是创立外国谈判者接触东道国文化时所需的行为目录表（Janosik，1987）。许多关于国际谈判的畅销书和文章视文化为后天习得的行为，列举了一系列与不同文化的人谈判时可以做和不可以做的事项。例如，所罗门（Solomon，1987）认为国际谈判者应当意识到中国的谈判者一般会以寻求广泛的原则和建立关系为开局。与此相关的研究调查了文化对谈判中情绪表露的影响（George，Jones and Gonzalez，1998），文化对顾全面子行为的影响（Ogawa，1999；Ting-Toomey and Kurogi，1998）和伊斯兰文化对谈判的影响（Bachkirov and Al Abri，2016）。

文化是一种共享的价值观

第二种定义文化的方法侧重于理解中心价值和标准，并构建一种模型来反映这些价值和标准是如何影响同一文化内部的谈判的（Faure，1999；Sebenius，2002a）。通过找出区分不同文化的重要的标准和价值，以及理解这些差异如何影响国际谈判，可以实现跨文化比较。

霍夫斯泰德的文化维度模式

霍夫斯泰德（Hofstede，1980a，1980b，1989，1991）对国际商务活动中的文化维度做了广泛研究。他调查了全球 100 000 多名 IBM 员工，收集并分析了其价值观数据，初期研究中包含了 50 多种文化。数据统计分析表明四个维度可以说明文化的主要差异：个人主义/集体主义、权力距离、男性化/女性化和不确定性规避。[10]在这些维度上排名前十位的国家和地区见表 16-1，下文将对每个维度进行阐述。

表 16-1　霍夫斯泰德（1991）列出的各文化维度上排名前十的国家和地区

个人主义/集体主义	权力距离	男性化/女性化	不确定性规避
1. 美国	1. 马来西亚	1. 瑞典	1. 希腊
2. 澳大利亚	2. 危地马拉	2. 挪威	2. 葡萄牙
3. 英国	巴拿马	3. 荷兰	3. 危地马拉
4. 加拿大	4. 菲律宾	4. 丹麦	4. 乌拉圭
荷兰	5. 墨西哥	5. 哥斯达黎加	5. 比利时
6. 新西兰	委内瑞拉	南斯拉夫	萨尔瓦多
7. 意大利	7. 阿拉伯国家	7. 芬兰	7. 日本
8. 比利时	8. 厄瓜多尔	8. 智利	8. 南斯拉夫
9. 丹麦	印度尼西亚	9. 葡萄牙	9. 秘鲁
10. 法国	10. 印度	10. 泰国	10. 阿根廷
瑞典	西非		智利
			哥斯达黎加
			巴拿马
			西班牙

资料来源：Based on Hofstede，Geert，*Cultures and Organizations*：*Software of the Mind*. London，UK：McGraw-Hill，1991.

1. 个人主义/集体主义。个人主义/集体主义维度描述了一个社会围绕个人或群体组织的程度。个人主义的社会鼓励年轻人独立自主并照顾好自己。集体主义的社会把个人团结起来成为紧密结合的团体，团体负责每个人的福利。霍夫斯泰德表示集体主义的社会对关系的看重在谈判中起着至关重要的作用——与同一方的谈判可能会持续数年，更换谈判者会改变已经建立起来的关系，而要重新建立关系又需要很长的时间。与此相反，个人主义的社会中，谈判者是可以调换的，能力（而不是关系）才是选择谈判者的重要因素。这意味着来自集体主义文化的谈判者非常依赖于培养和保持一种长期关系，而来自个人主义文化的谈判者更有可能替换谈判者，只要短期内符合标准就行。

2. 权力距离。权力距离维度描述了“组织和机构（如家庭）中权力较弱的成员对不平等分配的接受和期望程度”（Hofstede，1989，p. 195）。根据霍夫斯泰德的观点，权力距离大的文化更有可能是上层决策，所有重要的决定都由领导拍板。较低的权力距离更有可能由组织来决策，尊重领导的同时也有可能质疑他们的决策。这对国际谈判带来的影响是来自权力距离相对较高的文化的谈判者需要频频地在更多事务上得到上级的首肯，谈判过程也更为缓慢。

3. 男性化/女性化。霍夫斯泰德发现文化的不同还体现在人们发扬“男性化”或“女性化”的程度。推崇“男性化”的文化的特点是“追求金钱和实物，不关心他人、生活质量或人民”（Hofstede，1980a，p. 46）。发扬“女性化”的文化的特点是在意关系和培育。根据霍夫斯泰德（1989）的观点，当来自崇尚“男性化”文化背景的谈判者碰面时，这一维度通过增加竞争力来影响谈判；来自崇尚“女性化”文化背景的谈判者更有可能对另一方产生同情，并做出让步。

4. 不确定性规避。不确定性规避意指“某种文化的成员在面对非结构性的情境时感到舒适或者不舒适的程度”（Hofstede，1989，p. 196）。非结构性情境的特点是变化快和不断有新事物产生，结构性情境的特点是稳定和安全。强不确定性规避文化的谈判者面对含糊的情境时较不舒适，谈判时更有可能寻找稳定的规则和程序。弱不确定性规避文化的谈判者倾向于适应瞬间变化的形势，且当谈判的规则含糊多变时，谈判者不会感到那么不舒服。

小结

霍夫斯泰德的模型在国际商务跨文化研究中成为主流，虽然该模型并非无懈可击。[11]该模型受到的主要抨击是研究中的调查样本并不是不同文化真正的代表，因为样本中有太多的男性，中产阶层的比例过大，教育水平也高于平均水平，调查对象都是来自一家公司（IBM）。换言之，有人担心霍夫斯泰德的模型低估了文化价值差异的真正内涵。

霍尔的文化价值观模式

文化人类学家埃德温·霍尔（Edwin Hall，1959；1976；Hall and Hall，1990）在定义文化价值观方面有很深的影响。霍尔详细阐述了有限的几类文化价值观，用于理解文化差异，其中两种应用于国际谈判中：交流语境、时间和空间。霍尔认为人们是以低语境交流还是高语境交流决定了文化的差异。低语境文化倾向于直接交流，透过单词本身来清楚表意。相反，高语境文化倾向于间接交流，通过周围的语境来揣测语意。霍尔的第二个维度——时间和空间，指的是人们协调事件、管理事件和计划事件的文化差异。霍尔表示有些文化是历时性的，即更愿意按顺序组织和规划事件，而有些文化是共时性的，特点是不同事件同时发生。对时间理解不同的谈判者会发现如果不了解对方的传统，那么彼此之间的谈判是令人泄气的。

小结

文化是一种共享的价值观。这一观点解释了为什么跨文化谈判较难且容易中止。例如，美国的核心价值观是个人主义。美国人一般个人决策，坚持自己的观点，在他们认为重要的事项上立场坚定。相比之下，中国的核心价值观是集体主义（有关文化对中国式谈判风格的影响的系统分析见 Faure，1999）。中国谈判者一般集体决策，集体观点高于个人观点，在集体认为重要的事项上立场坚定。当美国人和中国人谈判时，个人主义/集体主义文化价值观的差异会通过多种途径影响谈判（Pye，1992）。

尽管文化价值观比较重要，影响力大，但有人担心对文化价值观维度的差异认识不足。例如，宫原、金、夏因和尹（Miyahara，Kim，Shin and Yoon，1998）研究了日本和韩国对冲突解决模式的偏好，这两种文化都是集体主义文化。宫原和同事发现日韩之间的差异较大，韩国人解决冲突时更加关心避免强迫和表示出厌恶情绪，而日本人更加关心清晰明了地说明问题。基于这些原因，关于文化价值观对谈判影响的理解要谨慎对待。

文化是一种辩证法

运用文化来理解国际谈判的第三种方法是亚诺希克（1987）认定的所有文化都包含了称为“辩证法”的维度或对立面。这些对立面在传统哲理中得到很好的诠释，例如，“人多反误事”和“人多智广”。这些警言为那些考虑是一人独自工作还是团队工作的人提供了矛盾的指导。它反映了关于独立和团队合作的辩证或矛盾。绝对的独立和绝对的团队合作不会一直奏效，随着环境的变化（例如，决策的类型或工作的类别不同）各有利弊。根据亚诺希克的研究，文化是一种辩证法的理论更优于文化是一种共享的价值观的理论，因为它可以解释文化内的差异（例如，同一文化内的人并不都拥有相同的价值观）。把文化看作一种辩证法并没有简单地为国际谈判提供在特定谈判中如何行动的意见，但是它建议想要成功开展国际谈判的谈判者必须领会对方文化的丰富内涵。

盖尔芬德和麦卡斯克的理论著作分析了文化对谈判的影响，不过是通过分析谈判“隐喻”而不是辩证法。他们将谈判隐喻定义为“连贯的、整体的意义系统，在特殊的社会文化环境下演化和逐渐形成，具有解释、构造和组织谈判的社会行为的功能”（Gelfand and McCusker，2002，p. 297）。文化谈判隐喻帮助人们理解谈判中发生的事情并“领会”它们。盖尔芬德和麦卡斯克表示“谈判就像一场体育运动”，这是了解美国谈判的主要隐喻，在美国，谈判者关注自身的表现和胜利，谈判只是插曲而已。与日本相比较，传统家庭式谈判是主要的谈判隐喻。家庭的基本挑战是持久和连续，谈判者关注关系和团队的生存，谈判是更大整体的一个连续部分。文化谈判隐喻的差异越大，谈判者越有可能不理解对方，产生良好的谈判结果的难度也就更大。

辩证的文化始于对文化的深层次了解，运用这种理解来创造谈判隐喻去全面了解谈判在某一文化中是如何展开的。如果谈判者能更深地理解某一文化的谈判隐喻，则更有可能在谈判中获胜。

情境中的文化

有人意识到人类行为不是由单一因素决定的，相反，所有的行为在不同层次上都可被理解，与谈判同样复杂的某一社会行为是由众多不同因素决定的，其中之一就是文化。谈判行为的其他重要决定因素包括性格、社会场景和环境因素（Rubin and Sander，1991）。情境中的文化的提议者意识到谈判行为是多重因素决定的，将文化作为行为的唯一解释是把复杂的社会过程过度简单化。[12]库马尔和沃姆（Kumar and Worm，2004）简要地指出："虽然谈判总是现在时，但是它们被过去时的事情影响，并受到将来时的阴影制约"（p. 305）。

国际谈判近期的理论和研究采用了情境文化方法。例如，廷斯利、布雷特、夏皮罗和奥库穆拉（Tinsley，Brett，Shapiro and Okumura，2004）提出文化复杂度理论，他们认为文化价值观对某种环境下的谈判有直接的影响，对其他环境下的谈判有适度的影响。当价值观在不同的情境下有很强的影响时，就会产生直接的影响。例如，法国有君主和民主的传统，两种传统都会影响基于情境的谈判行为（Brett et al.，1998）。方（2006）认为孔子和孙子的学说对中国谈判者有多重影响，而且这些影响随着情境而变化。阿代尔和布雷特（2003）举出了情境文化方法的另一例子，他们发现沟通模式在谈判的不同阶段对于来自高情境文化和低情境文化的谈判者是不同的。

科佩尔曼、哈丁、迈尔斯和托斯特（Kopelman，Hardin，Myers and Tost，2016）探索了四位来自不同文化背景的低权力谈判者如何在一个模拟困境（SHARC，一个为了减少鲨鱼捕杀的基于环境需要的模拟困境）中谈判。科佩尔曼和同事发现来自权力高和权力低的不同文化的谈判者分别在交际中影响着各自的合作行为。来自集体主义文化的低权力谈判者，当对方谈判者是来自高权力个人主义的文化时，前者会表现得不那么合作；反之，当前者与高权力的集体主义文化的谈判者谈判时，他们会更加具有合作性。[13]

布雷特、顾尼亚和特驰尔（Brett，Gunia and Teucher，2017）记录了很多曾经用来探索谈判中跨文化差异的概念。作为回应，他们提出了一个融合谈判策略、信任、文化松紧度和思维模式（整体的或者分析的）的模型，以此预测整合式谈判中的共同收益。布雷特和同事的模型是一个用来学习情境中的文化的不错模型，为今后跨文化谈判的研究提供了一个引人思考的指导。

为了解释跨文化谈判中的细微差别，情境中的文化模式变得越来越复杂。随着复杂度加深，它对于跨文化谈判的实践者而言实施起来不那么有用（Janosik，1987），但在更深入地了解跨文化谈判是如何运作的以及运用这种理解来更有效地开展国际谈判上，它还是有一定优势的。

16.4　文化对谈判的影响：从管理角度来看

文化差异在多种不同的方面会影响谈判。表 16－2 总结了文化影响谈判的 10 种不同的方式。稍后对每种方式将依次阐述。

表 16－2　文化影响谈判的 10 种方式

谈判要素	文化反应的范围		
谈判的定义	合同	⟷	关系
谈判机会	分配式的	⟷	整合式的
谈判者的选择	专家	⟷	可信的伙伴
礼仪	非正式	⟷	正式
沟通	直接	⟷	间接
时间敏感性	高	⟷	低
风险偏好	高	⟷	低
群体与个人	集体主义	⟷	个人主义
协议的性质	具体	⟷	一般
情感	高	⟷	低

资料来源：Based on Foster，D. A.，*Bargaining Across Borders：How to Negotiate Business Successfully Anywhere in the World*. New York，NY：McGraw-Hill，1992；Hendon，D. W.，& Hendon，R. A.，*World-class Negotiating：Dealmaking in the Global Marketplace*. New York，NY：John Wiley & Sons，1990；Moran，R. T.，& Stripp，W. G.，*Dynamics of Successful International Business Negotiations*. Houston，TX：Gulf Publishing，1991；Salacuse，J.，"So，What's the Deal Anyway？ Contracts and Relationships as Negotiating Goals，" *Negotiation Journal*，vol. 14，no. 1，January 1998，5－12；and Weiss，S. E.，& Stripp，W.，*Negotiating with Foreign Business Persons：An Introduction for Americans with Propositions on Six Cultures*. New York，NY：New York University Graduate School of Business Administration，1998，Working Paper 85－86.

谈判的定义

谈判的根本定义——什么可以谈判和谈判时会发生什么，会因文化而大相径庭（见 Ohanyan，1999；Yook and Albert，1998）。例如，"美国人视谈判为报价与还价的竞争过程，而日本人视谈判为信息共享的过程"（Foster，1992，p. 272）。

谈判机会

文化影响谈判者将机会理解为分配式的还是整合式的。北美的谈判者倾向于视谈判为分配式的（Thompson and Hastie，1990b）。北美以外的谈判者却不是这样，哪种谈判机会被视为分配式或整合式的程度在不同文化里差异是相当大的（Salacuse，1998）。不同文化的谈判者关于谈判机会是分配式的还是整合式的赞同或否定的程度影响跨文化谈判。

谈判者的选择

参加谈判的人选标准也具有文化差异。这些标准包括对谈判主题的了解、资历、家庭关系、性别、年龄、经验和地位。不同的文化赋予这些标准的权重不同，导致在不同谈判类型中关于什么是合适的预期也不同。例如，在中国，在谈判初期建立关系是重要的，选择合适的谈判者对此很有帮助（见 Zhu，McKenna and Sun，2007）。

礼仪

文化影响谈判方之间的礼仪或关系的正式程度。美国文化在全世界位于最不正式的文化之列。随意的沟通方式十分普遍，例如，直呼其名，连头衔都省略。与此对照，许多欧洲的国家（如法国、德国和英国）却十分正式，称呼某人时如果不加头衔（例如，先生、博士、教授）则被视为侮辱人（见 Braganti and Devine，1992）。许多国家（如日本）所使用的正式名片是相互介绍时的必需品。忘带名片或在名片上写字的谈判者经常被认为不遵守礼仪和羞辱对方（Foster，1992），甚至递名片的方式、握手的方式和着装也被谈判者关注，成为分析一个人背景和性格的依据（在亚洲，像名片这样的物品要用两只手递给对方，用一只手递会被视为无礼）。

沟通

文化影响人们进行口头和非口头沟通的方式。不同文化的肢体语言也不同，一种行为在某一文化里或许是高度的无礼，但在另一文化里是完全无伤大雅的（Axtell，1990，1991，1993）。为了避免在谈判中冒犯对方，国际谈判者需要认真遵守沟通中的文化规则。例如，在美国把脚架在桌上是权力或放松的表现；在泰国，这被视为非常粗鲁（详见专栏 16.3 和专栏 16.4）。很明显，为了在谈判中不侮辱、激怒对方或使对方窘迫，国际谈判者必须牢记大量的沟通技巧。有关文化的图书和文章为国际谈判者在不同文化中进行交流提供了许多良策，搜寻这些良言是国际谈判准备工作中基本的一环。[14]

专栏 16.3

国际谈判者的沟通规则范例

不要摸马来人的头顶，因为马来人的头顶上有神灵。你的鞋底不要让阿拉伯人看到，因为那很脏，代表了一个人身体的底部。在伊斯兰文化中不要用你的左手，因为左手是不洁的。在意大利，摸鼻子两边是不信任的表现。阐述重要观点时要一直专注地盯着你的法国伙伴的眼睛。但是，在东南亚，目光直视必须是在关系牢固建立之后。如果你的日本伙伴深吸了口气，表示你有真正的麻烦。漫长的谈判结束之际，你的墨西哥对手会想拥抱你，中东欧对手亦是如此，他们会紧紧地拥抱你，并在你的两颊交替地亲三次。美国人通常比拉丁美洲人和阿拉伯人站的距离更远一些，但是比亚洲人要近一些。在美国，人们握手有力持久；在欧洲，握手通常快速且抓住要点；在亚洲，握手相当软弱无力。在西印度群岛，开怀大笑和咯咯地笑意味着幽默，而在亚洲，却经常被认为是尴尬和谦虚的表现。此外，公开表达情感在太平洋一带的大部分国家被视为无礼，个人的自我和公众的自我之间泾渭分明。然而，在拉丁美洲，抑制感情却经常被视为不信任。

资料来源：Foster，Dean Allen，*Bargaining Across Borders：How to Negotiate Business Successfully Anywhere in the World*. New York，NY：McGraw-Hill，1992.

专栏 16.4

跨文化沟通的失误

虽然许多跨国组织在国外市场经验丰富，但有些问题仍旧存在。语言和文化差异造成广告语和观念在新的环境下难以有效传递。例如：

- 在日本，沙龙牌香烟（Salem cigarettes）的广告“沙龙——自由的感觉”成了“抽沙龙牌香烟，你会感觉神清气爽，全身心自由和放空”。
- 在南美洲，雪佛兰引进新星牌（Nova）汽车时，他们明显不知道西班牙语的

"No va" 意思是"不会动"。

- 当派克笔厂准备在墨西哥卖圆珠笔时，广告语原本是告知消费者派克笔"不会在你口袋里漏墨水，不会给你造成麻烦"(embarrass you)，但是公司使用了单词 embarazar（等价于 embarrass)，结果，这条广告语在墨西哥的消费者眼里被理解成"派克笔不会在你口袋里漏墨水，它会令你怀孕"(embarazar 在墨西哥语里的意思是"怀孕")。
- 在意大利，吉百利史威士公司（Schweppes）的开胃水（tonic water）的产品名称被译成"史威士花露水"。

资料来源：Anonymous.

时间敏感性

文化很大程度上决定了时间意味着什么和时间如何影响谈判（见 Macduff，2006；Mayfield，Mayfield，Martin and Herbig，1997）。在美国，人们遵守时间，通常在约定时间出席会议，不浪费他人的时间，并且通常认为"快"比"慢"好，因为这象征着高效率。其他文化对时间则有不同的看法。在更加传统的社会里，特别是气候炎热的地方，节奏要比美国慢，这导致至少在短期内对时间的关注度不够。伊斯兰文化更加关注事件时间而不是钟表时间，在"钟表时间文化里，人们根据时钟来安排事件；在事件时间里，事件左右人们"(Alon and Brett，2007，p. 58)。其他文化认为美国人是时间的奴隶，因为他们把遵守时间作为宝贵的资源。在某些文化中，如拉丁美洲，时间本身并不重要，谈判的重点是任务，而不管花多长时间。在跨文化谈判中，因为对时间不同的观念造成误会是常有的事。美国人给人的感觉总是急匆匆的，一个任务接着一个任务，而拉丁美洲的谈判者在美国人眼里显得无所作为，在浪费时间。艾莱 · 阿朗（Ilai Alon）和珍妮 · 布雷特（Jeanne Brett）为处理时间敏感性的差异提出了五条策略（见专栏 16. 5）。

专栏 16. 5

处理时间敏感性差异的五大策略

1. 多花些时间了解文化差异。
2. 花时间建立和维系关系。
3. 按照钟表制定行动计划，但是预留足够的时间来调整项目时间。
4. 借用先例、模式和历史来预先准备论证。
5. 尽量避免使用能体现出双方对未来事件有完全掌控力的语言。

资料来源：Alon，Ilai and Brett，Jeanne M.，"Perceptions of Time and Their Impact on Negotiations in the Arabic-Speaking Islamic World，" *Negotiation Journal*，vol. 23，no. 1，January 11，2007，55 - 73.

风险偏好

人们愿意冒险的程度在不同文化中表现也不同。有些文化孕育出官僚保守的决策者，他们在决策之前需要大量的信息。有些文化孕育出更具企业家精神的谈判者，他们愿意在信息不充分的情况下冒险行动（例如，"不入虎穴，焉得虎子"）。按照福斯特（Foster，1992）的观点，美国人更喜欢冒险，有些亚洲文化亦是如此，然而一些欧洲文化却相当保守（例如，希腊）。一种文化对风险的偏好对谈判内容和谈判结果有很大的影响。在风险导向的文化里，谈判者更愿意较早地谈生意，并愿意冒险。那些风险规避型文化下的谈判者更愿意收集更多的信息，然后抱着等等看的态度。

群体与个人

不同的文化在强调个人还是群体上也不一样。美国是个非常强调个人主义文化的国家，在其文化中，独立和自信值得褒扬和尊重。与此相反，集体主义的文化支持集体利益至高无上，个人利益要服从集体利益。集体主义的文化重视融入团体，并且奖励忠诚的团队成员。那些持异议的人会被社会排斥——在集体主义的社会里这是个巨大的代价。这种文化差异对谈判会产生各种影响。美国人更有可能让一个人负责最终决策，而像日本这样的集体主义文化更有可能让团队负责最终决策。集体主义的文化中做决策需要全体意见一致，比美国的谈判者所习惯的决策时间要长得多。此外，因为许多人参与谈判，他们的参与是相继的而不是同时的，美国谈判者可能会面临就同一问题和材料与不同的人进行一系列讨论的情形。

协议的性质

文化还对最终协议的达成和协议的形式产生影响。在美国，通常是按照某种逻辑来达成协议的（例如，低成本的生产商得到生意，价低者达成协议），而且协议通常是正式的，如果没有标准的要求就依照法律规范执行。然而，在其他文化里，赢得生意也许是因为你是谁（例如，你的家庭关系或政治关系），而不是因为你能做些什么。此外，不同的文化里协议的含义不同。福斯特（1992）注意到中国人经常使用协议备忘录来确立关系并示意谈判的开始（互惠和让步）。然而，美国人常常将协议备忘录理解为谈判的结束，在法庭上是有法律效力的。此外，在如何达成协议以及什么是协议的确切含义上存在的文化差异会令人困惑和误解。

情感

文化会影响谈判者情感流露的程度（Salacuse，1998）。情感可以作为谈判技巧，或者是谈判中面对积极的和消极的环境做出的一种自然反应（见 Kumar，2004）。尽管个性可能在情感的表达中起重要作用，但似乎也存在着相当大的跨文化差异，文化中控制一般情感表露的规则很有可能会在谈判中出现（Salacuse，1998）。

小结

概括而言，关于国际谈判中文化的重要性，人们已经提出了许多实用的建议。虽然文化这个词一直被用来意指不同的事情，但文化很显然是国际谈判中一个重要的方面，能对国际谈判的进程和结果的许多方面产生广泛的影响。现在，我们开始从研究角度来了解文化是如何影响谈判的。

16.5 文化对谈判的影响：从研究角度来看

在过去的 20 年中，关于跨文化谈判的研究迅速增长。我们的研究探讨了文化对谈判结果、谈判进程和信息交换、谈判者认知、谈判者伦理和技巧以及冲突解决的影响。这些研究的重点在接下来的几个小节中讨论。

文化对谈判结果的影响

学者起初研究文化如何影响谈判结果的基础问题，并采用了两种方法。一种方法是学者比较来自不同文化背景的谈判者在与本文化的谈判者模拟谈判时的结果。研究目标是看一看不同文化背景的谈判者面对同样的材料是否会达成同样的谈判结果。另一种方法是比较文化内和跨文化的谈判结果，看看它们是否相同。研究人员通过比较本文化内的谈判结果和不同文化之间的谈判结果进行研究。例如，日本谈判者与其他日本谈判者谈判的结果是否与他们和美国人谈判的结果一样。

约翰·格雷厄姆（John Graham）和他的同事通过模拟非常简单的买家和卖家之间的谈判——谈判者必须决定三种产品（电视机、打字机和空调）的价格，做了一系列关于不同文化的文化内谈判的调查研究（详细调查见 Graham，1993）。他们调查了不同文化之间的谈判，包括美国与日本（Graham，1983，1984），美国与中国（Adler，Brahm and Graham，1992），美国与加拿大（Adler and Graham，1987；Adler，Graham and Schwarz，1987），美国与巴西（Graham，1983）以及美国与墨西哥（Adler，Graham and Schwarz，1987），发现不同文化的谈判者在盈利水平上没有什么差异。

不过研究还发现，集体主义文化的谈判者比个人主义文化的谈判者更有可能达成双赢的结果。例如，利塔奇（Lituchy，1997）报告称来自集体主义文化（日本）的谈判者会比来自个人主义文化（美国）的谈判者达成更多的双赢方案。阿鲁纳恰拉姆、沃尔和陈（Arunachalam，Wall and Chan，1998）发现来自集体主义文化的谈判者比来自个人主义文化的谈判者在整合式谈判中更容易达成高联合性的结果。

珍妮·布雷特（Jeanne Brett）和她的同事模拟了更加复杂的谈判，也确定了不同文化的谈判者谈判结果之间的差异。例如，布雷特和她的同事（1998）对比了同文化谈判者在不同国家和地区（如，法国、俄罗斯、日本、巴西、美国）中的表现，发现了共赢方面的差异。此外，戴尔丁和同事（1999）报告了来自不同文化（美国、德国、以色列和日本）的谈判者在个体盈利上的差异。这两项研究表明文化确实对谈判结果有影响，但是存在跨文化的复杂模式。可能的情况是，跨文化之间的谈判进程的差异而不是文化本身导致了不同的谈判结果。

研究文化对谈判结果的影响的另一种方法是比较同文化和跨文化谈判的结果。阿德勒和格雷厄姆（1989）发现日本和英裔加拿大谈判者在跨文化谈判时获利程度要比同文化谈判者低；美国和法裔加拿大的谈判者无论是在跨文化谈判还是同文化谈判中结果都相似。这些结果验证了阿德勒和格雷厄姆的假设，即跨文化谈判与同文化谈判相比，结果会更差，至少在某些时候是这样。此外，阿德勒和格雷厄姆发现跨文化谈判过程中的一些差异。例如，法裔加拿大的谈判者在跨文化谈判中要比同文化谈判中使用更多的合作策略，美国的谈判者在跨文化谈判中比同文化谈判中有更高的满意度（与美国同文化谈判相比）。

纳特兰德斯麦尔和罗根斯（Natlandsmyr and Rognes，1995）、利塔奇（1997）以及布雷特和奥库穆拉（1998）的研究丰富了阿德勒和格雷厄姆的结果。纳特兰德斯麦尔和罗根斯发现挪威谈判者在进行同文化谈判时，比墨西哥的谈判者取得更多的合作结果。然而，在跨文化谈判中，墨西哥方与挪威方达成的协议更加接近同文化谈判中墨西哥方的协议，而与同文化谈判中挪威方的协议有些不同。纳特兰德斯麦尔和罗根斯指出墨西哥和挪威谈判者的报价进度是不同的，他们认为文化可能对谈判进程有重要的影响。利塔奇发现日本同文化谈判者会比日美跨文化谈判者取得更加双赢的方案。布雷特和奥库穆拉发现来自相同文化的谈判双方（日本与日本或者美国与美国）比跨文化的谈判双方（日本与美国）容易就更高的联合利益达成一致。

总而言之，研究表明文化确实对谈判结果有影响，虽然不一定是直接的影响，但文化有可能通过不同文化下的谈判进程之间的差异产生影响。此外，有证据表明，跨文化谈判产生的结果不如同文化谈判的结果。学者做了大量研究来找寻其中的原因。接下来，我们将回顾两种宽泛的方法来分析这个问题。第一，大量的研究使用了文化价值观的维度（霍尔、霍夫斯泰德）来比较发生在不同文化下的谈判。第二，最近，研究人员已经开始思考文化对谈判者的心理状态的影响，包括文化是如何影响谈判中判断的偏颇和暗含的谈判理论。

文化对谈判进程和信息交换的影响

格雷厄姆和他的同事发现了他们所研究的文化中谈判策略和谈判技巧的重要差异（见 Graham，Evenko and Rajan，1992）。例如，格雷厄姆（1983）总结出“美国式的谈判通过令对手不自在来获得更大的利益，而日本式的谈判是令对手舒适来争取更大的利益”（p. 63）。此外，格雷厄姆（1983）指出，巴西的谈判者运用有力的和欺骗的策略，更有可能争取更大的利益，这些策略与美国谈判者所取得的结果不存在联系。另外，阿德勒、格雷厄姆和施瓦茨（1987）发现，代理型谈判策略（仅限于收集信息）与墨西哥和法裔加拿大谈判者所获得的利益负相关，而这些策略与美国谈判者所取得的利益毫无关系。最后，阿德勒、布拉姆和格雷厄姆（1992）发现中国和美国谈判者运用相似的谈判策略，但是他们的沟通模式大不相同，中国人常喜欢提更多的问题，很少说“不”，而美国谈判者更频繁地打断谈话。阿代尔、魏因加特和布雷特（2007）也发现了谈判中报价所运用的不同沟通模式，日本谈判者较早地报价获得信息，而美国谈判者则较晚地报价以整合所得到的信息。

蔡（Cai，1998）阐述了个人主义/集体主义是如何影响谈判计划的：来自集体主义氛围浓厚的文化的谈判者在制定长期目标上花费更多的时间，而来自个人主义氛围浓厚的文化的谈判者在制定短期目标上花费更多的时间。盖尔芬德和克里斯塔克波洛（Gelfand and Christakopoulou，1999）发现，来自个人主义文化（美国）的谈判者会比来自集体主义文化（希腊）的谈判者制定更加极端的出价。

阿代尔和同事（Adair et al.，2004）发现在直接的信息共享方面也存在较大的差异，来自美国的谈判者最有可能直接分享信息。此外，他们发现美国和日本的谈判者都会最大化他们的联合利益，但是他们采用不同的方法来实现。美国谈判者运用直接信息交换策略来了解对方的偏好和优先考虑的问题，并且指出双方的异同来实现联合利益。日本谈判者运用间接的信息交换策略，通过对比不同的开价和还价推测出另一方的偏好，并且他们会用说服性的语言证明他们的交易是正当的。

阿代尔、科佩尔曼、吉莱斯皮、布雷特和奥库穆拉（1998）考察了跨文化背景下，谈判中分享信息对取得共同收益的影响，发现文化背景相似（美国和以色列）的谈判者比文化背景不太相似（美国和日本）的谈判者更有可能在谈判期间分享信息，信息的差异导致文化相似的谈判者取得更高的联合收益。

阿代尔、奥库穆拉和布雷特（2001）审视了同文化（美国国内和日本国内）与跨文化（美国-日本）谈判中的结果和信息分享，他们发现美国和日本同文化谈判者比跨文化谈判者取得更高的联合收益。同文化谈判者取得收益的方式与美国和日本跨文化谈判者的方式不同。同文化美国谈判者更有可能直接分享信息，比同文化日本谈判者更不可能间接地分享信息。在跨文化谈判中，日本谈判者能适应美国的规范行为，日本跨文化谈判者比日本同文化谈判者更有可能分享信息，但是在跨文化谈判中，日本谈判者增加直接信息共享并没有带来更高的合作收益。

阿代尔（2002，2003）通过对比来自高语境和低语境文化的同文化谈判中的整合式行为，以及来自两种语境文化的跨文化谈判，拓展了关于谈判中文化对信息共享的重要性的研究。[15]阿代尔（2003）发现文化导致同文化谈判中不同的沟通模式，低语境文化的谈判者倾向于用直接沟通的方式，而高语境文化的谈判者则用更加间接的沟通方式。在跨文化谈判中，信息交换的直接整合导致更高的合作收益，这表明谈判双方为了使跨文化谈判圆满成功需要全面地交换信息。

文化似乎也影响谈判中运用的综合沟通策略。顾尼亚、布雷特、南克亚和卡姆达（Gunia，Brett，Nandkeolyar and Kamdar，2011）发现印度和美国谈判者在谈判时运用非常不同的策略。美国谈判者倾向于"提问和回答"策略，印度谈判者更喜欢用"证实和提议"策略，这是谈判中讨论单一议题的积极理由。

罗塞特、布雷特、巴斯尼斯和莱特尔（Rosette，Brett，Barsness and Lytle，2004）研究了文化如何影响与来自高语境文化和低语境文化的谈判者进行同文化和跨文化的电子邮件的谈判。他们发现高语境文化的谈判者在电子邮件谈判中取得的合作收益要比面对面谈判高，但是低语境文化的谈判者并未显示出任何差异。更高的合作收益似乎是因为高语境文化的谈判者在电子邮件谈判中运用了更高的开价和更多的一揽子开价。在跨文化的电子邮件谈判中，高语境文化的谈判者比低语境文化的谈判者取得更高的个人收益，很明显与采取更加积极的公开开价有关。在跨文化谈判中，高语境文化的和低语境文化的谈判者之间一揽子开价的数量上并没有差异，这可能是由于谈判者在谈判中相互出价。罗塞特等（2004）的研究表明文化对电子邮件谈判的过程有影响，相应地影响谈判结果。

鲁戈、盖格、纳恩和贝克豪斯（Lugger，Geiger，Neun and Backhaus，2015）运用整合性网络谈判探讨德国和中国谈判者在跨文化和同文化谈判中的进程和结果。鲁戈和同事发现在同文化谈判中，"与中国谈判者相比，德国谈判者运用更多的整合性技巧和更少的分配性技巧"（2015，p. 15）。中国和德国谈判者的同文化谈判模式也有所不同：中国谈判者在同文化和跨文化谈判中始终如一地谈判，但德国谈判者在跨文化谈判中比同文化谈判运用了更多的分配性技巧。看来，德国谈判者比中国谈判者更容易在跨文化谈判中调整他们的谈判技巧。

总之，人们发现文化对谈判过程的多个方面都有重要的影响，包括谈判者如何计划、谈判中的开价、沟通过程以及谈判中信息如何分享。由此可见，文化影响谈判进程和策略，最终影响谈判结果。

文化对谈判者认知的影响

研究人员最近将目光转向探究文化如何影响谈判者的心理过程（Gelfand and Dyer，2000；Morris and Gelfand，2004）。研究人员正致力于了解文化如何影响谈判中谈判者加工信息的方式，又是如何影响谈判过程和结果的。

盖尔芬德和里洛（Gelfand and Realo，1999）发现对委托人的责任感对来自个人主义文化和集体主义文化的谈判者产生的影响是不同的。他们发现责任感增加了个人主义者之间的竞争，但是在集体主义者之间产生更高的合作水平。此外，谈判者的认知方面也有差异：个人主义者在谈判前有更加竞争性的行为意图和想法，谈判期间合作较少，谈判后对对方的看法也较为负面。

盖尔芬德和同事（2001）研究了来自集体主义文化（日本）的人和来自个人主义文化（美国）的人是如何理解同样的冲突的。他们发现日本人比美国人更有可能认为冲突中包括妥协。盖尔芬德和同事还发现日本人和美国人使用不同的思维方式来理解某些冲突。例如，日本人将冲突视为"义理的违背"（社会地位的违背），而美国人从未这样认为。盖尔芬德等的研究表明，有些看待冲突的方式是普遍存在的（如让步-胜利），但是也存在一些独具文化特色的方式（如义理的违背）。

来自不同文化的谈判者会以不同的方式看待谈判机会，这会导致不同的谈判结果。刘和威尔逊（Liu and Wilson，2011）发现中国谈判者用的竞争性技巧比美国谈判者多，这是因为前者有更大的可能将谈判定义为一个竞争性情境的结果，而非文化对谈判过程的影响。谈判者看待谈判的方式和理解本质上模棱两可的情境的方式体现了文化对于谈判过程的重要影响（Kumar and Patriotta，2011）。

研究文化对谈判者认知的影响的另一种方法是调查西方文化中一些熟悉的认知影响在其他文化里发生的作用。盖尔芬德和克里斯塔克波洛（1999）发现来自个人主义文化（美国）的谈判者比来自集体主义文化（希腊）的谈判者更容易受"固定蛋糕"错误的影响（见第 6 章）。在一系列调查其他文化下自私偏见的研究中[16]，盖尔芬德和同事（2002）发现自私偏见在个人主义文化（美国）下要比在集体主义文化（日本）下强烈得多。韦德本佐尼和同事（Wade-Benzoni et al.，2002）在研究美国和日本在应对非对称性社会难题时所表现出的文化差异时也有类似发现。研究揭示美国人比日本人提供的方案合作性低，且对他人合作的期望也不高。最后，巴伦苏埃垃、斯里瓦斯塔瓦和李（Valenzuela，Srivastava and Lee，2005）指出，与个人主义文化（美国）的成员相比，集体主义文化（韩国）的成员在谈判中更不倾向于犯基本归因错误。

总之，谈判者认知的很多方面都深受文化的影响，并且谈判者应该明白关于西方谈判者认知的发现并不能普遍适用于其他文化（Wade-Benzoni et al.，2002）。文化对谈判者认知的效应影响着对谈判情境的看法和谈判者策略的选择。

文化对谈判者伦理和技巧的影响

研究人员近期的研究方向是通过研究不同文化的谈判者在谈判技巧方面是否有相同的道德评价这一广泛的问题来考察跨文化谈判中的伦理和谈判技巧（见 Rivers and Lytle，2007）。例如，扎尔科达-弗雷泽和弗雷泽（Zarkada-Fraser and Fraser，2001）调查了六个不同文化背景的谈判者对列维奇和鲁宾逊（1998）的谈判技巧（见本书第 5

章）的理解。他们发现不同文化下对不同谈判技巧的容忍度有明显的差异，日本谈判者要比澳大利亚、美国、英国、俄罗斯和希腊谈判者更加不能容忍使用误释技巧。沃克玛和弗勒里（Volkema and Fleury，2002）考察了巴西人和美国人对列维奇和鲁宾逊关于伦理的调查问卷的回答，发现巴西人和美国人对谈判技巧的接受程度有相似的评价，但是美国谈判者声称他们更有可能比巴西对手运用那些技巧，特别是夸大他们的出价。伊拉希和其同事（Elahee and Brooks，2004；Elahee，Kirby and Nasif，2002）分析了信任对美国、墨西哥和加拿大谈判者运用列维奇和鲁宾逊的谈判技巧的影响，他们发现信任对手的谈判者不太可能运用可疑的谈判技巧。伊拉希等还发现墨西哥谈判者最不可能信任外国谈判者，并且在跨文化谈判中比同文化谈判中要更趋向于使用像虚张声势和误释的技巧。加拿大和美国谈判者在跨文化和同文化谈判中使用这些技巧的可能性不存在差异。

也有研究表明文化对于致歉的运用和理解的影响。马达克斯、金、奥库穆拉和布雷特（Maddux，Kim，Okumura and Brett，2011）提出个人主义社会用道歉来表明责备，但在集体主义文化中，道歉是用来表示懊悔。与他们的预测一致，马达克斯和同事发现个人主义文化（美国）的谈判者比集体主义文化（日本）的谈判者更容易将道歉与接受责备联系起来，而后者会在没有任何责备的情况下道歉。日本和美国谈判者在接受道歉上也存在不同，前者比后者更容易因为违背诚信而接受道歉（Maddux et al.，2011）。

文化对冲突解决的影响

金和木谷（Kim and Kitani，1998）阐述了个人主义/集体主义是如何在理想的谈判关系中影响冲突解决风格的。他们指出，来自集体主义文化的谈判者（亚裔美国人）更愿意选择亲切的、避免矛盾的以及合作的冲突管理方式。然而，来自个人主义文化的谈判者（美国白人）更趋向于选择一种独断的冲突管理方式。同样地，皮尔逊和斯蒂芬（Pearson and Stephan，1998）也发现，来自集体主义文化（巴西）的谈判者更喜欢和解、协作、退让的风格，而来自个人主义文化（美国）的谈判者更趋向于选择竞争型的风格（可参考 Ma，2007；Mintu-Wimsatt，2002；Oetzel and Ting-Toomey，2003）。史密斯、杜根、彼得森与梁（Smith，Dugan，Peterson and Leung，1998）发现，在集体主义国家，矛盾主要靠规则来解决，而在个人主义国家冲突倾向于通过个人经验和训练来解决。此外，史密斯和同事（1998）发现“集体外部”的矛盾在高权力距离的文化里比在低权力距离的文化里更不可能发生。

明蒂-威姆萨特和加森海默（Mintu-Wimsatt and Gassenheimer，2000）的一项研究提供了更多的证据，说明个人主义/集体主义对谈判冲突解决风格的影响。他们发现，菲律宾（更偏好集体主义的高语境文化）出口商比美国（更偏好个人主义的低语境文化）出口商更乐于选择正面冲突较少的解决方案。吉尔（Gire，1997）发现，来自个人主义文化（加拿大）的谈判者和来自集体主义文化（尼日利亚）的谈判者都更愿意选择谈判而不是仲裁来作为冲突解决方案。来自集体主义文化的谈判者更愿意选择谈判，而来自个人主义文化的谈判者更乐于选择仲裁，因为他们认为仲裁更具接受性。另外，阿鲁纳恰拉姆、沃尔和陈（Arunachalam，Wall and Chan，1998）发现，调解对来自个人主义文化的谈判者的谈判结果比来自集体主义文化的谈判者的谈判结果有更加重要的影响。

小结

在过去的20年里，大量的研究探讨了文化对谈判的影响，结果显示文化对谈判的多个方面都产生重要的影响，包括谈判结果、谈判进程、信息交换、谈判者认知、谈判者对道德行为的理解和冲突解决方式的选择。但是，很难对这些研究进行总结概括，因为研究调查了不同的文化、样本和话题，并且研究结果有时是相矛盾的。

现在有些人认为相似的谈判模式可能会比原先认为的更加受文化的影响（Ma，2006；Ma and Jaegar，2005；Metcalf，Bird and Dewar，2008），同时还认为文化可能会改变谈判模式（Vieregge and Quick，2011；Wang，Jing and Klossek，2007）。将来还需要更多的研究去证实谈判模式是不是受到全球化、更好的谈判变量的测量或者忽视实际存在的差异而造成错误设定的影响（Metcalf，et al.，2008）。

16.6　应对文化的谈判策略

虽然有大量的著作讨论国际谈判和跨文化谈判的挑战，但是鲜有人关注谈判者面对来自另一文化的谈判对手时应该做些什么。在这一领域里，许多理论家的建议，不管是明确的还是隐晦的，一直是“入乡随俗”（要了解该建议，可参考Francis，1991；Weiss，1994）。换言之，谈判者应当清楚文化差异对谈判的影响并且在谈判时考虑这一点。许多理论家会含蓄地提出管理跨文化谈判的最佳办法是要对对手的文化标准敏感，并且要调整自己的策略，使之与对手的文化导致的行为保持一致。

几个因素表明谈判者在跨文化谈判时不应该较大地调整他们的方法。

1. 谈判者或许不能有效地调整他们的方法。想深刻地理解对方文化要花数年的时间，谈判者在谈判之前通常不会有足够的时间去了解这些。虽然对对方文化一知半解比一无所知要好，但是也许不足以使谈判者对他们的谈判策略做出有效的调整。试图去配合对方的策略和技巧是项艰巨的任务，这需要流利的语言并深刻地了解对方的文化，即便是简单的词语也会被译成有细微差别的含义，使得用不同的语言交流相当困难（见Adachi，1998）。

2. 即使谈判者能够有效地调整他们的方法，也并不意味着就能够自动地得到较好的谈判结果。很有可能另一方也会调整他的方法。这种情形下的结果可能是灾难性的，各方都努力模仿另一方的行为，双方并没有真正了解另一方到底在做什么。以下是一个比较美日典型的谈判风格的案例。美国人更有可能以极端的要价开始谈判，目的是给让步留点余地。日本人更喜欢谈判开始先收集信息，目的是掌握打交道的对象是谁，未来的关系会怎样。假设双方都了解自己和对方的文化倾向（这是个夸大的假设，通常是无法满足的条件），现在假设各方行事以尊重对方为先，决定“入乡随俗”，并且采纳另一方的方法。这样会造成无穷无尽的混乱。美国人收集日本人的信息时，他们真的感兴趣或者只是装腔作势？显然这不是美国人通常的行为方式，但是他们使用的策略并不是那么容易被识别。美国人会如何诠释日本人的行为呢？美国人为谈判做了充分的准备，明白日本人在谈判初期不会表明极端的立场。如果日本人在谈判初期确实表明了极端的立场（目的是适应美国的谈判风格），美国人应该如何理解这种行为呢？美国人或许会想，“那一定是他们真正想要的东西，因为他们平常不会开出极端的要价”。采用另一方的方法不会保证成功，事实上与采用自己的方法相比（至少你的行为在自己的文化背景下是可以理解的）更容易造成混乱。

3. 研究表明谈判者在与本文化的对手谈判时自然而然会采取与其他文化的对手谈判时不同的谈判策略（Adler and Graham，1989；Natlandsmyr and Rognes，1995）。这项研究的含义是要深刻了解其他文化的人是如何谈判的，例如哥斯达黎加人之间的谈判，但这无助于美国人与哥斯达黎加人的谈判（见 Drake，1995；Weldon and Jehn，1995）。

4. 弗朗西斯（Francis，1991）的研究反映了适度的调整会比“入乡随俗”更加有效。弗朗西斯模拟了美国人对来自其他国家的谈判对手做出的反应，发现来自熟悉的文化（日本）的谈判者对美国的方法做了适当的调整，要比那些没有做任何调整或者做出巨大调整的人得到更多的肯定。虽然这些发现并没有出现在较为陌生的文化（韩国）的谈判者身上，但是需要更多的研究去理解为什么会这样。这项研究的结果起码解释了国际谈判者做出很大调整并不总是有效的。

5. 与和自己文化相近的谈判者谈判相比，与一个来自和自己文化相差很大的国家的谈判者谈判时，谈判者有更大的可能性去调整自己的谈判技巧。沃登和陈（Warden and Chen，2009）发现，中国谈判者和美国的谈判者谈判时，比和相近文化（日本）的谈判者谈判时更容易调整谈判方式。

最新的研究发现为如何进行跨文化谈判提供了一些详细的建议。鲁宾和桑德（Rubin and Sander，1991）建议，谈判准备期间，谈判者应当重点掌握三件事：（1）他们自身的偏好和优劣势；（2）谈判对手的个人情况；（3）谈判对手的文化背景。布雷特、阿代尔和同事（1998）建议跨文化谈判者应当思考更多的问题，比如文化如何影响信息共享和谈判进程（例如，该文化是喜欢直接还是间接交流信息，文化是历时性的还是共时性的），了解对方如何交流信息和安排谈判进程可以帮助谈判者更加战略性地规划谈判（Adair et al.，2004）。最后，阿代尔、奥库穆拉和布雷特（2001）建议要想增大谈判成功的机会，跨文化谈判需要双方采纳对方文化偏好的直接或间接的沟通方式来交流。

韦斯的文化应对策略

韦斯（Weiss，1994）提出了一个有用的办法，可用于与其他文化的人员进行谈判时更好地考虑我们已有的选择方案。韦斯观察到，谈判者跨文化谈判时，会从八种不同的文化应对策略中做出选择。这些策略可以单独运用，也可以接连使用，并且随着谈判的进度来更换。谈判者在选择策略时应当大致清楚自己和对方的文化，了解当前关系中具体的因素，并预测或者设法影响对方的方法（Weiss，1994）。韦斯的文化应对策略根据谈判者对对方文化的熟悉程度（低、中、高）可分为三组，每一组中有些策略谈判者可以单独运用（单方策略），有些需要对方的合作参与（联合策略）。

低熟悉度

聘请代理商或顾问（单方策略）。如果谈判者对对方的文化非常陌生，可以雇用熟知双方文化的代理商或顾问。可以让代理商在监督下开展谈判，也可以通过顾问在谈判时获得定期或不定期的咨询意见。虽然代理商或顾问会带来其他的问题（见本书第 11 章），但是他们对那些不了解对方文化又没时间去了解的谈判者还是相当有用的。

聘请中介人（联合策略）。跨文化谈判可以聘请各种各样的中介人，有的专门负责引荐，然后撤退离开；有的是整个谈判过程都在场，负责管理整个谈判进程（见本书第 19 章）。通常翻译会担任此角色。翻译不仅负责谈判的翻译，还为双方提供其他信息。中介人可以鼓励一方或另一方依照一方文化中采用的方法或者采纳第三方文化的方法（中介人家乡的文化）。

让另一方使用你的方法（联合策略）。另一种办法是说服对方采纳你的方法。这有很多途径，比如从礼貌地请求到粗暴地声称你的方法是最好的。更加巧妙的方法是，谈判者可以使用自己的母语应答对方的请求，因为他们用别人的语言“不能很好地表达自己的意思”。虽然这个策略对文化熟悉度低的谈判者益处不少，但也存在一些弊端，例如，一方也许会生气或者感觉受到侮辱，因为他们要花更多的时间去站在另一方文化的立场进行谈判。此外，谈判对手还会利用战略优势，因为他们现在可以尝试更加极端的技巧，并且以“不了解对方文化”为借口来使用该技巧（毕竟谈判者不能期望另一方对他们谈判的方式完全了解）。

中熟悉度

适应对方谈判的方式（单方策略）。该策略要求谈判者有意识地调整自身的谈判方式，以更加吸引对方。谈判者不是要照搬对方的方式，而是牢牢地坚持自己的方式，只不过要做些改变来融洽双方的关系，这些改变包括采取不那么极端的方式，摒弃某些行为或者采用对方的某些行为。运用该策略的困难之处在于要知道该修正、摒弃或采用哪些行为。此外，我们不清楚对方是否会像我们预想的那样来解读这些变化。

协调调整（联合策略）。该策略需要双方共同协调以寻求共同的谈判方法。虽然该策略可能运用起来较为隐蔽，但更有可能会直接使用（“您想怎样谈判?”）。这可被视为关于谈判方式的特例。该策略要求对对手的文化有一定的了解，至少要掌握一定水平的对方语言（不一定会说，但能够理解）。协调调整策略在北美说双语人数最多的城市蒙特利尔每天都可见（85%的人既懂英语又懂法语）。蒙特利尔的商人常见的做法是在实质性的商讨开始之前先协商谈判进程。协商的结果根据谈判用英语还是法语而不一样，一般的结果是双方可以使用英语或法语谈生意。谈判经常会使用双语，因此，对第二语言较为熟练的谈判者不停地转换语言以使谈判更为顺畅。另一种结果是有时双方使用第二语言进行谈判以示尊重（说法语的人用英语谈判，而说英语的人用法语谈判）。另一种类型的协调调整通常发生在谈判双方采用第三方文化的某些方面以推进谈判时。例如，本书的一名作者去拉丁美洲出差时，与一位能说西班牙语和法语但不会说英语的同事用法语聊天，后来去中国出差时，谈判用法语、英语和中文，因为参加谈判的六个人都会说其中两种语言。

高熟悉度

采纳对方的方法（单方策略）。该策略完全是采纳另一方的谈判方法。要想运用得当，谈判者需要完全会双语且深谙两者文化。从本质上来看，使用此策略的谈判者并不是入乡随俗，他就是本地人。该策略需要花较多的时间准备，费用也较高，因为在两种文化之间迅速地转换是件难事，所以谈判者在运用该策略时压力相当大。不过，因为运用这种策略可以较好地接近对手并且完全理解他的立场，所以获益不少。

临时制定一种方法（联合策略）。该策略是指为谈判场合、谈判对手和环境临时提出一种特定的策略。为了运用这种方法，双方需要对对方的文化很熟悉，并且深刻地理解对手的个人特征。运用此策略，谈判可以采纳对双方文化都有用的方法。这种策略是八种策略中最为灵活的，因为它可以根据环境适度调整，但缺点是很少有约定俗成的方法去指导我们如何使用该策略。

多种方式混用（联合策略）。该策略允许谈判者设计出新的方法，包括遵守某一方的文化惯例或者采纳第三方的文化惯例。职业外交官会使用此策略，因为他们面对的风俗习惯和语言常跨越国界并形成自己的文化（外交文化）。这种策略较为麻烦，而且耗费大量的时间和精力。如果双方相互了解并熟悉彼此的文化，并且有共同的谈判程序（像职业的外交官一样），那么该策略能发挥较好的作用。该策略的使用风险是容易引起混乱、浪费时间以及需要花费大量精力以使其起作用。

本章小结

本章探讨了国际谈判和跨文化谈判的复杂性。本章首先讨论了谈判的艺术和科学，随后分析了导致国际谈判差异的因素。费塔科和哈比卜指出环境情境和直接情境都会对国际谈判产生重要影响（1996）。随后，本章讨论了萨拉丘斯（1988）提出的影响国际谈判的环境因素：(1) 政治和法律多元性；(2) 国际经济；(3) 外国政府和官僚机构；(4) 不稳定性；(5) 意识形态；(6) 文化。还增加了另一个环境因素——外部利益相关者（Phatak and Habib，1996）。费塔科和哈比卜的五个直接情境因素包括：(1) 相对的议价能力；(2) 冲突的层次；(3) 谈判者之间的关系；(4) 预期结果；(5) 直接利益相关者。每个环境情境因素和直接情境因素都使得国际谈判变得更为艰难，高效的国际谈判者需要知道如何应对这些因素。

其次，本章讨论了文化的概念。罗伯特·亚诺希克（1987）提出研究人员和谈判实践者至少用四种方式来定义文化：(1) 后天的行为；(2) 共享的价值；(3) 辩证法；(4) 情境。随后本章从两个视角分析了文化差异如何影响谈判。从管理的角度，我们研究了文化影响谈判的10种方法：(1) 谈判的定义；(2) 谈判机会；(3) 谈判者的选择；(4) 礼仪；(5) 沟通；(6) 时间敏感性；(7) 风险偏好；(8) 群体与个人；(9) 协议的性质；(10) 情感。从研究的角度，我们阐述了文化对谈判结果、谈判进程和信息交换、谈判者认知、谈判者伦理和技巧以及冲突解决的影响。

最后，本章总结了如何处理谈判中的文化差异。韦斯（1994）提出八种不同的文化应对策略供跨文化谈判者使用。有些策略可以单独使用，有些策略需要联合使用。韦斯指出特定谈判情境下选择正确策略的关键在于对对方文化的熟悉度（低、中、高）。即使深谙对方文化的谈判者仍旧会面临十分艰巨的任务。

关键术语

环境情境（environmental context）：包括谈判者无法控制的环境因素。

直接情境（immediate context）：包括谈判者有操控能力的一些因素。

外部利益相关者（external stakeholders）：谈判结果中有相同利益的不同人群和组织。这些利益相关者包括企业协会、工会、大使馆、行业协会等。

高冲突场景（high-conflict situations）：比如道德、认同感或地理方面无法协调（调和）的冲突。

直接利益相关者（immediate stakeholders）：谈判中的直接利益相关者包括谈判者自身、直接代表的人员，例如经理、雇员和董事会。

个人主义/集体主义（individualism/collectivism）：个人主义/集体主义层面描述了一个社会围绕个人或群体组织的程度。

权力距离（power distance）：权力距离尺度描述了组织和机构（如家庭）权力较弱的成员对不平等分配的接受和期望程度。

职业成就/生活质量（career success/quality of life）：文化的不同体现在人们的价值观是崇尚职业成就还是生活质量的程度。崇尚职业成就的文化的特点是"追求金钱和实物，不关心他人、生活质量或人民"。改善生活质量的文化的特点是在意培育和维系关系。

不确定性规避（uncertainty avoidance）：某种文化的成员在面对非结构性的情境时感到舒适的程度。

隐喻（metaphor）：连贯的、整体的意义系统，在特殊的社会文化环境下逐渐演化形成，具有解释、组织和构造谈判社会行为的功能。

时间敏感性（time sensitivity）：文化很大程度上决定了时间意味着什么和时间如何影响谈判。

文化反应谈判策略（culturally responsive negotiation strategy）：针对对方的文化作出反应，由此采用的策略。

单方策略（unilateral strategy）：谈判单方采取的策略。

联合策略（joint strategy）：谈判双方采取的策略。

注 释

[1] For example see Binnendijk (1987); Brett (2001); Fisher, Schneider, Borgwardt, and Ganson (1997); Foster (1992); Gelfand and Dyer (2000); Habeeb (1988); Hendon and Hendon (1990); Kremenyuk (1991); Lukov (1985); Mautner-Markhof (1989); Reynolds, Siminitiras, and Vlachou (2003); and Weiss (1996, 2004). For earlier work, see Fayerweather and Kapoor (1976); Hall (1960); and Van Zandt (1970).

[2] For example see Arino, Abramov, Rykounina, and Vila (1997); Brouthers and Bamossy (1997); Pfouts (1994); and Uzo and Adigwe (2016).

[3] For example, see Husted (1996); Natlandsmyr and Rognes (1995); and Zarkada-Fraser and Fraser (2001).

[4] For instance, see Fan (2002); Ghauri and Fang (2001); Kumar and Worm (2003); Leung, Brew, Zhang, and Zhang (2011); Leung, Chan, Lai, and Ngai (2011); Lin and Miller (2003); Ma, Dong, Wu, Liang, and Yin (2015); Ma, Liang, and Chen (2013); Palich, Carini, and Livingstone (2002); Roy and Menasco (2015); Shi and Wright (2001); Tjosvold and Sun (2001); and Warden and Chen (2009).

[5] See Clem and Mujtaba (2011); Gunia, Brett, Nandkeolyar and Kamdar (2011); and Luomala, Kumar, Singh, and Jaakkola (2015).

[6] For example, see Albin (2012); Baruch Bush (2003); Crump and Druckman (2012); Druckman (2001); and Martinez and Susskind (2000).

[7] Descriptions of the American negotiation style may be found in Druckman (1996); Koh (1996); Le Poole (1989); and McDonald (1996).

[8] See Agha and Malley (2002); Isajiw (2000); Ross (2000); Rubinstein (2003); Stein (1999); and Zartman (1997).

[9] For reviews of this work, see Brett (2001); Brett and Gelfand (2004); and Brett, Gunia, and Teucher (2017).

[10] Subsequent research by Hofstede and Bond (1988) suggested that a fifth dimension, labeled Confucian Dynamism, be added. Confucian Dynamism contains three elements: work ethic, time, and commitment to traditional Confucian values. The dimension has received little attention in the negotiation literature (cf., Chan, 1998).

[11] See Kale and Barnes (1992); Schwartz (1994); Triandis (1982). For extensive reviews of research on Hofstede's model see Kirkman, Lowe, and Gibson (2006, 2017); Taras, Kirkman and Steel (2010).

[12] Taras, Kirkman, and Steel's metanalysis of three decades of research on Hofstede's value dimensions reached a similar conclusion: behavior in a broad array of organizational contexts are influenced by cultural values, personality, demographics, and general mental ability.

[13] Vertical cultures place more importance on hierarchy than horizontal cultures; individualism-collectivism is discussed above.

[14] For example, see Binnendijk (1987); Graham and Sano (1989); Pye (1992); and Tung (1991).

[15] The low-context cultures included in the study were the United States, Sweden, Germany, and Israel; the highcontextcultures were Japan, Thailand, and Russia; and the mixed-context cultures were United States-Japan.

[16] Negotiator definitions of fairness are influenced by what would benefit themselves (see Chapter 6).

N E G O T I A T I O N

第17章

处理谈判僵局

学习目标

- 了解某些冲突难以解决和谈判难以成功的原因。
- 探究可能导致谈判僵局的谈判者的基本失误所在。
- 考量谈判者打破僵局可采用的主要方法和手段。

油气行业的谈判双方就合资企业谈判数月之后，一方突然离开谈判桌中止谈判，原因不明，另一方多次要求重开会议都遭到拒绝。在一家电脑咨询公司工作的两个同事不再和对方说话，随之，客户关于公司服务水平下滑、电话没人接等相关投诉接踵而来。国际谈判陷入困境的例子屡见不鲜。有些冲突被化解，谈判人员重回谈判桌，而有些谈判却一直保持僵持状态。

谈判会由于多种原因破裂或陷入僵局。本章重点分析谈判陷入困境或僵局的情形。一旦谈判陷入僵局，当事人容易变得愤怒而失去冷静，因而丧失合理的判断能力。谈判各方之间的有效沟通受阻，彼此充满怨恨情绪。谈判一方与另一方表现出不同的冲突管理模式。各自观点差异之大以致难以达成共识和妥协。在这种情形之下，谈判中充斥着破坏性的冲突，使得谈判无法继续下去。

本章主要分三部分。第一部分讨论棘手的、难以达成的此类谈判的特点。从谈判所涉及的问题、谈判当事人、谈判氛围和谈判场景四个方面对谈判僵局的性质进行讨论。第二部分主要涉及导致谈判陷入僵局的谈判人员的基本失误表现。最后一部分讨论谈判者解决困境以及使谈判重回正轨可采用的策略。

17.1 难以达成的谈判的特点及其发生原因

对于分配式谈判，产生冲突直至谈判破裂并不少见。有时，冲突升级，造成人际关系紧张甚至破裂。难以成功的谈判到底有什么特点呢？有好几种可能出问题的情况。这部分先讨论棘手的谈判僵局，探究是什么原因使谈判变得棘手并陷入僵局。

谈判僵局的特点

我们把难以达成的谈判统称为谈判僵局。谈判僵局是指无法快速或轻易得以缓解的冲突状态。一旦冲突存在，谈判各方就难以达成令人满意的结果和期望（Ross and Stillinger，1991）。僵局的特点如下：

- 僵局不一定是一件坏事也不一定具有毁灭性（虽然有可能）。谈判陷入僵局有各种原因，谈判各方有理由在找到可行的解决方案前选择僵局状态（Mayer，2000）。
- 僵局也不一定是永久性的。僵局是谈判的一种状态，意味着以现有的内容、环境、进程和谈判人员难以解决冲突。如果以上各因素发生变化，谈判可以走出僵局，取得成果。
- 僵局可能是一种策略，也可能是真实存在的。战术性僵局是指谈判各方故意拒绝将谈判继续下去，以争取更大的影响力或者压迫对方做出让步（Mayer，2000；Zartman，2015）。罗斯和斯蒂林格（Ross and Stillinger，1991）提出“处于冲突状态下的一方或双方，（相信）在交易中愿意放弃眼前利润（从而剥夺对手获得类似的利润），可以使自己在未来的谈判中获得更为有利的条款”（p. 391）。相反，善意的僵局发生在“当谈判各方感到不牺牲自己的一些重要利益，谈判就无法进行下去时……通常争执各方经历这种僵局超出他们的能力之外，深感不僵在这儿似乎别无选择”（Mayer，2000，p. 171）。战术性僵局可能变成善意的僵局（Mayer，2000）。
- 僵局可能是局部的。僵局可能阻碍整个谈判的进展（完全陷入僵局），也可能会影响一些谈判问题而不会影响其他问题（局部僵局；Trötschel，Hüffmeier，Loschelder，Schwartz and Gollwitzer，2011）。如果交易发生的所有问题都需要达成协议，那么部分僵局是一个更大的障碍，而不是只涉及一些问题但不涉及其他问题。

● 僵局可能是一个设想而非现实。战术性僵局和善意的僵局可能只是被感知到的而非现实。尽管这样，它真实地让谈判各方相信他们处在僵局。僵局是因拒不退让的谈判者期待从谈判对手那里获得让步而产生的。拒不退让可以被定义为一方不愿意让步或妥协。谈判中这种强硬做法如果成功则会取得短期收益，但硬碰硬也可能无论如何都达不成协议，这一战术因此成为谈判中“强有力但十分危险的牌”（Brams and Doherty，1993，p. 706）。

导致僵局和谈判棘手的原因

谈判会随着时间、谈判的议题、谈判当事人和谈判环境的变化而变化。谈判变得更易解决时容易驾驭，更难解决时难以驾驭。难以驾驭的谈判会持续很长一段时间，待没有进展时就陷入僵局。帕特南和旺德莱克（Putnam and Wondolleck，2003）指出棘手的程度表现为四个维度。

1. 分歧性。即冲突造成双方当事人分歧以致各方被逼入死角难以全身而退的程度。

2. 强度。指冲突中当事人的参与程度、情感介入度和投入度。

3. 波及性。指冲突侵入人们社会生活和个人生活的程度。

4. 复杂性。指谈判议题的多少与复杂程度、参与谈判的当事人的多与寡、冲突中涉及社会体制的程度、一个问题的解决与其他多个问题的解决密切相关的程度。

专栏 17.1 中列出了增加和减少僵局可能性的一些特点，这些特点会导致愤怒、沮丧以及愤恨的氛围。谈判者批判或指责对方，同时也试图去限制来自对方的批评。原先很紧迫的问题变得模糊不清，同时又增加了新的问题。

专栏 17.1

增加和减少僵局可能性的特点

增加僵局可能性

下面列出的几个特点会使谈判更为棘手：

● 当事人自己缺乏组织性、结构松散。

● 争端解决程序混乱和不确定，且没有明确的管理者。

● 在重要问题上有不同的价值观。

● 冲突屡次升级：当事人数量增加、谈判问题增多、解决冲突的成本增加。双方当事人彼此严重对立，冲突不断升级。

减少僵局可能性

相反，下列特点增加了谈判的可控性：

● 谈判当事人组织良好，成员之间交流通畅，且各自分工明确，有共同的目标和使命。

● 争端解决程序和规则明确，且有明确的管理者。

● 除在资源配置方面有不同见解之外，其他方面具有基本一致的价值观。

● 冲突不断降级：谈判处于可控范围，谈判主题集中。谈判双方当事人努力寻求均可接受的解决方案，冲突被和平和冷静的氛围化解。

资料来源：Putnam，Linda，and Wondolleck，Julia，"Intractability：Definitions，Dimensions and Distinctions，" in Lewicki，Roy J.，Gray，Barbara，and Elliott，Michael，*Making Sense of Intractable Environmental Disputes*. Washington，DC：Island Press，2003.

谈判各方通常察觉到各自立场的巨大差异，冲突强化了这些差异的程度，弱化了人们所感知的共同点和协议。随着愤怒和紧张程度的增加，谈判各方开始受困于他们最初的谈判立场。此时，他们不是寻找做出让步或者达成协议的方法，而是坚定地阐述他们最初的需求，并通过威胁、欺骗、扭曲的方式强迫另一方顺从他们。谈判的一方通常用反威胁或者报复的方式来应对威胁。站在同一边的谈判者通常能够善待彼此，他们能够看到自己人身上最好的品质，并将存在的差异最小化。他们需要保持团队成员的一致性，并且能够接受富有战斗性的、专制形式的领导。当团队里存在分歧时，他们通常会隐藏起来，尽量在另一方面前表现出团结的一面。[1]

接下来我们讨论导致谈判僵局的四个层面——谈判问题的特性、谈判当事人的特点、谈判环境的特点和谈判场景的特点。

谈判问题的特性

谈判问题的特殊性会使谈判陷入僵局，而价值观差异、高风险分配式谈判以及危害人类健康和安全的风险是三大影响因素。

- 价值观差异。很多陷入僵局的谈判可以追溯至基本的价值观差异。这种差异可小到喜爱和偏好的差异，大到意识形态、生活方式等的不同或者其他被认为神圣的、关键的事情。关键在于具有显著价值观差异的个人或团体如何处理这些分歧——或通过将自己的观点强加于人或通过包容和理解的方式解决。丁沃尔（Dingwall，2002）认为社会上大多数难以解决的如民族、宗教、政治、经济、法律和环境等冲突的根源是核心价值观的差异。韦德本佐尼、霍夫曼等（2002）认为意识形态的差异是核心价值观差异的产物，而这些差异是影响谈判的极大障碍。
- 高风险分配式谈判。分配式谈判意味着双方没有讨价还价的重叠区，因此也会使谈判陷入僵局。正如第2章所阐述的，谈判双方可能都过分夸大各自的谈判立场而导致彼此没有共识区间。解决冲突的成本看似高于拖延争端解决的成本。谈判双方受困于他们不愿让步的情形，并倾向于迫使另一方做出让步。这种僵局可以通过本章后面谈到的策略得到解决。
- 危害人类健康和安全的风险。有些谈判，尤其是那些涉及健康和环境的谈判，陷入僵局的原因是人类的利益受到明显威胁，且这些谈判议题本身根植于复杂的科学之中，非门外汉所能理解。环境清洁、核能、有毒废物的处理、污染控制以及其他相关的问题都引起了激烈的讨论，并有较大的争议。[2]伯吉斯等（Burgess and Burgess，1995）指出谈判双方会在涉及公共健康和安全的问题上发生激烈的争论。

谈判当事人的特点

导致谈判僵局的另一类因素是双方当事人的特性。谈判当事人的五大特点起着重大作用，具体包括：如何自我定位、如何比较自身与他人、对谈判力的理解、报复与愤怒以及冲突管理模式。

如何自我定位

许多谈判僵局的形成与当事人如何自我定位有关。自我定位问题是众多棘手谈判的中心问题，其实就是“我是谁”的问题（Hoare，1994，p. 25）。不同的人可能给出不同的答案，关键取决于他们所属的群体和对自我的认知。[3]罗思曼（Rothman，1997）指出，当人们的身份受到威胁时可能会出现冲突，因为这些威胁挑战人们最基本的归属感。寻求对所受不公正待遇的改变，寻求政治权利等都可能导致无法解决的冲突。哈罗德·索德斯（Harold Saunders，2003）认为团队身份认定中所涉及的心理过程是导致僵局的重要原因之一。此外，正如第 6 章中所阐述的，当谈判方认为冲突的结果可能会强化或弱化他们的身份感时，他们通常会针对身份问题构建谈判框架（Gray，2003a）。自我定位的影响并不只限于国际事务中。谈判者通常会采取基于角色（例如，受压迫者的防卫人）或者与自身紧密相关的个人伦理的立场。

如何比较自身与他人

如果身份问题涉及“我是谁”，那么社会比较的问题反映的则是个人定义“他们是谁”的方式（Gray，2003a）。一个人的社会身份往往离不开将自己与他人进行比较。当我们定义自己所属的群体时也在定义自己不属于的群体。再者，处于冲突中的当事人往往会落入“基本归因错误”这样一个心理陷阱，即倾向于将错误归咎于他人，将功劳归功于自己；把别人的成功看作运气，把别人的失败看作缺陷和不足所致（Ross，1997）。

巴布科克、王和洛温斯坦（Babcock，Wang and Loewenstein，1996）对谈判僵局发生时这种社会比较所带来的影响展开了研究，得到两个主要发现：第一，谈判者通过选择比较群体对比，来反映自己立场的支持性、自足的偏见，所选对比组的立场能使谈判者的要求看上去公平合理；第二，谈判破裂或者僵局与被比较群体之间的差异正相关，也就是说，被比较群体之间的差异越大，谈判破裂的可能性就越大。第一个发现可能是基于故意的、策略性的选择，第二个发现则与我们之前关于极端立场、感知差异以及结果性僵局的评论是一致的。

在高度结构化或者部门化的组织中，与别人进行比较会很频繁地导致谈判僵局的发生。不同团体对事物的看法不同，若沟通中存在误解，在压力之下谈判容易陷入僵局。

对谈判力的理解

谈判者可能认为他们可以采取高压手段来将成本转嫁到另一方身上或强迫对方接受一笔并不有利于他们的交易（在第 8 章中我们对谈判力进行了大篇幅的阐述）。在短期内以及在没有考虑对长期关系影响的情况下，这一策略的有效性取决于另一方是否相信谈判者有这种力量并会使用这种力量（Brams and Doherty，1993；de Dreu，1995）。处于此类冲突中的谈判者趋向于将彼此看作极端的、偏颇的而且是自私自利的。如果对方被认为具有相反的理念，或者如果一方或双方出于礼节避免表达彼此对问题的看法，那么谈判的难度就会增加。凯尔特纳和鲁宾逊（Keltner and Robinson，1993）发现这类谈判往往具有旷日持久的特点，且达成的共识和合作也少。

史密斯（Smyth，1994）认为僵局通常源于必须同时对谈判力变化以及维持这种改变的合适体系进行谈判的需求。例如，当身份地位很强时，随之而来的群体内/群体外偏见通常会导致谈判一方或者谈判双方将对方妖魔化，或者对另一方谈判立场的有效性和接受性大打折扣，这会导致双方交易的极度不情愿。第19章将会讨论处理这种情况的第三方策略。团体间谈判具有这样的特点，即为了使谈判能够有效继续，任何一方的自我认同或其强力维护的强硬态度，必须相应地做一些调整（Ring and van de Ven，1994）。简而言之，双方（尤其是高权势的一方）必须要有付出或者愿意去考虑另一方的合法利益以及正当的观点。

报复与愤怒

谈判僵局也可能源于恐惧与愤怒（Adler，Rosen and Silverstein，1998）或者想报复攻击方（Bies and Tripp，2001；Tripp and Bies，2009）。因报复而使冲突升级的背后主要有三种驱动因素：通过报复获得公正结果的意图；维护和表达自我价值的需要；阻止今后不利行为发生的愿望（Kim and Smith，1993）。这些情绪和动机反过来会促使谈判冲突升级和谈判彻底破裂。普鲁伊特、帕克和米克利克（Pruitt，Parker and Mikolic，1997）认为谈判冲突升级通常是由于一方被另一方持续激怒，然而琼斯和雷姆兰德（Jones and Remland，1993）认为可以将冲突升级解释为“非语言化的地位展示”（p.119）。这种展示旨在表达在面对面冲突中的谈判力、支配权或者相对地位以弱化对方的物质或者知识的存在。例如，谈判者可以拒绝与另一方在同一房间会面（以弱化物质存在）或者拒绝回应谈判中对方提出的问题（以弱化知识存在）。

冲突管理模式

最后，谈判僵局也有可能源于对谈判过多或过少的干预。迈耶（Mayer，2000）发现谈判当事人倾向于采用多种方式来避免冲突。

- 攻击性避免（“别惹我，否则你会后悔”）——以威胁方式避开对方。
- 被动避免（“我不想跳舞”）——忽略对方。
- 被动式攻击性避免（“如果你向我发火，那是你的问题”）——将错误归咎于对方然后离开。
- 以无奈为由避免（“……何用之有?”）。
- 通过中介避免（“让你与他争斗”）——将冲突转向一个中间人或代理人。
- 通过拒绝承认来避免（“如果我闭上眼睛，一切都会过去的”）——假装它不存在。
- 通过预先解决问题来避免（“没有冲突了，我已经把一切问题都解决了”）。
- 通过以退为进避免（“好，我按你的方式做，现在我们可以谈谈别的吗?”）。

这八种避免冲突的方法可以单独使用或者综合使用，主要是为了有效地避免介入冲突，但这些方法也可能会使僵局持续直至另一方或情势发生变化（Mayer，2000）。在第1章和第15章中我们分别讨论了将避免的方式作为一种策略以及个人风格的相关问题。

谈判环境的特点

谈判环境是可能导致谈判陷入僵局的第三类因素。谈判者应该清楚地知道他们要谈什么，因为双方当事人各有不同的目的（Fortgang，Lax and Sebenius，2003）。如一方只对当下合同感兴趣，另一方却关注建立长期的战略伙伴关系。当谈判者知道他们各自对谈判的内容有不同的理解时，谈判陷入僵局的风险就增加了。

另外一个导致僵局的环境因素是对现有协议的重新商议。萨拉丘斯（2001）指出对现有协议的重新谈判经常发生，主要分三种情形：交易后谈判、交易内谈判、交易外谈判。（1）交易后谈判是指在现有合同到期之后对新的协议谈判。例如，当买卖双方的合同快要执行完时，双方就新的协议展开谈判。（2）交易内谈判通常发生在协议中表明谈判可以在特定的时间间隔内重新开启。如合资企业的双方同意每 12 个月就某些协议条款重新谈判以确保协议进展顺利。（3）交易外谈判是指在有迹象表明可能出现违反协议的行为或在协议没有重新开启条款的情况下进行的谈判。例如，由于一方未履行付款条约而进行的谈判可称为交易外谈判。

这三种情形都会导致谈判陷入僵局，交易外谈判陷入僵局的可能性最大。出现交易外谈判往往是环境的变化所致，如油价突然上涨，政府政策的意外变化或政局不稳等，这些变化对一方产生的影响可能大于另一方。受到负面影响的一方当然期待重启谈判，而另一方可能会感觉到敌意，认为既然交易已然结束就无须再谈（Salacuse，2001）。

谈判场景的特点

致使谈判陷入僵局的第四类原因涉及谈判场景，包括当下要讨论的问题、相关的问题以及文化问题。第 16 章中我们已经讨论了谈判中文化的影响。已有研究中较少涉及谈判场景是如何导致谈判陷入僵局的。然而，有经验的谈判者知道改变谈判的场景，如谈判地点，可能是使谈判重回正轨的重要策略。例如，从一个旅馆或城市换到别处可能象征着谈判的新起点，而且意味着之前所用的方法已经不再适用。另外，从正式的会议室换到客厅、休息室或餐馆这些非正式场合会使人感觉舒服，从而改变人际互动方式。更重要的是，临时或永久性地启用一名更具有合作精神的谈判人员来取代较具挑衅性的谈判成员可能向对方表明要改变谈判实质的意愿。拉克斯和西本尼厄斯（2003）进一步指出在错误的时间与错误的谈判对手就错误的问题按错误的程序谈判将导致谈判僵局（p. 66）。最后，时机的选择也很重要（参见第 2 章）。过早的妥协可能会损害谈判方利益，如果经过重新包装在合适的时间呈现出来，可能就能打破谈判僵局（Eliasson，2002）。

17.2　导致谈判僵局的根本性失误

下面我们来探讨一下谈判者哪些失误可能会增加谈判僵局的可能性及这些失误如何对谈判产生破坏性作用。西本尼厄斯（2001）列举了谈判者所犯的会导致谈判脱离正轨并陷入僵局的六个根本性失误。

1. 忽略对方的问题。对谈判对手的需求缺乏了解会使谈判难以达成并增加谈判陷入僵局的风险。不能确保正在努力达成的协议能够满足双方需求的谈判者实际上正在犯使谈判脱离正轨的错误。

2. 过多地关注价格。过于关注价格也会使谈判进展艰难而陷入僵局。谈判者还应关注价格以外的许多有形和无形的因素。

3. 在利益上的立场。价值创造和价值申明这两者都是谈判的目标所在，但是如果谈判者太早地过分表达价值申明或者以咄咄逼人的方式主张价值，就不利于谈判的顺利进行，还可能导致僵局。如西本尼厄斯（2001）指出的那样，“蛋糕既要扩大也要分割”

(p. 91)，否则，谈判可能会陷入僵局。

4. 过于强调共同点。谈判的一个重要方面是相互依存（参见第1章），即谈判者要达成交易需要有足够的共同点。然而，有时很难和与自己差异不大的伙伴达成协议，因为往往只有存在差异才有谈判的理由，若谈判者过多强调彼此之间的共同点而忽略差异，可能会丧失一些好的成交机会。除非交易本身能够创造足以吸引人的价值，否则双方会缺乏达成协议的动力而使得谈判难以达成。

5. 忽视最佳替代方案（BATNA）。最佳替代方案是谈判中的重要工具之一，可增加谈判者的讨价还价能力从而有助于达成期望的结果（Sebenius，2001）。没有努力提高和完善最佳替代方案的谈判者实际上正在犯错，因为忽视最佳替代方案会削弱谈判者的谈判力量，有可能致使谈判难以达成。

6. 调整谈判过程中的想法。谈判者需要保持应变力，根据谈判中所获取的信息随时调整对情势、潜在协议和对手的看法。那些不能准确调整其想法的谈判者正在犯错，使得谈判更难以达成。有些偏见可能是无意识形成的，但它们可能使谈判陷入僵局，纠正这些偏见对谈判者是一个挑战（参见第6章）。

谈判者在谈判中容易犯的另一个错误就是不主动去管理谈判过程本身。科尔布和威廉斯（Kolb and Williams，2000，2001）指出谈判者谈判不成功的一个主要原因是谈判者在实质性谈判过程中没有运作好影子谈判。影子谈判解决的不是谈什么而是如何谈的问题。影子谈判涉及到底哪些利益占主导、谈判的口吻是敌意还是合作的、哪方的观点更易被大家接受，也就是谈判者彼此如何打交道（Kolb and Williams，2001，pp. 89－90）。无法管理好影子谈判的谈判者会发现谈判无法开始或者问题无法讨论，从而增加了谈判陷入僵局的可能性。例如，谈一项企业并购协议的具体内容前，双方应该先讨论他们想怎样合作并制定好谈判的规则。

福特甘、拉克斯和西本尼厄斯（Fortgang，Lax and Sebenius，2003）指出谈判者除了谈经济利益外还需要兼顾社会契约，否则谈判也容易脱离正轨。社会契约包括两个方面。潜在社会契约回答“是什么”的问题（例如我们是要进行一系列的合同交易，还是要建立深层次的战略伙伴关系）。进行性社会契约回答的是“如何做”的问题（比如双方如何在实际工作中做出决策、应对突发事件、沟通以及解决争议）（Fortgang et al.，2003，p. 68）。忽略社会契约的谈判者也可能遭遇谈判困境。

最后，格雷（Gray，2003b）提到导致谈判陷入僵局的一个原因是谈判者在应对谈判对手时让自己的情绪左右自己的决定，而不是以审慎的方式应对局面。与其“将人和事分开”（Fisher，Ury and Patton，2011），格雷认为很重要的一点是，谈判者应该认识到人的内在情绪对其行为的影响，当内在情绪极其强烈时，会影响他们对谈判对手的态度。例如，萨姆在参加谈判会议时总是迟到，而玛丽总是很准时，她可能会将萨姆的迟到看作不尊重对方的表现。萨姆迟到可能是因为他必须经过几个城镇才能赶到会议场所，时间紧迫而无法按时到达。实际上，萨姆可能把会场设得太远而他总要辛苦奔波看作是不尊重他。因此，玛丽的情绪更多地与其内在情绪反应有关，而与萨姆的行为没有太大的关系。例如，玛丽可能成长在一个对时间承诺要求严格的家庭中。谈判者如果不能理解他们的情绪会如何影响他们对另一方的反应，那么他们就在犯使谈判脱离正轨的错误。

避免僵局

格林和惠勒（Green and Wheeler，2004）认为在谈判进行前有几个重要的时刻。解决僵局的重要方式之一是避免僵局发生。对谈判进程中发生的变化有清醒的认识可以避免谈判僵局的发生。格林和惠勒指出要特别注意可能预示僵局即将发生的七件事（见专栏 17.2）。

专栏 17.2

监控以下信号避免谈判僵局

1. 监控谈判过程的交互质量，注意每一个陈述和采取的行动与下一个陈述和行动是如何关联的。要意识到你所打算做的事永远都不会完全被读透。

2. 特别注意谈判的多层次级别，注意身份和角色以及实质内容是如何定位的，同时，也要注意情绪是如何被表达和抑制的。

3. 要理解对方语言或者非语言化的暗示。说话的音高、对话的速度、停顿、语言上的犹豫都是内心情绪的信号。身体行为的改变也是转变的标志。

4. 在理解对方行为时要特别小心。对正在发生什么要积极探寻多种解释。不要认为对方会按照你所想的做出反应。

5. 当你被困于无效率的循环中时，要面对现实，重新处理旧的争论并反思旧的解决方法。

6. 要认识到你的触痛点，特别是那些使你失去自我观点的事情。

7. 通过想象不同的情节来预测变化。要记住过去不一定是现在的开始。

资料来源：Green，Gillian M.，and Wheeler，Michael，"Awareness and Action in Critical Moments，" *Negotiation Journal*，vol. 20，no. 2，April 21，2004，349 - 364.

17.3　如何破解谈判僵局

前两节主要讲谈判僵局产生的原因，下面将从认知、情感和行为三个层面来讨论如何处理僵局（Mayer，2000）。

1. 认知解决方案。对解决方案的认知可以改变谈判方对情境的看法。对于要取得认知解决方案的谈判双方来说，"……让他们必须认为主要的谈判问题已经解决、已达成共识且冲突已经过去，不会阻碍未来的发展……"（Mayer，2000，p. 98）。通过认知解决方案来打破谈判僵局通常不是那么容易，因为在新的数据面前，人们一般都会固守自己已有的信仰和观点，然而新的信息和明确的认知重构是获得认知解决方案的关键。

2. 情感解决方案。这种方案旨在改变谈判方对僵局和对手的看法，并减少他们投入到谈判中的情感能量。当谈判双方通过情感解决僵局时，彼此不再抱有强烈的负面情绪，双方关系就变得不那么紧张，并且某种程度上借助情感终止了冲突。情感解决方案一般包括信任重建、谅解和道歉等。

3. 行为解决方案。此方案明确涉及将做什么、将如何履行即将达成的协议。行为解决方案应明确谈判方阻止冲突的方法、补偿措施以及促进冲突解决的行为机制。

破解僵局之道众多，关键在于找到重新启动谈判程序的方法（Spector，2006）。这并不容易，而且最初的尝试可能面临失败。

本节将描述六种用于破解僵局的策略。这些策略倾向于行为和认知解决方案，但也影响情感解决方案。

1. 在规则和程序上达成一致。
2. 缓解紧张局面、减少敌意。
3. 提高沟通的准确性、增进彼此了解。
4. 控制谈判议题的数量和规模。
5. 确立构成协议基础的共同点。
6. 增强彼此提供多种选择方案的意愿。

关于破解僵局并没有标准的处方，也没有适用于任何情况的通用方法。研究冲突性质和冲突解决的研究人员提出了一系列可应用于多个方面的不同的争端解决技巧。[4]我们认为按本章所建议的顺序实施这些策略来解决谈判僵局通常比较有效，即先就程序和规则达成一致，减少紧张和焦虑，然后努力提高沟通的准确性和将谈判议题控制在可控范围内，最后，双方应致力于确立共同点和增加彼此所提供选择方案的吸引力。当然这一套方法也不是一成不变的，许多僵局是按不同顺序采取这些步骤而成功破解的。我们这里呈现的步骤顺序是第三方为化解僵局通常使用的，因此我们相信谈判者自己采用这些程序应该也是有效的。假如僵局未破解，就有必要由第三方来干预调解（参见第 19 章）。

就规则和程序达成一致

谈判者可以就谈判的规则取得共识来处理僵局。冲突一旦升级就可能违背初衷；谈判双方越沮丧，就越可能采取极端的策略来击败对方。有效地降低和控制冲突可能需要双方重新回到处理冲突的最基本规则的共识上。基本规则的建立一般包括以下步骤（见 Dukes，Piscolish and Stephens，2000）。

- 确定会议的场地（改变会议场所或找一个中立的会议场所）。
- 设定正式议程，将讨论和不讨论的问题列出，并就议程达成一致。
- 确定出席会议的人员（关键谈判手或者代表的改变预示着谈判方式的改变）。
- 为每场会议及整个谈判会期规定时限（谈判进程与时间相关，设定时限有利于取得谈判进展）。
- 设定某些程序规则，如谁发言、发言时间长短、如何进入议题、哪些事实要介绍、怎么做会议纪要、协议如何确认以及需要什么样的文书和支持性服务等。
- 明确具体的行为准则（什么该做、什么不该做，如不要攻击他人等）。

最后，双方可能在谈判中专门留出一些时间来进行评估，这种机制需要双方安排特定的时间用于评估自己的进展，这为双方提供了时间去重估基本的谈判原则、改变程序机制，甚至撤换谈判人员。这给予了谈判双方随时修正程序机制的机会，从而使他们在解决实质性分歧方面取得更大的进展（Walton，1987）。

缓解紧张局面、减少敌意

徒劳无效的谈判很容易变得高度情绪化。谈判双方感觉受挫、愤怒或沮丧。他们固执己见，竭力争取自己偏爱的方案，认为自己是坚定的、有原则的或者讲理的，而有同样做法的另一方却被视为是顽固不化的、冲动的、不灵活的、不讲理的。双方争执的时间越长，就越容易失去理智，让情绪占上风，辱骂和言语攻击就会取代理性思维。当谈判变得个人化并转变为个人间的输赢争执时，就失去了有效谈判的所有希望。下面有几种缓解情绪波动以解决僵局的方法。

将谈判双方暂时分开

降低冲突的最常见的办法就是中止会议。宣布中场休息或同意延期，等过后再回来，以便各自放松一下心情和有时间反思。双方应该明确地意识到休息的目的是消解怒气，以使对话不那么情绪化。每一方都应该同意努力重回谈判桌从而使商议更有效率——冷静下来尝试以不同的方式阐述引起愤怒的问题。

双方分开的时间可能是几分钟、几个小时或几天、几周，时间的长短取决于敌意的程度和特定的情况。双方在这段时间内与委托人核实、收集新的信息、重估谈判立场和任务。

冲突管理

冲突是谈判的自然产物。谈判者应该认识到紧张局面是不可避免的，而且应该知道如何处理。有些谈判者对紧张局面极其敏感，会用一句睿智的话语或一个笑话化解紧张局面。有些谈判者认为让对方偶尔释放一下压抑的愤怒情绪是很重要的。老练的谈判者知道给对方一些情感宣泄的机会可以消除误会，使谈判重回冷静的局面。

了解对方的感受：积极倾听

当谈判一方陈述其观点时，若公然遭到对方反对，那么这一方听到的并不仅仅是对方的反对那么简单，他们感受到的是挑衅、贬低、其阐述错误或不被接受的断言、撒谎或扭曲事实的指控、另一种形式的人身攻击。无论对方的信息是否无关紧要，谈判者必须确定处理该信息的方式。误解明显会使冲突升级。如前面提到的那样，谈判者需要知道谈判中他们自己的反应（Gray，2003b）。谈判中行为反应过度往往是某人内心深处的写照，因此应该好好管理自己的情绪，否则这可能成为谈判过程中的不利因素。

倾听对方的声音并不表示你赞同对方的观点。谈判者应该让对方知道你已经听到并了解了对方信息中包含的内容和情绪，但不表示赞同这一点。这一技巧称为积极倾听，频繁用于鼓励他人更多地自由阐述的采访或者治疗场景中（Rogers，1961）。第 7 章中详细讨论了沟通步骤。与支持自己的观点和立场来挑战和面对其他谈判者的阐述的做法相反，谈判者可以让对方确认，要求进一步说明来做出回应。可以说："你是这样看待这个事实的""你坚持这个观点""我明白如果你这样看待这件事，你会对我说的感到威胁和沮丧"。这些阐述并不表明谈判者同意另一方的观点，相反，显露出的是他们已经准确地听到和理解对方的观点。

使冲突降级

曾写过冷战和裁军方面文章的奥斯古德（Osgood，1962）提出过一个使冲突降级的单方策略，即"主动采取的渐进互惠的缓解冲突之举"（GRIT）。一方主动做出较小的让步以表达缓解紧张局面的意愿，让步不能太小，应足以反映改善关系的意愿，也不能太大，否则，如果只有一方做出让步，效果并不会太好。随后当事方应该做公开声明，明确：

1. 具体的让步是什么。
2. 让步是为了减少冲突而特意做出的。
3. 表示希望对方也做出所期待的让步。
4. 让步是遵照时间表进行的。
5. 各自让步不是以对方做出对等让步为前提的。

发起冲突降级的一方随后会做出让步。让步应该是明显的、清晰的而且容易核实的。例如，工会可能会声明为了开始积极的谈判进程，他们愿意在下周重回谈判桌，但是希望对方能准备好，善意地管理谈判。此外，将让步公开并且标上标记同样是有帮助的。如果对方没有做出回应，主动让步方应该做出行动，重复原来的顺序，并选择简单的、低风险的让步以吸引对方加入到冲突降级中。如果对方做出反应了，主动让步方就提出第二套方案，比第一套方案风险略大些，并再一次启动原来的顺序。一旦冲突降级，双方就都有可能做出较大让步从而重新回到互利的谈判关系上来。在冲突降级方法的变动中，谈判者会邀请对方做出较小的让步，为对方提供可选择的一系列方案。这样的建议伴随着会以同样方式做出回应的承诺，并愿意从对方提供的清单中选择让步方案（Ross and Stillinger，1991）。

提高沟通的准确性

破解冲突的第三步是确保双方完全了解对方的谈判立场（从第 7 章中可以进一步了解如何对待谈判中的沟通）。当冲突升温时，双方沟通的重点在于如何管理情绪及控制对另一方的下一个攻击。此时，有效的倾听减少了，双方都认为知道对方要说什么，所以根本就不去听。谈判陷入困境时，拒绝倾听可能会导致双方看不到彼此的共同点。拉波波特（Rapoport，1964）将这种现象称为“相容的无知”，导致彼此不信任和问题无法解决。下列几种办法可用于扭转局势。

角色互换

当人们处于局外人的角色时往往更容易看到谈判双方彼此逻辑的、理性的和潜在的共同点。然而，置身于冲突中的人就可能意识不到。角色互换可以帮助谈判者设身处地站在对方的角度考虑。例如，一个管理者站在雇员的角度、销售人员站在客户的角度、采购员站在供应商的角度考虑问题等。谈判者可以通过想象的方式进行情节演示，找一个朋友或者同事来扮演另一方的角色并展开对话，或者更有效的是将角色互换作为单方策略准备过程的一部分。尽管换位思考不一定能精确断定对方的真实想法和感受，但这一过程能使谈判者获得意想不到的有益见解（例如，专栏 17.3 中列出了管理冒犯性评论的方法）。

专栏 17.3

你说了什么？

当你是谈判场景中冒犯性评论的接收方时，你可能会予以反击或者带着愤怒和不悦扬长而去。在重要的谈判中，这可能导致你（以及对方）面临放弃从沟通中获得共赢的风险，也转移了你对谈判问题的注意力。施奈德（Schneider，1994）认为在面对冒犯性评论时，你的基本选择包括先试图理解为什么会发生冒犯，然后决定应该做些什么。为了理解这一行为，她提出了四个步骤。

- 检验你的假设。
- 检验你的假设所基于的数据。
- 寻找和评估其他的数据，即使那些数据倾向于否定你的假设。
- 评估和调整你的假设，使其尽量合理化。

一旦你的假设看起来正确且合理，就可以决定是否通过以下几种方式去处理这一行为。

- 忽视它（表现出就像没有发生一样）。
- 面对它（例如，进行反攻击："那是种族歧视"或者"多么幼稚啊"）。
- 使之转向（例如，承认并继续谈判——此时幽默感经常会起作用）。
- 处理它（与对方谈论他们冒犯的目的是什么并告知你对冒犯的反应）。

资料来源：Kupfer，Andrea Schneider，"Effective Responses to Offensive Comments，" *Negotiation Journal*，vol. 10，1994，107－115.

角色互换的目的之一是强调共性和彼此谈判立场的交叉重合之处，然而，前提是双方之间确实存在相容性或者至少有一方通过提出想法的方式靠近对方，角色互换才能实现。假如没有相容之处，角色互换也许会加剧彼此之间的分歧。有些谈判者认为彼此没有利益交融之处谈判就不可能达成，另一些人则认为谈判者如果意识到彼此没有相容利益，可寻求其他方法来打破僵局。为了实现整合式谈判，双方需要准确理解对方的目标。如果双方的目标全然不一致，那么整合式谈判就没有可能，越早发现这一点越好。正如第 2 章中所阐述的，消极解决方案的存在对分配式谈判进程会产生严重的后果，要认识到这一点。因此，角色互换是揭示双方真实目标及决定谈判将如何进行的强有力工具。

意象方法

意象方法也是一种深刻了解对方观点的方法。在这个过程中，可要求冲突双方分别参与如下活动。

1. 描述自己如何看待自己。
2. 描述对方在自己的眼中是什么样的。
3. 陈述对方会如何描述自己。
4. 陈述对方会如何看待对方自身。

然后双方交换意见，找出共性和差异。在双方阐述和证实他们所说的和听到的言论时，意象方法通常能够产生生动的讨论。一个结果是双方承认许多明显的差异以及冲突的区域并非真实存在，因此他们开始去理解那些真实存在的东西。奥尔德弗（Alderfer，1977）举了一个两家公司合并后高管在组织结构方面的谈判中使用意象方法的例子。双方高管人员都特别担忧自己这一方被另一方掌控而失去操控力。一位咨询顾问建议他们在谈判之前先开一个意象会议，这次会议大大地转变了双方的观念，整合式谈判圆满成功。

成功使用角色互换和意象方法可达到如下几个目的：首先它们可以澄清和消除误解。其次，双方的利益、目标、优先事项以及局限性都摆在桌面上，双方能更好地了解对方所需。最后，这些方法为谈判树立了积极的基调。谈判者发现他们的需求和关注点都会被倾听和理解，并且不会被妨碍，这减少了防卫并且鼓励人们学会倾听。大部分人在开始谈判前对于要从对方获得什么有相当清晰的想法，在这个阶段，他们也知道对方想从他们这里得到什么。共同解决问题可以实现目标。

控制议题

冲突解决的第四步措施是控制谈判问题的数量。随着冲突升级，谈判问题的规模、数量和复杂性也随之升级。尽管小的冲突问题可以一次性得到满意解决，而大的冲突就比较难以控制。处于谈判僵局中的谈判人员面对的挑战就是要防止问题扩大，将问题维持在可控范围之内。下面介绍几种策略。

分解谈判问题

这是一种将冲突由大化小的问题控制方法（Fisher，1964）。根据费希尔的研究，分解谈判问题包括几个步骤：减少各方参与者的数量；控制实质性谈判议题的数量；用具体的条款取代原则性条款；无论在程序上还是实质性谈判上尽量控制涉及先例；大事化小；对事不对人。

1. 减少各方参与者的数量。当谈判处于困境时，双方会努力建立联盟或者将支持者带入谈判中以增加自己的影响力。他们常常邀请律师、专家或权威人士等加入其谈判队伍以提供信息或者影响力（专栏 17.4 中列出了管理专家的 12 种方法）。参与人数越多，就越会从实质上增加谈判的复杂性，因为人多就意味着多种不同的看法、需要更多时间讨论，因而更有可能出现分歧。阻止谈判僵局恶化的途径之一就是减少谈判参与人员，限制出席的谈判人员数量，甚至只限两个人，以提高谈判成功的概率。

专栏 17.4

管理专家的 12 种方法

1. 试图使对方相信你们的专家更好。
2. 让专家们联合起来一起解释为什么他们有不同的建议。
3. 让每个专家回答一系列书面问题。
4. 让专家在联合意见上签字。
5. 共同选择出席谈判的第三方专家。
6. 让第三方专家写一份无约束力的决定。
7. 让第三方专家写一份有约束力的决定。
8. 通过引进新的或假设性的事实来制造疑问。
9. 分解专家间存在的差异。
10. 实现专家间的互赞。
11. 在专家间随意选择。
12. 将决定权交予有约束力的第三方（仲裁、审判）。

资料来源：Wade，John H.，"Dueling Experts in Mediation and Negotiation：How to Respond When Eager Expensive Entrenched Expert Egos Escalate Enmity，" *Conflict Resolution Quarterly*，vol. 21，no. 4，June 24，2004，419 - 436.

---

2. 控制实质性谈判议题的数量。化解冲突的第二个方法就是将谈判问题维持在可

控范围之内。当冲突产生时，谈判问题的规模和数量也会随之增加。有些谈判冲突升级后问题太多而难以有效管理，但是要将谈判问题减到很少的数量有时也会出麻烦。单一问题的谈判往往更难以处理，因为很容易出现胜负两极化结果。这时通常需要将问题分解以达到互利的谈判结果，或将一个问题结合其他问题一起考虑，这样每一方才能就至少一个问题取得可喜的解决方案（在第 2、3、4 章中我们讨论了如何定义谈判组合策略、问题捆绑以及创造选择）。

3. 用具体的条款取代原则性条款。当事件或问题被当作原则性问题看待时，谈判问题变得难以掌控。某些小冲突一旦与大的政策或原则联系起来而不是被看作孤立事件的话，冲突的解决就会变得很棘手。相比于就单一问题做出让步，大政策的改变更难以实现，因而谈判立刻变得更具挑战性。例如，一个员工在工作时间向公司请假，带孩子去看病。公司没有政策规定允许员工以这个理由请假，因此这个员工的主管告诉她必须请病假或者旅游假，经理声称“这是原则性问题”。诉诸原则和政策问题的争论是高权势的谈判方在应对现状改变时常用的策略。关于政策或者原则问题的讨论持续时间越长，谈判成功的可能性越小。

当然，有时单一事件象征着新的原则或政策。这个情况出现时，谈判者应该明确地强调政策或原则。通常谈判者不愿意强调原则性问题，因为他们知道关于原则性问题的谈判很难成功且持续时间较长。如果谈判是要解决原则性问题，把它当作具体问题来谈也会导致挫败和徒劳。当这种情况发生时，明智的做法是直接提出问题。下面介绍两种可用策略。

- 首先询问这个问题是否必须在原则或者政策层面上阐述。这个特殊问题和广义的原则或政策之间的联系是什么。如果不存在任何联系，而且一方想要从原则或政策层面去看待问题，这表明这个具体的问题应该与基本的原则或政策分开进行处理和讨论。
- 确定所有的政策都可以有例外情况，即使有例外存在，原则和政策仍可以继续维持，双方同意个案为其中之一。

4. 无论在程序上还是实质性谈判上尽量控制涉及先例。当谈判者就单一问题做出的让步被看作创造实质性或者程序上的先例时，有必要进行分解谈判。当实质性先例出现时，谈判者可能会觉得此时做出的让步会导致其在未来容易就相同问题或类似问题做出让步。回到我们前面讲到的例子，经理可能会认为在不存在政策规定时，如果他同意员工以这个理由请假，他就要同意提出相同要求的其他员工的请假申请。人们坚信实质性先例的力量，但是这也有可能会限制谈判以至于其没有先例价值而且只适用于当前的情况。比较理想的是，当前情况的某些方面比较特殊，因此分解谈判就有可能出现。当双方同意按照之前没有过的程序行事时，程序性先例变得尤为重要。在雇员请假的例子中，经理可能不愿意批准员工的请假要求，因为员工并没有上交任何证明表明她真的是带孩子去看病，所以他可以让员工在回来时出示医生开具的就医证明。

先例问题和原则性问题一样棘手。要使冲突降级，谈判者要避免将单一问题当作重大的先例问题来看。要关注对话中的关键问题并强调这次让步并不设任何程序上和实质性问题上的先例，这有助于削弱先例的力量并使谈判回到达成协议的轨道上来。

5. 大事化小。谈判者应善于将大问题分割成小问题，就是运用所谓的“切香肠战术”(salami tactics)（Fisher，1964）。可用数量计的问题很容易切分。例如，赔偿要求可以分割成美分/小时的增量或者租费率可以用美元/平方英尺来报价。当涉及原则性或者先例问题分割时，可引入时间范围概念（如原则什么时候生效，有效期多长）。当解决性条款在未来的数月内才实施时，协议较容易达成。另外一种方法就是改变原则可能适用的数量。例如，公司可以设定一个家庭成员紧急情况的请假计划，以允许员工在直系亲属生病时能够离开公司一段时间，不长于三小时，不多于一个月一次。

6. 对事不对人。涉及立场的讨价还价可能会导致冲突并加剧谈判双方之间的紧张关系。有效谈判要求将人和事分开，不仅是为了建立彼此之间建设性的关系，也是为了以一种中立和公正的方式来解决问题。费希尔、尤里和巴顿（2011）在这一点上进行了详细阐述，指出有效的整合式谈判对谈判问题特别苛刻，但是对人温和。我们希望这一点在谈判处于僵局时得到重视。

确立共同点

身处冲突升级中的谈判双方倾向于放大分歧而低估共同点（Pruitt and Rubin, 1986）。谈判双方认为他们是不同的，共同点很少，但实际并非如此。谈判方可以采取的第五个冲突降级措施就是确立共同点、强调共同目标。方法包括：确定最高目标、共同对敌、建立共同的期望、管理时限、改变对方的观点、建立信任、寻求语义解决方式、类比推理等。正如第 6 章所阐述的，这些方法可以重新构建冲突，使其远离过度关注差异，从而更多地关注共同点。总而言之，随着冲突的降级，使分配式策略和整合式策略融合以及减少单纯分配式策略的使用成为可能。

确定最高目标

最高目标是双方所期望的共同目标，双方必须合作以达到这一目标（见专栏 17.5）。如一家公司里，人们从事不同的工作且有不同的目标（如营销、生产、配送等），但他们必须一起努力工作，否则企业无法生存。当地市政府可能不同意社区成员将有限的资金用于社区发展，然而，如果双方能写一份联合承诺以提供足够的钱满足他们的大部分目标，那么双方有可能会达成一致。两位企业家就如何解决新产品的设计问题而处于激烈的冲突中，但是如果他们能分享解决问题的共同目标，并将问题展示给可能投资其公司的风险投资人，那么他们就更有可能找到解决方法。

为了对谈判产生建设性的影响，双方要设立最高目标并且不能只对一方更有利。约翰逊和列维奇（1969）指出当一方提出了与冲突问题紧密相关的最高目标时，这会使其受困于冲突中，并且失去有效性。客观事件有可能产生比当事方所寻求和计划的更好的最高目标。例如，洪水、暴风雨、断电以及火灾等使人们看到了“9·11”恐怖袭击带来的影响，这给人们和社区带来生存的共同目标。在谈判中也可以看到同样的影响。

专栏 17.5

试图取悦所有人：最高目标的使用

关于用水问题的争论在环保人士、水上娱乐项目爱好者和企业之间非常普遍。1996 年初，佛蒙特州的迪尔菲尔德河流水电项目是这场持久的多方战争中的一个战场。然而，最近的创造性谈判已经使迪尔菲尔德项目转变为使参与方都受益的合作项目。

这场辩论中的每个利益相关者都将不同的优先权带到谈判桌上。漂流和划船公司希望电力公司能同意定期放水到迪尔菲尔德河以便他们可以和客户进行娱乐活动。垂钓爱好者认为河流应该是持续稳定的以保证鱼类繁殖和迁移的周期不被打乱。当地的环保组织希望电力公司能留出一块保留地以抵消水电项目可能造成的损害。最后，当地城镇担心保留地的使用会减少他们的财产税收益。最终，电力公司被置于双输的情境中：想不出能够使所有人满意的方案。

电力公司的策略是各个击破，它要求联邦政府或法院同意它提出的放水时间表议案（其他方都不同意），这使其他方注意到这场官司可能费时费钱，而且最终解决方案未必是他们想要的，因此另做重新谈判的努力。

最终，电力公司同意花费 700 万美元用于保护渔业和土地，同时同意与当地休闲娱乐企业协调放水问题。当地城镇对于随着娱乐活动增加而增加的营业收益感到特别高兴。更重要的是，佛蒙特州的沟通渠道依旧保持畅通。这场争论的相关利益者意识到他们拥有一个共同的目标：保护迪尔菲尔德河。

资料来源：Ulman, Neil, "Unlikely Allies: Pact for River's Use Unites Conservationists and a Power Company," *The Wall Street Journal*, May 20, 1996, A6, A9.

共同对敌

一个共同的敌人是种消极的最高目标。双方为了防止第三方的干预或者为了集合资源共同抗敌而有了新的解决彼此分歧的动力。所有派别的政治领导者强调外在敌人，比如其他政党，以将他们的支持者集合在一起。处于冲突中的经理们意识到如果他们自己不解决存在的差异，他们的老板将会替他们做决定。当面临有约束力的仲裁、下降的市场份额、来自外国的竞争或者政府干预的威胁时，工人和管理层可能会表现得更加合作。共同的敌人使冲突双方产生共同点，并最终努力解决冲突。

建立共同的期望

在本章的前面部分我们提到，谈判方可以通过设定基本规则来管理社会环境并最终管理冲突。当基本规则选择或者管理失误时，它们就变成冲突的一部分而不是有效管理冲突的一部分。例如，我们通常以直接的方式引入基本规则，这些基本规则是比较正式的、有限制性和禁止性的，试图防止人们犯错而不是鼓励人们去做正确的事情。基本规则并没有得到一致应用，且偏差通常被随意处理，也没有约定的修订程序。

一个有效的过程是通过创造共同的期望使得基础规则转变为杜克斯（Dukes）、皮斯科利斯（Piscolish）和斯蒂芬斯（Stephens）所说的"更高境界"。这么做，即谈判方向前进的过程，称为"创造团体契约"（Dukes et al., 2000）。团体契约强调差异、阐明期望并建立基础规则以使团体向前。这个过程有六大关键因素（p. 83）。

1. 建立共创期望的需求。
2. 教育并鼓励人们创造所有人同意遵守的新契约。
3. 想象未来希望的结果，然后制定团体能够达到的共同基本规则。
4. 通过在过程中给予每个人发言权以促进全民参与。
5. 通过遵守包含在新契约中的协议承担责任。
6. 在必要时评估、修正和重新讨论这些新的规则。

管理时限

时间可以是谈判中的力量源泉和杠杆（参见第 8 章），也可能是阻碍。盖尔西克（Gersick, 1988, 1989）认为对于有效团队活动来说，时间和时机的选择非常关键。谈判方不仅应该尽量同意设定时间表以推进谈判进程，也应该意识到在接近最后期限的时间压力下，任何未解决的实质性问题都会浮出水面，使得一方或者双方处于更具竞争性、缺乏合作性的情境中。此外，有些人可能认为在最后期限临近时人们变得更具创造力，有研究表明恰恰相反（Amabile，Hadley and Kramer，2002）。研究发现谈判者在有充分时间的情况下能达成较满意的协议（de Dreu，2003）。管理时限和最后期限以使冲突降级的方法是比较明确的，具体如下。

● 谈判双方应进行全面公开的问题诊断以及确认问题以明确双方的动机。

● 在谈判刚开始时要提出并确认分配式议题，避免在临近最后期限时这些议题让人大吃一惊。

● 在估计完成谈判需要的时间时尽量留出足够的时间以处理棘手或相关的问题。

● 认识到期限，并考虑在有限的时间内的标志性进步，使得双方能够重新考虑结束讨论前的暂时性的解决方案。

● 考虑延长谈判之初设定的最后期限的可能性。如果最后期限无法变动，应该额外关注时机、步调以及标志性的进步。

改变对方的观点

在第 6 章我们讨论了谈判双方一般对彼此、谈判问题和冲突管理过程有自己的固有看法。列维奇、格雷和埃利奥特（Lewicki，Gray and Elliott，2003）提供了详细的案例用于解释条条框框是如何塑造和扭曲双方看待难以解决的争端以及解决过程的方式。在一项冲突可以通过多种方式重新构建的实验中，列维奇和他的同事认为谈判双方必须对争端有客观的看法。谈判者有必要跳出谈判，从另一个视角去观察和思考问题，认识到有不止一种方式去看待彼此、去谈判和解决问题（见 Schon and Rein，1994）。本章中我们讨论的很多过程都假设谈判双方有可能自己参与到观点采集过程中。如果他们没有这么做，那么这些建议将很难应用，此时就需要第三方的介入（参见第 19 章）。

建立互信

牢固且具有建设性的谈判关系一般是建立在高度信任（以希望、信念、自信、确信以及主动为特征）和最低不信任（以没有恐惧、怀疑和冷嘲热讽为特征）基础上的，而且双方都抱有较低戒心以及较少的监视行为（Lewicki，McAllister and Bies，1998；Lewicki and Stevenson，1998）。以高度信任或者最低不信任为前提的相互依存关系有利于双方互利目标的达成。有了信任，一方就会相信另一方会合作、具有可预见性，并会致力于解决问题（Ross and LaCroix，1996）。这种互信会使双方从谈判中创造价值，避免谈判僵局的产生。双方通过了解所建立起来的信任不断得以巩固（例如，Lewicki and Stevenson，1998；Shapiro，Sheppard and Cheraskin，1992）。第 10 章中对信任有更全面的阐述。

寻求语义解决方式

谈判双方讨论合同措辞、政策或者协议备忘录等时可能会在某些关键字、词和表达上有分歧而陷入僵局。有时这些讨论可能变为不相关的语言上的吹毛求疵，然而对于参与的谈判方来说，词语的含义仍然是非常重要的（见专栏 17.6）。了解对方对词义理解的细微之处，探讨双方均可接受的语言表达方式，可避免谈判僵局的产生。

专栏 17.6

促进沟通的语言策略

语言学家德博拉·坦嫩（1998）指出美国人生活在争论的文化中，我们讨论问题时所使用的语言反映了对对抗关系的偏好。我们选择描述人际互动的词语塑造了我们的经验认知。结果，当我们提及一场争辩中的反对者时，我们把沟通塑造成对抗的，更可能使冲突升级。

坦嫩认为以下几种方案有利于化解争论。

不应这样说	应该这样说
两性交战	男性和女性关系
批判	评论
打架	讨论
双方当事人	各方当事人
争论	讨论
对方	另一方
展开争论	提出论点
相反性别	另一性别
打赢毒品走私战争	解决毒品走私问题
起诉	调停
挑拨	发人深省的
最有争议的	最重要的
分化	统一
猎犬新闻工作	看门狗新闻工作
无意识的反对	真正的反对
关注差异	寻求共同点
赢得争论	理解其他观点
对立方	另一方
检举报告	调查报告
争论文化	对话文化

资料来源：Tannen，Deborah，“How to Turn Debate into Dialogue，” *USA Weekend*，February 27-March 3，1998，4-5.

类比推理

斯佩克特（Spector，1995）提出在谈判陷入困境或遇到棘手问题时应采取创造性的决策方式。[5]除了基本的头脑风暴法、角色扮演、角色互换等创造性启发法外，他认为类比推理的方法（类推法的直观性使用）在化解难以解决的冲突方面起重要作用。类比推理是通过两个或多个事物的相似性类比推断出另一种事物。[6]通过类比，可用另一种相似的说法来重述问题。通过比较，从不同的视角看问题，新的观点和方法就可能产生（Spector，1995，p. 87）。

这可能是解决僵局问题的卓有成效的方法，因为“争端的形成方式会限制解决方案的选择”（Spector，1995，p. 82）。以下列出了多种有用的类推法。

- 直接类推，此时问题被放在完全不同的信息领域进行检验（例如，“冲突就像整罐的蠕虫”）。
- 想象类推，此时问题会以一方想象或希望的方式重新阐述（例如，“我希望我可以像扫走一堆灰尘一样理清这件事情”）。
- 个人类推，此时一方将自身置于问题情境中，试图去确认并使自己感同身受（“你必须让自己觉得是一个小相框中的一张大照片”）。
- 象征性类推，此时人们会想象出一个不同的形象以集中注意力，并为更开放的讨论提供一个起点（“这个冲突提醒我在起落架无法放下时要尝试使飞机着陆”）（Spector，1995，p. 88）。

当谈判方使用类比推理法使问题转向新的方向或者修正认知的方向时，新的想法和视角将可能出现。

增强彼此提供多种选择方案的意愿

谈判双方可用于缓解冲突的第六步措施是让自己的意愿和偏好看上去易于被对方接受。当冲突升级时，双方坚守自己的立场，随着时间的推移，这个立场会被重新解读，而谈判者也会努力与原先的立场保持一致。如果一方谈判者不遵从另一方的立场，那么另一方谈判者就会倾向于使其策略升级并增加不遵从威胁的程度，这些行动会使谈判更容易陷入僵局。

谈判者不应专注于自身利益和地位，应为以下问题做出努力：在出现利益分歧时，如何使对方做出有利于我们的选择？这么做的有力方式是关注对方为什么有这样的需求（Malhotra and Bazerman，2007）。试图去理解为什么对方会持有这样的立场，就有可能找到新的破解僵局的方法。就如角色互换一样，这要求谈判者较少关注自身的立场，而是更多地去理解和强调对方的需求。此外，一旦这些需求被理解，谈判者应该主动靠近对方而不是试图使对方来靠近自己。在许多情况下，可以主动给予而不是索取和威胁。费希尔（1969）提出了几种选择性策略，具体如下。

提出一个能让对方说“是”的建议

谈判者应该努力了解对方的需求并制定一个满足对方需求的方案，而不是一味强调自己的立场、等待对方提出己方可以接受的建议。费希尔（1969）称之为“是”的建议，即对这个建议只能回答“是的，可以接受”。为了取得成功，谈判者要了解对方的需求及可能同意的内容，而不是只考虑自身的目标和需求。

寻求不同的解决方案

谈判者应该尽力使需求明确而不是过于宽泛。要明确需求中的哪些特定内容是对方容易接受和不易接受的，然后提炼这些需求。费希尔（1969）宣称“要求做出不同的决定”。重新制定、重新包装、重组或重新措辞；分解、分割、分离或使需求具体化。将需求具体化并不是使其变得更加僵化，相反，具体化的需求能够重新修订以满足对方的需求。费希尔、尤里和巴顿（2011）指出成功的谈判者应善于提供多种选择方案来达到互利的目的（参见第 3 章）。创造和改善使双方成功的方式，并且给对方提供多种选择方案，这样可以大大提高双方最终选择理想方案的可能性。

增加条件的吸引力而不是威慑力

谈判者可以通过增加条件的吸引力使得方案更容易被接受。这是一个强调积极面而不是消极面的问题。在传统的胡萝卜加大棒的策略中，这个方法强调胡萝卜的吸引力而非大棒的威力。做出承诺或者报价可以通过以下几种方式增加其吸引力：将质量优势最大化并将消极的方面最小化，展示你的报价是如何满足对方需求的，减少接受对方报价的劣势，使报价更具可信度（例如，你会按照承诺行事），或者为报价设定最后期限，如果对方没有迅速接受报价，报价将失效。很多人可能会认为这与有时限的返利、优惠券、买一送二、“仅限今天”销售策略以及另加有吸引力的成分等销售技巧相类似。确实如此！谈判者可以而且应该在谈判中使用销售人员用于促销产品的技巧。在第 9 章中我们就一些技巧做了全面阐述。

从合理性角度或用客观标准评估解决方案

最后，谈判者可能坚持所提供的解决方案应该用公正和合理的客观标准来评估。各方谈判代表应该能证明他们的需求是基于事实、估算和信息的，而提出的方案恰恰是这些事实和信息的反映。这个过程需要事实的披露和信息的共享而非掩盖和扭曲。“我们是这样形成这份报告的。这是我们所用的事实，这是我们用于估计的成本数据，这是我们所做的计算。你可以通过以下步骤进行核实”。公开核实的数据越多而且被证明是公平和合理的，就越有说服力，表明立场是独立的，双方在谈判中就越有可能达成一致。

小结

在本节里，我们主要回顾了谈判者可以用于使谈判重回正轨，回到更有效的流程的六大策略：就基本规则达成一致；缓解紧张局面；改善沟通；控制谈判议题；寻求共同点；增加共同解决方案的吸引力。综合运用这些策略可以创造一个较大的选择方案组合，谈判者可以用来管理脱轨的谈判，改善恶化的沟通并寻求能够创造可接受的解决方案的方法。这些技巧是双方可以共同努力破解谈判僵局并且提高获得成功解决方案概率的方法。

本章小结

谈判会由于沟通不畅、愤怒和怀疑升级、立场对立、拒绝妥协、发出最后通牒甚至避免冲突等原因而陷入僵局。这时，有效的对话中止。尽管双方可能还在继续谈，但彼此都是在努力推行自己的立场、谈论他人的不合理立场和不合作行为。一旦出现这一局面，双方只能休会、冷却，等到第二天再继续谈。然而，更经常出现的局面是，谈判双方停止谈判，愤怒且沮丧地离开谈判桌。尽管他们可能私下里希望有办法重回谈判桌，但又不知如何重修旧好。

本章探讨了谈判冲突难以解决且很可能陷入僵局的各种原因。我们讨论了难以解决的冲突的基本特征及从四个层面探讨导致冲突难以解决的原因：谈判问题的特性、谈判当事人的特点、谈判环境的特点、谈判场景的特点。我们还探究了导致谈判陷入僵局的谈判者容易犯的几个常见错误。最后，我们提出了谈判方解决争端可采用的六大策略。

我们这里讨论的手段应用范围很广，是谈判者处理谈判僵局和问题的方法。这些方法和措施并非万能的灵丹妙药，需要结合具体情况和谈判者的具体需求来使用。要成功采用这些方法需要谈判者有相当高的人际沟通技能。极具冲突性的谈判破裂，尤其是那些关系重大的协议，有时需要第三方的某个人或机构介入调停。第 19 章中将详细讨论第三方干预问题。

关键术语

分歧性（divisiveness）：冲突造成双方当事人分歧以致各方被逼入死角难以全身而退的程度。

强度（intensity）：冲突中当事人的参与程度、情感介入度和投入度。

波及性（pervasiveness）：冲突侵入人们社会生活和个人生活的程度。

复杂性（complexity）：谈判议题的多少与复杂程度、参与谈判的当事人的多寡、冲突中涉及社会体制的程度、一个问题的解决与其他多个问题的解决密切相关的程度。

基本归因错误（fundamental attribution error）：归因理论即人们常常把他人的行为归因于人格或态度等内在特质，而忽略他们所处的情境。基本归因错误描绘人们在考察某些行为或后果的原因时高估倾向性因素（谴责或赞誉人）、低估情境性因素（谴责或赞誉环境）的双重倾向。

影子谈判（shadow negotiation）：与主谈判平行的谈判，为怎么谈判而进行的谈判。谈判者如何解决问题取决于影子谈判中采取的行动。解决的不是谈什么而是如何谈的问题。

社会契约（social contract）：社会契约最初作为一种社会规范是随着人类社会的发展而自然产生的。社会契约是非书面化、心理层面上的，而经济合同则是书面、具体的。二者之间可以实现对接，将经济合同和社会契约中的因素联系起来。社会契约要对经济合同起到一定的补充作用，经济合同本身也可以实实在在地体现社会契约的精神本质。在谈判的语境下，久经沙场的专业人士常常花费大量的时间琢磨交易条件的文字表述，却极少考虑合同的精神内容，即社会契约。尽管双方对书面条款并无异议，但对于合同在现实中如何执行，却可能有完全不同的期待。如果双方无法在思想上达成一致，他们所签署的合同就有可能变味。因此，谈判者不但需要正确面对谈判过程中涉及的经济因素，也要面对社会契约问题，否则谈判有可能出现变数。

潜在社会契约（underlying social contract）：回答“是什么”（what）的问题。例如我们是要进行一系列的独立交易，还是要建立起真正的伙伴关系？我们达成的协议，其本质、范畴以及持续时间到底如何？

进行性社会契约（ongoing social contract）：回答“如何做”（how）的问题。比如双方如何在实际工作中做出决策、应对突发事件、沟通以及解决争议。

认知解决方案（cognitive resolution）：这种解决方案就是要改变谈判方的看法，让他们认为主要的谈判问题已经解决、已达成共识，且冲突已经过去，不会阻碍未来的发展。

情感解决方案（emotional resolution）：这种方案旨在改变谈判方对僵局和对手的看法。当谈判双方通过情感解决僵局时，彼此就不再抱有强烈的负面情绪，双方关系就变得不那么紧张，某种程度上借助情感终止了冲突。情感解决方案一般包括信任重建、谅解和道歉等。

行为解决方案（behavioral resolution）：此方案明确涉及将做什么、将如何履行即将达成的协议。行为解决方案应明确谈判方阻止冲突的方法、补偿措施以及促进冲突解决的行为机制。

主动采取的渐进互惠的缓解冲突之举（graduated and reciprocated initiatives in tension reduction，GRIT）：一方主动做出较小的让步以表达缓解紧张局面的意愿，让步不能太小，应足以反映改善关系的意愿，也不能太大，否则，如果只有一方做出让步，效果也并不会太好。

相容的无知（blindness of involvement）：谈判陷入困境时，拒绝倾听可能会导致双方看不到彼此的共同点。

角色互换（role reversal）：当人们处于局外人的角色时往往能更清楚、更理性地看到谈判双方的潜在共同点。然而，置身冲突中的人就可能意识不到了。角色互换可以帮助谈判者设身处地站在对方的角度考虑。

意象（imaging）：意象方法也是一种深刻了解对方观点的方法。在这个过程中，可以要求冲突双方描述自己如何看待自己；描述对方在自己的眼中是什么样的；陈述对方会如何描述自己；陈述对方会如何看待对方自身。然后双方交换意见，找出共性和差异。

注　释

[1] Characteristics of the conflict resolution process are discussed in more detail in Adler，Rosen，and Silverstein (1998)；Blake and Mouton (1961a，1961b，1961c)；Corwin (1969)；Harvey (1953)；and Keltner and Robinson (1993).

[2] Environmental negotiations are discussed in detail in Sauer，Dvorak，Lisa，and Fiala (2003)；and Wade-Benzoni，Hoffman et al. (2002).

[3] See Gray (2003a)；Hogg，Terry，and White (1995)；and Smyth (1994).

[4] For more detailed discussion，see Deutsch (1973)；Deutsch and Coleman (2000)；Pruitt and Rubin (1986)；Susskind，McKearnan，and Thomas-Larmer (1999)；and Walton (1987).

[5] For a discussion of creative thinking，see De Bono (1990)；Sternberg (1988)；Von Oech (1990)；and Whiting (1958). For a proposed research agenda on creativity and negotiation，see Wilson and Thompson (2014).

[6] Analogical reasoning and aspects of negotiation have been examined by Gillespie，Thompson，Loewenstein，and Gentner (1999)；and Loewenstein，Thompson，and Gentner (1999，2002).

N E G O T I A T I O N

第18章

处理棘手谈判

学习目标

» 了解如何管理社会契约。
» 当对方提出分配式方案、有更强的谈判力或下最后通牒时，思考该如何回应。
» 学习谈判者与棘手的谈判对手打交道时可使用的各种方法。

米歇尔与公寓里的邻居发生了激烈的争吵。刚刚搬进公寓大楼的邻居带来了一条大型德国牧羊犬，总是叫个不停。米歇尔是一位在家工作的作家，那条狗的叫声令她无法专心写作。米歇尔和邻居谈过好几次，邻居也表示抱歉但没有采取停止狗叫的措施。自那以后，邻居就不再和她说话，即使在家，敲他的门也不开。米歇尔正考虑以非法妨碍为由将邻居告上法庭。

乔斯和他的同事马克斯之间的矛盾也是没完没了。他们是一家营销公司的网站管理员。马克斯每天早上都不能准时上班，乔斯不得不经常替他处理前一个晚上出现的网站问题。马克斯总是比乔斯晚下班，但下午比早上处理的问题一般要少些。乔斯和马克斯为这事谈过，马克斯承诺早点上班。可他好了几天就又回到了以前。乔斯真不想跟老板说这事，但似乎没有别的办法。

西蒙是一家机床制造业公司的销售代表。他发现由于客户的业务扩展而使得他进入另一个销售代表的区域。西蒙确信这个问题可以得到圆满的解决，但至今那个销售代表似乎不愿意放弃他的"地盘"——事实上，他似乎把这当作一场竞争和博弈。

在本章里，我们将讨论谈判各方因对情势的判断不同、有不同的谈判技巧或有不同的谈判策略偏好而采用不同的方式来进行谈判。我们认为许多谈判者不太熟悉合作式谈判而很少使用这一应该使用的方式。谈判者的目标之一应该是在适宜的情况下尽量多用整合式谈判以达成满意的协议。本章主要讨论希望以合作方式谈判的一方却遭遇不愿意合作且试图达成分配式协议的另一方（所谓的棘手难缠的对手）的情形，并提出应对的建议。

谈判者总有可能遇上很难对付的谈判对手。对方可能出于策略、行为或理性选择等原因而故意设置障碍，也有可能对方缺乏足够的谈判技能导致谈判不畅，这包括对谈判机会的错误判断，也就是说对方没有从合作中看到价值或潜能，或者他们不知道如何去寻求一种方法。在本章我们主要讨论谈判者如何应对故意犯难的谈判对手，然后解释应对棘手难缠的对手应掌握怎样的技巧和采取什么样的行动来进行防卫，或者使他们转变从而使谈判过程更有成效。简单地说，合作方要努力改变社会契约或事先处理好第 17 章中提到的影子谈判（见 Fortgang，Lax and Sebenius，2003；Kolb and Williams，2001）。完全不理会对方所作所为的理由并不容易，通常的建议是放缓谈判节奏，注意聆听对方的陈述以发现线索。[1]

我们首先讨论如何管理社会契约和影子谈判，然后讨论如何应对另一方的分配式谈判策略。接下来，再谈一谈面对更强大的对手时可供选择的方法。最后，讨论针对难缠的谈判对手的策略，以及如何应对最后通牒和如何应对高难度对话。

18.1　管理影子谈判和社会契约

处理影子谈判和社会契约主要涉及谈判基础的确定和谈判者如何合作的问题（Fortgang et al.，2003；Kolb and Williams，2001）。正如我们在第 17 章中谈到的，影子谈判和实质性谈判如影随形，关注的是谈判怎样进行，谁具有影响力和操控力，哪些行为是可接受的，谁参与谈判。通常这些问题并不是公开的而是隐性的。影子谈判的结果就是社会契约，涉及谈判如何进行、谁具有影响力和操控力、谈判的界限是什么等。

社会契约和影子谈判关注谈判是关于什么的以及如何决策的问题。谈判者必须清楚当前谈判的边界是什么以及应该在哪里。如果讨论的范围过于狭窄或者过于广泛，就必须明确范围和修正。当对方对谈判有含蓄的或明确的不同理解时，谈判者必须对此进行讨论并试图在社会契约中形成联盟。这种联盟可以通过说服对方同意你的观点、改变你的期望以与对方相匹配，或就社会契约中的某些因素达成一致而产生。换句话说，应该对社会契约进行讨论和谈判而不是进行假设。

谈判者在与对方会面前就应该认真考虑影子谈判从而更清楚地了解谈判的范围和合作方式，这一点很重要。例如，弄清楚对方是倾向于合作还是不合作？时间压力的重要性有多大？这是一锤子买卖还是长期关系中的一环？同样重要的是，一旦实质性谈判开始，谈判者就应该注意影子谈判，如果忽略影子谈判，可能会导致谈判结果不尽如人意，甚至陷入僵局。

德博拉·科尔布和朱迪思·威廉斯（2001）就谈判经验尤其是影子谈判问题采访了多位主管。科尔布和威廉斯认为谈判者在承担风险的情况下忽视了影子谈判，不被知悉的影子谈判会导致谈判受阻或停滞——会受到隐藏的假设、不切实际的预期或者个人经历的削弱（p. 90）。他们提出了三种帮助人们操纵影子谈判的策略：力量大回转法、程序变动法、价值赏识法（见专栏 18.1）。

专栏 18.1

影子战役

单一的策略举措几乎难以持续一整天，组合多项举措会启动工作场所谈判，逐步找到解决方案。

想一下新任营运主管菲奥纳·斯威尼（Fiona Sweeney）的案例。她既没有权力也没有个人偏好去命令公司的销售部门和生产部门合作，相反，她采用了一系列影响谈判进程的策略举措。

力量大回转法

斯威尼通过改变奖励机制来建立与销售人员的信任，她知道要维持现状必须增加销售额，这加大了生产的难度，但对销售部门施加压力尤其重要，因为当前一些非正式的奖励机制以及许多正式的奖励机制都是使销售员为了自身利益而努力。为了打破这种平衡，斯威尼开始在管理会议上讨论奖励机制，若实现的销售额低于能够承诺的销售额，销售部门就要受到惩罚。与立即采取行动相反，她建议成立一个跨部门的特别小组来探讨这个问题。销售人员支持这一机制，而且首席执行官让一些主要人员知道他支持斯威尼关于奖金应该基于利润而不是收入分配的建议。

程序变动法

斯威尼接着对程序加以控制，并为她和首席执行官能预想到的改变提供一种支持。她和质量控制部门、生产部门的主管一起设立了经营小组，以动员最有可能直接受到销售部门影响的两个部门的盟友。不久，他们设立了程序并开始一致性的工作以阻止销售部门对高级职员会议的影响。曾经，斯威尼建议对没有得到经营小组通过的命令给予较低的关注。质量控制部门和生产部门全面支持这一建议，不久，这个建议就开始施行。通过这些程序举措，斯威尼建立了能够启动随后谈判的联盟。此外，她也做了很多其他的事情。

价值赏识法

为了加深对销售人员所面临的问题的理解，斯威尼自愿在部门的策划团队中分享其经营技能。通过帮助销售人员建立一个新的定价-利润模型，她不仅增进了谈判桌上双方的理解和信任，而且为其他话题——尤其是关于公司决策过程改变的必要性的对话——铺平了道路。

最重要的是，斯威尼从来都不会将参与者逼至让他们丢面子的境地。通过策略和举措结合使用，她帮助销售部门意识到改变正在到来，而且相比于阻止这种改变，帮助塑造这种改变是更明智的做法。最终，部门间沟通和合作的改进使得公司营业收入和利润增加。由于产品质量提高、送货时间缩短，销售人员可以赚更多的钱，生产部门也不再承担由销售人员所做的不切实际的承诺所带来的负担。消费者和首席执行官都非常高兴。

资料来源：Kolb，Deborah M.，and Williams，Judith，"Breakthrough Bargaining，" *Harvard Business Review*，vol. 79，no. 2，February 2001，89 - 97.

力量大回转法

这一举措旨在将不情愿的谈判对手拉回到谈判桌上来。有三种具体方法：激励、施压和联盟。通过激励使对方注意到谈判的重要性并意识到谈判带给他们的利益。施压策略可迫使对方意识到现状的不可接受性以及离开谈判桌的成本。最后，赢得同盟者的支持有助于对方看清楚谈判的益处。

程序变动法

程序变动法旨在通过调整议程、排序、决议规则等来改变谈判程序。例如，在竞争思维定式下那些说话最大声和最长时间的人与使用诈唬和搅乱战术的人往往更占优势。不习惯这种模式的谈判者可以重构模式，如将资源的竞争重新定义为基于需求的协作式资源配置。

价值赏识法

这种方法旨在打破可能导致沟通恶化、言语尖酸甚至沉默的分歧局面。这类策略包括给对方留面子、面临退出压力时保持对话和信息交流，或引入新的讨论视角，从而打破僵局或者阻止谈判陷入僵持状态。

小结

影子谈判和社会契约的概念使人们考虑伴随立场争论和协议达成的谈判而发生的经常被隐藏但很重要的权力游戏。想要将谈判改变到更具合作性的进程中的谈判者应该积极管理影子谈判和社会契约。

18.2 应对谈判对手强硬的分配式策略

所谓强硬策略，我们指的是分配式策略，即谈判一方通过施压的手段强迫另一方接受并不有利的条件。强硬策略包括：竭力获取信息，但不分享信息；侧重于劝服对方继续交易和强调停止交易的代价而不侧重于创造价值。在第 2 章中已讨论了分配式策略及应对这种策略的措施。作为管理谈判错配的一方，现将应对策略简要总结如下：提示、忽略、以牙还牙、要求采用更有效的方式。

提示

当对方使用强硬策略时，谈判者应该通过明确策略并公开讨论的方式来明示对方自己已经意识到其强硬策略了。这种明示必须要坚定地进行。谈判者可能明确表达对强硬策略的不满并要对方解释为什么积极的谈判会受到阻止和妨碍。有时，这种应对策略的价值在于能够使对方否定并放弃强硬策略。这种开诚布公的方式是使谈判取得双赢迈出的积极的第一步。

忽略

忽略本质上就是被击败的策略，对谈判构不成威胁。很遗憾，有些谈判者会持续使用分配式策略，忽略不足以提醒他们采取合作谈判方式是可行的。亚马（Yama，2004）总结了几个忽略买方强行讨价还价手段而强调卖方价值主张的应对技巧（参见专栏 18.2）。

专栏 18.2

应对攻击性谈判的技巧

攻击性的谈判	基于价值主张的回应
尽早对报价提出要求	调查买方的需求，报出目录价或大范围报价
关注卖方成本和利润空间	商谈降低成本的方式，通过报价的独特元素来降低买方成本
受买方预算限制	确定那些可以调整的或者与其他预算分享的项目
为赢得未来的生意而提供折扣	解释你关于未来生意是基于今天的价值的观点
基于过去服务失败的价格折扣	寻求理解这个话题及其影响的方法，然后以没有提供价格折扣的方式去修正它
要求零费用的额外项目	解释报价清单以及在协议范围外购买的物品

资料来源：Yama，Elliott，“Buying Hardball，Playing Price，” *Business Horizons*，vol. 47，no. 5，September-October 2004，62－66.

以牙还牙

在第 2 章中讨论过用强硬策略应对强硬策略的以其人之道还治其人之身的方法。这种应对策略在某些情形下适用，还很有可能使冲突升级。这一策略不利于促使对方合作，因而应慎用。

要求采用更有效的方式

谈判者可能公开表示已注意到对方的行为并建议更好的谈判方式。费希尔、尤里和巴顿（2011）提出了综合的应对方案：“认识到对方的策略，明确指出质疑对方策略的合理性和可取性，然后就此协商”（p. 132）。这样做的理由在于：一旦强硬姿态的一方了解到自己的策略被识破，或者坚持下去需要负担一定的成本（包括离开谈判桌的可能性），就有可能采纳整合式谈判的建议。

小结

总之，我们认为当分配式讨价还价持续存在时，试图使对方改变强硬的分配式策略转而使用更具合作性方法的谈判者，应该明示对方这种策略的存在并要求其采取更有效的方法做出回应。忽略这种策略可能暂时起作用，但是以牙还牙的方式在这种情境中是不可能有帮助的。

18.3 如何应对非理性

当另一方看起来完全非理性时，会出现一个更具挑战性的谈判情况。管理这种情况的关键是了解原因。谈判者可能会采取不合理的行为作为一种谈判策略，但还有其他原因可能会显得不合理。马尔霍特拉和巴泽曼（Malhotra and Bazerman，2007）提出了谈判者看起来不理性的三个原因：（1）他们不知情；（2）他们有隐藏的约束；（3）他们有隐藏的利益。在最近出售度假物业期间，本书的一位作者从谈判开始就经历了潜在买家的艰难的讨价还价。其间出现了极端的报价、不合理的期限、多种条件以及不断要求提供更多信息和降价的要求。此外，买方和他的代理人经常自相矛盾。谈判陷入了僵局，作者停止了谈判。尽管可以将买家标记为非理性，但这种类型的标签无助于谈判。卖方考虑了与销售有关的前三个原因：（1）买方可能得到了不好的建议；（2）买方可能已经达到了价格的最高限度，并试图推动价格下降；（3）可能存在卖方不了解的隐藏利益。买方代理人在放弃谈判后 24 小时内致电并确认其中隐藏的问题。一年前，买方购买了一套房屋，其中包含 30 000 美元的额外维修费用，这使买方对房地产交易非常谨慎。买方在最后一次尝试让谈判回到正轨时与卖方分享了这一点。然后，买方和卖方同意讨论公平的解决方案。

马尔霍特拉和巴泽曼（Malhotra and Bazerman，2007）提出不要将谈判者标记为非理性，因为通常他们不是，而且标签对谈判没有帮助。然而，有时候另一方真的是非理性的。此时，谈判者应该认真考虑使用最佳替代方案，如果他们有更多的权力，或者寻求第三方的帮助，就可以提出解决方案（见第 19 章）。

18.4 如何应对强大对手

相对谈判力是冲突如何发展的有力预测指标。在其他因素保持不变的情况下，力量不均等时，更强大的一方更易达到自己的目标。谈判力不对等可能会影响双方的需求满意度并妨碍互利合作。首先，强势方倾向于无视弱势方需求。弱势方要么需求得不到满足，要么就是采用破坏性的引人注目的行为，这使得合作难以进行（Donohue and Kolt，1992）。其次，弱势谈判方常常没有能力去发起整合式谈判。整合式谈判要求有足够的变通性，因而需要谈判者有所舍，而弱势方“能舍的很少，因此没有足够的变通条件来提供给对方”（Donohue and Kolt，1992，p. 107）。当遭遇强大对手时，谈判者应考虑以下四种策略。

- 保护自我。
- 准备最佳替代方案（BATNA）。
- 建立警报系统。
- 改变谈判力不对等局面。

谈判者应懂得保护自己，牢记自己的真正利益所在，谈判是获取这些利益的最佳途径，同时认识到过于迎合强势方从长远来说对自己并没有好处。换句话说，弱势一方应铭记自己的抵抗点，并坚持这一底线。虽然知道抵抗点可以对最低的接受度（最低价、最大的月付款额等）有清晰的衡量，不过，过于坚持抵抗点可能会使谈判者失去整合式谈判中最需要的创造性和灵活性，也有可能限制弱势方对交流中出现的信息的应用能力（Fisher，Ury and Patton，2011）。因此，弱势方既要保护自己的底线，又应对其他创造性的具有异曲同工之妙的方式采取开放的态度。

处于谈判劣势的一方准备最佳替代方案非常重要。最佳替代方案是指这场谈判外的其他最佳选择方案。许多谈判者讨价还价时没有明确的最佳替代方案。我们在第 2 章和第 3 章中指出，缺乏此种关键的参考点使谈判者在谈判中没有足够的底气且限制了他们在当前谈判中所能获得的东西（Fisher，Ury and Patton，1991）。即使在谈判开始之后，谈判者也应该继续努力改善最佳替代方案，尤其是在与较强势一方进行谈判时。比如，和特定的雇主讨论的条件一般的求职者应该通过寻找其他的就业机会来继续寻找各种替代方案。

应该牢记在心的是准备最佳替代方案同样具有感性的因素：对方是否觉得你的最佳替代方案是值得的？无法获得足够有利的谈判条款时，你是否可以接受它？处于弱势的谈判者的力量在其替代方案改善时得到了增强，但是通常无法较容易地获得改善的替代方案。另一方必须意识到替代方案的存在，并且确认其有足够的力量获得最佳结果。谈判者可以帮助对方看清楚其最佳替代方案并没有他所认为的那么好。此外，谈判者应该努力确认他们带到谈判情境中的独特的方面是什么，这令他们比其他提供者更具有竞争优势。例如，也许你比其他竞争者更了解另一方的需求和程序，因此，另一方的最佳替代方案可能并不像他们所宣称的那么好。

一个清晰的、有力的最佳替代方案可能通过其他额外的措施得到加强。弱势方通常被建议要制定一套警报系统，在谈判即将进入中止或接近采取最佳替代方案的警戒区时发出预警信号（Fisher，Ury and Patton，2011）。这一系统会提醒谈判者当心，留意谈判的进展。当谈判氛围变得很紧张时，可能有必要安排人专门留心警戒区，在必要时提醒参与谈判的人。

应对强大对手的第四种策略就是改变谈判力不均等的局面，涉及如何处理存在的谈判力不均等问题。具体有三种方法：弱势方夺权、强势方让权、第三方操控使谈判力转换和平衡。第一种方法一般在谈判中不可取。用破坏性的或者引人注目的手段来夺权往往会导致分配式谈判结果，引发强势方的报复。然而，正如我们在第 8 章中指出的，谈判力是多层面的，而且谈判力可能通过不同于那些强势方当前持有的维度获得。

第二种方法是势力强大的一方主动让权，包括资源共享、共同控制某些程序或结果（例如，影子谈判、议程或者决策）、强调共同利益而不只是强势方的利益，或者让弱势方知晓自己的实力和如何更有效地加以利用（Donohue and Kolt，1992）。人们可能质疑为什么强大的一方愿意让权，答案可能很复杂，但有充分理由去这么做。首先，实力共享便于整合式谈判的进行，而且容易促成一笔更好的交易。其次，当一方力量压倒对方时，强势方获得的最好结果就是顺从而不是积极合作。最后，势力不对等局面不是永远不变的。当弱势方获得谈判力或最佳替代方案时，他们可能中止谈判或采取某种形式的报复行为，而力量共享是防止这些结果发生的积极方式。

最后一种方法就是利用第三方介入实现力量转换。这种方法是可行的而且经常使用。在第 19 章中，我们将详细讨论利用中介人及第三方的相关问题。

18.5 应对最后通牒

分配式谈判者惯用的令人头疼的强硬策略就是下最后通牒。最后通牒是让反抗的对手服从或强迫其做出让步的一种尝试（Kramer，Shah and Woerner，1995，p. 285）。最后通牒一般包含三个方面：（1）提出一个要求；（2）制造紧迫感以使对方顺从的一种尝试；（3）威胁采取惩罚措施（George，1993）。例如，轰炸式发盘（exploding offer）就是一种典型的最后通牒，即一方给另一方设一个对方必败的“用之或废之”的两难境地。轰炸式发盘一般设定最后期限，迫使对方同意一个并不理想甚至可能到头来一无所获的条件（Robinson，1995）。这种发盘有多种构成，包括：

- 各方间明显的力量悬殊。
- 对接受方的引诱压力测试。
- 一整套受限制的方案。
- 缺乏对发盘回应者的考虑和尊重。
- 对接受方明显缺乏信任。

最后通牒的策略逻辑通常包括尝试强迫谈判者达成不成熟的协议，从而早点结束最终可能产生对接受方来说更公平的结果的谈判。这就限制了谈判者在多样的竞争性报价中或者可能的最佳替代方案中进行比较的能力。轰炸式发盘在一些组织招聘大学毕业生时广泛应用。这些组织可能提供给大学生具有竞争力的甚至稍好点的薪资待遇，但是通常只允许他们在 24 小时或者 48 小时内做出决定，否则就会撤销这种提议。很典型的是，这些组织在招聘的早期就开始使用这种策略，其动机是要锁定看中的求职者，防止他们考虑其他的组织。虽然许多大学就业中心积极避免轰炸式发盘行为的发生，但在实际中仍然存在。

关于最后通牒的早期分析表明在有总比没有好的情况下（失败的谈判），这种要么接受要么放弃的策略可能是成功的，但是实证研究中并没有找到相关的分析（Guth，Schmittberger and Schwarze，1982；Guth and Tietz，1990）。正如在本章其他地方提到的，通过作用与反作用循环，涉及最后通牒的冲突通常成为问题升级的源头。使用最后通牒似乎不是简单的违背公平原则问题，因为：

> 使用最后通牒是受到不对等的道德指令的激励。大多数的提供方把这种情况定义为：为了有获得利益的机会，他们倾向于表明自己是有策略的。许多回应者由于处于相对无力的处境，他们把这种情况定义为道德上的问题……这种不对称性会导

致协议无法达成，使得双方都不开心。提供方遭到了拒绝，或者回应方接受了一个觉得不公平的报价（Murnighan and Pillutla，1995，p. 265）。

由于使用最后通牒而导致普遍存在的不愉悦可能会影响双方间未来的交易，有时，这种影响是永久性的。

鲁宾逊（1995）提出应对最后通牒的策略，他称之为“远点开局让棋法”（farpoint gambit，以电影《星际迷航》中的一个策略命名）。这一应对策略的成功之处在于面对最后通牒时说“是的，但是……”鲁宾逊警告这是破釜沉舟的方法，不到万不得已时不要使用。当最后通牒被初次提到时，谈判者应该采取合理的方法：直截了当地指出最后通牒的存在；提出明智的、合理的还价，或尝试与对方共同解决问题。如果还是徒劳的话，鲁宾逊认为“轰炸式发盘可以通过接受它的方式而得到平息”（p. 282）。也就是说，可以暂时接受最后通牒，但要受限于一些条件或情况。鲁宾逊认为，使用这种“远点开局让棋法”需要同时满足以下三个条件。

- 当最后通牒提出者的行为违背了道德而且不合乎常理时。
- 当回应者确实对最初的报盘感兴趣但需要时间考虑时。
- 当有与交易相关的核心问题确实需要澄清时。

18.6 应对愤怒

愤怒和谈判中的愤怒威胁可能令人生畏。愤怒是人类的基本情感（我们在第 6 章中一般性地讨论了谈判中的情绪）。在谈判中管理愤怒不仅具有挑战性，而且可能非常紧张。马尔霍特拉和巴泽曼（Malhotra and Bazerman，2007）提出了四种管理愤怒的策略：（1）试着理解他们生气的原因；（2）令愤怒者表达他们的情绪；（3）回避他们情感的力量；（4）尽力帮助他们理解他们的潜在利益。这些策略的目的是将花在愤怒上的精力重新集中在谈判上。理解对方为什么生气可以帮助谈判者管理对方的愤怒并更有效地传递能量。

处理愤怒可能令人极不愉快，并且管理起来并不容易。谈判者需要有极大的耐心和自我控制力。要记住的一个关键点是，以平静而专业的举止回应愤怒会增加占上风的机会。愤怒地做出回应可能会导致对方愤怒升级。然而，当另一方需要时间冷静时，谈判者需要意识到；当另一方愿意倾听时，干预会更有效！

18.7 应对棘手的谈判对手

当对手表现得很难对付时会出现两种情况：一种情况可能是谈判者不知道还有别的谈判方式，听了他人的建议他会改；另一种可能性是，谈判对手的个性比较执拗，谈判和不谈判时都一个样。大多数情形下，我们对对方了解得不多，因此也不好区分是哪种情况。在本节，我们讨论几种应对棘手谈判对手的方法。首先，按照威廉・尤里（Willam Ury，1991）的建议，采用一套通用的方法来对付棘手的谈判对手（包括那些采用强硬的分配式策略的人）。其次，参照布拉姆森（Bramson，1981）的观点，采用几种不同的策略来专门应对那些棘手难缠的谈判对手。最后，威克斯（Weeks，2001）提出在有必要与他人进行高难度对话时，充分的准备和管理很重要。

尤里的突破性方法

威廉·尤里（William Ury，1991）提出的五步突破法可用于应对谈判对手所设定的障碍和挑战。他提出营造一个良好的谈判氛围使己方谈判者有良好的精神状态和行为自控能力；帮助对方保持良好的心态和行为；将分配式谈判策略转变为整合式谈判策略；通过与对方共同谋划一个互利的协议来消除对方对己方的怀疑；通过公平正当的谈判手段来达成一致协议。尤里认为他的方法要建立在反直觉表现的原则上，要求谈判者摒弃在棘手谈判中很容易出现的行为。谈判中当对方攻击时，人们往往倾向于针锋相对，以牙还牙。当对方坚持自己的立场时，谈判者常常会拒绝对方而坚持自己的立场。当对方施加压力时，己方同样用压力去对抗对方。原本这些做法是想压制对方的对抗，结果反而增加了他们的对抗。突破性方法的作用则相反。

> 突破性方法的实质在于它的间接作用。你试图去消减他的抵抗性。你不是强行灌输来自外部的一个新的想法，而是鼓励他从内部获得。你不是告诉他应该做什么，而是让他自己去搞定。你不是试图去破坏他的抵抗性，而是使他更容易自己去突破。简而言之，突破性的谈判是一门使得其他人用你的方式行事的艺术（Ury，1991，p. 9）。

尤里为回应的反直觉模式提出了如下五步应对法（这些步骤来自尤里管理棘手谈判的策略，见表 18－1）。

表 18－1　尤里管理棘手谈判的策略

步骤	合作的壁垒	挑战	策略
第一步	你对另一方竞争性行为的自然反应	不做反应	走到阳台
第二步	其他人的消极情绪	解除武装	走到他们那边去
第三步	其他人的立场性行为	改变游戏	不拒绝，重新建构
第四步	其他人对达成协议获得利益的怀疑	让他们变得更容易说“是”	给他们建造一座金桥
第五步	其他人所认为的谈判力	让对方难以说“不”	使他们觉醒过来而不是屈服

资料来源：Adapted from Ury，William，Getting Past No. New York，NY：Bantam Books，1991.

第一步：不做反应——走到阳台

面对攻击性策略时人们不由自主的反应通常是反击、屈服或停止谈判。这些做法对谈判者利益的实现一点好处都没有，整合式谈判的愿望更难实现了。应对这一挑战的策略就是不做反应，从而避免过激反应所带来的破坏性结果。尤里建议谈判者“去阳台”，也就是从心理上暂时置身事外，从第三者的角度观察他们之间的互动关系。好处在于：

- 避开冲突、避免自己情绪爆发。
- 制造喘息的空间，让谈判者冷静下来以使其行为更具理性。
- 让谈判者有机会站在更广的角度来看问题，提醒自己谈判的初衷到底是什么。

第二步：解除武装——走到他们那边去

谈判中的负面和攻击性行为一般换来的是对方同样的报复行为。这样，谈判氛围更加紧张，伤害性的交流倾向于升级。冲突和随时可能发生的谈判僵局引发双方负面的情绪。谈判者的挑战在于要采取反直觉行为，即转移和回避对方的负面行为，通过积极和建设性的沟通来解除对方的武装。“走到他们那边去”这一策略是主动走到桌边去听取对方的理由、需求和关注点。具体包括：

- 积极倾听。
- 确认对方的观点，不一定是对他们做出退让。
- 认识到彼此共识和交叉之处，为达成随后的协议奠定基础。
- 从个人的层面上承认对方，认可和尊重对方的权威、睿智和能力。
- 清楚而周到地阐述自己的观点。

第三步：改变游戏——不拒绝，重新建构

建构问题是任何谈判准备中重要的一步（见第 6 章）。在面对来自对方行为的障碍时，就要通过积极重构他们的策略来扭转谈判。重构策略包括如下积极的行为：

- 提出开放式的解决问题的方案。
- 重构对方的策略。如，在遭遇对方障碍时，忽略、转移或将这种障碍重新定义为良好的愿望。在被攻击时，忽略、转移或用强调共同的目标和利益的不具冲突性的语言重新诠释。
- 开诚布公地讨论谈判过程中的规则。

第四步：让他们变得更容易说“是”——给他们建造一座金桥

这是谈判中的劝说环节，谈判者面对的挑战是如何让对方更容易接受你的条件，也就是怎么让他们说“是”。尤里（Ury，1991，p. 89）指出如下四个让对方对所提建议说“不”的情形。

- 这不是我的观点。
- 它们满足不了我的基本利益。
- 它们会让我在某些重要客户或其他重要群体面前丢面子或难堪。
- 它们对我的要求太高（例如，“你想要的太多、太快”）。

这里所提出的建议就是通过建造一座金色的大桥拉近谈判者之间的距离，吸引对方跨过大桥以达成共识。

- 让他实际参与兼顾各方利益和挑战的协议制定过程。
- 在不损害己方需求和合同基本框架的情况下尽量满足他还未得到满足的需求。
- 认识到对方的个人和组织需求以及他的期望，并感同身受。
- 帮他保全面子，提供合约的合理性——如情势变化了、第三方建议或公平的客观标准支持这一结果等，以与支持者打交道。
- “慢即是快”（Ury，1991，p. 105），从头到尾一步步地和他一起讨论整个协议过程，不急于求成，等每个人都准备好了再达成最终协议。

第五步：让对方难以说“不”——使他们觉醒过来而不是屈服

在前面四个步骤里，对方是相信自己的优势和智慧的。在让对方容易说“是”之后，谈判者面临的另一个挑战就是让对方难以说“不”。硬碰硬只会使谈判回到竞争状态。较好的策略是不要让他们屈服而是要让他们觉醒。这一策略具体包括：

- 重视自己的最佳替代方案，不断完善并让对方知道。
- 帮助对方意识到不达成协议的结果。
- 如有必要，利用自己的最佳替代方案，但要留意对方的反应，对方可能会认为这是一种惩罚性行为，应及时化解。
- 不断强化对方的选择——重新回到使对方跨越金桥的具有吸引力的条款上，努力让对方把焦点放在达成交易的好处上。
- 制定一个持久性的协议，仔细斟酌并策划实施。

尤里的突破性方法是谈判人员应对棘手谈判对手时可采用的积极策略。在运用这些方法时也要小心，因为在一些充斥着极度抵触情绪的谈判中，如果应用不当，有时会适得其反。无论如何，尤里的方法为我们提供了以非冲突方式应对棘手谈判对手的有效途径。

应对很难相处的人

有时谈判中的问题源于对方很难令人接受的行为方式。关于在工作场所中如何与很难相处的人打交道这一话题近年来引起一些学者的关注（如 Dionisi，Barling and Dupré，2012；Hershcovis and Barling，2010；Raver and Nishii，2010）。[2]他们提出了一些重要的观点：首先，每个人都有可能在某些时候表现出难以相处的一面，但有些人总是很难相处，他们的行为有一种可预见和可识别的模式。其次，对某些人来说很难接受的行为对另一些人来说未必如此。要定义某一行为是不是“很难接受”，应把行为者和接受者结合起来考虑。某人可能感觉很难和一个极具攻击性的谈判者打交道，而另一个人和这样的谈判者相处却没有任何困难。再次，难相处的人之所以如此表现是因为他们能得到想要的结果。他们的行为给了他们一种掌控感，感觉到舒适，使得他们能按自己的方式行事。如果别人屈服于他们这一行为，他们就会增强这一行为，从而给难相处的人充分的理由继续以过去起作用的方式行事。难相处的谈判者也可能因为不清楚那些必须与他们做斗争的人或组织的长期成本而继续他们的行为。

应对总是很难相处的人是有可能的，可以以平等的行为条款来对付他们的行为，如反对做出让步，接受他们的行为或者使他们改变自己的价值观、信仰或态度。简而言之，谈判者必须有效抗衡这些行为及其潜在力量。专栏 18.3 提供给我们对付难相处的人的总体框架。对于谈判中难相处的人或者其他高度参与者，结果导向的沟通是一项至关重要的技能。希望在此基础上进行更深入研究的读者，可以参考布拉姆森（Bramson，1981），所罗门（Solomon，1990）以及尤里（Ury，1991）的相关研究以增长在这个领域的技能和见解。

专栏 18.3

为什么你表现不好，不合作，口是心非……

情绪通常是使谈判难以进行并存在高风险的一个因素。一旦情绪失控，会危害谈判程序、扭曲观点、分散谈判者的注意力。阿德勒、罗森和西尔弗斯坦（Adler，Rosen and Silverstein，1998）观察了谈判中恐惧和愤怒的问题及其影响，并提出了管理这些情绪的一些策略。当关乎自身的情绪时，谈判者可以：

- 确定哪些情形会引发不合适的愤怒。
- 生气的时候，要确定是否要表现出来。
- 采用一些行为技巧来减少愤怒的情绪（如休息一下，从一数到十）。
- 有效地表达你的愤怒和失望（如公开地、不带任何指向地表达这种情绪）。
- 避免谈判者的偏见（“我是公平和合理的，而你不是……”）。
- 努力增进互信。

针对对方的情绪，谈判者可以：

- 以直接面对方式来平息对方的情绪积累（“你好像生气了，是吗？”）。
- 评估对方情绪化的真正意义（只是行为表现，还是分配式谈判伎俩？）。
- 直接指出对方的愤怒，对自己的话表示抱歉或指出糟糕情境可能带来的影响。
- 策略性地应对对方的愤怒情绪（提出中场休息、沉默或做出一个小的让步等）。
- 给对方留面子，尤其是在丢面子引起他愤怒的情况下。
- 当预感对方愤怒情绪上升时，考虑让中间人进行调停。

资料来源：Adler，Robert S.，Rosen，Benson，and Silverstein，Elliot M.，“Emotions in Negotiation：How to Manage Fear and Anger，” *Negotiation Journal*，vol. 14，no. 2，April 1998，161－179.

与难相处的人进行对话

有很多话题都是很难和别人谈的，无论是批评一个员工表现欠佳的负面话题还是表扬员工表现良好的正面话题（Weeks，2001）。人们在不同场合可能感觉到不同的压力，但不管什么话题，如果对方是一个很难相处的人，那么对话就会变得更加困难。威克斯（Weeks）提出了两个应对紧张对话的基础步骤：准备和管理高难度对话。

准备高难度对话

准备高难度对话的第一步就是了解自己与难相处的人打交道时的融洽点和舒适度（Weeks，2001；Gray，2003b；Stone，Patton and Heen，1999）。有些人能比别人更坦然地讨论一些消极的情形，如评价别人的工作表现不好，有些人能比其他人更自如地赞扬别人，因此，关键在于知道自己的舒适点以及如何对不同难度的对话做出回应。例如，如果有人在谈判中变得强势、提高声调、威胁你，你的自然反应是退却还是分析局势？了解自己在困难情形中的自然反应很重要，可以避免被对方轻易利用（Weeks，2001）。

斯通等（Stone，Patton and Heen，1999）认为，困难的对话实际上包括三个部分：（1）“发生了什么”的对话，关注的是发生了什么或应该发生的事情；（2）“情感”对话，谈判者评估他们对情况的感受；（3）“身份”对话，是一种内部的“对话”，我们评估这种情况对我们自己意味着什么。斯通等（Stone et al.，1999）的研究创立了在高难度对话中有用的五步骤清单，这可以用于对话开始前的准备（见专栏 18.4）。

专栏 18.4

高难度对话的清单

步骤 1：通过三个对话做好准备

1. 理清发生了什么。

- 你的叙述源自哪里（信息、过去的经验，还是规则）？他们的叙述呢？
- 目前的情形对你有什么影响？他们的意图可能是什么？
- 各方对产生的问题各出了多少力？

2. 了解情感。

- 探索你的情感足迹，以及你所体验的各种情感。

3. 坚定你的身份。

- 对于你什么是最重要的？你需要接受什么才是更好的？

步骤 2：核实你的目的并决定是否提出问题

- 目的：通过这次谈话，你希望达到什么目的？把你的立场转变到支持学习、分享和问题解决上。
- 决定：这是不是阐述这个问题并实现目的的最佳方式？这个问题是不是真的纳入你的谈话？你是否可以影响这个问题？如果你没有提出这个问题，你可以做些什么来帮助自己避开这个话题？

步骤 3：从故事讲起

1. 把问题描述成故事，包括对于合理部分的双方观点。
2. 告知对方你的目的。
3. 邀请他们加入，作为一起理清情境的伙伴。

步骤 4：探索他们和你们的故事

- 倾听并理解他们关于发生什么的观点。问问题。承认在争论和指责背后的感受。换种方式重述对方讲话以确定你是否已经理解了。试着去了解双方是如何到达这一步的。
- 分享你自己的观点、过去的经验、意图以及感受。
- 再构建，再构建，再构建，以保持事情正常进行——从事实到感知，责备到贡献，指控到感受等。

步骤 5：解决问题

- 创造能够满足任何一方的最重要的关注点和利益的选择。
- 注意应该发生什么的标准。要把双方关心的标准牢记于心。记住靠单方维系的关系很少能持久。
- 讨论进行中保持交流的开放性。

资料来源：Stone，Douglas，Patton，Bruce，and Heen，Sheila，*Difficult Conversations：How to Discuss What Matters Most*. New York，NY：Penguin Books，1999.

一旦你确认了自己面对即将到来的高难度对话的可能反应，你至少要做三件事。第一，你可以想象一下对话会如何展开——想象对话的顺序、对方如何回答、你如何回答等。你应该多想几种应对方式，因为你的预测不一定准确。第二，你可以和中立方演练

一下即将到来的高难度对话场景（Weeks，2001）。这个人的表现应该与你不同，才可能给你提供另外一些启示和思路。在练习中，可以涉及角色扮演“如果他或者她这么说会怎么样”，此外，练习中也应该包括中立方关于对方可能如何诠释你的反应的客观评价。第三，将具有不同优劣势的人员组成一个团队以应对难相处的对手。当然，在应对高难度复杂谈判时才这样做。在高难度对话中，通常谈判者会带上某些人，以提供情感支持并协助谈判后的分析。

管理高难度对话

威克斯提出了三个成功管理高难度对话的重要因素：表达清楚、口吻得当和措辞温和。

表达清楚

在处理高难度对话时要尽量用词准确。在传递坏消息时，人们一般倾向于采用委婉的语言。因此表达清楚很重要，用恰如其分的词语表达内心的想法可使对话顺利展开并朝着积极的方向发展。以清楚简洁的语言传递信息易于人们理解。正如威克斯（Weeks，2001）所阐述的，“没有什么东西天生就是野蛮的。是传递消息的方式而不是内容使得它看起来野蛮或者仁慈”（p. 117）。

口吻得当

语气口吻是对话中的非语言因素，包括“声调、面部表情、有意识和无意识的肢体语言”（Weeks，2001，p. 117）。在进行紧张对话时，尤其是在传递坏消息时，采取中性口吻比较合适。带着幸灾乐祸或挑战性口吻不仅干扰对方的理解，也可能使对话难以进行下去。另外，人们对说话语气非常敏感，传递坏消息时带消极口吻很有可能增加对方事后报复的动机。

措辞温和

措辞时尽量小心不要激怒对方。人们可以说“在我们转移到下一个话题前，我可以说完这句话吗？”而不是告诉对方“闭嘴，听着”。刺激性的语言在短期会使对话火上浇油，并使得一方伤害到另一方，而高难度对话的目的是确保另一方尽可能清晰地倾听并理解所传递的信息，温和措辞则是增加这个概率的重要方式。

18.8 双重谈判

当谈判者无意达成协议时，就会发生双重谈判（Anand，Feldman and Schweitzer，2009；Glozman，Barak-Corren and Yaniv，2015；Wallihan，1998）。这可能是因为他们的最佳替代方案优于任何协议，或者是出于战术原因（Wallihan，1998）。克里舍南等（Krishnan Anand，Pnina Feldman and Maurice Schweitzer，2009）提出了双重谈判发生的四个原因：（1）为了拖延时间；（2）为了与其他谈判者或重要成员合作；（3）为了获取谈判另一方的信息；（4）为了影响自己在另一个谈判中的立场。

熟练的双重谈判者极难被发现。埃迪·格洛兹曼（Edy Glozman）及其同事（2015）对线上谈判的研究表明，双重谈判者可能需要更长的时间来回应报价，并且可能比试图达成协议的谈判者做出更多的合作声明。重要的是，格洛兹曼的研究中的谈判者无法确定何时与双重谈判者进行谈判。

管理双重谈判更多的是艺术而不是科学。对于未能在谈判中达成协议的传统解释是实际协议与可能达成协议的空间（zones of potential agreement，ZOPA）不重叠（Wallihan，1998）。双重谈判者给谈判提出了完全不同的挑战，因为他们积极利用谈判以避免达成协议。

识别双重谈判者的最佳方法始于可靠的计划和准备，这需要对可能达成协议的空间的良好理解。然后，谈判者需要用问题获知对方的需求，并积极倾听他的回答。随着讨论的展开，谈判者对情况的理解应该得到更新（参见 Wheeler，2013）。在几次向另一方说明可能达成协议的空间之后，谈判者可能需要考虑他是否正在与双重谈判者进行谈判，然后选择是面对双重谈判者还是推迟（或放弃）谈判。

本章小结

有时谈判者会面对采用不同谈判模式的谈判对手，因此需要进行有效的管理。本章探讨了采用整合式谈判的谈判者遇到竞争型或难相处的谈判对手时可采用的策略。本章一开始讨论了社会契约和影子谈判的管理，这是谈判者需要积极处理的两个重要且彼此相关的概念，它们涉及的是如何谈而不是谈什么。然后我们讨论了如何应对采用分配式谈判策略的对手以及如何应对更强大的谈判对手。本章最后讨论了应对棘手的谈判者、回应最后通牒和管理高难度对话的策略。

本章贯穿两大主题。第一，处理谈判冲突的准备工作至关重要。准备工作不仅包括全面彻底地了解不断变化的情势，也要求深入透彻地分析面对紧张的谈判局面时可能采取的应对措施。另外，我们建议要留意对方的行为并思考如何应对。第二，随着谈判的展开，积极处理信息非常重要。只一味地关注谈判内容是不够的。在应对棘手难缠的谈判对手时，谈判者需要在谈判过程中保持更高的警惕性、积极地管理好影子谈判和社会契约，并注意谈判的语气和口吻。

要掌握本章中所提及的方法和手段需要大量的实践。对这些方法的应用既是一门科学，也是一门艺术。即便是对于最好的谈判专家来说，应对棘手的谈判对手也是一个严峻的考验。不过，若能明智地结合具体情况和谈判者的具体需求来使用这些方法，你就会受益匪浅。

关键术语

力量大回转法（power moves）：这一举措旨在将不情愿的谈判对手拉回到谈判桌上来。有三种具体方法：激励、施压和联盟。

程序变动法（process moves）：旨在通过调整议程、排序、决议规则等来改变谈判程序。

价值赏识法（appreciative moves）：旨在打破可能导致沟通恶化、言语尖酸甚至沉默的分歧局面。这类策略包括给对方留面子、面临压力时保持对话和信息交流，或引入新的讨论视角，从而阻止谈判陷入僵持状态。

远点开局让棋法（farpoint gambit）：这一应对策略的成功之处在于面对最后通牒时说“是的，但是……”，这是破釜沉舟的方法，不到万不得已时不要使用。当最后通牒被初次提到时，谈判者应该采取合理的方法：直截了当地指出最后通牒的存在；提出明智的、合理的还价，或尝试与对方共同解决问题。如果还是徒劳的话，可以暂时接受最后通牒，但要受限于一些条件或情况。

注 释

[1] Lessons from extreme negotiations and negotiating with terrorists may be applicable to negotiating with difficult people (see Hand & Fresnel, 2015; Hughes, Wadd, & Weiss, 2013; Voss, 2016).

[2] Also see Bernstein and Rosen (1989); Bramson (1981, 1992); and Solomon (1990).

N E G O T I A T I O N

第19章

第三方介入处理谈判中的困境

学习目标

» 理解引入第三方处理谈判问题的益处和弊端。
» 探索第三方的主要介入方式：仲裁、调解及过程咨询。
» 考虑让第三方更多地利用非正式的方式解决争端。
» 理解某些组织使用的替代性争端解决系统。

第三方帮助他人解决争端，或在他人无法做出决定时给予帮助，这种做法由来已久。第三方有可能是因为以下情况而介入：法律上的需要（例如，调解劳务纠纷或罢工），外交原因（阻止两国间的战争），作为合同义务的一部分（例如，商品延误交货引发的纠纷），或谈判双方请求帮助。有时则是第三方不得不介入，如谈判双方已经尝试了各种其他选择，仍无法取得进展，或双方的不信任和怀疑度很高，又或者由于不信任和曲解而产生抵触，如无第三方介入将无法调和。

在本章中我们将描述第三方的典型角色以及他们如何解决冲突。首先我们要讨论第三方加入谈判后会发生怎样的变化。接着对第三方干预的类型进行分析，会特别关注三种正式的第三方介入类型：仲裁、调解及过程咨询。最后讨论非正式的第三方以及如何通过建立和实施替代性争端解决（ADR）系统实现第三方介入过程的制度化。

19.1 给双方的谈判过程增加第三方

第三方可以通过几种不同的方式和工具帮助解决争端。通常第三方可以运用我们在第 17 章中介绍的争端处理方法，例如通过缓解紧张状态、控制待解决的议题数量、加强沟通、建立共同的基础、强调有决定选择权等方法使谈判双方变得更积极。正如我们讨论过的，在某些第三方介入的情况下，这些方法比两方谈判时应用得更多。[1]

本书中我们描述的谈判过程是假设两方或多方面对面沟通，没有外人的直接参与。谈判双方或多方的亲身参与，使他们能够对议题有深入的了解，并以建设性的方式去协调差异。只要这种直接的谈判方式能够取得效果，最好顺其自然，不需要其他方参与。但正如我们说过的，谈判过程常常充满紧张气氛并面临各种困难，而这些会让参与者焦虑和愤怒，因此在关键点上谈判可能会陷入僵局，谈判者难以跨越这些特别困难的节点。如果谈判的热情还在，而且有时间限制，那么第三方干预是将谈判引导回正轨的唯一选择。我们说过，谈判只要还能自主进行就应尽量避免第三方介入，但那是在有较充足的时间和其他资源保障的情况下，并且谈判过程正在进行或可能继续进行。当确实需要第三方介入时，要及时采取合理的措施。

谈判者可能会寻求第三方介入，或受外部环境、风俗、法律法规影响而去这么做。另外，尽管非正式的第三方会用局外人的眼光来看待谈判，但他们对结果也很感兴趣。第三方可以是领导、朋友或与谈判者地位平等的人。有一个规律是，如果第三方的介入没有得到谈判者的允许，或第三方通过专家的身份、权威或凭借与谈判者的关系施压，那么第三方将不受欢迎，而且效率不高（参见 Arnold and O'Connor，1999）。未受邀请的第三方会发现自己遭受来自一方或双方的敌视，并且谈判者会无视他的介入和动机。例如负责强制执行的执法者如果介入家庭纠纷，除非将双方分开，并使局面冷静下来，否则争吵的双方会转而联合起来，认为执法者是不受欢迎的外来者。在实践中，许多强制执行的法律机构会让执法者结伴去处理家庭纠纷，以分开纠纷当事人，并保证他们自身的安全。

专栏 19.1

调解与穿梭外交的艺术

当有争议的各方在各自立场上变得不妥协、愤怒、无法再有效地倾听对方意见，导致谈判陷入僵局时，谈判往往会破裂。在这种情况下，第三方介入可能是最有用的方式，因为他们能够单独与各方坐下来进行私人对话，了解他们真正的关切和利益，找到共同点，并和他们建立足够的信任，成为“受尊重”的第三方，重新启动谈判。最终，有效的第三方可以以通常达成交易的方式将提案和修改从一方传送到另一方。

戴维·霍夫曼（David Hoffman）讲述了戴维·怀特的故事。他曾是芝加哥西区的一名帮派成员，他利用穿梭外交手段促成停战，阻止敌对帮派斗殴。他了解到冲突是从一天晚上两个帮派头目喝醉时开始的，他们之间的争论升级为争吵，然后可能升级为帮派斗争。通过反复对话，怀特能够让两个帮派头目宣布休战。后来，当被问及为何怀特能够说服他们不参战时，两个帮派头目都称因为怀特曾经是帮派成员，现在代表和平，他们同意休战，因为他们信任并尊重怀特本人。怀特的故事反映了穿梭外交在几乎任何冲突中的作用，以及怀特与每一个帮派头目建立起来的尊重和值得信赖的声誉。

资料来源：Adapted from Hoffman，David A.，“Mediation and the Art of Shuttle Diplomacy，” *Negotiation Journal*，vol. 27，no. 3，July 2011，263 - 309.

第三方介入的好处和弊端

好处

第三方可以表现出稳定感和庄重感，并适时加强这种感觉，促使谈判者审视需要解决的问题，特别是那些谈判中的关键问题，而这些问题又阻碍谈判或使谈判离题。第三方介入还有以下好处：

- 制造喘息空间和冷静期。
- 重新建立或加强沟通。
- 重新关注实质性议题。
- 补救或修复紧张的关系。
- 建立或强调时间限制及截止期限。
- 抢救沉没成本。
- 通过争端解决的过程和结果提高谈判者的满意度。

如果谈判者的关系受到严重损害，未来的交流会变得非常困难，即便如此，第三方也可能会让谈判者减少敌意，并帮助他们克服情绪波动，从而在关键点上达成一致（Jones and Bodtker，2001）。另外，许多组织也接受和支持替代性争端解决（ADR）系统，并对他们的员工进行解决争端的技巧培训。这些措施会帮助营造一种建设性的、合作性的工作氛围，并能提高个人和组织的效率（Costantino and Merchant，1996）。

弊端和限制

第三方介入也有一些弊端和限制。第三方介入标志着谈判进程的停滞。第三方介入还可能标志着谈判者建立联系失败，或无法信赖对方。当谈判者求助于仲裁（见后面的讨论）时尤其明显，因为他们已经失去了对结果的控制。谈判各方承认无法达成一致，交出了对结果的控制权，申请仲裁。与此相对应的是，对于其他类型的第三方介入，例如调解和过程咨询（见后面的讨论），其主要目的是改进谈判各方的争端解决技巧。它们的目标是在第三方参与互动的过程中，让谈判者继续保持对结果的控制权。各种类型的第三方介入各有优缺点，要依据具体情况来判断。

何时适合第三方介入

严肃的谈判者肯定会付出努力来解决争端。比如在劳资谈判中，如果不能诚实地讨价还价，根据《美国劳工法》（U. S. Labor Law）这就是不公平的（NLRA，第 8（a）（5）和 8（b）（3）部分）。普遍来说，如果谈判者认为他们已经失去控制场面的能力，就会引入第三方。当一个谈判者要求介入时，这个过程必须被其他谈判者接受。如果只有一方认为需要第三方介入，他们必须劝说对方同意。某些在谈判中拥有优势或较高权威的谈判者也会引入第三方，特别是当谈判失败会给相关组织和个人带来巨大损失时。表 19－1 列出了谈判者寻求第三方介入时的情形。谈判者在决定是否寻求第三方介入时应考虑替代方案。诉讼通常是调解或仲裁的替代方案，反之亦然。谈判者通常可以选择诉讼和第三方介入同时进行。谈判者需要了解第三方介入与诉讼之间的相互作用，仔细考虑他们的最佳替代方案。唐纳德·菲尔宾（Donald Philbin，2010）辩称，考虑到时间和费用，谈判者不会使用第三方介入，除非该选择提供比诉讼更好的解决方案。为了清楚起见，在下面讨论第三方介入的各个方面时，第三方介入与诉讼之间的相互作用暂且不提。

表 19－1　第三方介入可能起作用的情形

- 紧张的情绪可能会妨碍谈判者找出解决办法
- 缺乏沟通，而且谈判者没有能力改善这一状况
- 曲解和刻板印象掩盖了有效的交流
- 重复的负面行为（愤怒、直呼其名、责备他人等）构成了谈判者的障碍
- 在数据的重要性、收集和评价方面存在重大分歧
- 对争端议题的类型和数量存在分歧
- 实际利益或可预见的利益存在矛盾，而且谈判各方不可协调
- 不必要（但谈判者认为必要）的价值观差异导致分歧
- 缺乏清晰的、各方一致同意的程序或草案，或者程序（如高层会议或冷静期）没有发挥最好的作用
- 在谈判开始时或在僵局中讨价还价时面临重大困难

资料来源：Adapted from Moore，Christopher W.，*The Mediation Process：Practical Strategies for Resolving Conflict*. San Francisco，CA：Jossey-Bass，March 19，1996；and Arnold，J. and Carnevale，P.，“Preferences for Dispute Resolution Procedures as a Function of Intentionality，Consequences，Expected Future Interaction，and Power，” *Journal of Applied Psychology*，vol. 27，no. 5，March，1997，371－398.

哪种介入类型是合适的

有多种不同的第三方介入类型可供谈判者选择。穆尔（1996）认为介入争端和解决争端的方法可以被视为一个连续集（见图 19－1），第三方需要说服谈判者接受和认可其处理方法，说服的力度可以从低到高排列。需要较低的说服力度时，第三方不需要介入议题，或不直接讨论议题。在需要较高说服力度的情况下，第三方会利用合法的权威贯彻他们的解决办法，或者第三方超越了法律法规体系，用暴力或非暴力手段对其他人直接施加影响。

谈判者做出的决定				第三方做出的决定		法律（授权）第三方做出的决定		超出法律范围的决定	
避免冲突	讨论和解决问题	非正式谈判	调解	行政决定	仲裁	司法决定	立法决定	非暴力的直接行动	暴力
力度逐渐增加，达成非赢即输的结果的可能性越大→									

图 19-1　争端处理与解决方法连续集

资料来源：Adapted from Moore，Christopher W.，*The Mediation Process：Practical Strategies for Resolving Conflict*. San Francisco，CA：Jossey-Bass，March 19，1996，7.

蒂博和沃克（Thibaut and Walker，1975）提出了一个重要框架，建议谈判者交出对争端过程和争端结果（见图 19-2）的控制权，也可以两者都不交，或只交其一。如本书其他章节提到的，谈判各方保持对过程和结果的控制（图 19-2 右下方格）。谈判各方放弃对过程和结果的控制，完全撤出讨论（图 19-2 左上方格），表明他们愿意将争端处理交给其他不相干的人，这些人将会用他们觉得合适的方式处理争端并决定结果。两种混合的情形是仲裁和调解（在本章后面会讨论细节）。谈判者放弃对过程的控制，而保留对结果的控制时，调解是最普遍的第三方介入方式。调解在处理很多争端时都被认为是高效的[2]，并保留了谈判的优点：谈判者对实际结果有控制权，他们更愿意执行这个结果。规则是“除非必要，否则不让第三方参与”，我们也可得到一个推论“如果必须要第三方参与，干预要尽可能小”（向图 19-1 中的左半部分靠拢）。

谈判者对谈判过程的控制水平 ＼ 谈判者对谈判结果的控制水平	低	高
低	专断	调解
高	仲裁	谈判

图 19-2　第三方介入的类型

资料来源：Adapted from Sheppard，Blair H.，“Third-Party Conflict Intervention：A Procedural Framework，” in Staw，Barry M. and Cummings，Larry L.，eds.，*Research in Organizational Behavior*. Greenwich，CT：JAI Press，1984，141-190；and Thibaut，John and Walker，Laurens，*Procedural Justice：A Psychological Analysis*. Hillsdale，NJ：Lawrence Erlbaum，1975.

那些“只介入过程”的第三方能给谈判者提供指导或只提供过程方面的帮助，会满足谈判者控制结果的愿望，这样谈判者更乐于执行结果。很多时候焦虑的谈判者只想要结束争端，但完全放弃控制权而交给第三方也会带来一些不利结果（见本章后面对仲裁的讨论）。另外，谈判者可能不知道怎样审查潜在的第三方，并预知他们想做什么，或谈判者不知道哪些帮助才是最可行的。如果在错误的时机引入第三方，与采用了错误的介入手段（例如，谈判者无法长时间等待结果时，应选择仲裁而不是调解）一样，对谈判过程来说是一种浪费和损害。若是手段正确而时机不对（例如第 17 章中提到的，谈判者被无用的手段搞得筋疲力尽，或是愤怒及人身攻击已激怒了一方或双方，参见

Conlon and Fasolo，1990）仍旧达不到良好的效果。

合适的手段和时机也适用于未受邀请的介入，例如当一位领导选择介入两个下属之间的争端时，领导作为第三方的优势是，他在选择是否介入和采用何种介入手段时比下属更客观。如果第三方比较幼稚，则不太可能保持客观和公正，因为他可能对这种情形下什么是对的有主观的认识，而不是想通过“调和谈判双方的对立利益”来帮助解决争端（Moore，1996，p. 17）。另外，康伦和罗斯（Conlon and Ross，1993）认为，有偏袒倾向的第三方会使谈判者对第三方的介入不满意，比如由于第三方与谈判一方或双方先前有某种关系而失去了公正，或带有明显的偏见，在处理争端时偏袒其中一方。[3]第三方必须注意介入谈判可能会对谈判者未来更高效解决和管理争端的意愿和能力产生影响。

第三方介入，特别是仲裁，可能会产生较大的负面后果，例如，降低了谈判者有效谈判的能力，并增强对第三方的依赖（参见 Beckhard，1978）。第三方在调解时，借用一句医学格言，“首先，要无害”；其次，只在必要时干预，并且干预到能使谈判者找到解决方法的程度就可以了。换句话说，不要让干预使事情变得更糟，需要时可以做手术，如果简单的急救就可以解决问题，则不需要手术。谈判者最重要的是形成有建设性的互动能力，而能否立即解决争端不是最关键的。如果谈判者未来没有互动或互动很少，且时间又较紧，则可以采取更多控制性的介入方式（见图 19－1 的中间部分），但通常这种情况很少发生。我们将在本章后面更具体地讨论不太激烈的情形。

19.2 第三方介入的类型

在接下来的内容中，我们会讨论第三方介入的不同类型。第三方介入可能是正式的，也可能是非正式的。正式的介入是提前设计好的，它需要遵循一系列规则和标准。法官、劳动仲裁员、离婚调解员、裁判员和团体服务者（如心理医生）经常使用这种方式。非正式的介入对谈判来说是偶然发生的，一位领导或一个对此感兴趣的朋友可能卷入某个争端。对第三方来说重要的是，他知道自己应该遵循一个清晰、公开、专门的程序还是随心所欲。但是，正式和非正式这两种介入方式已经渐渐交织在一起，传统的界限已经模糊。

19.3 正式的介入方式

正式的第三方介入有三种基本类型：仲裁、调解和过程咨询。[4]我们探讨每种类型的目标、形式和程序影响，并描述每种类型如何影响谈判。最后，我们将介绍两种混合式第三方介入类型：调解-仲裁和仲裁-调解。

仲裁

仲裁使谈判者对过程有较大的控制权，但对结果几乎没有或不存在控制权（见图 19－2）。由于经常在劳动关系、职业运动员补偿及利益维护方面使用，这是最广为人知的第三方争端解决方式（Hill and Jolly，2014）。谈判和仲裁的目的不同（Posthuma and Dworkin，2000）。谈判双方是为了达成一致，而仲裁则是由中立的第三方将决定施加给谈判者以解决意见不一致的问题。其过程也是十分直接的：争端中的谈判者陷入僵局，或者到截止期限仍然没有成功解决分歧，这种情况下会请第三方介入，第三方听完双方的陈述后，决定争端的结果（Elkouri and Elkouri，1985；Prasow and Peters，1983）。仲裁也广泛用于组织之间的争端（Corley，Black and Reed，1977）及管理层和工会方面的工作中（Elkouri and Elkouri，1985），并已被接受为国际商业争端的解决程序（Beechey，2000；Swacker，Redden and Wenger，2000）。

仲裁有几种不同的形式。首先，仲裁人听取争端中的单独议题并做出裁决，或将多个议题放入整体解决框架中（Feigenbaum，1975）。其次，仲裁可以是自愿的或有约束性的。在自愿仲裁中，争端方将他们的理由递交给仲裁人，但他们不一定非要遵守仲裁人的决定（参见专栏 19.2）。有约束性的仲裁则要求争端方必须遵守裁决，裁决以法律或合约的形式体现。在劳资合同纠纷中，仲裁人的裁决一般会对现有合同进行修改或在合同的剩余期限内直接采纳执行。仲裁人的灵活性有所不同。一个极端是仲裁人可以随意做出他认为合适的任何裁决；另一个极端是仲裁人的选择受到严格的限制，例如在最终报价仲裁中，仲裁人必须在争端方的提案中做出选择而不能更改（参见 McAndrew，2003；Pecorino and Van Boening，2001）。在劳资纠纷中，通常资方控制形势的做法是，要求仲裁人不要增加或减少劳动合同的内容，也就是说，资方试图限制仲裁人的灵活性，避免其更改合同或偏离合同的严格解释来做出决断。我们详细讨论仲裁这种方式时，它的优缺点可以看得更明显。

专栏 19.2

单向约束的仲裁

消费者投诉有关公司生产的车辆，并申请商业促进局（Better Business Bureaus Inc.）理事会做出仲裁。根据该理事会关于汽车生产线的仲裁程序，由当地的商业促进局派出经过培训的志愿者做仲裁，并且结果是单向约束的：仲裁员做出的结果只约束生产商，而不约束消费者——投诉人，如果消费者认为该仲裁结果不能接受，他们还可以寻求其他救济途径（主要是通过诉讼）。

正式的仲裁广泛用于争端解决，例如劳动关系争议或违反合同索赔。在大部分国家都有伪劣商品赔偿法——消费者购买的商品（如汽车或家用电器）如果不能使用，又无法修复，应当受到该法律的保护，这样的索赔大部分都通过仲裁解决。一些新的合同，典型的如公共部门中的新合同如果无法通过谈判达成，也经常会提交仲裁。当新的合同提交仲裁时，称为调整事项仲裁。申诉仲裁是指对现有合同的解释做出裁决。比如当工会认为资方没有遵守协商好的惩罚政策时，申诉仲裁可以阻止资方惩罚员工（比如，评判资方的做法是否公平、一致）。调整事项仲裁和申诉仲裁有很多相似之处，最基本的区别是做出裁决的类型。

仲裁作为一种争端解决程序有明显的优势：它对争端问题给出了清晰的解决办法，避免双方陷入冗长而无法摆脱的争议之中。仲裁作为一种争端解决机制，不断地受到审视和批判，即使在劳动关系领域也是如此。[5]它也存在一些负面后果，我们在这里阐述五项。

冷却效果

当谈判者预感到他们不能达成一致而需要进行仲裁时，他们可能会停止为达成协议而继续努力。这种冷却效果的发生是因为“谈判者避免做出他们本可以做出的妥协，因为他们害怕调查人或仲裁人会调和他们之间现有的分歧”（Kochan，1980，p. 291）。如果谈判者估计仲裁人会调和现有的分歧，那么最符合利益的做法是表现得更极端、更强硬，因为强硬者能够受益（Kritikos，2006）。研究表明，在僵局中谈判者希望加大分歧并产生冷却效果，而对最终报价仲裁则是减弱冷却效果的办法。[6]在最终报价仲裁中，仲裁人只能选择一方的立场，而不能在两方中做出协调，也就是不调和分歧。受到这样的限制，谈判者会更积极地处理，或尽量缩小差异，以增加仲裁员选择己方的可能性。如果双方都这样做，即使仲裁员选择了另一方，自己也会将损失减到最小。如果至少有一方是规避风险的，那么在最终报价仲裁前双方很可能达成一致（Hanany，Kilgour and Gerchak，2007）。

研究表明，调和分歧并不是商业仲裁中常用的方式。基尔和纳依玛克（Keer and Naimark，2001）对仲裁案件样本进行了研究，发现 2/3 的仲裁人要么完全支持投诉方，要么完全不支持。他们进行的一项相关研究显示，在一个商业仲裁的大样本中，72%的仲裁人倾向于将少于 20%或多于 80%的赔偿付给申请者。这些研究结果表明，在商业环境中由仲裁人调和分歧的现象并不常见，这可能是由争端的基本性质决定的，或由于仲裁人都是富有经验的，认为有必要选择其中一个极端。

麻醉效果

当谈判者谈判失败，预计将要选择仲裁时，他们可能就会对谈判过程失去兴趣。因为讨价还价浪费时间和精力，尤其是在情况复杂时，况且还不一定保证可以达成协议。谈判者会变得被动，而且失去创新精神，这些都被认为是仲裁的麻醉效果。尤其当谈判者还要对支持者负有解释责任时，他们更容易采取强硬立场，把妥协的后果归罪于仲裁人而不是自己，这时更可能产生麻醉效果。

半衰期效果

父母都很清楚，在几个孩子之间做仲裁的次数增多，需要做决定的数量就会增多，而这些决定不讨一方或双方喜欢的可能性也会增大，这就是半衰期效果。比如，一个作家周日下午在家工作，他不断地应孩子们的要求去对如何分配玩电子游戏的时间做仲裁。在对他自己的孩子和周围邻居的孩子做出一系列决定后，他的孩子会认为他的决定是蛮横的，并未偏袒自己，因此不再需要他仲裁了。随着仲裁频率的提高，对仲裁的有效性和公平性的认识程度不断提高（Anderson and Kochan，1977），谈判者可能会转而求助于其他手段来解决争端。

偏见效果

仲裁人必须谨慎地使他们的裁决不明显地偏向任何一方，而且必须坚持公平公正，否则就可能产生偏见效果（参见 Conlon and Ross，1993）。尽管每个单独的裁决在当时的情形下看都是公平的，但如果被认为总体上偏向某一方，也会在以后的争端中对争端者接受裁决产生不利影响。将要采取劳动仲裁的谈判者，通常会查看不同仲裁人的裁决，以找到有可能倾向于自己这方的人，而避免请到可能给予对方支持的人。尽管仲裁人否认自己有偏见，但谈判者依然会寻找可能帮助他们仲裁成功的线索。

裁决接受效果

与其他争端解决机制相比，仲裁不一定会找到争端的解决办法，可能会带来是否接受裁决的问题，这就是裁决接受效果。对团体决策过程的动态研究表明，如果团体的成员都参与了解决方案的制定，那么接受和执行结果的意愿就会显著高于由某个成员单独决定的情况（Vroom，1973）。争端解决办法需要及时有效地执行，“在有效执行中一个最有力的推动力是接受自己参与做出的决定”（Leavitt and Bahrami，1988，p. 173）。因此，仲裁中争端方有可能不会完全遵从裁决结果，特别是当他们对仲裁人的裁决不满时。

小结

当谈判各方不能达成一致意见时，仲裁是解决争端的一个重要机制。作为争端解决机制它有很多优点，但也有一些缺点。最大的缺点就是从谈判者那里拿走了决策控制权。仲裁结束后，谈判者必须执行，或忍受这些裁决，这就可能有非常负面的影响。我们接下来要讨论调解，这种方式将决定控制权留给了谈判者。

调解

与仲裁不同的是，调解获得了极大的关注和支持，学者们对它的研究的频率和强度都在不断增加。[7] 布雷特、巴斯尼斯和戈德堡（Brett，Barsness and Goldberg，1996）发现调解比仲裁更能节省成本和时间，更能让争端方满意。尽管调解和仲裁的最终目标是一样的，都是解决争端，但主要的差别在于：调解试图让当事人通过自己的努力达成并接受协议。事实上调解也称为“被帮助的谈判”（Susskind and Cruikshank，1987，p. 136），“谈判过程的延伸和精细化”（Moore，1996，p. 8），“谈判的非正式伴奏者”（Wall and Blum，1991，p. 284）。调解可以帮助减少或消除争端解决中的障碍，为谈判过程增加价值，它能够产生和增强谈判者的期望，并增加谈判中的价值（Baruch Bush，1996；Esser and Marriott，1995a）。调解人可能从根源上帮助解决矛盾，而不是简单解决争端（Brown，1999），这是仲裁所不能取得的效果，而且调解可以深刻地改变关系。有改造能力的调解不断受到关注，并引起了关于调解的讨论。讨论的核心是调解应该更多关注目前的议题还是更多关注谈判者有改造潜力的方面，例如允许谈判者表达自己的想法，增强谈判者认识对方观点的能力（Baruch Bush and Folger，1994，2005；Folger and Baruch Bush，1996；Kuttner，2006）。我们将在专栏 19.3 中介绍这种有改造能力的调解要遵循的 10 条规则。

专栏 19.3

有改造能力的调解需要遵循的 10 条规则

1. 在得到授权和承认的基础上描述调解人的角色和目标。
2. 让谈判各方承担对结果的责任。
3. 有意识地拒绝对谈判各方的观点和决定做出评判。
4. 对谈判各方的能力和动机持乐观态度。
5. 允许谈判各方表达感情，并对此做出回应。
6. 允许并发掘谈判各方的不确定性。

7. 对眼下的交互冲突保持关注。

8. 对谈判各方针对过往事件的陈述要有回应。

9. 将介入看作矛盾中双方互动产生的系列结果之一。

10. 当获得授权和承认时，即使程度很小，也要有成功感。

资料来源：Folger，Joseph P. and Bush，Robert A. B.，"Transformative Mediation and Third-Party Intervention：Ten Hallmarks of a Transformative Approach to Practice，" *Mediation Quarterly*，vol. 13，no. 4，1996，263－278.

和仲裁一样，调解的现代起源是在劳动领域中，有时候是作为申诉仲裁与调整事项仲裁之前的步骤。调解也被描述成"第二个最古老的职业"，与矛盾本身的历史一样长（Kolb，1983a），经常用来代替法院——特别是当双方想以低成本解决矛盾，让步的余地又比较大时（参见 Lovenheim，1989）。辛格（Singer，1994）记录了很多采用调解和其他方式（参见本章后面的其他方式部分）解决争端的情况，比如玩忽职守、民事侵权、索取债务等，将酗酒和吸毒引发的案件在审判前转移到治疗中心而不走司法程序，用调解解决商业纠纷、消费者投诉、社区和政府纠纷等。另一个广泛运用调解的是离婚领域，双方一般都愿意遵守调解的结果，因此可以在条件上做出较大的让步（Donohue，1991；Kressel，1985）。调解在解决民事纠纷和社区纠纷时也是一种常用的方法（D'Alo，2003；Duffy，Grosch and Olczak，1991；Kessler，1978）。全美的社区调解中心基本都雇用受过培训的志愿者（Duffy et al.，1991；Lovenheim，1989；Singer，1994）。调解也越来越多地用于避免高成本的商业诉讼（Coulson，1987），并用来解决商业-政府争端，特别是在环境法规方面。[8]另外，调解也经常用来作为解决国际争端的机制（Bebchick，2002；Butler，2007；Chayes，2007）。鲁宾（Rubin，1981）记录了亨利·基辛格（Henry Kissinger）作为一个相当有技巧的国际调解人如何获得了巨大的成功，詹特和佩德森（Jandt and Pedersen，1996）也展示了调解如何在世界范围内用来解决本地和跨境争端。

需要注意的一点是，正式调解或调整事项调解都是基于固定的规则和程序的。在本章后面将要介绍的非正式介入方式中，我们会讨论紧急调解，这种机制没有太多形式上的约束（Pruitt and Carnevale，1993）。调解人对于调解结果没有正式权力，他们也不能独自解决争端或将自己解决争端的方案强加进来。这种方式的有效性在于调解人能够单独与争端各方会面，确保对争端议题的了解，发现各方立场之间可能存在让步的地方，并鼓励各方做出让步以达成最后的协议。

调解人可以是各种各样的，也可以使用不同的技巧和策略（Mareschal，2005）。斯蒂芬·戈德堡（Stephen Goldberg）、玛格丽特·肖（Margaret Shaw）和珍妮·布雷特（Jeanne Brett）（2009）发现，成功的调解人拥有不同的优势，没有调解人是完全相同的。成功的调解人最重要的技巧是他们有能力与争端者建立融洽的关系（Goldberg，2005；Goldberg and Shaw，2007）。戈德堡将融洽定义为发展"与当事人有感情的、可信赖的关系"，这种关系比特殊的调解技巧更能让调解取得成功（Goldberg，2005，p. 372）。

彼得·科尔曼等（Peter Coleman，Katharina Kugler，Kyong Mazzaro，Christianna Gozzi，Nor Zokm and Kenneth Kressel，2015）对调解文献进行了广泛的审查，建立

了调解人可以调解的冲突特征类型的综合模型。该模型确定了争端者聘请调解人应考虑的四个关键的冲突维度：（1）冲突的水平（强度和破坏性水平）；（2）争议者之间关系的质量；（3）约束性与灵活性；（4）过程和问题（公开与隐蔽）。争端者可以根据这些维度选择适合不同冲突类型的调解人，调解人也可以使用该模型来校准他们的调解策略。准确地说明四个冲突维度与调解人特征和战术如何相互作用是有待进一步研究的课题。

很重要的一点是，要认识到调解人并非毫无资源。调解人有谈判者想要的资源，比如在国际争端中当事国家与调解国的贸易关系，在工作场所存在分歧时的工作分配权，这些都是在调解过程中发挥重要作用的资源（Bobekova，2015）。另外，调解人也可以给争端者"面子"，这在争端中也是强有力的资源（van Ginkel，2004）。

何时使用调解

调解过程要想成功，两个因素必不可少：时机和对调解人的接受程度。如果当事人很乐于接受帮助，则调解成功的可能性很大，这里可以用成熟度做比喻。[9]成熟度是指谈判中的艰难困境即将得以解决的状态（Coleman，1997）。有很多关于成熟度的研究。成功解决艰难谈判的最好时机是有足够的痛苦去激发解决问题的主动性，但又没痛苦到引起仇视的地步。[10]

调解通常是一个自愿的过程，当事人不会被迫接受调解，如果当事人不配合的话，调解也不会有效果。如果当事人认为拖延争端可能取得胜利，那么调解也不会奏效。许多争端的当事人不寻求调解，是因为他们不清楚这个过程。他们陷入争斗中，或为了争论而争论，或担心在第三方前失去优势（McEwen and Milburn，1993）。当调解人确定谈判者还未准备好接受调解时，通常会说"当你准备好时给我打电话"，然后离开，直到当事人有较高意愿接受调解时再进行。在某些场合要强制实施正式的调解（例如，离婚、国际敌对或某些形式的有组织罢工），这么做是为了不让形势恶化到无可挽回的地步。强制调解一般由外部机构或官方授权有经验的调解人进行（Bercovitch，1989；Donohue，1991）。研究表明，即使当事人是被强制或被要求接受调解的，他们在离开时一般也会觉得调解是公正而满意的（Brett，Barsness and Goldberg，1996；McEwen and Milburn，1993）。

影响调解成功的第二个因素是各方对调解人的接受程度。需要注意的是，调解人可能对争端轻描淡写，而且不同调解人的介入方式、风格和行为有很大不同（Picard，2002）。传统观念中调解人被看作中立的个人，当事人认为他是公正的、有经验的，而且能够提供帮助。琼·普瓦拉斯（Jean Poitras，2009）的研究揭示了谈判者信任调解人的五个核心决定因素（参见专栏19.4）。有些人可能对此有异议，认为不可能找到完全中立的调解人，因为调解人的积极介入会影响过程和结果，在无意中会给其中一方带来好处（参见Gibson，Thompson and Bazerman，1996）。调解人一般要取得第三方组织（例如美国劳工部调解和斡旋服务机构）、当地调解服务机构或争端解决中心的认证，增强他们的公信力。另外还要具备一些基本素质，如解决争端的技巧、值得信任、诚实、公平以及处理类似争端的经验，这些都会让当事人接受调解人。然而，有时候调解人带有偏见未必是坏事。尽管人们通常认为调解人的偏见会对调解的有效性产生不利影响（Young，1972），近期的研究却展示了在这一问题上更为复杂的观点。[11]卡内瓦莱和康伦（Carnevale and Conlon，1990）认为调解人的偏见有两种形式：一种是普通的结伙或在调解前就与当事人有关系；另一种是在调解中给某一方更大的支持。即使之前就有关系，只要当事人认为调解人能够公正调解，而且会公平对待双方，他们就会忽略这种偏见（Conlon and Ross，1993；Wall and Stark，1996）。

专栏 19.4

谈判者信任调解人的五个核心决定因素

掌握	调解人对调解程序和争议案件的熟悉程度
解释	调解过程的有效解释
温暖和体谅	调解人在多大程度上使当事人对程序感到舒适，并尊重当事人
化学反应	通过调解人的个人特征产生的本能信任
公正	维护公正，允许双方平等发言

资料来源：Poitras，Jean，“What Makes Parties Trust Mediators? ”，Negotiation ournal，vol. 25，no. 3，July 2009，307 - 325.

调解人模式、选择和行为

中立的个人在争议双方之间调解看起来很简单，实际上这个过程中包括大量的层面。[12]调解人可能选择其中任何一个层面去完成他想要做的事情。埃瑟和马里奥特（Esser and Marriott，1995b）测验了三种不同类型的调解人介入方式：内容调解（帮助当事人权衡），确定议题（让双方对议题排出优先顺序），正面的议题框架（关注希望出现的、正面表述的结果）。研究证明内容调解是最有效的介入方式，而当事人认为这三种方式中的任何一种都比没有调解要好。鲁宾（1980）认为，调解人主要是“促成妥协且不让当事人丢脸，因此要快速有效地解决矛盾，避免生变”（p. 380）。

理解调解过程的一种有效方法是理解调解的关键阶段。这里给出了调解的几种阶段模型，在对调解人进行培训时经常用到这些模型。[13]图 19 - 3 是穆尔（1996）提出的模型。调解过程可以大致分为四部分：调解前的准备（阶段 1～5），调解的开始阶段（阶段 6 和 7），调解的中间阶段（阶段 8、9 和 10），调解的结束阶段（阶段 11 和 12）。在调解前的准备阶段，调解人尝试去了解当事人，帮助他们理解接下来的过程，并赢得他们的信任。调解人最关注的是争端的性质，并寻求当事人的接纳。调解人的策略包括将当事人分开，分别询问他们对问题的看法，并积极聆听双方的意见。调解人必须能够区分哪些话言过其实，哪些话表达了真实的利益，从而确定各方的优先事项，通常他们会在调解前的准备阶段一直让当事人分开。

在调解过程的初期，调解人的一项重要工作是鼓励处于僵局中的当事人进行对话或参加讨论。波伊特拉斯、鲍恩和伯恩（Poitras，Bowen and Byrne，2003）提出了一个两阶段策略来促进当事人之间进行谈判。[14]第一阶段是改善当事人的关系，通过分析矛盾建立相互信任。第二阶段主要是了解参与讨论的益处，并将这些益处与当事人之间的关系联系起来。

过了谈判前的准备阶段，调解人就可以开始提出建议和反向建议，测试各方可以妥协的地方。随着调解的开展，调解人会变得更主动和强势。他们可能让当事人面对面，也可能继续让他们分开。调解人在他认为重要的地方，可能会对一方或多方施压，让他

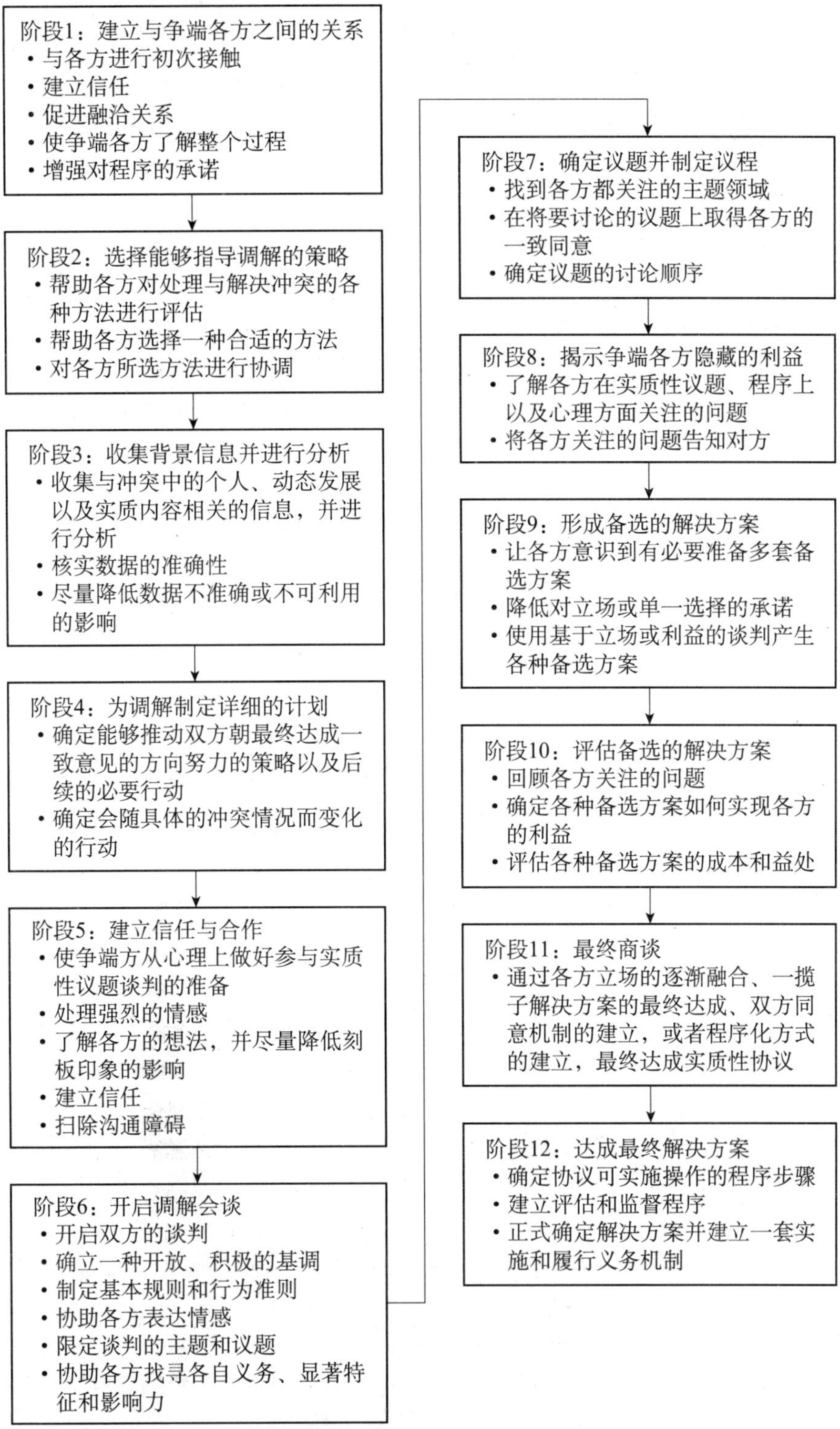

图 19－3　调解人行动的 12 个阶段

资料来源：Moore，Christopher W.，*The Mediation Process*：*Practical Strategies for Resolving Conflict*. San Francisco，CA：Jossey-Bass，March 19，1986.

们做出妥协。在这个阶段，调解人会用到很多我们在第 17 章中提到的策略——从根本上说，这些都是为了当事人。调解人会设计出他们认为可能会被接受的提议和解决方案，在各方进行尝试，甚至是公开宣布（参见 Hoffman，2011）。调解人还可以使用电子决策支持系统去分析当事人的需求和立场（Ehtamo，Kettunen and Hamalainen，2001；Mumpower and Rohrbaugh，1996）。一般调解人在公开宣布一些事情前，都愿意私下先取得各方同意，这样当事人可以和他的支持者进行必要的商量。如果调解成功，调解人最终会将各方带到一起达成一个协议，或当众宣布解决方案。科布（1993）认为，高效的调解人可以平衡当事人力量、控制进程并且保持中立，还可以重塑当事人的能力，这样棘手的交易就不太会向对抗性上发展，可以“在不指责对方的情况下阐述责任”（p. 256）。

确定调解议题的先后顺序是调解人需要考虑的另一项策略选择。韦斯（2003）认为有三种基本顺序：(1）渐进顺序法，调解人先从简单的议题入手，随着讨论过程的开展再过渡到复杂的议题；(2）硬骨头顺序法，调解人先从最复杂的议题开始，以便确定矛盾是否到了可以解决的时机；(3）委员会策略，当事人被分成小组处理不同的议题。韦斯在考察一些棘手的公共冲突时，发现调解人成功地使用了三种顺序方法，渐进顺序法是最常使用的。

有很多关于调解人风格的研究（如 Bowling and Hoffman，2001）。在离婚和儿童监护调解领域，克雷塞尔（Kressel）和同事确定了调解人的两个倾向：一个是处理矛盾的倾向，其标志是严格的中立，只关注矛盾的具体解决办法；另一个是解决问题的倾向，其标志是试图处理潜在的问题，并偏离了严格的中立。参与者发现，解决问题的倾向更富有建设性，更能积极地解决矛盾，常常可以取得期望的效果，而且似乎可以让人对调解有更正面的态度（Kressel，Frontera，Forlenza，Butler and Fish，1994；Alberts，Heisterkamp and McPhee，2005）。随着调解人参与到当事人中解决更多的问题，争端各方之间的敌对，特别是一些有关的东西（如公平、维护脸面和骄傲）就减少了（Zubek，Pruitt，Pierce，McGillicuddy and Syna，1992）。

科尔布（1983a）的研究根据调解人的风格将其分为两种主要类型：一种是协议制定者，他们的风格是对事件进行管理、整合，并对当事人之间的沟通进行协调；另一种是协调者，他们的风格是较少关注单个事件，而更多建立起当事人之间的对话。也有研究检验并扩展了科尔布的模型，认为两种调解人的风格是第三方对以下三个方面因素控制程度的一个函数：(1）过程；(2）结果；(3）当事人为何还要继续考虑。实证研究揭示了调解人的四种控制方法：当事人控制以上三个因素；只控制结果和动机；只控制过程和结果；什么也不控制（Baker and Ross，1992）。对调解人风格的研究揭示了调解人在对过程和结果的控制程度上有很大的差异，所有的类型和变化都取决于调解人所面对的个体和情境（Kolb，1994）。博特斯和米切尔（Botes and Mitchell，1995）认为调解人的灵活性是其发挥作用的先决条件，在这一点上与谈判者是一致的。调解人的灵活性被定义为减少束缚，增强行动的自由度，提高自主性，更能接受有创意的想法（参见 Botes and Mitchell，1995；Druckman and Mitchell，1995；也可见 Balachandra，Barrett，Bellman，Fisher and Susskind，2005）。

调解人如何对待现状并选择什么样的行为方式是由他们所处的环境决定的。卡内瓦莱（1986）提出了调解人行为的策略选择模型。他提出两个变量的混合——调解人对当事人期望的判断和调解人对当事人“共同基础”（达成协议的领域）的判断，能够组成四个基本的调解策略：解决问题、补偿、施加压力和不作为（见图 19-4）。采用解决问题策略（调解人认为当事人期望高、共同基础强）会帮助当事人进行整合式谈判，找到可能达成的整合式解决方案（参见第 3 章）。采用补偿策略（调解人认为当事人期望高，而共同基础弱）会运用奖励诱使当事人做出让步、达成协议。采用施加压力策略（调解人认为当事人期望低，共同基础弱）会尝试在达成整合式解决方案（双赢）时让当事人降低期望。最后，采用不作为策略（调解人认为当事人期望低，共同基础强）会不介入争端，让当事人自己处理。随后的研究为这个模型提供了支持和证明。[15] 卡内瓦莱（1986）的模型可能不完善，因为他没有考虑当事人或调解人期望之间的力量不平衡（Carnevale，1992；van de Vliert，1992）。调解人的期望和对当事人理解的偏好以及他们的行为可能产生影响，涉及调解人偏见的性质及灵活性问题（参见 Botes and Mitchell，1995）。一项研究结果表明，如果当事人认为调解人偏袒他方，即使调解人给出正面的建议，也无法得到当事人的信任；同样，如果当事人认为调解人偏袒己方，即使调解人给出负面的建议，也足可以抵消（Wittmer，Carnevale and Walker，1991）。有较强洞察力的调解人被认为更可靠，而认为调解人可靠会带来更多对调解人的正面评价（Arnold，2000）。

调解人对当事人期望的判断 \ 调解人对当事人共同基础的判断	弱	强
高	补偿	解决问题
低	施加压力	不作为

图 19-4 卡内瓦莱关于调解人行为的策略选择

资料来源：Adapted from Carnevale，Peter J.，“Strategic Choice in Mediation，” *Negotiation Journal*，vol. 2，no. 1，January 1986，41-56.

调解人施加压力的方式与调解面临的情境是相互作用的。如果当事人的争端处于高度紧张的状况（如主要矛盾中包括很多议题，对主要议题有异议），或当事人之间的敌对性比较强，积极有力的调解行为会取得良好效果。相反，如果当事人所处的情境是敌对性比较弱，则缓和及促进性的调解能更好地发挥作用。[16] 如果敌对性强的同时，解决问题的行动力也比较强，调解人最好帮助提出问题，鼓励当事人解决问题，提出新的建议并要求当事人做出回应（Zubek et al.，1992）。这意味着当事人能够自己解决问题时，调解人有可能是碍事的。当敌对性较强时调解人积极有力的介入是适合的，但当敌对性较弱，或敌对性强而行动力也强时，积极有力的介入反而达不到预期效果（参见 Hiltrop and Rubin，1982）。在这种情况下，过程咨询（后面会讨论到）可能是一种更好的介入方式。

调解何时有效

克雷塞尔和普鲁伊特（1989）在案例研究中发现60%的调解都是有效的，效果从20%到80%不等。沃尔、斯塔克和斯坦迪佛（Wall，Stark and Standifer，2001）也找到了关于调解效果的类似证据，提出了调解给当事人带来的各种好处，并改善了当事人之间的关系。卡内瓦莱和普鲁伊特（1992）认为调解的效果可以从很多角度来看，如调解人与当事人的关系、当事人之间的关系、议题和当事人本身（见表19-2）。调解在适度冲突中更有效（参见Glasl，1982；Hiltrop and Rubin，1982）。在适度冲突中，紧张气氛已经显现，且当事人已经开始有情绪，但还未恶化到发生肢体冲突和无法挽回的地步。争端超过适度时会出现激烈的行动和反应，双方的关系破坏到难以修复的地步。耶恩、鲁珀特、努塔和范德伯仕（Jehn，Rupert，Nauta and van de Bossche，2010）的研究表明，当谈判代表对冲突程度有相同的看法时，他们对调解更为满意，对冲突程度有不同看法的各方更可能认为调解人有偏见。

表19-2 调解的有效方面

● 调解人与当事人的关系： 改善双方对调解的接受程度 提高双方对调解人的信任
● 当事人之间的关系： 调整双方之间的交流 与双方之间有单独的会面，以对他们施加影响
● 议题： 揭示隐藏的利益和关切 确立议程 整合、排列议程项目，并确定优先考虑的议题 解释并形成协议 针对可能实现的解决方案提出建议
● 当事人本身： 在当事人做出让步时帮助维护其颜面 帮助当事人解决内部的异议 帮助当事人解决委托方的问题 积极鼓励达成一致意见或做出让步

资料来源：Adapted from Carnevale, Peter J. and Pruitt, Dean G., "Negotiation and Mediation," in Rosenzweig, Mark R., and Porter, Lyman W., eds., *Annual Review of Psychology*. Palo Alto, CA: Annual Reviews, Inc., 1992.

另外的研究认为当谈判者经历过一个痛苦的僵局后，调解会更有效（Touval and Zartman，1985；Zartman，2015）。一些研究显示调解仅在某些类型的争端中有效（参见Carnevale and Pruitt，1992；Posthuma，Dworkin and Swift，2002）。例如，科汉和吉克（Kochan and Jick，1978）在对公共部门的调解进行观察时发现，由于当事人没有经验或过于强调自己的立场而导致谈判停顿，这时候调解是最成功的。相反，当一方或双方当事人有内部矛盾时，调解不太会成功。比如，在己方成员之间存在不同需求，但由主谈判人决定将哪些放到桌面上谈；当双方对主要议题或期望分歧较大时，调解也不太可能成功。

当双方的抵抗点不重叠时，调解人可能必须给当事人施加直接和间接的压力去创造一个积极的商谈范围（见第 2 章）。直接的压力是指调解人使用策略激励当事人软化立场。施加间接压力的典型方法是用时间来消耗当事人的精力，并增加他们抵制调解的成本。戴维·霍夫曼（2011）认为，调解人可以通过两种方式影响双方当事人达成一致：（1）询问各方认为对方会接受什么；（2）要求各方提出将接受的一系列结果。一些调解人之所以取得结果，是因为他们态度强硬，并对当事人施加压力，或者让他们考虑多个备选方案（Johnson，1993；Kolb，1983a，1983b）。用调解处理高度紧张的矛盾并不是很有效，例如在矛盾中有很多利益方面的议题或者当事人对议题的主次顺序无法达成一致（Rubin，1980）。在这些情况下，调解策略可能无法使当事人达成一致意见。

祖贝克（Zubek）和他的同事们（1992）研究了两个社区争端处理中心的 73 场听证会的程序和结果。他们发现一些调解人的行为被认为与调解成功正相关，另一些存在负相关，还有一些则不相关。例如，与调解成功存在正相关的调解人行为包括：显示出热情；用制定和控制日程来安排讨论；帮助当事人确定优先考虑的事项；保持冷静、友好的态度，但对调解过程严格控制。与调解成功存在负相关的调解人行为包括：炫耀专业技能，批评和提出令人尴尬的问题。最后，与调解成功不相关的调解人行为包括：提供保证、维持秩序和调解人是否有经验。

吉布森、汤普森和巴泽曼（Gibson，Thompson and Bazerman，1996）采用了不同的方法，通过分析调解人常见的认知错误来检验调解人的有效性（也可见 Philbin，2010）。依据分析结果，他们对调解人提出了以下建议：

- 只有存在正的议价区间时才去推动协议的达成（见第 2 章）。
- 寻求“足够有效的”协议（“不存在其他任何结果使至少一方有利而另一方没有异议”，p. 74）。
- 帮助当事人全面考虑公平问题。
- 避免为了达成协议而去达成协议（持“达成协议才是最好的结果”这种偏见）。
- 避免接受第一个协议（第一个被接受的协议可能不是最好的）。
- 如果各打五十大板对双方都不公平，就不要这么做。

最近，研究者对调解人进行了调查，以了解他们对调解成功的看法（Goldberg，2005；Goldberg and Shaw，2007；Mareschal，2005）。研究表明，调解人相信他们的技术、建立融洽气氛的能力，以及合作导向是调解成功的关键因素，而调解人的策略与调解成功并不相关。

小结

在过去 25 年中，大量的理论和研究都对调解进行了研究，提供了很多调解在争端解决中有效的证明。然而调解也有缺点，它可能花费大量时间和资源却收不到效果。从这点上来说，仲裁和调解的优缺点是互补的，因此它们被结合在一起也就不奇怪了。在下一节中，我们将分析第三方介入的第三种类型——过程咨询，在之后的一节中我们分析调解-仲裁程序。

过程咨询

解决争端的第三种正式方法是过程咨询（Walton，1987）。过程咨询被认为是“咨询者的一系列活动，包括帮助当事人认识、理解并处理发生在他周围环境中的事件”

(Schein，1987，p. 34)。过程咨询的目标是缓和矛盾的情绪方面，改善当事人的沟通，让他们重新获得或增强处理争端的能力。

调解和过程咨询的区别在于：调解人或多或少会关心一些争端中的实质性议题，而过程咨询则只关注如何改善沟通和矛盾的解决程序（参见 Cross and Rosenthal，1999）。过程咨询顾问教给当事人怎样更高效、更有成果地处理矛盾，以取得更好的结果。第三方介入的目的就是建立一个基础使对话在实质性议题上取得成果，并教给当事人怎样避免矛盾升级。

过程咨询行为

过程咨询顾问可以使用很多策略。他们的第一步通常是将当事人分开，通过访谈确定各方的看法、各自立场以及双方关系的历史。顾问用诊断阶段收集到的信息在双方之间构建一系列对话或对抗（Walton，1987）。设计会面是为了找到矛盾的原因以及各方的想法。会面在中立的地方举行，议题要事先讨论，参加会面的人选也要提前安排好。第三方的目的是鼓励当事人面对他们的差异和形成这些差异的原因。过程咨询顾问是这个过程的裁判员、计时员和看门人，使当事人始终不离正题，并确保矛盾不升级。过程咨询顾问会让所有方面都指向解决问题并促进双方融合，希望当事人能公开和面对彼此的差异，在未来能找出解决实质性差异的方法，并且在使用这种方法时不会使矛盾再度升级。过程咨询顾问主要做的是改变处理矛盾的氛围，促进双方围绕差异开展有建设性的对话，并使当事人有能力自己充当第三方。

过程咨询顾问应当具备与其他第三方相同的素质。首先，他们应当是技术方面的专家，对冲突及其动态发展很有研究，能够在感情上给当事人支持，并有技巧地对争端做出诊断。其次，他们应当是中立的，对一方或另一方没有偏见。再次，他们应该是权威的，也就是说，能够在过程中让当事人顺从他们，以便他们能介入和控制这个过程。尽管他们的目的并不是要强加给当事人一个特定的解决方案或结果，但他们必须能够影响当事人的互动模式，将他们分开或把他们放在一起，并控制他们互动的进程（参见第 18 章影子谈判）。如果没有这样的控制，当事人就会重新回到敌对状态。

过程咨询顾问关注的焦点是教会当事人如何自己解决实质性的差异，而不是为他们解决差异。过程咨询顾问将争端的议题放到当事人的手上。过程咨询要想产生效果，当事人自己必须能够应对潜在的破坏性矛盾，这样才能处理实质性的差异——这些对当事人来说经常是很困难的。

过程咨询经常用来改善当事人想要保持的长期关系。婚姻和家庭诊疗就是过程咨询的形式之一，组织发展和团队构建工作也属于过程咨询。它也被尝试用于协调劳资关系。在民族、政治和文化间的国际冲突中过程咨询也得到了应用（Kelman，1996）。在这些情境中，过程咨询的许多早期努力其实不是完全成功的。[17]一些研究在以下方面对过程咨询做了更好的阐述。

1. 如果在一个争端中，当事人被一个或多个未解决的主要议题禁锢住，过程咨询作为一种介入手段将不会太有效，因为过程咨询是要改变当事人之间关系的本质，而只有在当事人处于一种公开的矛盾或敌对的间隙中，过程咨询才可能起作用（Walton，1987）。

2. 处理短期关系时，过程咨询可能没有效果。当事人如果未来不可能合作，教给他们如何有效解决争端就是没有意义的。

3. 如果争端中的实质性议题是分配式的或零和的，过程咨询也可能没有效果。过程咨询的目的是改善整合式谈判的关系，提高谈判技巧。如果争端的实质或支持者给予的压力不鼓励或不支持这一整合式过程，那么过程咨询也不可能有效果。如果议题是分开的，或当事人有压力并保持强硬的立场，过程咨询的效果将被削弱。

4. 如果冲突程度很高，当事人更倾向于报复和惩罚而不是和解，过程咨询可能是无效的。当持续的矛盾使当事人感到疲惫，他们不想再继续争斗，想要解决矛盾，或当事人想共存，但不知道怎样做时，过程咨询才可能奏效。如果当事人没有足够的动力共同工作，会削弱过程咨询的效果。任何一方如果做不到信任、合作和诚信，冲突会很快升级。

一些优秀的实践者有具体详尽的程序为构建当事人对话提供便利，推动他们解决问题，并重塑他们之间的关系。凯尔曼（Kelman，1996）在以色列和巴勒斯坦之间成立了很多互动型的问题解决工作室，这些工作室不仅改善了当事人之间的关系，而且改善了这两个群体进行大型谈判的基础。米切尔和班克斯（Mitchell and Banks，1996）提供了一份有价值的线路图，指出应当如何利用这种工作室模式，并提供了一些能够将敌对的当事人撮合到一起的经验和行动。另外，邦克和奥尔本（Bunker and Alban，1997）总结了不同情况下的大组别干预，这些干预的目标是将很多不同的小组、利益相关者或支持者放在一起，协调和推动整个体系的计划和变化。邦克和奥尔本说明了这种推动和过程咨询能够用于组织发展，以加强大型组织和系统在单个计划活动中的应变能力。

正式介入方式的混合模式

很明显，调解和仲裁有各自的优缺点，人们做了一些工作来弥补它们的缺点。仲裁的缺点包括：

- 当事人预计会接受第三方介入时，可能会有负面的效果（如冷却和麻醉效果）。
- 从当事人那里拿走结果控制权。
- 当事人可能不愿承担执行结果的义务。

调解的缺点包括：

- 缺乏执行任何特定解决方案的动力，或者根本不想去解决问题。
- 争端可能永远持续或模糊不清。
- 争端有可能升级，产生更大的破坏性，付出更高的代价。

一些研究者提出，将调解和仲裁组合成两阶段争端处理模型可能会使它们的缺点最小化。[18]

调解-仲裁

斯塔克和诺茨（Starke and Notz，1981）提出，调解可以作为仲裁的初步阶段，即调解-仲裁，对争端的解决有补充和促进的作用，但只对最终报价的仲裁有效。这是因为在常规的仲裁中，当事人希望由仲裁人裁决再达成妥协，虽然调解希望做出一些妥协，但当事人宁愿等仲裁人裁决而不是在调解过程中做让步。相反，对最终报价的仲裁能够使当事人有动力对他们当前立场的合理性进行评估。因此，他们更愿意在仲裁前改变自己的立场，这样就可以提高仲裁者做出对己方有利裁决的概率。在一项关于仲裁与谈判的实验研究中，格里格斯比和比格尼斯（Grigsby and Bigoness，1982；Grigsby，

1981）发现，加入调解减弱了最终报价单项仲裁产生的冷却效果，但在常规仲裁、最终报价整体仲裁或没有仲裁时，加入调解反而会增强冷却效果。

仲裁-调解

另外一个混合的方法是仲裁-调解，包括三个步骤。第一，仲裁人举行一场听证会，并做出决定，但这个决定“被装在封口的信封里，而不告诉当事人”（Conlon，Moon and Ng，2002，p. 979）。调解是在第二阶段。如果没达成协议，到第三阶段再对当事人公布仲裁结果，并对双方形成约束力。在模拟研究中对仲裁-调解的有效性进行了检验，康伦等（Conlon et al.，2002）在一项模拟研究中发现，仲裁-调解解决争端的比例更高，与调解-仲裁相比整体效果更好（也可见 Ross and Conlon，2000）。

19.4 非正式的介入方式

在本章中我们分析了第三方解决争端常用的三种正式介入方式：仲裁、调解和过程咨询。如果是领导、父母、顾问或其他人作为第三方介入他人的争端则经常采用非正式的方式。谢泼德（Sheppard，1984）提出了一个归类方法，普遍适用于第三方介入程序。谢泼德的模型不是告诉领导们应该怎样介入矛盾，而是描述了他们在实际中是如何介入矛盾的。这个模型是对蒂博和沃克（Thibaut and Walker，1975）程序体系的扩展。正如我们在本章前面提到的，蒂博和沃克认为争端的解决可以分为两步：开始是程序或过程步骤，这一步中收集和展示证据或论据；然后是结果或裁决步骤，这一步评估证据，决定哪方占优势。他们将介入矛盾的方式分为第三方控制过程、控制结果或两个都控制。控制过程和结果两个方面被认为是介入矛盾的两个维度，第三方在处理争端时可以在不同程度上使用这两个维度。第三方对过程和结果控制的程度不同构成了一个矩阵（见图19-2）。谢泼德（1983）让在职的领导描述他们上一次介入下属争端时的情况，并记录了他们作为第三方对过程和结果控制的程度。谢泼德得出结论，领导在介入下属矛盾时使用了以下三种主要方式之一（见图19-5）。

1. 严格询问式介入。这是最普遍的一种介入方式。采用这种介入方式的领导，对过程和结果的控制程度都很高。他让双方说明各自的情况，问一些问题以探查各方的立场，并经常对谁发言和讨论什么话题加以控制。然后他提出一个他认为能够解决争端的方案，强加给双方接受。严格询问式介入是审判式处理矛盾的方法，这在欧洲法庭常用。

2. 对立式介入。采用对立式介入的领导对结果有高度的控制，对过程则没有。他们不对整个事件提问，也不控制当事人矛盾中具有破坏性的方面，相反，他可能会听各方告诉他的内容，然后在当事人陈述的基础上告诉他们应该怎样解决问题。这个方式与仲裁很相似，也是美国法庭经常采用的方式。

3. 激励式介入。采用这种介入方式的领导通常不控制结果，对过程控制也很少，他会很快地对矛盾做一个判断，然后告诉当事人如果不自己解决，那么他就找一个解决方法。换句话说，领导首先问“发生了什么?”当他知道发生了什么，然后说，“你们最好解决这个问题，否则我就为你们解决，而你们中的任何一个可能都不喜欢这个解决办法!”

		领导对结果的控制程度	
		高	低
领导对过程的控制程度	高	严格询问式介入	调解式介入
	低	对立式介入	激励式介入

图 19－5　领导的第三方介入方式

资料来源：Adapted from Sheppard，Blair H.，“Managers as Inquisitors：Some Lessons from the Law，” in Bazerman，Max H. and Lewicki，Roy J.，eds.，*Negotiating in Organizations*. Thousand Oaks，CA：Sage Publications，1983，193－213.

哪个方法更有效

谢泼德的研究表明领导会很自然地表现得像一位严格询问的法官或仲裁人，又或者他威胁当事人，如果他们自己不解决争端，他就会采用一种不受欢迎的方式解决。图 19－5 中剩下的一格，我们称为“调解式介入”，它与正式调解一样，但它不是领导经常采用的方式。在这之后的一些针对领导行为的研究表明，领导声称他们更愿意作为第三方以调解的方式介入，但在他们未受过训练的情况下是否真的能做到还不清楚（Lewicki and Sheppard，1985）。当处理一个矛盾时，领导假设当事人无法自己解决争端，因此他必须决定结果（参见 Sheppard，Blumenfeld-Jones，Minton and Hyder，1994）。看上去领导是想调解，但在实际中观察到的情况是，他们远比调解人对结果有更多的控制，他们真实的行为更像审问者而不是调解人。

平克利和他的同事还研究了影响第三方选择介入方式的关键因素（Pinkley，Brittain，Neale and Northcraft，1995）。他们发现了影响领导选择介入方式的五个维度。

1. 相对于潜在的问题，领导在多大程度上关注当事人对矛盾的陈述。
2. 对第三方提出的解决办法（与被迫相对）自愿接受的程度。
3. 第三方与当事人在结果控制方面的较量。
4. 第三方处理矛盾的个人方法。
5. 争端是公开处理还是私下处理。

显然，领导和其他权威人士通常有权力介入争端。不仅因为他们对工作场合的争端和解决方案感兴趣，也因为他们有力量去介入。康伦、卡内瓦莱和莫宁汉（1994）发现，2/3 的领导作为第三方会选择将结果施加给当事人，当他们感觉到当事人无法合作时更会这么做。这与其他领导介入争端的实证研究是一致的（Sheppard et al.，1994），沃特金斯和温特斯（Watkins and Winters，1997）将该模型扩展，用来描述每种介入方式的两难处境。

在非正式的第三方介入中应该更多地使用调解，这已经得到很好的证明。卡兰贝亚和布雷特（Karambayya and Brett，1989）通过对模拟课堂进行研究，发现领导判断情境的方式不同，领导扮演的角色不同。他们的研究还对谢泼德（1983，1984）的模型提供了支持，而且发现比起其他争端解决方式，调解能达成更公平的结果。调解对当事人更公平，这对布雷特和罗根斯（Brett and Rognes，1986）的说法也提供了支持，领导作为第三方应该充当调解人的角色。卡兰贝亚、布雷特和莱特尔（1992）还利用模拟课堂发现，领导最可能以专制或调解的方式介入，这与领导的权威和经验有关，取得的结果也不同。抛开经验不谈，有权威的第三方相较于没有权威的第三方更可能采用专制的方式，而平级的介入者表现得更像调解人。专制式介入可能会使结果“一边倒”并产生僵局，而调解式介入可能会产生妥协。领导很少使用调解方式，是出于对自身角色的理解，他们倾向于将处理矛盾看作一种实践的机会，这会导致他们不采取调解的办法（Sheppard et al.，1994）。在研究中发现，有较多管理经验的介入者相比那些经验不多的介入者较少使用专制式介入方式，有较多权威和经验的第三方更倾向于使用调解方式。

最后，康伦和法索洛（Conlon and Fasolo，1990）认为，尽管调解式介入可能比专制式介入更好，但时机很重要。调解人对介入时机的把握（不早也不晚）会影响当事人对程序公平性的感觉。快速的介入会使当事人感觉失去了控制权和发言权，也就是说，当事人感觉他们失去了决定的能力，无法使事情达到自己满意的程度。由于违反了原本的程序，当事人会感觉不适，他们对第三方介入的满意度也不会高，也就是说，当事人感觉他们被拒绝采用正常的程序步骤和保护措施。

第三方在非正式争端解决和矛盾处理中所扮演的角色在尤里（2000）的书《第三方》（*The Third Side*）中有极详尽的阐述。尤里认为第三方可以从三个阶段影响矛盾：（1）阻止矛盾，这种介入可以阻止潜在矛盾的出现；（2）解决矛盾，使出现的矛盾得到处理；（3）抑制矛盾，要解决当前的矛盾是一项挑战，第三方要遏制这种矛盾。尤里描述了第三方帮助他人解决争端时扮演的 10 种角色（见表 19-3），对每个阶段和第三方可能扮演的角色都有详细的讨论。

表 19-3　第三方扮演的 10 种角色

矛盾升级的原因	矛盾改变的方法
阻止阶段	
需求迫切 缺乏技巧 关系差	提供者 教师 “桥梁建设者”
解决阶段	
利益间的冲突 权力有争议 力量不平等 关系受损	调解人 仲裁人 平衡者 治疗者
抑制阶段	
缺乏注意力 缺乏限制 缺乏保护	证人 裁判 和平维护者

资料来源：Ury，William，*The Third Side：Why We Fight and How We Can Stop*. New York，NY：Penguin Books，2000.

矛盾可能在阻止阶段升级的原因有：（1）需求迫切；（2）缺乏技巧；（3）关系差（见表 19-3）。人们有几个基本的需求（如安全、爱和认同），这些需求得不到满足就会产生矛盾。提供者的角色就是使人们的需求得到满足。例如，好的领导会经常表扬员工，或晋升员工，保证他们在工作方面得到积极的认可，避免员工不满以及在工作中产生矛盾。矛盾的产生通常是源自缺乏处理矛盾的技巧，以及无法接受不同意见。教师的角色就是教会人们应对差异和冲突的技巧。关系差是产生矛盾的另一个原因，第三方可以帮助阻止矛盾升级。第三方在这里要发挥“桥梁建设者”的作用，找到办法改善双方的关系，避免矛盾升级。例如，领导可以让办公室中两派的成员到同一个项目组中工作，以便在办公室中建立起联系的纽带。

在解决阶段，矛盾可能会升级的原因有：（1）利益间的冲突；（2）权力有争议；（3）力量不平等；（4）关系受损（见表19-3）。调解人的角色是通过打开当事人之间的沟通渠道，帮助他们调和不同意见，并帮助他们找到解决办法。仲裁人的角色是当争端的当事人无法自己做出决定时，要在对立的立场中做出选择。例如，当下属分别支持两个市场营销计划时，领导要决定采用哪个。平衡者的角色是在解决矛盾时保证弱势一方的意见会被听取。例如，在一个项目组中不太发言的成员的影响力会很小，平衡者要采取行动保证他们的意见会被听取。治疗者的角色是处理矛盾的情绪后果，避免其成为未来矛盾的源头。例如，两个同事因产生的矛盾十分生气，矛盾解决后，治疗者依然要倾听双方当事人的感受，帮助他们处理残余的受伤情绪，避免将来再产生矛盾。

在抑制阶段，矛盾可能会升级的原因有：（1）缺乏注意力；（2）缺乏限制；（3）缺乏保护（见表19-3）。证人的角色是通过观察和记住他在场时发生的事件，抑制矛盾升级。一位中立的证人在场可以抑制矛盾，因为人们通常不太愿意当证人在场时让矛盾升级。裁判的角色是给行为设置界限，明确哪些行为是可接受的。例如，裁判可以允许在争论中使用激烈尖锐的言辞，但不允许发生肢体冲突。和平维护者的角色是介入争端，以防止发生暴力冲突，或在发生时制止这种冲突。联合国在交战的国家间经常扮演这种角色，在敌对的个人之间人们也会扮演这种角色。

尤里（2000）的模型被认为是一个整体，为研究各种类型矛盾的正式与非正式介入开辟了一条新的途径，但这并不是一个阶段性模型，也就是说，第三方在处理矛盾时不一定按照事先规定的顺序。尤里认为，不同的争端需要不同的介入方式，根据所面临的不同情况，第三方应该选择不同的顺序，使用不同的介入方式。尤里给出了一条清晰的建议，适用于所有第三方，即“必要的话抑制，可能的话解决，最好是全面阻止”（p. 113）。

尽管研究结果表明应该多使用调解作为第三方介入的手段，但这点仍需进一步的研究证明。要更多地关注领导如何更好地把握调解机会，如何学习更有效地调解，近来对领导的研究结果是否也适用于其他矛盾情形中的第三方（例如，在同级的人和朋友中）。比如，希斯托夫斯基（Shestowsky，2004）的研究发现，民事争端者更倾向于中立的第三方，相比于那些想要控制结果、过程或决策规则的第三方，中立的第三方更能帮助当事人找到自己的解决办法。另外，还需要更多的研究来确定在法律和非法律情况下哪种非正式的第三方是受欢迎的而且是有效的，并找到哪些环境因素导致了这一结果。

19.5 替代性争端解决系统

从组织的立场来看，争端似乎是不可避免的，而且一定类型和程度的争端是健康和适当的。我们认为，矛盾的解决最好让当事人自己完成。本章描述的一些情况已经偏离了这一点，例如当事人无法自己解决矛盾或现有的矛盾得不到解决并已经开始造成危害。不同的组织（如企业、法庭或是非营利组织）可能会面临相似的情况。对于组织来说，这些争端的后果包括：

- 浪费时间、金钱和感情，消耗资源，失去机会。
- 争端者的满意度低。
- 损害长期关系。
- 矛盾可能扩大或矛盾再次发生（Brett，Goldberg and Ury，1990）。

替代性争端解决（alternative dispute resolution，ADR）系统的灵感可以追溯到弗兰克·桑德（Frank Sander）1976 年的一次演讲（Moffitt，2006）。作为庞德会谈（Pound Conference）的法律专家，桑德曾说过，对某些特定类型的争端，诉讼是唯一有效的方式，但也要考虑创立一些其他的机制以便在更大范围内解决争端（Moffitt，2006）。

从 20 世纪 80 年代开始，美国的许多大型组织引入了 ADR 系统，它应用的广泛程度不断提高（Bingham，1999）。从那时开始，ADR 系统扩展到了其他国家（参见 Jackson and Caligari，2007）并被用于解决在线矛盾（Miller-Moore and Jennings，2007）。我们在专栏 19.5 中提供了一个很有趣的例子。ADR 系统被美国法院体系定义为解决争端时“不由法官主持判决的任何过程和程序”（28 U. S. C. 651，1998）。我们在本节中对 ADR 系统的讨论仅限于组织处理争端时采用的正式 ADR 程序（formal ADR procedures）。人们已经发现，这些程序可以给组织带来一些好处，包括更快、更经济地解决争端。[19]

专栏 19.5

同级别员工决定同事的命运

在红龙虾餐厅工作的一名女招待被投诉偷走了顾客的意见卡，意见卡就放在餐厅的意见箱中。意见卡上抱怨肋排没熟，侍者“不够合作”。这名女招待是海顿女士，她在该餐厅已经工作了 19 年。她说自己想把意见卡拿给她的老板看，并不是偷它，但当客人向老板口头抱怨时，老板发现卡片丢失了，因此她解雇了海顿女士。海顿女士说被解雇就好像“用刀刺穿了她”。

正常情况下，如果员工感觉受到了不公平对待，会采取法律手段控告餐厅，但红龙虾餐厅允许被解雇或被处罚的员工向一个由同级别员工组成的小组求助。这个小组举行听证，可以推翻管理层的决定，甚至可以对造成的损害进行补偿。海顿女士向一个这样的小组求助，该小组由一名总经理、一名助理经理、一名服务员、一名女侍者和一名酒吧服务员组成，他们决定海顿女士的命运。海顿女士选择同级别员工调查程序是因为她觉得这个花费更少，而且这些人知道餐厅中的流程，能够更好地判断这件事情。小组访问了当事人的经理、海顿女士和一名女侍者，重新梳理了发生的事件以及双方当天说了什么、做了什么。在一个半小时的谨慎商议后，他们一致认为应该恢复海顿女士的工作。他们说海顿女士已经尽了最大努力安抚这位愤怒的客人，而且禁止阅读意见箱中的内容只是一条不成文的规定，并没有在餐厅中强制实行，但是因为违反了政策，他们决定惩罚海顿女士，她被停工三周。海顿女士对这个决定很满意，餐厅的法律顾问说这个小组做出了正确的选择，餐厅经理也很友善，当海顿女士返回工作岗位时给予了很多帮助。

达登工业集团（Darden Industries）是红龙虾连锁餐厅的所有者，1994 年建立了同级别员工访谈制度。在四年中，公司在解决员工纠纷方面节省了 100 万美元的法律费用。他们说每年大约有 100 件案子递交到评审小组。这个项目也减弱了顾客和员工之间的紧张关系。

资料来源：Adapted from Jacobs，Margaret A.，“Red Lobster Tale：Peers Decide The Fate of a Fired Waitress，” *The Wall Street Journal*，January 20，1998，B1，B6.

科斯坦蒂诺和麦钱特（Costantino and Merchant，1996）认为 ADR 系统大致可以分为六大类（见图 19－6）。

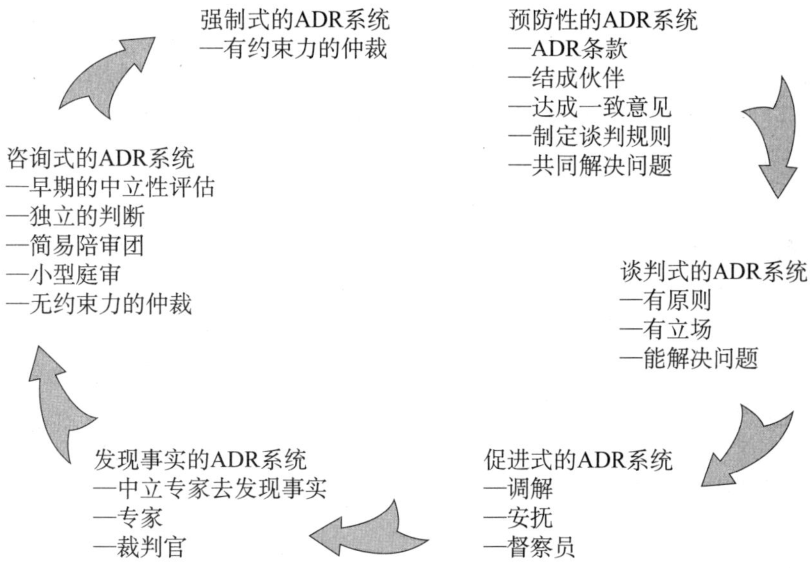

图 19－6　ADR 技术动态图

资料来源：Costantino，Cathy A.，and Merchant，Christina Sickles，*Designing Conflict Management Systems*. San Francisco，CA：Jossey-Bass，1996，38.

1. 预防性的 ADR 系统，是指公司采取该系统防止争端的产生。比如，公司可以将条款写进合同中，任何争端都可以自动去寻求 ADR 解决；当争端发生时，公司也可以给当事人提供专门的渠道去见面和解决问题。

2. 谈判式的 ADR 系统，是允许当事人在没有第三方帮助下由自己解决争端的机制，使用我们前面讨论过的谈判程序。

3. 促进式的 ADR 系统，是提供一个中立的第三方（如督察员）帮助当事人解决问题的谈判。这个第三方像一个调解人，经常要为弱势一方辩护，以确保他们的意见被听取（参见 Rowe，2015）。

4. 发现事实的 ADR 系统，是让第三方中的技术专家找到特定情况下的事实，以及解释这些事实。在是否遵从技术专家提供的信息和结论方面，当事人通常会提前达成一致。

5. 咨询式的 ADR 系统，是第三方用专业知识推断如果争端由仲裁、法庭或其他程序解决会有什么样的结果。每一方都对另一方的情况有一个现实的认识，知道仲裁人或法官会怎么做，不用真的走到那一步而花费那么大代价或者忍受那个结果。

6. 强制式的ADR系统，是指第三方的决定对双方都有约束，当事人必须接受。约束性仲裁是强制式ADR系统最常见的一种形式。

ADR系统发展非常迅速。好消息是，很多公司已经开始学习如何有效地利用ADR系统，它们在这个过程中受益匪浅：节省了大量的时间和金钱，关系没有被破坏，甚至在这个过程中得到了加强（参见Bourdeaux，O'Leary and Thorburgh，2001）。公司与员工、客户、供应商和监管人员面临法律诉讼时，用它作为替代手段。ADR系统的效率较高。不足的方面是，ADR系统的出发点是好的，但在处理员工矛盾时设计不足，运行较差，经常会演化为“私人的判决体系，形式与费用都与本想避免的法律诉讼一样”（Carver and Vondra，1994，p. 120）。

另外，一些专家也表达了担忧，如ADR系统的准入不平等，ADR专家缺乏多样性，ADR专家的能力不均（Hoffman，2006）。很明显的一点是，ADR系统多种多样，系统的整体设计是能否有效发挥作用的关键（Bendersky，2003，2007）。

卡弗和冯德拉（Carver and Vondra，1994）定义了下列可能削弱ADR系统作用的因素。

- 只关心能否赢而不想如何解决矛盾（或相反，一些人使用ADR系统是因为他们认为在法庭上赢不了）。
- 将ADR系统作为诉讼的一种替代方式而不是更好的争端解决方式。
- ADR系统不过是经过伪装的法律诉讼。

某些关键因素可以推动设计一个有效的争端解决系统。[20]第一，保证当事人在开始使用专门程序前，明白他们的选择是什么。当事人要深入理解他们选择的这种程序，并且要首先尝试低成本的选择（参见Shestowsky，2017）。第二，使用者可能需要参与到争端解决系统的设计中，这样才能使系统有效（Carter，1999）。第三，任命、培训和支持相关人员在争端解决中对当事人提供建议和帮助（Gadlin，2000；Stieber，2000）。例如，一个监察官员舞弊情况的政府官员通常被认为是“掌握大量机密消息的非正式信息源、交流渠道，处理投诉或帮助组织改善、革新”的人（Rowe，1995，p. 103）。传统上这类人可以为当事人提供多种选择，在严格保密制度下工作，可以作为“调解人、法律顾问和第三方介入者”（Rowe，1995，p. 105；也可见Rowe，2015）。最后，麦克尤恩（McEwen，1999）认为改善争端解决系统的途径是通过系统性研究，并提出这个研究应该考虑的几个方向。

布雷特、戈德堡和尤里（1990）建议，如果组织决定采取一些更广泛的途径，在设计和运行争端解决系统时应遵循以下几个原则：

1. 争端前咨询，争端后给出反馈（尝试公开那些会引发矛盾的议题和决议，将处理争端时的教训记录下来并形成报告）。

2. 将关注点集中在利益上而不是立场或性格上（Fisher，Ury and Patton，2011）。

3. 通过“回放”教育当事人（通过系统运行中得到的教训，告诉他们处理争端的过程）。

4. 建立和使用成本效益更高的全力保护机制，调整力量之间的不平衡。

5. 在成本效益机制下安排并采取救济措施，即在尝试高成本方法之前尽量先使用低成本方法。

6. 向当事人提供必要的技能、资源和激励，让他们更容易、更有建设性地使用这个系统。

7. 与所有相关方共同努力，使这个系统的设计更可行并且更有价值。

林奇（Lynch，2001）认为ADR系统的评估方式应当与基于个案的冲突管理有所不同，因为要根据不同的情况用不同的方式处理矛盾。根据林奇的说法，一套健康的ADR系统在组织上应具备五个特征：（1）它们是全面的，这样对所有人和所有类型的问题都适用；（2）有解决矛盾的文化，能够在一个积极的环境中面对和处理矛盾；（3）有多条路径进入系统，有专家对系统提供支持；（4）有选择权，如果当事人希望同伴和调解人参与，允许当事人这么做；（5）有支持机制，如取得最高管理层和教育项目方面的支持，使ADR系统制度化，并提供安全措施。

本章小结

当谈判者不能达成一致意见或解决矛盾时，第三方介入可能会起作用。在本章中，我们介绍了三种正式的第三方介入类型：仲裁、调解和过程咨询。作为争端解决的介入方式，每种方式都有自己的优势和缺点。按照当事人向第三方交出谈判过程和结果的控制权程度的不同划分了不同的类型。仲裁是一个构造好的过程，当事人可以相对自由地表述他们的看法，仲裁人决定结果，并常常将结果强加于当事人。调解则主要是控制当事人的互动模式，包括肢体表现和沟通方式。尽管调解人可能会通过建议和引导给当事人提出可能的结果，但他们一般不为当事人选择结果。过程咨询与仲裁和调解相比，参与争端议题更少，更多的是帮助建立和扩大沟通，提高当事人现在和未来解决争端的技巧。

人们正在系统地研究其他第三方角色和类型，包括我们提到的三种由正式方式演化而来的非正式方式，考察它们的应用和影响。组织为替代性争端解决（ADR）系统提供支持，经那些愿意投入必要的资源进行系统设计和运行的组织带来了很大好处。关于怎样掌握和适当运用非正式的第三方技术处理不同类型的矛盾，以及第三方从个体和组织上怎样有效地帮助解决矛盾，还有很多工作要做。

最后我们简短综述了一些有关替代性争端解决（ADR）系统的最新研究，包含一系列技巧，雇主可以采用这些技巧处理工作场合的矛盾，避免与员工和组织外的人员发生法律诉讼。ADR系统不仅包括调解和仲裁，而且包括采用一些混合型的方法，去听取雇员的意见。它的目的是找到可以降低成本的争端解决过程，减少诉讼和庭审案件，让组织高效地、有效地处理员工矛盾。

关键术语

第三方（third parties）：谈判参与方以外的其他力量。

沉没成本（sunk costs）：由于过去的决策已经发生的，而不能由现在或将来的任何决策改变的成本。

仲裁（arbitration）：当事人根据他们之间订立的仲裁协议，自愿将其争议提交给由非官方身份的仲裁员组成的仲裁庭进行裁决的一种制度。

整体解决框架（total settlement package）：在谈判中将多个议题放在同一个框架中解决。

自愿仲裁（voluntary arbitration）：当事人不一定要遵守仲裁人决定的仲裁方式。

约束性仲裁（binding arbitration）：当事人必须要遵守仲裁人决定的仲裁方式。

最终报价仲裁（final-offer arbitration）：裁决人必须在当事人的报价中做出选择，而不能采取折中的仲裁方式。

调整事项仲裁（interest arbitration）：一些新的合同如果无法通过谈判达成，经常会被提交给仲裁人。当一个新的合同提交给仲裁人裁决时，称为调整事项仲裁。

申诉仲裁（grievance arbitration）：对现有合同的解释做出裁决的仲裁。

仲裁的冷却效果（chilling effect）：当谈判者预感到他们不能达成一致而需要进行仲裁时，他们可能会停止使用谈判中还能想到的其他解决方法。

仲裁的麻醉效果（narcotic effect）：当谈判者谈判失败而同意选择冲裁时，他们会失去协商的兴趣。

仲裁的半衰期效果（half-life effect）：随着仲裁次数的增多，所做的裁决不讨一方或双方喜欢的可能性也会增大。

仲裁的偏见效果（biasing effect）：尽管每个单独的仲裁在当时的情形下看是公平的，但如果被认为在总体上偏向某一方也会对争端者接受裁决产生不利影响。

裁决的接受效果（decision-acceptance effect）：争端方是否愿意遵从仲裁的裁决结果。

调解（mediation）：双方或多方当事人就争议的议题在第三方主持下自愿进行协商，促成各方达成协议、解决争端的办法。

过程咨询（process consultation）：顾问的一系列活动，帮助当事人认识、理解并处理发生在他周围环境中的事件。过程咨询的目标是缓和矛盾的情绪方面，改善当事人的沟通有效性，让他们重新获得或增强未来处理争端的能力。

严格询问式介入（inquisitorial intervention）：最普遍的一种介入方式。介入者采用这种介入方式说明他对过程和结果的控制程度都很高。严格询问式介入是审判式处理矛盾的方法，这在欧洲法庭常用。

对立式介入（adversarial intervention）：采用对立式介入的介入者对结果有高度的控制，对过程则没有。这个方式与仲裁很相似，是美国法庭经常采用的方式。

激励式介入（providing impetus）：采用这种介入方式的介入者通常不控制结果，对过程控制也很少。他会很快地对矛盾做一个判断，然后告诉当事人如果不自己解决，那么他就找一个解决方法。

替代性争端解决系统（alternative dispute resolution system，ARD system）：对某些特定类型的争端不采用诉讼，而创立一些其他的机制例如调解和仲裁，来解决争端。

注 释

[1] For a broad treatment of these and related issues, see Lewicki, Weiss, and Lewin (1992); Mayer (2000); Singer (1990, 1994); and Ury (2000).

[2] See Bennett (2014); Bingham, Chesmore, Moon,

and Napoli (2000); Bobekova (2015); Carnevale and Pruitt (1992); Duursma (2014); Galin (2014); Moore (1996); Nabatchi and Bingham (2001); Sulzner (2003); and Ury, Brett, and Goldberg (1988).

[3] This does not appear to extend to international mediation, where biased mediators may not be a liability (see Vuković 2015).

[4] We have described the three most frequent third-party roles, but several authors have suggested numerous other formal roles (for instance, see Diehl, Druckman, and Wall, 1998; and Ury, 2000). Interested readers should consult the references cited throughout this chapter to explore the research and practice on third parties in greater detail.

[5] For instance, see Brett and Goldberg (1983); Devinatz and Budd (1997); Kanowitz (1985); and Kochan (1980).

[6] See Grigsby and Bigoness (1982); Kritikos (2006); Long and Feuille (1974); Neale and Bazerman (1983); and Starke and Notz (1981).

[7] See Baruch Bush (1996); Carnevale and Pruitt (1992); Kochan (1980); Kochan and Jick (1978); Lewicki, Weiss, and Lewin (1992); Wall and Lynn (1993); and Wall, Stark, and Standifer (2001).

[8] See Drayton (1981); Reich (1981); and Susskind and Cruikshank (1987).

[9] See Kriesberg (1991); Rubin (1981); and Zartman (1989).

[10] Further discussion of ripeness can be found in Coleman (2000a); Eliasson (2002); Greig (2001); Nissen and Waage (2015); and Zartman (2015).

[11] See Carnevale and Conlon (1990); Conlon and Ross (1993); Kaufman and Duncan (1992); Smith (1985); Touval and Zartman (1985); van de Vliert (1992); Vuković (2015); and Zartman (2008).

[12] A complete framework for understanding mediation must take into consideration a very large number of factors, and a complete understanding of the role and impact of these factors is beyond the scope of this book. For more detail, see Barrett (1999); Herrman, Hollett, Gale, and Foster (2001); and Wall and Lynn (1993).

[13] See Folberg and Taylor (1984); Holaday (2002); Kochan (1980); Kressel (1972); Lovenheim (1989); Moore (1996); Poitras and Bowen (2002); Saunders (2003); and Wall (1981).

[14] Poitras, Bowen, and Byrne's (2003) model applies to negotiations that have reached impasse or that have yet to start; "prenegotiation" is similar to the early stages of mediation in Moore's model.

[15] See Carnevale and Conlon (1988); Chaudrhy and Ross (1989); and Harris and Carnevale (1990).

[16] See Donohue (1989); Hiltrop (1989); and Lim and Carnevale (1990).

[17] See Benjamin and Levi (1979); Boehringer, Zeruolis, Bayley, and Boehringer (1974); Brown (1977); Cohen, Kelman, Miller, and Smith (1977); Hill (1982); and Lewicki and Alderfer (1973).

[18] See Grigsby (1981); Grigsby and Bigoness (1982); Ross and Conlon (2000); and Starke and Notz (1981).

[19] For discussion of the benefits of ADR systems, see Bingham (1999); Bingham and Napoli (2001); Loomis (2001); and Lynch (2001). For discussion about ADR design issues, see Bordwin (1999) and Levy (1999).

[20] For further discussion, see Brett, Goldberg, and Ury (1990); Costantino and Merchant (1996); Lynch (2001); Sheppard, Lewicki, and Minton (1992); and Ury, Brett, and Goldberg (1988).

N E G O T I A T I O N

| 第20章 |

谈判的最佳实践

学习目标

» 了解谈判在多大程度上既是一门艺术，又是一门科学。

» 研究谈判者成功完成谈判可以遵循的10个最佳实践。

谈判是日常生活中不可或缺的一部分，谈判的机会时刻存在于我们身边。有一些人可能是天生的谈判者，但谈判实际上是包含分析和沟通的一种技术，每个人都可以通过学习获得。本书的目的就是让读者对谈判有整体的了解，了解谈判中每个过程的广度和深度，并欣赏到谈判的艺术性和科学性。作为本书的最后一章，我们将在更广的层次上思考谈判，并且为谈判者提供 10 个最佳实践（参见表 20－1），帮助人们提高自己的谈判技巧。

表 20－1　谈判者的 10 个最佳实践

1. 做好准备工作
2. 分析谈判的基本结构
3. 确定最佳替代方案
4. 愿意撤出谈判
5. 掌握谈判中的关键矛盾
    - 价值申明与价值创造
    - 坚持原则与顺水推舟
    - 坚持策略与相机而动
    - 诚实开放与封闭迟钝
    - 信任与不信任
6. 留意无形因素
7. 积极处理联盟关系
8. 珍惜并保护你的名誉
9. 记住合理性和公正性都是相对的
10. 不断地从经验中学习

20.1　做好准备工作

我们没有过分强调谈判准备工作的重要性，我们强烈建议所有的谈判者都要为谈判做适当的准备（参见第 4 章）。准备不一定要费时费力，但它应该是每个谈判者的最佳实践中最为重要的内容。做好充分准备的谈判者拥有很大的优势，包括及时有效地分析对方开出的条件、理解让步过程中的细微差别以及实现他们谈判的目标。准备应该在谈判开始之前进行，这样谈判才能更富成效。良好的准备工作要求尽可能地了解己方的目标和利益，并能够有技巧地、清晰地表达给对方；还包括理解对方的沟通方式，找出满足双方需要的解决方式。双方至少要在一些目标上达成一致，否则，谈判很少能够取得成功。前期做好扎实的工作，确定自身的需要并能理解对方的需要，是提高谈判成功率的关键步骤。

良好的准备工作还意味着要对谈判结果寄予期望，期望要高，但也要能够实现。谈判者如果将眼光放得太低，则实际中不可能达到最优的结果；如果放得太高，又可能造成僵局，并使谈判在尴尬中结束。谈判者还要认真考虑自己的开场陈述和立场，这样他们就可以在谈判开始之时做好充分的准备。有一点比较重要，那就是不必对整个谈判过程都提前做准备，因为谈判不一定按照你所认为的步骤进行，它的节奏可能并不符合常规。谈判开始前对每个谈判步骤的策略做过度的规划，很多时候是浪费时间，而更好的办法是，谈判者要认识到自己的优势和弱点、需求和利益、所处的情况，同时也要弄清对方的这些情况，以便能够随着谈判的进行及时、有效地做出调整。

最后，意识到谈判的大环境所带来的影响，并为之做出准备也是十分重要的。例如现有关系的性质、观众的存在、各派结盟的机会、在组内和组间进行的谈判（参见第10～13 章）以及跨文化差异产生的后果（参见第 16 章）。谈判者需要认识到这些相关因素怎样影响谈判。

20.2 分析谈判的基本结构

谈判者需要清晰地判断他们面对的谈判是分配式的，还是整合式的，或两者兼有，并相应地选择他们的战略和战术。如果战略和战术使用不当，谈判将无法达到最优的结果。例如，如果在整合式谈判中过度使用了分配式谈判战术，那么最终达成的协议就没有充分发挥整合的潜力，这是因为当采取分配式谈判战术时，谈判者就不愿意共享信息，而这些信息正是整合式谈判取得成功所需要的。在这种情况下，金钱和机会白白浪费了。

与此类似，在分配式谈判中使用整合式战术，同样也可能达不到最优的结果。例如，本书的一位作者最近想买一辆新车，销售人员花费了很多时间和精力来询问他的家庭情况，并向作者保证会尽最大努力使作者获得尽可能高的价值。但是通过他不动声色地试探和转换话题，依然从销售人员那里搞清楚了车的底价及厂商近期的优惠信息。对于这位作者来说这就是一个纯粹的分配式谈判，他并没有被销售人员“整合式”的讨价还价迷惑。结果，这位作者从另一位经销商那里买了车，他以一种直接的方式提供了作者所需要的信息，并且同样的一款车在价格上比第一位经销商低了 1 500 美元。

谈判者还需要记住，许多谈判都是分配式和整合式两种方式的结合，谈判中既有分配式阶段，也有整合式阶段。尤为重要的是，谈判者在这两个阶段之间转换时要小心谨慎，如果采取了错误的步骤将会使对方迷惑，并导致谈判陷入僵局。同样重要的是要记住，由于认知和决策偏差（参见第 6 章），大多数谈判者倾向于高估谈判为分配式的可能性，因此需要更加警惕这种可能性，即实际上以整合式方式与对方谈判可能会产生创造性的、整合性的结果。

最后需要注意的是，有些时候和解、回避和妥协也可能是恰当的策略（参见第 1 章）。成熟的谈判者会识别这些情况并采取合适的战略和战术。

20.3 确定最佳替代方案

谈判中最重要的力量来源之一就是，谈判者在无法达成协议时能够拥有可替代的方案（参见第 2、4、8 章）。谈判的最佳替代方案（BATNA）非常重要，因为在无法达成协议时，谈判者可能会用到它。谈判者需要对自己的 BATNA 保持清醒。他们要知道 BATNA 与一个可能的协议有何关联，并有意识地改善 BATNA 从而改善该项交易。缺乏强有力 BATNA 的谈判者会发现自己很难达成好的协议，因为自己会受到对方的进攻性逼迫，最终被迫接受一个事后看起来并不满意的谈判结果。

例如，采购人员非常清楚，从唯一的供应商那里采购，如果缺乏有效的 BATNA 就很难达成有利的谈判结果。即使在这种情况下，谈判者仍然可以在一个较长的时期内改善他们的 BATNA。例如，处在单一供应商关系之中的公司通常会纵向整合生产过程，并由自己公司制造出相似的零部件，或者重新设计产品，以减少独家供应商对自己的控制。当然这些都是长期的对策，不适用于当时的谈判。但是，在与单一供应商进行谈判时，谈判者可以通过提及这些生产计划来提醒对方，自己并不是永远都依赖它们。

谈判者还要清楚对方的 BATNA，并与自己能提供的东西做比较。当谈判者达成协议的条件优于对方的 BATNA 时，在谈判时会更有利。当你的条件与对方 BATNA 差距不大时，谈判者没有太大的操作余地。涉及对方的 BATNA，谈判者需要做好以下三件事情：(1) 密切关注对方的 BATNA，以便弄清和保持你的竞争优势；(2) 提醒对方相对于他们的 BATNA，你提供的东西有哪些优势；(3) 以一种微妙的方式暗示对方，他们的 BATNA 可能并不像其想象的那么好（可以用一种肯定的办法强调你的长处或者用一种否定的办法强调对方的弱点）。

20.4 愿意撤出谈判

大多数谈判的目的都是取得有价值的结果，而非达成协议本身。成熟的谈判者很清楚这一点，并且愿意撤出谈判，前提是如果只能达成一个无用的协议，或者谈判的过程令人十分不快，已经不值得为此费力。这个建议听上去似乎很容易去做，但在现实中，谈判者往往会过于关注能否达成协议而忘记了自己真实的目标是取得好的结果（而不必是一个协议）。谈判者要时刻记住自己的谈判目标，经常与准备阶段所设立的目标进行比较，并将谈判过程中取得的进展与撤出谈判和 BATNA 这两个方案做对比，这样就保证不会偏离目标。尽管谈判者在开始时通常都对达成目标比较乐观，在谈判过程中他们可能需要重新评估目标。对谈判者来说重要的是，在当前的谈判过程中要不断将谈判过程与谈判目标、撤出谈判和 BATNA 做比较，当撤出谈判或 BATNA 真的是更好的选择时，他们可能会愿意撤出当前的谈判。

即使没有好的 BATNA，谈判者也要清楚撤出的时间点，要知道应该在何处停止谈判。可以将撤出作为一种选择写在谈判日程中，或提前告知对方，这样谈判者在谈判困难时可以得到提醒。如果是小组谈判，可以让一个成员负责监控撤出的时点，在最终的结果接近这一点时终止谈判。

20.5 掌握谈判中的关键矛盾

优秀的谈判者都知道谈判包含了一系列矛盾——那些矛盾的因素实际上经常会一起出现。我们将讨论谈判者通常会遇到的五个矛盾。在处理这些矛盾时，努力寻求一种平衡状态，这对谈判者来说是一个挑战。在矛盾中无论选择哪一面都必然会形成一种紧张关系，处理矛盾的最好办法是在各种相对的力量之间达到平衡。有经验的谈判者应该知道如何处理这种紧张关系。

价值申明与价值创造

所有的谈判都有一个价值申明的阶段，在这个阶段各方决定自己能得到什么，得到多少。许多谈判还有一个价值创造的阶段，谈判各方一起努力扩大谈判中的资源。每个阶段所适用的策略和技巧都有很大的不同。一般来讲，价值申明阶段常会用到分配式策略，而价值创造阶段常用的是整合式策略。比较典型的情况是，价值创造阶段在价值申明阶段之前，谈判者面临的挑战是怎样平衡两个阶段的重点，并从价值创造阶段过渡到价值申明阶段。然而，这个过渡是没有任何标志的，需要谈判者智慧地进行处理，避免破坏价值创造阶段形成的集思广益的氛围。一种处理这种过渡的办法就是，对它进行公开的标注。例如谈判者可以说："我们已经在想法和设计选择上有了一个很好的基础。我们怎样才能过渡到对这些结果进行公平的分配呢?"另外，研究表明，绝大多数谈判者对价值申明和价值创造进行选择时都会倾向于前者（参见第 6 章），因此处理这个矛盾还需要特别强调价值创造的积极性。

坚持原则与顺水推舟

谈判的步调和流程可以从紧张的争论过渡到同样紧张的辩论，前者也许是财政议题，后者可能是关于对错或公平的深层次原则问题。这个过渡经常会给谈判者制造第二个矛盾。一方面，当新信息出现时，有效的谈判要求具备灵活的思维，要认识到可能需要重新评估现有情况；任何协议的达成可能都需要双方的让步。另一方面，在核心的原则问题上不能轻易让步。高效谈判者要考虑这些原则的区别，哪些是必须坚持的，而在哪些情况下，让步和调节是最好的办法，可以找到双方都能接受的结果。复杂的谈判可能同时碰到这两种情况。好的谈判者基于深层次的原则或价值观而在某个议题上不让步时，除了自己知道这一点外，还会将这个原则传递给对方，这样对方才不会误认为这种坚持原则是一种敌意或不让步。

坚持策略与相机而动

在谈判中新的信息会不断出现，谈判者需要处理的另一个矛盾就是坚持原有的策略还是追寻在此过程中出现的新机会。这对于谈判者来说是一个富有挑战性的矛盾，因为新的"机会"可能实际上是特洛伊木马（引诱谈判者落入陷阱的诡计），包含着不那么让人愉快的奇袭。谈判者还必须重新考虑他们所做的所有计划，并愿意根据新的信息或情况修改计划。如果情况确实发生了变化，达成协议的机会可能转瞬即逝。对谈判者的挑战是将假机会与真机会区别开来；对有经验的谈判者来说，要不断提高这种区别能力。

充分准备对于处理"策略与机会"这对矛盾是很重要的。谈判者如果对谈判准备较充分，并且能理解当前环境，就会在做出决断时处于有利地位。我们也建议谈判者密切关注自己的直觉。如果对达成的协议感觉不对劲，那么它可能实现不了，也不是一个可行的机会。如果谈判者对谈判的发展方向感觉不太对劲，那么最好暂停，并与相关人士咨询讨论。经常向同事、朋友和委托人讲述自己所遇到的"机会"，有助于分辨哪些是真正的机会，哪些是特洛伊木马。

我们并不是建议谈判者变得过分谨慎。在谈判过程中真的会经常出现好的机会，这些机会可能是由商务策略的转变、市场机会、额外的库存或短期现金流带来的。做好准备的谈判者可以充分利用这些真正的机会，并减少特洛伊木马带来的风险。

诚实开放与封闭迟钝

正如我们在第 1 章中提到的，谈判者面对的是诚实的两难困境：我应该在多大程度上坦白并诚实地对待对方？一方面，谈判者完全开放，告诉对方所有的事情，会让自己面临被对方利用的风险。实际上，研究表明过于清楚地了解对方需求并不会带来最好的结果。另一方面，完全的封闭不仅会对你的声誉造成损害（后面会讨论），而且你没有公开足够的信息来为谈判达成协议奠定基础，这也不是有效的谈判策略。这个矛盾的挑战就是从务实和道德的角度出发去决定公开多少信息，隐瞒多少信息。

有经验的谈判者会认识到这种矛盾的复杂性，并知道处于区间中的哪个点更为合适，这个合适的点可能随着对方情况的变化而变化。谈判者应该记住谈判是一个正在进行的过程。双方应该建立起互信，并自愿向对方提供更多信息。尽管如此，随着谈判者不断取得积极的进展，有些信息也是不应该透露的（如分配式谈判中的底线）。

信任与不信任

与诚实的两难困境一样，谈判者还要面对信任的两难困境：对方告诉你的信息应该相信多少（参见第 1 章）？一方面，如果谈判者完全相信对方告诉他的所有信息，则会被对方利用；另一方面，如果谈判者不相信对方告诉他的任何事，则很难达成协议。与诚实的两难困境一样，我们建议谈判者记住，谈判是一个随时间变化的过程。首先，正如我们提到的，可以通过诚实和分享信息建立信任，这也有希望换来对方的信任和可靠的信息。其次，在建立信任方面也是因人而异的。一些谈判者开始时选择信任对方，一旦发现对方的信息不可靠，就选择调低信任度。一些谈判者则习惯于开始时多疑，随着谈判的不断推进再选择是否信任对方（参见第 10 章中对于信任与不信任的讨论）。在处理这个矛盾时，这两种方法无所谓对错。有经验的谈判者能够意识到这个矛盾，并小心选择处理这一矛盾的方法。

20.6 留意无形因素

谈判时，谈判者要留意无形因素，并注意它们产生的潜在效果。无形因素经常会对谈判产生负面影响，而且谈判者往往注意不到这些负面影响。正如我们在第 1 章提到的，无形因素是影响谈判者的深层心理因素，包括取得胜利、避免损失、比对方看起来更强势、不示弱、公平等。例如，如果对方在与他的主要对手竞争下一次晋升的机会，那么当着他老板的面与你谈判时就会很强硬，以此来让他的老板对他印象深刻。谈判对手不会告诉你他这么做的目的是什么，事实上他自己可能都没意识到。识别无形因素是否存在的最好方法就是发现背后的东西。换句话说，如果你经过了认真的准备，对情况也进行了周密的分析，仍然不能从有形因素（与结果相关）角度解释对方的这种行为，比如强硬地鼓吹某一点、拒绝让步、做无意义的行为，就要开始寻找这些行为背后的无形因素。

例如，几年前，本书作者的一位朋友买新车，某经销商提供的价格比镇上其他经销商的价格低 2 000 美元，但必须在当天买车。表面上看这是一个骗局（见“坚持策略与相机而动”），但是没有明显的有形因素能够解释这个特殊的价格。这个朋友以前并未从这个经销商那里买过车，这辆车是新的，而且手续齐全，他在几个经销商那里问过价格，知道这个价格确实便宜。当他继续讨论购买事宜时，这个经销商越来越不安，脸上不停流汗。最后这个朋友决定买车，他一签约，这个经销商马上松了一口气，变得很兴奋。这个经销商随后说有事给妻子打电话。后来知道，这个经销商刚刚得到了厂家提供的大礼包，包括一家四口两周的免费加勒比海旅行。这个奖励的大礼包要求经销商一个月内将 10 个系列的车中各卖出一辆。这个经销商主要经营卡车，他为了得到这个礼包，在运动款车上给了这个朋友很大的折扣，因此当朋友犹豫时他很不安。

在这个例子中经销商不安的无形因素是想赢得旅行奖励。当经销商不再掩饰他的兴奋，和全家人一起分享这个喜讯时，买方才知道。通常如果对方不揭示这些无形因素，谈判者就不会知道这些无形因素给对方带来什么影响。谈判者可以通过观察对方在谈判中行为的变化并在谈判前收集对方的信息，找到这些无形因素。例如，你发现对方换了一个他不喜欢的新老板，而且他在谈判中处理问题很吃力，那么这个新老板可能就是问题所在。

至少有两种方法可以揭示影响对方的无形因素。一个方法是提问（参见第 7 章）。这些问题旨在让对方说出他为什么强烈坚持某一观点。重要的是要记住很多无形因素的根源是强烈的情绪或利益，因此试探这些因素可能会导致对方恐惧或激动地争论。提问的方式应该是柔和的、非正式的。如果提问过于尖锐，会让对方的防卫性增强，给本就复杂、窒息的谈判增加另一个无形因素。另一个办法是带一个观察者或倾听者参加谈判，倾听者可以听出对方的情绪、语气或看出无声的行为，着重观察造成障碍的议题、尽力理解对方观点并站在对方的立场考虑（角色对调）。谈判者和倾听者可以秘密讨论怎样试探这些无形因素并确定新的议题或报价。

谈判者还要记住无形因素会影响自己的行为（我们通常意识不到什么使我们生气、防卫或强烈地赞同某些观点）。当对方不尊重你时，你是否感觉和他沟通很困难？你是否想给下属一个教训？或者你想赢得这场谈判，这样你会比另外一位经理面上更有光？我们并不对这些目标做什么评价，但强烈建议谈判者弄清这些无形因素对自己情绪和行为的影响。谈判者可以经常与其他人（例如比较敏感的倾听者）聊聊，这样有助于发现这些问题。有经验的谈判者会明白哪些是有形因素，哪些是无形因素，他在评估谈判结果时会比较这两种因素。

20.7 积极处理联盟关系

联盟对谈判的过程和结果有很大影响。谈判者应该认识到三种联盟形式和它们的潜在影响：（1）反对你的联盟；（2）支持你的联盟；（3）可能反对或支持你的，松散的、无法定义的联盟。有经验的谈判者会弄清是否存在联盟以及它们的力量，并使这种力量为己所用。如果做不到，也要避免对方利用一个松散的联盟达到他们的目的。当谈判者是某派中的一个成员时，与本派沟通是很重要的，这能够确保本派的力量符合自己的目标。如果谈判者是一个联盟的代表，那么必须特别小心地处理这一谈判过程（参见第 11 章）。

当谈判者面对一个反对自己的联盟时，要想谈判成功就是一个很大的挑战（参见第 12 章）。当这些联盟反对你时，要能够及时发现，而且谨慎地去面对它的影响。分化瓦解、逐个击破的策略比较有效，谈判者可以寻找办法制造一些不稳定因素，让联盟内部产生分歧。相反，认识到一个联盟支持你同样重要，因为你可以利用它的支持来战胜你的对手。

联盟会出现在很多正式的谈判中，例如工业协会就环境问题和政策的谈判。联盟在非正式场合也会存在，例如工作小组或家庭中，不同的小集团可能有不同的利益。如果谈判者需要依靠其他人员达成一项协议，处理各派关系就十分重要。对于谈判者来说，即使协议对大多数相关人员没好处，也未必不能达成协议，但执行将会很困难。有经验的谈判者会积极地监控和处理联盟问题，这可能在谈判过程中要花费相当长的时间，但如果不这样做，在执行阶段会有很大的麻烦。

20.8　珍惜并保护你的名誉

名誉就像鸡蛋一样易碎，建立名誉很重要，但名誉也很容易受损，而且一旦受损就很难恢复。名誉的传播速度很快，人们知道的通常会比你想象的多（参见第 10 章）。好的名誉在开始谈判时非常重要，谈判者应该时刻警惕，保护自己的名誉。如果谈判者食言或者谈判时不诚实，那么在未来的谈判中就会比那些诚实公正的人要面临更多困难。比较一下这两个名声，“强硬但公正”与“强硬且卑鄙”。对这两种不同名声的人，谈判者要做不同的准备。与前者谈判意味着要做好谈判困难的心理准备，要清楚对方很坚持自己的观点，但在行为上是理性公正的。与后者谈判意味着谈判者要证实对方的话是否属实，警惕肮脏的交易，并在透露信息时小心谨慎（参见第 5、18 章）。

作为一个谈判者，别人是如何看待你的？你现在的名声如何？你想有什么样的名声？想想你最尊敬的谈判者和他们的名声。他们的哪些行为是你欣赏的？也想一下那些声名狼藉的谈判者，他们的哪些行为改变了你对他们的印象？

名誉并不是凭运气得来的，谈判者可以通过一贯的、公正的方式塑造和提高他们的名誉。一贯性可以让对方清晰地预测你的行为，带来一个稳定的名誉。公正性传递的信息是你有原则而且讲道理。有经验的谈判者会定期从对方那里收集反馈意见，看自己采用的方式效果如何，并利用这些信息加强自己在市场上的可信性和可靠性。

20.9　记住合理性与公正性都是相对的

有关谈判者感知和认知的研究表明（参见第 6 章）：人们倾向于用自私的方式看待世界，并从自己的利益出发去定义什么是合理的事情、公正的结果和公平的程序。谈判者要清楚自己和对方都有这个倾向。谈判者可以做三件事情去积极处理这个倾向：首先，他们可以对自己认为的公平提出疑问，这些观点应建立在清晰的原则基础上；其次，他们可以从外部找公平的标准和例子；最后，谈判者可以阐明对方对公平的定义，并进行对话，就当时环境下的公平标准达成一致。

另外，作为谈判的一个阶段，谈判者经常在某种情况下共同定义什么是正确的或公平的（参见第 10 章有关公平的讨论）。在大多数场合下，任何一方都不是绝对正确、合理和公平的。讲道理的人不一定愿意合作，谈判达成的最重要结果是一个普遍的、商定的观点，是对事实的定义，在看待问题的方式上达成了一致，或在确定公正结果或程序的标准上达成了一致。对这些原则的准备要与对议题的准备一样认真。

20.10 不断地从经验中学习

谈判可以说是终身学习。最好的谈判者要不断地从经验中学习——他们知道有很多不同的变量和细微差别，没有两个谈判是完全相同的。这些差别意味着谈判者要保持敏锐，他们需要持续不断地实践谈判这门艺术和科学。另外，最好的谈判者会在每个谈判结束后分析总结发生了什么事，他们学到了什么。我们建议谈判者可以使用以下步骤：

- 在每个谈判后安排一段个人反思时间。
- 定期去培训师或老师那里听课。
- 对强项和弱点记个人日记，并做出改进弱点的计划。

这个分析不用范围太广，也不用花太多时间，但应该在每场重要的谈判后进行，并且应该集中在“是什么”和“为什么”的问题上：在这场谈判中发生了什么？它为什么发生？我能学到什么？花时间反思谈判的人会发现，他们应该继续完善谈判技巧，并在未来的谈判中保持敏锐和专注。谈判者还要参加一些课程来提高自己的技巧，通过阅读书籍或老师的指导改善谈判技巧。

这本书可以看作磨炼和改善谈判技巧的一个指南。我们希望你能继续学习这门艺术和科学，也祝你在未来的谈判中好运！

Roy J. Lewicki，Bruce Barry，David M. Saunders
Negotiation，Eighth Edition
9781260043648

北京市版权局著作权合同登记号：01－2020－1026

图书在版编目（CIP）数据

商务谈判：第 8 版 /（美）罗伊·列维奇，（美）布鲁斯·巴里，（美）戴维·桑德斯著；王健等译．--北京：中国人民大学出版社，2021.3
（工商管理经典译丛．市场营销系列）
ISBN 978-7-300-28655-6

Ⅰ.①商… Ⅱ.①罗… ②布… ③戴… ④王… Ⅲ.①商务谈判 Ⅳ.①F715.4

中国版本图书馆 CIP 数据核字（2021）第 032151 号

工商管理经典译丛·市场营销系列
商务谈判（第 8 版）
罗伊·列维奇
［美］布鲁斯·巴里　著
戴维·桑德斯
王 健 等 译
Shangwu Tanpan

出版发行	中国人民大学出版社		
社　　址	北京中关村大街 31 号	**邮政编码**	100080
电　　话	010－62511242（总编室）		010－62511770（质管部）
	010－82501766（邮购部）		010－62514148（门市部）
	010－62515195（发行公司）		010－62515275（盗版举报）
网　　址	http://www.crup.com.cn		
经　　销	新华书店		
印　　刷	涿州市星河印刷有限公司		
开　　本	787 mm×1092 mm　1/16	**版　　次**	2021 年 3 月第 1 版
印　　张	31 插页 1	**印　　次**	2024 年 5 月第 3 次印刷
字　　数	739 000	**定　　价**	79.00 元

教师反馈表

麦格劳-希尔教育集团（McGraw-Hill Education）是全球领先的教育资源与数字化解决方案提供商。为了更好地提供教学服务，提升教学质量，麦格劳-希尔教师服务中心于2003年在京成立。在您确认将本书作为指定教材后，请填好以下表格并经系主任签字盖章后返回我们（或联系我们索要电子版），我们将免费向您提供相应的教学辅助资源。如果您需要订购或参阅本书的英文原版，我们也将竭诚为您服务。

★ 基本信息					
姓		名		性别	
学校			院系		
职称			职务		
办公电话			家庭电话		
手机			电子邮箱		
通信地址及邮编					

★ 课程信息					
主讲课程一1		课程性质		学生年级	
学生人数		授课语言		学时数	
开课日期		学期数		教材决策者	
教材名称、作者、出版社					

★ 教师需求及建议			
提供配套教学课件 （请注明作者/书名/版次）			
推荐教材 （请注明感兴趣领域或相关信息）			
其他需求			
意见和建议（图书和服务）			
是否需要最新图书信息	是、否	系主任签字/盖章	
是否有翻译意愿	是、否		

教师服务热线：800-810-1936

教师服务信箱：instructorchina@mheducation.com

网址：www.mheducation.com

麦格劳-希尔教育教师服务中心

地址：北京市东城区北三环东路36号环球贸易中心A座702室教师服务中心　100013

电话：010-57997618/57997600

传真：010 59575582

中国人民大学出版社　管理分社

教师教学服务说明

中国人民大学出版社管理分社以出版工商管理和公共管理类精品图书为宗旨。为更好地服务一线教师，我们着力建设了一批数字化、立体化的网络教学资源。教师可以通过以下方式获得免费下载教学资源的权限：

- ★ 在中国人民大学出版社网站 www.crup.com.cn 进行注册，注册后进入“会员中心”，在左侧点击“我的教师认证”，填写相关信息，提交后等待审核。我们将在一个工作日内为您开通相关资源的下载权限。
- ★ 如您急需教学资源或需要其他帮助，请加入教师 QQ 群或在工作时间与我们联络。

中国人民大学出版社　管理分社

教师 QQ 群：648333426(工商管理)　114970332(财会)　648117133(公共管理)
教师群仅限教师加入，入群请备注（学校＋姓名）

联系电话：010-62515735，62515987，62515782，82501048，62514760

电子邮箱：glcbfs@crup.com.cn

通讯地址：北京市海淀区中关村大街甲 59 号文化大厦 1501 室（100872）

管理书社　　人大社财会　　公共管理与政治学悦读坊